Langenscheidt

Komplett-Paket Französisch

Sprachkurs für Anfänger und Wiedereinsteiger

von Sylvie Bernard

Langenscheidt

Pädagogische Beratung: Silke Bungert-Willy, Helga Herrmann
Projektmanagement: bookwise Medienproduktion GmbH, München
Grafik: Cordula Schaaf
Fotos und Zeichnungen: siehe Quellennachweis S. 264

Kostenloser Download Ihres Bonusmaterials

Zum Bonusmaterial gelangen Sie entweder durch Einscannen des nebenstehenden QR-Codes oder indem Sie folgendermaßen vorgehen:

1. Gehen Sie auf die Seite **www.langenscheidt.com/bonusmaterial**
2. Geben Sie dort den Code **kpf513** ein.
3. Klicken Sie auf den Button „aktivieren".
4. Klicken Sie auf Ihr gewünschtes Zusatzmaterial:

Audiomaterial (MP3-Dateien)

Online-Übungen und Abschlusstest

Vokabeltrainer-App für Android oder iOS

Der digitale Zugang zu den online angebotenen Zusatzmaterialien ist für mindestens zwei Jahre nach Erscheinen der aktuellen Auflage gewährleistet.

3. Auflage 2025

www.langenscheidt.com

ISBN 978-3-12-563513-5

Liebe Leserin, lieber Leser,

herzlich willkommen zu Ihrem neuen Französischkurs! Schön, dass Sie mit uns Französisch lernen wollen. Sie begleiten uns durch den französischen Alltag und bauen dabei fundierte Sprachkenntnisse auf. Wir geben Ihnen dazu viele Hilfestellungen, Lerntipps und besonders ausführliche Erklärungen.
Sie können das Lerntempo und die Dauer der Lerneinheiten selbst bestimmen. Sehr effektiv lernen Sie, wenn Sie sich mehrmals in der Woche für einen kürzeren Zeitraum mit dem Französischen beschäftigen. Deshalb ist jede Lektion dieses Kurses in einzelne Lernschritte unterteilt, für die Sie in der Regel nicht mehr als 20–30 Minuten brauchen.

Erklärung der Symbole

Neue Wendungen oder Grammatikerklärungen

Hörtext oder Hörübung auf der CD mit Angabe der CD/Tracknummer

Schreiben Sie die Lösungen in ein separates Heft.

Hinweise zur Landeskunde und zum Sprachgebrauch

Lerntipps

Wenn im Kopfhörer-Symbol zwei Tracknummern angegeben sind, können Sie den Text zuerst in einer annähernd realistischen Fassung mit Hintergrundgeräuschen und anschließend in einem langsameren Sprechtempo ohne Geräusche anhören.

Wie sind die Lektionen aufgebaut?

Jede Lektion behandelt ein Thema aus dem französischen Alltag. Die erste Seite führt Sie mit einem Foto und einem französischen Text in dieses Thema ein. Diesen Text haben wir für Sie übersetzt und wenn Sie möchten, können Sie sich die fett gedruckten Wörter schon einprägen – sie werden Ihnen in der Lektion nämlich wieder begegnen.

Die einzelnen Abschnitte der Lektionen führen Sie schrittweise weiter in das Thema ein. Dabei geben wir Ihnen die Möglichkeit, die neuen Formen und Regeln selbst zu entdecken. Denn was man sich selbst erarbeitet, merkt man sich besser. Auch die Grammatik wird Ihnen in kleinen Häppchen präsentiert. Nach jedem Grammatikhäppchen folgen abwechslungsreiche Übungen, damit Sie gleich anwenden können, was Sie gelernt haben.

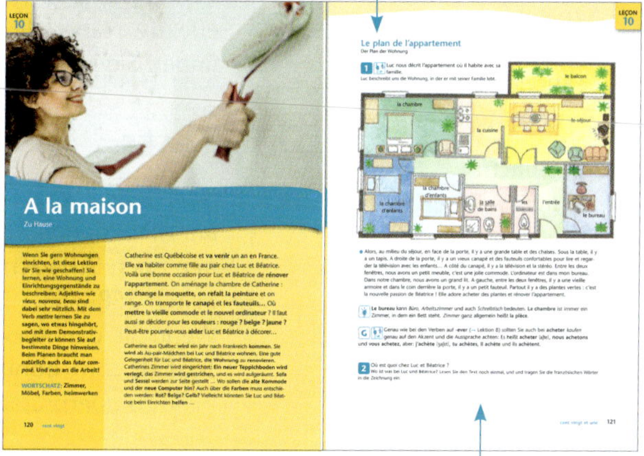

Et pour finir … Nachdem Sie sich die Inhalte der Lektion angeeignet haben, können Sie in einer letzten Übungsrunde ihr Wissen festigen.

Zum Abschluss erhalten Sie zur **Belohnung** einen interessanten Text zur Kultur, zur Geschichte, zu Gebräuchen oder zu bestimmten Regionen Frankreichs oder der französischsprachigen Welt. Wir haben alle neuen Wörter für Sie übersetzt, sie werden in den folgenden Lektionen aber nicht vorausgesetzt.

Neue Formen und Strukturen
Am Ende jeder Lektion finden Sie eine Zusammenstellung der gesamten Grammatik der Lektion, damit Sie den Überblick behalten.

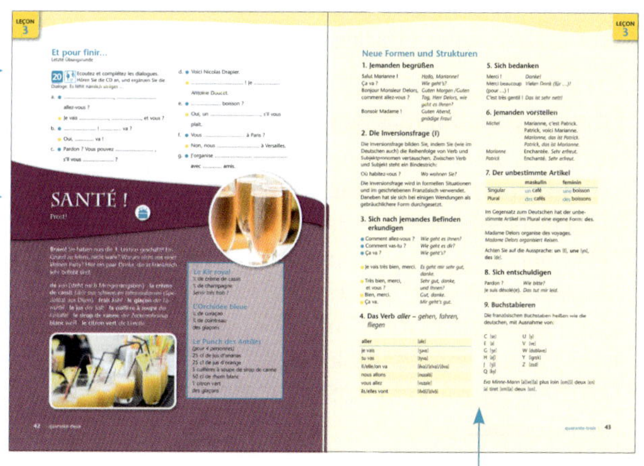

Wortschatz

Der Wortschatz dieses Kurses wird Ihnen in verschiedenen Fassungen angeboten: als Lektionswortschatz und Gesamtwortschatz im Begleitbuch, als Wortschatztrainer auf CDs sowie als Vokabeltrainer (Software) zum interaktiven Üben.
Der Gesamtwortschatz verzeichnet in alphabetischer Reihenfolge alle Wörter, die in diesem Kurs vorkommen. Er gibt ihre deutsche Bedeutung an und die Lektion, in der sie eingeführt werden.
Der Lektionswortschatz führt die neuen Wörter jeder Lektion in der Reihenfolge ihres Erscheinens auf. Die Lautschriftzeichen sowie die Grundlagen der Aussprache finden Sie auf den Seiten 6–7 im Begleitbuch.
Mit dem Wortschatztrainer auf CD können Sie sich die richtige Aussprache anhören und die Wörter in der Pause nachsprechen.

Wo finden Sie was?

Lehrbuch:
- Übersicht Themen und Situationen
- Übersicht Grammatik
- Lektionen 1–20
- Zwischentests

Begleitbuch:
- Lektionswortschatz
- Lösungen
- Grammatik im Überblick
- Verbtabellen
- Gesamtwortschatz

CD 1–4:
Hörtexte und Übungen der Lektionen 1–20

CD 5–8:
Wortschatztrainer (Trackliste dazu im Begleitbuch S. 4)

Übrigens: Im Internet bieten wir Ihnen unter **www.langenscheidt.com/bonusmaterial** zusätzliche Übungen zu den Lektionen an. Außerdem finden Sie dort einen Abschlusstest sowie das Audiomaterial im MP3-Format und den Link zur Vokabeltrainer-App fur iOS oder Android.

Vokabeltrainer-App

Mit der Vokabeltrainer-App können Sie die wichtigsten Vokabeln dieses Kurses Lektion für Lektion mobil interaktiv lernen und systematisch wiederholen. Das Karteikarten-Prinzip und verschiedene Übungsformen machen das Lernen abwechslungsreich und effektiv. Nähere Informationen zum Download des Vokabeltrainers finden Sie im Impressum (S. 2) dieses Buches.

Tests

Nach jeweils drei Lektionen bieten wir Ihnen einen Zwischentest an. Hier können Sie feststellen, ob Sie bei dem Stoff dieser Lektionen noch Schwächen haben. Die Zwischentests finden Sie auf den Seiten 258–263.
Wenn Sie den Kurs beendet haben, finden Sie unter **www.langenscheidt.com/bonusmaterial** einen Abschlusstest, um Ihre Kenntnisse zu überprüfen. Den Code dazu gibt es im Impressum (S. 2).

Verbtabellen

Im Begleitbuch haben wir für Sie eine Liste aller Verben zusammengestellt, die Sie in diesem Kurs lernen. Dazu finden Sie auch Verweise auf Musterkonjugationen – so können Sie jederzeit nachschlagen, wie Sie die Formen bilden.

Viel Spaß mit dem Komplett-Paket wünscht Ihnen Ihre Langenscheidt-Redaktion.

Inhalt

Tipps zum Lernen 3
Inhalt 5
Themen und Situationen 8
Übersicht: Grammatik 9

Rêver un peu .... **Seite 11**

- Französische Spezialitäten 12
- Gegenden in Frankreich 15
- Ein Flirtversuch 18
- Die Bretagne 20
- Frankreich: Bilder und Klänge 21

LEÇON
2

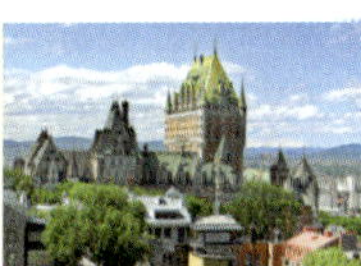

Francophonie .... **Seite 23**

- Französischsprachige Länder 24
- Eine Radiosendung 26
- Städte, Länder und Berufe 27
- Sprachen 29
- Hobbys 30
- Bekanntschaftsanzeigen 33

LEÇON
3

Une invitation .... **Seite 35**

- Party bei Patrick 36
- Darf ich vorstellen? 38
- Was möchten Sie trinken? 39
- Wie bitte? 41
- Cocktailrezepte 42

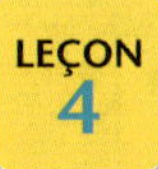

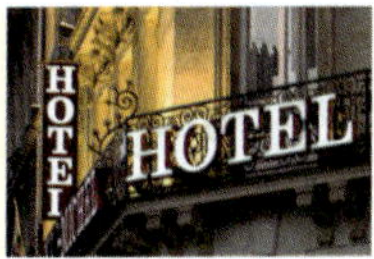

A l'hôtel .... **Seite 44**

- Willkommen in Albi 45
- An der Rezeption 46
- Ein schwieriger Beruf 48
- Ferien in Albi 50
- So viel Gepäck! 53
- Musterbriefe 55

LEÇON
5

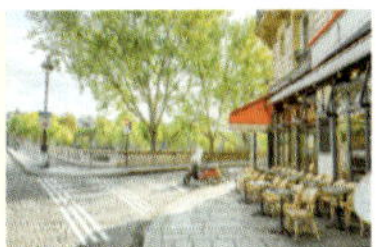

Un petit café .... **Seite 57**

- Gehen wir etwas trinken? 58
- Was gibt's im Café? 59
- Mittagspause im Café 60
- Gespräche im Café 61
- Das Wetter 63
- Comic 66

LEÇON
6

La vie du quartier .... **Seite 68**

- Ein Stadtviertel in Marseille 69
- Lebensgewohnheiten 71
- Mme Denis beobachtet 73
- Informationen über Marseille 77

LEÇON
7

Un voyage à Paris .... **Seite 79**

- Ein Wochenende in Paris 80
- Wo geht's zum ...? 82
- Sehenswürdigkeiten in Paris 85
- Wie spät ist es? 87
- Chanson 90

LEÇON 8

Au club de sport .... Seite 92

- Aerobicstunde 93
- Yoga ist toll! 94
- Mit tut alles weh! 96
- Zeitungsartikel: Die Franzosen und der Sport 100
- Sportereignisse in Frankreich 102

LEÇON 9

Noël en famille .... Seite 105

- Oma, Opa, Onkel, Tante 106
- Der Brief an den Weihnachtsmann 108
- Familienzuwachs: Ist die aber süß! 113
- Familienfotos 115
- Weihnachten in Frankreich 118

LEÇON 10

A la maison .... Seite 120

- So sieht unsere Wohnung aus 121
- Werfen wir das weg? 123
- Pläne für die Renovierung 125
- Angebote im Baumarkt 127
- Französische Stilmöbel erkennen 130

LEÇON 11

Deux cordons-bleus .... Seite 132

- So macht man Crêpes 133
- Was müssen wir einkaufen? 134
- Was könnte ich kochen? 136
- Im Lebensmittelgeschäft 138
- Im Supermarkt 140
- Rezept: Gratin de pommes 142

LEÇON 12

Le monde du travail .... Seite 144

- Ein Lebenslauf 145
- Mathieus Kollegen 147
- Besprechung 149
- Wie war Euer Urlaub? 151
- Arbeiten in Frankreich 154

LEÇON 13

Allô? .... Seite 156

- Falsch verbunden! 157
- Anrufbeantworter 158
- Wen möchten Sie sprechen? 160
- Telefonnotizen im Büro 162
- Bleiben Sie am Apparat! 163
- Handytypen 166

La mode .... Seite 169

- Schaufensterbummel 170
- Eher klassisch oder eher modern? 171
- Passt mir das? Steht mir das? 173
- Welcher Anzug ist schöner? 174
- Schuhkauf 175
- Bekannte Namen der Haute Couture 178

Rencontres .... Seite 181

- Zeitungsartikel: Touristikberufe 182
- Entspannen Sie sich auch genug? 183
- Gästezimmer auf dem Land 186
- Gedicht 189

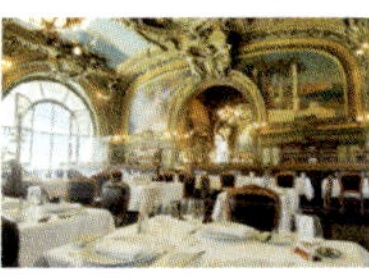

Au restaurant .... Seite 191

- Kleinanzeigen von Restaurants 192
- Die Speisekarte 194
- Tour de France für Feinschmecker 198
- Wünsche und Bitten im Restaurant 200
- Rezept: Crêpes sucrées 203

Leurs vingt ans .... Seite 206

- Jugend in der Nachkriegszeit 207
- Die 68er-Generation 210
- 1989: Die Interessen junger Leute 212
- Momente der französischen Geschichte 215

Contacts et projets .... Seite 217

- Warum lernen Sie Französisch? 218
- Tipps zum Weiterlernen 220
- Freunde auf der ganzen Welt 222
- Viele Länder, eine Sprache 226

Voyage, voyage… .... Seite 230

- Im Urlaub 231
- Eine Rundreise auf Korsika 232
- Auf dem Bahnhof 235
- Wir mieten ein Auto 238
- Test: Welcher Reisetyp sind Sie? 242

LEÇON
20

Au revoir ! .... Seite 245

- Ausstellungen 246
- Letzte Vorbereitungen 247
- Wir ziehen Bilanz 250
- Die Abschiedsfeier 253
- Paris: Stadt der Messen, Ausstellungen und Kongresse 256

Tests 258
Quellennachweis 264

Themen und Situationen

Die Zahlen verweisen auf die Lektionen.

ablehnen 3, 5
Abschiedsfeier 20
Alltag 6, 15, 17
Altersangabe 8
annehmen, etwas 3, 5
Anrede 1, 3, 5
ansprechen, jd. 1, 4
Anweisungen 8
aufräumen 10
Ausbildung 12
Auskunft: um eine Auskunft bitten 4
Aussehen 9
Autovermietung 19
Bahnhof 19
Bauernhof 15
bedanken, sich 3, 4, 18
Befinden: über das Befinden sprechen 3, 8
Begeisterung 9
begründen 18
Begrüßung 3
Beruf 2, 6, 12, 15 *(fem. Form)*
beschreiben: Personen 9, 14
Besichtigung 4, 7
bestellen 5, 16
bezahlen 5, 16
bitten, um etwas 3, 8, 9, 16, 19
brauchen 18
Briefe schreiben 4, 9, 18
buchstabieren 3
Büro 12
Café 5
Datum 12
einkaufen 10, 11, 14
einladen 5
Einrichtung 10
entschuldigen, sich 3
Erinnerungen 17
Essen 5, 11
essen gehen 16
Familie 9
Farben 10
Fest 3, 9
Freizeit 6, 8
Gebäude 6
Gefallen und Missfallen ausdrücken 14
Geschäfte 6, 11, 14
Gesundheit 8, 15
Getränke 1, 4, 5, 11, 16
Gewohnheiten 6
gratulieren 3, 18, 20
Hotel 4
Jugend 17
Karten schreiben 6, 18
Kleidung 14
Kochen 11
Körperteile 8
Ländernamen 2
Lebenslauf 12
Lebensmittel 11
Material 14
Meinung sagen 6, 16
Mengenangaben 11
Messe 20
Möbel 10
mögen und nicht mögen 2, 3 *(tun und haben);* 16 *(essen)*
Monate 12
müssen 7, 9
Muster 14
Nachrichten hinterlassen 8, 13
Namen 2
Ortsangaben 7
Pläne machen 10, 18
Ratschläge 9
Rechnung 4, 5, 16
Reisen 3, 7, 12, 19
reservieren 4 *(Zimmer)*, 16 *(Tisch)*
Restaurant 16
Rezepte 11
Richtungsangaben 7
sagen, was man getan hat 12, 15, 17, 18
sagen, was man möchte 4
Speisekarte 16
Sport 8
Sprachen 2, 18
Supermarkt 11
Tageszeiten 7
telefonieren 13
über sich reden 2, 12, 15, 17, 18
Uhrzeit 7
Urlaub 19
Urteil abgeben 6, 20
Verabschiedung 3
verbieten 5, 8
Vergangenes 12, 15, 17, 18
vergleichen 14
Verkehrsmittel 5, 7, 19

Vermutungen ausdrücken 16
Verpackungen 11
Verständigung 3
Verwandtschaftsbezeichnungen 9
Vorschläge machen 5, 9
vorstellen, jd. 3
vorstellen, sich 2
Wegbeschreibung 7
wehtun 8
Weihnachten 9
weiter lernen 18
Wetter 5
Wochentage 6
Wohnort 2
Wohnung beschreiben 10
Wünsche 4, 9, 18, 19
Zahlen 4, 5, 8
Zeitgeschichte 17

Übersicht Grammatik

Die Zahlen verweisen auf die entsprechenden Lektionen.

à
- à + Festtag 12
- bei indirektem Objekt 13
- bei Orts- und Richtungsangaben 2, 6
- **jouer à** 8
- zur Bezeichnung von Details 14

Abkürzungen 8, 11
acheter 10
Adjektive
- **beau, vieux, nouveau** 10
- Farbadjektive 10
- feminine Form 9
- Plural 9
- Steigerung 14
- Stellung 10
- Übereinstimmung mit dem Bezugswort 9
- unveränderliche Adjektive 9

Adverbien 18
aimer 1, 2
Akzente 2, 8, 10
aller
- **Ça me va (bien)** 14
- Formen 3

Alphabet 3
appeler 10
Artikel
- bestimmter Artikel 1, 6, 7, 11, 12
- Teilungsartikel 11
- unbestimmter Artikel 3, 11

Aussprache 1, 2, 4, 6, 8, 9, 10, 11, 14, 16
avoir
- **avoir mal à** 8
- **avoir besoin de** 18
- Formen 4

Bedingung 19
Befehlsform 8, 15
Berufsbezeichnungen (feminine Formen) 15
bien 14
boire 11
bon 14
c'est 3, 6
choisir 14
comme 9
conditionnel 9, 19
conditionnel passé 20
croire 16
de
- als Genitiversatz 7
- **de** + Artikel als Teilungsartikel 11
- **faire de** 8
- zur Bezeichnung von Zweck oder Material 14

Demonstrativbegleiter 10
devoir 9
dire 13
écrire 13
Eigennamen 7
Elision 1
en
- als Ersatz für **de** 11
- bei Monatsangaben 12
- bei Ortsangaben 2
- zur Bezeichnung von Material 14

est-ce que 4, 12, 15
être 2, 17
faire 5, 6, 8
Fragesatz
- Frage bei reflexiven Verben 15
- Frage mit **est-ce que** 4, 12
- Intonationsfrage 1, 12
- Inversionsfrage 3, 8, 12

Futur
- **futur composé** 10
- **futur simple** 18, 19

Groß-/Kleinschreibung 1
Häufigkeitsadverbien 6

il faut 7
il y a 6, 11
imparfait 17
impératif 8, 15
je voudrais 4
jouer 8
Ländernamen 2
lever 8
liaison 1
lire 13
Mengenangaben 5, 11
mettre 10
Objekt
  direktes 13
  Frage nach dem Objekt 5
  indirektes 13
Objektpronomen
  Angleichung des Partizips nach direkten Objektpronomen 15
  direktes 13
  indirektes 13
  Wortstellung bei Objektpronomen 13
on 2
Ordnungszahlen 6
Ortsangaben 2, 6, 7
Partikel 4
Partizip Perfekt 12, 15
passé composé
  bei reflexiven Verben 15
  Formen 12
  Verwendung im Gegensatz zum **imparfait** 17
Personalpronomen
  betonte Personalpronomen 1, 4, 15
  unbetonte Personalpronomen 1
plaire 14
Plural
  der Adjektive 9
  der Substantive 1, 5
  des Artikels 1, 3
plus-que-parfait 20
Possessivbegleiter 9
pour + Inf. 7
pouvoir 9, 11
préférer 8
prendre 5
Pronomen → Objektpronomen, Personalpronomen, Reflexivpronomen, Relativpronomen
que
  als 14
  als Relativpronomen 16
  bei begeisterten Ausrufen 9
  dass 16
  que + Inversion als Frage nach dem Objekt 5
quel 5
qui 16
réfléchir 14
reflexive Verben 15
Reflexivpronomen 15
Relativpronomen 16, 20
Relativsätze 16
Richtungsangaben 3, 6, 7
savoir 11
servir 16
si-Satz 19, 20
Steigerung 14
Substantive
  Genus 1
  Pluralbildung 1, 5
Teilungsartikel 11
tenir 10
tout 10
Umgangssprache 6, 8, 13, 20
venir 10
Verben
  Bildung des **futur simple** 18
  Bildung des **imparfait** 17
  Bildung des **passé composé** 12
  reflexive Verben 15
  Sonderformen bei einigen Verben auf **-er** 8, 10
  Verben auf **-er** im Präsens 1
  Verben auf **-ir** im Präsens (I) 14
  Verben auf **-ir** im Präsens (II) 16
  Verben auf **-re** im Präsens 7
Verneinung 4, 5, 6, 8, 12
voici 3
voilà 4
vouloir 9
Wochentage 6
Zahlen
  Grundzahlen von 0 bis 10 4
  Grundzahlen von 11 bis 69 5
  Grundzahlen von 70 bis 1 Milliarde 8
  Ordnungszahlen 6
Zeitangaben
  adverbielle Bestimmungen 17
  Uhrzeit 7
  Tag, Monat, Jahr 12
  Zeitraum 12

Rêver un peu

Ein wenig träumen

Le français, c'est facile : **restaurant, parfum, baguette, champagne, croissants**… Et la culture ? **Oui, aussi**, par exemple : **la chanson, la Provence** ou **l'impressionnisme**… Vous **aimez la France** ? Alors, tournez la page…

Es geht schon richtig los, nicht wahr? Aber erschrecken Sie nicht über den französischen Text, den Sie auf jeder ersten Seite einer neuen Lektion sehen. Er soll Sie – wie auch das Foto auf dieser Seite – auf das Thema der Lektion einstimmen. Einige wichtige Wörter, die in diesem Text und auch in der deutschen Übersetzung fett gedruckt sind, werden Ihnen im Laufe der Lektion wiederbegegnen. Sie werden vielleicht nicht den ganzen französischen Text verstehen – aber Sie können sich schon diese wichtigen Wörter merken.

Französisch, das ist leicht: **Restaurant, Parfum, Baguette, Champagner, Croissants** … Und die Kultur? **Ja**, die **auch**, zum Beispiel: **das Chanson, die Provence** oder **der Impressionismus** … **Mögen** Sie **Frankreich**? Dann blättern Sie um …

Unsere erste Einheit ist besonders für das Ohr gedacht: Sie werden die Aussprache entdecken, beobachten und üben. Außerdem lernen Sie zu sagen, was Sie mögen oder was Sie nicht mögen. Sie erfahren auch, wie man einfache Fragen stellt und wie man jemandem zustimmt. Wir werden Gegenden in Frankreich besuchen, wo Sie Ihre Französischkenntnisse gleich in die Praxis umsetzen können … Feinschmecker und Liebhaber der französischen Sprache werden bestimmt viele Wörter sofort erkennen und verstehen.

WORTSCHATZ: Land und Leute, französische Spezialitäten

LEÇON
1

J'aime la France

Ich mag Frankreich

1 Cochez tout ce que vous connaissez.
Sicher haben Sie schon von vielen dieser Personen und Städte gehört, viele dieser Spezialitäten probiert. Kreuzen Sie einfach alles an, was Sie schon kennen.

Montmartre ☐

les cafés ☐

l'impressionnisme ☐

Paris ☐

les restaurants ☐

le champagne ☐

la Révolution ☐

les croissants ☐

le camembert ☐

la baguette ☐

l'eau d'Evian ☐

Le Monde

ogistes, identitaires : enquête
leux jeunesses européennes

Justice
Mortels
soupçons
de l'anesthésiste
de Besançon

Le Mond

Le Monde ☐

Avignon

l'architecture

la chanson

Alain Souchon

le parfum

la mode

2 **G** 1/2 Ecoutons d'abord la prononciation.

Und nun zur Aussprache: Einige von den Wörtern, die Sie gerade gelesen haben, kennen wir auch im Deutschen – aber die Franzosen sprechen sie ein wenig anders aus. Dazu gehören natürlich auch die Nasale, die für die französische Sprache so typisch sind: [ɑ̃], [ɔ̃] und [ɛ̃].

a. Der Laut [ɑ̃]
Wo kommt der Laut [ɑ̃] vor? Hören Sie die folgenden Wörter auf der CD an, und unterstreichen Sie die Stellen, an denen [ɑ̃] vorkommt.
Wie wird der Laut [ɑ̃] geschrieben?

champagne camembert croissant chanson
eau d'Evian restaurant Provence

Der Laut [ɑ̃] kann mit folgenden Buchstabenverbindungen wiedergegeben werden: ....

b. Der Laut [ɔ̃]
Und nun das Gleiche für [ɔ̃]. Wo ist ein [ɔ̃] zu hören?

Avignon chanson révolution Le Monde
Montmartre Alain Souchon

c. Den Laut [ɛ̃]
[ɛ̃] haben Sie schon gehört, z. B. bei Alain Souchon. Können Sie andere Beispiele finden? Lesen Sie sich die Wörter auf den Seiten 12 und 13 noch einmal durch, und hören Sie sie dabei auf der CD an.

d. Haben Sie gute Ohren? Dann haben Sie sicher schon festgestellt, dass am Wortende der Konsonant nicht immer hörbar ist. Hören Sie wieder die CD an, und streichen Sie bei den folgenden Wörtern die Konsonanten weg, die nicht ausgesprochen werden.

camembert Paris croissant restaurant
français

Wenn Sie genau wissen möchten, wie einzelne Laute ausgesprochen werden, dann sehen Sie doch einfach in den Erklärungen zur Aussprache auf den Seiten 6 und 7 im Begleitbuch nach.

3 (CD 1/3) Hören Sie die deutschen Umschreibungen von bekannten französischen Begriffen auf der CD an. Um welches französische Wort handelt es sich?

G Lesen Sie noch einmal die Wörter unter den Fotos auf Seite 12–13. Vor ihnen steht **le, la, les** und auch **l'** – die verschiedenen Formen des bestimmten Artikels. Welche Form steht wann? Wenn Sie auf die Farben achten, finden Sie wahrscheinlich einen wichtigen Unterschied heraus:

1. **la** steht vor dem Femininum Singular (lila);
2. **le** [lə] steht vor dem Maskulinum Singular (türkis).

Die anderen beiden Formen gelten für beide Geschlechter:

3. **l'** steht vor Substantiven, die mit Vokal oder mit **h** beginnen, unabhängig vom Geschlecht;
4. im Plural ist der bestimmte Artikel immer **les** [le], unabhängig vom Geschlecht.

Ein Neutrum gibt es im Französischen nicht.

G **Les** kennzeichnet den Plural. Im Plural ändert sich aber auch das Substantiv. Bei den meisten Wörtern wird der Plural ganz einfach gebildet: Sie hängen an das Wortende ein **-s** an, das nicht ausgesprochen wird:

la chanson *das Lied* → les chansons *die Lieder*

Übrigens werden Substantive im Französischen kleingeschrieben; nur Eigennamen schreibt man groß.

4 Qu'est-ce qui va ensemble?
Was passt zusammen? Bilden Sie Paare, und schreiben Sie – falls nötig – den passenden Artikel dazu.

croissants baguette camembert ~~champagne~~ chanson ~~restaurant~~ Montmartre café Paris Alain Souchon

a. **Le champagne et le restaurant**

b. ....

c. ....

d. ....

e. ....

5 Trouvez l'article et mettez le tout au pluriel.
Finden Sie den richtigen Artikel für das Substantiv im Singular, und setzen Sie dann alles in den Plural.

Singular	Plural
a. **le** croissant	**les croissants**
b. ...... baguette	....
c. ...... café	....
d. ...... chanson	....
e. ...... parfum	....
f. ...... restaurant	....

G (CD 1/4) Neben den Nasalen ist auch das **e** im Französischen ein ganz wichtiger und sehr unterschiedlich gesprochener Laut.

1. **e** spricht man manchmal [ə], manchmal [e]. Sie haben auch zwei Wörter kennengelernt, bei denen diese Unterscheidung ganz besonders wichtig ist, nämlich **le** [lə] und **les** [le]. Nur durch die Aussprache des **e** kann man beim Hören eines männlichen Wortes unterscheiden, ob es im Singular oder Plural steht – denn das Plural **-s** wird ja nicht mitgesprochen. Ein Beispiel: **le café** [lə kafe] – **les cafés** [le kafe].
Die Franzosen unterscheiden sehr genau zwischen [e] und [ə]; deswegen sollten Sie die Aussprache bei jedem Wort genau mitlernen.
2. Ganz einfach ist es bei **é**: Das **é** mit diesem Akzent wird immer [e] gesprochen. Wir werden es in Lektion 2 genau unter die Lupe nehmen; ein Beispiel kennen Sie aber schon: **café** [kafe].
3. Und noch eine ganz einfache Regel: **e** am Wortende ist nicht hörbar: **l'architecture** [larʃitɛktyr].

6 (CD 1/5) **Le** ou **les** ?
Le oder **les**? Hören Sie die CD an, und setzen Sie den Artikel. Und denken Sie auch an das Plural-**s** am Wortende, wenn es nötig ist.

a. ...... café ...... La Coupole

b. ...... restaurant ...... Maxim's

c. ...... parfum ...... Guerlain

d. ...... croissant ...... Lenôtre

e. ...... camembert ...... Président

Régions de France

Gegenden in Frankreich

7 1/6 Il y a tant à aimer en France, chaque région a ses spécialités. Ecoutez le CD et cochez sur la carte les noms des régions que vous entendez.

Frankreich hat eine Menge zu bieten, jede Gegend hat ihre eigenen Spezialitäten. Sicherlich kennen Sie schon viele, aber vielleicht noch nicht alle. Entdecken wir sie doch gemeinsam! Hören Sie die CD an, und kreuzen Sie die Regionen an, die erwähnt werden!

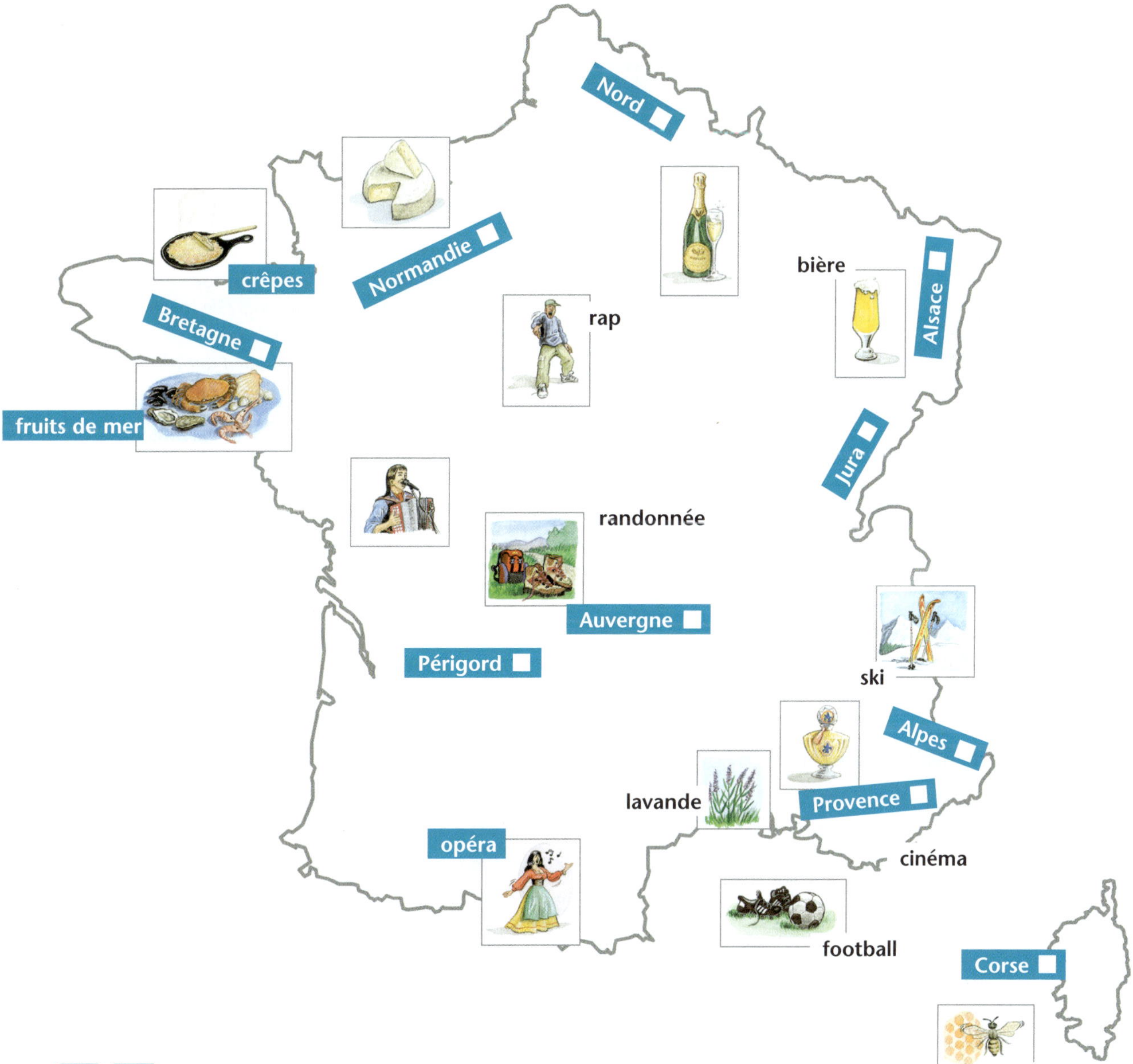

Nord ☐
Normandie ☐
crêpes
Bretagne ☐
fruits de mer
bière
Alsace ☐
rap
Jura ☐
randonnée
Auvergne ☐
Périgord ☐
ski
Alpes ☐
lavande
Provence ☐
cinéma
opéra
football
Corse ☐
miel

8 1/7 Masculin ou féminin ?

Maskulin oder feminin? Hören Sie die CD an, und markieren Sie auf der Frankreichkarte die männlichen Substantive türkis, die weiblichen Substantive lila.

9 Quelles régions de France ou quelles spécialités aimez-vous particulièrement ?

Welche Gegenden Frankreichs oder welche Spezialitäten mögen Sie besonders gern? Was Pierre mag, sehen Sie auf der Zeichnung. Und was mögen Sie gar nicht? Was Marie nicht ausstehen kann, sehen Sie unten.

Und was mögen Sie? Lassen Sie sich doch von unserer Frankreichkarte auf Seite 15 inspirieren!

....

....

....

....

Was mögen Sie gar nicht?

....

....

....

....

G Wenn Sie ausdrücken wollen, was Sie mögen, verwenden Sie das Verb **aimer**. Wenn Sie sagen wollen, dass Sie etwas überhaupt nicht mögen, nehmen Sie das Verb **détester**. Viele französische Verben gehören zu einer „Familie“. **Aimer** und **détester** gehören – wie die meisten Verben – zur **-er**-Gruppe, einer recht benutzerfreundlichen, da regelmäßigen Verbgruppe.

Und so werden die Verben auf **-er** konjugiert:

aimer	***mögen***
j'aime	*ich mag*
tu aimes	*du magst*
il aime	*er mag*
elle aime	*sie mag*
nous aimons	*wir mögen*
vous aimez	*ihr mögt/Sie mögen*
ils aiment	*sie mögen*
elles aiment	*sie mögen*

détester	***gar nicht mögen***
je déteste	*ich mag gar nicht*
tu détestes	*du magst gar nicht*
il déteste	*er mag gar nicht*
elle déteste	*sie mag gar nicht*
nous détestons	*wir mögen gar nicht*
vous détestez	*ihr mögt/Sie mögen gar nicht*
ils détestent	*sie mögen gar nicht*
elles détestent	*sie mögen gar nicht*

Achten Sie darauf, die richtigen Personalpronomen zu verwenden:

il aime — *er mag*
elle aime — *sie mag*

Sie mögen heißt **elles aiment**, wenn es sich um mehrere Frauen handelt, und **ils aiment**, sobald ein Mann dabei ist oder es sich um mehrere Männer handelt.

10 Reliez ce qui va ensemble.

Die Personalpronomen begleiten immer das Verb. Deswegen sollten Sie sie gut kennen. Verbinden Sie das französische Pronomen mit dem passenden deutschen.

j' bzw. je	*du*
tu	*er*
il	*sie* (eine Frau)
elle	*ich*
nous	*ihr, Sie*
vous	*wir*
ils	*sie* (nur Frauen)
elles	*sie* (Männer und Frauen bzw. nur Männer)

11 Contrôlez si tout est juste.

Und hier nun einige Aussagen zur Konjugation und zu den Pronomen. Überprüfen Sie, ob alles richtig ist.

a. Das Verb endet in der 2. Person Singular **(tu)** immer auf -s.
b. Auf Französisch kann *sie* mit **elle, ils** oder **elles** übersetzt werden.
c. **Vous** bedeutet *ihr* und *Sie.*
d. Mit **tu** spricht man einen Freund oder ein Kind an.
e. Die 3. Person hat im Singular und im Plural eine weibliche und eine männliche Form.
f. *Ich* kann man mit **je** oder **j'** wiedergeben.
g. **J'** steht vor einem Verb, das mit Vokal beginnt.

12 Les verbes ont perdu leur terminaison. Reliez ce qui correspond.

Die Verbformen haben ihre Endungen verloren. Können Sie die richtigen Teile wieder zusammensetzen? Welche Endungen müssen mehrfach verwendet werden?

13 1/8 Lisez la conjugaison d'**aimer** et de **détester** en écoutant le CD.

Manche Endungen der Verben auf **-er** sind stumm. Aber welche? Lesen Sie die Konjugation von **aimer** und **détester** auf Seite 16, und hören Sie dabei die CD an. Zeichnen Sie eine ♪ am Verbende, wenn die Endung hörbar ist. Die Endungen, die man nicht hört, streichen Sie einfach durch.

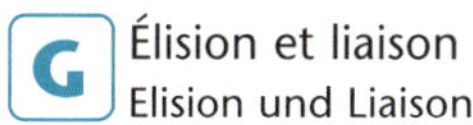

G Élision et liaison

Elision und Liaison

Im Französischen werden eng zusammengehörende Wörter gesprochen, als wären sie ein Wort. Man setzt also nicht zu Beginn des zweiten Wortes mit der Stimme neu an. Das ist jedoch schwierig, wenn zwei Vokale aufeinanderfolgen, d. h.

1. wenn das erste Wort mit einem Vokal aufhört und das zweite mit einem Vokal oder **h** beginnt, z. B. bei **je** + **aime**;
2. wenn das erste Wort mit einem Konsonanten aufhört, der nicht gesprochen wird, und das zweite Wort mit einem Vokal beginnt, z. B. bei **nous** + **aimons**.

Damit auch in diesen Fällen die Wörter zusammenhängend gesprochen werden können, gibt es im Französischen zwei ganz besondere Phänomene:

1. Die Elision
Elision heißt wörtlich *Auslassung.* Wenn das erste Wort mit Vokal aufhört und das zweite mit Vokal oder **h** beginnt, wird der Endvokal des ersten Wortes einfach weggelassen. Aus dem Wort **je** *ich* wird **j'**, also: **j'aime**. Das Gleiche passiert bei den Artikeln: Aus **le** und **la** wird **l'**, wenn das folgende Wort mit einem Vokal beginnt, also: **l'Alsace**.

2. Die Liaison
Liaison heißt *Verbindung*. Wenn das erste Wort mit einem Konsonanten aufhört, gesprochen oder nicht, und das zweite Wort mit einem Vokal beginnt, verbindet man die beiden Wörter; dabei wird der Konsonant ausgesprochen und zum zweiten Wort gezogen. Auch dafür kennen Sie schon Beispiele: **nous‿aimons** [nuzemõ] oder **il‿aime** [ilɛm].

In beiden Fällen können dann die Wörter zusammen ausgesprochen werden, als wären sie zu einem Wort verschmolzen: **l'opéra** [lopera], **j'aime** [ʒɛm], **vous aimez** [vuzeme].

Diese beiden Phänomene treten bei eng zusammengehörenden Wörtern auf, z. B. bei Artikel + Substantiv, bei Pronomen + Verb.
Keine Angst, wenn Ihnen das jetzt noch etwas kompliziert erscheint: Wenn Sie immer wieder Französisch hören, sprechen Sie die Elision und die Liaison irgendwann ganz automatisch.

14 1/9 Ecoutez et écrivez ‿ si vous entendez une liaison.
Hören Sie noch einmal die Konjugation von **aimer** an, und tragen Sie in der Konjugationstabelle auf S. 16 ein, wenn Sie eine **liaison** hören.

15 1/10 Où faire une liaison ?
Wo müsste in den folgenden Sätzen eine **liaison** gesprochen werden? Zeichnen Sie die **liaison** ein, und überprüfen Sie Ihre Lösung anhand der CD!

a. Vous aimez l'opéra ? b. Il aime les crêpes. c. Nous aimons Paris. d. Elles aiment Montmartre. e. Ils aiment le champagne. f. Nous aimons la France. g. Il aime le football. h. Vous aimez les Alpes ?

Casanova

Casanova

16 1/11 Annabelle passe sa pause de midi à la terrasse du *Bonaparte*. Casanova a bien envie de faire sa connaissance et s'assied à sa table, ce qui est assez inhabituel en France. Il essaie d'engager la conversation…
Annabelle verbringt ihre Mittagspause auf der Terrasse vom **Bonaparte**. Casanova möchte sie gerne kennenlernen und setzt sich – was in Frankreich ziemlich ungewöhnlich ist – an ihren Tisch. Er versucht, ein Gespräch anzufangen …

Casanova Mademoiselle ?
Annabelle Oui ?
Casanova Vous aimez le rap ?
Annabelle Euh… Non.
Casanova Et l'opéra, vous aimez l'opéra ?
Annabelle Mmmh, non !
Casanova Alors euh… vous aimez euh… les fruits de mer ?
Annabelle Les fruits de mer ?? Ah non alors !
Casanova Mais vous aimez sûrement Paris, la mode, le champagne ! Vous aimez le champagne, bien sûr ?
Annabelle Non.
Casanova Mais… vous aimez l'aventure ?
Annabelle NON ! Monsieur, j'aime… le silence…
Casanova Oh !! Dommage…

Wenn Sie in Deutschland jemanden ansprechen, dessen Namen Sie nicht kennen, sagen Sie einfach „Guten Tag". In Frankreich redet man seinen Gesprächspartner prinzipiell mit **Monsieur** *mein Herr*, **Madame** *gnädige Frau* oder **Mademoiselle** *mein Fräulein* an. **Mademoiselle** ist keinesfalls so veraltet wie das deutsche *Fräulein*; üblicherweise werden junge und unverheiratete Frauen mit *Mademoiselle* angeredet.

Hören Sie sich noch einmal die beiden folgenden Sätze auf der CD an:

- Nous aimons Paris.
- Vous aimez le rap ?

Bei dem ersten Satz handelt es sich um eine Aussage. Der Sprecher geht am Ende des Satzes mit der Stimme leicht nach unten. Beim zweiten Satz stellt er eine Frage. Dabei geht er mit der Stimme leicht nach oben.

Mit der Stimme nach oben zu gehen ist die einfachste Art, eine Frage zu stellen: **Il aime les crêpes ?**

Nur die Satzmelodie unterscheidet eine Frage vom Aussagesatz: **Il aime les crêpes.**

17 Ecoutez et cochez. (CD 1/13)
Hören Sie die CD an, und kreuzen Sie an, ob es sich um Frage- oder Aussagesätze handelt:

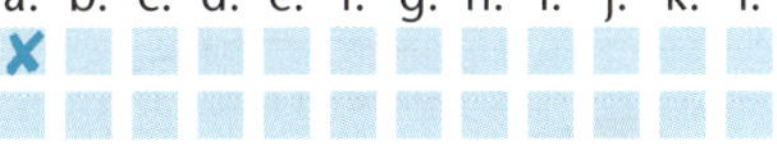

	a.	b.	c.	d.	e.	f.	g.	h.	i.	j.	k.	l.
Fragesatz	X											
Aussagesatz												

18 Avez-vous le courage de faire une petite dictée ? Ecoutez et complétez. (CD 1/14)
Trauen Sie sich ein kleines Lückendiktat zu? Dann hören Sie die CD an, und schreiben Sie mit! Anschließend setzen Sie am Satzende ein Fragezeichen oder einen Punkt.

a. .... aim .... la Provence ......
b. .... aim .... le Jura ......
c. .... détest .... le football ......
d. .... aim .... le cinéma ......
e. .... aim .... l'impressionnisme ......
f. .... détest .... les fruits de mer ......
g. .... aim .... les crêpes ......
h. .... aim .... le ski ......
i. .... détest .... le champagne ......

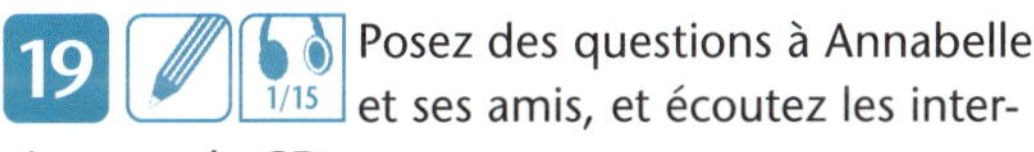

19 Posez des questions à Annabelle et ses amis, et écoutez les interviews sur le CD. (CD 1/15)
Fragen Sie Annabelle und ihre Freunde, ob sie die auf den Zeichnungen dargestellten Dinge mögen. Mithilfe der CD können Sie ein richtiges Interview führen.

Annabelle, vous aimez la chanson ?

Benjamin

Benjamin, vous aimez le ski ?

Haben Sie es bemerkt? Annabelle, Benjamin, Stéphane und Claire wurden mit ihrem Vornamen angesprochen und trotzdem gesiezt. Dies ist in Frankreich nicht unüblich, es ist sozusagen eine Zwischenstufe zwischen der förmlich-distanzierten Anrede mit *Sie* und dem Nachnamen und dem freundschaftlichen *du*. Dementsprechend hört man **vous** mit Vornamen häufig unter Kollegen, aber auch unter Schwiegereltern und Schwiegertöchtern oder -söhnen.

La Bretagne
Die Bretagne

20 1/16 Paul et Marie sont en train de faire connaissance…
Paul und Marie lernen sich gerade kennen …

- Moi, j'aime les randonnées… Et toi ?
- Moi aussi ! Et j'aime les crêpes !
- Ah, moi aussi !
- Et les fruits de mer ? Moi, j'aime les fruits de mer…
- Oooh non ! Moi pas !
- Euh… Tu aimes la Bretagne ?
- Oh oui ! Moi, j'adore la Bretagne !
- Moi aussi !

G Bei der Konjugation von **aimer** und **détester** haben Sie auch die Pronomen kennengelernt. Wenn die Pronomen ohne Verb stehen, sind einige Formen ein wenig anders. Man nennt diese Formen die „betonten Pronomen".

Zwei dieser Formen kennen Sie schon aus dem Text.

ich	moi	*Ich nicht.*	Moi pas.
du	toi	*Und du?*	Et toi ?

Einige betonte Pronomen dürften Ihnen bekannt vorkommen – sie haben nämlich dieselbe Form wie die unbetonten Pronomen:

elle	*sie* (eine Frau)
nous	*wir*
vous	*ihr/Sie*
elles	*sie* (mehrere Frauen)

Nur die Herren der Schöpfung tanzen aus der Reihe:

lui	*er*
eux	*sie* (Männer und Frauen oder nur Männer)

In dem Dialog oben haben Sie auch gesehen, dass manchmal vor dem Verb mit dem unbetonten Pronomen noch das betonte Pronomen steht. Das ist immer dann der Fall, wenn man die Person ganz besonders hervorheben möchte, z. B. wenn Sie Ihre Meinung gegenüber einer anderen Meinung abgrenzen möchten.

Moi, j'aime…	*Ich mag …*
Lui, il aime…	*Er mag …*
Eux, ils aiment…	*Sie mögen …*

21 Oscar est un perroquet très communicatif : il aime parler et poser des questions. Répondez-lui!
Oscar ist ein sehr gesprächiger Papagei: Er spricht gern und stellt gern Fragen. Antworten Sie ihm:

Et pour finir…
Letzte Übungsrunde

22 Complétez et barrez l'intrus.
Ergänzen Sie, wo es nötig ist, und streichen Sie dann den Begriff, der jeweils nicht in die Reihe passt.

a.	la Bretagne	…… Jura
	…… Normandie	…… Paris
b.	…… champagne	…… parfum
	…… eau d'Evian	…… café
c.	…… ski	…… football
	…… randonnée	…… cinéma
d.	…… je	…… et
	…… tu	…… il
e.	…… croissant	…… mode
	…… crêpes	…… baguette
f.	…… architecture	…… chanson
	…… opéra	…… rap

23 1/17 Vous aimez les poèmes ?
Sie mögen Gedichte? Schreiben Sie eines: Ergänzen Sie Wörter, die Sie schon kennen! Hören Sie dann die CD an, und lesen Sie Ihr Gedicht laut vor!

J'aime les cafés et les randonnées.

J'aime la Bretagne et le ....

J'aime le cinéma et l'..

J'aime la bière et le ....

J'aime les .... d'Alain Souchon.

J'aime le Nord et le ....

J'aime le ski, la vie et ....

Et toi, toi, je t'aime aussi !

24 Pouvez-vous dire ce qu'aiment vos amis ?
Können Sie sagen, was Ihre Freunde mögen? Setzen Sie Vornamen von Leuten, die Sie kennen, ein. Dann beschreiben Sie, was sie aus der folgenden Liste mögen bzw. gar nicht mögen! Anschließend beziehen Sie selber Position.

bière camembert chansons mode
croissants rap football silence

Ihr Freund **Martin:**
Lui, il **aime la bière. Moi pas.**

Ihr Freund ....

....

Ihre Freundin ....

....

Ihre Nachbarn

....

Ihre Familie

....

Und was mögen Sie?

Moi ....

2

3

1

ECOUTEZ LE CD : QUELLE ATMOSPHÈRE CORRESPOND À QUELLE PHOTO?

1/18 Diese Fotos zeigen Ihnen ganz verschiedene Seiten von Frankreich; auf der CD hören Sie den Ton zu den Situationen. Welche Klänge verbinden Sie mit welchem Bild?

Neue Formen und Strukturen

1. Aussprache (I)

1. **en, an, em** und **am** werden [ɑ̃] ausgesprochen.
2. **on** und **om** werden [ɔ̃] ausgesprochen.
3. **im, in, ain** und **aim** werden [ɛ̃] ausgesprochen.
4. Ein Konsonant am Wortende wird meist nicht ausgesprochen: **Paris** [pari].
5. **e** wird manchmal [e], manchmal [ə] ausgesprochen: **les** [le], **le** [lə].
6. **é** wird immer [e] ausgesprochen: **café** [kafe].
7. **e** am Wortende ist nicht hörbar: **France** [frɑ̃s].
8. Eng zusammengehörende Wörter werden gesprochen, als wären sie ein Wort: **il aime** [ilɛm]. (→ Elision und Liaison)

2. Der bestimmte Artikel (I)

	maskulin	feminin
Singular	le café l'opéra	la chanson l'aventure
Plural	les cafés les opéras	les chansons les aventures

3. Der Plural des Substantivs (I)

Im Plural bekommen die Substantive am Wortende in der Regel ein -s:

Singular	Plural
le restaurant	les restaurants
la chanson	les chansons

4. Die Verben auf *-er*

Beispiel: **aimer** *mögen*
Stamm: **aim-**

Endungen	Konjugation	
-e	j'aime	*ich mag*
-es	tu aimes	*du magst*
-e	il / elle aime	*er/sie mag*
-ons	nous aimons	*wir mögen*
-ez	vous aimez	*ihr mögt / Sie mögen*
-ent	ils / elles aiment	*sie mögen*

Nur die Endungen **-ons** und **-ez** sowie die Endung des Infinitivs sind hörbar, alle anderen Endungen sind stumm.

5. Die Personalpronomen

Die Personalpronomen, die beim Verb stehen, lauten:

Singular		Plural	
je [ʒə] / j'	*ich*	nous [nu]	*wir*
tu [ty]	*du*	vous [vu]	*ihr / Sie*
il [il]	*er*	ils [il]	*sie* (sobald ein Mann dabei ist)
elle [ɛl]	*sie*	elles [ɛl]	*sie* (nur Frauen)

Die betonten Personalpronomen, die ohne Verb oder zur Hervorhebung stehen, lauten:

Singular		Plural	
moi [mwa]	*ich*	nous [nu]	*wir*
toi [twa]	*du*	vous [vu]	*ihr / Sie*
lui [lɥi]	*er*	eux [ø]	*sie* (sobald ein Mann dabei ist)
elle [ɛl]	*sie*	elles [ɛl]	*sie* (nur Frauen)

- J'aime la France, et vous ? — Moi aussi !
- *Ich mag Frankreich, und Sie?* — *Ich auch!*

6. Elision und Liaison

Wenn das folgende Wort mit Vokal oder stummem **h** beginnt, wird

je → j' j'aime
le / la → l' l'opéra, l'architecture

Wenn ein Wort mit einem stummen Konsonanten aufhört und das folgende, eng dazugehörende Wort mit einem Vokal oder **h** beginnt, spricht man den Konsonanten aus und verbindet so die beiden Wörter:

nous aimons [nuzɛmɔ̃]
ils aiment [ilzɛm]
les aventures [lezavɑ̃tyr]

7. Die Intonationsfrage

Bei einer Frage geht die Stimme nach oben:
Il aime Paris ? ↗

Bei einer Aussage geht die Stimme nach unten:
Il aime Paris. ↘

Francophonie

Die Frankophonie

La francophonie **est** un peu comme une famille : Mériem, Sélim et Désiré **parlent français** parce qu'ils vivent dans un **pays** francophone. Ils **habitent** loin : **en Tunisie, au Québec ou aux Antilles…** Désirez-vous faire leur connaissance ? Alors, écoutons Radio France Internationale !

Die Frankophonie **ist** ein wenig wie eine Familie: Mériem, Sélim und Désiré **sprechen Französisch**, weil sie in einem französischsprachigen **Land** leben. Sie wohnen weit weg: **in Tunesien, in Québec oder auf den Antillen …** Möchten Sie sie kennenlernen? Dann hören wir doch Radio France Internationale!

Heute hören Sie eine Radiosendung. Radio France wird Ihnen Menschen vorstellen, die alle etwas gemeinsam haben: Sie leben in frankophonen Ländern, also Ländern, in denen man Französisch spricht, und sie wachsen oft zweisprachig auf. Für Reisen in all diese Länder lohnt es sich, Französisch zu können. In dieser Lektion lernen Sie zu sagen, wo Sie leben, welche Sprachen Sie sprechen und was Sie gern tun.

WORTSCHATZ: Name, Wohnort, Beruf und Sprachen

Pays francophones

Französischsprachige Länder

a.

b.

c.

d.

e.

f.

g.

h.

i.

1 Écrivez les noms des pays sous leur photo.
Hier sind Fotos aus einigen Ländern und Regionen, in denen man Französisch spricht. Erkennen Sie sie? Schreiben Sie die Namen unter das entsprechende Foto, und kreuzen Sie an, wohin Sie gerne reisen möchten.

le Viêt-nam ▪	le Québec ▪	le Liban ▪
la Suisse ▪	la Belgique ▪	la Tunisie ▪
les Antilles ▪	le Sénégal ▪	la Guyane ▪

In diesem Land ist Französisch
- Muttersprache.
- offizielle Amtssprache.
- erste Fremdsprache in der Schule.

2 Féminins ou masculins ?
Feminin oder maskulin? Können Sie aus den Ländernamen Regeln für deren Geschlecht ableiten? Sehen Sie sich die Namen genau an.

a. Welches Geschlecht haben die Länder, die auf **-e** enden?
maskulin ☐ feminin ☐
b. Und die übrigen?
maskulin ☐ feminin ☐
c. Bei welchen Ländernamen kann man das Geschlecht nicht erkennen?

....

....

Je suis ...

Ich bin ...

3 1/19 Avant chaque émission, on fait un petit essai de son. Les invités de l'émission disent une ou deux phrases au micro et se présentent.
Vor jeder Radiosendung macht man eine kleine Hörprobe. Die Studiogäste sagen ein oder zwei Sätze ins Mikrofon und stellen sich vor.

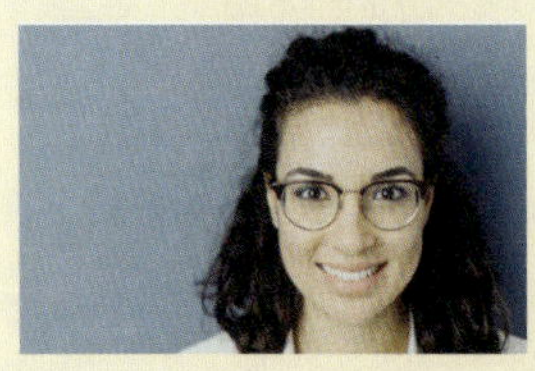

Nom : Djura
Prénom : Mériem
Adresse : Rue Bab El Khadra, Tunis, Tunisie
Profession : journaliste

- Je m'appelle Mériem Djura et je suis journaliste.

Nom : Marigot
Prénom : Désiré
Adresse : Rue Victor Hugo, Saint-Pierre, Martinique (Antilles)
Profession : cuisinier

- Je m'appelle Désiré Marigot.
  Je suis né ici et
  je suis cuisinier.

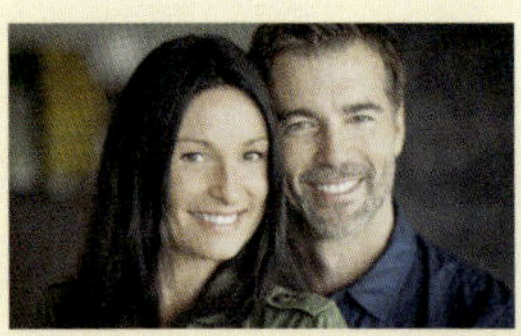

Nom : Vigneault
Prénom(s) : André et Marie
Adresse : Rue Martin, Montréal, Québec

- Je m'appelle Marie Vigneault.
- Et moi, je suis André.
  Nous habitons à Montréal.

G Ein Teil der Studiogäste hat sich nun schon vorgestellt. Das geht auf Französisch mit **je m'appelle** *ich heiße* oder **je suis** *ich bin*, der ersten Person des Verbs **être** *sein*.

Wie alle Verben, die viel benutzt werden, hat auch **être** eine sehr unregelmäßige Konjugation:

je suis	*ich bin*
tu es	*du bist*
il/elle est	*er/sie/es ist*
nous sommes	*wir sind*
vous êtes	*ihr seid/Sie sind*
ils/elles sont	*sie sind*

4 1/20,21 Ecoutez le CD :
Hören Sie die CD an:

a. Welche Formen haben dieselbe Aussprache?
b. Welche Formen werden gebunden (**liaison**)?
c. Welche Buchstaben am Wortende sind nicht hörbar? Streichen Sie sie durch!
d. Welche Formen sind schwierig auszusprechen?

Mal sehen, wie gut Ihr Gedächtnis ist: Schließen Sie das Buch, und versuchen Sie, die Konjugation von **être** aufzuschreiben. Hat es geklappt? Dann viel Spaß bei den nächsten Übungen! War das Ergebnis nicht so toll, versuchen Sie es stufenweise: **je**, dann **je, tu**, dann **je, tu, il** usw. Zwingen Sie sich nicht, zu viel auf einmal zu lernen! Unregelmäßige Verben wie **être** können Sie auch auf einen Merkzettel schreiben und zu Hause sichtbar aufhängen, oder Sie schreiben sie auf ein Kärtchen, das Sie immer wieder anschauen. So merken Sie sich die Konjugation der französischen Verben leichter.

5 Retrouvez la bonne forme.
Beim Konjugieren von **être** haben sämtliche Vokale gestreikt: Finden Sie die richtigen Formen wieder?

a. je ss → je ....
b. tu s → ....
c. il/elle st → ....
d. nous smms → ....
e. vous ts → ....
f. ils/elles snt → ....

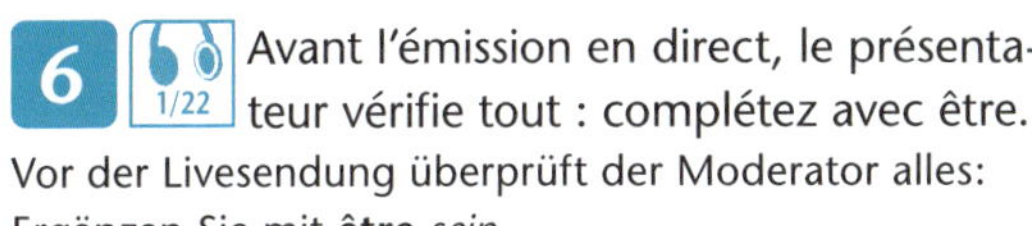

6 1/22 Avant l'émission en direct, le présentateur vérifie tout : complétez avec être.
Vor der Livesendung überprüft der Moderator alles: Ergänzen Sie mit **être** *sein*.

a. ● Vous .... Monsieur Vigneault ?
● Non, je .... Désiré Marigot.

b. ● Monsieur Vigneault, vous .... né à Tunis ?
● Non, je .... né à Montréal.

c. ● Marie et André .... ici ?
● Oui ! Nous .... ici.

d. ● Désiré .... journaliste ?
● Non, il .... cuisinier.

e. ● Vous .... Marie ?
● Non, non, moi je .... Mériem.

7 Dans le studio, les invités de l'émission font aussi connaissance entre eux : complétez.
Im Studio lernen sich die Gäste auch untereinander kennen. Ergänzen Sie mit dem passenden Ausdruck.

je m'appelle	es	je	sommes	êtes

a. Monsieur, vous .... Désiré Marigot ?

b. Moi, ... André, et toi ?

c. Moi, ... suis Mériem.

d. Toi, tu .... Désiré ?

e. Nous, nous .... Marie et André Vigneault.

Villes, pays et professions

Städte, Länder und Berufe

8 1/23 Au début de l'émission, le présentateur demande à ses invités de se présenter. Naturellement, chacun explique où il habite.
Zu Anfang der Sendung bittet der Moderator seine Studiogäste, sich vorzustellen. Natürlich erklärt jeder, wo er wohnt.

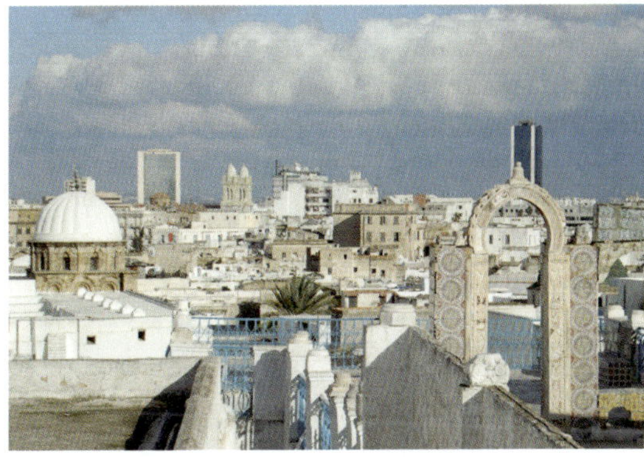

● Vous habitez en Tunisie, Mériem ?
● Oui, j'habite à Tunis. Je suis journaliste et je travaille pour la télévision, à Tunis aussi.

● Et vous, Désiré : où habitez-vous ?
● Moi, j'habite à Saint-Pierre, aux Antilles. Je suis cuisinier. Je travaille pour le restaurant Marouba.

● Et voici Marie et André Vigneault. Où habitez-vous ?
● Nous, nous habitons à Montréal, au Québec. André est architecte et moi, je suis ingénieur.

9 Votre sœur a beaucoup de questions. Pouvez-vous y répondre ? Relisez le texte.
Ihre Schwester hat die Sendung auch gehört, aber sie hat nicht richtig zugehört. Jetzt hat sie natürlich viele Fragen. Können Sie sie beantworten? Lesen Sie dazu den Text 8 noch einmal durch. Die Verben auf **-er** kennen Sie ja schon.

a. Où habite Désiré ?

Il ....

b. Où travaille Mériem ?

Elle ....

c. Où est le restaurant Marouba ?

....

d. Où habitent André et Marie ?

....

G Sie haben gerade gesehen, dass das deutsche *in* bzw. bei Inseln *auf* auf ganz unterschiedliche Art übersetzt wird.

in + Stadt: **à → à Tunis**
in + Land: weiblicher Ländername: **en** [ɑ̃],
z. B. **la Tunisie → en Tunisie**
männlicher Ländername: **au** [o],
z. B. **le Québec → au Québec**
Ländername im Plural: **aux** [o],
z. B. **les Antilles → aux Antilles**

Die Frage nach einem Ort stellen Sie einfach mit **où** *wo: Wo ist … ?* **Où est… ?**

10 Vous aimez la géographie ? Où est Lyon ? Et Bruxelles ?
Mögen Sie Erdkunde? Wo liegt Lyon? Und Brüssel?

a. Berlin est en Allemagne.
b. Bruxelles ....
c. Tunis ....
d. Lyon ....
e. Montréal ....
f. Kourou ....
g. Beyrouth ....

11 1/24 Complétez à l'aide du CD.
Die Radiosendung geht weiter: Drei neue Gäste stellen sich vor. Ergänzen Sie mithilfe der CD!

.... Sélim,
.... Beyrouth,
.... Liban.
.... technicien.

.... Rachida Jelloun,
.... Marrakech,
.... Maroc.
.... ingénieur.

.... Benjamin Davet,
.... Zurich,
.... Suisse.
.... journaliste.

12 1/25 Qui sont les autres invités ?
Möchten Sie wissen, wer die anderen Studiogäste sind? Hören Sie zu, was sie sagen, und notieren Sie ihren Beruf und den Ort. Bilden Sie dann Sätze.

a. **cuisinier, Paris – Il est cuisinier à Paris.**

13 Et vous, qui êtes-vous ?
Und wer sind Sie? Füllen Sie den Museumspass aus. In einem Wörterbuch finden Sie bestimmt, wie Ihr Beruf auf Französisch heißt. Dann stellen Sie sich vor. Versuchen Sie, dabei ganze Sätze zu bilden.

N° 0012345

musées et monuments

nom : ....

prénom : ....

adresse : ....

profession : ....

3 jours

....

....

....

Sélim

Sélim

14 1/26 l'interview de Sélim. Ecoutez…
Über Sélim möchte der Moderator nun einiges mehr wissen. Hören Sie das Interview …

- Sélim, vous parlez bien français !
- Oui, bien sûr ! Au Liban, on parle arabe et français ! Je parle aussi anglais et un peu allemand…
- Vous travaillez ?
- Oui, je suis technicien, je travaille à Beyrouth.
- Vous aimez la poésie ?
- Oui, beaucoup. Au Liban, on aime beaucoup la poésie. La littérature, la poésie, oui, c'est très important…
- En français ou en arabe ?
- On aime les deux langues !

15 Que savons-nous de Sélim et de son pays ?
Was erfahren wir über Sélim und sein Land?
Lesen Sie den Text noch einmal, und kreuzen Sie an, was zutrifft.

		oui	non
a.	Sélim parle bien français ?		
b.	Sélim parle arabe ?		
c.	Sélim parle anglais ?		
d.	Sélim parle bien allemand ?		
e.	Au Liban, on parle arabe et français ?		
f.	Au Liban, on aime la poésie ?		

G Sélim hat gesagt: **Au Liban, on parle arabe et français !** Das kleine Wörtchen **on** sollten Sie sich merken, denn Sie werden es oft hören. Im Allgemeinen heißt es *man,* aber in der Umgangssprache bedeutet es häufig *wir.* Das Verb steht bei **on** in der dritten Person Singular.

16 Que signifie **on** ?
Entscheiden Sie, ob **on** in den folgenden Situationen *man* oder *wir* bedeutet:

a. En France, on aime le camembert et en Allemagne, on aime la bière.
b. André et moi, on travaille à Montréal.
c. Salut ! On est à Marseille !
d. En Suisse, on parle français, italien et allemand.

17 Quelles langues on parle là-bas ? Reliez les pays et les langues !
Welche Sprachen spricht man dort? Verbinden Sie Länder und Sprachen, und bilden Sie Sätze!

~~Tunisie~~	Canada	Suisse	Italie	Liban
anglais	français	arabe	allemand	italien

a. **En Tunisie, on parle arabe et français.**

b. ....
....

c. ....
....

d. ....
....

e. ....
....

18 Et vous ? Quelles langues parlez-vous ?
Und Sie? Welche Sprachen sprechen Sie? Kreuzen Sie an!

	un peu	bien
allemand	■	■
anglais	■	■
arabe	■	■
espagnol	■	■
français?	■	■
italien	■	■

19 Quelles langues on parle dans votre entourage ?
Ein französisches Meinungsforschungsinstitut fragt Sie, welche Sprachen in Ihrem Freundeskreis gesprochen werden. Schreiben Sie Ihre Antwort.

a. **Sélim: Il parle arabe, français, anglais et un peu allemand.**

b. Ihr bester Freund: ....

....

c. Eine Kollegin: ....

....

d. Ihre Kinder: ....

....

e. Und Sie: ....

....

Mériem
Mériem

20 1/27 Les goûts et les loisirs.
Jetzt fragt der Moderator seine Gäste nach ihren Vorlieben und Freizeitbeschäftigungen.

- Et vous Mériem, vous aimez aussi la littérature ?
- Oui, bien sûr. J'aime surtout la poésie et la chanson. J'aime le sport aussi. J'aime euh... visiter les musées... j'aime voyager, lire, danser et bien sûr écrire...
- Et la radio ?
- Ah oui, j'aime aussi écouter la radio ! Pas vous ?

21 Relisez le texte.
Lesen Sie den Text noch einmal, und sortieren Sie nach Substantiven und Verben, was Mériem mag.

	Substantive	Verben
Mériem aime	**la littérature**	**visiter les musées**
	....	....
	....	....
	....	....
	....	....
	....	....

G Wie man sagt, dass man etwas gerne mag, haben Sie schon gelernt (→ Lektion 1). Wenn Sie etwas gern tun, benutzen Sie einfach **aimer** + Infinitiv, z. B.:

J'aime parler français ! *Ich spreche gern Französisch!*

Diese Regel gilt natürlich auch für **détester**:
Je déteste danser ! *Ich tanze gar nicht gern!*

22 Qui est Rachida ?
Rachida hat sich nur kurz vorgestellt, und wir wissen noch recht wenig über sie. Stellen Sie ihr Fragen!

a. **Vous aimez écrire ?**

23 « Et vous, qu'aimez-vous faire ? »
„Und Sie, was tun Sie gern?" Sicherlich wird Ihnen die Frage irgendwann einmal gestellt ... Um sich darauf einzustellen, beantworten Sie jetzt mündlich die Fragen von Übung 22.

24 **G** En français, il y a au-dessus des voyelles des signes – les fameux accents.
Auf den französischen Vokalen gibt es Zeichen, die das Deutsche nicht kennt. Man nennt sie Akzente. Suchen Sie ein paar Beispiele aus den Lektionen 1 und 2 heraus, und ergänzen Sie die Liste!

Accent aigu : ´ wie bei **Désiré, café,**

....

Accent grave : ` wie bei **bière,**

....

Accent circonflexe : ^ wie bei **être,**

....

G Sie wissen schon, dass der Akzent auf einem **e** wesentlichen Einfluss auf die Aussprache hat:
é wird [e] ausgesprochen (→ Lektion 1),
è und **ê** spricht man [ɛ] aus.
Akzente auf **a, i, o** und **u** haben keinen Einfluss auf die Aussprache.

In vielen Fällen haben die Akzente sprachgeschichtliche Gründe. Manchmal helfen sie aber auch bei der Unterscheidung von Wörtern, z. B. **ou** *oder* im Unterschied zu **où** *wo.*

Vielleicht ist es Ihnen schon aufgefallen: Auf Großbuchstaben stehen manchmal keine Akzente. Sie können auf Großbuchstaben auch weggelassen werden.

25 Hélas, nous avons oublié tous les accents !
O je, wir haben alle Akzente vergessen! Können Sie die Wörter aus unserer Liste verbessern und die richtigen Akzente setzen? Schreiben Sie anschließend unter **café** die Wörter, die man mit [e] spricht, und unter **bière** die Wörter, die man mit [ɛ] spricht!

cafe etre crepe detester musee cinema opera Viêt-nam randonnee ecrire television revolution Quebec etes

[e] wie in **café**

....

....

....

....

....

[ɛ] wie in **bière**

....

....

....

....

....

G Konsonanten, die auf **e** folgen, beeinflussen ebenfalls die Aussprache:
e vor Doppelkonsonanten spricht man [ɛ] aus, z. B. **baguette** [bagɛt], **je m'appelle** [ʒəmapɛl], **Saint-Pierre** [sɛ̃pjɛr].

26 1/28 Comment prononcer le **e** ?
Können Sie das **e** in folgenden Sätzen korrekt aussprechen? Versuchen Sie es, und hören Sie dann zur Kontrolle die CD.

a. Elle aime les cafés et les musées.
b. Vous êtes à Bruxelles ou aux Seychelles ?
c. La bière, c'est super à Saint-Pierre.
d. Je m'appelle Michelle et j'habite à La Rochelle.
e. A Rennes, on aime les crêpes et les baguettes.

Et pour finir...

Letzte Übungsrunde

27 Qu'aimez-vous faire ?
Was tun Sie gern? Verbinden Sie zunächst die Wörter, die zusammengehören. Dann schreiben Sie auf, was Sie gern tun. Erstellen Sie eine Rangliste Ihrer Lieblingsbeschäftigungen. An erster Stelle steht natürlich, was Sie am liebsten tun.

parler	allemand
voyager	en Europe
visiter	la salsa
écouter	la radio
lire	français
danser	Le Monde
	les musées

Moi, j'aime danser la salsa.

....

....

....

....

....

....

28 Qui êtes-vous ?
Sie möchten endlich einen französischen Brieffreund haben? Verfassen Sie eine Anzeige, und schreiben Sie, wer Sie sind: wie Sie heißen, wo Sie leben, was Sie von Beruf sind, welche Sprachen Sie sprechen, was Sie gern tun ... Eine Musterlösung finden Sie im Lösungsteil.

29 1/29 [e] ou [ɛ] ?:
Haben Sie ein feines Gehör? Dann kreuzen Sie an, welchen Laut Sie hören: [e] oder [ɛ]?

	a.	b.	c.	d.	e.	f.	g.	h.	i.
[e]									
[ɛ]	X								

PARFOIS, ON TROUVE SON BONHEUR DANS LES PETITES ANNONCES…

Manchmal findet man sein Glück in Kleinanzeigen … Auf welche würden Sie gerne antworten – und was würden Sie schreiben?

Maryse, 15, Marseille, aime voyager, danser et lire. Parle français, anglais. Cherche amie aux Antilles. **Réf N° 323232**

Moi : voyager, rêver, lire, travailler (un peu), aimer, aimer, aimer… Et toi ? **Réf N° 844563**

Robe rouge et journal, Métro Bastille, 22 h 15, tu es belle, je suis fou, écris-moi ! **Réf N° 237497**

Tigre sexy cherche animal pour voyage en Afrique. **Réf N° 578395**

Djamila, 30 ans, Alger, cherche amie pour écrire et lutter contre le silence. **Réf N° 098734**

Capitaine, 50 ans, sportif, cultivé, désire femme, enfants et port pour l'homme et le bateau. **Réf N° 438387**

l'amie *f die Freundin* **la robe** *das Kleid* **fou** *verrückt* **écris-moi** *schreib mir* **30 ans** *30 Jahre* **lutter contre** *kämpfen gegen* **désirer** *wünschen* **l'enfant** *m/f das Kind* **le port** *der Hafen* **le bateau** *das Schiff, das Boot*

Neue Formen und Strukturen

1. Das Verb *être sein*

je suis	[ʒəsɥi]	*ich bin*
tu es	[tyɛ]	*du bist*
il / elle / on est	[ilɛ]/[ɛlɛ]/[õnɛ]	*er/sie/es/man ist*
nous sommes	[nusɔm]	*wir sind*
vous êtes	[vuzɛt]	*ihr seid/Sie sind*
ils / elles sont	[ilsõ]/[ɛlsõ]	*sie sind*

Wenn Sie einmal eine Verbform vergessen, können Sie natürlich in der Lektion nachsehen, in der Sie das Verb gelernt haben. Sie finden aber auch alle Verben, die in diesem Buch vorkommen, in den Verbtabellen im Begleitbuch.

2. Ortsangaben: *in*

Où est … ? *Wo ist …?*

à vor Städten
Il est à Paris. *Er ist in Paris.*

au bei Ländernamen im Maskulinum Singular
Il est au Maroc. *Er ist in Marokko.*

en bei Ländernamen im Femininum Singular
Il est en France. *Er ist in Frankreich.*

aux bei Ländernamen im Plural
Il est aux Antilles. *Er ist auf den Antillen.*

Ländernamen, die auf **-e** enden, sind in der Regel weiblich. Ausnahmen: **le Mexique** *Mexiko,* le Cambodge *Kambodscha*

Die Präpositionen **à, au, en** und **aux** brauchen Sie übrigens auch für Richtungsangaben (→ Lektion 3, 6).

3. *On*

- Au Liban, on parle arabe et français.
  Im Libanon spricht man Arabisch und Französisch.
- André et moi, on aime danser.
  André und ich, wir tanzen gerne.

On kann je nach Zusammenhang *man* oder *wir* bedeuten. Das Verb steht bei **on** in der 3. Person Singular.

4. Wenn Sie über sich reden möchten

Je m'appelle … *Ich heiße …*
Je suis … *Ich bin …*
J'habite (à) … *Ich wohne in …*

5. Wenn Sie sagen möchten, was Sie gerne tun

aimer + Infinitiv	*etwas gerne tun*
J'aime parler français.	*Ich spreche gern Französisch.*
détester + Infinitiv	*etwas gar nicht gerne tun*
Je déteste danser.	*Ich tanze gar nicht gern.*

6. Die Akzente

Die Akzente heißen:

´ accent aigu
` accent grave
^ accent circonflexe

Auf dem **e** beeinflussen Akzente die Aussprache. Manchmal helfen Akzente bei der Unterscheidung der Bedeutung von Wörtern: **ou** [u] *oder,* **où** [u] *wo.*
Ansonsten sind sie nur sprachgeschichtlich von Bedeutung.
Auf Großbuchstaben stehen in der Regel keine Akzente.

7. Aussprache (II)

1. Akzente auf dem **e** beeinflussen die Aussprache:
   é: [e] z. B. **café** [kafe]
   è und **ê**: [ɛ] z. B. **bière** [bjɛr], **crêpe** [krɛp]
2. Akzente auf anderen Vokalen beeinflussen deren Aussprache nicht.
3. **e** vor Doppelkonsonanten wie **ll, tt, rr** wird [ɛ] gesprochen.

Une invitation

Eine Einladung

Patrick est monté en grade et **il organise une** petite **fête**. Il invite **des amis**, des collègues et **des voisins**. Ils apportent **un** cadeau ou **des fleurs**. Gaston est là aussi : attention, il fait toujours **des** gaffes. Et voilà, déjà **une** gaffe ! Il arrive **en avance**. Tout le monde s'amuse bien, sauf les chats de Patrick…

Patrick ist befördert worden, und **er organisiert ein** kleines **Fest**. Er lädt **Freunde**, Kollegen und **Nachbarn** ein. Sie bringen **ein** Geschenk oder **Blumen** mit. Gaston ist auch dabei: Aufgepasst! Er tritt in jedes Fettnäpfchen! Es ist ihm schon wieder gelungen: Er kommt **zu früh!** Alle haben viel Spaß – bis auf die Katzen von Patrick …

Was Sie in dieser Lektion lernen, können Sie leicht auf einer Party oder beim ersten Kontakt mit Leuten, die Französisch sprechen, anwenden: jemanden vorstellen oder begrüßen, sagen, wie es Ihnen geht oder dass Sie etwas nicht ganz verstanden haben, was anfangs natürlich vorkommen wird. Zerbrechen Sie sich nicht den Kopf über einzelne Redewendungen: Lernen Sie sie einfach auswendig; wir werden sie später genau durchnehmen.

WORTSCHATZ: **erste Kontakte**

1 La fête

Die Party

2 G

Cochez ce qui est juste, d'après les images.

Welche Grußformel benutzt man? Kreuzen Sie an, was Ihrer Meinung nach richtig ist. Vieles können Sie den Bildern entnehmen.

a. Mit **salut** kann man Freunde begrüßen.
b. Mit **salut** kann man sich begrüßen und sich verabschieden.
c. **Bonjour** sagt man nur vormittags.
d. **Bonsoir** sagt man nach Sonnenuntergang.
e. Mit **au revoir** kann man sich verabschieden.

Hier ein kleiner Partyknigge für Frankreich: 20 Uhr ist in Frankreich eine klassische Zeit für eine Einladung. Aber auch um diese Uhrzeit sollten Sie nicht ganz pünktlich erscheinen: Eine Verspätung von maximal 15 Minuten (akademisches Viertel) ist angebracht, um Gastgeber nicht in Verlegenheit zu bringen. Mit der leidenschaftlichen Begrüßung durch Gaston hatte die arme Frau auf der Party offensichtlich nicht gerechnet – zu Recht: Unter Freunden **on se fait la bise**, *gibt man sich Wangenküsschen;* Männer untereinander und Leute, die sich nicht sehr gut kennen, schütteln sich eher die Hand.
Eine Person, die Sie nicht kennen, sprechen Sie mit **Monsieur, Madame** oder **Mademoiselle** an. Kennen Sie den Namen Ihres Gesprächspartners, setzen Sie ihn hinzu, z. B. **Monsieur Delors.**
Salut ist unter Jugendlichen zur Begrüßung sehr verbreitet, aber umgangssprachlich. Mit **salut** sollten Sie nur gute Freunde oder Bekannte begrüßen.

G Wenn Sie sich die Begrüßungen noch einmal ansehen, können Sie feststellen, dass man eine Frage nicht nur durch Heben der Stimme, sondern auch – wie im Deutschen – durch Vertauschen von Verb und Subjekt (Inversion) bilden kann:

Comment allez-vous? *Wie geht es Ihnen?*

Achten Sie auf die Reihenfolge:
Fragewort Verb Bindestrich Pronomen als Subjekt

Sie haben die Inversionsfrage schon einmal gesehen: In Lektion 2 fragt der Moderator: « **Où habitez-vous ?** » In formellen Situationen wird die Inversionsfrage gerne verwendet. Daneben verwendet man sie im Schriftlichen; außerdem hat sie sich bei einigen Wendungen einfach durchgesetzt, wie z. B. bei der Frage nach dem Wohlbefinden.

G Um sich nach jemandes Befinden zu erkundigen, fragt man

● Comment allez-vous ?	*Wie geht es Ihnen?*
● Comment vas-tu ?	*Wie geht es dir?*
● Ça va ?	*Wie geht's?*
● Je vais très bien, merci.	*Es geht mir sehr gut, danke.*
● Très bien, merci, et vous ?	*Sehr gut, danke, und Ihnen?*
● Bien, merci.	*Gut, danke.*
● Ça va.	*Mir geht's gut./ Es geht.*

Die Frage nach dem Befinden gehört sozusagen zur Begrüßung dazu. Selten werden Sie einen Franzosen antworten hören, dass es ihm schlecht geht. Das Äußerste ist ein **Ça va**, dem man je nach Tonfall entnehmen kann, wie es dem Sprecher geht.

G Für die Frage nach dem Wohlbefinden brauchen Sie das Verb **aller** *gehen.* Es endet zwar auf **-er**, gehört aber nicht zur „Familie" der Verben auf **-er**, sondern ist unregelmäßig. So wird es konjugiert:

je vais	nous allons
tu vas	vous allez
il/elle/on/ça va	ils/elles vont

3 1/30,31 Où sont les liaisons ?
Hören Sie die CD, und kreuzen Sie die richtige Aussprache an. Bei welchen Formen macht man eine **liaison**?

a.	[aler]	☐	[ale]	☐
b.	[ʒəvɛ]	☐	[ʒəvɛs]	☐
c.	[tyva]	☐	[tyvas]	☐
d.	[ɛlva]	☐	[eleva]	☐
e.	[nuzalõ]	☐	[nualõ]	☐
f.	[vuale]	☐	[vuzale]	☐
g.	[ilzvõt]	☐	[ilvõ]	☐

Liaison bei

....

....

....

4 Quand on rencontre quelqu'un, on demande de ses nouvelles.
Wenn man jemanden trifft, erkundigt man sich häufig nach seinem Wohlbefinden. Ergänzen Sie die Dialoge.

a. ● Bonjour Monsieur, comment ....-vous ?
● Je .... bien, merci.

b. ● Salut ! Ça .... ?
● Oui, ça .... bien.

c. ● Comment ....-tu ?
● Bien, merci. Et toi ?

d. ● Caroline .... bien ?
● Non, elle .... mal.

e. ● Et les Vigneault ?
● Ils .... bien, merci.

f. ● Tu .... bien ?
● Mais oui, je .... très bien !

g. ● Nous .... bien, et vous ?
● Ça .... aussi, merci.

h. ● Bonjour Patrick, comment ....-tu ?
● Je .... bien, merci. Et toi ?
● Ça ...., merci.

Bonnes vacances !

Schöne Ferien!

5 On parle de vacances…
Man spricht über den Urlaub …

- Où allez-vous en vacances ?
- Nous allons en Bretagne !
- Ah, super ! La mer, le soleil, le calme…
- Et vous ?
- Nous, nous allons aux Antilles. Je suis en vacances demain.
- Alors bonnes vacances !

G **Aller** heißt auch *gehen, fahren* oder *fliegen,* je nach Zusammenhang. Um Ihr Ziel anzugeben, verwenden Sie dieselben Präpositionen wie bei Ortsangaben (→ Lektion 2).

Nous allons en Bretagne.	*Wir fahren in die Bretagne.*
Nous allons aux Antilles.	*Wir fliegen auf die Antillen.*

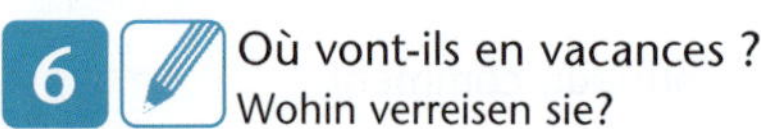

6 Où vont-ils en vacances ?
Wohin verreisen sie?

Schauen Sie die Flaggen an, und schreiben Sie auf, wer wohin fährt.
Übrigens: *Spanien* heißt **l'Espagne** *f.*

a. Nous ....
....

b. Christelle ....
....

c. Jacques ....
....

d. Cédric et Nathalie ....
....

e. Nicolas ....
....

Bonjour !

Guten Tag

7 Des invités arrivent, d'autres font connaissance.
Gäste kommen an, andere lernen sich kennen.

- Bravo ! Félicitations Patrick !
- Merci ! Merci beaucoup pour les fleurs ! C'est très gentil !

- Madame Delors, c'est Michel Jamain. Michel est le voisin de Patrick. Michel, voici Madame Delors. Madame Delors organise les voyages pour nous.
- Enchantée.
- Enchanté, Madame !

G Bei einer Frau schreibt man nicht **enchanté**, sondern **enchantée**. Die Aussprache aber bleibt gleich.

8 Voici des expressions qui reviennent souvent dans les conversations quand on est invité.
Hier sind eine Reihe von Ausdrücken, die man häufig hört, wenn man eingeladen ist. Damit Sie sie bei Gelegenheit auch verwenden können, ergänzen Sie sie.

a. Ich heiße … J...... m'......pp......lle …

b. Das ist … C'......st …

c. Sehr erfreut! E......ch......nté(e) !

d. Ich wohne … J'h......bi......e …

e. Vielen Dank! M......r......i b......au......ou...... !

f. Das ist sehr nett! C'......st tr......s ......en......il !

g. Wie geht's? ......a ......a ?

h. Ich gratuliere! ......rav...... ! Félic......ta......ions !

i. Wie geht es Ihnen? ......om......ent a......le......-vou...... ?

Cocktail

Cocktail

9 1/32 Patrick s'occupe de ses invités.
Patrick kümmert sich um seine Gäste.

Patrick Une boisson, Mademoiselle ?
Marianne Oui, avec plaisir, merci.
Patrick Un apéritif ou un jus de fruits ?
Marianne Un jus de fruits, s'il vous plaît !
Patrick Et toi Michel ? Des biscuits ? Des olives ?
Michel Non, rien, merci.

G Den bestimmten Artikel kennen Sie schon aus unserer Lektion 1. Erinnern Sie sich noch? Sonst wäre jetzt der Moment für eine schnelle Wiederholung. In Text 9 haben Sie nun den unbestimmten Artikel kennengelernt:

un apéritif *ein Aperitif*
une boisson *ein Getränk*
des olives *Oliven*

Den unbestimmten Artikel setzen Sie fast genauso wie im Deutschen. Einen kleinen Unterschied haben Sie vielleicht schon bemerkt: Im Deutschen setzt man im Plural einfach gar keinen Artikel; im Französischen hat der unbestimmte Artikel im Plural eine eigene Form: **des**.

10 G Quelle est la règle ? Complétez.

Sind Ihnen im Text 9 vielleicht weitere Beispiele für den unbestimmten Artikel aufgefallen? Wie lauten die Regeln? Ergänzen Sie!

a. Im Singular steht vor männlichen Substantiven .... und vor weiblichen ....

b. Im Plural hat der unbestimmte Artikel nur eine Form: ....

c. Im Deutschen steht einfach *Oliven,* im Französischen aber .... **olives.**

d. Wenn **un** oder **des** vor einem Substantiv stehen, das mit Vokal oder mit **h** beginnt, macht man eine ....

11 Ecrivez les articles indéfinis et les liaisons.

Setzen Sie statt des bestimmten den unbestimmten Artikel. Wo würden Sie eine **liaison** machen?

a. la profession → **une** profession

b. l'apéritif → .... apéritif

c. la fleur → .... fleur

d. les biscuits → .... biscuits

e. les croissants → .... croissants

f. le restaurant → .... restaurant

g. les olives → .... olives

h. le voyage → .... voyage

G Achten Sie darauf, dass Sie bei der Aussprache von **un** und **une** einen deutlichen Unterschied machen: **un** [ɛ̃], **une** [yn].

12 1/33 **Un** ou **une** ? Ecoutez et cochez.

Un oder **une**? Hören Sie die CD, und kreuzen Sie die richtige Lösung an.

	a.	b.	c.	d.	e.	f.	g.	h.	i.	j.
un										
une										

13 Complétez avec la liste. Et… n'oubliez pas l'article !

Kennen Sie Frankreich? Vervollständigen Sie die Erklärungen mit Wörtern aus der Liste. Und vergessen Sie den Artikel nicht! Wenn Sie ein Wort nicht kennen, können Sie es im Lektionswortschatz nachschlagen.

villes parfum café musée ~~spécialité~~
cuisinier apéritifs journal fleur

a. La quiche est **une spécialité.**

b. Le Monde est ....

c. Le Louvre est ....

d. La lavande est ....

e. Bocuse est ....

f. Le 5 de Chanel est ....

g. Lyon et Toulouse sont ....

h. La Coupole est ....

i. Le pastis et le Kir sont ....

14 Cela donne soif d'apprendre une langue, commandez donc ces boissons !

Vom Sprachenlernen bekommt man Durst. Bestellen Sie doch diese Getränke, auf Französisch natürlich!

a. **Une bière, s'il vous plaît.**

b. ....

c. ....

d. ....

e. ....

15 Pardon ?

Wie bitte?

- Vous êtes un ami de Patrick ?
- Oui, je m'appelle Bertrand de la Tavellière.
- Pardon ? Vous pouvez répéter, s'il vous plaît ?
- Ber – trand – de – la – Ta – ve – lliè – re.
- Hum !! Je suis désolé, je n'ai pas compris… Vous pouvez épeler, s'il vous plaît ?
- D E plus loin L A plus loin T A V E deux L I E accent grave R E.
- Ah, de la Tavellière ! Enchanté, Monsieur !

Gaston hat wegen der lauten Musik nichts gehört. Statt **Pardon ?** sagt er – wie Sie auf der Zeichnung sehen – **Quoi ?** *Was?* Wie im Deutschen *Was?* klingt **Quoi ?** auf Französisch recht umgangssprachlich. Mit **Pardon ?** *Wie bitte?* sind Sie auf der sicheren Seite.

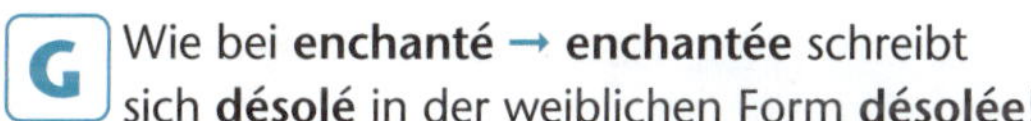

G Wie bei **enchanté → enchantée** schreibt sich **désolé** in der weiblichen Form **désolée!**

Sie haben sicher bemerkt: Franzosen haben verschiedene Redewendungen, um sich zu entschuldigen: **Pardon** sagt man eher, wenn man etwas nicht verstanden hat. **Je suis désolé(e)** dagegen, wenn man das Gefühl hat, etwas falsch gemacht zu haben, oder wenn man etwas bedauert.

16

A l'aide ! Que dire quand on ne comprend pas ? Reliez.

Hilfe! Was sagt man, wenn man etwas nicht verstanden hat? Verbinden Sie!

a. *Es tut mir Leid.* ——
b. *Können Sie bitte wiederholen?*
c. *Können Sie bitte buchstabieren?*
d. *Wie bitte?*
e. *Ich habe nicht verstanden.*

1. Je suis désolé(e).
2. Vous pouvez épeler, s'il vous plaît ?
3. Pardon ?
4. Je n'ai pas compris.
5. Vous pouvez répéter, s'il vous plaît ?

17

1/34 **G** L'alphabet français et l'alphabet allemand sont presque pareils, mais pas pour toutes les lettres.

Viele Buchstaben heißen im Deutschen und im Französischen gleich, aber nicht alle.

a. Hören Sie die CD an, und markieren Sie unten die Buchstaben, die im Französischen anders als im Deutschen ausgesprochen werden.

b. Hier sehen Sie die Lautschrift für die Buchstaben, die anders heißen. Können Sie sie mit den entsprechenden Buchstaben verbinden?

[se] [ə] [ʒe] [aʃ] [ʒi] [ky] [y] [ve] [dubləve] [igrɛk] [zɛd]

G Wenn Sie einen Doppelnamen tragen, brauchen Sie einen *Bindestrich*, **tiret** [tirɛ]. Doppelbuchstaben z. B. **TT** buchstabiert man als **deux t** [døte] oder **tt** [tete], das **ß** als **ss**, also **deux s**. Wollen Sie mehrere Wörter, z. B. Vor- und Zuname, buchstabieren, dann sagen Sie nach den einzelnen Wörtern: **plus loin** *weiter.* Umlaute gibt es im Französischen nicht. Für *ü* sagen Sie daher **u tréma**, für *ö* **o tréma** usw., also den Buchstaben und dazu **tréma** für die Pünktchen.

18

1/35 Cochez sur la carte page 15 les noms des spécialités ou des régions qui sont mentionnés par le CD.

Schlagen Sie die Frankreichkarte auf Seite 15 auf. Hören Sie die CD an, und kreuzen Sie die Spezialitäten oder die Regionen an, die buchstabiert werden.

19

1/36 Epelez les noms et vérifiez votre alphabet français avec le CD.

Buchstabieren Sie folgende Namen, und überprüfen Sie mit der CD, wie gut Sie das französische Alphabet beherrschen!

1 Odeonsplatz	2 Mayer	3 Schmittweg
4 Dinkelsbühl	5 Mannheim	6 Walterstraße

Et pour finir…

Letzte Übungsrunde

20 1/37 Ecoutez et complétez les dialogues.
Hören Sie die CD an, und ergänzen Sie die Dialoge. Es fehlt nämlich einiges …

a. ● ...., ...
allez-vous ?
● Je vais ...., ..., et vous ?

b. ● .... ! .... va ?
● Oui, ... va !

c. ● Pardon ? Vous pouvez .... ,
s'il vous .... ?

d. ● Voici Nicolas Drapier.
● .... ! Je ....
Antoine Doucet.

e. ● .... boisson ?
● Oui, un ...., s'il vous plaît.

f. ● Vous .... à Paris ?
● Non, nous .... à Versailles.

g. ● J'organise ....
avec .... amis.

SANTÉ !

Prost!

Bravo! Sie haben nun die 3. Lektion geschafft! Ein Grund zu feiern, nicht wahr? Warum nicht mit einer kleinen Party? Hier ein paar Drinks, die in Frankreich sehr beliebt sind.

de *von* (steht nach Mengenangaben) **la crème de cassis** *Likör aus schwarzen Johannisbeeren* (Spezialität aus Dijon) **frais** *kühl* **le glaçon** *der Eiswürfel* **le jus** *der Saft* **la cuillère à soupe** *der Esslöffel* **le sirop de canne** *der Zuckerrohrsirup* **blanc** *weiß* **le citron vert** *die Limette*

Le Kir royal

$\frac{1}{5}$ de crème de cassis
$\frac{4}{5}$ de champagne
Servir très frais !

L'Orchidée bleue

$\frac{1}{4}$ de curaçao
$\frac{3}{4}$ de cointreau
des glaçons

Le Punch des Antilles

(pour 4 personnes)
25 cl de jus d'ananas
25 cl de jus d'orange
5 cuillères à soupe de sirop de canne
50 cl de rhum blanc
1 citron vert
des glaçons

Neue Formen und Strukturen

1. Jemanden begrüßen

Salut Marianne !	*Hallo, Marianne!*
Ça va ?	*Wie geht's?*
Bonjour Monsieur Delors, comment allez-vous ?	*Guten Morgen /Guten Tag, Herr Delors, wie geht es Ihnen?*
Bonsoir Madame !	*Guten Abend, gnädige Frau!*

2. Die Inversionsfrage (I)

Die Inversionsfrage bilden Sie, indem Sie (wie im Deutschen auch) die Reihenfolge von Verb und Subjektpronomen vertauschen. Zwischen Verb und Subjekt steht ein Bindestrich:

Où habitez-vous ? *Wo wohnen Sie?*

Die Inversionsfrage wird in formellen Situationen und im geschriebenen Französisch verwendet. Daneben hat sie sich bei einigen Wendungen als gebräuchlichere Form durchgesetzt.

3. Sich nach jemandes Befinden erkundigen

- Comment allez-vous ? *Wie geht es Ihnen?*
- Comment vas-tu ? *Wie geht es dir?*
- Ça va ? *Wie geht's?*

- Je vais très bien, merci. *Es geht mir sehr gut, danke.*
- Très bien, merci, et vous ? *Sehr gut, danke, und Ihnen?*
- Bien, merci. *Gut, danke.*
- Ça va. *Mir geht's gut.*

4. Das Verb *aller* – *gehen, fahren, fliegen*

aller	[ale]
je vais	[ʒəvɛ]
tu vas	[tyva]
il/elle/on va	[ilva]/[ɛlva]/[õva]
nous allons	[nuzalõ]
vous allez	[vuzale]
ils/elles vont	[ilvõ]/[ɛlvõ]

5. Sich bedanken

Merci !	*Danke!*
Merci beaucoup (pour ...) !	*Vielen Dank (für ...)!*
C'est très gentil !	*Das ist sehr nett!*

6. Jemanden vorstellen

Michel	Marianne, c'est Patrick. Patrick, voici Marianne. *Marianne, das ist Patrick.* *Patrick, das ist Marianne.*
Marianne	Enchantée. *Sehr erfreut.*
Patrick	Enchanté. *Sehr erfreut.*

7. Der unbestimmte Artikel

	maskulin	feminin
Singular	un café	une boisson
Plural	des cafés	des boissons

Im Gegensatz zum Deutschen hat der unbestimmte Artikel im Plural eine eigene Form: **des.**

Madame Delors organise des voyages.
Madame Delors organisiert Reisen.

Achten Sie auf die Aussprache: **un** [ɛ̃], **une** [yn], **des** [de].

8. Sich entschuldigen

Pardon ?	*Wie bitte?*
Je suis désolé(e).	*Das tut mir leid.*

9. Buchstabieren

Die französischen Buchstaben heißen wie die deutschen, mit Ausnahme von:

C	[se]	U	[y]
E	[ə]	V	[ve]
G	[ʒe]	W	[dubləve]
H	[aʃ]	Y	[igrɛk]
J	[ʒi]	Z	[zɛd]
Q	[ky]		

Eva Minne-Mann [ə][ve][a] plus loin [ɛm][i] deux [ɛn] [ə] tiret [ɛm][a] deux [ɛn].

A l'hôtel

Im Hotel

In dieser Lektion lernen Sie, Hotelprospekte zu lesen, ein Hotelzimmer zu bestellen und Auskünfte über Hotels und Sehenswürdigkeiten einzuholen. Dazu verwenden Sie auch eine neue Frageform. Außerdem lernen Sie die Zahlen von 0 –10 und die Verneinung kennen.

WORTSCHATZ: **Hotel, Urlaub, Zahlen von 0 –10**

En vacances ou en voyage, comment trouver **un hôtel** agréable ? On peut avoir **des renseignements** dans **les brochures** ou demander à la réception. Est-ce que l'hôtel **a une piscine, un ascenseur, un jardin** ? Aujourd'hui, nous **réservons une chambre** à Albi, la ville de Toulouse-Lautrec…

Wie kann man im Urlaub oder auf Reisen **ein** nettes **Hotel** finden? Man bekommt **Informationen** in **den Prospekten** oder kann an der Rezeption fragen. **Hat** das Hotel **ein Schwimmbad, einen Aufzug, einen Garten**? Heute **reservieren** wir **ein Hotelzimmer** in Albi, der Heimatstadt von Toulouse-Lautrec …

1 Bienvenue à Albi

Willkommen in Albi

2

Devinez le sens des abréviations et des mots et reliez ce qui va ensemble.

Was die Hotels zu bieten haben, können Sie jetzt mit uns entdecken. Erraten Sie die Bedeutung der Abkürzungen und der neuen Wörter. Die Symbole helfen Ihnen dabei – verbinden Sie, was zusammenpasst. Achtung: Nicht für jedes Wort gibt es eine Abkürzung.

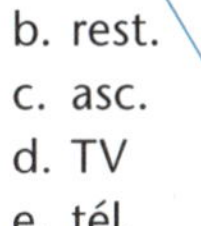

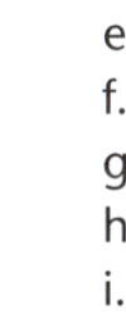

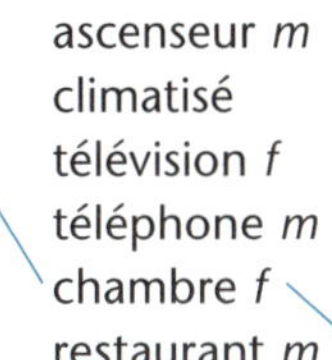
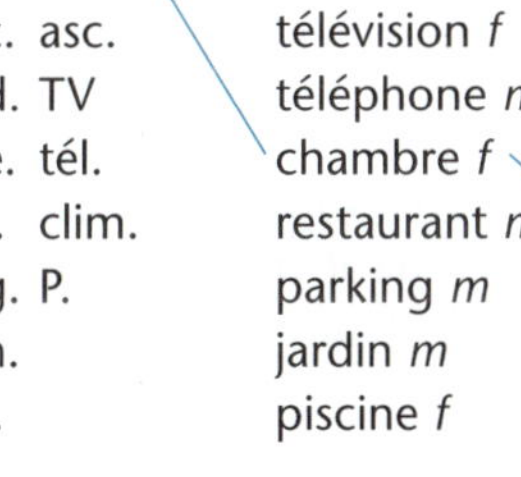

a. ch.	ascenseur *m*
b. rest.	climatisé
c. asc.	télévision *f*
d. TV	téléphone *m*
e. tél.	chambre *f*
f. clim.	restaurant *m*
g. P.	parking *m*
h.	jardin *m*
i.	piscine *f*

3

Lisez bien le prospectus ci-dessus et cochez l'hôtel qui conviendrait dans les situations suivantes.

Lesen Sie die Anzeigen oben, und kreuzen Sie das Hotel an, das am ehesten zu den folgenden Situationen passt!

	Salvy	Délice	Sainte-Cécile
Welches Hotel wählen Sie, wenn ...			
a. Sie ein nicht zu teures Hotel suchen?	☐	☐	☐
b. Sie Hitze nicht vertragen?	☐	☐	☐
c. Sie mit Ihrem gehbehinderten Freund verreisen?	☐	☐	☐
d. Ihre Kinder gern im Wasser planschen?	☐	☐	☐
e. Sie nachts die Kathedrale sehen möchten?	☐	☐	☐
f. Sie draußen einen Aperitif trinken möchten?	☐	☐	☐
g. Sie die Spezialitäten der Gegend probieren möchten?	☐	☐	☐

Haben Sie Lust, mit uns einen kleinen Ausflug nach Albi zu machen? In welchem der drei Hotels von Seite 45 möchten Sie gern absteigen? Wenn Sie Ihre Wahl getroffen haben, tragen Sie den Namen Ihres Hotels überall dort ein, wo der Hotelname im folgenden Text fehlt:

A la réception

An der Rezeption

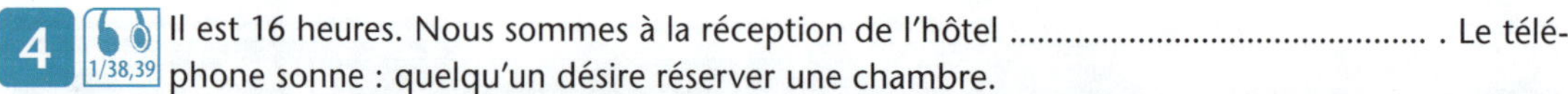

4 1/38,39 Il est 16 heures. Nous sommes à la réception de l'hôtel .... Le téléphone sonne : quelqu'un désire réserver une chambre.

Es ist 16 Uhr. Wir sind an der Rezeption des Hotels .... Das Telefon klingelt: Jemand möchte ein Zimmer reservieren.

- Hôtel ...., bonjour !
- Bonjour Monsieur ! Je voudrais réserver une chambre, s'il vous plaît.
- Oui Monsieur, pour quand ?
- Pour aujourd'hui.
- Une chambre simple ou double ?
- Simple.
- Pour combien de nuits ?
- Pour une nuit !
- Avec douche ou salle de bains ?
- Salle de bains.
- A quel nom ?
- Jean Berkmann. BERKMA deux N.
- Bien, Monsieur Berkmann. Vous confirmez la réservation par fax ?
- D'accord ! Alors, merci et au revoir !
- Au revoir Monsieur !

Das Frühstück ist in Frankreich nur selten im Preis für die Übernachtung inbegriffen. Wenn die Hotelpreise aushängen und nicht ausdrücklich **petit-déjeuner compris**, *Frühstück inbegriffen*, dabeisteht, können Sie davon ausgehen, dass Sie das Frühstück zusätzlich bezahlen müssen: **le petit-déjeuner est en supplément**, *das Frühstück kommt noch hinzu.*

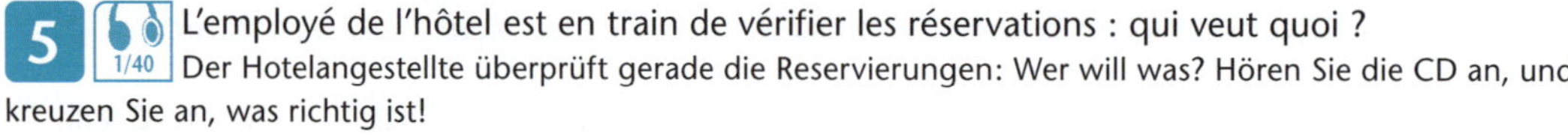

5 1/40 L'employé de l'hôtel est en train de vérifier les réservations : qui veut quoi ?
Der Hotelangestellte überprüft gerade die Reservierungen: Wer will was? Hören Sie die CD an, und kreuzen Sie an, was richtig ist!

	Blondel	Chedid	Fabre	Gentil	Arazzi
chambre simple					
chambre double					
avec douche					
avec salle de bains					
pour aujourd'hui					
pour une nuit					
confirme par fax					

6 1/41 Dans votre hôtel, d'autres clients ont réservé une chambre : quels sont leurs noms ?
In Ihrem Hotel haben auch andere Gäste ein Zimmer bestellt: Wie heißen sie? Hören Sie die CD an, und kreuzen Sie die richtige Schreibweise an!

a.	Geaunnet	Jeaunet
b.	Champvallier	Chamvallie
c.	Yérau	Yerrau
d.	Varret	Warret

G Haben Sie Wünsche und Träume? Möchten Sie etwas gern tun oder haben? Sagen Sie einfach: **Je voudrais**… *Ich möchte* …Nach **je voudrais** kann ein Substantiv oder auch ein Verb im Infinitiv stehen.

Je voudrais une chambre.
Ich möchte ein Zimmer.
Je voudrais réserver une chambre.
Ich möchte ein Zimmer reservieren.

7 A vous ! Qu'est-ce qu'on dit à la réception ?
Jetzt sind Sie an der Reihe! Was sagt man an der Rezeption? Ergänzen Sie mit den Wörtern aus der Liste.

d'accord compris avec vue combien de douche nom réserver confirmez

a. ● Je voudrais ....
une chambre, s'il vous plaît.
b. ● Pour .... nuits ?
c. ● Pour une nuit. Une chambre avec
........................., s'il vous plaît.
d. ● Une chambre ....
sur le jardin : ça va ?
e. ● Oui, très bien !
f. ● Vous réservez à quel .... ?
g. ● Blondel.
h. ● Bien Monsieur Blondel.
Vous .... par fax ?
i. ● Oui, ... !
Le petit-déjeuner est .... ?
j. ● Non, Monsieur, il est en supplément.

8 Annie réserve des hôtels pour ses collègues. Aidez-la.
Annie ist Sekretärin und bestellt Hotelzimmer für ihre Kollegen. Hier ist ihre Übersicht: Helfen Sie ihr, die Zimmer zu reservieren.

pour Jeaunet :
ch. simple, tél. et TV, 1 nuit
pour Champvallier :
ch. double, douche, vue → mer
pour Yerrau :
ch. simple / bains, 1 nuit
pour Varret :
ch. double, 2 nuits

Bonjour Madame, je…

9 Classez les mots dans les phrases suivantes et cochez ce qui serait agréable pour vous.
Manchmal muss man seine Träume entschlüsseln … Bringen Sie die Wörter in die richtige Reihenfolge, und kreuzen Sie an, was Sie möchten.

a. visiter je Paris voudrais
....
b. voudrais je journaliste être
....
c. aller je France voudrais en
....
d. français parler voudrais je
....
e. habiter voudrais Antilles je aux
....
f. plaît voudrais s'il chambre une je réserver vous
....
....

Une profession difficile

Ein schwieriger Beruf

10 1/42 Il est huit heures du matin et l'employé de la réception a beaucoup à faire : des clients quittent l'hôtel, d'autres veulent une chambre ou désirent parler à un des clients de l'hôtel…

Es ist 8 Uhr früh, und der Herr an der Rezeption hat viel zu tun: Gäste reisen ab, andere brauchen ein Zimmer oder möchten mit einem Hotelgast sprechen … Wer sagt was?

G Die betonten Personalpronomen haben Sie in Lektion 1 kennengelernt: **Moi aussi !** *Ich auch!* In diesem Dialog haben Sie vielleicht eine weitere Verwendung bemerkt: Die betonten Personalpronomen stehen auch nach Präpositionen.

Le paquet est pour moi ? *Ist das Paket für mich?*

a. ☐
b. ☐
c. ☐
d. ☐
e. ☐

a. ● Kenna Sie mia bittschen song …
● Désolé, je ne parle pas allemand.

b. ● La douche ne fonctionne pas !
● Encore ! J'arrive, j'arrive !

c. ● Le paquet est pour moi ?
● Non, non, il n'est pas pour vous.

d. ● Ouah ! Ouah !
● Désolé, nous n'acceptons pas les chiens !

e. ● Vous préparez la note, s'il vous plaît ?
● Oui, tout de suite, Monsieur !
● Merci !

11 **G** Cochez la bonne réponse.

Der Angestellte an der Rezeption musste so einiges verneinen. Gehen wir doch der französischen Verneinung ein wenig auf die Spur: Wie funktioniert sie? Lesen Sie nochmals die Szene an der Rezeption, und kreuzen Sie die richtige Antwort an.

a. Die französische Verneinung besteht aus zwei Teilen.
   richtig
   falsch
b. Wo stehen die Verneinungspartikel?
   vor dem Verb
   nach dem Verb
   vor und nach dem Verb
c. **N'** steht,
   wenn das Verb mit Vokal oder h beginnt .
   wenn man schnell spricht .
d. **Ne** wird verwendet
   vor Verben, die mit Konsonant beginnen .
   wenn man langsam spricht .

Haben Sie Ihre Antwort mit den Lösungen verglichen? Die Regeln, die Sie nun gefunden haben, gelten auch für andere Verneinungen, wie z. B.

ne ... jamais	*nie*
ne ... personne	*niemand*
ne ... rien	*nichts*

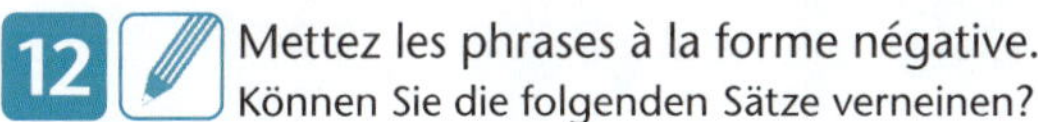

12 Mettez les phrases à la forme négative.

Können Sie die folgenden Sätze verneinen?

a. La radio fonctionne.
   La radio ne fonctionne pas.
b. Il travaille aujourd'hui.
c. Je voudrais la chambre 13.
d. Le paquet est pour vous.
e. Tu parles beaucoup.
f. Vous dansez ?
g. Nous sommes à Berlin.

G Sie haben gelernt, dass vor Verben, die mit Vokal oder **h** beginnen (z. B. **aimer, habiter**), **je** das **-e** verliert: **j'aime** (→ Elision, Lektion 1). Bei der Verneinung dieser Verben wird das **j'** wieder zu **je**, denn jetzt sind **je** und das Verb durch **ne** getrennt:

j'aime → je n'aime pas
j'habite → je n'habite pas

13 Ne ... pas ou n'... pas ?

Ne ... **pas** oder **n'**... **pas**? Konjugieren Sie die Verben, und beantworten Sie die Fragen:

a. Vous **visitez** (visiter) le Louvre ?
   Non, je **ne visite pas le Louvre.**
b. Vous .... (aller) au Québec ?
   Non, je ....
c. Tu .... (aimer) les olives ?
   Non, je ....
d. Vous .... (aller) aux Antilles ?
   Non, nous ....
e. Vous .... (être) en vacances ?
   Non, je..
f. Ils .... (habiter) à Paris ?
   Non, ils ....
g. Vous .... (écouter) la radio ?
   Non, je ....
h. Tu .... (inviter) les amis de Patrick ? Non, je ....
   ....

14 Ecrivez un petit article sur un hôtel horrible.

Sie verfassen einen kleinen Artikel für einen Reiseführer über ein schreckliches Hotel. Leider ist gar nichts wie im „Ideal-Hotel". Was schreiben Sie?

L'Hôtel Idéal

- *Le téléphone et l'ascenseur fonctionnent.*
- *Le bar est climatisé.*
- *Le personnel est gentil.*
- *Ils parlent anglais.*
- *Ils acceptent les chiens.*
- *Ils organisent les visites à Paris.*
- *Ils préparent la note tout de suite et*
- *ils réservent les taxis.*

La visite d'Albi

Die Besichtigung von Albi

15 1/43,44 Il est dix heures. Les Parot, une famille française, veulent visiter Albi. À la réception, ils se renseignent sur la ville et ses curiosités.

Es ist 10 Uhr. Die Parots, eine französische Familie, wollen Albi besichtigen. An der Rezeption informieren sie sich über die Stadt und ihre Sehenswürdigkeiten.

- Pardon Monsieur, je voudrais un renseignement sur le musée Toulouse-Lautrec... Est-ce qu'il est ouvert aujourd'hui ?
- Oui Madame.
- Est-ce que vous avez des prospectus ?
- Oui, bien sûr...
- Est-ce que vous avez aussi une brochure sur la cathédrale ?
- Oui, voilà Madame.
- Ah, bien, merci beaucoup ! Au revoir, Monsieur !
- A votre service. Au revoir, Madame !

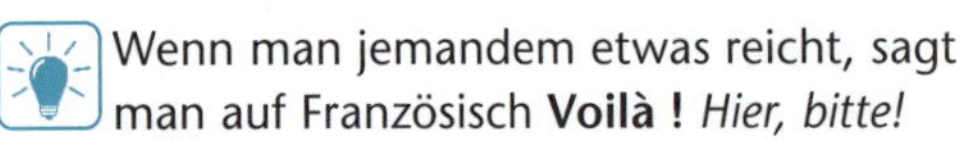

Wenn man jemandem etwas reicht, sagt man auf Französisch **Voilà !** *Hier, bitte!*

G Im Dialog an der Rezeption kommt ein neues Verb vor: **avoir** *haben.* **Avoir** gehört zwar zu den unregelmäßigen Verben, ist aber sehr nützlich. Es wird in vielen Ausdrücken gebraucht, die wir später kennen lernen werden, und ist auch ein wichtiges Hilfsverb.

avoir	[avwar]	***haben***
j'ai	[ʒe]	*ich habe*
tu as	[tya]	*du hast*
il/elle/on a	[ila]/[ɛla]/[õna]	*er /sie /man hat*
nous avons	[nuzavõ]	*wir haben*
vous avez	[vuzave]	*ihr habt/Sie haben*
ils/elles ont	[ilzõ]/[ɛlzõ]	*sie haben*

16 1/45 Complétez avec le verbe avoir et écrivez ‿, si la liaison est nécessaire.
Ergänzen Sie mit dem Verb **avoir**, und schreiben Sie ‿, wenn die liaison nötig ist. Überprüfen Sie Ihre Einträge mit der CD.

a. Tu ....un prospectus ?
b. Vous.......................une chambre ?
c. Il ....un jardin ?
d. J' ....un chien.
e. Ils...........................un parking.
f. Elles ....une salle de bains.
g. Vous.......................des fleurs ?

Zwei Formen von **avoir** werden gleich ausgesprochen: Welche? ....

17 **G** Madame Parot pose des questions à l'employé.
Frau Parot stellt dem Angestellten Fragen. Lesen Sie den Text noch einmal.

1. Was sagt Madame Parot, um ...

a. jmd. anzusprechen

Entschuldigen Sie,... Pardon, Monsieur / Madame / Mademoiselle

b. um eine Auskunft zu bitten

Ich hätte gerne eine Auskunft über ... .

c. zu fragen, ob jmd. etwas hat

Haben Sie ...? ....

d. sich zu bedanken

Vielen Dank. ....

2. Mit welchem Wort beginnen alle ihre Fragen in Text 15? ....

G In Lektion 1 haben Sie gesehen, dass Sie eine Frage stellen können, indem Sie einfach am Ende des Satzes die Stimme heben: ↗

Die französische Sprache kennt aber noch weitere Möglichkeiten, Fragen zu stellen, z. B. indem man vor den Satz **est-ce que** [ɛskə] setzt:

	Vous avez un prospectus ?
Haben Sie einen Prospekt?	oder
	Est-ce que vous avez un prospectus ?

Est-ce que hat keine eigene Bedeutung, es signalisiert nur: Jetzt kommt eine Frage.

Vor Vokal wird **est-ce que** stets zu **est-ce qu'** – das aber haben Sie sich wahrscheinlich schon gedacht! (→ Lektion 1, S. 17, Elision).

Est-ce qu'il est ouvert ?	*Ist es offen?*

Sie brauchen ein Fragewort? Kein Problem! Sie stellen es einfach vor **est-ce que**:

Où est-ce que tu vas ?	Wohin *gehst du?*
Quand est-ce que tu vas en France ?	Wann *fährst du nach Frankreich?*

Jetzt haben Sie die Wahl zwischen der Intonationsfrage und der Frage mit **est-ce que**.
Est-ce que hat einen Vorteil: Es signalisiert Ihrem Gesprächspartner, dass Sie gleich eine Frage stellen werden, und lässt Ihnen Zeit, die Frage richtig zu formulieren.

18 **Est-ce que** ou **est-ce qu'** ? Pouvez-vous transformer les phrases en questions ?
Est-ce que oder **est-ce qu'**? Können Sie die Aussagesätze in Fragesätze umformen?

a. Il est à Paris. .... ?

b. Ils ont une chambre. .... ?

c. Tu écoutes la radio. .... ?

d. L'hôtel a un ascenseur. .... ?

e. Vous confirmez par mail. .... ?

f. Elle parle allemand. .... ?

g. Ils ont un chien. .... ?

19 Votre fils part en vacances avec des copains pour la première fois. Naturellement, vous lui posez quelques questions…
Ihr Sohn fährt zum ersten Mal mit Freunden in die Ferien. Natürlich stellen Sie ihm ein paar Fragen ...

a. Où aller **Où est-ce que tu vas ?**

b. Comment tu aller Paris ....

c. Combien de nuits tu rester Paris ....

d. Comment vous organiser le voyage ....

e. Ils parler français ....

f. Réserver tu un hôtel ....

g. Tu avoir une adresse ....

G 1/46 Sind Ihnen bei der Aussprache des **s** schon die feinen Unterschiede aufgefallen?
1. **s** am Wortanfang wird [s] gesprochen: **silence** [silãs], **ski** [ski].
2. Doppel-**s** wird [s] ausgesprochen: **terrasse** [tεras], **aussi** [osi].
3. **sc** wird [s] ausgesprochen: **ascenseur** [asãsœr], **piscine** [pisin].
4. Aber: **s** zwischen zwei Vokalen wird [z] gesprochen: **télévision** [televizjõ], **climatisé** [klimatize].
Das gilt auch für die **liaison**, denn auch hier steht das **s** ja zwischen zwei Vokalen: **vous‿allez** [vuzale], **vous‿avez** [vuzave].

20 1/47 Ecoutez le CD et décidez s'il s'agit du son [s] ou du son [z].
Mit dieser Übung trainieren Sie Ihr Gehör: Hören Sie die CD an, und entscheiden Sie, ob es sich um [s] oder [z] handelt.

	a.	b.	c.	d.	e.	f.	g.	h.	i.	j.
[s]										
[z]										

SSS!

ZZZ!

Ein kleiner Tipp: [s] klingt, wie eine Schlange zischt.
[z] klingt, wie eine Mücke summt.

En route !

Los geht's!

21 1/48 Pendant que Madame Parot rend les clés à la réception, le reste de la famille charge la voiture…
Während Frau Parot die Schlüssel an der Rezeption abgibt, lädt der Rest der Familie die Koffer ins Auto …

- Bon, les enfants, où sont les valises ? Une… deux… trois… quatre… cinq…
- Et six !
- Ah, euh... Oui, et six ! Chérie, est-ce que tu as les brochures ? Oui ? Bon, alors, en route !

Damit Sie Ihre Koffer zählen können, hier die Zahlen von 0 – 10:

0	zéro	[zero]	6	six	[sis]
1	un	[ɛ̃]	7	sept	[sɛt]
2	deux	[dø]	8	huit	[ɥit]
3	trois	[trwa]	9	neuf	[nœf]
4	quatre	[katr]	10	dix	[dis]
5	cinq	[sɛ̃k]			

Nur zu **un** gibt es auch eine feminine Form, **une**; deswegen heißt es oben im Text **une … deux …** usw.

Zahlen vergisst man in der Fremdsprache immer wieder. Was tun?
Fertigen Sie für unsere elf Zahlen kleine Merkkarten an: Auf der Vorderseite steht die Zahl in Buchstaben, auf der Rückseite in Ziffern. So können Sie Ihre französischen Zahlen überallhin mitnehmen und üben. Natürlich lässt sich die „Zahlensammlung" später jederzeit ergänzen.

22 1/49 Cédric et Nathalie organisent un voyage et vérifient la répartition des clients dans les chambres : qui est où ?
Cédric und Nathalie organisieren eine Reise und überprüfen die Zimmereinteilung der Gäste: Wer schläft wo? Hören Sie die CD an, und schreiben Sie die Zimmernummer jedes Gastes auf.

	numéro des chambres		numéro des chambres
Périchon	…………	Moulin	…………
Galatani	…………	Les enfants Moulin	…………
Chanton	…………	Vauzelles	…………
Barbier et Belins	…………	Dutillois	…………

23 Jouons aux dés, mais… en français ! Complétez.

Würfeln wir, aber bitte auf Französisch! Ergänzen Sie.

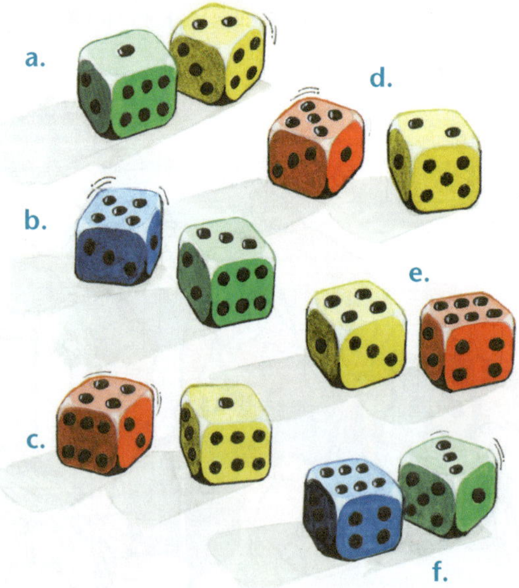

a. **un et deux : trois**

b. ....

c. ....

d. ....

e. ....

f. ....

24 G 1/50 Dans quelle situation est-ce qu'on utilise ces expressions ?

In vielen Sprachen gibt es kleine Wörter, die Gefühle ausdrücken, z. B.: Freude, Staunen, Zögern … Auf Deutsch sind das Wörter wie *Oh!*, *Ach!*, *Aha!*, *Hm!* oder *Äh!*, die in unterschiedlichster Betonung ganz verschiedene Stimmungen wiedergeben können. Was verwenden wohl die Franzosen? Hören Sie die CD an, und versuchen Sie zu erraten, welche Stimmung ausgedrückt wird.

	1.	2.	3.	4.	5.	6.	7.	8.	9.
a. Zögern, Sprechpause									
b. Null Bock, nicht so toll									
c. Bewunderung									
d. Erleichterung									
e. Katastrophe									

Et pour finir…

Letzte Übungsrunde

25 Vous organisez un petit voyage et vous avez plein de questions. Ecrivez à votre hôtel.

Sie organisieren eine kleine Reise und haben eine Menge Fragen. Schreiben Sie an Ihr Hotel.

~~Bar?~~ Restaurant? Zimmer mit Bad?
Parkplatz? Frühstück: extra? Hunde?
Blick auf die Seine?

Est-ce que vous avez un bar ?

....

....

....

....

....

....

....

....

....

....

26 1/51 Vous désirez réserver une chambre d'hôtel. Ecoutez les questions de la réception et répondez oralement :

Sie möchten telefonisch ein Hotelzimmer reservieren. Auf der CD hören Sie die Fragen der Dame an der Rezeption. Sicher können Sie sie jetzt beantworten.
Ein Tipp: Drücken Sie zwischendurch auf die Pausentaste. So haben Sie genug Zeit, Ihre Antwort mündlich zu formulieren.

PRÉPARER LES VACANCES

Madame, Monsieur,
Je désire passer mes vacances dans votre région et je vous prie de bien vouloir m'adresser une documentation sur votre hôtel.
Je vous remercie par avance et vous prie d'agréer, Madame, Monsieur, l'expression de mes meilleurs sentiments.

Sehr geehrte Damen und Herren,
ich möchte meinen Urlaub gern in Ihrer Gegend verbringen und bitte Sie, mir einen Prospekt Ihres Hotels zu schicken.
Ich danke Ihnen im Voraus und verbleibe mit freundlichen Grüßen.

Après tant d'exercices, vous avez bien mérité d'aller en vacances : n'aimeriez-vous pas passer quelques jours de repos dans un petit hôtel ? Nous vous avons préparé deux mails... Complétez-les avec votre nom, adresse, le nombre de nuits, le prix et la date de la réservation. Alors... bonnes vacances !

Nach so vielen Übungen haben Sie wirklich einen kleinen Urlaub verdient: Möchten Sie zur Entspannung nicht ein paar Tage in einem kleinen Hotel verbringen? Wir haben für Sie zwei E-Mails vorbereitet: Sie müssen nur noch Ihren Namen, Ihre Adresse, die Anzahl der Übernachtungen und den Preis sowie das Datum ergänzen. Also dann … schöne Ferien!

Madame, Monsieur,
Je vous remercie de votre documentation et je vous prie de me réserver une chambre double avec salle de bains, pour ..... nuits, au prix de ..... euros par jour, du ..... au ..... inclus. Pourriez-vous me confirmer votre accord ?
Avec mes meilleures salutations,

Sehr geehrte Damen und Herren,
ich danke Ihnen für Ihren Prospekt und bitte Sie, für mich ein Doppelzimmer mit Bad für ..... Nächte, zum Preis von ..... Euro pro Nacht, vom ..... bis einschließlich ..... zu reservieren. Könnten Sie mir die Reservierung bitte bestätigen?
Mit freundlichen Grüßen

Wie im Deutschen gibt es natürlich auch im Französischen einige Briefformeln, die Sie kennen sollten:
Der Anrede *Sehr geehrte Damen und Herren* entspricht **Madame, Monsieur**. Wenn Sie genau wissen, ob der Empfänger Ihres Briefes eine Dame oder ein Herr ist, schreiben Sie natürlich nur **Madame** oder **Monsieur**. Für die Schlussformel gibt es unzählige Varianten. Sie liegen immer richtig, wenn Sie in besonders höflichen Briefen schreiben **Je vous prie d'agréer mes meilleures salutations** (wörtl. *Ich bitte Sie, meine besten Grüße zu akzeptieren*). Kürzer und auch korrekt ist das heute ziemlich verbreitete **Avec mes meilleures salutations** (wörtl. *Mit meinen besten Grüßen*).

Neue Formen und Strukturen

1. Sagen, was man möchte

je voudrais + Substantiv oder Verb im Infinitiv
Je voudrais aller aux Antilles.
Ich möchte auf die Antillen fliegen.

2. Die betonten Personalpronomen

Auch nach Präpositionen stehen die betonten Formen der Personalpronomen (→ Lektion 1):

Le paquet est pour moi ? *Ist das Paket für mich?*

3. Die Verneinung

Die französische Verneinung besteht aus zwei Teilen. Der erste Teil, **ne** bzw. **n'**, steht vor dem Verb, der zweite Teil, **pas**, nach dem Verb:

La douche ne fonctionne pas.
Die Dusche funktioniert nicht.

Vor Verben, die mit Vokal oder **h** beginnen, wird **ne** zu **n'**:

Ils n'aiment pas les chiens. *Sie mögen Hunde nicht.*

J' wird wieder zu **je**:

J'aime la bière.	*Ich mag Bier.*
Je n'aime pas la bière.	*Ich mag Bier nicht./Ich mag kein Bier.*

4. Das Verb *avoir* haben

j'ai	[ʒe]
tu as	[tya]
il/elle/on a	[ila]/[ɛla]/[õna]
nous avons	[nuzavõ]
vous avez	[vuzave]
ils/elles ont	[ilzõ]/[ɛlzõ]

5. Um eine Auskunft bitten

Pardon, Monsieur...
Entschuldigen Sie, mein Herr ...
Je voudrais des renseignements sur...
Ich hätte gerne eine Auskunft über ...
Est-ce que vous avez... ?
Haben Sie ...?
Merci beaucoup.
Vielen Dank.

6. Die Frage mit *est-ce que*

Est-ce que [ɛskə] ist ein Fragewort ohne eigene Bedeutung. Es zeigt nur an, dass es sich bei dem Satz um eine Frage handelt:

Est-ce que vous parlez français ?
Sprechen Sie Französisch?

Vor einem Vokal oder **h** wird **est-ce que** zu **est-ce qu'**:

Est-ce qu'elle parle français ? [ɛskɛlparlfrɑ̃sɛ]
Spricht sie Französisch?

Die Fragepronomen stehen vor **est-ce que**:

Quand est-ce que tu réserves ?
Wann reservierst du?

7. Die Aussprache von *s*

s am Wortanfang: [s] wie silence [silɑ̃s]
Doppel-**s**: [s] wie **terrasse** [tɛras]
sc: [s] wie ascenseur [asɑ̃sœr]
s zwischen zwei Vokalen: [z] wie télévision [televizjõ]
s in der liaison: [z] wie vous‿avez [vuzave]

8. Die Zahlen von 0 – 10

0 zéro [zero]	6 six [sis]
1 un [ɛ̃]	7 sept [sɛt]
2 deux [dø]	8 huit [ɥit]
3 trois [trwa]	9 neuf [nœf]
4 quatre [katr]	10 dix [disɛ̃]
5 cinq [sɛ̃k]	

9. Partikel

Die Bedeutung der kleinen Wörter ist immer vom Zusammenhang abhängig. Folgendes können sie bedeuten:

Hum !	Zögern, Sprechpause
Oh lala lala lala !	*Schon wieder!* oder *Null Bock!*
Oh la la !	Katastrophe!
Bon, ben...	Zögern, Sprechpause
Bof !	*Null Bock!* oder *Nicht so toll!*
Hummm !	Bewunderung
Ouf !	Erleichterung
Euh...	Zögern, Sprechpause

Un petit café

Ein kleines Café

Le café en France a encore une tradition : on y va pour **prendre un verre** ou pour **déjeuner** en vitesse à midi, on y rencontre des amis, on peut y acheter des **cigarettes, des journaux**, des cartes postales et des timbres. Les habitués se retrouvent au café pour bavarder. On parle du **temps** qu'il fait mais aussi de politique et de ses petits soucis. Et vous, vous pourrez vous reposer à **sa terrasse** et siroter un café ou une bière bien fraîche…

Das Café ist in Frankreich heute noch ein traditioneller Treffpunkt: Man geht ins Café, um **etwas zu trinken** oder mittags auf die Schnelle **etwas zu essen**; man trifft sich dort mit Freunden, man kann **Zigaretten, Zeitungen**, Postkarten und Briefmarken kaufen. Stammkunden treffen sich im Café zum Plaudern. Man spricht übers **Wetter**, aber auch über Politik und über seine kleinen Sorgen. Und Sie können sich an den **Tischen draußen** entspannen und dabei einen Kaffee oder ein kühles Bier genießen …

In dieser Lektion besuchen wir mit Ihnen ein Café. Sie lernen, sich zu verabreden, in einem Café etwas zu bestellen und über das Wetter zu sprechen. Wir werden weitere Zahlen, das Verb prendre und neue Frageformen kennenlernen.

WORTSCHATZ: **Café, Wetter, Zahlen bis 60**

On prend un verre ?

Gehen wir etwas trinken?

  C'est la pause de midi : Jean voudrait déjeuner avec des collègues…

Es ist Mittagspause: Jean möchte mit Kollegen essen gehen …

- Tu déjeunes avec nous René ?
- Non, désolé : je n'ai pas le temps. Je prends le train.
- Alors, on prend un verre au moins ?
- Oui, d'accord !
- Et toi, Julien ?
- Oui, avec plaisir !

G **On prend un verre ?** *Gehen wir etwas trinken?* – Diesen Vorschlag werden Sie häufig hören. Wenn jemand vorschlägt, gemeinsam etwas zu unternehmen, wird oft das Wörtchen **on** in der Bedeutung von wir verwendet. Aus Lektion 2 wissen Sie schon, dass **on** mit der 3. Person Singular des Verbs steht.

So können Sie auf diesen Vorschlag antworten:

Oui, avec plaisir.
Ja, gerne.
Oui, d'accord.
Ja, einverstanden.
Non, désolé(e), je n'ai pas le temps.
Nein, tut mir leid. Ich habe keine Zeit.

G **On prend un verre ?** heißt wörtlich: *Nehmen wir ein Glas?* Das Verb **prendre** *nehmen* können Sie in vielen Situationen verwenden. Je nach Zusammenhang wird es im Deutschen recht unterschiedlich wiedergegeben.

On prend un verre ?	*Gehen wir was trinken?*
Je prends le train.	*Ich fahre mit dem Zug.*
Il prend une douche.	*Er duscht sich.*

Und so wird es konjugiert:

je prends	[ʒəprɑ̃]
tu prends	[typɑ̃]
il/elle/on prend	[ilprɑ̃]/[elprɑ̃]/[ɔ̃prɑ̃]
nous prenons	[nuprənɔ̃]
vous prenez	[vuprəne]
ils/elles prennent	[ilprɛn]/[ɛlprɛn]

2 La prononciation du verbe **prendre**. 1/53
Hören Sie die Konjugation von **prendre** auf der CD an: Ordnen Sie Personalpronomen, Verbformen und Aussprache des Verbs **prendre** einander zu! Welche Buchstaben werden nicht ausgesprochen? Welche Formen von **prendre** werden gleich ausgesprochen?

a. je	prenez	
b. tu	prend	[prənɔ̃]
c. il	prends	[prɑ̃]
d. nous	prenons	[prəne]
e. vous	prennent	[prɛn]
f. ils	prends	

3 Julien et Béatrice prennent un verre : complétez le dialogue.
Julien und Béatrice gehen etwas trinken. Ergänzen Sie den Dialog mit dem Ober.

a. ● On .... un verre ?

b. ● Oui, d'accord. Toi, qu'est-ce que tu .... ?

c. ● Moi , je .... un café. Et toi ?

d. ● Moi, je ... . une eau minérale.

e. ● Bonjour Madame, bonjour Monsieur !

f. ● Bonjour ! Nous .... un café et une eau minérale.

g. ● Vous .... une Evian ?

● Oui, c'est ça.

h. Julien et Béatrice .... un café et une eau minérale.

Chez Jo

Bei Jo

4 Il y a un café au coin de la rue : Chez Jo. Jo en est le propriétaire et il connaît bien ses clients. Dans la journée, les employés des bureaux du quartier viennent y déjeuner ou prendre un verre. Voici la carte :

An der Straßenecke ist eine Kneipe: Chez Jo. Jo ist der Besitzer. Er kennt seine Stammgäste gut. Tagsüber kommen die Büroangestellten zum Mittagessen oder um etwas zu trinken. Hier sehen Sie die Karte:

In französischen Kneipen gelten zwei Tarife: Wenn Sie an der *Theke*, **au comptoir**, stehen, muss die Bedienung nicht weit laufen; deswegen ist es dort etwas billiger als an den *Tischen im Lokal*, **en salle**, oder *im Freien*, **en terrasse**. In einfachen Kneipen erhält man nicht immer eine richtige Getränkekarte, man bestellt einfach so, Getränkepreise und -mengen sind aber immer entweder an der Theke oder an der Tür angeschlagen.

Chez Jo

Salades et sandwiches · Boissons chaudes
Boissons froides · Apéritifs · Digestifs

	Prix au comptoir	Prix en salle / en terrasse
le café noir	6,50	8,50
le porto	8,00	13,50
le demi pression	9,60	13,40
le panaché	7,90	10,00
le sandwich (jambon, fromage)	15,90	
le pastis		
le chocolat chaud		
la salade Miami		
le soda		
la vodka		
le déca		
la salade russe		
l'eau minérale (Evian, Vittel, Perrier)		
le Kir		
le café crème		
le jus de fruits		
le croque-monsieur		
le thé		
le lait fraise		
la salade niçoise		
le Martini		
le Calvados		
le Coca-Cola		

5 La carte de Jo n'est pas très bien ordonnée : classez par catégorie et soulignez ce qui vous semble typiquement français.

Jos Karte ist etwas durcheinandergeraten: Stellen Sie zunächst alle Getränke, anschließend alle Speisen zusammen, und unterstreichen Sie diejenigen, die Ihnen typisch französisch vorkommen.

Apéritifs : ....

....

Digestifs : ....

....

Boissons chaudes : ....

....

Boissons froides : ....

....

Sandwiches et salades : ....

....

Déjeuner au café

Mittagessen im Café

6 1/54,55 Aujourd'hui Julien, René et Jean déjeunent *Chez Jo*.

Heute essen Julien, René und Jean Chez Jo zu Mittag.

Jo	Que prenez-vous, Messieurs ?
Julien	Un croque-monsieur, s'il vous plaît !
René	Qu'est-ce que vous avez comme salade ?
Jo	Salade russe, salade niçoise, salade Miami…
René	Alors une salade niçoise, s'il vous plaît !
Jo	Et comme boisson, qu'est-ce que vous prenez ?
Jean	Pour moi, un panaché.
Julien	Et un demi pression, s'il vous plaît.
René	Et pour moi un Perrier.
Jo	Tout de suite, Messieurs.
Julien	Monsieur, s'il vous plaît ! L'addition, s'il vous plaît !
Jo	Bon alors… Un demi, un croque-monsieur, un panaché, un Perrier et une salade… Voilà Monsieur.
Julien :	Non, laissez, c'est à moi ! Je vous invite.
Jean	Mais non !
Julien	Mais si !
René	Merci, c'est gentil !
Jean	Merci beaucoup !
Jo	Merci bien, bonne journée, Messieurs !

Messieurs – so redet Jo seine Gäste an, weil er ihre Namen nicht kennt. Weil es sich um mehrere Herren handelt, verwendet er **Messieurs**, den Plural von **Monsieur**. Würde es sich um mehrere Damen handeln, so hätte Jo sie mit **Mesdames** angeredet.

Wenn in Frankreich Freunde oder Kollegen miteinander essen gehen, zahlen sie alles zusammen. Wenn man sich gut kennt, übernimmt einer die ganze Rechnung, und die anderen revanchieren sich bei nächster Gelegenheit. Wenn man sich nicht so gut kennt, zahlt einer, und die anderen geben ihm dann den Betrag, den sie ihm schulden, oder jeder legt den Betrag, den er schuldet, auf das Tellerchen, auf dem der Ober die Rechnung gebracht hat.

7 **G** Que dire ou faire dans ces situations ?

Lesen Sie den Text nochmals genau durch: Was sagen oder tun Sie in den folgenden Situationen in Deutschland und in Frankreich?

a. Wie ruft man die Bedienung?
b. Wie bestellt man?
c. Was sagt man, wenn man zahlen möchte?
d. Wie sagt man, dass man die anderen einlädt?
e. Wann gibt man ein Trinkgeld?

Seit dem 2. Januar 2008 ist es generell verboten, in Kneipen und Restaurants zu rauchen. Dieses Verbot gilt dennoch nicht für die Kneipenterrassen; und mancher Stammkunde verlässt jetzt seine gewohnte rauchfrei gewordene Theke, um vor der Kneipe auf einer windigen, wenn auch manchmal im Winter geheizten Terrasse zu rauchen.

G Wie fragt man nach einem Objekt? Es gibt zwei Möglichkeiten, nämlich

1. mit einer Inversionsfrage:
   Que prenez-vous ? *Was nehmen Sie?*
   Que + Verb + Subjekt

2. mit der **est-ce-que**-Frage:
   Qu'est-ce que vous prenez ? *Was nehmen Sie?*
   Que + **est-ce que** + Subjekt + Verb

   Dass **que** vor **est-ce que** zu **qu'est-ce que** wird, haben Sie sich bestimmt schon gedacht.

Steht das Fragewort *Was?* alleine, dann heißt es **Quoi ?** – aber auch das wissen Sie schon, nämlich von Gaston aus Lektion 3.

8 Chez Jo, on a fait un petit sondage : imaginez les questions qui ont été posées.
Bei Jo hat eine Meinungsumfrage stattgefunden. Können Sie sich vorstellen, was die Gäste gefragt wurden? Hier sind die Antworten.

a. **Qu'est-ce que vous prenez avec des amis?**
Avec des amis, je prends un Martini ou un porto.

b. .... ?
Pour le petit déjeuner, je prends un thé.

c. .... ?
J'aime la bière et le champagne.

d. .... ?
Pour la pause de midi, je prends un croque-monsieur et un panaché.

e. .... ?
Pour un voyage, nous prenons des sandwiches et des jus de fruits.

f. .... ?
Le thé, je déteste le thé !

Léon Bugeau n'a pas le temps !

Léon Bugeau hat keine Zeit!

9 1/56 Léon Bugeau habite le quartier et il vient souvent chez Jo pour acheter le journal et prendre un apéritif.
Léon Bugeau wohnt in dem Viertel und kommt oft zu Jo, um eine Zeitung zu kaufen und einen Aperitif zu trinken.

M. Gourio	Bonjour Monsieur Bugeau !
M. Bugeau	Bonjour Monsieur Gourio !
M. Gourio	Un demi pression, comme d'habitude ?
M. Bugeau	Non, je ne prends pas de bière aujourd'hui.
M. Gourio	Un apéritif ?
M. Bugeau	Non, non, pas d'apéritif ! Je voudrais juste le journal et des cigarettes.
M. Gourio	Vous n'êtes pas malade au moins ?
M. Bugeau	Non, non, pas de problème, ça va, mais je prends la voiture. Alors, pas d'alcool … Et puis, je n'ai pas le temps : j'ai un rendez-vous !
M. Gourio	Ah bon !

G Das deutsche *kein, keine* wird auf Französisch durch **ne … pas de** wiedergegeben, unabhängig von Geschlecht und Zahl des zugehörigen Substantivs:

Je **ne** prends **pas de** bière, **pas de** cigarettes.
Ich nehme kein Bier, keine Zigaretten.

Vor einem Vokal verwendet man **ne pas d'** :
Je **ne** prends **pas d'a**lcool
Ich nehme keinen Alkohol.

Das Wörtchen **de** wird Ihnen noch häufiger begegnen – es ist immer im Spiel, wenn es um Mengenangaben geht; hier um die Menge „Null". Um „null Bier" geht es auch bei

Je ne prends jamais de bière. *Ich nehme nie Bier.*

Deswegen muss hier zu der Verneinung **ne … jamais** *nie* noch das Wörtchen **de** hinzugefügt werden.

Wenn im Satz kein Verb steht, entfällt das **ne**:

Pas d'apéritif. *Keinen Aperitif.*
Jamais d'alcool. *Niemals Alkohol.*

Ein kleiner Tipp: Wenn in einer Frage **un, une** oder **des** vorkommt, brauchen Sie für eine verneinte Antwort **ne … pas de**:

- Tu prends un café ?
  Nimmst du einen Kaffee?
- Non, je ne prends pas de café.
  Nein, ich nehme keinen Kaffee.

Eine Ausnahme müssen Sie beachten: In Verbindung mit dem Verb **être** steht auch im verneinten Satz der unbestimmte Artikel:

- C'est un ami de Patrick ?
  Ist das ein Freund von Patrick?
- Non, ce n'est pas un ami de Patrick.
  Nein, das ist kein Freund von Patrick.

10 1/57 Aujourd'hui, Léon Bugeau n'a absolument envie de rien et rejette tout ce qu'on lui propose.
Heute hat Léon Bugeau auf gar nichts Lust und lehnt alle Vorschläge ab: Hören Sie sein Gespräch mit Jo auf der CD an, und ergänzen Sie seine Antworten.

a. Non merci, **je ne prends pas de bière.**

b. Non, ... aujourd'hui.

c. Non, non merci, ...

d. Bof… Non, ...

e. Ah, non ! .... !

f. Ah, non ! .... !

g. Non, ..., merci.

11 Pas de chance ! Ce pauvre Léon est tombé malade.
Pech! Der arme Léon ist erkrankt. Er erzählt, was der Arzt ihm alles verboten hat. Ergänzen Sie die Sätze.

a. **Pas de** bière !

b. .... alcool !

c. .... café !

d. .... cigarettes !

e. .... soleil !

f. .... sport !

g. .... fêtes !

h. .... voyages !

i. .... apéritif !

j. .... croissants !

12 1/58 Léon a exagéré.
Léon hat ein wenig übertrieben. Hören Sie die CD an, und kreuzen Sie in Übung 11 an, was der Arzt Léon nicht verboten hat.

G Sie haben im Text das Wort **le journal** die Zeitung gesehen. Falls Sie einmal mehrere Zeitungen kaufen möchten, sollten Sie wissen:

Viele Substantive, die auf **-al**, **-ail** oder **-au** enden, bilden den Plural mit **-aux**, also:

un journal *eine Zeitung* → des journaux *Zeitungen*
un travail *eine Arbeit* → des travaux *Arbeiten*
un bureau *ein Büro* → des bureaux *Büros*

Bei Substantiven, die auf **-s**, **-x** oder **-z** enden, gibt es im Plural keine Veränderung:

un fax *ein Fax* → des fax *Faxe*

Quel temps de chien !

Was für ein Sauwetter!

13 1/59 Amédé et Jo se connaissent depuis vingt ans. Ils se retrouvent entre hommes pour jouer aux cartes, parler football ou politique. Pour Amédé, qui est de Marseille, le café de Jo est un peu une deuxième famille…

Amédé und Jo kennen sich seit zwanzig Jahren. Sie treffen sich in einer Männerrunde, um Karten zu spielen und über Fußball oder Politik zu reden. Für Amédé, der aus Marseille stammt, ist Jos Kneipe ein zweites Zuhause …

Jo Bonjour Amédé !
Amédé Salut Jojo !
Jo Quel temps hein !
Amédé Ouais… Et froid !! Il fait quelle température aujourd'hui ?
Jo 12 degrés !
Amédé Il fait toujours gris et froid à Lille !
Jo Ah mais toi, Amédé, tu es né à Marseille, et à Marseille, il fait toujours soleil !
Amédé Eh oui, à Marseille, il fait beau et il ne pleut pas. Voilà !
Jo Bon, bon, alors, quelles sont les nouvelles ?
Amédé Bof, la routine …

G Auf Deutsch sagt man *es ist kalt, es ist schön* usw. Auf Französisch benutzt man für alle diese Ausdrücke das Verb **faire** *machen*. Also: **il <u>fait</u> froid** *es <u>ist</u>* (wörtl. *macht*) *kalt.*

G Die Zahlen von 1–10 kennen Sie schon: Wissen Sie sie noch? **un, deux, trois** … Aber für die Temperaturangaben im Sommer brauchen Sie ein paar mehr:

11 onze [ɔ̃z]	17 dix-sept [disɛt]	23 vingt-trois [vɛ̃ttrwa]	29 vingt-neuf [vɛ̃tnœf]
12 douze [duz]	18 dix-huit [dizɥit]	24 vingt-quatre [vɛ̃tkatr]	30 trente [trɑ̃t]
13 treize [trɛz]	19 dix-neuf [diznœf]	25 vingt-cinq [vɛ̃tsɛ̃k]	31 trente et un [trɑ̃teɛ̃]
14 quatorze [katɔrz]	20 vingt [vɛ̃]	26 vingt-six [vɛ̃tsis]	40 quarante [karɑ̃t]
15 quinze [kɛ̃z]	21 vingt et un [vɛ̃teɛ̃]	27 vingt-sept [vɛ̃tsɛt]	50 cinquante [sɛ̃kɑ̃t]
16 seize [sɛz]	22 vingt-deux [vɛ̃tdø]	28 vingt-huit [vɛ̃tɥit]	60 soixante [swasɑ̃t]

Ab 17 nennt man im Gegensatz zum Deutschen den Zehner zuerst. Ab 17 erhalten die Zahlen außerdem einen Bindestrich: **dix-sept, dix-huit, vingt-deux** … Die Zahlen mit *ein-*, z. B. *einundzwanzig,* erhalten ein **et** und keinen Bindestrich: **vingt et un** (wörtl. *zwanzig <u>und</u> eins*).

Bei Zahlen muss man schnell reagieren, wenn man sie verstehen oder sagen will. Darum ist es ganz nützlich, sie öfter einmal zu trainieren. Haben Sie noch Ihre Karten mit den Zahlen von Lektion 4? Jetzt können Sie sie ergänzen. Wer gern würfelt, kann auch so trainieren: Würfeln Sie mit 4 Spielwürfeln, und rechnen Sie dann laut das Ergebnis aus. Trainieren Sie so lange, bis Sie die Zahlen ohne zu zögern aufsagen können. Wiederholen Sie die Übung ab und zu mal wieder: So werden Sie die Zahlen nicht vergessen.

Six et un sept, et trois dix, et cinq : quinze !

14 Il fait quel temps aujourd'hui ?
Wie ist das Wetter heute? Sehen Sie sich die Wetterkarte an, und schreiben Sie auf, wie das Wetter in den folgenden Städten ist. Die Zahlen schreiben Sie natürlich aus.

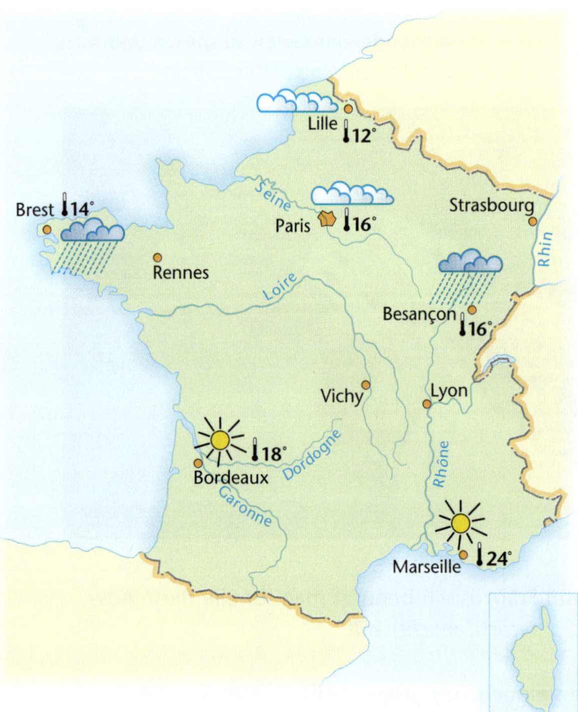

a. Marseille **A Marseille, il fait soleil et il fait vingt-quatre degrés.**

b. Brest ....

....

c. Bordeaux ....

....

d. Paris ....

....

e. Lille ....

....

f. Besançon ....

....

15 1/60 Hélas, la carte météo n'est pas très complète.
Leider ist die Wetterkarte ein wenig unvollständig. Weitere Informationen bekommen Sie aus dem Wetterbericht im Radio. Einige Wörter sind neu, aber das macht nichts: Sie müssen nur die Angaben zum Wetter und die Temperatur verstehen. Hören Sie einfach zu, und notieren Sie die fehlenden Symbole und Temperaturen auf der Karte. Danach bilden Sie wieder Sätze für Ihren Wetterbericht, wie in Übung 14.

G **Quel** kann Staunen oder Gefühle ausdrücken:

Quel temps ! *Was für ein Wetter!*

Es kann aber auch in einer Frage stehen:

Il fait quelle température aujourd'hui ?
Welche Temperatur haben wir heute?

Quel richtet sich in Geschlecht und Zahl nach dem Substantiv, auf das es sich bezieht:

	maskulin	**feminin**
Singular	quel	quelle
Plural	quels	quelles

16 Quelles questions Jo pose à Amédé ?
Kneipentratsch ... Amédé tratscht gern, aber er ist nicht sehr genau. Sein Freund Jo möchte gern mehr erfahren. Welche Fragen stellt er?

a. J'ai des nouvelles ! **Quelles nouvelles ?**

b. Monsieur Bugeau a un problème !

.... ?

c. Béatrice parle trois langues !

.... ?

d. Jean aime la musique !

.... ?

e. Béatrice déjeune avec un collègue !

.... ?

f. Monsieur Bugeau a une voiture.

.... ?

g. Julien est avec des amis.

.... ?

Et pour finir...

Letzte Übungsrunde

17 Qu'est-ce qu'ils disent ? Ecrivez le dialogue :
Was sagen sie? Schreiben Sie den Dialog:

18 Qu'est-ce que vous avez ? Qu'est-ce que vous n'avez pas ?
Was haben Sie? Und was haben Sie nicht?

enfants amis chien piscine voiture jardin

a. ....

....

b. ....

....

c. ....

....

d. ....

....

e. ....

....

f. ....

....

19 Monsieur Bugeau part en cure et confie son chien Tarzan à Jo.
Monsieur Bugeau fährt zur Kur, seinen Hund Tarzan lässt er bei Jo. Bevor Monsieur Bugeau wegfährt, erklärt er Jo, welche Gewohnheiten der Hund hat. Ergänzen Sie mit **un, une, des, le, la, les** oder **de**:

a. Tarzan est très gentil mais il n'a pas .... amis.

b. Il n'aime pas .... téléphone et il déteste .... ascenseurs.

c. Il ne prend jamais .... douche.

d. Pas .... randonnées et pas .... sport !

e. Il apporte .... journal.

f. Pour le petit déjeuner, il prend .... biscuits mais pas .... croissants.

g. Pas .... alcool !

h. Tarzan déjeune à 13 heures et il prend .... sandwich.

i. Attention: il aime beaucoup .... chaussures !

LES FRUSTRÉS
PAR CLAIRE BRETÉCHER

Claire Bretécher

est née à Nantes en 1940 et morte 2020 à Paris. Sa carrière commence en 1969 avec Cellulite, une princesse romantique et stupide. Depuis 1973, elle dessine pour l'hebdomadaire « Le Nouvel Observateur » une chronique aujourd'hui célèbre : « Les Frustrés ». Bretécher caricature la société moderne avec ses modes, ses habitudes et son langage.

par *von* **Tiens !** *Ach!, Sieh mal an!* **On prend un pot ?** *Gehn wir was trinken?* **Faut que j'y aille !** *Ich muss gehen!* **Faudra que je te parle !** *Ich muss mal mit dir reden!* **Je suis sur un coup !** *Ich bin da an was dran!* **appelle-moi** *ruf mich an* **fais-m'y penser** *erinner mich daran* **J'ai pas mal de choses à te dire aussi !** *Ich hab dir auch einiges zu sagen!* **Faut absolument qu'on se voie !** *Wir müssen uns unbedingt sehen!*

est né(e) *wurde geboren* **est mort(e)** *starb* **commencer** *beginnen* **Cellulite** *Cellulitis, Name einer Comicfigur von Bretécher* **dessiner** *zeichnen* **l'hebdomadaire** ***m*** *die Wochenzeitschrift* **célèbre** *berühmt*

Neue Formen und Strukturen

1. Auf Vorschläge antworten

- Oui, d'accord.
  Ja, einverstanden.
- Oui, avec plaisir.
  Ja, gerne.
- Non, désolé(e), je n'ai pas le temps.
  Nein, tut mir leid, ich habe keine Zeit.

2. Das Verb *prendre nehmen*

je prends	[ʒəprɑ̃]
tu prends	[typrɑ̃]
il / elle / on prend	[ilprɑ̃]/[elprɑ̃]/[ɔ̃prɑ̃]
nous prenons	[nuprənɔ̃]
vous prenez	[vuprəne]
ils / elles prennent	[ilprɛn]/[ɛlprɛn]

3. In Bistro und Restaurant

So rufen Sie die Bedienung:
Monsieur / Madame / Mademoiselle, s'il vous plaît !
So bestellen Sie:
Je prends ... / Pour moi, ..., s'il vous plaît.
So bitten Sie um die Rechnung:
L'addition, s'il vous plaît !
So laden Sie jemanden ein:
Je vous invite. / Laissez, c'est à moi.

4. Die Frage nach dem Objekt *was?*

Que + Inversion:	Que prenez-vous ?
Qu'est-ce que:	Qu'est-ce que vous prenez ?
	Qu'est-ce qu'il prend ?

5. *Ne ... pas de* und *ne ... jamais de*

- Je ne prends pas de café.
- Je ne prends jamais de salade.

de auch beim Plural:
- Je **ne** prends pas **de** croissants.

de wird vor einem Vokal zu **d'**:
- Je ne prends **pas d'**eau minérale.

Ausnahme: Wenn das Verb des Satzes **être** ist, bleibt **pas un, pas une, pas des**:

C'est un cognac ? → Non, ce n'est pas un cognac.

6. Der Plural des Substantivs (II)

Viele Substantive, die auf **-al** oder **-ail** enden, bilden den Plural mit **-aux**, also:

un journal *eine Zeitung* → des journaux *Zeitungen*
un travail *eine Arbeit* → des travaux *Arbeiten*

Bei Substantiven, die auf **-s**, **-x** oder **-z** enden, gibt es im Plural keine Veränderung:

un fax *ein Fax* → des fax *Faxe*

7. Die Zahlen von 11 – 60

11 onze [ɔ̃z]	23 vingt-trois [vɛ̃ttrwa]
12 douze [duz]	24 vingt-quatre [vɛ̃tkatr]
13 treize [trɛz]	25 vingt-cinq [vɛ̃tsɛ̃k]
14 quatorze [katɔrz]	26 vingt-six [vɛ̃tsis]
15 quinze [kɛ̃z]	27 vingt-sept [vɛ̃tsɛt]
16 seize [sɛz]	28 vingt-huit [vɛ̃tɥit]
17 dix-sept [dissɛt]	29 vingt-neuf [vɛ̃tnœf]
18 dix-huit [dizɥit]	30 trente [trɑ̃t]
19 dix-neuf [diznœf]	40 quarante [karɑ̃t]
20 vingt [vɛ̃]	50 cinquante [sɛ̃kɑ̃t]
21 vingt et un [vɛ̃teɛ̃]	60 soixante [swasɑ̃t]
22 vingt-deux [vɛ̃tdø]	

8. Das Wetter

Il fait + Adjektiv	
Il fait chaud.	*Es ist warm.*
Il fait froid.	*Es ist kalt.*
Il fait gris.	*Der Himmel ist grau.*
Il fait beau.	*Es ist schön.*

Il pleut. *Es regnet.*
Il fait soleil. *Es ist sonnig.*

9. *Quel, quelle*

	maskulin	**feminin**
Singular	quel	quelle
Plural	quels	quelles

Quel temps ! *Was für ein Wetter!*
Quelle voiture avez-vous ?
Was für ein Auto haben Sie?
Il fait quelle température aujourd'hui ?
Welche Temperatur haben wir heute?

La vie du quartier

Das Leben im Stadtviertel

Wie kann man sein Stadtviertel oder sein Dorf beschreiben, über seine Alltagsgewohnheiten und Freizeitbeschäftigungen sprechen und ein Urteil abgeben? Das alles lernen Sie in dieser Lektion mit den Bewohnern von L'Estaque, einem malerischen Hafenviertel von Marseille mit vielen Blumen und Hinterhöfen.

WORTSCHATZ: **Freizeit und Alltag, Gebäude, Wochentage**

Madame Denis habite à l'Estaque, **un quartier** tout simple dans la banlieue de Marseille. Elle est **à la retraite** et comme elle est **souvent** à sa fenêtre **au premier étage**, elle connaît bien les habitants de son immeuble : **il y a** les Aziz, M. Garabédian ou Mme Béranger. Mme Denis connaît les habitudes de tout le monde : ils travaillent **dans un bureau**, vont **à la plage** ou **à l'école**... Quant à Mme Denis, elle aime **faire les courses** dans les petits **magasins** de son **quartier** et **regarder le foot** avec ses voisins. Comme vous allez le constater, elle est très gentille et adore bavarder...

Madame Denis wohnt in L'Estaque, **einem** einfachen **Viertel** in einem Vorort von Marseille. Sie ist **in Rente**, und da sie **oft** an ihrem Fenster **im ersten Stock** steht, kennt sie die Bewohner ihres Hauses gut: **Da sind** die Aziz, Monsieur Garabédian oder Madame Béranger. Madame Denis kennt die Gewohnheiten von allen: Sie arbeiten **in einem Büro**, gehen **an den Strand** oder **zur Schule** ... Madame Denis selbst kauft gern in den kleinen **Geschäften** ihres **Viertels** ein und **schaut sich** gern **Fußball** mit ihren Nachbarn **an**. Wie Sie feststellen werden, ist sie sehr nett und plaudert gern ...

L'Estaque

L'Estaque

1 2/1,2 Mme Denis est justement en train de bavarder avec un journaliste de Paris qui a l'intention d'écrire un article sur l'Estaque. Il essaie de lier conversation…

Mme Denis plaudert gerade mit einem Journalisten aus Paris, der einen Artikel über l'Estaque schreiben möchte. Er versucht sie in ein Gespräch zu verwickeln …

journaliste L'Estaque, c'est comme un village…

Mme Denis Ah non, Monsieur, ce n'est pas un village, c'est un quartier de Marseille.

journaliste Vous pouvez faire les courses ici ?

Mme Denis Mais il y a des magasins, bien sûr !! Il y a un supermarché, une boulangerie, une pharmacie… Euh… Nous avons aussi une poste, une mairie et une école pour les enfants. Voilà ! Nous avons la mer, le soleil… c'est joli et ce n'est pas cher ! Moi, Monsieur, je suis à la retraite et c'est le paradis ici !

journaliste Il y a aussi des jeunes au chômage…

Mme Denis Oui, c'est vrai, c'est pas facile pour les jeunes…

2 Qu'est-ce qu'il y a dans le quartier de Mme Denis ?

Was gibt es im Viertel von Mme Denis? Was hat sie vergessen zu erwähnen? Vergleichen Sie Dialog und Zeichnung, und ergänzen Sie dann.

sie hat erwähnt

le supermarché

……………………………………………

……………………………………………

……………………………………………

……………………………………………

……………………………………………

sie hat vergessen

……………………………………………

……………………………………………

……………………………………………

……………………………………………

……………………………………………

G Wenn Sie fragen möchten, ob es etwas gibt, haben Sie ein sehr einfaches Mittel: **il y a** [ilja].

Il y a une pharmacie ici ?
Gibt es hier eine Apotheke?
A l'Estaque, il y a des magasins.
In l'Estaque gibt es Geschäfte.

Und wie heißt es, wenn es etwas nicht gibt? Ganz einfach: **il n'y a pas** [il nja pa].

Il n'y a pas de pharmacie.
Es gibt keine Apotheke.

G In der Umgangssprache verzichten die Franzosen häufig auf das **ne**, den ersten Teil der Verneinung. Sie sagen dann:

Je prends pas de bière.	*Ich nehme kein Bier.*
Je vais jamais au cinéma.	*Ich gehe nie ins Kino.*

Manchmal lassen sie auch Silben weg. Bei **il y a** und **il n'y a pas** werden Sie eher die Kurzform **y'a** [ja] und **y'a pas** [japa] hören:

Y'a des magasins.	*Es gibt Geschäfte.*
Y'a pas de magasins.	*Es gibt keine Geschäfte.*

Sie sollten diese Formen kennen, denn dann können Sie die Franzosen besser verstehen. Vorsicht! Die Kurzform wird mündlich, aber selten/nicht schriftlich verwendet.

3 Qu'est-ce qu'il y a dans votre village ou votre quartier ? Qu'est-ce qu'il n'y a pas ?
Was gibt es in Ihrem Dorf oder in Ihrem Stadtviertel? Was gibt es nicht?

a. .... cinéma.
b. .... pharmacie.
c. .... piscine.
d. .... mairie.
e. .... parking.
f. .... école.
g. .... supermarché.
h. .... poste.

4 Relisez le texte 1.
Lesen Sie Text 1 noch einmal, und unterstreichen Sie dabei alle Ausdrücke, mit denen Mme Denis ein Urteil abgibt.

G Wenn Sie ein Urteil über etwas abgeben möchten, verwenden Sie **c'est** bzw. **ce n'est pas**:

C'est facile.	*Das /Es ist leicht.*
C'est le paradis !	*Das ist das Paradies!*
Ce n'est pas facile.	*Das /Es ist nicht leicht.*

Umgangssprachlich werden Sie statt **ce n'est pas** häufig **c'est pas** hören – ohne **ne**:

C'est pas facile.	*Das /Es ist nicht leicht.*

5 Quelle est votre opinion ? Réagissez avec c'est ou ce n'est pas.
Was meinen Sie dazu? Reagieren Sie mit **c'est** oder **ce n'est pas** und dem Adjektiv in der Klammer.

a. parler français (facile) ....
C'est facile

b. parler trois langues (difficile)
....

c. apporter des fleurs (cher)
....

d. organiser une fête (facile)
....

e. avoir le temps (difficile)
....

f. avoir un jardin (super)
....

g. prendre un thé (cher)
....

h. être journaliste (facile)
....

i. réserver une chambre (important)
....

Les voisins

Die Nachbarn

6 2/3 De sa fenêtre Mme Denis parle au facteur. Il voudrait bien savoir si une certaine Jeannette habite ici…

Von ihrem Fenster aus spricht Mme Denis mit dem Briefträger. Der möchte nämlich wissen, ob eine gewisse Jeannette hier wohnt …

Qui cherchez-vous Monsieur ? Jeannette ? Jeannette, Jeannette… Au premier étage, il y a Monsieur Garabédian, mais il n'est pas marié et il n'a pas d'enfants. Il y a aussi Monsieur Bison. Lui, il est toujours au café ou à la plage !! Au deuxième, il y a Madame Béranger, elle travaille à la mairie, mais elle s'appelle Nicole. Au troisième, il y a les Aziz. Madame Aziz travaille dans un bureau à Marseille, chez Ricard. Ils ont trois enfants : Farid, Souria et Selma. Des amours ! Ils vont à l'école, bien sûr. Mais Jeannette, non, il n'y a pas de Jeannette chez nous !

7 Qui habite où ? Qui travaille où ? Complétez à l'aide du texte.

Wer wohnt wo? Wer arbeitet wo? Ergänzen Sie mithilfe des Textes.

a. M. Garabédian habite

.... premier étage.

b. Monsieur Bison est

toujours .... café

ou .... plage.

c. Mme Béranger habite

.... deuxième étage.

Mme Béranger travaille

.... mairie.

d. Les Aziz habitent

.... troisième étage.

Les enfants Aziz vont .... école.

Madame Aziz travaille .... un bureau.

Elle travaille .... Ricard.

G Für Ortsangaben brauchen Sie verschiedene Präpositionen. Die Präposition **à** haben Sie schon bei den Länderbezeichnungen (→ Lektion 2) kennengelernt. Sie bedeutet *in, nach, zu, an.* Beachten Sie, dass **à** mit dem Artikel **le** zu **au**, mit **les** zu **aux** verschmilzt:

à + le → au	au bureau *im Büro, ins Büro*
à + la → à la	à la mairie *im Rathaus, ins Rathaus*
à + l' → à l'	à l'école *in der Schule, zur Schule*

8 Regardez les images : où trouver ces objets et ces personnes ?

Sehen Sie sich die Bilder an: Wo finden Sie diese Gegenstände und Personen?

a. **à la boulangerie**

b. ....

c. ....

d. ....

e. ....

f. ....

g. ....

G Im Zusammenhang mit dem unbestimmten Artikel oder mit dem Plural heißt *in* bei Ländernamen **à** (→ Lektion 2) in allen anderen Fällen steht **dans**:

à + les → aux	aux États-Unis *in den USA, in die USA*
aber:	dans un bureau *in einem Büro, in ein Büro* dans les magasins *in den Geschäften, in die Geschäfte*

Vor Personen, Pronomen oder Firmennamen steht **chez** *zu, bei*:

Elle travaille **chez** Ricard.	*Sie arbeitet **bei** Ricard.*
Je vais **chez** des amis.	*Ich gehe **zu** Freunden.*
chez **nous**	*bei **uns***

Und eine Ausnahme sollten Sie noch kennen:

dans la rue	*auf der Straße*

9 Daniel Garabédian est en vacances et il écrit une carte postale à une amie.

Daniel Garabédian macht Urlaub und schreibt einer Freundin eine Karte. Aber er hat zu lange in der Sonne gelegen und alle Präpositionen vergessen! Helfen Sie ihm!

Chère Jeannette,

Je suis .... vacances .... Biarritz.

Je suis .... un café et je prends l'apéritif.

Il fait beau et chaud. J'ai une chambre ....

hôtel et c'est idéal : j'ai vue .... la mer !

Je vais .... musée, ... cinéma,

.... plage et aujourd'hui, je vais ....

restaurant avec des amis. C'est super ici !

Je suis .... paradis, mais toi, où es-tu !?

A bientôt ? Daniel

G Wenn Sie sagen möchten, wer in welcher Etage wohnt, brauchen Sie die Ordnungszahlen. Sie bilden sie mit der Grundzahl und der Endung **-ième**, z. B. **deuxième** *zweiter*, **troisième** *dritter*, ... Ausnahmen gibt's natürlich auch:

- *erster* heißt **premier** (wie bei Premierminister) und hat auch eine weibliche Form: **première** *erste* (Eselsbrücke: die Premiere).
- Zahlen, die auf **-e** enden, verlieren ihr **-e**: **quatre → quatrième**, **douze → douzième**
- **cinq** bekommt ein zusätzliches **u**: **cinq → cinquième**
- **neuf** verliert sein **f** und bekommt ein **v**: **neuf → neuvième**

In Ziffern heißt es dann: **1er/1ère**, **2e**, **3e** usw.

10 2/4 Qui est où ?

Wer ist wo? Madame Aziz arbeitet in einem Bürohochhaus in Marseille. Hören Sie ihre Beschreibung auf der CD an, und schreiben Sie das richtige Stockwerk zu jeder Firma. Dann bilden Sie Sätze.

Bally est au quatrième étage.

Bally 4e	Danone ....
Berger	IBM ....
Citroën	La Bastiane ....
Adam 2e	Ricard ....
Chevreul 8e	Puget ....

C'est la vie

So ist das Leben

  Tous les matins, Mme Denis arrose les fleurs de sa fenêtre et voit ses voisins aller au bureau ou à l'école. Ecoutons-la faire ses petits commentaires…

Jeden Morgen gießt Mme Denis die Blumen vor ihrem Fenster und sieht ihre Nachbarn ins Büro oder zur Schule gehen. Hören wir zu, wie sie ihre Bemerkungen macht.

Tiens, voilà Garabédian. C'est dommage, il n'est pas souvent là : le travail, toujours le travail ! Il adore le foot et moi aussi ! On regarde les matchs ensemble à la télévision !

Et voilà Mme Béranger. Elle n'est jamais à la maison… Toujours à l'heure, toujours chic ! Le vendredi, elle va au cinéma ou au concert et le samedi, elle rencontre des amis. Mais elle ne parle pas beaucoup… Et puis elle fume ! Ah là là… Elle fume !

Ah ! Quelle femme, Madame Aziz ! Elle fait le jardin, elle fait le ménage, elle fait la cuisine, elle fait les courses… Elle dépose les enfants à l'école… De temps en temps, elle arrose les fleurs de Madame Béranger… Et elle bricole aussi ! Hélas, toujours le dimanche !!

G Mme Denis bekommt genau mit, was ihre Nachbarn so machen. *Tun, machen* heißt **faire** – und so wird es konjugiert:

je fais	nous faisons
tu fais	vous faites
il/elle/on fait	ils/elles font

12 2/6 Ecoutez et répondez.
Hören Sie die CD an, und beantworten Sie die Fragen.

a. Welche Formen werden gleich ausgesprochen?

....

b. Welche Formen werden gleich geschrieben?

....

c. Bei welcher Form hört man das t?

....

d. Bei welcher Form hört man das t nicht?

....

13 Complétez le dialogue avec le verbe **faire**.
Durch das offene Fenster hört man Frau Aziz mit ihren Kindern reden. Was sagen sie? Ergänzen Sie den Dialog mit dem Verb **faire**!

a. Qu'est-ce que vous .... aujourd'hui, les enfants ?
b. Farid et moi, nous .... la cuisine.
c. Moi, je ne .... pas la cuisine !! Je .... juste un café pour maman !
d. Selma, tu .... le ménage avec moi ?
e. Encore ! Oh, Maman, je n'aime pas .... le ménage !
f. Mais que .... Souria ?
g. Elle est chez Madame Denis !
h. Qu'est-ce qu'elles .... ?
i. Elles arrosent les fleurs !
j. Bon, je vais au jardin. Vous ne .... pas de bêtises !

G Jetzt können Sie schon sagen, was Sie machen. Sicher machen Sie nicht an allen Wochentagen dasselbe. Wenn Sie die Wochentage kennen, können Sie auch genauer beschreiben, was Sie wann tun. Die Wochentage sind alle männlich und werden kleingeschrieben.

Wenn man etwas an einem bestimmten Wochentag regelmäßig tut, setzt man **le** davor:

Le mardi, je vais au cinéma.
*Dienstags /**Jeden** Dienstag gehe ich ins Kino.*

Sprechen Sie von einem bestimmten Dienstag, brauchen Sie keinen Artikel – und im Gegensatz zum Deutschen auch keine Präposition:

Mardi, je vais au cinéma.
Am Dienstag gehe ich ins Kino.

SEPTEMBRE	35e semaine **SEPTEMBRE**
3 **lundi**	**jeudi** 6
4 **mardi** cinéma	**vendredi** 7
5 **mercredi**	**samedi** 8 le week-end
	dimanche 9

Und wenn Sie jemanden fragen möchten, wann er etwas tut? Ganz einfach:

- Quel jour tu fais les courses ?
  An welchem Tag kaufst du ein?
- Le samedi. *Am Samstag.*

Seit 1905 gibt es in Frankreich die Trennung von Staat und Kirche; seitdem gibt es auch an den Schulen keinen Religionsunterricht mehr. Die religiöse Erziehung findet an einem schulfreien Tag in der Woche statt. Dieser Tag war urspünglich der Donnerstag, später der Mittwoch. Aus diesem Grund haben die französischen Grundschüler mittwochs keinen Unterricht. Dafür gehen sie am Samstag bis 12 Uhr zur Schule. Der unterrichtsfreie Samstag setzt sich jedoch auch in Frankreich immer mehr durch.

14   Que font les voisins de Mme Denis ? Quelles sont leurs habitudes ?

Welche Gewohnheiten haben die Nachbarn von Mme Denis? Hören Sie die Kommentare von Mme Denis an, und machen Sie zunächst eine Tabelle mit den Personen und den Wochentagen. Dann schreiben Sie die Aktivitäten auf.

	le lundi	le mardi
Mme Béranger	va au cinéma	

15 Et vous, quelles sont vos habitudes ?

Und Sie, welche Gewohnheiten haben Sie? Kreuzen Sie sie in der Liste an, und bilden Sie dann Sätze.

	souvent	de temps en temps	jamais
a. aller à la piscine	X		
b. prendre un apéritif			
c. bricoler			
d. aller au restaurant			
e. faire le ménage			
f. faire le jardin			
g. être en retard			
h. regarder la télévision			

Je vais souvent à la piscine.

G Sie haben es sicher schon bemerkt: Manchmal wird **c** wie [k] und manchmal wie [s] gesprochen. Bei **g** ist es auch nicht anders: Manchmal hört man [ʒ], manchmal [g]. Wie soll man sich da zurechtfinden? Hier ein paar Tipps:

c = [k] vor Konsonanten und vor den Vokalen **a, o, u: café, école, Bocuse**
c = [s] vor den Vokalen **e, i, y: France, merci, cynique**
g = [g] vor Konsonanten und vor den Vokalen **a, o, u: organiser, gourmet, baguette**
g = [ʒ] vor den Vokalen **e, i, y: ingénieur, région, gymnastique**

Eigentlich ganz einfach, oder? Und wenn man vor **a, o** und **u** einen [s]-Laut braucht, dann schreibt man **ç** = [s]: **français.**

Bleibt noch **cc**:
cc = [k] vor Konsonanten und vor den Vokalen **a, o, u: d'accord**
cc = [ks] vor den Vokalen **e, i, y: accepter**

16 Comment prononcer **c** et **g** ?

Wie spricht man **c** und **g** in den folgenden Wörtern aus? Lesen Sie die Liste durch, und ordnen Sie die Wörter zu. Überprüfen Sie dann mit der CD.

~~cinéma~~ Guerlain gentil mercredi ménage langue ici cuisine chocolat pharmacie Belgique biscuit confirmer dommage Périgord

[s]	[k]
cinéma	....
....	....
....	....
....	....
....	....

[g]	[ʒ]
....	....
....	....
....	....
....	....

Ein Tipp für die Aussprache: Bei [ʒ] wie **gentil** oder **ingénieur** vibrieren Ihre Stimmbänder, bei [ʃ] wie in **douche** oder **chaud** nicht. Legen Sie Daumen und Zeigefinger an Ihren Hals: Wenn Sie [ʒ] richtig aussprechen, spüren Sie, wie die Stimmbänder vibrieren. Dasselbe gilt für [z] (Stimmbänder vibrieren) und [s] (hier vibrieren die Stimmbänder nicht).

17 [ʒ] ou [ʃ] ? Ecoutez la le CD et cochez ce que vous entendez.

Training für feine Ohren: [ʒ] oder [ʃ]? Legen Sie die CD ein, und kreuzen Sie an, was Sie hören.

	a.	b.	c.	d.	e.	f.	g.	h.	i.	j.	k.	l.
[ʒ]	X											
[ʃ]												

18 2/10 Ecoutez le CD et répétez !
Sie sind allein zu Hause? Dann können wir ungestört die Aussprache üben. Hören Sie die CD an, und wiederholen Sie!

a. Je ne prends jamais de digestif.
b. Il fait chaud ici aujourd'hui, chéri !
c. Le Logis de France a des brochures.
d. C'est gentil, merci pour le chocolat !
e. Dommage, ils n'ont pas de fromage.

Et pour finir...

Letzte Übungsrunde

19 Sur Internet, il y a aussi des sites francophones. Pas mal pour échanger des idées en français !
Im Internet gibt es auch Seiten auf Französisch. Gar nicht schlecht, um sich auf Französisch auszutauschen! Doch zunächst stellen Sie sich Ihren Chat-Partnern vor. Benutzen Sie dabei folgende Schlüsselwörter:

habiter à	....
travailler	la maison, un magasin, un bureau
être	à la retraite, au chômage
aller	le cinéma, le restaurant, le supermarché, l'école, la piscine
faire	les courses, le ménage, le jardin, la cuisine

Neue E-Mail
An:
Kopie:
Betreff:

....

....

....

....

....

....

20 Voici l'agenda de votre ami Martin. Que fait-il cette semaine ?
Hier sehen Sie den Terminkalender Ihres Freundes Martin. Was macht er diese Woche? Erklären Sie es einem französischen Freund.

Montag:	IBM, Termin mit Herrn Bünde, kochen
Dienstag:	Kinder zur Schule bringen, Termin mit Frau Berg, Blumen im Büro gießen!! ✿✿
Mittwoch:	nach Paris, Termin mit Mme Doucet (4. Stock)
Donnerstag:	nach Madrid, Termin (Restaurant Tortilla) mit Herrn Gonzales
Freitag:	zu Siemens, Treffen mit Herrn Koch (Hotel!), putzen
Samstag:	einkaufen, Kino mit Barbara ☺
Sonntag:	zum Strand mit Barbara und Kindern, TV: Fußball

Lundi, Martin va chez IBM, il......

21 2/11 Ecoutez la petite scène avec Farid, Selma et Souria et cochez ce qui est juste.
Hören Sie die kleine Szene mit Farid, Selma und Souria an. Kreuzen Sie an, was richtig ist.

a. Les enfants parlent avec Mme Denis. ☐
   Ils parlent avec Mme Aziz. ☐
b. Les enfants vont à la plage. ☐
   Ils vont à l'école. ☐
c. Ils travaillent bien à l'école. ☐
   Ils ne travaillent pas. ☐
d. Farid est premier. ☐
   Il est troisième. ☐
e. Les enfants ont une radio. ☐
   Ils n'ont pas de radio. ☐
f. C'est jeudi. ☐
   C'est mercredi. ☐
g. Mme Denis parle anglais. ☐
   Elle ne parle pas anglais. ☐
h. Les enfants font des bêtises. ☐
   Ils ne font jamais de bêtises. ☐

MARSEILLE

le marché

Avec ses petites rues, ses marchés pleins de parfums et ses places calmes, Marseille a beaucoup de charme…

une calanque

Le week-end, les Marseillais vont à la plage du Prado, dans les calanques ou sur les îles Frioul. A 20 minutes de Marseille, c'est idéal pour faire de la plongée ou du VTT… Les calanques, c'est aussi un paradis pour les oiseaux.

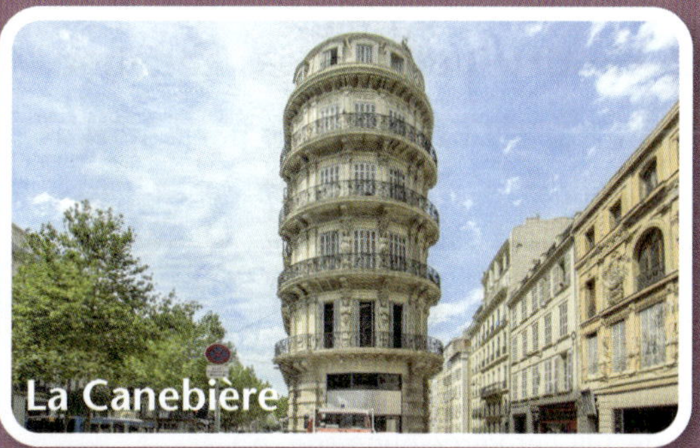

La Canebière

La Canebière, c'est une grande avenue qui mène au Vieux Port. C'est aussi le cœur de la ville de Marseille pour faire la fête après un match de foot, faire les courses le samedi, prendre un pastis à la terrasse des cafés, rencontrer des amis… Sur la Canebière, il y a des grands hôtels, des magasins et beaucoup de touristes.

le château d'If

Le château d'If est une prison construite en 1524 par le roi François 1er. Alexandre Dumas l'a rendu célèbre par son roman, « Le Comte de Monte-Cristo ».

pleins de *voll von* **ses places calmes** *seine ruhigen Plätze* **le charme** *der Zauber, der Charme* **La Canebière** *Straße in Marseille* **qui** *hier: die* **mener à** *führen zu* **le Vieux Port** *der alte Hafen* **le cœur:** *das Herz* **après** *nach* **la calanque** *die kleine Felsbucht* **l'île** ***f*** *die Insel* **la plongée** *das Tauchen* **le VTT das** *Mountainbike* **l'oiseau** ***m*** *der Vogel* **le château** *das Schloss* **construite** *gebaut* **l'a rendu célèbre** *hat es berühmt gemacht*

Neue Formen und Strukturen

1. *Il y a*

Il y a un café ici ?
Gibt es hier eine Kneipe?
Il n'y a pas de pharmacie.
Es gibt keine Apotheke.

2. Ein Urteil über etwas abgeben

c'est + Adjektiv bzw. ce n'est pas + Adjektiv	
C'est super !	*Das ist super!*
Ce n'est pas facile !	*Das ist nicht leicht!*

3. Umgangssprache

Im gesprochenen Französisch entfällt häufig der erste Teil der Verneinung (**ne, n'**). Dementsprechend wird **il n'y a pas** zu **y'a pas** und **ce n'est pas** zu **c'est pas**:

Je vais jamais au cinéma.	*Ich gehe nie ins Kino.*
Y'a pas de poste ici.	*Es gibt hier keine Post.*
C'est pas facile.	*Das ist nicht leicht.*

4. Orts- und Richtungsangaben

à + le → au	au café	*in der Kneipe, in die Kneipe*
à + la → à la	à la mairie	*im Rathaus, ins Rathaus*
à + l' → à l'	à l'école	*in der Schule, in die Schule*

Beim unbestimmten Artikel und beim Plural heißt *in* **dans**:

dans un bureau	*in einem Büro, in ein Büro*
dans les magasins	*in den Geschäften, in die Geschäfte*

Bei Ländernamen im Plural steht **à** + Artikel:

à + les → aux
aux États-Unis — *in den USA, in die USA*

Vor Personen, Pronomen, Firmen steht **chez**:

chez Mme Denis	*bei Mme Denis, zu Mme Denis*
chez nous	*bei uns, zu uns*
chez IBM	*bei IBM, zu IBM*

5. Ordnungszahlen

Grundzahl (ohne -e am Ende) + -ième	
deuxième	*zweiter*
quatrième	*vierter*

Ausnahmen
premier *erster,* **première** *erste;*
cinquième *fünfter;*
neuvième *neunter*

In Ziffern: **1er/1ère**, **2e**, **3e** usw.

6. Das Verb *faire machen*

faire	[fɛr]
je fais	[ʒəfɛ]
tu fais	[tyfɛ]
il fait	[ilfɛ]
nous faisons	[nufəzõ]
vous faites	[vufɛt]
ils font	[ilfõ]

7. Die Wochentage

Le lundi, je vais au cinéma.
Montags / Jeden Montag gehe ich ins Kino.
Lundi, je vais au cinéma.
Am Montag gehe ich ins Kino.

8. Die Aussprache von *c* und *g*

c = [k] vor Konsonanten und vor den Vokalen **a, o, u: café, école, Bocuse**
g = [g] vor Konsonanten und vor den Vokalen **a, o, u: organiser, gourmet, baguette**
c = [s] vor den Vokalen **e, i, y: France, merci, cynique**
g = [ʒ] vor den Vokalen **e, i, y: ingénieur, région, gymnastique**

ç = [s] français
cc = [k] vor Konsonanten und vor den Vokalen **a, o, u: d'accord**
cc = [ks] vor den Vokalen **e, i, y: accepter**

Un voyage à Paris

Eine Reise nach Paris

Céline et Carole ont décidé de faire un voyage à Paris. Elles comparent **les programmes** culturels présentés par **les agences de voyages.** Elles ont envie de revoir le Paris classique mais elles voudraient aussi découvrir les Grands Travaux, **les** nouveaux **monuments** du Paris d'aujourd'hui… Avec leur **guide**, elles regardent **à droite, à gauche**, elles **traversent des places**, admirent **des monuments**, visitent **le musée d'Orsay, l'Opéra Bastille…** C'est vraiment beau, Paris !

Céline und Carole haben beschlossen, eine Reise nach Paris zu machen. Sie vergleichen **die** Kultur**programme**, die **die Reisebüros** anbieten. Sie haben Lust, wieder einmal das klassische Paris zu erleben, aber sie möchten auch die Grands Travaux, die „Großen Bauten", **die** neuen **Prachtgebäude** des modernen Paris, entdecken … Mit ihrer **Reiseleiterin** schauen sie mal **rechts**, mal **links**, **überqueren Plätze**, bewundern **Denkmäler**, besichtigen **das Orsay-Museum**, **die Bastille-Oper** … Ja, Paris ist wirklich schön!

Mit Céline und Carole lernen Sie, sich zu orientieren. Wie fragt man nach dem Weg oder nach der Uhrzeit? Sie lernen auch, ein Programmangebot zu lesen, etwas zu erläutern oder zu ergänzen, z. B. mit dem Genitiv. Sie lernen die Verben auf *-re* kennen und entdecken während unseres Ausflugs viele Pariser Sehenswürdigkeiten!

WORTSCHATZ: **Richtungsangaben, Besichtigungen, Uhrzeit.**

Un week-end à Paris

Ein Wochenende in Paris

Agence
Paris Paris
– Guide en français et en anglais –

Programme: *Paris d'hier et d'aujourd'hui*

- **vendredi soir:**
  arrivée à Paris, dîner à la tour Eiffel, promenade sur la Seine
- **samedi matin:**
  le musée d'Orsay: visite du musée et de l'exposition Gauguin
- **samedi après-midi:**
  Notre-Dame: visite des jardins et de la cathédrale
- **samedi soir:**
  concert à l'Opéra Bastille, place de la Bastille
- **dimanche matin:**
  tour de Paris avec l'Open Tour, déjeuner, avenue des Champs-Elysées
- **dimanche après-midi:**
  départ

G Was für die Wochentage gilt, gilt auch für die Tageszeiten: Wenn Sie etwas regelmäßig tun, brauchen Sie den bestimmten Artikel:

Le matin, il va à l'école.
Vormittags geht er in die Schule.

Den bestimmten Artikel setzen Sie auch, wenn von einem bestimmten Tag schon einmal die Rede war und Sie nun noch eine Angabe zur Tageszeit machen wollen:

- Qu'est-ce qu'on fait samedi ?
  Was machen wir am Samstag?
- Le matin, on visite un musée, et le soir, on va à l'Opéra Bastille.
  Am Vormittag besichtigen wir ein Museum, und abends gehen wir in die Bastille-Oper.

Und wie sieht es z. B. bei *Samstagvormittag* aus? Ganz einfach:

Samedi matin, nous visitons un musée.
Samstagvormittag besichtigen wir ein Museum.

Es steht also kein Artikel zwischen dem Wochentag, **samedi**, und der Tageszeit **matin**.

2 2/12 Carole téléphone chez *Parissimo.*
Carole möchte wissen, was Parissimo, ein anderes Reisebüro, anbietet.
Hören Sie das Telefongespräch, und kreuzen Sie an, was das Reisebüro anbietet. Hören Sie das Gespräch noch mal an und schreiben Sie, wann was stattfindet.

Programme de Parissimo

☐ dîner sur la Seine

....

☒ dîner à Montmartre

vendredi soir

☐ promenade à Montmartre

....

☐ visite du musée du Louvre

....

☐ visite du musée d'Orsay

....

☐ visite de Notre-Dame

....

☐ concert à l'Opéra

....

☐ concert à Notre-Dame

....

☐ visite de la maison de Victor Hugo

....

☐ promenade sur les Champs-Elysées

....

3 Quand faites-vous quoi ?
Wann tun Sie was? Ordnen Sie die Tätigkeiten aus der Liste den Tageszeiten zu, und bilden Sie Sätze!

le matin	l'après-midi	le soir	la nuit

~~aller au bureau~~ faire le ménage faire les courses rencontrer des amis visiter des monuments regarder la télévision visiter une exposition aller danser prendre un café

Le matin, je vais au bureau.

G Im Programm für die Parisreise ist Ihnen das Wörtchen **de** in der Bedeutung *von, aus* begegnet. Es wird verwendet, um einen Genitiv auszudrücken, und entspricht in dieser Bedeutung dem englischen *of.* Ähnlich wie **à** verschmilzt **de** mit dem bestimmten Artikel im Maskulinum Singular und im Plural:

de + le → du	la visite du musée	*die Besichtigung des Museums / der Museumsbesuch*
de + la → de la	la visite de la cathédrale	*die Besichtigung der Kathedrale*
de + l' → de l'	la visite de l'exposition	*der Besuch der Ausstellung*
de + les → des	la visite des jardins	*die Besichtigung der Gärten*

Wenn eine allgemeine Bezeichnung wie „Platz", „Straße" oder „Museum" näher bestimmt werden soll, wird häufig der Eigenname mit **de** angehängt: **la place de la Concorde.**

Und bei Eigennamen, die einen Artikel haben, verschmilzt **de** natürlich mit dem Artikel:
les Champs-Elysées → **l'avenue des Champs-Elysées**

4 Voici des lieux célèbres à Paris. Vous les connaissez certainement…
Hier sind einige berühmte Pariser Sehenswürdigkeiten. Sicher kennen Sie sie ... Wie heißen sie genau? Und – achten Sie auf die Farben!

a. le musée ....Louvre
b. le jardin .... Tuileries
c. l'Opéra .... Bastille
d. la place .... Etoile
e. l'avenue .... Champs-Elysées
f. la place .... Concorde
g. la place .... Vosges

5 Du, de la, de l' ou des ? Cochez dans la bonne case.
Was genau hat Carole während ihrer Reise gehört? **Du, de la, de l'** oder **des**? Kreuzen Sie die richtige Spalte an.

	du	de la	de l'	des	
a. Voici la place		X			mairie.
b. C'est l'exposition					musée.
c. Où est l'ascenseur					hôtel ?
d. Où est l'avenue					Champs-Elysées ?
e. Merci pour la visite					cathédrale !
f. Voici un guide					quartiers de Paris.
g. C'est quand, le départ					train ?
h. Le programme					agence est super !

Pour aller au musée d'Orsay ?

Wie kommt man zum Orsay-Museum?

6 2/13, 14 A force de regarder et de photographier, Céline et Carole se sont attardées et ont perdu le groupe ! Elles demandent leur chemin à des passants.

Es kann vorkommen, dass man sich verläuft ... Vor lauter Schauen und Fotografieren haben sich Céline und Carole verspätet und dabei ihre Reisegruppe verloren! Sie fragen Passanten nach dem Weg.

- Excusez-moi, Monsieur, pour aller au musée d'Orsay, s'il vous plaît ?
- Bon, alors, euh... Il faut prendre... euh... Vous prenez la première rue à gauche et euh... Non ! Vous allez jusqu'au feu et vous tournez... A gauche ? A droite ? Excusez-moi, je ne suis pas d'ici ! Moi aussi, je visite Paris !
- Ça ne fait rien, merci, Monsieur ! ... Pardon, Madame, pour aller au musée d'Orsay, s'il vous plaît ?
- Le musée d'Orsay ? Ah, ce n'est pas difficile ! Il faut continuer tout droit jusqu'au carrefour. Au carrefour, vous tournez à gauche, vous traversez la Seine et c'est en face !
- Merci bien, Madame !
- De rien !

Es ist nicht leicht, Wegbeschreibungen in einer fremden Sprache zu verstehen! Hier ein paar Tipps: Versuchen Sie nicht, sofort ALLES, sondern nur das Wesentliche zu verstehen:
In **Il faut prendre la première rue à droite** ist für Sie wichtig: **première, à droite.**

Manche Verben lösen automatisch bestimmte Hinweise aus: Auf **tourner** folgt meist **à droite** oder **à gauche.** Das Verb bereitet Sie auf die wichtige Aussage, nämlich die Richtung, vor.

7 Ces verbes précèdent des directions. Reliez ce qui va ensemble.

Hier sind vier Verben, die jeweils bestimmte Richtungsangaben auslösen können. Verbinden Sie, was zusammenpasst.

	la première à droite
	la Seine
	à droite
a. tourner	jusqu'au carrefour
b. continuer	à gauche
c. traverser	la place
d. prendre	tout droit
	la deuxième rue à gauche
	jusqu'au feu

1. Wie merke ich mir, dass **à droite** *rechts* heißt? Eine kleine Eselsbrücke: In **à droite** hören Sie das **r** von **rechts**.
2. Achten Sie auf die Aussprache von **à droite** [adrwat] *rechts* und **tout droit** [tudrwa] *geradeaus*. Sonst können Sie sich ganz schön verlaufen!

8 2/15 Pour ne pas se perdre, il ne faut pas confondre ! Ecoutez le CD et notez le chemin :

Um sich nicht zu verlaufen, darf man nichts verwechseln! Hören Sie die CD an, und notieren Sie die Wegbeschreibungen mit den entsprechenden Symbolen:

→ nach rechts ↑ geradeaus
← nach links überqueren

a. ....
b. ....
c. ....
d. ....
e. ....
f. ....
g. ....

G Wenn Sie sich nach dem Weg erkundigen möchten, haben Sie eine einfache Möglichkeit:

Pour aller à + Ortsangabe

Pour aller au musée du Louvre ?
Wie komme ich zum Louvre-Museum?

Wörtlich bedeutet **pour** + Infinitiv *um … zu*:

Elle va à Paris pour visiter le Louvre.
Sie fährt nach Paris, um den Louvre zu besichtigen.

In der Antwort auf Ihre Frage nach dem richtigen Weg können Sie oft den Ausdruck **il faut** hören. **Il faut** + Infinitiv drückt ein Muss oder eine Notwendigkeit aus:

Il faut aller tout droit.
Sie müssen geradeaus fahren / gehen.

Es gibt nur die Form **il faut**. Der Ausdruck wird unpersönlich gebraucht. Aus der Situation wird jeweils klar, wer etwas tun muss. Wenn Sie z. B. zwei Straßenecken weiter nochmals rekapitulieren, was die Dame Ihnen gesagt hat, kann **Il faut aller tout droit** auch heißen: *Wir müssen geradeaus fahren / gehen.*
Im Französischen gibt es natürlich auch *ich muss, du musst, er/sie/es muss …* Diese Formen lernen Sie in Lektion 9.

9 Vous demandez votre chemin dans une ville. Ecrivez les dialogues :

Sie erkundigen sich in einer Stadt nach dem Weg. Schreiben Sie die Dialoge auf:

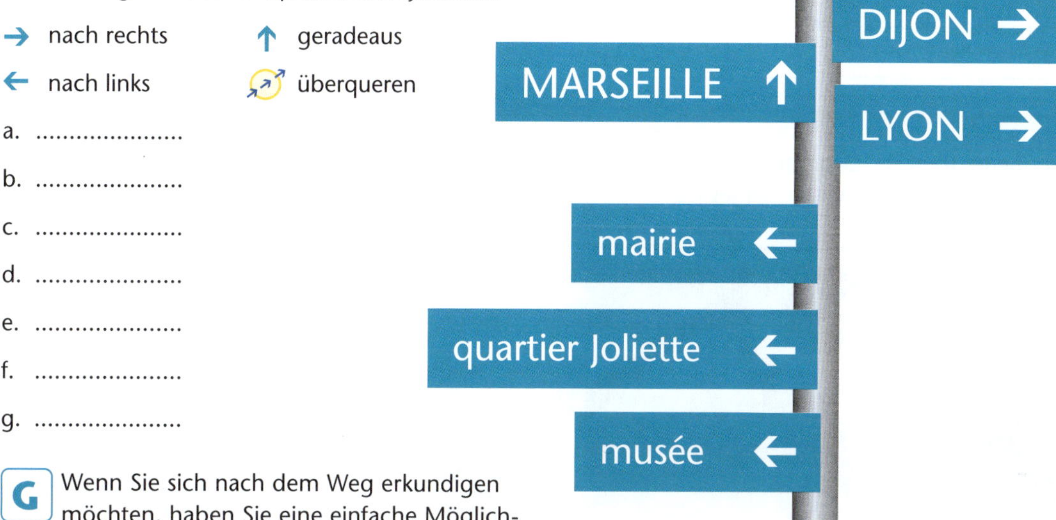

a. ● Excusez-moi ! Pour aller à Dijon, s'il vous plaît ?
● Il faut tourner à droite !

b. ● ....
Lyon, ... ?
● ....

c. ● ....
mairie, ... ?
● ....

d. ● ....
musée, ... ?
● ....

e. ● ....
Marseille, ... ?
● ....

f. ● ....
quartier Joliette, ... ?
● ....

10 Voici trois prospectus. Quelles conditions doivent être remplies pour passer de bonnes vacances ? Choisissez dans la liste ce qui convient le mieux pour chaque voyage :
Wir haben hier drei Reiseprospekte. Welche Voraussetzungen sollten erfüllt sein, damit Sie schöne Ferien verbringen? Wählen Sie aus der Liste aus, was am besten zur jeweiligen Reise passt.

préparer le voyage aimer la mer et le soleil avoir un guide aimer l'aventure aimer le froid parler français avoir des skis réserver un hôtel lire des prospectus aimer les musées

Vacances aux Antilles : le paradis !

a. Il faut préparer le voyage.

....

....

....

Week-end à Strasbourg

b. ....

....

....

....

Aventure au Québec

c. ....

....

....

....

G Mit **jusqu'à** drückt man einen zeitlichen oder einen örtlichen Endpunkt aus:

jusqu'à deux heures *bis zwei Uhr*
jusqu'à Paris *bis Paris*

Erinnern Sie sich? **à** + **le** wird zu **au**. Also werden:

jusqu'à + le → jusqu'au musée
jusqu'à + la → jusqu'à la Seine
jusqu'à + l' → jusqu'à l'opéra

Und im Plural gibt es nur eine Form:

jusqu'à + les → jusqu'aux Champs-Elysées

11 Complétez.
Und nun in die Praxis! Ergänzen Sie mit **jusqu'au, jusqu'à la** oder **jusqu'aux**.

a. Vous allez jusqu'à la Seine.
b. .... place de la Bastille.
c. .... pont Mirabeau.
d. .... feu.
e. .... carrefour.
f. .... Champs-Elysées.
g. .... Louvre.

Tour de Paris

Rundfahrt durch Paris

12 2/16 Céline et Carole font un tour de Paris avec l'Open Tour… L'Open Tour est un bus qui fait le tour des monuments de Paris. On peut monter et descendre quand on veut pour visiter. Les touristes sont justement très impatients de descendre du bus…

Céline und Carole machen mit Open Tour eine Stadtrundfahrt durch Paris. Open Tour ist ein Bus, der an vielen berühmten Sehenswürdigkeiten hält. Man kann ein- und aussteigen, wann man will, um die Stadt zu besichtigen. Unsere Touristen können es kaum erwarten, endlich auszusteigen …

- Bonjour, Mesdames et Messieurs, vous entendez bien ? Oui ?
- Oui ! Oui !
- Alors, en face de vous, vous avez le musée du Louvre… Et maintenant, à gauche, le musée d'Orsay, le musée des impressionnistes… Nous sommes sur le pont de la Concorde, à droite, vous avez le jardin des Tuileries… En face de vous la place de la Concorde… Devant vous, sur la place, l'obélisque de Louksor… Nous faisons le tour de la place… et nous prenons les Champs-Elysées.
- Papa, on descend ici ?
- Oui, c'est là ! Il faut descendre ! Vite ! Ils n'attendent pas !
- Ooh, c'est beau !
- Oh ! Papa ! Ils vendent des glaces !

13 Quel chemin a pris le bus ? Relisez le texte et numérotez les monuments sur le plan.

Welche Route ist der Bus gefahren? Lesen Sie den Text noch einmal, und tragen Sie die richtige Reihenfolge neben den entsprechenden Sehenswürdigkeiten im Stadtplan ein.

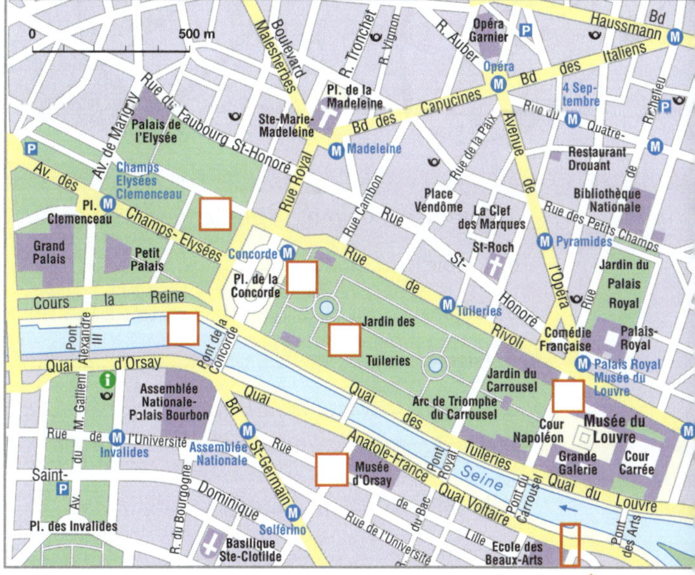

G Um anzugeben, wo sich etwas befindet, sind folgende Ausdrücke nützlich:

à gauche de	*links von*
à droite de	*rechts von*
en face de	*gegenüber*
à côté de	*neben*
au milieu de	*in der Mitte von*
sur	*auf*
devant	*vor*
derrière	*hinter*

14 Les touristes ont quitté le bus et sont partis dans toutes les directions ! Aidez le guide à les retrouver.

Die Touristen sind (aus dem Bus) ausgestiegen und haben sich in alle Richtungen verstreut! Helfen Sie dem Reiseleiter: Wo sind sie denn alle?

a. Patricia **est devant la boulangerie.**

b. Carole ....

c. Gérard ....

d. Nicole ....

e. Adrien ....

f. Jeanne ....

g. Lucas ....

h. Pierre ....

15 2/17 Mais où sont les autres ? Ecoutez le CD.

Wo sind denn die anderen? Hören Sie die CD an, und schreiben Sie die Vornamen auf die Zeichnung. Wo sind Alice, Céline, Fabrice und Thérèse?

G Auf der **Tour de Paris** haben Sie eine neue Verbfamilie kennengelernt, die Verben auf **-re** wie **entendre**:

entendre *hören, zuhören*	[ɑ̃tɑ̃drə]
j'entends	[ʒɑ̃tɑ̃]
tu entends	[tyɑ̃tɑ̃]
il entend	[ilɑ̃tɑ̃]
nous entendons	[nuzɑ̃tɑ̃dɔ̃]
vous entendez	[vuzɑ̃tɑ̃de]
ils entendent	[ilzɑ̃tɑ̃d]

warten

attendre
j'attends
tu attends
il/elle/on attend
nous attendons
vous attendez
ils/elles attendent

Hier zwei Tipps, um ein Champion in Sachen Verbkonjugationen zu werden: Auf die Vorderseite einer Karteikarte schreiben Sie auf Deutsch den Infinitiv eines Verbs. Auf die Rückseite schreiben Sie die französische Bedeutung und die sechs Verbformen. So können Sie die Konjugationen überall und jederzeit lernen. Mit einem Würfel können Sie sich auch selbst abfragen. Würfeln Sie: 1 = **je**, 2 = **tu**, 3 = **il** usw. Nehmen Sie einen Zettel, und schreiben Sie die entsprechende Verbform auf. Überprüfen Sie dann die Verbform anhand Ihrer Karte.

16 Au travail avec les verbes en -re ! Complétez notre petit tableau… avec la bonne forme, bien entendu !
Nun geht's an die Arbeit mit den Verben auf **-re**: Ergänzen Sie unsere kleine Tabelle – mit den richtigen Verbformen, versteht sich!

	attendre	entendre	vendre	descendre
je / j'	attends	....	vends	....
tu	....	entends	....	descends
il / elle / on	attend	....	vend	....
nous	....	entendons	....	descendons
vous	attendez	....	vendez	....
ils / elles	attendent	....	....	descendent

Solche Tabellen mit Lücken können Sie übrigens selbst basteln. Ändern Sie jedes Mal die Lücken, sodass Sie sich mehrmals testen können.

Quelle heure est-il ?

Wie viel Uhr ist es?

17 2/18 Dimanche, après le tour de Paris en bus, Céline et Carole ont flâné sur les Champs-Elysées et ont oublié l'heure…
Nach der Stadtrundfahrt mit dem Bus am Sonntag haben Céline und Carole auf den Champs-Elysées einen Spaziergang gemacht und dabei vergessen, wie spät es ist …

Céline Quelle heure est-il ?
Carole Il est… midi moins le quart.
Céline Quoi !!! Mais nous avons rendez-vous au restaurant, à midi et quart !!
Carole Mon Dieu, c'est vrai ?!
Céline Ah, c'est toujours pareil ! Avec un groupe, on n'a jamais le temps, il faut toujours courir !
Carole Bon, qu'est-ce qu'on fait ? On prend un taxi ? On prend le métro ?
Céline Non, non, à pied ! Ce n'est pas loin…

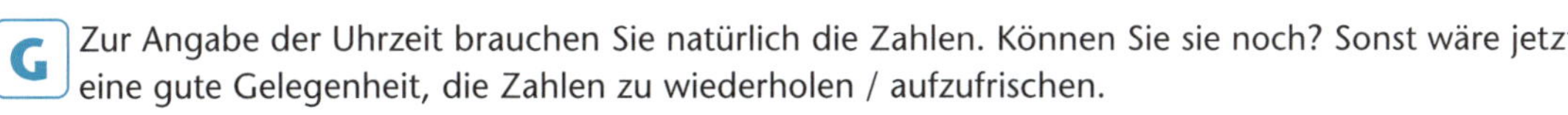
G Zur Angabe der Uhrzeit brauchen Sie natürlich die Zahlen. Können Sie sie noch? Sonst wäre jetzt eine gute Gelegenheit, die Zahlen zu wiederholen / aufzufrischen.

Il est midi.

Il est midi et demi.

Il est deux heures vingt.

Il est trois heures moins vingt.

Il est midi moins le quart.

Il est midi et quart.

Il est deux heures cinq.

Il est trois heures moins cinq.

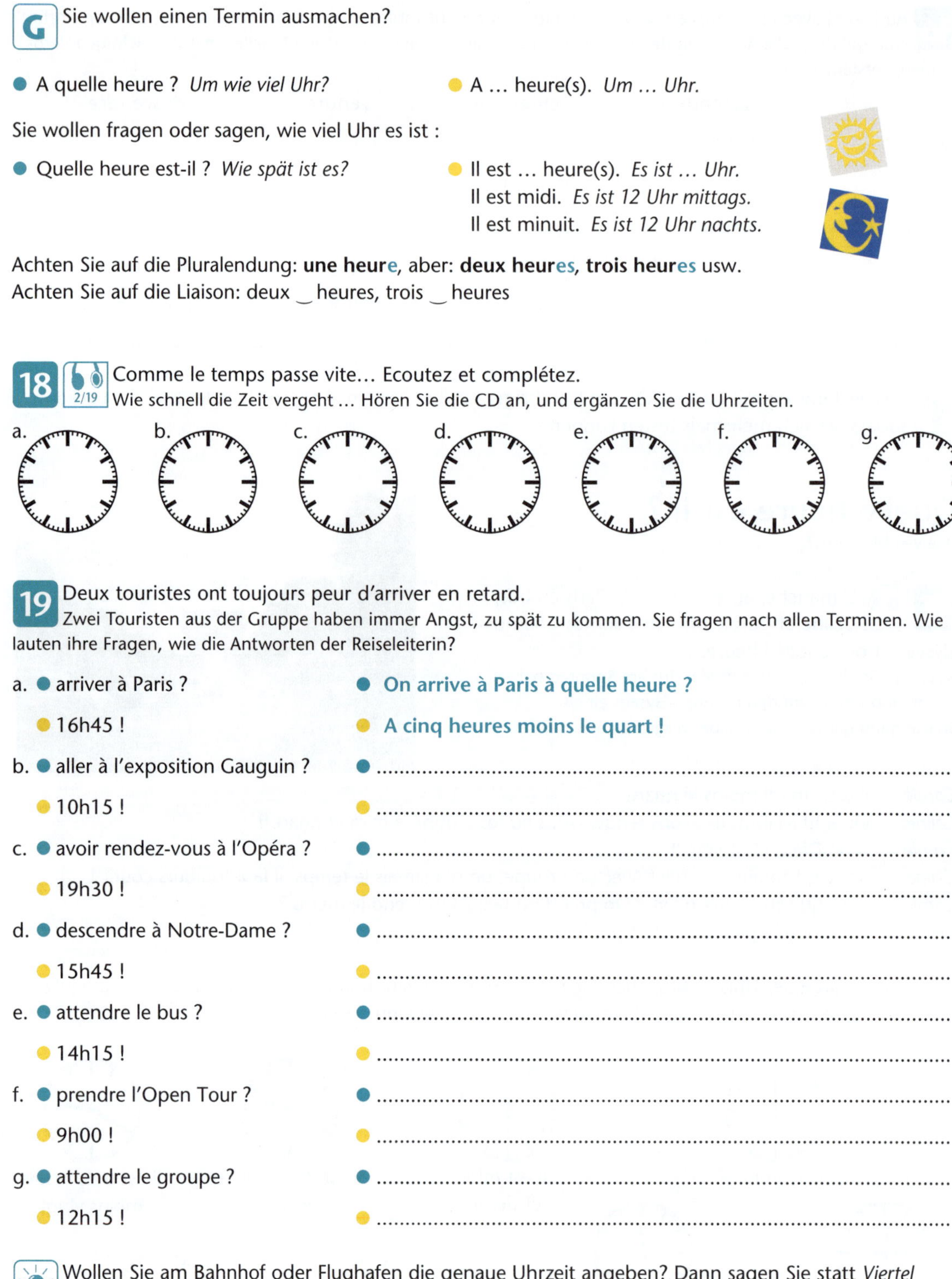

G Sie wollen einen Termin ausmachen?

- A quelle heure ? *Um wie viel Uhr?*
- A … heure(s). *Um … Uhr.*

Sie wollen fragen oder sagen, wie viel Uhr es ist :

- Quelle heure est-il ? *Wie spät ist es?*
- Il est … heure(s). *Es ist … Uhr.*
  Il est midi. *Es ist 12 Uhr mittags.*
  Il est minuit. *Es ist 12 Uhr nachts.*

Achten Sie auf die Pluralendung: **une heure**, aber: **deux heures**, **trois heures** usw.
Achten Sie auf die Liaison: deux ‿ heures, trois ‿ heures

18 (2/19) Comme le temps passe vite… Ecoutez et complétez.

Wie schnell die Zeit vergeht … Hören Sie die CD an, und ergänzen Sie die Uhrzeiten.

a. b. c. d. e. f. g.

19 Deux touristes ont toujours peur d'arriver en retard.

Zwei Touristen aus der Gruppe haben immer Angst, zu spät zu kommen. Sie fragen nach allen Terminen. Wie lauten ihre Fragen, wie die Antworten der Reiseleiterin?

a.	● arriver à Paris ?	● **On arrive à Paris à quelle heure ?**
	● 16h45 !	● **A cinq heures moins le quart !**
b.	● aller à l'exposition Gauguin ?	● …………………………………………
	● 10h15 !	● …………………………………………
c.	● avoir rendez-vous à l'Opéra ?	● …………………………………………
	● 19h30 !	● …………………………………………
d.	● descendre à Notre-Dame ?	● …………………………………………
	● 15h45 !	● …………………………………………
e.	● attendre le bus ?	● …………………………………………
	● 14h15 !	● …………………………………………
f.	● prendre l'Open Tour ?	● …………………………………………
	● 9h00 !	● …………………………………………
g.	● attendre le groupe ?	● …………………………………………
	● 12h15 !	● …………………………………………

Wollen Sie am Bahnhof oder Flughafen die genaue Uhrzeit angeben? Dann sagen Sie statt *Viertel nach drei* **trois heures et quart** eher *fünfzehn Uhr fünfzehn* **quinze heures quinze**, statt *zehn vor sechs* **six heures moins dix** eher *siebzehn Uhr fünfzig* **dix-sept heures cinquante**. Manchmal hilft die genauere Angabe auch, Missverständnisse zu vermeiden: Wenn Sie **à vingt heures** sagen, weiß Ihr Gesprächspartner sofort, dass er nicht zum Frühstück, sondern zum Abendessen bei Ihnen eingeladen ist.

Et pour finir…

Letzte Übungsrunde

20 Vous avez donné rendez-vous à des amis à votre hôtel.
Sie treffen sich mit französischen Freunden an Ihrem Hotel. Beschreiben Sie in einem Brief, wie sie zum **Hotel Royal** in der **rue du Parc Royal** kommen.

Chers amis,

Voici comment aller à l'hôtel Royal :

vous .... à la Bastille et vous

.... la rue Saint-Antoine.

Vous .... la ....

à droite, c'est la rue de Birague, vous ....

la .... des Vosges et vous ....

à .... dans la ....

des Francs-Bourgeois. Vous prenez la ....

...., c'est la rue

de Turenne, et vous ....

droit. Vous tournez ....

rue du Parc Royal. L'hôtel est au 9. Alors rendez-vous

samedi, ... 10 ....

A bientôt !

Amitiés, ...

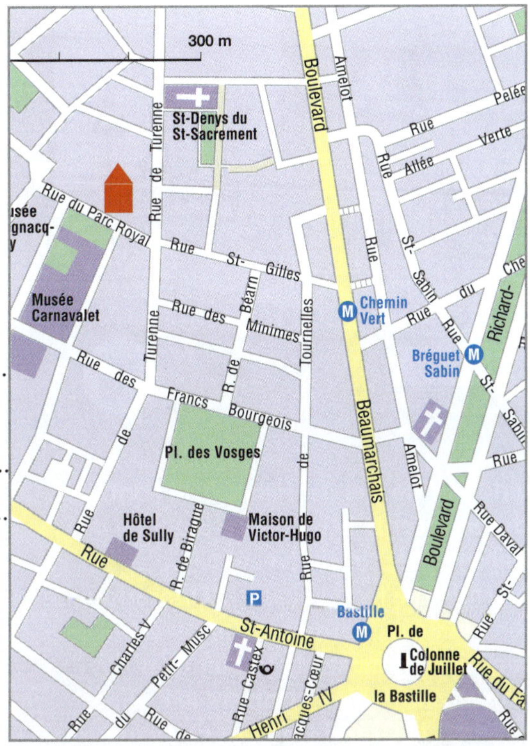

300 m
St-Denys du St-Sacrement
Rue du Parc Royal
Rue de Turenne
Musée Carnavalet
Rue St-Gilles
Rue des Minimes
Rue de Béarn
Rue des Francs Bourgeois
Pl. des Vosges
Hôtel de Sully
R. de Birague
Maison de Victor-Hugo
Rue St-Antoine
Bastille
Pl. de la Bastille
Colonne de Juillet
Boulevard Beaumarchais
Chemin Vert
Bréguet Sabin
Boulevard Richard-Lenoir
Rue Amelot
Rue de Tournelles
Rue Charles V
Rue du Petit-Musc
Rue Castex
Rue Jacques-Cœur
Henri IV
Rue Pelée
Allée Verte
Rue St-Sabin
Rue Daval
Rue du Fa

21 Vous avez noté le programme d'une agence de voyage pour un week-end à Paris .
Sie haben in einem Reisebüro angerufen und dessen Programm für ein Wochenende in Paris notiert. Am Abend erzählen Sie voller Vorfreude einem Freund/einer Freundin, was Sie in Paris machen werden:

> vendredi soir 18h → la Villette, visite exposition
> samedi 9h → Orsay, promenade Tuileries, 12h apéritif Café de la Paix
> 14h Opéra Bastille, 18h30 → Montmartre, visite quartier + le Sacré-
> Cœur dimanche 9h → promenade Seine, 12h15 départ : être à l'heure !!

Nous arrivons à Paris vendredi soir. A six heures, nous allons …

....

....

....

le musée des Invalides

Der Sänger Gilbert Laffaille schrieb wunderschöne poetische, aber auch kritische Songs. In diesem poetischen Text läuft er in der Morgendämmerung durch Paris: Es hat geschneit (was für Pariser Wetterverhältnisse ziemlich selten ist!). Die Stadt ist wie verwandelt und hat den Sänger zu diesem Text inspiriert. Folgen Sie seinem Weg durch Paris.

NEIGE

Le jour se lève, la place est vide,
Le ciel est noir mais tout est blanc,
Sur le musée des Invalides
Et la Fontaine des Innocents,
Il neige

Sur les trottoirs, les caniveaux,
Les tickets bleus des cinémas,
Le Normandie, l'Eldorado,
les esquimaux, les papiers gras,
Il neige

De la terrasse de l'Univers
Au Grand Hôtel des Voyageurs,
du Moulin Rouge au Sacré-Cœur,
Comme dans les bulles d'une boule de verre,
Il neige

(...)

Sur le musée Carnavalet,
l'aquarium du Trocadéro,
la Gare du Nord, le Grand Palais
et les deux ours blancs du zoo,
Il neige

Gilbert Laffaille

le Sacré-Cœur

vide *leer* **le ciel** *der Himmel* **la Fontaine des Innocents** Renaissance-Brunnen im Hallenviertel **le caniveau** *die Gosse* **le Normandie** Kino in Paris **l'Eldorado** *m* Kino in Paris **l'esquimau** *m der Eskimo;* hier: Eismarke **le papier gras** *das schmutzige Papier* **l'Univers** *m* Kneipe in Paris **le Grand Hôtel des Voyageurs** Hotelname, von Laffaille erfunden **la bulle** *die Luftblase* **la boule de verre** *die Glaskugel* **le musée Carnavalet** Museum in Paris **le Trocadéro** Gebäude und Garten am Fuß des Eiffelturms **le Grand Palais** Kulturzentrum und Ausstellungsort **l'ours** *m der Bär*

le Trocadéro

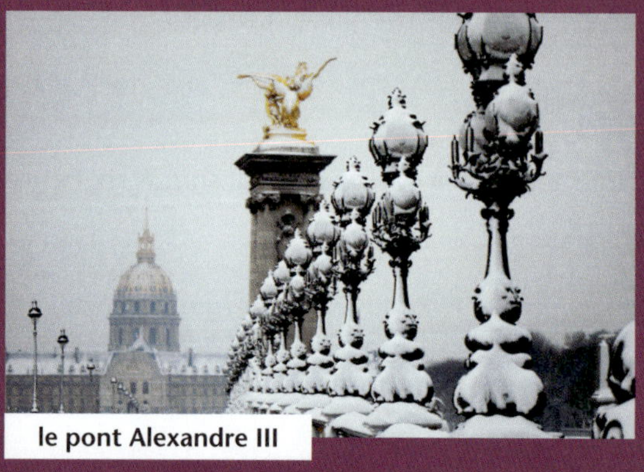
le pont Alexandre III

Neue Formen und Strukturen

1. Die Tageszeiten

Der bestimmte Artikel steht, wenn etwas regelmäßig stattfindet:

Le soir, il va au cinéma.
Am Abend geht er ins Kino.

Ebenso: le **matin,** l'**après-midi,** la **nuit**

Er steht auch, wenn von einem bestimmten Tag schon einmal die Rede war und Sie nun noch eine Angabe zur Tageszeit machen wollen:

- Qu'est-ce qu'on fait samedi ?
  Was machen wir am Samstag?
- Le matin, on visite un musée, et le soir, on va à l'Opéra Bastille.
  Am Vormittag besichtigen wir ein Museum, und abends gehen wir in die Bastille-Oper.

Aber: Samedi matin, nous visitons un musée.
Samstagvormittag besuchen wir ein Museum.

2. *de*

de + la → de la	la visite de la cathédrale *die Besichtigung der Kathedrale*
de + l' → de l'	la visite de l'exposition *der Besuch der Ausstellung*
de + le → du	la visite du musée *der Museumsbesuch*
de + les → des	la visite des jardins *die Besichtigung der Gärten*

Auch bei Eigennamen, die mit Artikel stehen, verschmilzt **de** mit dem Artikel:

le musée du Louvre — *das Louvre-Museum*

3. Sich nach dem Weg erkundigen und eine Wegbeschreibung verstehen

Pour aller au Louvre ?	*Wie kommt man zum Louvre?*
Il faut aller tout droit.	*Sie müssen geradeaus fahren/gehen.*

il faut + Infinitiv bedeutet *man muss* und ist unpersönlich.

tourner à droite	*nach rechts abbiegen*
tourner à gauche	*nach links abbiegen*
(continuer) tout droit	*(weiter) geradeaus*
devant	*vor*
derrière	*hinter*
sur	*auf*
en face de	*gegenüber*
à gauche de	*links von*
à droite de	*rechts von*
loin de	*weit von*
jusqu'à	*bis*

4. Die Verben auf *-re*

Beispiel: **entendre** *hören, zuhören*
Stamm: **entend-**

Endungen	Konjugation	
-s	j'entends	[ʒɑ̃tɑ̃]
-s	tu entends	[tyɑ̃tɑ̃]
-	il entend	[ilɑ̃tɑ̃]
-ons	nous entendons	[nuzɑ̃tɑ̃dɔ̃]
-ez	vous entendez	[vuzɑ̃tɑ̃de]
-ent	ils entendent	[ilzɑ̃tɑ̃d]

5. Die Uhrzeit

● Quelle heure est-il ?	*Wie spät ist es?*
● Il est … heure(s).	*Es ist … Uhr.*
● A quelle heure ?	*Um wie viel Uhr?*
● A … heure(s).	*Um … Uhr.*
deux heures moins le quart	*Viertel vor zwei*
deux heures et quart	*Viertel nach zwei*
deux heures et demie	*halb drei*
deux heures moins dix	*zehn vor zwei*
deux heures dix	*zehn nach zwei*

Au club de sport

Im Fitnesscenter

Wenn Sie in Frankreich Sport treiben wollen, werden Sie nach unserer Lektion fit sein: Sie lernen nämlich, wie man Bewegungen beschreibt, Befehle oder einen Rat erteilt, und selbstverständlich erfahren Sie, wie die Körperteile heißen. Außerdem lernen Sie die Zahlen bis 1000, das Verb *préférer* und verschiedene Sportarten. Fertig? Los!

WORTSCHATZ: **Körperteile, Sportarten, Zahlen**

Myriam va au «Gym-Club», **un club de sport.** Elle **fait de l'aérobic** avec Eléonore et Marguerite. Eléonore et Marguerite sont à la retraite : Elles **n'ont plus vingt ans,** mais elles sont très actives : pas question pour elles de rester à la maison ! Elles **préfèrent faire du yoga, de la gym,** et elles vont aussi à la piscine. Ouf ! Quel programme ! Marguerite a des **courbatures** partout et elle a aussi **mal au dos et aux genoux.** – Si vous êtes sportif, cette leçon est vraiment pour vous, et si vous n'aimez pas le sport… n'oubliez pas que tout se passe sur le papier !

Myriam geht in den „Gym-Club", ein **Fitnesscenter.** Sie **macht Aerobic** mit Eléonore und Marguerite. Eléonore und Marguerite sind in Rente: Sie **sind keine zwanzig mehr,** aber sie sind sehr aktiv: Zu Hause zu bleiben kommt für sie nicht infrage! Sie **möchten lieber Yoga** oder **Gymnastik machen,** und ins Schwimmbad gehen sie auch noch. Uff! Was für ein Programm! Marguerite hat überall **Muskelkater,** hat **Rückenschmerzen,** und die **Knie tun ihr weh.** – Wenn Sie sportlich sind, ist diese Lektion wie für Sie geschaffen. Und wenn nicht, kein Problem: Alles findet ja nur auf dem Papier statt.

L'aérobic

Aerobic

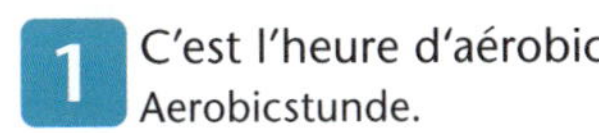

1 C'est l'heure d'aérobic.
Aerobicstunde.

Debout ! Un, deux, trois ! Sautez, sautez. Quatre, cinq, six, Marguerite, lève les pieds. Regarde. Comme ça… Oui, bravo ! C'est bien comme ça ! Tournez la tête à droite, à gauche, sept, huit, neuf, levez les bras... Pliez les jambes... Myriam, plie bien les genoux... Voilà ! Une fois, deux fois, trois fois, rentrez le ventre, c'est bien. Allez, faites un effort… Soufflez… Très très bien... ! Bravo ! Je suis content de vous ! Bon eh bien, c'est tout pour aujourd'hui !

G Wollen Sie einen Tipp oder einen Rat geben oder jemanden auffordern, etwas zu tun, gebrauchen Sie den **impératif**, die Befehlsform. Auf Französisch gibt es drei Formen, und so werden sie gebildet:

Je regarde → Regarde.	*Schau mal!*
Nous regardons → Regardons.	*Schauen wir mal!*
Vous regardez → Regardez.	*Schaut mal!, Schauen Sie mal!*

Die Befehlsform der 1. Person Plural, **regardons**, steht für den Sprecher selbst und eine oder mehrere andere Personen. Im Deutschen steht für diese Form oft *Lasst uns …*, z. B.

Regardons. *Lasst uns (nach)schauen!*

Sie wissen ja, **être**, **avoir** und **aller** sind ziemlich kapriziöse Verben.
So gibt es natürlich auch beim **impératif** Sonderformen:

sois *sei*	soyons *seien wir*	soyez *seien Sie, seid*
aie *hab*	ayons *haben wir*	ayez *haben Sie, habt*
va *geh*	allons *gehen wir*	allez *gehen Sie, geht*

Sois gentil. *Sei lieb!*
Soyons à l'heure. *Lasst uns pünktlich sein!*
Soyez là à 8 heures. *Seid um acht Uhr da!*

Wenn man etwas verbieten möchte, verwendet man den verneinten Imperativ:

Ne regardez pas la télévision. *Seht nicht fern!*

Auf Schildern wird für Verbote häufig der Infinitiv verwendet:

Ne pas fumer. *Nicht rauchen!*

Übrigens: Nach dem Imperativ steht im Deutschen ein Ausrufezeichen, im Französischen aber ein Punkt.

2 A qui parle Nagui ?
2/20 Hören Sie die CD: Mit wem spricht Nagui? Mit der ganzen Aerobicgruppe oder nur mit Myriam? Entscheiden Sie, und kreuzen Sie die richtige Spalte an!

	au groupe	à Myriam
a.		✗
b.		
c.		
d.		
e.		
f.		
g.		
h.		

3 Que dit Nagui ?
Nächste Aerobicstunde: Was sagt Nagui der Gruppe?

a. (écouter) .... la musique.
b. (tourner) .... la tête.
c. (plier) .... les genoux.
d. (sauter) .... sur un pied.
e. (lever) .... les pieds.
f. (faire) .... un effort.
g. (souffler) .... un peu.
h. Bravo ! Et maintenant, (aller) .... prendre une douche.

4 Une amie de Myriam est amoureuse de Nagui…
Eine Freundin von Myriam hat sich in Nagui verliebt … Welche Ratschläge gibt Myriam ihr? Verbinden Sie, was zusammenpasst, und bilden Sie dann die Sätze.

a. accepter	au concert, il adore le rap
b. prendre	en retard : il déteste attendre
c. ne pas être	le rendez-vous avec Nagui
d. aller	une fête chez toi
e. organiser	souvent ensemble
f. inviter	un verre à midi au club
g. être	la cuisine : il aime les crêpes
h. faire	juste deux ou trois amis

Accepte le rendez-vous avec Nagui.

Vive le yoga !

Yoga ist toll!

5 2/21 Après l'aérobic, Myriam prend un jus de fruits et rencontre Nagui à la cafétéria.
Nach der Aerobicstunde trinkt Myriam einen Fruchtsaft und trifft Nagui in der Cafeteria.

Nagui Salut Myriam ! Tu ne vas plus au cours de stretching ?
Myriam Non, ce n'est plus possible, je n'ai plus le temps, le mardi.
Nagui Mais tu n'arrêtes pas le sport, j'espère !
Myriam Non ! Mais je préfère faire un cours de yoga.
Nagui Le yoga, c'est un sport !?
Myriam Oh Nagui ! Tu exagères !

Das **y** am Anfang von **yoga** wird wie ein [j] ausgesprochen: [jɔga]. Deswegen heißt der Artikel **le** und nicht **l'**, also: **le yoga**.

G Wenn man etwas nicht mehr macht oder etwas nicht mehr existiert, verwendet man die Verneinung **ne... plus** *nicht mehr* bzw. **ne... plus de** *kein(e) mehr*:

Tu ne vas plus au sport ?
Gehst du nicht mehr zum Sport?
Tu ne prends plus d'apéritif ?
Nimmst du keinen Aperitif mehr?

Für *kein(e) mehr,* d. h. für die Menge „Null", brauchen Sie also wieder das Wörtchen **de** (→ Lektion 5). Sicherlich vermuten Sie jetzt schon ganz richtig, dass aus **ne... plus de** in Sätzen ohne Verb wieder einfach **plus de** wird:

Plus d'alcool ! *Keinen Alkohol mehr!*

Eine wichtige Ausnahme gibt es allerdings – und diesen Satz werden Sie bestimmt häufig hören:

Je n'ai plus le temps. *Ich habe keine Zeit mehr.*

6 Qu'est-ce qui a changé dans la vie de Myriam ?

Myriam trainiert jetzt regelmäßig im „Gym-Club". Was hat sich in ihrem Leben geändert ?

a. avoir le temps
   Elle n'a plus le temps.
b. regarder le sport à la télévision
c. avoir des problèmes
d. fumer
e. être malade
f. prendre un apéritif
g. aller au café
h. prendre la voiture

G 2/22 Bei einigen Verben müssen Sie ganz besonders auf die Akzente achten. Mal steht **é**, mal **è**, mal überhaupt kein Akzent! Und die Aussprache ändert sich mit der Schreibweise. Wissen Sie noch: **é** wird [e] ausgesprochen, **è** dagegen [ɛ].

lever *heben*	[ləve]
je lève	[ʒəlɛv]
tu lèves	[tylɛv]
il lève	[illɛv]
nous levons	[nuləvõ]
vous levez	[vuləve]
ils lèvent	[illɛv]

préférer *lieber mögen*	[prefere]
je préfère	[ʒəprefɛr]
tu préfères	[typrefɛr]
il préfère	[ilprefɛr]
nous préférons	[nuprеferõ]
vous préférez	[vuprefere]
ils préfèrent	[ilprefɛr]

Dazu gibt's natürlich auch eine Regel:

1. Bei den Verben auf **-ever**, auf **-ener** und bei einigen Verben auf **-eler** (z. B. **épeler**) bekommt das Verb einen Akzent, wenn die Endung nicht zu hören ist:

   lever → je lève

2. Auch bei den Verben auf **-érer**, **-éder** und **-éter** ist die Aussprache der Endung entscheidend dafür, welcher Akzent zu setzen ist: Wenn man die Endung hört, also bei den Formen mit **nous** bzw. **vous** und beim Infinitiv, steht **é**:

   nous préférons, vous préférez, préférer

   Wenn man die Endung nicht hört, wird **é** zu **è**:

   je préfère, tu préfères, il préfère, ils préfèrent

   Eine Merkhilfe: Ein offenes Ende verlangt ein offenes **è**!

7 Querelle de famille : tous les accents ont disparu ! Ecrivez-les.

Bei diesem Familienstreit haben sich alle Akzente aus dem Staub gemacht! Helfen Sie uns, sie wiederzufinden.

- Tu exageres !
- Moi ?! Je n'exagere pas ! Papa et toi, vous exagerez !
- Tu ne fais rien a l'ecole, tu preferes fumer et ecouter des groupes de rap !
- Et vous, vous preferez etre devant la television ! Vous n'esperez plus rien.
- Nous n'esperons rien !! Alors, ça alors !
- Bon alors, qu'est-ce qu'on fait maintenant ?
- On arrete !
- Et on fait des crepes...

C'est dur aussi la gym !

Auch Gymnastik ist anstrengend!

8 2/23 Eléonore et Marguerite aiment la gym. Mais pas toujours – surtout, si elles ont encore des courbatures du cours d'aérobic !

Eléonore und Marguerite machen gerne Gymnastik. Aber nicht immer – vor allem wenn sie von der Aerobicstunde noch Muskelkater haben!

Marguerite Aïe ! J'ai des courbatures partout ! J'ai mal au dos, j'ai mal aux épaules, j'ai mal aux genoux…
Ouf ! Je n'ai plus de souffle…
Et maintenant j'ai un petit peu mal au cœur…
L'aérobic, ce n'est plus pour nous !
Eléonore Tu préfères rester à la maison et tricoter ?
Marguerite Oh, tu exagères ! C'est dur la gym !
J'ai 65 ans, moi !
Eléonore Et moi 70 ! Alors ! Et puis… tu fais
si jeune sur un vélo !
Marguerite Ah! C'est vrai ? Eléonore !
Eléonore Oui !
Marguerite Myriam, quel âge a-t-elle ?
Eléonore Myriam… 37 ans !
Marguerite Eléonore !
Eléonore Oui ?
Marguerite Je suggère une pause ou un cours de yoga !

Franzosen kürzen in der Umgangssprache gern ab, z. B. **un cours de gym** statt **un cours de gymnastique, le foot** statt **le football, regarder la télé** statt **regarder la télévision, une fille sympa** statt **une fille sympathique**.

9 Les parties du corps : qu'est-ce qu'on a en double, qu'est-ce qui est unique ?
Körperteile: Welche haben wir doppelt, welche nur einmal? Schreiben Sie sie in die richtige Spalte!

1	2
la tête	les bras
....	....
....	....
....	....
....	....

G Wem etwas wehtut, der kann es so ausdrücken: **avoir mal à** + Artikel + Körperteil:

J'ai mal à la tête. *Ich habe Kopfschmerzen.* J'ai mal aux pieds. *Mir tun die Füße weh.*

Vorsicht bei **J'ai mal au cœur !** Wer sich so beschwert, hat weder Probleme mit dem Herzen noch Liebeskummer. Es bedeutet auf Französisch: *Mir ist schlecht.*

10 Ce pauvre sportif a mal partout ! Expliquez à son entraîneur pourquoi il ne fait pas ses exercices.
Diesem armen Sportler tut alles weh. Erklären Sie seinem Trainer, warum er nicht trainieren kann.

a. Il a mal au cœur

b. ....

c. ....

d. ....

e. ....

f. ....

g. ....

h. ....

G **Die Zahlen bis 1 Milliarde**

Erinnern Sie sich? Ab 17 lauteten die Zahlen plötzlich ganz anders: **dix, onze, douze, treize, quatorze, quinze, seize** und dann **dix-sept, dix-huit, dix-neuf** !

Dann ging es ganz einfach weiter:
vingt, trente, quarante, cinquante, soixante.
Ab 70 wird es nun ein wenig komplizierter:

70 soixante-dix	80 quatre-vingts	90 quatre-vingt-dix
71 soixante et onze	81 quatre-vingt-un/-une	91 quatre-vingt-onze
72 soixante-douze	82 quatre-vingt-deux	92 quatre-vingt-douze
usw.	usw.	usw.

Ab 100 ist es dann wieder einfacher:

100 cent	1 000 mille	1 000 000	un million
101 cent un/une	1 100 mille cent	2 000 000	deux millions
102 cent deux	2000 deux mille	1 000 000 000	un milliard
200 deux cents			

Sie brauchen noch einige Regeln?

1. vingt, cent, million, milliard bekommen ein **s** im Plural: 80 quatre-vingts, 200 deux cents
2. Folgt aber noch eine Zahl, fällt das Plural-**s** wieder weg: 82 quatre-vingt-deux, 83 quatre-vingt-trois, 201 deux cent un, 203 deux cent trois
3. Eine gute Nachricht: **mille** ist unveränderlich: 2000 deux mille

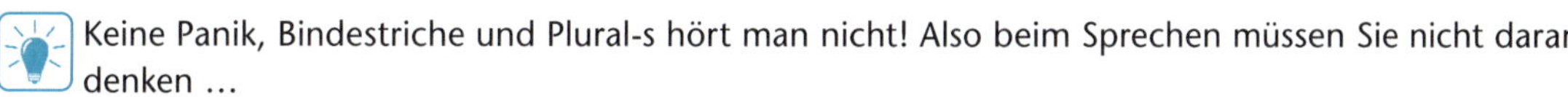

Keine Panik, Bindestriche und Plural-s hört man nicht! Also beim Sprechen müssen Sie nicht daran denken …

11 C'est bizarre les maths… Relisez bien les chiffres.

Mathematik ist wirklich seltsam … Lesen Sie die Zahlen noch einmal aufmerksam durch. Kreuzen Sie an, was richtig und was falsch ist.

	richtig	falsch
a. 70 heißt **soixante-dix.**	X	☐
b. 80 wird [katʀəvɛ̃] gesprochen.	☐	☐
c. 80 bekommt ein **s**.	☐	☐
d. 81 hat auch ein **s**.	☐	☐
e. 81 und 91 haben kein **et**.	☐	☐
f. 82 und 92 haben beide ein **et**.	☐	☐
g. 101 heißt **un cent un**.	☐	☐
h. Ab 101 steht kein Bindestrich mehr.	☐	☐
i. Bei 300 bekommt **cent** ein **s**.	☐	☐
j. Bei 4000 bekommt **mille** ein **s**.	☐	☐

12 Ecrivez les prix en toutes lettres.

Schreiben Sie die Preise in Buchstaben.

a. 3000,-

....

b. 

1991,-

....

c. 

2971,-

....

d. 1180,-

....

e. 

1200,-

....

f. 

3281,-

....

13 2/24 Eléonore voudrait s'inscrire pour les activités suivantes. Elle téléphone au club. Ecoutez le CD et notez les numéros et les jours des cours.

Eléonore möchte sich für die folgenden Kurse einschreiben. Sie ruft im Fitnesscenter an. Hören Sie die CD an, und notieren Sie die Kursnummern und den Kurstag.

	numéro	jour
a. aérobic	....	....
b. gym pour le dos	....	....
c. piscine senior	....	....
d. stretching	....	....
e. yoga	....	....

G Wie in Deutschland fragt man auch in Frankreich seinen Gesprächspartner selten direkt nach seinem Alter. Aber manchmal möchte man es doch gern wissen …
Auf Französisch stehen Altersangaben nicht mit **être**, sondern mit **avoir**: Also nicht: *Wie alt bist du?*, sondern *Welches Alter hast du?* **Quel âge as-tu ?**

- Quel âge a Marguerite ? — *Wie alt ist Marguerite?*
- Elle a 65 ans. — *Sie ist 65 Jahre alt.* (wörtl.: *Sie hat 65 Jahre.*)

G Bei der Frage nach dem Alter verwendet man häufig die Inversion: **Quel âge as-tu ?**
Wenn nun das Verb mit einem Vokal endet, stoßen bei den Pronomen **il**, **elle** oder **on** zwei Vokale aufeinander. Das klingt nicht sehr schön. Deshalb schiebt man in diesen Fällen ein **-t-** ein:

Quel âge a-t-elle ? *Wie alt ist sie?*
Comment va-t-il ? *Wie geht es ihm?*
Quels sports aime-t-on en France ? *Welche Sportarten mag man in Frankreich?*

14 2/25 Quel âge ont les amis de Marguerite et Eléonore ? :
Marguerite und Eléonore sind in einer Seniorengruppe:
Wie alt sind ihre Freunde? Hören Sie die CD an, notieren Sie das Alter, und bilden Sie dann Sätze:

a. Marguerite 65 **Elle a soixante-cinq ans.**
b. Eléonore ....
c. Colette ....
d. Alphonse ....
e. Pierre ....
f. Albert ....
g. Gustave ....
h. Lucienne ....
i. Léopoldine ....

Les Français et le sport

Die Franzosen und der Sport

15 2/26

Depuis les années 80, les Français ne pratiquent presque plus les sports d'équipe : un Français sur trois pratique un sport individuel. Ils ne font pas de compétition : le sport, c'est pour la détente ! On fait du tennis, du ski, du squash, de l'équitation, du golf... Dans les banlieues, les jeunes jouent souvent au foot et au basket. Il y a des sports de tradition : dans le Midi par exemple, on joue bien sûr au rugby et à la pétanque. Et, aujourd'hui, on adore le risque : l'escalade, le VTT, le parapente, le scooter des mers ou des neiges sont très à la mode. Un classique ? Faire des randonnées !

Vorsicht bei der Aussprache von **rugby** [rygbi] und **club** [klœb] auf „Französisch"!

16 Quels sports pratique-t-on en France ? Relisez le texte et complétez.
Welche Sportarten treibt man in Frankreich? Lesen Sie den Text noch einmal, und ergänzen Sie.

a. dans les années 80 **le tennis,**
b. dans les banlieues ....
c. dans le Midi ....
d. les sports à la mode ....
....
e. un classique ....

G Wenn man Sport treiben will, braucht man auf Französisch vor allem zwei Verben:
faire *machen* und **jouer** *spielen*. **Jouer** ist ganz regelmäßig. Aber achten Sie auf die Aussprache:

jouer *spielen*	[ʒwe]
je joue	[ʒəʒu]
tu joues	[tyʒu]
il joue	[ilʒu]
nous jouons	[nuʒwõ]
vous jouez	[vuʒwe]
ils jouent	[ilʒu]

Nicht ganz so spielerisch einfach schließt man die richtige Präposition an:

faire + de — faire du ski *Ski fahren*
faire de la gymnastique *turnen*

jouer + à — jouer au tennis *Tennis spielen*
jouer à la pétanque *Boules spielen*

17 Quels sont les sports favoris en Allemagne ? Expliquez-le à des Français.
Welche Sportarten sind in Deutschland beliebt? Welche werden nicht oder nicht mehr ausgeübt? Erklären Sie es Franzosen mit den Verben **faire, jouer, aller** und den Wörtern der Liste:

piscine tennis basket golf yoga football
aérobic randonnées rugby pétanque mer

En Allemagne, on...

G Haben Sie schon einmal genau hingehört, wie **au, eau** und **o** gesprochen werden? Richtig, entweder als geschlossenes [o], wie im deutschen Wort *Ofen*, oder als offenes [ɔ], wie im deutschen Wort *oft*. Ob offen oder geschlossen gesprochen, im Französischen spielt die Länge des Lautes keine Rolle. Vor **m, n, l, r** und **t** ist der Laut meist offen.

18 2/27 Exercice pour les oreilles fines : [o] ou [ɔ] ? Ecoutez et cochez.
Übung für feine Ohren: [o] oder [ɔ]? Hören Sie die CD, und kreuzen Sie an!

	a.	b.	c.	d.	e.	f.	g.	h.	i.	j.
[o]										
[ɔ]	X									

19 2/28 [o] ou [ɔ] ? Comment prononceriez-vous les mots suivants ?
[o] oder [ɔ]? Wie würden Sie folgende Wörter aussprechen? Tragen Sie den richtigen Laut ein, und überprüfen Sie die Lösung mit der CD.

a. A l'école, il adore l'espagnol.
[ ] [ ] [ ]

b. C'est beau Bordeaux !
[ ] [ ] [ ]

c. Il faut tourner au feu.
[ ] [ ]

d. Le bureau est au premier étage.
[ ] [ ]

e. J'ai mal au dos.
[ ] [ ]

f. Il a mal aux épaules.
[ ] [ ]

LEÇON 8

Et pour finir…

Letzte Übungsrunde

20 Myriam écrit plein de recommandations à ses enfants avant de partir en voyage.
Myriam verreist und schreibt ihren Kindern vor ihrer Abreise einen Zettel mit lauter Ermahnungen. Sie ist sehr in Eile und hat alle Verben vergessen. Ergänzen Sie mit der Liste!

prends faites faites regardez prenez travaillez organisez faites soyez soyez jouez arrose

Mes chéris,

.... le petit déjeuner à 7 heures et .... à l'heure à l'école. A l'école, ... bien ! A la maison, ... la cuisine avec Papa et .... aussi les courses. Julie ! S'il te plaît .... les fleurs ! Ne .... pas de bêtises, ne .... pas au foot dans la rue, n'........................ pas de rave party dans les chambres et ne .... pas la télévision jusqu'à minuit. Nicolas ! Tu es malade : .... les médicaments ! .... gentils avec le chien ! Mille bises

Maman

21 2/29 Ecoutez le professeur de yoga sur le CD : qui fait quel exercice ?
Hören Sie den Yogalehrer auf der CD an: Wer macht welche Übung?

a. ....

b. ....

c. ....

a.

b.

c.

LES GRANDS MOMENTS DU SPORT

Le Tour de France

Depuis 1903, une grande course de vélo a lieu tous les ans en juillet : le Tour de France. « Le Tour » quitte une ville le matin et arrive le soir dans une autre ville. Il y a une vingtaine d'étapes et la course se termine sur les Champs-Elysées. Les Français adorent cette course : on est avec les coureurs et les sponsors organisent des fêtes super…

une course *ein großes Rennen* **avoir lieu** *stattfinden* **tous les ans** *jedes Jahr* **en juillet** *im Juli* **quitter** *verlassen* **une autre** *eine andere* **une vingtaine** *rund zwanzig* **se terminer** *enden* **le coureur** *der (Rad-)Fahrer*

Le stade de France

Le stade de France a été construit à Saint-Denis dans la banlieue de Paris, pour la Coupe du monde de football qui, en 1998, a eu lieu en France. Le stade de France c'est le monument de l'année 1998 ! Le stade de France, c'est 17,5 hectares, 80 000 places, 18 escaliers gigantesques, une technologie et une architecture futuristes.
Et puis c'est un beau souvenir pour les « Bleus » : l'équipe de France a gagné cette année-là la Coupe du monde !

La Route du Rhum

Depuis 1977, une grande course a lieu tous les quatre ans. On l'appelle la Route du Rhum car c'était la route des bateaux qui apportaient le rhum des Antilles. Les marins sont seuls sur le bateau de Saint-Malo à Pointe-à-Pitre et ils traversent l'Atlantique (7200 km !) le plus rapidement possible. En 1990, une femme gagne pour la première fois la Route du Rhum, Florence Arthaud.

Roland-Garros

Depuis 1928, un tournoi de tennis a lieu à Paris, en mai ou juin au stade de Roland-Garros. Le tournoi de Roland-Garros, c'est deux semaines de suspense et avec un peu de chance on peut avoir une place à la finale et rencontrer des stars…
Attention : Roland Garros (1888–1918) n'était pas un joueur de tennis mais un aviateur français !

construit *gebaut* **la Coupe du monde** *die Weltmeisterschaft* **l'escalier** ***m*** *die Treppe* **les «Bleus»** wörtl. *die Blauen,* die Farbe des Trikots der franz. Nationalmannschaft **(ils) ont gagné** *(sie) haben gewonnen* **le souvenir** *die Erinnerung* **l'équipe de France** *die Nationalmannschaft* **cette année-là** *in diesem Jahr* **le rhum** *Rum* **on l'appelle** *man nennt es* **c'était** *es war* **le bateau** *das Boot* **le marin** *der Segler* **seuls** *alleine* **Saint-Malo** Stadt in der Bretagne **Pointe-à-Pitre** Stadt auf Guadeloupe **le plus rapidement possible** *so schnell wie möglich* **gagner** *gewinnen* **juin** *Juni* **le suspense** *die Spannung* **on peut** *man kann* **(il) était** *(er) war* **le joueur** *der Spieler* **l'aviateur** ***m*** *der Pilot*

Neue Formen und Strukturen

1. Eine Anweisung geben

Regarde.	*Schau mal!*
Regardons.	*Schauen wir mal!, Lasst uns (nach)schauen!*
Regardez.	*Schauen Sie mal!, Schaut mal!*

Sonderformen

sois *sei*	soyons *seien wir*	soyez *seien Sie, seid*
aie *hab*	ayons *haben wir*	ayez *haben Sie, habt*
va *geh*	allons *gehen wir*	allez *gehen Sie, geht*

2. Etwas verbieten

Ne jouez pas au tennis ici.	*Spielt hier nicht Tennis!*
Ne pas fumer.	*Nicht rauchen!*

3. *Ne… plus*

Tu ne vas plus au sport ?
Gehst du nicht mehr zum Sport?
Il n'a plus mal.
Es tut ihm nicht mehr weh.
Il ne fait plus de sport.
Er treibt keinen Sport mehr.
Je n'ai plus le temps.
Ich habe keine Zeit mehr.

4. Akzente auf Verben

lever *heben*	[ləve]
je lève	[ʒəlɛv]
tu lèves	[tylɛv]
il lève	[illɛv]
nous levons	[nuləvõ]
vous levez	[vuləve]
ils lèvent	[illɛv]

préférer *lieber mögen*	[prefere]
je préfère	[ʒəprefɛr]
tu préfères	[typrefɛr]
il préfère	[ilprefɛr]
nous préférons	[nuprefərõ]
vous préférez	[vuprefere]
ils préfèrent	[ilprefɛr]

5. Wenn Ihnen etwas wehtut

J'ai mal à la tête.	*Ich habe Kopfschmerzen.*
J'ai mal aux pieds.	*Mir tun die Füße weh.*

aber:

J'ai mal au cœur.	*Mir ist schlecht.*

6. Die Zahlen ab 70

70 soixante-dix	80 quatre-vingts
71 soixante et onze	81 quatre-vingt-un/-une
72 soixante-douze	82 quatre-vingt-deux
usw.	usw.
90 quatre-vingt-dix	100 cent
91 quatre-vingt-onze	101 cent un/une
92 quatre-vingt-douze	102 cent deux
usw.	200 deux cents
1000 mille	1000000 un million
1100 mille cent	2000000 deux millions
2000 deux mille	1000000000 un milliard

7. Sagen, wie alt man ist

● Quel âge as-tu ?	*Wie alt bist du?*
● J'ai 20 ans.	*Ich bin 20 Jahre alt.*

8. Die Inversionsfrage (II)

Wenn das Verb mit einem **Vokal** endet, fügt man vor **il, elle** und **on** ein -t- ein:

Quel âge a-t-elle ?	*Wie alt ist sie?*

9. Über Sportarten reden

faire + de + Artikel + Sportart	
Je fais du ski.	*Ich fahre Ski.*
Je ne fais pas de randonnées.	*Ich mache keine Wanderung.*

jouer + à + Artikel + Spiel oder Sportart	
Je joue au foot.	*Ich spiele Fußball.*
Je joue aux cartes.	*Ich spiele Karten.*

10. Die Aussprache von *au, eau* und *o*

[o] wie im deutschen Wort *Ofen* oder
[ɔ] wie im deutschen Wort *oft.*

Vor **m, n, l, r** und **t** ist der Laut meist offen.

Noël en famille

Weihnachten im Kreise der Familie

Nous allons aujourd'hui faire la connaissance d'une famille : les deux **sœurs** Virginie et Stéphanie et **leurs cousins**, le **petit** Louis et **son adorable petite sœur** Adeline. C'est bientôt **Noël** et les enfants **peuvent** écrire **une lettre** au **Père Noël** avec **leurs** souhaits. On regarde aussi **des photos de famille :** voilà Jacques et **sa moustache**, et là avec **ses lunettes**, c'est Pierrette…

Heute lernen wir eine Familie kennen: die zwei **Schwestern** Virginie und Stéphanie und **ihre Cousins**, den **kleinen** Louis und **seine süße kleine Schwester** Adeline. Bald ist **Weihnachten**, und die Kinder **können** dem **Weihnachtsmann einen Brief** mit **ihren** Wünschen schreiben. Man schaut gemeinsam **Familienfotos** an: Hier ist Jacques mit **seinem Schnurrbart** und da Pierrette mit **ihrer Brille** …

In dieser Lektion lernen Sie die Mitglieder einer Familie kennen, angefangen beim Großvater bis hin zur Enkelin. Sie erfahren natürlich auch, wie die einzelnen Familienmitglieder aussehen und wem was gehört. Dabei lernen Sie die Possessivbegleiter, wie man einen Rat erteilt oder um etwas bittet. Sie lernen auch, wie man einen Wunsch äußert – schließlich ist in unserer Lektion bald Weihnachten!

WORTSCHATZ: **Familie, Feste, Aussehen**

Qui est qui ?

Wer ist wer?

Adeline

Stéphanie

Luc

Lucien

B. LE SOURD

1 Complétez l'arbre généalogique.

Louise hat eine Freundin zum Tee eingeladen. Sie schauen sich Fotos an. Der Freundin von Louise fehlt noch der Überblick über Louises weitläufige Verwandtschaft! Ergänzen Sie den Stammbaum.

- Alors, Virginie, c'est qui ?
- Virginie ? C'est la sœur de Stéphanie et de Léon, une des deux filles de Béatrice. Elle a 8 ans maintenant.
- Béatrice ?
- Mais non, Virginie ! Béatrice, elle, elle a 37 ans.
- Ah oui ! Et Martine ?
- La sœur de Béatrice ? Elle a 31 ans. Et regarde, voilà Marie, la mère de Louis et d'Adeline.
- Ah, elle est jolie !
- Et voilà Eric, le mari de Marie et le père d'Adeline et de Louis.
- Et là, c'est qui ?
- Eh bien... c'est Daniel. C'est le grand-père de Louis et Adeline. Et là, c'est Hélène, la femme de Daniel. Elle a 60 ans.
- Et Jacques, c'est le frère de Daniel ?
- C'est ça. Il a... il a... Mon Dieu, Jacques a 58 ans ! Mais oui, 58 ans !
- Et qui est Pierrette ?
- Mais c'est la femme de Jacques, bien sûr. Elle a 57 ans. Voilà, c'est toute la famille.
- Oh là là, c'est compliqué, la famille !

2 Complétez la liste des membres de la famille.

Die Familie ist fast vollständig. Mithilfe der Liste ergänzen Sie die fehlenden Personen! Ein kleiner Tipp: Manche Wörter sind einander recht ähnlich…

~~la grand-mère~~ la cousine le neveu la femme les parents le fils les beaux-parents la sœur l'oncle la petite-fille

a.	le grand-père	**la grand-mère**	les grands-parents
b.	le père	la mère	....
c.	le beau-père	la belle-mère	....
d.	....	la fille	les enfants
e.	le gendre	la belle-fille	
f.	le frère	....	les frères et sœurs
g.	le petit-fils	....	les petits-enfants
h.	le cousin	....	les cousins
i.	....	la nièce	les neveux
j.	....	la tante	
k.	le mari	....	

Achten Sie auf die Aussprache:
le fils [fis], **la fille** [fij], **la sœur** [sœr], **la femme** [fam].

3 Regardez l'arbre généalogique : qui est qui ?

Kennen Sie sich in Familienangelegenheiten aus? Schauen Sie den Stammbaum an: Wer ist wer?

a. Lucien est .... de Louise.

b. Martine est .... de Jacques et Pierrette.

c. Béatrice est .... de Luc

d. Virginie est .... de Léon.

e. Louis est .... d'Adeline.

f. Pierrette est .... de Luc.

g. Hélène et Daniel sont ....
.... de Louis et Adeline.

h. Léon est .... de Martine.

i. Martine est .... de Virginie.

La lettre au Père Noël

Der Brief an den Weihnachtsmann

4 2/30 Avant Noël, les enfants écrivent leur liste de cadeaux au Père Noël…
Vor Weihnachten schreiben die Kinder dem Weihnachtsmann ihren Wunschzettel …

Cher Père Noël,
Je fais la lettre de Noël pour mon frère et pour moi parce que Léon (c'est mon frère) est trop petit. Voilà notre liste de cadeaux : Léon voudrait avoir un train électrique. Il veut aussi une poupée mais il n'ose pas demander parce que c'est un garçon.
Moi, je voudrais bien avoir un chien. Si tu n'as pas de chien, pourrais-tu apporter des rollers ? (Mes parents ne veulent pas parce que c'est dangereux !)
Pourrais-tu aussi apporter un ours pour mon amie Nathalie ? Elle est toujours triste car sa maman est très malade. Bon, j'arrête parce que je dois ranger ma chambre. Mille bises, cher Père Noël, et bonne route ! A bientôt !

Virginie

G Wer sagen möchte, was er will, was er kann oder was er muss, hat es nicht ganz leicht, denn die Verben **vouloir, pouvoir** und **devoir** sind unregelmäßig. Wenn Sie genau hinsehen, können Sie aber bestimmt ein paar Gemeinsamkeiten feststellen, die Ihnen das Lernen ein wenig erleichtern:

vouloir ***wollen***	[vulwar]	**pouvoir** ***können***	[puvwar]	**devoir** ***müssen***	[dəvwar]
je veux	[ʒəvø]	je peux	[ʒəpø]	je dois	[ʒədwa]
tu veux	[tyvø]	tu peux	[typø]	tu dois	[tydwa]
il veut	[ilvø]	il peut	[ilpø]	il doit	[ildwa]
nous voulons	[nuvulõ]	nous pouvons	[nupuvõ]	nous devons	[nudəvõ]
vous voulez	[vuvule]	vous pouvez	[vupuve]	vous devez	[vudəve]
ils veulent	[ilvœl]	ils peuvent	[ilpøv]	ils doivent	ildwav

Devoir bedeutet *müssen, sollen;* wenn Sie es verneinen, bedeutet es je nach Zusammenhang *nicht müssen, nicht sollen* oder auch *nicht dürfen.*

Aujourd'hui, je ne dois pas faire la cuisine. — *Heute muss ich nicht kochen.*
Ici on ne doit pas fumer . — *Hier darf man nicht rauchen.*

Noch ein kleiner Tipp: In der 2. Person Singular enden alle Verben auf -s.
Ausnahmen sind **vouloir: tu veux** und **pouvoir: tu peux**.

5 Reliez les verbes et les pronoms personnels.

Welche Verbformen passen zu welchen Personalpronomen? Vorsicht, es gibt mehrere Möglichkeiten!

veux voulez dois peut pouvons veulent pouvez devons doivent peux

je	tu	il	nous	vous	ils
....	....	....	....	....	....
....	....	....	....	....	....
....	....	....	....	....	....

6 On prépare Noël et on s'organise...

In der Familie sind die Weihnachtsvorbereitungen in vollem Gange ... Ergänzen Sie mit **pouvoir, vouloir, devoir.**

a. Je ne .... (pouvoir) pas écrire au Père Noël :
   je .... (devoir) travailler.

b. Tu .... (vouloir) une poupée pour Noël ?

c. Tu .... (devoir) être à l'heure : les enfants attendent le Père Noël !

d. Léon et toi, vous .... (vouloir) un chien ?

e. Léon .... (vouloir) aussi un train électrique.

f. Chéri, tu .... (pouvoir) faire les courses avec moi demain ?

G Sie möchten einen Wunsch äußern? Dann ist die Form **je veux** *ich will* ein wenig zu bestimmend. Sagen Sie lieber **je voudrais** *ich möchte.* Das kennen Sie übrigens schon aus Lektion 4 – erinnern Sie sich? Man nennt diese Form den **conditionnel**. Mit den **conditionnel**-Formen der Verben **vouloir, pouvoir** und **devoir** können Sie einen Rat geben, einen Vorschlag machen, eine Bitte oder einen Wunsch äußern, ohne allzu direkt zu sein. Natürlich kommt meistens **s'il te plaît** oder **s'il vous plaît** hinzu.

direkt	**höflich**
Apporte des rollers. *Bring Inlineskater mit.*	Pourrais-tu apporter des rollers ? *Könntest du Inlineskater mitbringen?*

einen Wunsch äußern		**etwas vorschlagen**	
Je voudrais...	*Ich möchte ...*	Je pourrais...	*Ich könnte ...*
Nous voudrions...	*Wir möchten ...*	On pourrait...	*Wir könnten ...*
		On devrait...	*Wir sollten ...*
einen Rat geben		**um etwas bitten**	
Tu devrais...	*Du solltest ...*	Pourrions-nous... ?	*Könnten wir ...?, Dürften wir ...?*
Vous devriez...	*Sie sollten ...*	Pourrais-tu... ?	*Könntest du ...?*
Tu pourrais...	*Du könntest ...*	Pourriez-vous... ?	*Könnten Sie ...?*
Vous pourriez...	*Sie könnten ...*		

7 2/31 Béatrice apprend à sa fille Virginie à s'exprimer poliment.

Béatrice bringt ihrer Tochter Virginie bei, sich höflich auszudrücken. Was sagt sie?

a. Je veux un chien !
   Je voudrais un chien.

b. Tu peux jouer avec moi ?

....

....

c. Je veux aller au cinéma avec Stéphanie !

....

....

d. Je veux une petite sœur !

....

....

e. Léon, tu dois ranger la chambre !

....

....

f. Maman, tu ne dois plus fumer.

....

....

g. Dimanche, on peut inviter Nathalie.

....

....

G Für Kinder ist besonders wichtig, wem was gehört. Um das klarzustellen, braucht man die Possessivbegleiter. Sie richten sich in Geschlecht und Zahl nach dem Bezugswort:

mon chien	*mein Hund*
ma maison	*mein Haus*
mes parents	*meine Eltern*

Besitz im Singular	**m**	**f**
ein Besitzer	mon chien	ma maison
	ton	ta
	son	sa
mehrere Besitzer	notre	notre
	votre	votre
	leur	leur

Besitz im Plural	**m oder f**
ein Besitzer	mes chiens/maisons
	tes
	ses
mehrere Besitzer	nos
	vos
	leurs

Das Geschlecht des „Besitzers" spielt keine Rolle:

la maison de Daniel → sa maison	*sein Haus*
la maison d'Hélène → sa maison	*ihr Haus*

Son, sa, ses kann also auf Deutsch *sein, seine, ihr* oder *ihre* bedeuten.

Damit beim Zusammentreffen zweier Vokale keine Pause in der Wortkette entsteht, setzt man bei Substantiven, die mit Vokal oder **h** beginnen, im Singular immer **mon, ton, son,** auch wenn der „Besitz" weiblich ist:

mon amie	*meine Freundin*
ton adresse	*deine Adresse*
son habitude	*seine Gewohnheit, ihre Gewohnheit*

Wie immer bei eng zusammengehörenden Wörtern gibt's auch zwischen Possessivbegleiter und Substantiv eine **liaison: mes‿enfants, mon‿enfant.**

8 Virginie nous présente ceux qui l'entourent. Complétez.

Virginie stellt uns ihre Lieben vor. Ergänzen Sie.

a. C'est mon frère Léon.

b. C'est .... sœur Stéphanie.

c. Ce sont .... parents.

d. Voilà .... grand-mère.

e. Ce sont .... cousins.

f. Elle, c'est .... amie Nathalie.

g. C'est .... chien Milou.

9 Stéphanie a 13 ans et naturellement elle a des parents « terribles » et très autoritaires.

Stephanie ist 13 ; und sie hat natürlich „schreckliche" Eltern, die sie herumkommandieren. Hier ein paar Beispiele:

a. faire les courses avec la mère
 Fais les courses avec ta mère.

b. jouer au tennis avec le père

....

c. ranger les rollers

....

d. préparer la valise

....

e. arroser les fleurs

....

f. ranger la chambre du petit frère

....

g. ne pas toujours écouter les amis

....

h. ne pas fumer avec une amie

....

i. écouter les parents

....

G Ähnlich wie die Anrede **vous** verwendet man **votre** und **vos**, wenn man den „Besitzer" siezt oder wenn es mehrere „Besitzer" gibt:

Quel âge a votre fille ?
Wie alt ist Ihre/eure Tochter?
Quel âge ont vos enfants ?
Wie alt sind Ihre/eure Kinder?

10 Quelles questions peut-on poser sur la famille ?

Welche Fragen kann man über die Familie stellen? Hier einige klassische Fragen, die man je nach Situation und Gesprächspartner stellen kann. Bilden Sie Sätze mit **votre** oder **vos**!

a. Comment aller parents ?
 Comment vont vos parents ?

b. Quel âge père ?

....

c. Comment aller femme ?

....

d. Que faire mari ?

....

e. Quel âge enfants ?

....

f. enfants aller école ?

....

g. Quelle profession fille ?

....

h. fils parler allemand ?

....

Vorsicht ist geboten, wenn Sie das deutsche *ihr* wiedergeben wollen. Je nach Zusammenhang heißt es **son, sa, ses, votre, vos, leur** oder **leurs**. Verwirrend? Nun, nach den beiden nächsten Übungen sehen Sie sicherlich klarer.

11 Cette année, on fête Noël chez Daniel et Hélène. **Leur** ou **leurs** ?
Dieses Jahr wird bei Daniel und Hélène Weihnachten gefeiert. **Leur** oder **leurs**? Lesen und ergänzen Sie:

a. Daniel et Hélène préparent Noël dans .... maison.

b. Ils ont des cadeaux pour .... petits-enfants et pour .... famille.

c. Ils préparent les cadeaux dans .... chambre.

d. .... enfants arrivent le soir.

e. .... fille est à la maison et fait la cuisine.

12 Avez-vous le bon réflexe avec les possessifs ? Cochez le possessif qui convient :
Sind Sie fit im Gebrauch der Possessivbegleiter? Kreuzen Sie den passenden Begleiter an:

	son	ses	leur	sa	leurs
a. le jardin d'Hélène	X				
b. les poupées de Virginie					
c. le train électrique des enfants					
d. la lettre de Léon					
e. la maison des parents					
f. l'ours de Nathalie					
g. l'amie de Virginie					
h. l'adresse du Père Noël					
i. les habitudes des grands-parents					

Louis et Adeline

Louis et Adeline

Louis und Adeline

13 2/32 Nous sommes le 24 et la famille est réunie. La tante Pierrette vient d'arriver de Bordeaux et Eric lui présente ses enfants Louis et Adeline...

Heute ist der 24., und die Familie ist versammelt. Tante Pierrette ist gerade aus Bordeaux angekommen, und Eric stellt ihr seine Kinder Louis und Adeline vor ...

- Bonjour mon petit Louis ! Oh qu'il est mignon !! Tu es blond comme ta maman ! Et c'est tout le portrait de son père ! Que tu as l'air malicieux ! Guili-guili ! Ah, ah, ah, qu'il est gai ! Quel âge a-t-il maintenant ?
- Deux ans !
- Deux ans ! Comme tu es grand ! Et intelligent ! Il comprend tout ! Allez, fais un sourire... Ah ! ... Tu es un peu timide, c'est normal !
- Et voilà Adeline, sa petite sœur... Elle a trois mois. C'est notre petite dernière...
- Ah ! Voilà le bébé de la famille ! Qu'elle est jolie avec sa robe blanche ! Et toi, tu es brune ! Est-ce que tu es timide comme ton frère ? Et sage ? Elle est vraiment mignonne ! Vous avez des enfants adorables.

G Wenn Sie etwas über die kleine Tochter Ihrer französischen Freunde sagen möchten, brauchen Sie dazu Adjektive – und zwar in der weiblichen Form, denn im Französischen richtet sich das Adjektiv in Geschlecht und Zahl immer nach dem Wort, auf das es sich bezieht. Wie bilden Sie die feminine Form?

1. Endet das Adjektiv auf Konsonant, z. B. **-d** oder **-t**, kommt ein **e** hinzu.

   Louis est petit. *Louis ist klein.*
   Adeline est petite. *Adeline ist klein.*

   Durch das **e** am Ende wird der sonst stumme Konsonant hörbar: **petit** [pəti], **petite** [pətit].

   Manchmal wird der Endkonsonant verdoppelt, bevor das **-e** angehängt wird,
   z. B. bei **mignon** → **mignonne** *niedlich,*
   gentil [ʒɑ̃ti], **gentille** [ʒɑ̃tij] *lieb.*

   Achten Sie gut auf die Aussprache bei den weiblichen Formen, z. B. bei **brun** [brɛ̃] → **brune** [bryn] *brünett.*

2. Endet das Adjektiv im Maskulinum bereits auf **-e**, ändert sich das Adjektiv im Femininum nicht:

   Il est timide. *Er ist schüchtern.*
   Elle est timide. *Sie ist schüchtern.*

3. Endet das Adjektiv auf **-é** oder **-i**, bekommt das Femininum zwar ein **-e**, aber die Aussprache ändert sich nicht:

   Il est joli. [ʒɔli] *Er ist hübsch.*
   Elle est jolie. [ʒɔli] *Sie ist hübsch.*

4. Hier noch einige Besonderheiten:

   -eux → **-euse** dangereux [dɑ̃ʒrø], dangereuse [dɑ̃ʒrøz] *gefährlich*
   -if → **-ive** sportif [spɔrtif], sportive [spɔrtiv] *sportlich*
   -er → **-ère** cher [ʃɛr], chère [ʃɛr] *lieb, teuer*
   -c → **-que** public [pyblik], publique [pyblik] *öffentlich*
   oder **-che** blanc [blɑ̃], blanche [blɑ̃ʃ] *weiß*

Am besten lernen Sie bei den Adjektiven gleich die weibliche Form mit, so sparen Sie später viel Zeit. In den Vokabellisten geben wir Ihnen daher von dieser Lektion an auch das Femininum an, wenn es sich vom Maskulinum unterscheidet.

14 2/33 Quelle forme entendez-vous ?
Welche Form hören Sie? Kreuzen Sie an!

a. petit		a. petite	
b. malicieux		b. malicieuse	
c. brun		c. brune	
d. intelligent		d. intelligente	
e. important		e. importante	
f. gentil		f. gentille	
g. gris		g. grise	
h. froid		h. froide	
i. bon		i. bonne	

15 2/34 Fille ou garçon ?
Mädchen oder Junge? Mit wem oder über wen wird gesprochen? Kreuzen Sie an.

	fille	**garçon**
a. Mikis		
b. Claude		
c. Yves		
d. Mirza		
e. Lulu		
f. Yoko		

16 Adeline, la petite sœur de Louis, ressemble beaucoup à son frère. Faites son portrait.
Adeline, Louis' kleine Schwester, ähnelt ihrem Bruder sehr. Beschreiben Sie sie!

a. Louis est petit.
   Adeline, elle est petite aussi.

b. Il est très mignon.
   Elle ....

c. Il est gai et malicieux.
   ....

d. Il est intelligent et un peu timide.
   ....
   ....

e. Il est adorable !
   ....

f. Louis est blond.
   Adeline n'est pas .... , elle est ....

17 Nathalie passe les vacances de Noël chez sa grand-mère et elle écrit à son amie Virginie.
Nathalie verbringt die Weihnachtsferien bei ihrer Großmutter und schreibt an ihre Freundin Virginie.
Gleichen Sie, sofern nötig, die Adjektive an:

Ma .... (cher) Virginie,

Je suis chez ma grand-mère : elle est .... (gai) et très .... (gentil) avec moi. Elle n'est plus très .... (jeune) mais elle est très .... (malicieux) ! Je fais du ski avec une voisine : Maria. Sa mère est .... (grand) et elle est .... (timide) comme ma mère. Maria est .... (petit),.................... (brun) et très .... (sportif). Il fait froid mais pour faire du ski, c'est ....(idéal) ! Merci beaucoup pour l'ours .... (blanc) : il est très .... (mignon) et toi, tu es une amie .... (adorable) ! Mille bises !

Ton amie, Nathalie

G Die Adjektive können Sie nun; aber wenn Sie den Eltern eines Kindes Ihre Begeisterung über den Sprössling mitteilen möchten, brauchen Sie auch noch die richtige Konstruktion, **Qu'il/Qu'elle est** + Adjektiv oder **Comme il/elle est** + Adjektiv:

Qu'il est mignon !	*Ist er süß!*
Comme elle est jolie !	*Wie hübsch sie ist!*

Les photos de famille

Familienfotos

G Sicher erinnern Sie sich noch, wie man bei Substantiven den Plural bildet: Man hängt einfach ein **-s** an. Genauso bildet man den Plural bei Adjektiven.

Louis et Léon sont petits.
Louis und Léon sind klein.
Adeline et Virginie sont petites.
Adeline und Virginie sind klein.

Wenn das Adjektiv im Maskulinum Singular schon auf **-s** oder **-x** endet, bleibt die Form im Maskulinum Plural gleich:

Il est malicieux. → Ils sont malicieux.
Elle est malicieuse. → Elles sont malicieuses.

Manche Adjektive sind unveränderlich, d.h., sie haben in Maskulinum und Femininum, Singular und Plural immer die gleiche Form. Die wichtigsten: **marron** *braun,* **super** *super,* **sympa** *sympathisch,* **chic** *schick.*

18 2/35 Après la fête de Noël, Luc et Béatrice ont pris quelques jours de vacances. On fait des promenades, les enfants jouent avec leurs cadeaux et on regarde les photos de famille…
Nach dem Weihnachtsfest haben Luc und Béatrice ein paar Tage Urlaub genommen. Man geht spazieren, die Kinder spielen mit ihren Geschenken, und man sieht sich Familienfotos an …

- Regarde Léon, sur la photo, c'est ton grand-père. Il porte une moustache et une barbe, il a les yeux marron…
- Il est chauve !
- Non ! Il a les cheveux très courts sur la photo ! Et ça c'est une photo de ta tante Martine. Elle a les cheveux bruns, longs et lisses. Elle a les yeux bleus, un petit nez et des taches de rousseur. Elle est mince et elle est toujours bronzée !
- Elle n'est pas mariée ?
- Non mon chéri, elle est divorcée. Et là, c'est mamie Louise … Elle a les cheveux gris et bouclés, elle porte toujours un chignon et des lunettes. Elle est assez ronde et…
- … elle a les yeux verts et elle fait des gâteaux !

Braun ist nicht gleich braun; es heißt **les yeux marron** aber **les cheveux bruns**!

19 Voici d'autres photos de famille : décrivez-les.
Hier finden Sie weitere Familienfotos: Beschreiben Sie sie!

Lucien   Pierrette   Béatrice   Luc

20 La réponse de Virginie à son amie est tombée dans la neige et certains mots ont été effacés. Reconstituez la lettre à l'aide de la liste.
Virginies Antwort an ihre Freundin ist in den Schnee gefallen: Manche Wörter sind verwischt. Schreiben Sie den Brief noch einmal mithilfe der Wörter aus der Liste.

~~génial~~ Chère marron devons sœur chien son malades gris gentille sage leur contents

.... Nathalie,

Merci pour ta lettre ! Ici, il pleut et nous .... rester à la maison. Mon frère Léon et ma .... Stéphanie sont .... et je dois toujours être .... Je dois aussi ranger .... chambre ! C'est gai !! Nous avons un .... !! Ça, c'est super ! Il est .... et .... Il n'est pas très .... et les parents ne sont pas .... parce que Milou (c'est .... nom !) fait toujours des bêtises ! C'est génial !

Et toi, comment vas-tu ?

Mille bises, Virginie

G 2/36 **Eu(e)** und **œu** spricht man in manchen Wörtern [ø], in anderen [œ]. Wann spricht man es wie? Hier ein paar praktische Tipps:
Wenn **eu(e)** oder **œu** am Ende eines Wortes stehen, spricht man den Laut geschlossen, wie bei **bleu** [blø] *blau,* **Dieu** [djø] *Gott,* **peu** [pø] *wenig.*

Dies gilt auch, wenn man den letzten Konsonanten nicht hört, wie bei **deux** [dø] *zwei,* **yeux** [jø] *Augen,* **peut** [pø] *(er) kann.*

Wenn man nach **eu, œu** noch einen Konsonanten hört, wird der Laut offen gesprochen:
sœur [sœr] *Schwester,* **cœur** [kœr] *Herz,* **heure** [œr] *Stunde.*

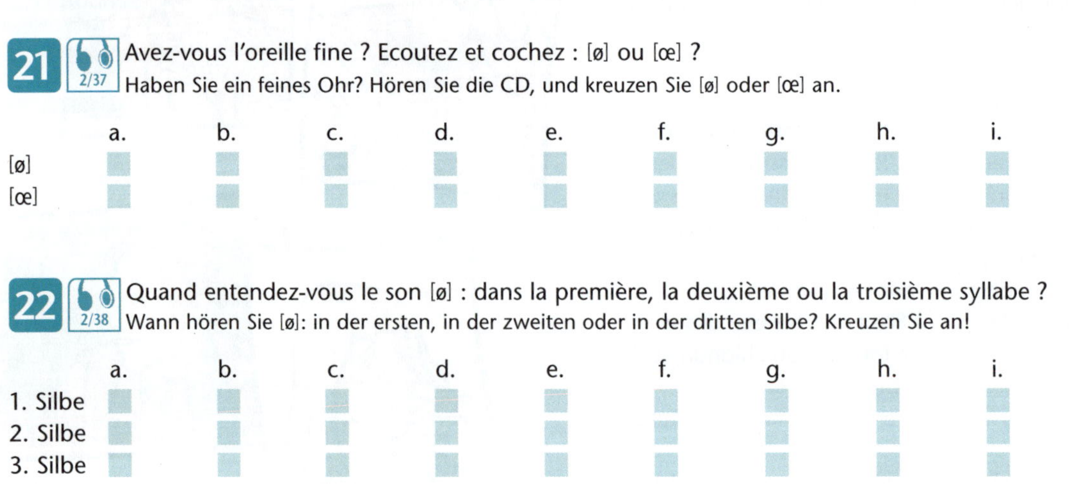

21 2/37 Avez-vous l'oreille fine ? Ecoutez et cochez : [ø] ou [œ] ?
Haben Sie ein feines Ohr? Hören Sie die CD, und kreuzen Sie [ø] oder [œ] an.

	a.	b.	c.	d.	e.	f.	g.	h.	i.
[ø]									
[œ]									

22 2/38 Quand entendez-vous le son [ø] : dans la première, la deuxième ou la troisième syllabe ?
Wann hören Sie [ø]: in der ersten, in der zweiten oder in der dritten Silbe? Kreuzen Sie an!

	a.	b.	c.	d.	e.	f.	g.	h.	i.
1. Silbe									
2. Silbe									
3. Silbe									

Et pour finir...

Letzte Übungsrunde

23 La famille… C'est parfois difficile : qui est qui ?
Ja, die Familie … Das ist manchmal nicht ganz einfach: Wer ist wer?

a. C'est la sœur du fils de ma femme. Qui est-ce ? **ma fille**

b. C'est la sœur de mon neveu. Qui est-ce ? ....

c. C'est l'oncle de mon fils. Qui est-ce ? ....

d. C'est le mari de ma mère. Qui est-ce ? ....

e. C'est le cousin de ma fille. Qui est-ce ? ....

f. C'est la mère de ma mère. Qui est-ce ? ....

g. C'est la sœur de ma mère. Qui est-ce ? ....

24 Vous demandez à un collègue français d'aller chercher Madame Barbet à l'aéroport. Décrivez-la.
Sie bitten einen französischen Kollegen, Frau Barbet am Flughafen abzuholen. Beschreiben Sie sie!

Sie ist klein und schlank. Sie ist brünett. Sie hat lange glatte Haare. Sie ist hübsch. Manchmal trägt sie einen Knoten und eine Brille. Sie hat eine kleine Nase und Sommersprossen. Sie hat blaue Augen. Sie ist sehr sympathisch. Sie spricht sehr gut Deutsch und Englisch.

25 Ce pauvre garçon a bien du mal avec son père. Quels conseils est-il en train de lui donner ?
Der arme Junge hat große Schwierigkeiten mit seinem Vater. Welche Ratschläge und Tipps gibt er ihm gerade?

a. Er sagt ihm, dass er in seinem Alter doch Sport treiben müsse.
b. Er könne z. B. Ski fahren, Fußball spielen oder Gymnastik machen.
c. Und dann solle er nicht mehr rauchen – das gefährdet die Gesundheit!
d. Er könne kochen.
e. Sonntags könne er ins Kino gehen und Freunde treffen.
f. Er solle sein Zimmer aufräumen.
g. Und vor allem solle er auf seinen Sohn hören!

a. A .... âge, tu .... sport !

b. Par exemple, tu .... ski ,
.... football ou .... gym.

c. Et puis, ... fumer,
c'est .... pour la santé !

d. Tu .... la cuisine !

e. Le dimanche, tu .... cinéma
ou .... amis.

f. Tu .... chambre !

g. Et surtout, tu .... écouter .... fils !

NOËL EN FRANCE

Pendant l'Avent, il n'y a pas de petits gâteaux de Noël, mais les magasins et les villes sont décorés.
Les Français fêtent Noël le 24 et le 25 décembre. Le 26 décembre n'est pas un jour de fête et on doit travailler. On fête Noël en famille. Le 24 décembre, les enfants mettent leurs chaussures sous le sapin de Noël ou devant la cheminée. Le Père Noël doit être sportif car, dans la nuit, il passe par la cheminée pour apporter les cadeaux ! Le soir du 24, les petits enfants sont toujours très sages et vont au lit. Les Chrétiens vont à l'église à 22 ou 23 heures et après la Messe de minuit, c'est le réveillon. Dans un menu traditionnel, on mange des fruits de mer, une dinde aux marrons et, comme dessert, il y a la bûche de Noël. La bûche est le dessert traditionnel de Noël. Le matin du 25 décembre, les enfants ouvrent leurs cadeaux !

Joyeux Noël ! Joyeux Noël !

le petit gâteau *das Plätzchen* **décoré** *geschmückt* **décembre** *Dezember* **le jour de fête** *der Feiertag* **mettre** *stellen* **le sapin de Noël** *der Weihnachtsbaum* **la cheminée** *der Kamin* **passer par** *kommen durch* **le lit** *das Bett* **le Chrétien** *der Christ* **l'église** *f die Kirche* **après** *nac* **le réveillon** Festessen in der Nacht vom 24./25. Dezember **le menu** *das Menü* **traditionnel** *traditionell* **manger** *essen* **la dinde** *die Pute* **la bûche** *die Biskuitrolle;* wörtl. *das Holzscheit* **ouvrir** *öffnen* **Joyeux Noël !** *Frohe Weihnachten!*

Neue Formen und Strukturen

1. Die Verben *pouvoir, vouloir, devoir*

vouloir *wollen*	[vulwar]	**pouvoir** *können*	[puvwar]	**devoir** *müssen*	[dəvwar]
je veux	[ʒəvø]	je peux	[ʒəpø]	je dois	[ʒədwa]
tu veux	[tyvø]	tu peux	[typø]	tu dois	[tydwa]
il veut	[ilvø]	il peut	[ilpø]	il doit	[ildwa]
nous voulons	[nuvulõ]	nous pouvons	[nupuvõ]	nous devons	[nudəvõ]
vous voulez	[vuvule]	vous pouvez	[vupuve]	vous devez	[vudəve]
ils veulent	[ilvœl]	ils peuvent	[ilpøv]	ils doivent	[ildwav]

je ne dois pas *ich muss nicht, ich soll nicht, ich darf nicht*

2. Wünsche, Bitten, Ratschläge ...

einen Wunsch äußern	
Je voudrais...	*Ich möchte ...*
Nous voudrions...	*Wir möchten ...*
um etwas bitten	
Pourrions-nous... ?	*Könnten wir ...?, Dürften wir ...?*
Pourrais-tu... ?	*Könntest du ...?...*
Pourriez-vous... ?	*Könnten Sie ...?*
einen Rat geben	
Tu devrais...	*Du solltest ...*
Vous devriez...	*Sie sollten ...*
Tu pourrais...	*Du könntest ...*
Vous pourriez...	*Sie könnten ...*
etwas vorschlagen	
Je pourrais...	*Ich könnte ...*
On pourrait...	*Wir könnten ...*
On devrait...	*Wir sollten ...*

3. Die Possessivbegleiter

Wie im Deutschen richtet sich der Possessivbegleiter in Geschlecht und Zahl nach dem Bezugswort.

Singular m	f	Plural m oder f
mon	ma	mes
ton	ta	tes
son	sa	ses
notre	notre	nos
votre	votre	vos
leur	leur	leurs

Das Geschlecht des „Besitzers" spielt keine Rolle:

la maison de Daniel → sa maison *sein Haus*
la maison d'Hélène → sa maison *ihr Haus*

son, sa, ses kann also auf Deutsch *sein, seine, ihr* oder *ihre* bedeuten.

Wenn ein Substantiv mit Vokal oder **h** beginnt, steht **mon, ton** oder **son**, auch wenn das Substantiv weiblich ist:

mon amie *meine Freundin*

Votre und **vos** verwendet man, wenn man den Besitzer siezt oder wenn es mehrere Besitzer gibt:

votre maison *euer Haus, Ihr Haus*
vos enfants *eure Kinder, Ihre Kinder*

4. Die Adjektive – männliche und weibliche Form

m	f	Beispiele
-e	-e	timide, timide
-*Konsonant*	-e	petit, petite
-é, -i	-e	joli, jolie
-ieux	-ieuse	malicieux, malicieuse
-if	-ive	sportif, sportive
-er	-ère	cher, chère
-c	-que *oder* -che	public, publique; blanc, blanche

Manche Endkonsonanten werden im Femininum verdoppelt, z. B. **bon, bonne** oder **gentil, gentille**.

Einige Adjektive sind unveränderlich, z. B. **marron, super, sympa, chic**.

5. Seiner Begeisterung Ausdruck verleihen

Qu'il est mignon ! *Ist er süß!*
Comme elle est jolie ! *Wie hübsch sie ist!*

6. Der Plural der Adjektive

Wie die Substantive bekommen auch Adjektive im Plural ein **-s**:

Louis et Léon sont petits.
Louis und Léon sind klein.
Adeline et Virginie sont petites.
Adeline und Virginie sind klein.

Wenn ein Adjektiv im Maskulinum Singular schon auf **-s** oder **-x** endet, bleibt die Form im Maskulinum Plural gleich:

Louis est malicieux.
Louis ist pfiffig.
Louis et Léon sont malicieux.
Louis und Léon sind pfiffig.
Adeline et Virginie sont malicieuses.
Adeline und Virginie sind pfiffig.

7. Die Aussprache von *eu, ieu* und *œu*

Eu(e), ieu und **œu** werden am Wortende und vor stummen Konsonanten geschlossen gesprochen: **bleu** [blø], **Dieu** [djø], **deux** [dø], **peut** [pø].

Folgt noch ein hörbarer Konsonant, wird der Laut offen gesprochen:
heure [œr], **sœur** [sœr], **jeune** [ʒœn].

A la maison

Zu Hause

Wenn Sie gern Wohnungen einrichten, ist diese Lektion für Sie wie geschaffen! Sie lernen, eine Wohnung und Einrichtungsgegenstände zu beschreiben; Adjektive wie *vieux, nouveau, beau* sind dabei sehr nützlich. Mit dem Verb *mettre* lernen Sie zu sagen, wo etwas hingehört, und mit dem Demonstrativbegleiter *ce* können Sie auf bestimmte Dinge hinweisen. Beim Planen braucht man natürlich auch das *futur composé*. Und nun an die Arbeit!

WORTSCHATZ: Zimmer, Möbel, Farben, heimwerken

Catherine est Québécoise et **va venir** un an en France. Elle **va** habiter comme fille au pair chez Luc et Béatrice. Voilà une bonne occasion pour Luc et Béatrice de **rénover l'appartement.** On aménage la chambre de Catherine : **on change la moquette, on refait la peinture** et on range. On transporte **le canapé** et **les fauteuils**... Où **mettre** la **vieille commode** et **le nouvel ordinateur** ? Il faut aussi se décider pour **les couleurs : rouge ? beige ? jaune ?** Peut-être pourriez-vous **aider** Luc et Béatrice à décorer...

Catherine aus Québec **wird** ein Jahr nach Frankreich **kommen**. Sie **wird** als Au-pair-Mädchen bei Luc und Béatrice wohnen. Eine gute Gelegenheit für Luc und Béatrice, **die Wohnung** zu **renovieren**. Catherines Zimmer wird eingerichtet: **Ein neuer Teppichboden wird verlegt**, das Zimmer **wird gestrichen**, und es wird aufgeräumt. **Sofa** und **Sessel** werden zur Seite gestellt ... Wo sollen die **alte Kommode** und der **neue Computer hin**? Auch über die **Farben** muss entschieden werden: **Rot? Beige? Gelb?** Vielleicht könnten Sie Luc und Béatrice beim Einrichten **helfen** ...

Le plan de l'appartement

Der Plan der Wohnung

1 2/39 Luc nous décrit l'appartement où il habite avec sa famille.

Luc beschreibt uns die Wohnung, in der er mit seiner Familie lebt.

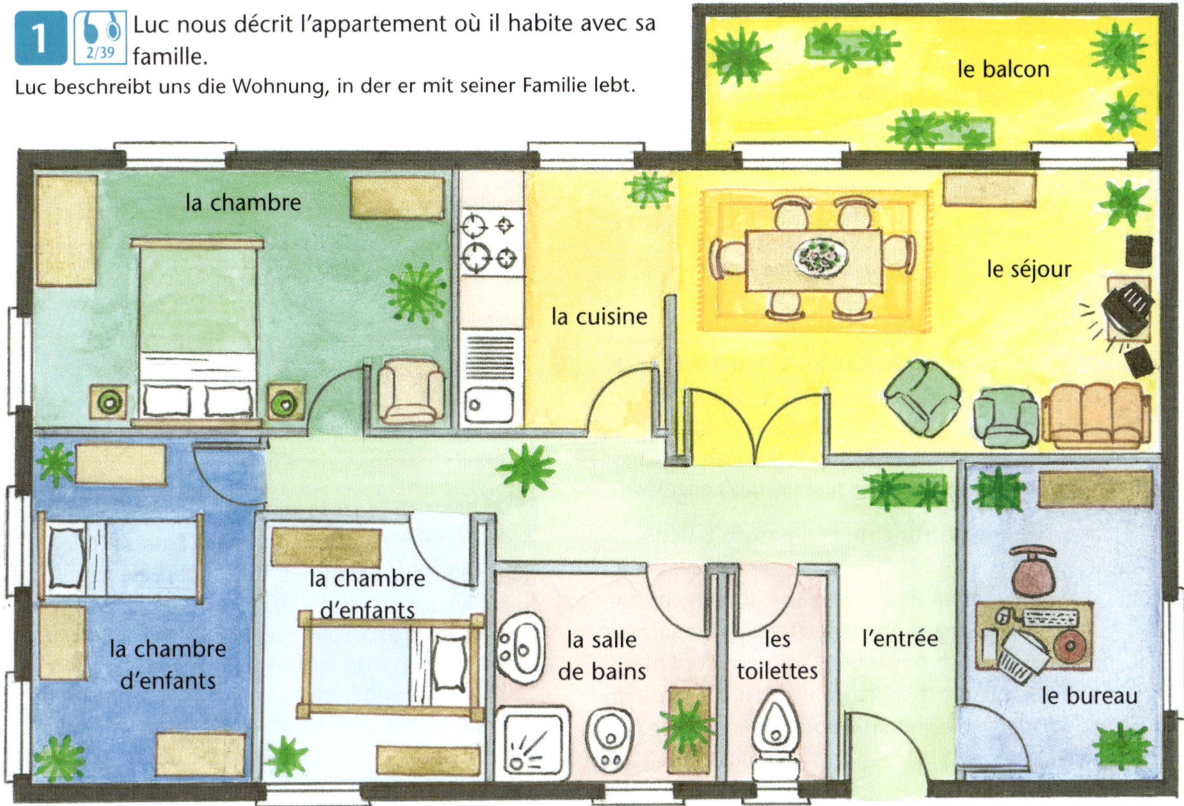

- Alors, au milieu du séjour, en face de la porte, il y a une grande table et des chaises. Sous la table, il y a un tapis. A droite de la porte, il y a un vieux canapé et des fauteuils confortables pour lire et regarder la télévision avec les enfants… A côté du canapé, il y a la télévision et la stéréo. Entre les deux fenêtres, nous avons un petit meuble, c'est une jolie commode. L'ordinateur est dans mon bureau. Dans notre chambre, nous avons un grand lit. A gauche, entre les deux fenêtres, il y a une vieille armoire et dans le coin derrière la porte, il y a un petit fauteuil. Partout il y a des plantes vertes : c'est la nouvelle passion de Béatrice ! Elle adore acheter des plantes et rénover l'appartement.

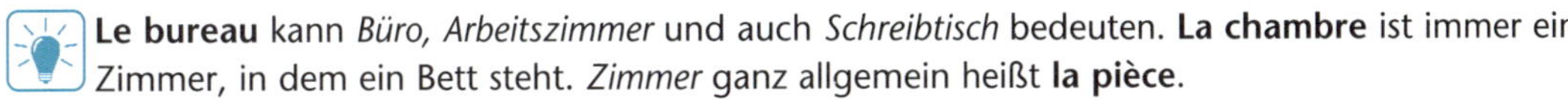

Le bureau kann *Büro, Arbeitszimmer* und auch *Schreibtisch* bedeuten. **La chambre** ist immer ein Zimmer, in dem ein Bett steht. *Zimmer* ganz allgemein heißt **la pièce**.

G 2/40 Genau wie bei den Verben auf **-ever** (→ Lektion 8) sollten Sie auch bei **acheter** *kaufen* genau auf den Akzent und die Aussprache achten: Es heißt **acheter** [aʃte], **nous achetons** und **vous achetez**, aber: **j'achète** [ʒaʃɛt], **tu achètes, il achète** und **ils achètent.**

2 Où est quoi chez Luc et Béatrice ?

Wo ist was bei Luc und Béatrice? Lesen Sie den Text noch einmal, und und tragen Sie die französischen Wörter in die Zeichnung ein.

G In der Regel stehen die französischen Adjektive nach dem Substantiv. Doch natürlich gibt es auch Ausnahmen: Die folgenden Adjektive stehen in der Regel vor dem Substantiv:

beau	*schön*	joli	*hübsch*
grand	*groß*	petit	*klein*
bon	*gut*	mauvais	*schlecht*
jeune	*jung*	vieux	*alt*
gros	*dick*	nouveau	*neu*

une petite commode — *eine kleine Kommode*
un beau fauteuil — *ein schöner Sessel*

3 Comparez votre appartement avec le plan : Quelles pièces avez-vous ? Et comment sont-elles : grandes ou petites ?
Vergleichen Sie Ihre Wohnung mit dem Plan: Welche Zimmer haben Sie? Und wie sind sie: groß oder klein?

J'ai une petite cuisine. Je n'ai pas de balcon.

G **Beau, vieux** und **nouveau** haben nicht nur eine außergewöhnliche Stellung im Satz, sie haben auch noch besondere Formen: Weil man es besser aussprechen kann, werden vor maskulinen Wörtern, die mit Vokal oder **h** anfangen,

beau → bel
vieux → vieil
nouveau → nouvel.

Und auch die weibliche Form ist ein wenig außergewöhnlich – hier eine Übersicht:

Singular		Plural	
maskulin	**feminin**	**maskulin**	**feminin**
beau	belle	beaux	belles
bel			
vieux	vieille	vieux	vieilles
vieil			
nouveau	nouvelle	nouveaux	nouvelles
nouvel			

Vielleicht können Sie sich die Formen besser merken, wenn Sie bei **beau** an das Lied **Bel Ami** nach dem gleichnamigen Roman von Maupassant denken. Und die Gourmets unter Ihnen kennen natürlich die **Nouvelle cuisine**!

4 2/41 Ecoutez et cochez ce que vous entendez.
Hören Sie die CD an, und kreuzen Sie an, welche Form Sie gehört haben:

	a.	b.	c.	d.	e.	f.	g.	h.	i.
vieux									
vieil									
vieille	X								
vieilles									
beau									
bel									
belle									
beaux									
belles									

5 Béatrice regarde son appartement d'un œil critique et voit tout ce qu'il faudrait changer : regardez bien les lettres et complétez avec **beau, vieux** ou **nouveau** :
Mit kritischem Blick betrachtet Béatrice ihre Wohnung und sieht sofort alles, was man ändern müsste. Sehen Sie sich die Anfangsbuchstaben gut an, und ergänzen Sie mit den richtigen Formen von **beau, vieux, nouveau!**

a. Je n'aime plus notre canapé : il est v.................. et il n'est plus confortable. On pourrait acheter un n........................... canapé .
b. Et les fauteuils ! Ils sont aussi trop v.................. !
c. Le v.................. tapis du séjour n'est plus très b.................. .
d. Oui, on pourrait acheter un n........................... tapis et des fauteuils. Et pourquoi pas une b............... plante verte .
e. Je voudrais une n.................. cuisine. Chez Castorama, les cuisines sont très b............. .
f. L'ordinateur de Luc ne fonctionne plus. Il faut acheter un n......................... ordinateur !

Les grands travaux

Die große Aufräumaktion

6 Toute la famille est en train de ranger et de jeter des affaires pour libérer une pièce et la rénover.

Die ganze Familie ist dabei, aufzuräumen und Dinge wegzuwerfen, um ein Zimmer frei zu machen und es zu renovieren.

Luc	Tu mets cette belle lampe à la poubelle ?
Béatrice	Elle est vieille et elle ne marche plus !
Luc	Mais c'est une lampe de ma mère !
Stéphanie	Maman ! Où est-ce que je mets le rideau ?
Béatrice	Sur le bureau de papa, à côté des livres !
Luc	Ce vieux truc !! Sur mon bureau !! Ah, non, pas question !! … Béatrice ! Tu viens une minute ? Tu pourrais tenir ce tableau, s'il te plaît ?
Béatrice	Attends, je mets mes lunettes … Oh, il est midi ! Stéphanie ! Tu peux mettre la table, s'il te plaît ? J'aide papa et j'arrive !

Wenn Ihnen auf Französisch ein Wort nicht mehr einfällt, können Sie sich wie Luc mit **un truc** *ein Ding* helfen: **Où est-ce que je mets ce truc ?** *Wo stelle ich dieses Ding hin?*
Truc ist natürlich nicht sehr elegant und wie im Deutschen sogar ein wenig abwertend, aber praktischer als **Euh… euh…**, oder?

7 Quel désordre ! Aidez les enfants à retrouver leurs affaires dans la chambre ci-dessus.

Was für ein Durcheinander! Helfen Sie den Kindern, ihre Sachen im Zimmer oben wiederzufinden!

Les livres sont sur le lit

G Um etwas näher zu bezeichnen, brauchen Sie manchmal den Demonstrativbegleiter *dieser, diese, dieses*. Er richtet sich in Geschlecht und Zahl nach dem Substantiv, auf das er sich bezieht:

ce train *dieser Zug*
cette poupée *diese Puppe*

Vor einem Vokal und **h** wird **ce** zu **cet**, damit man die **liaison** sprechen kann:

cet ami *dieser Freund*
cet hôtel *dieses Hotel*

Denken Sie bei allen Wörtern, die mit Vokal oder **h** beginnen, an die **liaison**:

cetami, ces‿amis.

Hier die Übersicht:

Singular		**Plural**	
maskulin	**feminin**	**maskulin**	**feminin**
ce	cette	ces	ces
cet			

8 Ecrivez les substantifs sous le bon démonstratif.

Schreiben Sie die Substantive unter den richtigen Demonstrativbegleiter.

~~canapé~~ fenêtre cuisine plantes ours
chaise entrée poubelle oncle balcon
porte ordinateur armoire tableau

ce	cet
canapé	....
....	....
....	....
....	....

cette	ces
....	....
....	....
....	....
....	....
....	....
....	....
....	....

9 2/43 Écoutez le CD et complétez :

Luc und Béatrice sind in einem Geschäft. Am liebsten würden sie alles kaufen! Hören Sie die CD an, und ergänzen Sie!

a. Monsieur, quel est le prix de .... ?
b. Et quel est le prix de .... ?
c. Alors, nous prenons ....
d. Et aussi .... !
e. Luc, regarde ! On achète .... ? Et .... ?
f. Acheter .... ? Ah non, pas question !

G Das Verb **mettre** ist besonders interessant, denn wie **faire** kann es in zahlreichen Situationen verwendet werden. **Mettre** hat nämlich viele verschiedene Bedeutungen, z. B. *stellen, legen, (auf)setzen, anziehen* …
Und so wird es konjugiert:

mettre	[mɛtrə]
je mets	[ʒəmɛ]
tu mets	[tymɛ]
il met	[ilmɛ]
nous mettons	[numetõ]
vous mettez	[vumete]
ils mettent	[ilmɛt]

Sicher haben Sie bemerkt, dass **mettre** die gleichen Endungen hat wie die Verben auf **-re** (→ Lektion 7). Es ist also ganz einfach – Sie müssen nur noch darauf achten, dass die Singularformen mit einem und die Pluralformen mit zwei **t** geschrieben werden.

10 Comment dites-vous en français ?
Wie sagen Sie auf Französisch?

a. Stellt diesen kleinen Stuhl bitte neben den Sessel!
b. Diese alte Lampe werfen wir weg.
c. Leg bitte dieses schöne Buch auf den Schreibtisch!
d. Die Kinder decken den Tisch.
e. Meine Freundin setzt ihre Brille auf.

11 2/44 Ce ou ces ?
Béatrice hat die Organisation der Aufräumarbeiten in die Hand genommen. **Ce** oder **ces**? Kreuzen Sie an, was Sie hören:

	a.	b.	c.	d.	e.	f.	g.	h.	i.
ce									
ces	X								

G Noch zwei Verben sind Ihnen im letzten Text begegnet: **venir** *kommen* und **tenir** *halten*. Die Konjugation der beiden Verben ist bis auf den Anfangsbuchstaben identisch:

venir	[vənir]	**tenir**	[tənir]
je viens	[ʒəvjɛ̃]	je tiens	[ʒətjɛ̃]
tu viens	[tyvjɛ̃]	tu tiens	[tytjɛ̃]
il vient	[ilvjɛ̃]	il tient	[iltjɛ̃]
nous venons	[nuvənõ]	nous tenons	[nutənõ]
vous venez	[vuvəne]	vous tenez	[vutəne]
ils viennent	[ilvjɛn]	ils tiennent	[iltjɛn]

12 La visite de tante Lulu
Tante Lulu kommt zu Besuch, und alle bereiten sich vor … Ergänzen Sie die Sätze mit **aller, mettre** und **venir**.

« Lulu .... ce soir ! Luc, tu .... au supermarché ? »
Béatrice .... dans la cuisine, ... ses lunettes et fait un gâteau.
Les enfants .... dans la cuisine et ils aident Béatrice. Ils .... les verres dans le séjour pour l'apéritif. Stéphanie .... sa nouvelle robe bleue.
« Les enfants ! .... vos jouets dans votre chambre. Virginie, ... !
.... la table, s'il te plaît. Léon et Virginie, ..., il est six heures !
.... le chien dans la voiture.
Milou, ... mon bon chien ! Mais où est donc ce chien !? »

Projets

Pläne

13 2/45 Toute la famille réfléchit aussi aux futurs aménagements :
Die ganze Familie macht sich auch über die spätere Einrichtung Gedanken:

Luc	On pourrait changer la moquette, elle est si vieille, et refaire la peinture !
Béatrice	C'est une bonne idée ! Et puis je vais changer les rideaux…
Luc	Pourquoi pas… Mais qu'est-ce qu'on va prendre comme couleur ? Beige … blanc… jaune ?
Virginie	Rouge !
Stéphanie	Non, noir !
Béatrice	Noir ?? Ah non !!
Luc	Bon, on va aller chez Castorama, ils ont un grand choix ! Vous venez, les enfants ?
Béatrice	Vite, il est tard et le magasin va fermer…

14 Luc et Béatrice regardent des échantillons de moquette. Quelles sont les couleurs ?
Luc und Béatrice schauen sich Teppichbodenmuster an. Welche Farben gibt es?

a. ....
b. ....
c. ....
d. rose
e. ....
f. ....
g. violet
h. ....
i. ....
j. ....
k. ....

G Farben sind im Französischen männlich: **le bleu** *das Blau*, **le rouge** *das Rot*.

G Pläne schmieden macht Spaß – zumal, wenn es so leicht geht wie im Französischen, nämlich mit **aller** + Infinitiv. Diese Konstruktion nennt man **futur composé** (wörtl. *zusammengesetztes Futur*). Sie können mit dem **futur composé** ausdrücken, was in naher Zukunft geschieht oder was Sie vorhaben. Im Deutschen benutzt man in diesen Situationen meist das Präsens:

Qu'est-ce qu'on va prendre ? *Was nehmen wir?*
La magasin va fermer dans dix minutes. *Das Geschäft schließt in zehn Minuten.*

Und beim Verb **aller**? Kein Problem: **aller** + **aller**!

On va aller chez Castorama. *Wir gehen zu Castorama.*

Die Verneinung umschließt wie üblich das konjugierte Verb:

Je ne vais pas prendre cette couleur ! *Ich nehme diese Farbe nicht!*

15 La conjugaison du verbe **aller**.
Für das **futur composé** brauchen Sie das Verb **aller**. Wissen Sie noch, wie es konjugiert wird? Schreiben Sie die Verbformen auf, und überprüfen Sie auf Seite 37, ob alles richtig ist.

....

16 Les enfants sont ravis de la venue de Catherine : que vont-ils faire avec elle ? Quels sont leurs projets ?
Die Kinder freuen sich auf Catherines Ankunft: Was werden sie mit ihr unternehmen? Welche Pläne haben sie?

a. **On va visiter Paris ensemble.**
b. ....
c. ....
d. ....
e. ....
f. ....

c. d. e. a.  b.  f.

17 Mais ce n'est pas le moment de rêver ! Luc a fait une liste : que vont-ils faire ce week-end ? A quoi devront-ils renoncer ?
Keine Zeit zu träumen! Luc hat eine Liste gemacht: Was machen sie dieses Wochenende? Worauf müssen sie verzichten?

a. Béa et moi : ~~inviter les parents~~, changer la moquette
b. Béatrice : ~~aller au club de gym~~, changer les rideaux
c. Stéphanie : ~~rencontrer ses amies~~, aider sa mère
d. Virginie et Léon : ~~jouer dans le séjour~~, ranger leur chambre
e. moi : ~~jouer au golf~~, refaire la peinture

Chez Castorama

Bei Castorama

18 Chez Castorama, Luc et Béatrice ont l'embarras du choix...

Bei Castorama haben Luc und Béatrice die Qual der Wahl ...

- On pourrait prendre cette moquette : la couleur est jolie...
- Et elle est en promotion !
- Le choix est difficile... Toutes vos couleurs sont jolies !
- On devrait mettre un beau parquet : c'est pratique, moderne et naturel.
- Oui... Tu as peut-être raison... Avec une moquette, il faut passer l'aspirateur tous les jours !
- Nous voudrions voir aussi les papiers peints...
- C'est au rayon décoration, je vais appeler un vendeur...

19 Reliez ce qui correspond :

Verbinden Sie, was zusammenpasst:

a. 

b. 

c. Ouvert tous les jours

d. La décoration pour toute la maison

e. 

1. Raumausstattung für das ganze Haus
2. Täglich geöffnet
3. Sonderangebote in all unseren Geschäften!
4. Minipreise in der ganzen Abteilung!
5. Alle Lampen im Sonderangebot!

G **Je vais appeler un vendeur** – erinnern Sie sich an Lektion 8? Dort haben Sie erfahren, dass einige Verben auf **-eler** in den Personen, in denen die Endung nicht zu hören ist, einen **accent grave** bekommen. Andere Verben auf **-eler**, wie z. B. **appeler**, haben eine andere Besonderheit: Bei den Formen, in denen die Endung nicht zu hören ist, verdoppelt sich der Konsonant. Es heißt also **nous appelons** und **vous appelez**, aber **j'appelle, tu appelles, il appelle, ils appellent.**

 **Tout** heißt im Singular *ganz* und im Plural **alle**. So lauten die einzelnen Formen:

Singular		Plural	
maskulin	**feminin**	**maskulin**	**feminin**
tout [tu]	toute [tut]	tous [tu/tus]	toutes [tut]

Es heißt also:

dans tout le rayon — *in der ganzen Abteilung*
tous les papiers peints — *alle Tapeten*
toute la maison — *das ganze Haus*
toutes les couleurs — *alle Farben*

Außerdem gibt es ein Neutrum **tout** *alles:*

C'est tout. [sɛtu]
Das ist alles.

Ein ganz wichtiger Ausdruck, der Ihnen häufig begegnen wird, ist **tous les jours** *jeden Tag, täglich.*

Zwei Dinge sollten Sie beachten, um alles richtig zu machen:

1. Denken Sie daran, dass im Gegensatz zum Deutschen noch ein Begleiter (Artikel, Demonstrativbegleiter u. Ä.) vor dem Substantiv stehen muss:

   toutes les couleurs *alle Farben*

2. Achten Sie auf die Aussprache von **tous**: Wenn ein Substantiv folgt, spricht man es [tu], wenn kein Substantiv folgt [tus].

   Ils vont tous [tus] au cinéma.
   Sie gehen alle ins Kino.

20

2/46

[tu] ou [tut] ? Ecoutez le CD et cochez ce que vous entendez.
[tu] oder [tut]? Hören Sie die CD an, und kreuzen Sie an, was Sie hören.

	a.	b.	c.	d.	e.	f.	g.	h.	i.	j.	k.
[tu]											
[tut]											

21

2/47

Catherine arrive demain et toute la famille est dans les derniers préparatifs : complétez.
Catherine kommt morgen an. Die Familie trifft letzte Vorbereitungen: Ergänzen Sie mit **tout**, **toute**, **tous** oder **toutes**, und hören Sie dann die CD an.

a. ………………… la famille fait un effort.

b. Vite, il faut ranger ………………… la maison !

c. ………………… les chaises sont dans l'entrée !

d. ● Béatrice ! Où sont mes livres ? ● Ils sont ………………… dans ton bureau !

e. ● Et les plantes vertes ? ● Elles sont ………………… sur le balcon !

f. ● Où sont les vieux trucs ? ● Ils sont ………………… à la poubelle !

g. C'est toujours pareil ! Je fais ………………… le travail !

h. Bon, alors, on va ranger ………………… ensemble !

i. Ouf ! C'est ………………… !

j. Maintenant, ………………… la maison est belle : Catherine devrait venir ………………… les jours !

Et pour finir…

Letzte Übungsrunde

22

Psycho-test : aimez-vous votre maison ?
Psychotest: Mögen Sie Ihr Heim? Welche Arbeiten übernehmen Sie selbst? Und wie häufig? Täglich, jede Woche, jeden Monat, jedes Jahr, alle fünf Jahre?

a. staubsaugen **Je passe l'aspirateur tous les jours.**
b. neu tapezieren
c. Pflanzen gießen
d. Teppichboden erneuern
e. heimwerken
f. streichen
g. Lampe kaufen
h. Möbel kaufen
i. neue Gardinen aufhängen
j. Wohnung aufräumen
k. in die Einrichtungsabteilung gehen

Ob Sie ein Ass im Heimwerken sind, erfahren Sie in der Testauswertung rechts.

Résultats du test : Ihr Testergebnis:

Pour calculer vos points : tous les jours : 7 points ; toutes les semaines : 5 points ; tous les mois : 4 points ; tous les ans : 3 points ; tous les cinq ans : 1 point.
Rechnen Sie Ihre Punkte zusammen: jeden Tag: 7 Punkte; einmal pro Woche: 5 Punkte; einmal pro Monat: 4 Punkte; einmal pro Jahr: 3 Punkte; alle 5 Jahre: 1 Punkt.

45 points et plus : Alors là, bravo ! Vous êtes vraiment un as du bricolage !! Un vrai professionnel !
Also Hut ab! Sie sind wirklich ein Heimwerker-Ass. Ein richtiger Profi!

34 à 44 points : La décoration est votre grande passion et vous aimez bien bricoler ! Vous aidez certainement aussi vos amis… C'est très joli chez vous et vous aimez vos meubles.
Ein Haus einzurichten ist Ihre große Leidenschaft, und Sie werkeln gern! Sie helfen sicher auch Ihren Freunden … Bei Ihnen zu Hause sieht es schön aus, und Sie lieben Ihre Möbel.

12 à 33 points : Vous êtes organisé et vous aimez votre maison, mais la vie est si intéressante : on peut aller au cinéma, rencontrer des amis, voyager … Le bricolage, pour vous, c'est une obligation.
Sie haben Organisationstalent, und Sie mögen Ihr Zuhause. Aber das Leben ist so interessant: Man kann ins Kino gehen, Freunde treffen, verreisen … Heimwerken ist für Sie eher eine Verpflichtung.

0 à 11 points : Vous détestez bricoler ! Vous préférez la nature et vous êtes un grand idéaliste, peut-être un poète…
Heimwerken mögen Sie überhaupt nicht! Sie ziehen das Leben in der Natur vor, und Sie sind ein großer Idealist, vielleicht sogar ein Dichter …

23 Pour les vacances, un de vos amis loue son appartement à des Français et vous demande d'en faire un petit descriptif très détaillé.
In den Ferien vermietet einer Ihrer Freunde seine Wohnung an Franzosen und bittet Sie, eine kurze, aber sehr detaillierte Beschreibung zu verfassen.

a. A gauche, il y a

b. A droite, il y a

c. Au milieu du séjour, il y a

d. Entre les deux fenêtres, ils ont

e. A côté des fenêtres, dans le coin, il y a

f. Ils ont aussi et

g. est

24 2/48 Où sont les meubles pendant les travaux ?
Wo sind die Möbel während der Renovierungsaktion? Hören Sie die CD an, und zeichnen Sie Möbel und Gegenstände auf dem Plan Seite 121 ein. Ergänzen Sie dann die Sätze. Übrigens: **déjà** bedeutet *schon*.

a. Dans l' ...., il y a déjà le ....

b. Dans la ...., il y a une ...., des .... et des ....

c. Dans le ...., il y a l' .... et les ....

d. Ils mettent la commode dans le ...., entre l' .... et les ....

e. Et maintenant, Luc met le .... sur le ....

MEUBLES DE STYLE EN FRANCE

Style Louis XV (1723 – 1774)

Sous Louis XV, on n'aime plus la symétrie et on préfère les petits meubles pleins de courbes et de fantaisie. Les pieds des tables, des chaises et des fauteuils sont en forme de S. Les meubles sont souvent peints et les tissus sont fleuris.

Style Louis-Philippe (1830 – 1848)

Les Français aiment bien ce style car les meubles Louis-Philippe sont solides et confortables. Les tables sont rondes, les pieds des meubles ont souvent des roulettes. Sous Louis-Philippe, on aime le bleu, le gris, le rouge, le vert…

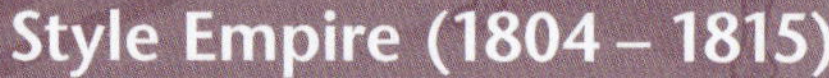

Style Empire (1804 – 1815)

Le style Empire a comme modèle l'Antiquité : les lignes sont droites, les formes carrées. Les meubles sont en acajou et décorés de symboles : abeille, aigle, palmes ou le N de Napoléon. Les tables sont rondes et les lampes sont en bronze.

le style Louis XV *der Stil Ludwig XV.* **plein** *voll* **la courbe** *die gebogene Linie* **peint** *bemalt* **le tissu** *der Stoff* **fleuri** *geblümt* **la roulette** *die Rolle* **l'Antiquité** *f die Antike* **en acajou** *aus Mahagoni* **l'abeille** *f die Biene* **l'aigle** *m der Adler* **la palme** *die Palmette*

Neue Formen und Strukturen

1. Die Adjektive *beau, vieux, nouveau*

Die französischen Adjektive stehen in der Regel nach dem Substantiv.

Vor dem Substantiv hingegen stehen: **beau, joli, bon, mauvais, grand, petit, jeune, vieux, nouveau, gros.**

Die Formen von **beau, vieux** und **nouveau** im Überblick:

Singular		Plural	
maskulin	**feminin**	**maskulin**	**feminin**
beau/bel	belle	beaux	belles
vieux/vieil	vieille	vieux	vieilles
nouveau/ nouvel	nouvelle	nouveaux	nouvelles

Die zweite maskuline Form steht vor Wörtern, die mit einem Vokal oder **h** beginnen.

2. Der Demonstrativbegleiter

Singular		Plural	
maskulin	**feminin**	**maskulin**	**feminin**
ce/cet	cette	ces	ces

Vor einem männlichen Substantiv, das mit Vokal oder **h** beginnt, wird **ce** zu **cet.**

cet‿ami *dieser Freund*
cette amie *diese Freundin*
ces‿amis *diese Freunde*

3. Die Verben *mettre, venir, tenir*

mettre *legen, stellen, setzen*	[mɛtrə]
je mets	[ʒəmɛ]
tu mets	[tymɛ]
il met	[ilmɛ]
nous mettons	[numetõ]
vous mettez	[vumete]
ils mettent	[ilmɛt]

venir *kommen*	[vənir]
je viens	[ʒəvjɛ̃]
tu viens	[tyvjɛ̃]
il vient	[ilvjɛ̃]
nous venons	[nuvənõ]
vous venez	[vuvəne]
ils viennent	[ilvjɛn]

tenir *halten*	[tənir]
je tiens	[ʒətjɛ̃]
tu tiens	[tytjɛ̃]
il tient	[iltjɛ̃]
nous tenons	[nutənõ]
vous tenez	[vutəne]
ils tiennent	[iltjɛn]

4. Zukünftiges ausdrücken (I)

aller + Infinitiv = **futur composé**

Le magasin va fermer.
Das Geschäft schließt gleich.
Catherine va venir demain.
Catherine kommt morgen.
Tu ne vas pas acheter cette lampe !
Du wirst doch diese Lampe nicht kaufen!
Je vais aller à Paris.
Ich fahre nach Paris.

5. Verben auf *-eler*

Bei dieser Verbgruppe haben die Präsensformen, deren Endung nicht zu hören ist, eine Besonderheit: Bei einigen Verben erhalten diese Formen einen **accent grave**, wie z. B. bei **épeler → j'épèle.** Bei anderen Verben verdoppelt sich in diesen Formen der Konsonant, z. B. bei **appeler:**

j'appelle [ʒapɛl]
tu appelles [tyapɛl]
il appelle [ilapɛl]
nous appelons [nuzapəlõ]
vous appelez [vuzapəle]
ils appellent [ilzapɛl]

6. Alles, alle, ganz

Singular		Plural	
maskulin	**feminin**	**maskulin**	**feminin**
tout [tu]	toute [tut]	tous [tu/tus]	toutes [tut]

dans tout le rayon *in der ganzen Abteilung*
toute la maison *das ganze Haus*
tous les papiers peints *alle Tapeten*
toutes les couleurs *alle Farben*
C'est tout. *Das ist alles.*

Deux cordons-bleus

Zwei Spitzenköche

In dieser Lektion erfahren Sie, was Sie zum Einkaufen oder zum Kochen brauchen. Dabei lernen Sie die Mengenbezeichnungen kennen, und Sie lernen zu fragen, ob jemand etwas vorrätig hat. Ganz nebenbei lernen Sie auch, Verben wie *boire* und *savoir* zu konjugieren.

WORTSCHATZ: **Lebensmittel, Einkaufen, Mengenangaben**

Les parents de Vincent et Laurent sont partis pour quelques jours, Vincent et Laurent sont seuls à la maison. Aujourd'hui, Vincent fait les courses : il achète **du pain, de la viande, de l'huile, des légumes** et **des fruits.** Quelles quantités prendre ? **Un kilo** de **pêches ? Une livre** de **tomates ? Quatre tranches de** jambon ? Deux **bouteilles de vin ? En** faut-il **plus ? Moins** ? Comment savoir ? Il pourrait aussi acheter **des yaourts** et **du müesli,** c'est bon pour la santé ! Pendant ce temps, Laurent essaye de préparer une surprise culinaire …

Die Eltern von Vincent und Laurent sind für einige Tage weggefahren, Vincent und Laurent sind allein zu Hause. Heute geht Vincent einkaufen: Er kauft **Brot, Fleisch, Öl, Gemüse** und **Obst.** Wie viel soll er kaufen? **Ein Kilo Pfirsiche? Ein Pfund Tomaten? Vier Scheiben** Schinken? Zwei **Flaschen Wein**? Braucht man **mehr? Weniger**? Woher soll er das **wissen**? Er könnte auch **Joghurts** und **Müsli** kaufen, das ist nämlich gesund! In der Zwischenzeit versucht Laurent, eine kulinarische Überraschung vorzubereiten …

Cidre et crêpes

Cidre und Crêpes

G Wenn man etwas ganz allgemein bezeichnen möchte, eine Gattung oder eine Art benennt, steht im Deutschen kein Artikel, im Französischen aber der bestimmte Artikel:

Vous savez faire les crêpes ?
Wissen Sie, wie man Crêpes macht?
Le sport, c'est bon pour la santé.
Sport ist gut für die Gesundheit.

Erinnern Sie sich? Das hatten wir schon in unserer ersten Lektion:

J'aime la musique. *Ich mag Musik.*

G In unserer Cidre-Werbung (Text 1) kamen nicht so viele Verben vor. Da haben Sie die beiden neuen bestimmt gleich entdeckt:

savoir *wissen, können*	**boire** *trinken*
je sais	je bois
tu sais	tu bois
il sait	il boit
nous savons	nous buvons
vous savez	vous buvez
ils savent	ils boivent

Das Verb savoir bedeutet je nach Zusammenhang
1. *wissen:* **On a des œufs ? Je ne sais pas.**
   Haben wir Eier? Ich weiß es nicht. oder
2. *können:* **Il sait faire la cuisine.** *Er kann kochen.*

Sie erinnern sich sicherlich, dass Sie für *können* schon ein anderes Wort gelernt haben: **pouvoir**.
Im Französischen unterscheidet man:
1. können, weil man es gelernt hat, man weiß jetzt, wie man es macht = **savoir**
2. können im Sinn von *fähig sein, die Zeit, das Material und die Möglichkeit haben, etwas zu tun* = **pouvoir.**

Tu peux faire la cuisine ?
Kannst du kochen? (z. B. heute Abend)
Tu sais faire la cuisine ?
Kannst du kochen? (d. h., Hast du Kochen gelernt?)

2 Aimez-vous faire la cuisine ? Que savez-vous faire ?
Kochen Sie gern? Was können Sie kochen? Und was nicht? Und Ihr Freund / Ihre Freundin?

moi	mon ami(e) ....
a. **Je sais faire la** crème caramel	a. Il / Elle..
b. .... mousse au chocolat.	b. ....
c. .... crêpes.	c. ....
d. .... thé.	d. ....
e. .... salade.	e. ....
f. .... café	f. ....
g. .... sandwiches.	g. ....

G In unserer Cidre-Werbung fehlen die Mengenangaben für ein richtiges Crêpes-Rezept. Stattdessen steht vor den Zutaten entweder der unbestimmte Artikel **des** oder **du, de la, de l'**. Die Kombination aus **de** + bestimmtem Artikel nennt man Teilungsartikel. Neugierig, wie er funktioniert? Hören wir Vincent und Laurent zu …

On fait une liste

Wir schreiben einen Einkaufszettel

3 3/1 Avant de faire les courses, Vincent et Laurent font une liste :
Bevor sie einkaufen gehen, schreiben Vincent und Laurent einen Einkaufszettel:

Vincent Bon, où est la liste… Alors, il faut de la viande, des pâtes, un citron, des champignons de Paris, une salade, des yaourts, des pêches, des fraises, des pommes, de la confiture, du pain, du jambon, du müesli … On a du lait ?
Laurent Oui.
Vincent Assez ?
Laurent Je ne sais pas. Attends, je regarde dans le frigo… deux litres !
Vincent Bon, ça va. Qu'est-ce qu'on a encore comme boissons ?
Laurent On a du vin blanc, du rosé, du coca, de la bière, de l'eau minérale ! On pourrait faire une mousse au chocolat, demain…
Vincent Tu sais faire ça, toi ?!
Laurent Avec un livre de cuisine, on peut essayer…
Vincent Alors, il faut sûrement des œufs, du sucre, du beurre ou de la crème…
Laurent Et du chocolat ! Tu as de l'argent ?

4 Classez les aliments selon les catégories suivantes :

Lesen Sie noch einmal, was Vincent auf seine Liste geschrieben hat, und ordnen Sie die Nahrungsmittel den beiden Kategorien unten zu: Vor welchen steht der unbestimmte Artikel, vor welchen der Teilungsartikel?

1. unbestimmter Artikel	2. Teilungsartikel
un/une/des	**du/de la/de l'**

G Sehen Sie sich noch einmal Ihre beiden Listen aus Übung 4 an: Was haben die Lebensmittel einer Liste gemeinsam?
Richtig, die Lebensmittel aus Liste 1 sind zählbar: Sie können davon eins, zwei oder mehrere kaufen. Die genaue Stückzahl wird hier aber meist nicht genannt. Die Lebensmittel aus Liste 2 sind nicht zählbar: Sie können sie in verschiedenen Verpackungen und Mengen kaufen, die hier nicht genannt werden. Damit kennen Sie schon die Regeln für den Gebrauch des Teilungsartikels:

1. Um von nichtzählbaren Gegenständen in nicht genannter Menge zu sprechen, verwendet man den Teilungsartikel **de** + bestimmter Artikel, also **du (= de + le), de la, de l'.**
2. Im Deutschen steht in diesen Fällen kein Artikel: **du lait** *Milch,* **du pain** *Brot.*
3. Den Teilungsartikel braucht man nicht nur in der Küche:
   Tu as de l'argent ? *Hast du Geld?*
   J'écoute de la musique. *Ich höre Musik.*
4. Den Teilungsartikel nimmt man auch für abstrakte Begriffe – die sind ja auch nicht zählbar:
   On a de la chance. *Wir haben Glück.*
   Elle a du charme. *Sie hat Charme.*
5. In manchen Situationen kann man sowohl den Teilungsartikel als auch den unbestimmten Artikel verwenden. Das hängt von der Aussage ab:
   Je voudrais du fromage. *Ich möchte Käse.*
   Je voudrais un fromage. *Ich möchte einen Käse.*

„Geld kann man doch zählen!", sagen Sie? Was jeder von uns zählt, ist sein „Vermögen" in der entsprechenden Währung. Sonst hieße es „ein Geld, zwei Geld" usw. Darum sagen die Franzosen **de l'argent.**

5 Complétez la liste avec **un, une, des** ou **du, de la, de l'.**

Dieser Einkaufszettel ist noch ein wenig unvollständig. Ergänzen Sie ihn mit **un, une, des** oder **du, de la, de l'**!

.... baguettes	.... fromage
.... cigarettes	.... camembert
.... café	.... biscuits apéritif
.... olives	.... œufs
.... sucre	.... beurre
.... crème	.... chocolat

6 Etes-vous fin gourmet ? Que boire...
Sind Sie ein Feinschmecker? Was trinkt man ...

champagne cidre vin rouge vin blanc
rosé bière lait

a. **avec du** fromage ?
   On boit du vin rouge ou du vin blanc.

b. .... jambon ?
   ....

c. .... crêpes ?
   ....

d. .... fruits de mer ?
   ....

e. ....gâteaux ?
   ....

f. .... viande ?
   ....

g. .... müesli ?
   ....

Der Teilungsartikel steht vor Dingen, die man meist in einer Packung oder einem Gefäß (Flasche, Glas, Tüte) kauft, wie Mehl, Wasser, Zucker usw.

Une recette facile

Ein einfaches Rezept

7 Pendant que Vincent fait les courses, Laurent consulte un livre de cuisine…

Während Vincent einkaufen ist, blättert Laurent in einem Kochbuch. Wie wär's mit einer Überraschung für Vincent? Irgendetwas Leckeres … Außerdem könnten sie einige Freunde einladen … Aber zuerst muss er nachschauen, ob er alle Zutaten da hat.

Je pourrais faire un soufflé… Hmm ! Ça doit être bon, mais c'est trop difficile ! Alors un gratin dauphinois… Qu'est-ce qu'il faut pour le gratin dauphinois ? Et pour le taboulé ?

Le gratin dauphinois

- 1,5 kg de pommes de terre
- 20 cl de crème fraîche
- une tasse de lait
- 120 g de gruyère rapé
- 1 œuf
- une gousse d'ail
- un peu de sel et de poivre

Le taboulé

- 250 g de couscous
- 3 citrons
- une livre de tomates
- des feuilles de menthe
- 250 g d'oignons
- un concombre
- 6 cuillères d'huile l'olive

G Bei Rezepten ist es natürlich wichtig, die genaue Menge der Zutaten anzugeben. Wie immer bei Mengenbegriffen ist **de** im Spiel. Generell gibt es zwei Möglichkeiten, eine Menge anzugeben: Entweder ich kaufe eine bestimmte Stückzahl, z. B.

deux citrons *zwei Zitronen*

oder ich kaufe z. B. nach Gewicht, in Flaschen o. Ä. Nach diesen Mengenangaben steht einfach nur **de** ohne Artikel:

250 g de couscous	*250 g Couscous*
1 kilo de pommes de terre	*ein Kilo Kartoffeln*

Bei manchen Dingen funktioniert auch beides: Zwiebeln kann man z. B. nach Gewicht oder stückweise kaufen:

250 g d'oignons	*250 g Zwiebeln*
deux oignons	*zwei Zwiebeln*

Egal, ob das, was Sie kaufen, im Singular oder im Plural steht, ob es männlich oder weiblich ist – es heißt immer **de** bzw. **d'** (vor Vokal und **h**):

un kilo de pommes de terre	*ein Kilo Kartoffeln*
une livre de tomates	*ein Pfund Tomaten*

Für Franzosen ist „null" auch eine Menge … Erinnern Sie sich an das, was Sie bei der Verneinung gelernt haben?

Jamais d'alcool !	*Niemals Alkohol!*
Je n'ai pas d'argent.	*Ich habe kein Geld.*
Je n'ai plus de pommes.	*Ich habe keine Äpfel mehr.*

Und auch *viel* ist ein Mengenbegriff – wenn auch kein sehr genauer:

J'ai beaucoup d'argent.	*Ich habe viel Geld.*

Kennen Sie die Abkürzungen? **g** steht für gramme, **cl** für **centilitre** (100 ml).
1,5 kg spricht man **un kilo cinq** aus.

8 Au travail ! Cochez – si nécessaire – dans la bonne catégorie.
An die Arbeit! Kreuzen Sie – falls erforderlich – die entsprechende Spalte an!

	du	de la	de l'	des	de	d'	
a. un peu					✗		gruyère
b. un kilo							pommes de terre
c.							menthe
d.							oignons
e. une livre							fraises
f. une gousse							ail
g. une cuillère							huile
h.							pêches
i.							lait
j. trois							tomates
k.							eau

9 Dans un magasin, il est parfois utile de donner la quantité exacte.
In einem Geschäft ist es manchmal nützlich, die genaue Menge anzugeben. Ergänzen Sie die Mengen oder Gefäße zu folgenden Produkten:

un paquet

une tablette

une boîte

une bouteille

a. un verre de vin

b. une .... tomates

c. un .... sel

d. une .... jambon

e. un .... crème fraîche

f. un .... pommes de terre

g. une .... chocolat

h. une .... huile

i. un .... gâteau

une tranche

un morceau

un verre

un sac

un pot

10 Reliez recettes et ingrédients. Puis écrivez les recettes.

Schnell sucht Laurent nach anderen Rezepten: Ob er alle Zutaten hat? Verbinden Sie zunächst Gericht und Zutaten. Dann schreiben Sie die Rezepte vollständig auf.

farine : 40 g beurre : 60 g œufs : 4 gruyère : 150 g lait : 40 cl sel, poivre	œufs : 3 lait : 50 cl farine : 250 g sel, beurre, confiture ou sucre
mousse au chocolat	**sandwich au jambon**
pain : 2 tranches jambon : 4 tranches beurre	chocolat : 200 g sucre : 80 g œufs : 6 beurre : 60 g
soufflé au fromage	**crêpes**

a. Pour faire un soufflé au fromage, il faut ....

....

....

....

b. Pour faire un sandwich au jambon, il faut ....

....

....

....

c. Pour faire des crêpes, il faut ....

....

....

....

d. Pour faire une mousse au chocolat, il faut ....

....

....

Chez l'épicier

Beim Lebensmittelhändler

11 3/2 Laurent ne veut pas attendre le retour de Vincent pour faire le gratin… Il va chez l'épicier du coin acheter les ingrédients qui lui manquent : il achète de la crème, des œufs et du gruyère.

Laurent möchte mit dem Kochen nicht warten, bis Vincent zurückkommt. Er geht zum Lebensmittelhändler an der Ecke, um die Zutaten zu kaufen, die ihm fehlen: Er kauft Crème fraîche, Eier und Käse.

- Bonsoir Monsieur Ferry ! Vous désirez ?
- Bonsoir Monsieur Bouvet ! Vous avez du gruyère ?
- Mais bien sûr ! Vous en voulez combien ?
- Euh… je ne sais pas…
- Comme ça ? Un peu plus ? Un peu moins ?
- Non comme ça, ça va.
- Et avec ça ?
- C'est tout, merci. Ah, non ! Je voudrais aussi un pot de crème ! Et… six œufs ! Je vais faire un gratin dauphinois !!
- Ah oui, hein, sans crème et sans œufs, ça ne va pas. Bon alors, six œufs…, un pot de crème…, du gruyère… Ça fait six euros vingt. Euh… Vous n'avez pas de monnaie ?
- Non désolé, je n'en ai pas !
- Ça ne fait rien, attendez, je vais en trouver… Ginette !

G In Text 11 kamen viele Wendungen vor, die Sie beim Einkaufen brauchen. Hier sind sie noch einmal im Überblick, zusammen mit einigen anderen wichtigen Ausdrücken:

- Vous désirez ? *Sie wünschen?*
- Vous en voulez combien ? *Wie viel möchten Sie davon?*
- Comme ça ? *So viel?*
- Et avec ça ? *Und außerdem?*
- Ça fait… *Das macht …*

- Vous avez… ? *Haben Sie …?*
- Je voudrais… *Ich möchte …*
- Je prends… *Ich nehme …*
- Combien coûte… ? *Was kostet …?*
- Un peu plus. *Etwas mehr.*
- Un peu moins. *Etwas weniger.*
- C'est tout. *Das ist alles.*

G Nach **avec** *mit* steht **de**, nach **sans** *ohne* folgt direkt das Substantiv ohne **de**. Merken Sie sich doch: *mit* steht mit **de**, *ohne* ohne **de**.

Je prends le café avec du sucre, mais sans lait.
Ich trinke Kaffee mit Zucker, aber ohne Milch.

G Wenn man Wiederholungen vermeiden will, ersetzt man **du, de la, de l'** + Substantiv durch **en**:

- Vous avez du gruyère ?
  Haben Sie Gruyère?
- Oui, nous en avons !
  (= Oui, nous avons du gruyère.)
  Ja, wir haben welchen.

En steht <u>immer</u> vor dem Verb, auch wenn das Verb im Infinitiv steht:

Je vais en trouver. *Ich finde schon welches.*

Bei der Verneinung ergibt sich daher die Wortstellung **n'** + **en** + Verb + **pas**:

- Vous avez de la monnaie ? *Haben Sie Kleingeld?*
- Non, je n'en ai pas. *Nein, ich habe keines.*

Sie wollen eine Menge oder eine Zahl angeben? Kein Problem: **en** + Verb + Menge/Zahl.

- Ils ont des enfants ? *Haben sie Kinder?*
- Oui, ils en ont deux. *Ja, sie haben zwei.*

- On a du lait ? *Haben wir Milch?*
- Oui, on en a trois litres ! *Ja, wir haben drei Liter.*

12 Vincent a oublié sa liste à la maison ! Il téléphone à Laurent.

Vincent hat seinen Einkaufszettel zu Hause vergessen! Er ruft Laurent an: Helfen Sie den beiden Jungen, und ergänzen Sie, falls möglich, mit den entsprechenden Mengen.

a. On a du chocolat ?
Oui, on en a une tablette.

b. On a de la salade ?

....

....

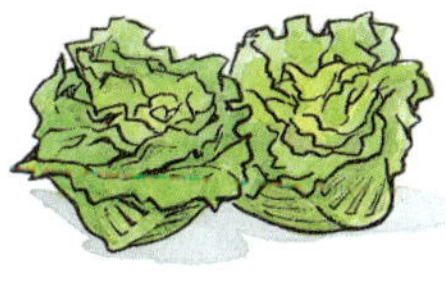

c. On a des fruits dans la cuisine ?

....

....

....

d. On a du couscous ?

....

....

....

e. On a des pommes de terre ?

....

....

....

f. On a des légumes ?

....

....

....

g. On a de la confiture ?

....

....

....

h. On a du lait dans le frigo ?

....

....

....

Au supermarché

Im Supermarkt

13 Vincent est au supermarché...
Vincent ist im Supermarkt ...

Metzgerei kann auf Französisch **la charcuterie** (ausschließlich Schweinefleisch und Wurstwaren) oder **la boucherie** heißen. In einer **boucherie** werden alle anderen Fleischsorten verkauft.

G Ganz besonders müssen Sie aufpassen, wenn **il y a** und **en** zusammentreffen; **en** steht dann immer direkt nach dem **y**:

- Il y a du lait ? *Ist Milch da?*
- Oui, il y en a. *Ja, es ist welche da.*
- Non, il n'y en a pas. *Nein, es ist keine da.*

14 Où trouver quoi dans un supermarché ?
Wo finden Sie was in einem Supermarkt?
Ergänzen Sie die Fragen, und beantworten Sie sie.

a. Il y a du coca, au rayon boissons ?
Oui, il y en a.

b. Il y a .... viande, au rayon boissons ?

c. Il y a .... jus de fruits, au rayon fruits et légumes ?

d. Il y a .... yaourts au rayon crémerie ?

e. Il y a .... olives au rayon fruits et légumes ? .....

f. Il y a .... pain au rayon boulangerie ?

g. Il y a .... huile au rayon fromagerie ?

h. Il y a .... thé au rayon petit-déjeuner ?

15 3/3 Ecoutez le CD et répondez oralement.
In einem großen Supermarkt stellt Ihnen ein Meinungsforschungsinstitut Fragen zu Ihren Ess- und Einkaufsgewohnheiten. Hören Sie die CD an, und beantworten Sie die Fragen mündlich.

P und **b** werden im Französischen etwas weicher ausgesprochen als im Deutschen. Die Lippen sind dabei nicht so fest aufeinandergepresst. Sie können mit einem Spiegel überprüfen, ob Sie **b** und **p** richtig aussprechen: Beschlägt er, wenn Sie **b** sagen, sollten Sie noch ein wenig üben. Also bei **b** und **p**: Luft anhalten!

16 Ça alors ! C'est la grève des **b** et des **p** !
Na so was! Streik bei **b** und **p**! Ergänzen Sie die folgenden Wörter mit **b** oder **p**.

a. C'est ....on, le jam.......on !

b. Com.......ien font ces ....êches ?

c. La ....ière est une ....oisson.

d. Tu ......rends du ....eurre et des ....aguettes.

e. Une ......oîte de ......iscuits ....our ....a.......a.

f. Tu as une ....onne ....oêle ....our les ....ommes de terre ?

g. Vous ....uvez un ....errier à la ....ause de midi ?

h. Tu ....arles ....ien ara.......e.

i. Vous ....ouvez ....oire !

Alles erkannt? Toll! Jetzt können Sie die CD hören und die Sätze dabei nachsprechen … Dann sind Sie mit **b** und **p** wirklich fit!

17 Complétez le dialogue avec la vendeuse :
Ergänzen Sie den Dialog mit der Verkäuferin:

- Bonjour, ... ! Vous désirez ?
- ...., Madame ! Je .... un paquet .... biscuits, ... bière et .... coca.
- Voilà, ... Et .... ça ?
- .... coûtent .... pêches ?
- 3 euros le kilo.
- Alors un .... de pêches et .... citrons, s'il vous plaît.
- Combien .... citrons ?
- Deux. Je .... prendre aussi .... livre .... tomates et .... tablette .... chocolat.
- Et avec ça ?
- C'est ...., merci.

Et pour finir…

Letzte Übungsrunde

18 Voici des phrases utiles pour faire les courses au marché. Comment dit-on…
Hier sind einige nützliche Sätze, um auf dem Markt einzukaufen. Wie sagt man …

a. Wie viel kosten die Erdbeeren?
b. Ich möchte bitte vier Scheiben Schinken und ein Pfund Erdbeeren.
c. Haben Sie Joghurt?
d. Sie haben keinen mehr? Das macht nichts!
e. Haben Sie Milch und Brot?
f. Ich möchte eine Flasche Milch und ein Glas Marmelade.
g. Ich möchte zwei Stück Kuchen.
h. Wie viel macht das?
i. Danke, das ist alles.
j. Ich nehme ein Stück Käse.

19 Reliez ce qui va ensemble.
Beschreiben Sie einem Freund aus Frankreich einige deutsche Spezialitäten: Was gehört zusammen?

a. Les Knödel,
b. Le Schweinshaxn,
c. Les Kässpätzle,
d. Le Christstollen,
e. Les Lebkuchen,
f. La Rote Grütze,
g. Le Kaiserschmarrn,

1. ce sont les gâteaux traditionnels à Noël. C'est une spécialité de Nuremberg.
2. c'est comme des pâtes, avec des oignons et du gruyère.
3. c'est fait avec des petits pains ou avec des pommes de terre.
4. c'est un peu comme une crêpe, en petits morceaux.
5. c'est un dessert avec des fruits rouges.
6. c'est de la viande grillée. C'est le «genou» du porc.
7. c'est une spécialité de Dresde. On en mange à Noël.

LE GRATIN DE POMMES

- Faire blondir les oignons dans la poêle.

- Mélanger la crème et les jaunes d'œufs, le sel, le poivre.
- Beurrer un plat à gratin. Mettre des pommes de terre, des oignons, un peu de crème et des pommes dans le plat à gratin. Puis mettre les champignons de Paris et le reste des pommes, des pommes de terre et des oignons. Mettre le gruyère et la crème.

cuisson: 30 à 40 minutes à 200 degrés. Servir bien chaud.

Pour six personnes, il faut :

10 petits oignons
20 g de beurre
750 g de pommes de terre
200 g de champignons de Paris
3 pommes
200 g de crème
2 jaunes d'œufs
75 g de gruyère rapé
du sel
du poivre

le petit oignon *die Frühlingszwiebel* **le jaune** *das Gelb* **faire blondir** *glasig werden lassen* **mélanger** *mischen* **beurrer** *mit Butter einfetten* **le plat à gratin** *die Auflaufform* **la cuisson** *die Backzeit* **servir chaud** *heiß servieren*

Neue Formen und Strukturen

1. Die Verben *savoir* *wissen, können* und *boire* *trinken*

savoir		boire	
je sais	[ʒəsɛ]	je bois	[ʒəbwa]
tu sais	[tysɛ]	tu bois	[tybwa]
il sait	[ilsɛ]	il boit	[ilbwa]
nous savons	[nusavõ]	nous buvons	[nubyvõ]
vous savez	[vusave]	vous buvez	[vubyve]
ils savent	[ilsav]	ils boivent	[ilbwav]

- On a du lait ? *Haben wir Milch?*
- Je ne sais pas. *Ich weiß nicht.*

Il sait faire la cuisine.
Er kann kochen.
Je peux faire la cuisine ce soir.
Heute Abend kann ich kochen.

2. Der bestimmte Artikel (II)

Wenn man etwas ganz allgemein bezeichnen möchte oder eine Gattung oder Art benennt, steht im Französischen der bestimmte Artikel:

J'aime le thé. *Ich mag Tee.*

3. Der Teilungsartikel

Um von nichtzählbaren Dingen in nicht genannter Menge zu sprechen, verwendet man den Teilungsartikel **de** + bestimmter Artikel: **du, de la, de l'**. Man setzt ihn auch bei abstrakten Begriffen. Im Deutschen steht kein Artikel.

On a du lait. *Wir haben Milch.*
Tu as de l'argent ? *Hast du Geld?*
On a de la chance. *Wir haben Glück.*

4. Mengenbegriffe

Mengenangabe + **de** + Substantiv
un kilo de viande *ein Kilo Fleisch*
un litre d'eau *ein Liter Wasser*

Auch wenn das Substantiv im Plural steht, heißt es **de**:

un kilo de pommes de terre *ein Kilo Kartoffeln*

Auch *null* und *viel* sind Mengenangaben:

Je n'ai pas d'argent. *Ich habe kein Geld.*
Jamais d'alcool ! *Niemals Alkohol!*
J'ai beaucoup d'argent. *Ich habe viel Geld.*

Wenn Sie eine bestimmte Stückzahl kaufen, heißt es wie im Deutschen:

un, deux, trois ... + Substantiv
deux citrons et trois yaourts
zwei Zitronen und drei Joghurts

Avec steht mit **de, sans** ohne **de**:

Un café avec du sucre mais sans lait.
Einen Kaffee mit Zucker, aber ohne Milch.

5. Einkaufen

- Vous avez... ? *Haben Sie ...?*
- Je voudrais... *Ich möchte ...*
- Je prends... *Ich nehme ...*
- Combien coûte... ? *Was kostet ...?*
- Combien coûtent... ? *Was kosten ...?*
- Un peu plus. *Etwas mehr.*
- Un peu moins. *Etwas weniger.*
- C'est tout. *Das ist alles.*

6. *En*

Du, de la, de l' + Substantiv können Sie durch **en** ersetzen:

- Vous avez du pain ? *Haben Sie Brot?*
- Oui, j'en ai./ Non, je n'en ai pas. *Ja, ich habe welches./ Nein, ich habe keines.*
- Ils ont des enfants ? *Haben sie Kinder?*
- Oui, ils en ont deux. *Ja, sie haben zwei.*

En steht immer vor dem konjugierten Verb:

- Je n'ai pas de vin, je vais en acheter. *Ich habe keinen Wein, ich werde welchen kaufen.*
- Il y a du lait ? *Ist Milch da?*
- Non, il n'y en a plus. *Nein, es ist keine mehr da.*

Le monde du travail

Die Arbeitswelt

In dieser Lektion lernen Sie, im *passé composé* über Vergangenes zu sprechen, z. B. darüber, was Sie in den letzten Ferien gemacht haben oder was im Büro so alles passiert ist. Mathieu wird Sie in seine Arbeitswelt einführen, und so werden Sie lernen, den beruflichen Alltag zu beschreiben oder sich in einfachen beruflichen Situationen zu verständigen. Ist Ihnen die Konjugation von *être* und *avoir* noch geläufig, oder haben Sie nur eine vage Erinnerung? Sie beherrschen sie perfekt? Ja, dann steigen Sie in unsere heutige Lektion gut gewappnet ein!

WORTSCHATZ: **Beruf und Büro, Monate**

Mathieu a **fait des études de gestion** et il est aujourd'hui **responsable du service exportation** dans une entreprise. Pour faire **un stage il a été** absent pendant une semaine. **Il est rentré** depuis hier et il a beaucoup de choses à faire : **prendre contact** avec des clients, préparer **une réunion, examiner des produits** ou **des contrats, signer** des lettres, **étudier** de nouveaux projets... Mais peut-être aimeriez-vous en savoir plus sur Mathieu ? Voici des extraits de son **CV...**

Mathieu **hat BWL studiert** und ist heute **Leiter der Exportabteilung** in einem Unternehmen. Wegen einer **Fortbildung war er** eine Woche nicht im Büro. Seit gestern **ist er zurück** und hat viel zu tun: **Verbindung** mit Kunden **aufnehmen, eine Besprechung** vorbereiten, **Produkte** oder **Verträge prüfen, Briefe unterschreiben**, sich mit neuen Projekten **befassen** ... Aber vielleicht möchten Sie gern etwas mehr über Mathieu erfahren? Werfen wir einen Blick auf seinen **Lebenslauf** ...

Le CV de Mathieu

Mathieus Lebenslauf

1 En rangeant des papiers, Mathieu a retrouvé son curriculum vitae. En voici des extraits :
Beim Ordnen von Unterlagen ist Mathieu auf seinen Lebenslauf gestoßen. Hier einige Ausschnitte:

Curriculum vitae

Etat civil
- né le 28 mars 1990
- Français
- célibataire

Formation
- baccalauréat en 2007
- études de gestion de 2007 à 2011 à l'Université Paris Dauphine
- maîtrise de gestion en 2011

Langues
- français : langue maternelle
- anglais : courant
- allemand : lu, parlé, écrit
- espagnol : parlé

Expérience professionnelle
- stage chez Alatel à Paris en 2011
- stage chez Elitec (Boston, USA) en 2012
- employé chez Aka depuis 2013
- depuis 2017 responsable du service exportation

Lu, parlé, écrit *Gelesen, gesprochen, schriftlich* – so gibt man in einem französischen Lebenslauf, von den Franzosen kurz **le CV** genannt, über seine Sprachkenntnisse Auskunft. Noch besser ist man mit **courant** *fließend.* Die Angabe des Familienstandes gehört übrigens bei einem französischen Lebenslauf dazu.

2 Mettez les mois de l'année dans le bon ordre.
Die französischen Monatsnamen sind den deutschen ganz ähnlich. Bringen Sie sie in die richtige Reihenfolge:

juin octobre décembre ~~janvier~~ mars
juillet avril septembre août mai
novembre février

a. janvier	g. ....
b.	h. ....
c.	i. ....
d.	j. ....
e.	k. ....
f.	l. ....

G Wie können Sie angeben, wann etwas geschehen ist?

1. Wenn Sie einen Zeitpunkt angeben wollen, verwenden Sie **le** + Tag + Monat + Jahr:

   le 28 mars 1990 — *am 28. März 1990*

   Bis auf den Ersten des Monats werden – im Gegensatz zum Deutschen – die sogenannten Grundzahlen verwendet. Also:

   le 1er (premier) mai — *am 1. Mai*
   le 2 (deux) mai — *am 2. Mai*
   le 3 (trois) mai — *am 3. Mai usw.*

   Wenn Sie nur den Monat oder nur das Jahr angeben möchten, verwenden Sie **en**:

   en mai — *im Mai*
   en 2020 — *(im Jahr) 2020*

   Bei Festen und Feiertagen steht **à**:

   à Noël — *Weihnachten*

2. Zeiträume geben Sie mit **de … à …** *von … bis …* oder **depuis** *seit* an:

   de 8 à 18 heures — *von 8 bis 18 Uhr*
   de 2000 à 2010 — *von 2000 bis 2010*
   du lundi au vendredi — *von montags bis freitags*

   depuis un an — *seit einem Jahr*
   depuis deux jours — *seit zwei Tagen*
   depuis hier — *seit gestern*

3 Voici quelques informations sur la vie quotidienne en France : complétez-les avec les mots ci-dessous.
Hier sind einige Informationen über den französischen Alltag. Ergänzen Sie sie mithilfe der unten stehenden Wörter:

en depuis de à du au le

a. En France, les enfants ne vont pas à l'école .... mercredi.

b. .... juin, c'est la fête de la musique.

c. Les magasins sont ouverts .... 9 h .... 19 h 30.

d. .... 2008, on ne peut plus fumer au restaurant.

e. .... mai, il y a à Cannes un grand festival de cinéma.

f. Victor Hugo est né .... 1802.

g. En France, la fête nationale, c'est .... 14 juillet.

h. .... Noël, le Père Noël vient .... 25 décembre.

i. On peut faire les courses .... lundi .... samedi.

j. .... juillet et .... août, les enfants sont en vacances.

G Sie möchten nach dem Wochentag oder dem aktuellen Datum fragen?

- On est quel jour ? *Welcher Tag ist heute?*
- On est le combien ? *Den Wievielten haben wir heute?*
- On est mardi. *Heute ist Dienstag.*
- On est le 3 mai. *Wir haben den 3. Mai.*

Aber: **On est <u>en</u> mai.** *Es ist Mai.*

4 Dans le service de Mathieu, on fête tous les anniversaires. Ecrivez à quelle date chacun célèbre son anniversaire.
In Mathieus Abteilung feiert man jeden **anniversaire** *Geburtstag*. Schreiben Sie auf, wer wann seinen Geburtstag feiert!

a. Benjamin 11.10. **L'anniversaire de Benjamin, c'est le onze octobre.**

b. Max 17.12. ....

c. Hervé 1.4. ....

d. Jacqueline 13.7. ....

e. Pierre 21.6. ....

f. Joseph 18.8. ....

g. Nicole 25.2. ....

h. Laurence 31.3. ....

Les collègues de Mathieu

Mathieus Kollegen

5  Les collègues de Mathieu se présentent...

Die Kollegen von Mathieu stellen sich vor ...

Nicole

J'ai passé mon BTS en 2007. J'ai appris l'anglais et l'espagnol. Et puis j'ai voulu améliorer mon anglais, alors en juillet et en août 2007, j'ai fait un stage en Angleterre. En septembre 2007, j'ai cherché du travail. En 2008, j'ai trouvé un emploi chez Aka. Depuis deux ans, je travaille dans le service exportation et je suis l'assistante de Mathieu.

Benjamin

En 2007, j'ai préparé un CAP. En 2008, j'ai été au chômage. Alors, j'ai fait des petits boulots. J'ai vendu des journaux dans le métro... J'ai lu les petites annonces, j'ai envoyé ma candidature et j'ai eu de la chance : depuis l'année dernière, je suis employé chez Aka.

G Wenn man über Vergangenes sprechen will, verwendet man für eine abgeschlossene Handlung bzw. für aufeinanderfolgende Handlungen (Aufzählungen) das **passé composé**. Das **passé composé** ist eine sehr häufig gebrauchte Vergangenheitsform. Das **passé composé** wird ähnlich wie das deutsche Perfekt gebildet, nämlich mit einem Hilfsverb (**avoir** oder **être**) und einem Partizip Perfekt. Im Gegensatz zum Deutschen steht das Partizip Perfekt im bejahten Satz unmittelbar nach dem Hilfsverb:

		Hilfsverb	Partizip Perf.	
	En 2008	j'ai	trouvé	un emploi.
wörtl.	2008	ich habe	gefunden	eine Arbeitsstelle

Die meisten Verben haben im Französischen dasselbe Hilfsverb wie im Deutschen:

Vendredi, il <u>a</u> travaillé. — *Am Freitag <u>hat</u> er gearbeitet.*
Il <u>est</u> allé au bureau à huit heures. — *Er <u>ist</u> um 8 Uhr ins Büro gegangen.*

Ausnahmen gibt es natürlich auch – hier schon einmal eine ganz wichtige: Das Verb **être** wird im **passé composé** mit dem Hilfsverb **avoir** gebildet:

J'<u>ai</u> été au chômage. *Ich <u>bin</u> arbeitslos gewesen.*

6  Mettez les phrases dans le bon ordre :

Bringen Sie die Sätze in die richtige Reihenfolge:

a. Elle travail a du cherché
b. des pour Il acheté collègues journaux ses a
c. J' un Danone stage chez trouvé ai
d. a Il bac son passé
e. gestion ont Ils des de études fait
f. Angleterre travaillé Nous en avons
g. à lettre avons l' une ordinateur Nous préparé

7 Les biographies de Nicole et Benjamin:
In den Lebensläufen von Nicole und Benjamin (Text 5) kommen die Partizip-Perfekt-Formen der folgenden Verben vor. Finden Sie sie.

a. passer
....
b. apprendre
appris
c. avoir
eu
d. vouloir
....
e. faire
fait
f. vendre
....
g. chercher
....
h. préparer
....
i. trouver
....
j. envoyer ....
....

G Alles gefunden? Bravo! Dann sind die folgenden Regeln für Sie keine Überraschung mehr:

1. Die Verben auf **-er** bilden das Partizip Perfekt auf **-é**: **trouver → trouvé**.

   Elle a trouvé un emploi.
   Sie hat eine Stelle gefunden.

2. Die Verben auf **-re** bilden das Partizip Perfekt auf **-u**: **vendre → vendu**.

   Il a vendu des journaux.
   Er hat Zeitungen verkauft.

3. Die Verben auf **-oir**/**-oire** bilden das Partizip Perfekt häufig auf **-u**: **vouloir → voulu**.

   J'ai voulu améliorer mon anglais.
   Ich wollte mein Englisch verbessern.

Natürlich gilt diese Regel nur für regelmäßige Verben. Einige der unregelmäßigen Verben haben Sie sicher schon in Übung 7 entdeckt. Aber bevor wir die unregelmäßigen richtig unter die Lupe nehmen, üben wir zunächst einmal …

8 Voici l'agenda de Nicole. Qu'a-t-elle fait aujourd'hui ?
Werfen wir einen Blick auf Nicoles Terminkalender. Was hat sie heute alles gemacht?

mardi **3 septembre**

a. réserver hôtel pour M. Bris
b. attendre M. Bris devant l'hôtel
c. demander la liste des prix
d. chercher la lettre pour Citroën
e. examiner les nouveaux produits
f. préparer le café
g. organiser la fête de Bridou
h. arroser les plantes
i. vendre ma voiture

a. **Elle a réservé l'hôtel pour M. Bris.**
b. ....
c. ....
d. ....
e. ....
f. ....
g. ....
h. ....
i. ....

G Sie wissen ja: Die am häufigsten gebrauchten Verben sind unregelmäßig. Das gilt auch für das Partizip Perfekt. Sie finden das Partizip Perfekt aller Verben in der Verbliste im Begleitbuch. Hier die wichtigsten unregelmäßigen Formen:

être → été	[ete]	boire → bu	[by]
avoir → eu	[y]	lire → lu	[ly]
prendre → pris	[pri]	écrire → écrit	[ekri]
faire → fait	[fɛ]	savoir → su	[sy]
mettre → mis	[mi]	pouvoir → pu	[py]
venir → venu	[vəny]	devoir → dû	[dy]

Sicherlich haben Sie sich schon Kärtchen mit den unregelmäßigen Verben angefertigt, oder? Heute können Sie Ihre Sammlung mit dem Partizip Perfekt ergänzen.

9 Nicole raconte à Mathieu ce qui s'est passé en son absence.
Nicole erzählt Mathieu, was in seiner Abwesenheit alles passiert ist. Setzen Sie die Verben ins **passé composé**!

a. Madame Djian .... (avoir) son bébé.

b. Benjamin .... (être) malade mardi et mercredi.

c. M. Druon est à Toulouse, il ....(prendre) le train hier.

d. J' .... (envoyer) toutes vos lettres.

e. La semaine dernière, nous ....(avoir) beaucoup de travail.

f. Nous aussi, nous .... (faire) un stage très intéressant.

g. Nous .... (écrire) les textes des brochures.

h. M. Druon .... (lire) les lettres.

i. J'................................ (devoir) examiner les nouveaux produits.

Réunion

Besprechung

Mathieu veut savoir ce qui a été fait – ou pas – au bureau pendant son absence. Il fait le point avec Nicole :
Mathieu will wissen, was während seiner Abwesenheit im Büro gemacht wurde – oder auch nicht. Er geht mit Nicole alles durch:

Nicole Vous avez passé une bonne semaine ?
Mathieu Oui, très bonne, merci. Alors, ici, quoi de neuf ?
Nicole Nous avons examiné les nouveaux produits et nous attendons les résultats.
Mathieu Vous avez envoyé la documentation ?
Nicole Non, désolée, je n'ai pas eu le temps. Mais j'ai déjà préparé la brochure et j'ai pris contact avec le patron. Le dossier est sur votre bureau.
Mathieu Parfait. Dupuis a-t-il signé le contrat ?
Nicole Non, il n'a pas encore signé, mais nous avons eu une réunion et il a étudié le projet.
Mathieu Bon. Vous avez négocié les prix ?
Nicole Non, nous avons attendu votre retour.

Sie wissen bereits, dass die Verneinung **ne… pas** immer das konjugierte Verb umschließt:

Elle <u>ne</u> travaille <u>pas</u>.	*Sie arbeitet nicht.*

Auch beim **passé composé** gilt diese Regel. Sie müssen aber auf einen Punkt achten: Das eigentliche, konjugierte Verb im **passé composé** ist das Hilfsverb **être** oder **avoir. Travaillé** ist „nur" ein Partizip Perfekt. Daher umschließt die Verneinung das Hilfsverb:

Hier, elle <u>n'</u>a <u>pas</u> travaillé.	*Gestern hat sie nicht gearbeitet.*
Elle <u>n'</u>a <u>plus</u> travaillé depuis juin.	*Sie hat seit Juni nicht mehr gearbeitet.*
Elle <u>n'</u>a <u>jamais</u> travaillé.	*Sie hat nie gearbeitet.*
Elle <u>n'</u>a <u>rien</u> fait.	*Sie hat nichts getan.*

Ausnahme:

Elle <u>n'</u>a rencontré <u>personne</u>.	*Sie hat niemanden getroffen.*

Die Fragen bilden Sie in der Vergangenheit genauso wie in der Gegenwart:

Intonationsfrage: **Tu as réservé ?**	*Hast du reserviert?*
Frage mit **est-ce que: Est-ce que tu as réservé ?**	*Hast du reserviert?*
Inversionsfrage: **Avez-vous réservé ?**	*Haben Sie reserviert?*

11 Les collègues de Mathieu ne se sont pas trop fatigués en son absence… Voici ses questions : écrivez le dialogue.
Matthieus Kollegen haben sich in seiner Abwesenheit nicht allzu sehr angestrengt. Hier seine Fragen. Schreiben Sie den Dialog!

- confirmer la réservation ?
- préparer la réunion de lundi ?
- faire les contrats ?
- envoyer la documentation ?
- prendre contact avec Dupuis ?
- négocier les prix ?
- signer la lettre pour Derain ?

Mathieu **Avez-vous confirmé la réservation ?**
Nicole **Non, nous n'avons pas confirmé la réservation.**

12 3/8 Le soir, l'amie de Mathieu lui demande comment s'est passée sa journée.
Am Abend fragt Mathieus Freundin ihn, wie sein Tag so war. Ergänzen Sie den Dialog, und überprüfen Sie mit der CD.

- ………………………………………………………… (passer) une bonne journée ?
- Bof…
- ………………………………………………………… (avoir) des problèmes au bureau ?
- Non, non.
- ………………………………………………………… (rencontrer) des collègues ?
- Oui, oui.
- ………………………………………………………… (avoir) beaucoup de rendez-vous ?
- Oh oui !
- Qu'est-ce que ………………………………………… (manger) à midi ?
- Une salade et du jambon. Excuse-moi chérie, je suis fatigué. Et toi ? Qu'est-ce que ……………………… ……………………… (faire) aujourd'hui ?

A la photocopieuse

Am Kopierer

13 Le lendemain, Mathieu rencontre Laurence, une de ses collègues, à la photocopieuse. Elle rentre de vacances, mais elle ne semble pas de bonne humeur…

Am nächsten Tag trifft Mathieu Laurence, eine seiner Kolleginnen, am Kopierer. Sie kommt gerade aus dem Urlaub zurück, scheint aber nicht sonderlich gut gelaunt zu sein …

Mathieu Alors Laurence, les vacances ?

Laurence Un vrai désastre ! Cette année, mon mari a voulu nager et faire de la voile, bon, alors nous sommes partis en Vendée. La première semaine, on a fait du camping. Ensuite, on a loué une maison sympa, mais il a plu pendant dix jours !

Mathieu Non !

Laurence Si ! Et puis, ma fille Lydia a couru sur des rochers, elle est tombée et elle est restée trois jours à l'hôpital ! Et ce n'est pas fini ! Lorsque nous sommes rentrés à la maison, nous sommes restés trois heures dans les bouchons !

Mathieu Ma pauvre !

14 Cherchez dans le texte 13 : Comment dire en français…

Suchen Sie in Text 13: Wie sagt man auf Französisch …

a. Wir sind in die Vendée gefahren.
b. Meine Tochter ist über Felsen gelaufen.
c. Sie ist hingefallen.
d. Sie ist drei Tage lang im Krankenhaus gewesen.
e. Wir sind nach Hause zurückgefahren.
f. Wir haben drei Stunden im Stau gestanden.

G Viele Verben, die im Deutschen das Perfekt mit dem Hilfsverb *sein* bilden, bilden das **passé composé** mit **être**, z. B. **aller** *gehen*, **venir** *kommen*, **tomber** *fallen* u. a.

Il est venu. *Er ist gekommen.*
Il est tombé. *Er ist gefallen.*

Beim **passé composé** mit **être** richtet sich das Partizip Perfekt in Geschlecht und Zahl nach dem Subjekt. Wie das Adjektiv bekommt das Partizip Perfekt im Femininum ein **-e** bzw. im Plural ein **-s**:

	maskulin	**feminin**
Singular	Il est venu.	Elle est venue.
Plural	Ils sont venus.	Elles sont venues.

Einige Verben bilden im Deutschen das Perfekt mit *sein*, ihre französische Entsprechung verlangt aber ein **passé composé** mit **avoir**. Diese Verben sind:

1. Das Verb **être**: **il a été** *er ist gewesen*
2. Verben, die eine Bewegungsart angeben, wie z. B.

courir *laufen*	j'ai couru *ich bin gelaufen*
nager *schwimmen*	j'ai nagé *ich bin geschwommen*
voyager *reisen*	j'ai voyagé *ich bin gereist*

15 **Avoir** ou **être** ? Complétez avec le bon auxiliaire.

Avoir oder **être**? Ergänzen Sie mit dem richtigen Hilfsverb!

a. être venu	e. .... rentré	i. .... né
b. .... parti	f. .... pris	j. .... eu
c. .... été	g. .... resté	k. .... voyagé
d. .... fait	h. .... allé	l. .... nagé

16 Homme ou femme ? Cochez **h** si on parle à un homme, **f** si on parle à une femme :

Mann oder Frau? Kreuzen Sie **h** (für **homme**) an, wenn ein Mann angesprochen wird, **f** (für **femme**), wenn eine Frau angesprochen wird:

	f.	h.
a. Vous êtes allée au restaurant ?		
b. Tu es restée au bureau ?		
c. Quand êtes-vous allé en Bretagne ?		
d. Tu es arrivé quand ?		
e. Vous êtes rentrée hier ?		
f. Tu es tombée ?		
g. Tu es né en quelle année ?		
h. Vous êtes venue à la réunion ?		

17 Ce n'est pas l'harmonie dans le couple de Laurence et Michel… Ils racontent leurs vacances : complétez.

Zwischen Laurence und Michel kriselt es. Beide erzählen, was sie in den Ferien gemacht haben: Ergänzen Sie!

Michel	Laurence
a. Je .... (aller) au café.	Moi, je .... (aller) à la plage.
b. J' .... (rencontrer) des amis.	J' .... (attendre) Michel jusqu'à midi.
c. On .... (jouer) à la pétanque.	Je .... (aller) au restaurant.
d. Je .... (arriver) un peu en retard.	Je .... (arriver) en avance.
e. Le soir, je .... (rester) avec mes amis.	J' .... (attendre) deux heures.
f. Je .... (aller) danser.	Alors, je .... (rentrer) à l'hôtel.
g. Je .... (rentrer) à 7 h du matin.	Je .... (rester) dans ma chambre.

18 3/10 Ecoutez le CD: présent ou passé ?

Bei den Verben auf **-er** ist besondere Aufmerksamkeit angesagt: Achten Sie genau auf den Unterschied in der Aussprache von Präsens und **passé composé**! Üben wir ein wenig … Hören Sie die CD, und kreuzen Sie an, was Sie hören:

	a.	b.	c.	d.	e.	f.	g.	h.	i.	j.	k.
Präsens	X										
passé composé											

Et pour finir…

Letzte Übungsrunde

19 Qui est né en quelle année ?
Wer ist in welchem Jahr geboren? Verbinden Sie das Geburtsdatum mit der jeweiligen Person, und bilden Sie dann Sätze.

1977	Hector Berlioz
1803	Juliette Binoche
1964	Coco Chanel
1841	Emmanuel Macron
1883	Catherine Deneuve
1769	Napoléon
1948	Gérard Depardieu
1943	Auguste Renoir

20 3/11 Ecoutez la vie d'Arthur et cochez ce qui est vrai :
Hören Sie in Arthurs Leben hinein, und kreuzen Sie an, was richtig ist:

En 1966 ☐ en 1970 ☐ il est né à Lyon ☐ Clermont ☐.
Il a passé son bac ☐ il n'a pas passé son bac ☐.
Il a fait ☐ il n'a pas fait ☐ des études d'architecture.
En août 82 ☐ en 92 ☐ il est allé ☐ il est resté ☐ à Paris.
☐ En janvier ☐ en février ☐ 93 il est allé en Tunisie.
Il a dansé la rumba ☐ il a bu du rhum ☐ et il a rencontré Francine ☐ Catherine ☐.
En 1997, ils ont eu un fils ☐ une fille ☐.
En 1999, ils ont eu un fils ☐ une fille ☐.

21 Au mois d'août, il y a moins de travail : qu'ont fait les employés ? Que n'ont-ils pas fait ?
Im August gibt es weniger zu tun: Was haben die Angestellten gemacht? Was nicht?

envoyer des mails ✓
arriver à 10 h ✓
arroser les plantes ✓
prendre le café ✓
rentrer chez eux à 4 h ✓

~~envoyer les dossiers~~
~~examiner les nouveaux produits~~
~~avoir une réunion~~
~~rester au bureau jusqu'à 19 h~~
~~rencontrer leurs collègues~~
~~avoir beaucoup de travail~~

22  Qu'avez-vous déjà fait – ou jamais – dans votre vie ?
Was haben Sie in Ihrem Leben schon – oder auch nie – gemacht?

signer un contrat   arriver en retard   rester dans les bouchons   faire de la voile   apprendre l'anglais   passer le bac   faire des études   louer une maison   être à Paris   faire du camping

Moi, j'ai déjà signé un contrat oder
Moi, je n'ai jamais signé de contrat.

LES FRANÇAIS AU TRAVAIL

Horaires de bureau

Dans les bureaux, les Français commencent leur journée entre 8 et 9 heures et les cadres restent souvent au bureau jusqu'à 19 ou 20 heures. En principe, le travail est interdit le dimanche mais pas dans les zones touristiques. Et bien sûr les taxis, hôtels, restaurants et hôpitaux travaillent aussi le dimanche ! Les Français peuvent faire leurs courses le dimanche matin, car les boulangeries, les boucheries et les petits supermarchés sont ouverts.

Les repas

La pause de midi peut durer de une à deux heures. A midi, les Français mangent à la cantine de leur entreprise, dans des cafés ou des petits restaurants avec des tickets restaurant. Le repas d'affaires (vers 13 heures ou 20 heures) est une tradition pour négocier et garder le contact avec des clients. On parle du restaurant, des vins, de l'actualité. Puis peu à peu, on parle affaires et on négocie.

Les contacts

Les contacts varient beaucoup selon les entreprises. On se vouvoie ou on se tutoie mais on respecte très souvent la hiérarchie : une assistante ne tutoie pas souvent son patron ! Les Français parlent de leur famille et de leurs loisirs, très rarement de leur salaire avec leurs collègues. Mais ils adorent échanger des tuyaux ou de bonnes adresses… Les contacts avec leurs collègues sont aussi importants que les réunions pour avoir des informations sur une entreprise ou sur un projet.

Le travail des femmes

La femme française aime son indépendance, même si elle est mère de famille, elle a presque toujours une activité professionnelle : deux mères sur trois travaillent et la plupart à temps complet et non à temps partiel. Comme les hommes elles font carrière ou créent leur entreprise mais pour l'égalité des salaires ce n'est pas génial et elles gagnent souvent moins que leurs collègues hommes.

le cadre *der leitende Angestellte* **varier** *unterschiedlich sein* **se vouvoyer** *sich siezen* **les loisirs m, Pl** *die Freizeitbeschäftigungen* **un tuyau** *ein Tipp* **le repas** *die Mahlzeit* **gagner** *verdienen* **à temps partiel** *Teilzeit*

Neue Formen und Strukturen

1. Zeitangaben

1. Angabe eines Zeitpunktes

le + **Tag** + **Monat** + **Jahr**
le 2 mai 1977
am 2. Mai 1977

Bis auf den Ersten des Monats werden die Tage alle mit den Grundzahlen angegeben, also:

le 1er (= premier) mai *am 1. Mai*
le 27 (= vingt-sept) septembre *am 27. September*

en + **Monat oder Jahr**
en mai *im Mai*
en 2010 *(im Jahr) 2010*

Die Monatsnamen werden immer kleingeschrieben. Alle Monate sind männlich.

à + **Fest**
à Noël *Weihnachten*

2. Angabe eines Zeitraumes

de … à … *von … bis …*
de 8 à 18 heures *von 8 bis 18 Uhr*
de 2000 à 2001 *von 2000 bis 2001*
du lundi au vendredi *von montags bis freitags*

depuis *seit*
depuis un an *seit einem Jahr*
depuis deux jours *seit zwei Tagen*
depuis hier *seit gestern*

2. Über Vergangenes sprechen: das *passé composé* (I)

1. Die Bildung

avoir / **être** + Partizip Perfekt
Elle a cherché un emploi.
Sie hat eine Stelle gesucht.

a. Regelmäßige Verben auf **-er**:
Partizip Perfekt auf **-é**: **trouver → trouvé**
b. Regelmäßige Verben auf **-re**:
Partizip Perfekt auf **-u**: **vendre → vendu**
c. Regelmäßige Verben auf **-oir**:
Partizip Perfekt häufig auf **-u**: **vouloir → voulu**
d. Partizip Perfekt einiger unregelmäßiger Verben:

avoir → eu **pouvoir → pu** **écrire → écrit**
boire → bu **savoir → su** **faire → fait**
devoir → dû **venir → venu** **mettre → mis**
lire → lu **être → été** **prendre → pris**

Die meisten Verben bilden das **passé composé** mit dem gleichen Hilfsverb wie im Deutschen:

Hier, il a travaillé.
Gestern hat er gearbeitet.
A huit heures, il est allé au bureau.
Um 8 Uhr ist er ins Büro gegangen.

2. Die Verneinung

Die Verneinung umschließt das Hilfsverb **être** oder **avoir**. Dies gilt für alle Verneinungen außer **ne … personne** *niemand:*

Elle n'a pas travaillé.
Sie hat nicht gearbeitet.
Depuis juin, elle n'a plus travaillé.
Sie hat seit Juni nicht mehr gearbeitet.
Elle n'a jamais travaillé.
Sie hat nie gearbeitet.
Elle n'a rien fait.
Sie hat nichts gemacht.
Elle n'a rencontré personne.
Sie hat niemanden getroffen.

3. Die Frage

Tu as réservé ? *Hast du reserviert?*
Est-ce que tu as réservé ? *Hast du reserviert?*
Avez-vous réservé ? *Haben Sie reserviert?*
Tu n'as pas réservé ? *Hast du nicht reserviert?*

4. Das Partizip Perfekt – Veränderlichkeit

Beim **passé composé** mit **être** richtet sich das Partizip Perfekt in Geschlecht und Zahl nach dem Subjekt.

	maskulin	**feminin**
Singular	il est venu	elle est venue
Plural	ils sont venus	elles sont venues

5. Das Hilfsverb – Unterschiede zum Deutschen

Folgende Verben bilden im Deutschen das Perfekt mit *sein*, ihre französische Entsprechung hat aber ein **passé composé** mit **avoir**:

a. Das Verb **être**: **il a été** *er ist gewesen*
b. Verben, die eine Bewegungsart angeben,
wie z. B. **j'ai couru** *ich bin gelaufen*
j'ai nagé *ich bin geschwommen*
j'ai voyagé *ich bin gereist*

Allô?

Hallo?

In dieser Lektion lernen Sie typische Redewendungen, die man am Telefon immer wieder braucht. Mit den direkten und indirekten Objektpronomen lernen Sie, Verben zu ergänzen und Wiederholungen zu vermeiden. Sie wissen ja: Am Telefon ist die Zeit immer knapp …

WORTSCHATZ: Alles rund ums Telefon

Portables, fax et téléphones, c'est l'univers d'Antoine. Toute la journée, il **téléphone à des clients** ou **à** des collègues. Mais parfois il ne peut pas **les joindre** : il **décroche**, il fait le numéro, **occupé** ! Alors il **rappelle** – aïe aïe… musique ou **répondeur** ! Heureusement, avec les **répondeurs**, on peut au moins **laisser un message** ! Antoine vit avec Lise, sa femme, et Nathalie, sa fille, et elles aussi aiment **téléphoner…**

Handys, Faxe und Telefone sind Antoines Welt. Den ganzen Tag **telefoniert** er **mit Kunden** oder Kollegen. Aber manchmal kann er **sie** nicht **erreichen**: Er **hebt ab**, wählt die Nummer – **besetzt**! Dann **ruft** er noch mal **an** – oh je … Musik oder **Anrufbeantworter**! Ein Glück: Auf dem **Anrufbeantworter** kann man wenigstens **eine Nachricht** hinterlassen! Antoine lebt zusammen mit seiner Frau Lise und Tochter Nathalie. Auch sie **telefonieren** gern …

Un mauvais numéro

Eine falsche Nummer

1 3/12 Dring ! Le téléphone sonne...
Mais – qui est à l'appareil ?

Klingeling! Das Telefon klingelt. Aber wer ist am Apparat?

Dring Dring Dring !

- Nathalie !!! Le téléphone sonne !! Tu décroches, s'il te plaît !
- Oh ! Papa, je suis occupée ! Je lis !
- Nathalie !!
- Bon, bon, bon... Allô ? Qui demandez-vous ? Pardon, comment dites-vous ? Qui est à l'appareil ? Excusez-moi, je ne comprends pas bien. Ah... Je regrette, Monsieur, ce n'est pas le bon numéro. Mais je ne sais pas, Monsieur : regardez dans l'annuaire ! Vous avez fait erreur. Ah là là, je ne suis pas un standard, moi ! Papa, je peux mettre le répondeur ?

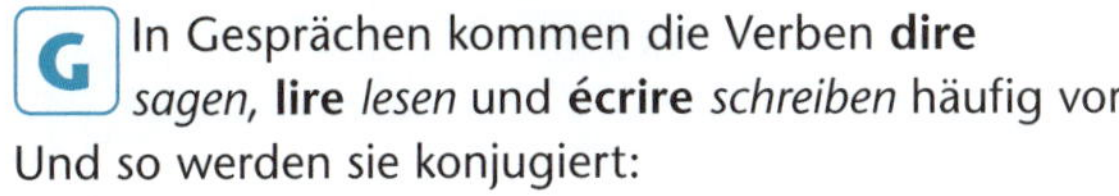

G In Gesprächen kommen die Verben **dire** *sagen*, **lire** *lesen* und **écrire** *schreiben* häufig vor. Und so werden sie konjugiert:

dire	lire	écrire
je dis	je lis	j'écris
tu dis	tu lis	tu écris
il dit	il lit	il écrit
nous disons	nous lisons	nous écrivons
vous dites	vous lisez	vous écrivez
ils disent	ils lisent	ils écrivent

passé composé : j'ai dit, j'ai lu, j'ai écrit

2 Complétez la grille des verbes.
Die Verbtabelle ist nicht vollständig ... Ergänzen Sie sie:

	je	tu	il	nous	vous	ils
lire	lis	....	lit	....	....	lisent
dire	....	dis	....	disons	....	disent
écrire	....	....	écrit	....	écrivez	....

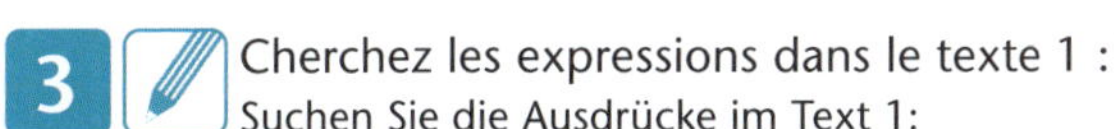

3 Cherchez les expressions dans le texte 1 :
Suchen Sie die Ausdrücke im Text 1:

a. Wie meldet man sich privat in Frankreich?
b. Was sagt man, wenn der Gesprächspartner wiederholen soll, was er gesagt hat?
c. Was sagt man, wenn man den Gesprächspartner nicht gut versteht?
d. Was sagt man, wenn jemand sich verwählt hat?

Messages sur le répondeur

Nachrichten auf dem Anrufbeantworter

4 3/13 Antoine rentre chez lui et écoute son répondeur : qui a téléphoné ?
Antoine kommt nach Hause und hört seinen Anrufbeantworter ab: Wer hat angerufen? Hören Sie die CD an, lesen Sie dann den Text, und kreuzen Sie die richtigen Personen an.

Antoine ☐	Lise ☐	Bruno ☐	la secrétaire de David ☐
Nathalie ☐	David ☐	tante Henriette ☐	la mère d'Antoine ☐

Bonjour ! Vous êtes bien chez Antoine, Lise et Nathalie. Nous ne sommes pas là pour le moment, mais vous pouvez laisser un message après le bip !

Euh... mmm... bon... Bonjour Antoine. C'est maman. As-tu téléphoné à tante Henriette pour son anniversaire ?

Salut, c'est Nathalie ! Je rentre à six heures : j'explique les maths à Bruno !

Salut Antoine, c'est David. J'ai demandé à l'agence et parlé au patron : tout est O.K. ! J'ai montré tes photos aux clients : ils sont d'accord. Pourrais-tu faxer ou donner les textes à ma secrétaire avant midi ? Merci ! A bientôt !

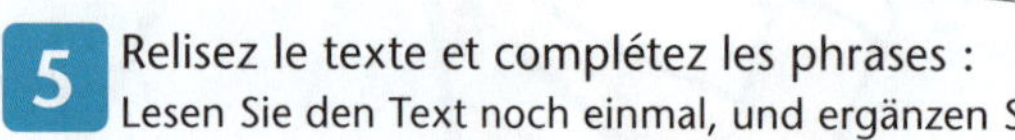

5 Relisez le texte et complétez les phrases :
Lesen Sie den Text noch einmal, und ergänzen Sie die Sätze:

a. J'ai demandé .... agence et parlé .... patron.

b. J'ai montré tes photos .... clients.

c. Pourrais-tu donner les textes .... ma secrétaire ?

d. As-tu téléphoné .... tante Henriette ?

e. J'explique les maths .... Bruno.

G Das direkte Objekt kennen Sie schon; es wird direkt an das Verb angeschlossen:
j'écris une lettre, je regarde les photos.

Das indirekte Objekt wird mit der Präposition **à** an das Verb angeschlossen:

Il écrit aux clients. *Er schreibt den Kunden.*

Ein indirektes Objekt (es entspricht meist dem deutschen Dativ) steht bei Verben wie **montrer, écrire, donner, faxer, dire** und – im Gegensatz zum Deutschen – auch bei **parler, demander, téléphoner** … Denken Sie noch daran, dass die Präposition **à** mit dem bestimmten Artikel verschmilzt (→ Lektion 6)?

Das direkte Objekt steht im Französischen vor dem indirekten Objekt :

Je montre	tes photos	aux clients.
	dir. Objekt	ind. Objekt
Ich zeige	*den Kunden*	*deine Fotos.*
	ind. Objekt	dir. Objekt

6 Qu'a fait Antoine aujourd'hui ? Reformulez ses notes.
Morgens hat Antoine notiert, was er tun muss – und er hat alles geschafft! Formulieren Sie, was er heute gemacht hat.

a. envoyer lettre patron	**Il a envoyé une lettre au patron.**
b. expliquer dossier clients	....
c. montrer Bordeaux collègues anglais	....
d. faxer textes secrétaire	....
e. écrire agence de voyages	....
f. téléphoner entreprise M&M	....
g. demander dossier M. Grange	....
h. téléphoner tante Henriette	....

G Vorsicht! Deutsche und französische Verben werden nicht immer gleich konstruiert:

Je demande au patron.	*Ich frage den Chef.*
Je parle au patron.	*Ich spreche mit dem Chef.*
J'aide le patron.	*Ich helfe dem Chef.*

7 3/14 Qui a appelé qui ? Et pourquoi ? Ecoutez le CD, reliez d'abord ce qui va ensemble, puis formulez.
Wer hat wen angerufen? Und warum? Hören Sie die CD an, und verbinden Sie zunächst, was zusammenpasst, schreiben Sie dann ganze Sätze.

Mélanie	Gérard	ne pas venir
Monsieur Bugeau	Catherine	aller au cinéma
Jacques	Hôtel Palace	avoir un problème
Nicole	mairie de Bourges	réserver une chambre
Michel Grandet	la pharmacie Dupuis	déposer les enfants à l'école
M. Perron	Béatrice	parler à M. Gradin

a. **Nicole a téléphoné à Gérard parce qu'elle veut aller au cinéma.**

b. ....
....

c. ....
....

d. ....
....

e. ....
....

f. ....
....

Félicien est amoureux

Félicien ist verliebt

8 3/15 Le téléphone sonne mais tous les appels ne sont pas pour Antoine …
Das Telefon läutet; aber nicht alle Anrufe sind für Antoine ...

- Allô ?
- Allô, bonjour Monsieur, pourrais-je parler à Nathalie, s'il vous plaît ?
- Je suis désolé, Nathalie n'est pas là. Vous voulez lui laisser un message ?
- Je... euh... Je lui ai téléphoné plusieurs fois... Euh...
- Bien. Je vais lui dire. Vous êtes Monsieur... ?
- Félicien.
- Fé... li... cien... Elle a votre numéro ?
- Oui. Merci, au revoir Monsieur.
- Au revoir Félicien.

G Um Wiederholungen z. B. von Namen zu vermeiden, verwendet man Pronomen. Im Text haben Sie das Pronomen **lui** *ihm, ihr* gesehen, das für die 3. Person Singular steht.

Das Pronomen steht vor dem Verb, auch wenn das Verb verneint ist:

Il écrit à Nathalie. Il lui écrit. *Er schreibt ihr.*
Et elle ? Elle n'écrit pas à Félicien.
Elle ne lui écrit pas. *Sie schreibt ihm nicht.*

Wenn dem konjugierten Verb ein Infinitiv folgt, steht das Pronomen (wie im Deutschen) vor dem Infinitiv:

Il veut écrire à Nathalie. Il veut lui écrire.
Er will ihr schreiben.

Beim **passé composé** steht das Pronomen vor dem Hilfsverb:

Il a écrit à Nathalie. Il lui a écrit.
Er hat ihr geschrieben.

9 Félicien est très amoureux de Nathalie. Que va-t-il faire pour la séduire ?
Félicien ist bis über beide Ohren in Nathalie verliebt. Was hat er vor, um sie zu verführen?

a. faire un cadeau **Je vais lui faire un cadeau.**

b. écrire une lettre ....

....

c. téléphoner tous les jours ....

....

d. parler ....

....

e. apporter des fleurs ....

....

f. demander un rendez-vous ....

....

10 Ah, les filles ! Lise s'énerve et rappelle ses devoirs à sa fille Nathalie. Complétez.
Ach, die Töchter! Lise regt sich über Nathalie auf und erinnert sie an ihre Pflichten. Ergänzen Sie!

a. ● Tu as écrit à tante Henriette ?
● Non maman, **je ne lui ai pas écrit.**

b. ● Tu lui as acheté son petit cadeau ?
● Non, je ....
....

c. ● Mais tu téléphones des heures à Bruno !
● Mais non, aujourd'hui, je ....
....

d. ● Mais qu'est-ce que tu expliques encore à Bruno !
● Je ....
les maths.

e. ● Et tu as téléphoné à ton ami Félicien ?
● Non, je ....

f. ● Tu as parlé à ton père pour les vacances ?
● Non, je ....
....

g. ● Et maintenant, téléphone à tante Henriette.
● D'accord, maman, je vais ....
....

G Bisher kennen Sie nur das indirekte Objektpronomen **lui**. Hier nun alle indirekten Objektpronomen auf einen Blick:

me	*mir*	**nous**	*uns*
te	*dir*	**vous**	*euch, Ihnen*
lui	*ihm, ihr*	**leur**	*ihnen*

Vor Vokal oder **h** werden **me** und **te** zu **m'** und **t'**.

Und damit es nicht allzu einfach wird: Beim Imperativ steht **moi** statt **me** und **toi** statt **te**:

Dis-moi...	*Sag mir ...*
Appelle-moi !	*Ruf mich an!*

11 Antoine téléphone de sa voiture pour s'assurer que tout va bien au bureau. Complétez le dialogue.
Vom Auto aus ruft er im Büro an, um sich zu vergewissern, dass alles gut läuft. Ergänzen Sie den Dialog zwischen Antoine und David:

Antoine Salut David ! Tu as écrit à M. Bertrand ?
David Oui, je lui ai écrit !
Antoine Tu pourrais .... dire qui a téléphoné ?
David Oui, attends, je vais .... dire. Alors, la Sodec .... a téléphoné.
Antoine Ah, ils .... ont téléphoné. Ils .... ont laissé un message ?
David Non, ils ne .... ont pas laissé de message.
Antoine Bon, je vais .... téléphoner.
David Pourrais-tu aussi téléphoner à Bart et à Carlon ?
Antoine D'accord ! Je vais .... téléphoner aussi. Tu as parlé à Mme Arlési ?
David Oui, je .... ai parlé : elle a faxé les prix aux agences.
Antoine Ah bon , elle .... a faxé ! Elle leur a aussi envoyé les photos ?
David Non. Je vais .... dire.
Antoine Parfait, merci pour les renseignements, David, et bonne journée !
David De rien. Salut Antoine !

 **Je vais lui dire.** *Ich werde es ihr sagen.* Das *es* lassen die Franzosen einfach weg.

Coups de téléphone

Anrufe

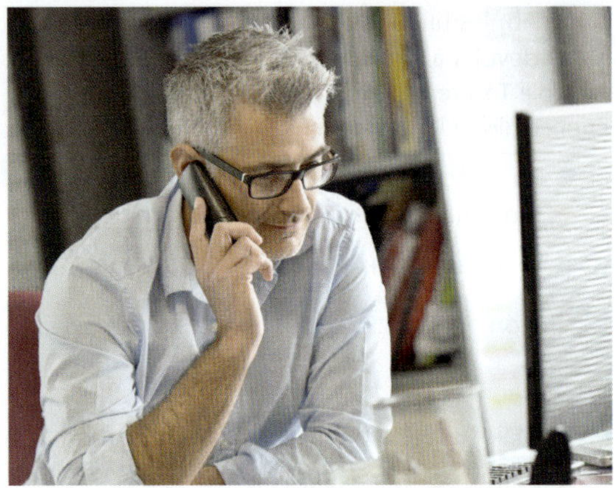

12 La secrétaire est allée déjeuner mais elle a laissé des messages pour Antoine :
Die Sekretärin ist essen gegangen, aber sie hat Antoine Gesprächsnotizen hinterlassen:

Mme Arlési a téléphoné.
Elle vous rappelle cet après-midi.

Le numéro du portable de **Mme Robinson**, c'est le ***06 04 45 70 48.***
Il faut la rappeler.

Désolée, je n'ai pas pu joindre ***David*** :
c'est toujours occupé !

URGENT !!!
M. Bertrand est passé au bureau. Il a laissé sa carte de visite et il a donné son numéro personnel. Pouvez-vous le rappeler ?

 **Occupé** kann *beschäftigt* oder *besetzt* bedeuten.

G Natürlich können Sie auch das direkte Objekt durch ein Pronomen ersetzen. Direkte und indirekte Pronomen sind gleich – bis auf die dritte Person:

me	*mich*	**nous**	*uns*
te	*dich*	**vous**	*euch, Sie*
le, la	*ihn, sie, es*	**les**	*sie*

Le und **la** werden vor Vokalen und **h** natürlich wieder zu **l'**.

13 Au téléphone, Antoine répond à un institut de sondage. Formulez ses réponses :
Am Telefon beantwortet Antoine Fragen eines Meinungsforschungsinstituts. Schreiben Sie auf, was er antwortet:

	Antoine
a. Quand lisez-vous le journal ?	Je le lis le soir
b. Lisez-vous les petites annonces ?	Non, ...
c. Quand écoutez-vous la radio ?	....le matin.
d. Quand regardez-vous la télévision ?	.... le soir
e. Où rangez-vous votre portable ?	.... dans mon bureau
f. Aimez-vous les répondeurs ?	Oui, ...
g. Ecoutez-vous souvent votre répondeur ?	.... tous les jours
h. Quand faites-vous les courses ?	....le samedi.
i. Avez-vous déjà acheté notre produit ?	Non, ...

14  3/16 Nathalie appelle enfin Félicien : complétez leur explication plutôt orageuse…
Nathalie ruft Félicien an. Ergänzen Sie ihren Streit am Telefon mit den Personalpronomen …

a. ● Allô ! Salut Félicien, c'est Nathalie. Tu .... as téléphoné cet après-midi, alors je .... rappelle. Je ne .... dérange pas ?

b. ● Non, non, tu ne .... déranges jamais !

● Est-ce que tu pourrais aider Bruno pour l'anglais ?

c. ● .... aider ?! Ah non alors ! Je n'ai pas le temps !

d. ● Tu pourrais .... expliquer, juste une heure. Je .... ai parlé, il est d'accord.

e. ● Ben pas moi, tu peux .... dire. Toi, je .... adore, mais lui, je .... déteste ! Tu .... donnes tes livres, tu .... expliques les maths, tu .... invites chez toi ! Et puis, je .... appelle et toi, tu ne .... rappelles jamais !

f. ● Tu exagères : Félicien, je .... aime bien mais tu es compliqué ! Bon, je dois aider ma mère. Rappelle-moi ce soir, d'accord ?

Ne quittez pas !

Bleiben Sie am Apparat!

15 Antoine a perdu le numéro du portable de Madame Robinson. Il la rappelle à son bureau.
Antoine hat die Handynummer von Madame Robinson verloren. Er ruft sie in ihrem Büro an.

● Sodec, bonjour !
● Bonjour, pourriez-vous me passer le poste 123, s'il vous plaît ?
● Ne quittez pas... Nous recherchons votre correspondant... Restez en ligne...
● Allô ?
● Allô ! Bonjour, Madame, Antoine Gera à l'appareil. Pourrais-je parler à Madame Robinson, s'il vous plaît ?
● Oui, ne quittez pas, je vous la passe… Désolée, Monsieur Gera, elle est en ligne. Vous voulez patienter ?
● Non, je suis en réunion. Mais elle pourrait me rappeler vers 16 heures.
● Bien. Quel est votre numéro ?
● C'est le 01 15 99 01 87.
● Bien, je vais lui transmettre.
● Merci beaucoup.

16 **G** Relisez le texte et complétez :
Lesen Sie den Text, und ergänzen Sie:

a. Wie stellt man sich am Telefon vor?

....

b. Wie bittet man darum, zu einer Nebenstelle durchgestellt zu werden?

....

c. Wie bittet man jemanden, nicht aufzulegen?

....

d. Was sagt man, wenn man verbindet?

....

e. Was sagt man, wenn jemand gerade spricht?

....

f. Wie fragt man, ob jemand warten möchte?

....

G Manchmal verwendet man auch zwei Objektpronomen in einem Satz. Das indirekte Objektpronomen steht dabei immer vor dem direkten Objektpronomen:

Tu veux cette liste ? Je te la donne. *Willst du diese Liste? Ich gebe sie dir.*

Eine Ausnahme: **lui** und **leur** stehen hinter **le, la, les.**

Je la lui donne demain. *Ich gebe sie ihm morgen.*

17 3/17 Ecoutez le CD et répondez oralement sur le modèle ci-dessous :
Hören Sie die CD an, und antworten Sie mündlich (= am Telefon) nach folgendem Muster:

Sind Ihnen die doppelten Pronomen nicht ganz geheuer? Keine Panik: Franzosen lassen in der Umgangssprache manchmal das direkte Objektpronomen weg:

Voilà la lettre pour David.	*Hier ist der Brief für David.*
D'accord, je la lui donne tout de suite.	*O.k., ich gebe ihn ihm sofort.* (korrektes Französisch)
D'accord, je lui donne tout de suite.	*O.k., ich gebe (ihn) ihm sofort.* (Umgangssprache)

Et pour finir...

Letzte Übungsrunde

18 3/18 Ecoutez le CD : tous vos collègues sont occupés ou absents et le téléphone n'arrête pas de sonner. Que répondez-vous ?
Hören Sie die CD an: Alle Ihre Kolleg(inn)en sind beschäftigt oder nicht da, und ständig klingelt das Telefon. Was sagen Sie dem Anrufer am anderen Ende der Leitung?

Rüge : vacances

service exportation : en ligne

Joseph Dürr : aller déjeuner

poste 43 : occupé

Moskito : réunion

Katrin : rendez-vous

Blume : ne travaille plus ici

Garcia : malade

19 Le commissaire Magret a beaucoup à faire : il doit mettre sur écoute différents suspects. Aidez-le et prenez des notes !

Kommissar Magret hat viel zu tun: Er muss verschiedene Verdächtige telefonisch überwachen. Helfen Sie ihm, und machen Sie sich Notizen zu den Gesprächen.

	Qui a appelé ?	veut parler à	le/la rappeler ?	message
a.	....	....	....	....
b.	....	....	....	....
c.	....	....	....	....
d.	....	....	....	....

Telefonieren auf Französisch ... Ist Ihnen noch bange? Das ist nur zu verständlich: Man sieht seinen Gesprächspartner nicht, häufig wird schnell und undeutlich gesprochen, und vielleicht ist auch etwas Nervosität im Spiel: Da fehlen einem einfach die Worte! Daher ist es besonders wichtig, sich auf banale Situationen einzustellen. Folgende Übung soll Sie darauf vorbereiten. Trainieren Sie so lange, bis Sie so fit am Telefon sind, dass selbst ein Anruf des französischen Staatspräsidenten Sie nicht aus der Ruhe bringt! ☺

20 Lisez les situations ci-dessous. Que diriez-vous ? Ecoutez le CD et exercez-vous plusieurs fois pour automatiser.

Was würden Sie in den folgenden Situationen sagen? Hören Sie die CD an, und trainieren Sie mehrmals, bis Ihnen die Sätze ganz selbstverständlich von der Zunge gehen.

a. Sie melden sich:
   Monsieur/Madame ... à l'appareil.
b. Sie verstehen nicht alles.
c. Jemand hat sich verwählt.
d. Sie wollen M. Carlin sprechen.
e. Sie fragen, ob Ihr Gesprächspartner warten will.
f. Sie bitten um eine Handynummer – es eilt!
g. Sie verbinden.
h. Ihre Kollegin Frau Grün spricht gerade.
i. Sie wollen, dass M. Serre Sie zurückruft.
j. Sie bitten um Telefonnummer und Name.
k. Sie verbinden jemanden zur Zentrale.
l. Ihr Kollege ist essen gegangen. Nachricht hinterlassen?
m. Sie bitten Ihren Gesprächspartner, am Apparat zu bleiben.
n. Sie bedanken und verabschieden sich.

LES PORTABLES

La novice
Elle a 12 ans et toute ses amies ont déjà un portable. Elle est la dernière. Pour son anniversaire ses parents lui ont acheté un portable. Et puis, elle a eu des questions pratiques : à qui donner mon numéro ? Et si je le perds ? Comment téléphoner avec un cartable et un parapluie ?

L'allergique
Il est contre. Il déteste le portable quand il est à la terrasse d'un café ou quand il prend le train. Il déteste entendre les conversations de ses voisins et leurs petits problèmes. Il a des principes : la rue c'est pour marcher et non pour téléphoner, le restaurant pour manger et le train pour lire ou rêver.

Le frimeur
Au restaurant, il met son smartphone chic et cher sur la table. Dans le train, au café, dans les réunions, partout son téléphone sonne. Il dit : « Excusez-moi ! » mais il adore ça : tout le monde le regarde, l'écoute et il est un homme important. Mais quel dommage : tous ses amis ont maintenant aussi un portable chic et cher et ne le regardent plus !

L'accro
Elle a attendu pour l'acheter, elle a étudié les prix et les tarifs, les couleurs et les fonctions. Aujourd'hui, elle envoie des messages à ses amis et elle reçoit des messages jour et nuit. Son portable est devenu son meilleur ami, elle ne peut plus vivre sans lui ! Son cauchemar: son portable tombe en panne de batterie.

Le pressé
En voiture, il négocie ; dans la rue, il confirme ; au bureau, il signe. Il parle vite, sans formules de politesse. Il n'a jamais peur d'arriver en retard à un rendez-vous : il peut téléphoner et on l'attend pour la réunion. Son cauchemar : perdre son portable.

Les grands-parents
On ne peut jamais les joindre : cours de golf, de yoga ou voyages aux Antilles. A Noël, la famille leur a fait un cadeau : un téléphone portable. Maintenant, ils ont appris à laisser des messages ou à communiquer sur WhatsApp mais on ne peut toujours pas les joindre : ils laissent leur portable à la maison, ...

la novice *die Anfängerin* **le cartable** *der Schulranzen* **le frimeur** *der Angeber* **l'accro** *der, die Süchtige* **le cochemar** *der Alptraum* **en panne de batterie** *mit leerem Akku* **le pressé** *der Eilige* **perdre** *verlieren* **devenu** → **inf. devenir** *werden* **meilleur** *hier: bester* **reçoit** → **Inf. recevoir** *bekommen*

Neue Formen und Strukturen

1. Die Verben *dire, lire, écrire*

dire *sagen*		**lire** *lesen*		**écrire** *schreiben*	
je dis	[ʒədi]	je lis	[ʒəli]	j'écris	[ʒekri]
tu dis	[tydi]	tu lis	[tyli]	tu écris	[tyekri]
il dit	[ildi]	il lit	[illi]	il écrit	[ilekri]
nous disons	[nudizõ]	nous lisons	[nulizõ]	nous écrivons	[nuzekrivõ]
vous dites	[vudit]	vous lisez	[vulize]	vous écrivez	[vuzekrive]
ils disent	[ildiz]	ils lisent	[illiz]	ils écrivent	[ilzekriv]

Passé composé : j'ai dit, j'ai lu, j'ai écrit

2. Wichtige Wendungen am Telefon

... à l'appareil !	*... am Apparat!*
C'est...	*Hier ist ...*
Excusez-moi, je ne (vous) comprends pas bien.	*Entschuldigen Sie, ich verstehe (Sie) schlecht.*
Je regrette, ce n'est pas le bon numéro/poste.	*Tut mir leid, das ist nicht die richtige Nummer/der richtige Apparat.*
Vous avez fait erreur.	*Sie haben sich verwählt.*
Pourrais-je parler à ..., s'il vous plaît ?	*Könnte ich bitte ... sprechen?*
Pourriez-vous me donner le numéro de son portable ?	*Könnten Sie mir seine/ihre Handynummer geben?*
Pourriez-vous me passer ..., s'il vous plaît ?	*Könnten Sie mich bitte mit ... verbinden?*
Est-ce que ... pourrait me rappeler ?	*Könnte ... mich zurückrufen?*
Je vais le rappeler.	*Ich werde ihn zurückrufen.*
Restez en ligne.	*Bleiben Sie am Apparat!*
Ne quittez pas.	*Bleiben Sie dran!*
Je vous le/la passe.	*Ich verbinde.*
... n'est pas là.	*... ist nicht da.*
Elle est en ligne.	*Sie spricht gerade.*
Vous voulez patienter ?	*Möchten Sie warten?*
Vous êtes Monsieur/Madame ... ?	*Sie sind Herr/Frau ...?*
Vous désirez laisser un message ?	*Möchten Sie eine Nachricht hinterlassen?*
Quel est votre numéro ?	*Was haben Sie für eine Nummer?*
C'est le...	*Ich habe die ...*

3. Das indirekte Objekt

Verben wie **montrer, écrire, donner, faxer, dire**, aber auch **parler, demander, téléphoner** kann man mit einem indirekten Objekt ergänzen. Man braucht dafür die Präposition **à**.

Je donne mon numéro à la secrétaire. *Ich gebe der Sekretärin meine Telefonnummer.*

Im Unterschied zum Deutschen steht das direkte Objekt vor dem indirekten Objekt:

Je montre tes photos à des amis. *Ich zeige Freunden deine Fotos.*

4. Die direkten und indirekten Objektpronomen

direkte Objektpronomen		indirekte Objektpronomen	
me	*mich*	me	*mir*
te	*dich*	te	*dir*
le/la	*ihn/sie*	lui	*ihm/ihr*
nous	*uns*	nous	*uns*
vous	*euch/Sie*	vous	*euch/Ihnen*
les	*sie*	leur	*ihnen*

Vor Vokal oder **h: m', t', l'**.

Die Objektpronomen stehen vor dem Verb, auch wenn es verneint ist. Beim **passé composé** stehen sie vor dem Hilfsverb. Folgt dem konjugierten Verb ein Infinitiv, stehen sie (wie im Deutschen) vor dem Infinitiv.

Félicien écrit à Nathalie.	*Félicien schreibt Nathalie.*
Il lui écrit.	*Er schreibt ihr.*
Il ne lui écrit pas.	*Er schreibt ihr nicht.*
Il lui a écrit.	*Er hat ihr geschrieben.*
Il ne lui a pas écrit.	*Er hat ihr nicht geschrieben.*
Il veut lui écrire.	*Er will ihr schreiben.*
Il va lui écrire.	*Er wird ihr schreiben.*

Stehen zwei Objektpronomen in einem Satz, dann steht das indirekte Objektpronomen vor dem direkten Objektpronomen:

Tu veux la liste ? Je te la donne. *Ich gebe sie dir.*

Ausnahme: **lui** und **leur** stehen hinter **le, la, l', les:**

J'ai une lettre pour David. Tu peux la lui donner ?
Ich habe einen Brief für David. Kannst du ihn ihm geben?

La mode

Die Mode

David et Léa sont invités au mariage de Nicole, la meilleure amie de Léa. Le mariage est en mars et Léa ne sait pas comment s'habiller... Que **mettre** ? Cette robe **à fleurs** ? Ou ce **tailleur plus classique** ? Avec un charmant petit **chapeau** ? Et s'il fait froid ? Elle a peut-être aussi besoin d'un **manteau léger** ou d'une **veste**... Léa **réfléchit** avant de **choisir**. David l'accompagne : lui aussi a envie d'être **élégant**. Suivons-les dans leurs emplettes...

David und Léa sind zur Hochzeit von Nicole, Léas bester Freundin, eingeladen. Die Hochzeit ist im März, und Léa weiß nicht so recht, wie sie sich kleiden soll ... Was könnte sie denn **anziehen**? Das **geblümte** Kleid? Oder dieses **eher klassische Kostüm**? Mit einem entzückenden kleinen **Hut**? Was ist, wenn es kalt ist? Sie braucht vielleicht auch einen **leichten Mantel** oder eine **Jacke** ... Léa **überlegt**, bevor sie **auswählt**. David begleitet sie: Auch er möchte elegant sein. Folgen wir ihnen bei ihrem Einkauf ...

Dank Léas Begeisterung fürs Einkaufen werden Bezeichnungen für Kleidungsstücke bald kein Geheimnis mehr für Sie sein. Mit ihr lernen Sie auch viele Ausdrücke, die man beim Einkaufen und Vergleichen braucht. Sie lernen außerdem eine neue Verbgruppe kennen: die Verben auf *-ir*.

WORTSCHATZ: **Kleidung, Mode, einkaufen**

Devant la vitrine

Vor dem Schaufenster

1 Les étiquettes ne sont pas encore installées : observez bien la vitrine et remettez les étiquettes sous le mannequin qui correspond.

Das Schaufenster wird gerade dekoriert, und die Schilder sind noch nicht am richtigen Platz: Sehen Sie sich das Schaufenster genau an, und stellen Sie die Schilder vor die richtige Schaufensterpuppe.

a. le tailleur rose (jupe et veste), chapeau noir, T-shirt noir

b. la robe rouge, le foulard noir, les lunettes de soleil

c. le pantalon blanc, le chemisier blanc, les bijoux en or

d. la chemise blanche, le costume gris (veste et pantalon), la cravate, le manteau beige

e. le jean, le blouson en cuir, le pull-over, les chaussures sport

2 David et Léa regardent les vêtements dans la vitrine…

David und Léa schauen sich die Kleidung im Schaufenster an …

Léa	Oh, regarde ! Ils ont des vêtements super, ici ! Comment trouves-tu cette robe ?
David	La robe rouge ? Je la trouve jolie.
Léa	J'aime bien le tailleur rose aussi, avec le petit chapeau noir.
David	Ou alors… ce pantalon et ce chemisier, là, à gauche ?
Léa	Bof… Non, c'est trop décontracté, trop sport…
David	Moi, j'aime bien le costume gris !
Léa	Oui, il n'est pas mal… Mais je n'aime pas la cravate.
David	On entre ?

3 Quel vêtement peut porter un homme, quel vêtement peut porter une femme ? N'oubliez pas l'article.

Welche Kleidungsstücke kann ein Mann, welche eine Frau tragen? Vergessen Sie den Artikel nicht!

homme	femme
une cravate	une robe
....	....
....	....
....	....
....	....
....	....
....	....
....	....
....	....
....	....
....	....

Dans la boutique

In der Boutique

4 David et Léa sont entrés dans la boutique et une vendeuse les conseille...
David und Léa haben die Boutique betreten, und eine Verkäuferin berät sie ...

vendeuse	Regardez cette jupe longue à pois. Elle est en soie. C'est très féminin.
Léa	Oui, c'est romantique ! Tu n'aimes pas ?
David	Non, pas tellement...
vendeuse	J'ai aussi ce petit tailleur de laine.
Léa	Oh, il est un peu court...
vendeuse	Oui, mais la coupe est très classique, et avec un beau bijou en or ou en argent, c'est très élégant. Il y a aussi des robes à fleurs... Ou unies... Ou à rayures... Ce modèle est lavable en machine.
Léa	Ah, c'est pratique !
vendeuse	Et pour Monsieur, j'ai un beau costume en lin. Il est un peu sport mais vous pouvez aussi le mettre au bureau. Le tissu est léger mais solide, et la coupe est parfaite. Essayez-le.

5 Quels types de vêtements portez-vous ? Classez les styles et les qualités selon les vêtements :
Was tragen Sie gern? Ordnen Sie Stil und Qualität den entsprechenden Kleidungsstücken zu, und bilden Sie dann Sätze:

	léger
	décontracté
les pantalons	sport
les blousons	féminin
les robes	romantique
les pull-overs	classique
les chaussures	élégant
	pratique
	lavable en machine
	solide

J'aime porter des pantalons décontractés, ...

G Wenn Sie einkaufen gehen, möchten Sie sicherlich genau beschreiben können, was Sie suchen. So geht's:

à + Substantiv bezeichnet ein Detail

une chemise à rayures	*ein gestreiftes Hemd*
une robe à fleurs	*ein geblümtes Kleid*

de + Substantiv bezeichnet einen bestimmten Zweck

des lunettes de soleil	*eine Sonnenbrille*
une salle de bains	*ein Badezimmer*

de + Substantiv oder en + Substantiv bezeichnet das Material

un tailleur de laine	*ein Kostüm aus Wolle*
un bijou en or	*ein Schmuck aus Gold*

6 Comment s'habille Léa ? Aidez-la à choisir selon les situations : reliez ce qui va ensemble et complétez.
Wie zieht sich Léa an? Helfen Sie ihr, je nach Situation das Richtige auszuwählen: Verbinden Sie, was zusammenpasst, und ergänzen Sie.

a. Pour aller danser, — .... pantalon .... coton, un blouson et .... chaussures solides.

b. Pour faire de la voile, — .... bikini, ... chapeau et .... lunettes .... soleil.

c. Pour une randonnée, — **elle met** — .... tailleur uni, ... chemisier classique, ... soie.

d. Pour aller à la plage, — .... robe .... fleurs et .... bijoux .... or.

e. Pour aller au bureau, — .... vieux jean et .... T-shirt .... rayures.

f. Pour faire du ski, — .... gros pull-over .... laine et .... pantalon chaud.

Die Mode hat es wirklich in sich! Vorsicht bei Krawatte und Sonnenbrille: la cravate, les lunettes de soleil f, Pl. Vorsicht auch bei den Adjektiven: Das deutsche *leger* wird mit **décontracté** wiedergegeben, und das Adjektiv **sport** *sportlich* ist unveränderlich. Männer tragen **un costume** *einen Anzug*, Frauen **un tailleur** *ein Kostüm*; beide tragen **une veste** *eine Jacke*. Tja, Eleganz verlangt eben ihren Fleiß …

7 3/21 Photo de famille… Ecoutez le CD : qui est qui sur la photo ?
Familienfoto … Hören Sie die CD an: Wer ist wer auf dem Foto?

tante Babette ☐ oncle Henri ☐ cousin Gaston ☐ Catherine ☐

cousin Victor ☐ tante Léa ☐ Berthe ☐ Thibaud ☐

1. 2. 3. 4. 5. 6. 7. 8.

Le tailleur de Léa

Léas Kostüm

8 Le petit tailleur bleu plaît bien à Léa et elle voudrait l'essayer...

Das blaue Kostüm gefällt Léa sehr gut. Sie möchte es anprobieren ...

Léa	Je peux essayer le petit tailleur ?
vendeuse	Bien sûr, Madame. La cabine est derrière vous. ... Ça vous va ?
Léa	C'est un petit peu grand. Est-ce que vous avez la taille an-dessous ?
vendeuse	Quelle taille faites-vous ?
Léa	Je fais du 38 ou 40, cela dépend...
vendeuse	Je regrette, c'est mon dernier modèle. Mais j'en ai un autre... Regardez !
Léa	Il ne me plaît pas tellement...
vendeuse	Passez-le...
Léa	Oui, oui, il me va bien... Je le prends !

G Ob Ihnen etwas gut steht oder gut passt – auf Französisch drücken Sie beides mit **aller** aus:

Il/Elle me va bien. *Er/Sie/Es steht mir gut.*
Il/Elle me va. *Er/Sie/Es passt mir.*

Und wenn Sie es sich noch ein wenig einfacher machen wollen, verwenden Sie statt **il** oder **elle** immer **ça**, z. B.

Ça me va bien. *Das steht mir.*
Ça me va. *Das passt mir.*

G Das Verb **plaire** *gefallen* kennen Sie schon aus dem Ausdruck **s'il vous plaît** *bitte.* Für Ihren Einkauf sollten Sie auch kennen:

Ça me plaît. *Das gefällt mir.*
Il/Elle me plaît. *Er/Sie/Es gefällt mir.*
Ils/Elles me plaisent. *Sie gefallen mir.*

Cette veste me plaît bien.
Diese Jacke gefällt mir gut.
Ces pantalons me plaisent.
Diese Hosen gefallen mir.
Les chaussures ? Ah oui, elles me plaisent.
Die Schuhe? Oh ja, sie gefallen mir.

Das **passé composé** lautet:
Ça m'a plu. *Das/Es hat mir gefallen.*

9 Que dit un vendeur (V), que dit un client (C)?
Was sagt ein Verkäufer (V), was ein Kunde (C)?

a. Je peux essayer ? C
b. Vous avez essayé ? ......
c. Où est la cabine ? ......
d. Vous avez la taille an-dessous ? ......
e. Vous voulez une taille an-dessous ? ......
f. Quelle est votre taille ? ......
g. C'est du/un 40. ......
h. C'est le dernier modèle ? ......
i. Ça vous va bien ! ......
j. Ça me plaît ! ......
k. Ça ne me plaît pas tellement. ......
l. C'est un petit peu grand pour moi. ......

10 3/22 Compliment (+) ou critique (–) ? Ecoutez le CD et classez les expressions.
Kompliment (+) oder Kritik (–)? Hören Sie die CD an, und kreuzen Sie an!

	a.	b.	c.	d.	e.	f.	g.	h.	i.	j.	k.
+											
–											

Le costume de David

Davids Anzug

11 La vendeuse s'occupe d'autres clients. C'est l'occasion pour Léa de dire à David ce qu'elle pense du costume, qu'il est en train d'essayer.

Die Verkäuferin kümmert sich um andere Kunden. Léa nutzt diese Gelegenheit, um David zu sagen, was sie von dem Anzug hält, den er gerade anprobiert.

Léa David ! Tu ne vas pas prendre ce costume !! Il est affreux ! Il est moins cher que le gris, mais il est affreux !

David Moi, je le trouve aussi bien que l'autre. Et il est plus décontracté que le gris !

Léa D'accord, le gris est plus classique, mais il est de meilleure qualité ! Et puis, il te va mieux que l'autre : tu es plus élégant avec le gris, mon chéri ! Prends-le ! Il te va très bien...

David Tu trouves ?

G Sie möchten zwei Dinge miteinander vergleichen? So geht's:

= **aussi** + Adjektiv + **que**	*genauso* + Adjektiv + *wie*
+ **plus** + Adjektiv + **que**	*mehr* + Adjektiv + *als*
– **moins** + Adjektiv + **que**	*weniger* + Adjektiv + *als*

Also:

= Le costume gris est aussi cher que le bleu.	*Der graue Anzug ist genauso teuer wie der blaue.*
+ Il est plus cher que le bleu.	*Er ist teurer als der blaue.*
– Il est moins cher que le bleu.	*Er ist billiger als der blaue.*

Dabei richtet sich – wie immer – das Adjektiv in Geschlecht und Zahl nach dem Substantiv.

La veste est plus chère que le tailleur. *Die Jacke ist teurer als das Kostüm.*

Beim Vergleich mit **moins** verwendet man im Deutschen statt der wörtlichen Übersetzung mit *weniger* + Adjektiv oft ein Adjektiv mit gegenteiliger Bedeutung, z. B. *weniger teuer* → *billiger.*

12 Léa et David vont dans une autre boutique et comparent les vêtements. Faites des phrases et n'oubliez pas d'accorder les adjectifs !

Léa und David gehen in ein anderes Geschäft und vergleichen die Kleidungsstücke. Bilden Sie Sätze, und vergessen Sie nicht, die Adjektive anzugleichen.

a. – cher
b. = joli
c. = confortable
d. – court
e. + élégant
f. – pratique
g. + féminin
h. – solide

a. **Cette veste est moins chère que ce costume. Elle me plaît !**

G Die Steigerungsform von **bon** ist **meilleur**.

La qualité de ce costume est meilleure.
Die Qualität dieses Anzugs ist besser.

Die Steigerungsform von **bien** ist **mieux**. **Mieux** ist – genau wie **bien** – unveränderlich:

Tu vas bien ? *Geht es dir gut?*
Tu vas mieux ? *Geht es dir besser?*

13 Entre deux achats, Léa et David font une petite pause dans un café.
Zwischen zwei Einkäufen machen Léa und David eine kleine Pause in einem Café. Ergänzen Sie mit **plus, meilleur, bon** oder **que**.

a. Qu'est-ce qu'on prend ? Un sandwich ?
b. Moi je prends une salade, c'est .... rapide.
c. Ah, oui, et c'est .... pour la santé !
d. Elle est ...., ta salade ?
e. Elle est .... ton sandwich.
f. Mmm ! Il est ...., leur café !
g. Il est .... au bureau !
h. Oui, mais ici, il est .... cher !! Tu es content de ton costume ?
i. Oui, il est .... beau .... l'autre. J'aime bien faire les courses avec toi !

Dans un magasin de chaussures

In einem Schuhgeschäft

14   David et Léa ont vu des chaussures dans une vitrine…
David und Léa haben Schuhe in einem Schaufenster gesehen …

David Je voudrais essayer cette paire de chaussures, et puis les autres, là, dans la vitrine.
vendeur Quelle pointure faites-vous, Monsieur ?
David Je fais du 43.

Le vendeur apporte les chaussures, et David les essaie.

vendeur Comment vont-elles ?
David Les noires me vont bien. Oui, vraiment, je suis très à l'aise. Mais euh… je vais réfléchir.
vendeur C'est de la bonne qualité, vous savez. Le cuir est solide… Vous avez choisi un bon modèle !
Léa Prends-les ! Avec le ticket de caisse, tu peux les échanger, si ça ne va pas.
David Bon. Je les prends. Vous acceptez les cartes ?
vendeur Bien sûr, Monsieur : vous pouvez payer par chèque ou avec une carte de crédit, comme vous voulez. Venez avec moi à la caisse.

15 Vous avez vu des chaussures super dans une vitrine. Cherchez les expressions utiles.
In einem Schaufenster haben Sie tolle Schuhe gesehen. Suchen Sie in Text 14 die Redewendungen, die in dieser Situation nützlich sind.

a. Wie ist Ihre Schuhgröße?
b. Ich habe …
c. Sie passen mir gut.
d. Ich fühle mich wohl.
e. Ich überlege es mir.
f. Kann ich sie umtauschen?
g. Nehmen Sie Kreditkarten?

G **Choisir** *wählen* und **réfléchir** *überlegen* sind Verben, die man beim Einkaufen oder Bestellen in Restaurant und Café gut gebrauchen kann. Sie gehören zu einer Gruppe von Verben auf **-ir**.
So werden sie konjugiert:

choisir	
je choisis	[ʒəʃwazi]
tu choisis	[tyʃwazi]
il choisit	[ilʃwazi]
nous choisissons	[nuʃwazisõ]
vous choisissez	[vuʃwazise]
ils choisissent	[ilʃwazis]

Achten Sie darauf, dass die Verben auf **-ir** im Plural zwei **s** haben: **vous choisissez**.

Die Verben auf **-ir** bilden das Partizip Perfekt in der Regel auf **-i**: **j'ai choisi, j'ai réfléchi**.
Im Restaurant wird der Kellner Sie fragen:
Vous avez choisi ? *Haben Sie gewählt?*

16

Remettez le dialogue dans le bon ordre et contrôlez avec le CD.
Bringen Sie den Dialog in die richtige Reihenfolge, und überprüfen Sie mit der CD.

a. Je fais du 44.
b. Non, non, je les préfère en noir.
c. Bonjour Madame, je voudrais essayer une paire de chaussures de la vitrine.
d. Je les ai aussi en gris.
e. Non, non, merci. Je vais réfléchir. Merci, Madame.
f. Quelle est votre pointure ?
g. Non, la paire à gauche.
h. Au revoir, Monsieur.
i. Alors, voilà votre paire en 44. Comment les trouvez-vous ?
j. A votre service, Monsieur.
k. Elles ne me vont pas très bien. J'ai un peu mal, là.
l. Oui, Monsieur. Montrez-les moi. Les noires à droite ?
m. Désirez-vous une taille au dessus ?
n. Au revoir.

Seien Sie nicht frustriert, wenn Sie in Frankreich plötzlich eine andere Größe brauchen als in Deutschland: Größe 42 in Frankreich entspricht in Deutschland Größe 40! Und wenn es nicht gleich genau passt, verlangen Sie **la taille en dessous** *eine Nummer kleiner* bzw. **la taille au dessus** *eine Nummer größer.*

G Bei **blouson** und **bijou** sehen Sie, dass [u] meistens **ou** geschrieben wird; es gibt aber auch **où, oû** oder **aoû** wie in **août**, manchmal **oo** wie bei football.
[y] wird meistens **u** geschrieben, aber auch **eu, û** oder **ü**. Aufgepasst: **y** wird [i] gesprochen, und **u** wird [y] gesprochen! Aber das wissen Sie ja schon …

17

3/25 Entendez-vous [u] ou [y] ? Ecoutez bien le CD et cochez la bonne case:
Hören Sie [u] oder [y]? Hören Sie die CD, und kreuzen Sie an, was richtig ist.

	a.	b.	c.	d.	e.	f.	g.	h.	i.	j.	k.	l.
[u]												
[y]	X											

Et pour finir...

Letzte Übungsrunde

18 Voici les trois vendeuses d'une boutique très branchée. Décrivez-les.
Hier haben wir die drei Verkäuferinnen einer In-Boutique. Beschreiben Sie sie.

19 3/26 Dans une boutique : imaginez ce qu'a dit la cliente. Puis écoutez le CD et complétez.
Lesen Sie die Antworten des Verkäufers: Was hat die Kundin wohl gesagt, oder wonach hat sie gefragt? Ergänzen Sie mithilfe der CD.

cliente	vendeur
a. .... ?	Nous avons ce modèle en bleu et en rouge.
b. ...... pull .... ?	Oui, il est en laine. C'est de la super qualité !
c. .... rouge	La cabine est juste derrière vous.
d. .... !	Ah oui, il est trop petit.
e. .... ?	Je vais regarder... Oui ! Je l'ai aussi en 42 !!
f. .... ?	Oh oui, il vous va très bien !
g. .... !	Vous n'aimez pas la couleur ? Mais elle vous va bien !
h.	Prenez-le : c'est mon dernier modèle !
i. Bon, je le prends. Mais .... ?	Pas de problème : il faut garder le ticket de caisse.

LA HAUTE COUTURE

Die Eleganz des Hofes von Versailles im 18. Jahrhundert strahlte auf ganz Europa aus, und die Pariser Mode wurde zum Exportschlager. Im 19. Jahrhundert organisierte Kaiserin Eugénie, die Frau Napoléons III., die ersten Modeshows mit Models. Heute ist Paris der Treffpunkt für junge Modeschöpfer aus der ganzen Welt, die in der Hauptstadt der Haute Couture für die Herstellung ihrer Traumkleider die besten Werkstätten vorfinden.

Yves Saint Laurent

Il est né en 1936 à Oran en Algérie. D'abord il fait des chapeaux pour Dior puis à 21 ans il crée sa première collection. En 1961, il fonde sa maison de couture avec le célèbre logo YSL et en 1966, il présente sa première collection de prêt-à-porter. Pour les femmes, il crée le costume-pantalon, la saharienne, la ligne trapèze, les premiers chemisiers transparents. Depuis toujours, il habille les grandes actrices comme Catherine Deneuve ou Laetitia Casta. Il fait ses adieux à la haute couture en 2002 et meurt 6 ans plus tard.

Coco Chanel

Elle est née à Saumur en 1883. Chanel apporte aux femmes le confort : avec Chanel, les femmes peuvent mettre des pantalons, des tailleurs de jersey, des coupes confortables et la fameuse petite robe noire. Elle ouvre en 1909 un atelier de chapeaux : tout de suite, c'est le succès ! En 1913, elle ouvre une boutique de mode à Deauville. En 1920, Chanel est la star de la mode. Depuis 1984, Karl Lagerfeld dirige la maison Chanel. Elle meurt en 1971. Un très beau film de 2009 sur la vie de Chanel : « Coco avant Chanel »

Jean-Paul Gaultier

Ce provocateur joue avec nos préjugés, il est l'enfant terrible de la haute couture française ! Né en 1952 dans une famille modeste, il apprend à six ans la couture chez sa grand-mère. Chez elle, il découvre aussi les corsets. Ses créations les plus connues : la jupe pour homme, la marinière à rayures bleues et blanches et surtout les fameux bustiers qui sont devenus son image de marque et ont donné la forme pour ses parfums. Il habille des artistes comme Madonna pour leurs spectacles et comme il adore le cinéma, il dessine aussi des costumes de films.

Christian Lacroix

Né en 1951, à Arles dans le sud de la France, il a créé des silhouettes baroques et féeriques. A la fin de chaque défilé, le public enchanté jetait des fleurs sur le génial styliste… Il s'est inspiré des costumes de toutes les époques et des cultures populaires de tous les pays du monde. Aujourd'hui, Christian Lacroix s'est spécialisé dans les costumes de scène de l'opéra et du théâtre, ses deux grandes passions. Pendant sa carrière, il a mis du soleil et des couleurs dans la haute couture.

ouvrir *eröffnen* **diriger** *leiten* **fonder** *gründen* **habiller** *anziehen* **d'abord** *zunächst* **le prêt-à-porter** *die Konfektionskleidung* **faire ses adieux** *Abschied nehmen* **le préjugé** *das Vorurteil* **la marinière** *hier: die Matrosenbluse (blau-weiß gestreift)* **le défilé** *die Modenschau* **jetait** *hier: warf* **le costume** *das Kostüm*

Neue Formen und Strukturen

1. Bezeichnung von Material und Gegenständen

à + Substantiv + Details	
une chemise à rayures	*ein gestreiftes Hemd*

de + Substantiv + Zweck	
des lunettes de soleil	*eine Sonnenbrille*

en + Substantiv oder de + Substantiv + Material	
une robe de soie	*ein Kleid aus Seide*
un bijou en or	*ein Schmuck aus Gold*

2. Wichtige Redewendungen beim Einkaufen

- Je peux essayer ? — *Kann ich das anprobieren?*
- Vous avez la taille au-dessus ? — *Haben Sie es eine Größe größer?*
- Vous avez la taille au-dessous ? — *Haben Sie es eine Größe kleiner?*
- Je fais du 42. — *Ich habe Größe 40.*
- Ça me va bien. — *Es steht mir gut.*
- Je vais réfléchir. — *Ich überlege es mir.*
- On peut échanger ? — *Kann ich es umtauschen?*

- Quelle pointure faites-vous ? — *Welche Schuhgröße haben Sie?*
- Je fais du 45. — *Ich habe Größe 45.*

3. Das Verb *plaire* gefallen

- Le T-shirt vous plaît ? — *Gefällt Ihnen das T-Shirt?*
- Oui, il me plaît bien. — *Ja, es gefällt mir gut.*
  Ces chaussures me plaisent. — *Diese Schuhe gefallen mir.*
- Ça vous a plu ? — *Hat es Ihnen gefallen?*
- Oui, beaucoup ! — *Ja, sehr!*

4. Die Steigerung

aussi + Adjektiv + que
genauso + Adjektiv + wie

La robe bleue est aussi chère que la noire.
Das blaue Kleid ist genauso teuer wie das schwarze.

plus + Adjektiv + que *mehr + Adjektiv + als*

Le costume gris est plus élégant que le bleu.
Der graue Anzug ist eleganter als der blaue.

moins + Adjektiv + que
weniger + Adjektiv + als

Le costume bleu est moins élégant que le gris.
Der blaue Anzug ist nicht so elegant wie der graue.

Unregelmäßige Steigerung von **bon** und **bien**:

bon *gut* → meilleur *besser*
bien *gut* → mieux *mieux*

5. Die Verben auf *-ir* (I)

Beispiel: **choisir** *wählen*
Stamm: **choisi-**

Endungen	Konjugation	
-s	je choisis	[ʒəʃwazi]
-s	tu choisis	[tyʃwazi]
-t	il choisit	[ilʃwazi]
-issons	nous choisissons	[nuʃwazisõ]
-issez	vous choisissez	[vuʃwazise]
-issent	ils choisissent	[ilʃwazis]

passé composé : j'ai choisi [ʒeʃwazi]

Rencontres

Begegnungen

Se détendre, s'amuser, découvrir une région et rencontrer **des gens** sympa, voilà un programme agréable pour les vacances, non ? Par leur **métier**, beaucoup de **gens** nous aident à passer de bonnes vacances, comme par exemple Véronique et Rémi : Véronique est **médecin** dans un **centre de thalasso au bord de la mer**, Rémi a des **chambres d'hôtes** dans **sa ferme à la campagne**. Ecoutons-les nous parler de leur vie…

Sich entspannen, sich amüsieren, eine Region entdecken und sympathische **Leute** treffen – das ist doch ein angenehmes Ferienprogramm, oder? Viele **Leute** sorgen durch ihren **Beruf** dafür, dass unsere Ferien ein Erfolg werden, wie zum Beispiel Véronique und Rémi: Véronique ist **Ärztin** in einem **Zentrum für Thalassotherapie am Meer**, Rémi hat **Gästezimmer** auf seinem **Bauernhof auf dem Land**. Hören wir an, was sie uns über ihr Leben berichten …

Véronique und Rémi geben uns Einblick in eine Arztpraxis und in einen Biobauernhof und erzählen uns über sich und ihre Umgebung. Sie lernen in dieser Lektion Verben kennen, mit denen man über sich und andere reden kann: die reflexiven Verben.

WORTSCHATZ: **Berufe, Gesundheit, Leben auf dem Land**

Ils travaillent pour nos vacances

Sie arbeiten für unsere Ferien

  La saison approche et un journal régional présente les métiers du tourisme.
Die Hauptreisezeit rückt näher, und eine Regionalzeitung stellt Touristikberufe vor.

Tous ont des métiers très différents et ils ont tous des contacts avec les visiteurs de leur région. La saison approche... Aujourd'hui, nous aimerions vous les présenter.

Je m'appelle Véronique. Je suis médecin dans une petite ville au bord de la mer, à Roscoff. Je travaille également au Centre de thalasso. Je trouve mon métier passionnant, mais il n'est pas toujours compatible avec la vie de famille !

Je m'appelle Alice et je suis professeure depuis cinq ans dans une école de langues à Brest. J'enseigne le français et mes étudiants viennent du monde entier !

Je m'appelle Rémi, et je suis agriculteur. J'ai 40 ans, je suis marié. Ma femme et moi, nous avons une petite ferme spécialisée dans la culture biologique, et nous avons des chambres d'hôtes près de Saint-Pol-de-Léon.

Je m'appelle Cécile, j'ai 22 ans et je suis étudiante à la fac de Rennes. J'ai trouvé un job génial pour l'été : je suis employée à l'office de tourisme de Vannes. C'est agréable parce que j'aime les contacts et, en plus, je peux perfectionner mon anglais !

G Wie für Adjektive (→ Lektion 9), so gibt es auch für Berufe, die von Frauen ausgeübt werden, eine weibliche Form:

m	f	Beispiele		
-eur	-euse	vendeur *Verkäufer*	→	vendeuse *Verkäuferin*
-teur	-trice	conducteur *Fahrer*	→	conductrice *Fahrerin*
-teur	-trice	moniteur *Kursleiter*	→	monitrice *Kursleiterin*
-er	-ère	cuisinier *Koch*	→	cuisinière *Köchin*
-ien	-ienne	technicien *Techniker*	→	technicienne *Technikerin*
-é	-ée	employé *Angestellter*	→	employée *Angestellte*

Vorsicht bei **professeur**: die weibliche Form heißt **professeure** *Lehrerin*

Für manche Berufe gibt es keine weibliche Berufsbezeichnung: **Je suis médecin** kann sowohl *Ich bin Arzt* als auch *Ich bin Ärztin* bedeuten. Will man z. B. betonen, dass man zu einer Ärztin geht, dann heißt es **une femme médecin**.
Bis vor Kurzem wurden z. B. Ministerinnen noch mit «**Madame le ministre**» angeredet. Seit es jedoch zunehmend Frauen im französischen Kabinett gibt, hat sich auch in den Medien «**Madame la ministre**» eingebürgert.

2 Quel est leur métier ? Lisez les définitions et complétez :
Welchen Beruf haben sie? Lesen Sie die Definitionen, und ergänzen Sie:

a. Il travaille dans un bureau. Il est ....
b. Elle fait la cuisine pour un restaurant. Elle est ....
c. Il apprend l'anglais à la fac. Il est ....
d. Il fait les plans de la maison. Il est ....
e. Elle est responsable de la technique à la télévision. Elle est ....
f. Il montre des villes à des groupes. Il est ....
g. Elle vend des vêtements. Elle est ....
h. Elle travaille pour un journal. Elle est ....
i. Il enseigne le yoga. Il est ....

Véronique, médecin

Véronique, Ärztin

3 3/28 Véronique adore son métier. Ecoutons-la nous parler de son travail et de ses patients.
Véronique liebt ihren Beruf. Hören wir, was sie uns über ihre Arbeit und ihre Patienten erzählt.

- Véronique, vous travaillez comme médecin dans un centre de thalasso. C'est un métier difficile…
- Pas du tout ! Moi, j'adore mon métier et je ne m'ennuie pas !
- Quels sont les problèmes de vos patients ?
- Les patients viennent chez moi avec des coups de soleil, de petites indigestions, des allergies. Ils se plaignent de la fatigue aussi. Les gens ne se détendent pas assez, ils sont stressés : ils s'énervent sur la route, ils se disputent à la maison, et ils tombent malades. Souvent, ils veulent juste un médicament : sirop, comprimé, n'importe quoi. En général, on se parle, je les écoute. C'est important pour le diagnostic. Je m'intéresse à leur vie, à leurs soucis, je les conseille aussi : ne pas se coucher trop tard, se réveiller tôt, se promener, se préparer des repas légers, faire leur cure sérieusement…

4 Avez-vous compris l'interview ? Cochez : vrai ou faux ?
Haben Sie das Interview verstanden? Kreuzen Sie an, was richtig bzw. falsch ist!

	vrai	faux
a. Le médecin s'appelle Véronique		
b. Elle a un métier difficile.		
c. Ses patients ont des allergies.		
d. Ses patients ont des coups de soleil.		
e. Ses patients ne sont pas stressés.		
f. Ils ne veulent pas de médicaments.		
g. Elle les écoute beaucoup.		
h. Elle s'intéresse à la vie de ses patients.		
i. Elle les conseille.		

G Wenn man etwas von sich erzählt,gebraucht man häufig die sogenannten reflexiven Verben wie z. B. *Ich entspanne mich.* Diese Verben werden von einem Pronomen begleitet, das sich auf das Subjekt „zurückbezieht". Das Pronomen richtet sich daher nach dem Subjekt.

se détendre	*sich entspannen*
je me détends	*ich entspanne mich*
tu te détends	*du entspannst dich*
il/elle se détend	*er/sie entspannt sich*
on se détend	*wir entspannen uns/ man entspannt sich*
nous nous détendons	*wir entspannen uns*
vous vous détendez	*Sie entspannen sich/ ihr entspannt euch*
ils/elles se détendent	*sie entspannen sich*

Sie sehen, dass (genau wie im Deutschen) die Reflexivpronomen in der 1. und 2. Person dieselbe Form haben wie die Objektpronomen (→ Lektion 13). Nur in der dritten Person lautet das Reflexivpronomen für Singular und Plural **se**.

Wenn das Verb mit einem Vokal oder **h** beginnt, werden **me, te, se** zu **m', t', s'**:
je m'ennuie *ich langweile mich.*

Die Reflexivpronomen stehen vor dem Verb, zu dem sie gehören – ganz egal, ob das Verb im Infinitiv steht, ob der Satz bejaht oder verneint ist:

Tu dois te préparer maintenant.
Du musst dich jetzt vorbereiten.
Je m'ennuie. *Ich langweile mich.*
Je ne m'ennuie pas. *Ich langweile mich nicht.*

5 Une patiente parle de ses problèmes. Remettez chaque phrase dans l'ordre.
Eine Patientin spricht mit Véronique über ihre Probleme: Bringen Sie jeden Satz in die richtige Reihenfolge!

a. Je peu ennuie m' un
b. me mes dispute enfants Je souvent avec
c. détendre peux me jamais ne Je
d. tôt me plus pourrais coucher Je
e. me aime pas Je promener n'
f. à métier plus intéresse Je mon m' ne
g. énerve rien je pour m'

6 Véronique examine encore un patient stressé : formulez les questions du médecin et les réponses du patient.
Véronique untersucht noch einen gestressten Patienten: Formulieren Sie die Fragen der Ärztin und die Antworten des Patienten.

a. se coucher tard ? (oui)
● **Vous vous couchez tard ?**
● **Oui, je me couche tard.**

b. se réveiller tôt ? (non)
● ....
● ....

c. se disputer avec les enfants ? (non)
● ....
● ....

d. s'énerver souvent au bureau ? (oui)
● ....
● ....

e. se détendre de temps en temps ? (non, jamais)
● ....
● ....

f. se promener souvent ? (non, jamais)
● ....
● ....

g. s'ennuyer en vacances ? (oui)
● ....
● ....

7 Véronique a envoyé son patient en cure. Il se repose… Complétez ses pensées.
Véronique hat ihren Patienten zur Kur geschickt. Er erholt sich … Ergänzen Sie seine Gedanken.

a. J'aime bien les cures, on peut .... reposer.

b. Dommage, je .... ennuie un peu ici.

c. Ici, je ne .... amuse pas beaucoup, mais je .... détends.

d. A la maison, nous .... couchons trop tard. Je .... demande pourquoi.

e. Au bureau, je ne vais plus .... énerver.

f. Nous allons .... acheter des rollers et .... promener le dimanche avec les enfants.

g. Bon, je dois .... préparer pour aller à la gym.

G Véronique hat beim Gespräch mit ihren Patienten die Intonationsfrage verwendet: **Vous vous couchez tard ?** Genauso einfach wäre es natürlich, die Frage mit **est-ce que** zu stellen: **Est-ce que vous vous couchez tard ?** Bei reflexiven Verben ist die Inversionsfrage sehr selten.

Eine Sonderrolle spielt der **impératif**: Hier müssen Sie an die Verbform die betonten Pronomen **toi, vous** bzw. **nous** anhängen. Hier ein Beispiel mit **s'habiller** *sich anziehen:*

Habille-toi. *Zieh dich an!*

Das gilt aber nicht für den verneinten **impératif**:

Ne te couche pas trop tard. *Geh nicht so spät ins Bett!*

8 Le patient en cure rêve de son travail… Un vrai cauchemar ! Transformez les phrases :
Der Kurpatient träumt von seiner Arbeit … Ein wahrer Albtraum! Formen Sie die Sätze um:

a. Il faut te réveiller. **Réveille-toi !**

b. Il faut te coucher plus tôt. ....

c. Il faut t'habiller. ....

d. Il faut te préparer. ....

e. Il faut te réserver un hôtel. ....

f. Tu es encore en retard, il faut t'excuser. ....

g. Tu es stressé ? Il faut te détendre. ....

h. Pourquoi tu t'énerves ? Ne ....

G Nicht jedes reflexive Verb im Deutschen entspricht automatisch einem reflexiven Verb im Französischen und umgekehrt. Hier ein paar Beispiele:

se réveiller	*aufwachen*	divorcer	*sich scheiden lassen*
se lever	*aufstehen*	se marier	*heiraten*
se coucher	*ins Bett gehen*	se promener	*spazieren gehen*

Rémi, agriculteur

Rémi, Landwirt

  Un journaliste dîne à la ferme de Rémi et ils bavardent autour d'un verre de vin…

Ein Reporter isst auf Rémis Bauernhof zu Abend. Sie unterhalten sich bei einem Glas Wein …

- Rémi et sa femme ont une petite ferme et ils louent des chambres d'hôtes. Je vais donc rester chez eux ce soir, mais avant, j'aimerais leur demander, comment ils ont eu l'idée de leur entreprise…
- Eh bien, nous nous sommes connus à l'école et nous nous sommes mariés en 1987. Quand j'ai repris la ferme de mes parents, je me suis aperçu des travaux à faire. Nous avons emprunté à la banque, nous nous sommes acheté des machines et nous nous sommes spécialisés dans la culture biologique. Nous vendons du fromage de chèvre et des légumes biologiques. Ma femme s'est beaucoup engagée et elle a eu une idée géniale : elle s'occupe de chambres d'hôtes. Aujourd'hui, cela marche très bien ! Nous rencontrons des gens intéressants et très différents. Ils aiment la nature et ils s'intéressent à mon travail. Et leurs enfants adorent la vie à la campagne !

G Wie Sie beim Hören und Lesen des Textes sicher gemerkt haben, bilden die reflexiven Verben das **passé composé** im Gegensatz zum Deutschen immer mit **être**. Ohne Ausnahme!! Ist das nicht toll?

Il s'<u>est</u> engagé. *Er <u>hat</u> sich engagiert.*

Das Reflexivpronomen steht, wie alle anderen Pronomen auch, immer vor dem konjugierten Verb, beim **passé composé** also vor **être**:

Il ne <u>s'</u>est pas engagé. *Er hat <u>sich</u> nicht engagiert.*

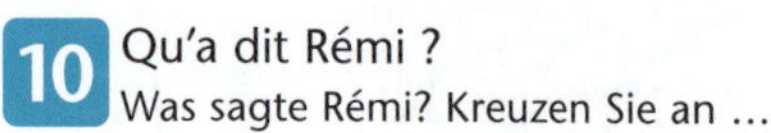

10 Qu'a dit Rémi ?

Was sagte Rémi? Kreuzen Sie an …

	vrai	faux
a. Rémi ne s'est pas marié.		
b. Il a demandé de l'argent à la banque.		
c. Il s'est acheté des machines.		
d. Il s'est spécialisé dans la culture biologique.		
e. Sa femme s'est engagée pour la ferme..		
f. Ils vendent des légumes et du fromage.		
g. Ils n'ont plus de chèvres.		
h. Les touristes ne s'intéressent pas à son travail.		
i. Il aime sa vie.		

11 **Etre** ou **avoir** ? Cochez le bon auxiliaire.

Etre oder **avoir**? Welches Hilfsverb brauchen Sie, um das **passé composé** der folgenden Verben zu bilden?

	être	avoir
a. s'appeler		
b. appeler		
c. se regarder		
d. aller		
e. rentrer		
f. s'intéresser		
g. s'ennuyer		
h. se téléphoner		
i. être		

12 Retrouvez les formes des verbes dans le texte 9.
Welche Formen der folgenden Verben kommen in Text 9 vor? Schreiben Sie sie heraus.

a. se marier ....
b. s'apercevoir ....
c. s'acheter ....
d. se spécialiser ....
e. s'engager ....
f. s'occuper ....
g. s'intéresser..

G Sicher ist Ihnen bei der Übung 12 aufgefallen, dass die Endungen der Partizipien unterschiedlich sind: mal mit **s**, mal mit **e**, mal ohne … Warum?
Wenn ein direktes Objektpronomen (hier das Reflexivpronomen **s'** oder **nous**) vor dem Verb steht, richtet sich das Partizip Perfekt in Geschlecht und Zahl nach diesem direkten Objekt.

Nous nous sommes spécialisés.
Ma femme s'est beaucoup engagée.

Die Angleichung ist aber nicht nur bei reflexiven Verben nötig, sondern immer dann, wenn ein direktes Objektpronomen vor dem Verb steht:

Il l'a vu. *Er hat ihn gesehen.*
Il l'a vue. *Er hat sie gesehen.*
Il les a vus. *Er hat sie gesehen. (Männer bzw. Männer und Frauen)*
Il les a vues. *Er hat sie gesehen. (nur Frauen)*

13 Rémi nous parle de ce qu'il a fait aujourd'hui : complétez les phrases au passé composé.
Rémi erzählt uns, was er heute gemacht hat: Ergänzen Sie die Sätze im passé composé!

a. Je .... réveillé plus tard que d'habitude.
b. Je .... levé à six heures.
c. Je .... préparé un bon café et je .... occupé des cultures.
d. Ma femme .... occupée de la réservation de M. Courbet. Nous .... connus l'année dernière.
e. On .... téléphoné hier : il vient en août.
f. L'année dernière, il .... venu nous voir avec sa famille. Sa femme et lui .... beaucoup intéressés à la vie de la ferme.
g. Mais ses enfants .... ennuyés et ils .... toujours disputés. Dommage !

G Das Partizip wird aber nur angeglichen, wenn es sich um ein direktes Objekt handelt. Bei indirekten Objektpronomen bleibt das Partizip unveränderlich. Ein Beispiel, mit dessen Hilfe man sich diese Regel leichter merken kann:

Elle s'est préparée.
Sie hat sich (= wen?) *vorbereitet.*
Elle s'est préparé des sandwiches.
Sie hat sich (= wem?) *Sandwiches zubereitet.*

Sie merken: Die deutschen Pronomen *sich, uns, euch* können direktes oder indirektes Objekt sein und geben Ihnen keinen Hinweis. Die Schritte zur Bildung der richtigen Partizip-Form sind daher folgende:
1. Steht ein Pronomen vor dem Verb im **passé composé**? Falls ja:
2. Handelt es sich um ein direktes Objekt? Falls ja, wird das Partizip wie ein Adjektiv in Geschlecht und Zahl an dieses direkte Objekt angeglichen.

14 Qu'ont fait Véronique et Rémi aujourd'hui ?
Was haben Véronique und Rémi heute gemacht?

	se réveiller	aller	s'acheter	rencontrer	se coucher
Véronique		la thalasso		des patients	
Rémi		village		un voisin	

15 La femme de Rémi raconte comment ils vivent. Mettez les verbes au passé ou au présent.
Rémis Frau erzählt, wie sie leben. Setzen Sie die Verben ins **passé composé** oder ins Präsens. Und denken Sie daran, das Partizip anzugleichen, wenn es nötig ist!

Nous .... (se marier) et nous .... (reprendre) la ferme. Nous .... (s'intéresser) à la culture biologique. Nous .... (faire) des travaux, et puis les enfants nous .... (aider) après l'école et pendant leurs vacances. Toute la famille .... (s'engager) ! Nous .... (se spécialiser) dans les légumes biologiques. Rémi .... (s'occuper) des cultures et moi, je .... (s'occuper) des hôtes pendant l'été. Il faut .... (se réveiller) très tôt et les trois premières années ça .... (être) très dur. Mais nous .... (aimer) la vie ici !

Et pour finir...

Letzte Übungsrunde

16 Pour se détendre, Véronique est allée au cinéma. Le lendemain, elle raconte à son amie ce film d'amour tragique...
Um sich nach einem harten Arbeitstag zu entspannen, ist Véronique ins Kino gegangen. Am nächsten Tag erzählt sie ihrer Freundin die tragische Liebesgeschichte ... Können Sie sie mithilfe der Stichpunkte rekonstruieren?

se rencontrer   ne plus s'aimer   se plaire   se disputer   se téléphoner   s'aimer   ne plus se parler   s'ennuyer   se regarder

Ils se sont rencontrés, ils...

17 3/31 Ecoutez les questions sur le CD et répondez par écrit. Vérifiez si vos réponses sont justes. Après, vous pouvez refaire l'exercice oralement.
Hören Sie die Fragen auf der CD an, und beantworten Sie sie schriftlich. Überprüfen Sie dann Ihre Antworten im Lösungsteil. Danach können Sie die Übung noch einmal mündlich machen.

DÉJENEUR DU MATIN

Il a mis le café
Dans la tasse
Il a mis le lait
Dans la tasse de café
Il a mis le sucre
Dans le café au lait
Avec la petite cuillère
Il a tourné
Il a bu le café au lait
Et il a reposé la tasse
Sans me parler
Il a allumé
Une cigarette
Il a fait des ronds
Avec la fumée
Il a mis les cendres
Dans le cendrier
Sans me parler
Sans me regarder
Il s'est levé
Il a mis
Son chapeau sur sa tête
Il a mis
Son manteau de pluie
Parce qu'il pleuvait
Et il est parti
Sous la pluie
Sans une parole
Sans me regarder
Et moi j'ai pris
Ma tête dans ma main
Et j'ai pleuré.

Jacques Prévert, Paroles
© Editions GALLIMARD

la cendre *die Asche* **il pleuvait** *es regnete* **pleurer** *weinen*

Jacques Prévert (1900 –1977) est un poète très populaire en France. Il a écrit des textes simples sur l'amour, la guerre, le chômage. Avec ses amis surréalistes, il a fait beaucoup de collages. Il a aussi travaillé pour le cinéma et il a écrit le scénario de grands films, comme par exemple « Les Enfants du Paradis ».

Jacques Prévert (1900 –1977) ist ein in Frankreich sehr beliebter Dichter. Er hat einfache Texte über Liebe, Krieg und Arbeitslosigkeit geschrieben. Mit den Surrealisten, seinen Freunden, hat er viele Collagen gemacht. Er hat auch für das Kino gearbeitet und Drehbücher für große Filme geschrieben, wie z. B. für „Die Kinder des Olymp".

Neue Formen und Strukturen

1. Berufsbezeichnungen

Weibliche Formen von Berufsbezeichnungen:

m	f	Beispiel
-eur	-euse	vendeur *Verkäufer* → vendeuse *Verkäuferin*
-teur	-trice	conducteur *Fahrer* → conductrice *Fahrerin*
-er	-ère	cuisinier *Koch* → cuisinière *Köchin*
-ien	-ienne	technicien *Techniker* → technicienne *Technikerin*
-é	-ée	employé *Angestellter* → employée *Angestellte*

Ausnahme: **la professeure** *die Lehrerin.*
In seltenen Fällen muss man **femme** vor die Berufsbezeichnung setzen: **une femme médecin** *eine Ärztin.*

2. Die reflexiven Verben – Formen

se détendre	*sich entspannen*
je me détends	*ich entspanne mich*
tu te détends	*du entspannst dich*
il/elle se détend	*er/sie entspannt sich*
on se détend	*wir entspannen uns/* *man entspannt sich*
nous nous détendons	*wir entspannen uns*
vous vous détendez	*Sie entspannen sich/* *ihr entspannt euch*
ils/elles se détendent	*sie entspannen sich*

Vor Vokal und **h** werden **me, te, se** zu **m', t', s'**.

3. Die reflexiven Verben – Stellung

Die Reflexivpronomen stehen immer vor dem Verb:

Je ne m'ennuie pas.
Ich langweile mich nicht.
Comment tu t'appelles ?
Wie heißt du?
Tu dois te préparer maintenant.
Du musst dich jetzt vorbereiten.

Im **impératif** heißt es:

Habille-toi. *Zieh dich an!*

aber: Ne te couche pas trop tard.
Geh nicht so spät ins Bett!

4. Die reflexiven Verben – *passé composé*

Das **passé composé** der reflexiven Verben bildet man immer mit **être**. Das Reflexivpronomen steht immer vor dem Hilfsverb:

Il s'est détendu. *Er hat sich entspannt.*
Il ne s'est pas détendu. *Er hat sich nicht entspannt.*

5. Das *passé composé* (II)

Das Partizip wird angeglichen, wenn ein direktes Objekt vor dem Hilfsverb steht:

Il l'a vu.	*Er hat ihn gesehen.*
Il l'a vue.	*Er hat sie gesehen.* (eine Frau)
Il les a vus.	*Er hat sie gesehen.* (Männer bzw. Männer und Frauen)
Il les a vues.	*Er hat sie gesehen.* (nur Frauen)

Wichtig ist, genau zu unterscheiden, ob es sich um ein direktes oder ein indirektes Objekt handelt, das vor dem Verb steht.

Elle s'est préparée.
Sie hat sich (wen?) *vorbereitet.*
Elle s'est préparé des sandwiches.
Sie hat sich (wem?) *Sandwiches zubereitet.*

Schritte zur Bildung der richtigen Form:
1. Steht ein Pronomen vor dem Verb im **passé composé**? Falls ja:
2. Handelt es sich um ein direktes Objekt? Falls ja, wird das Partizip wie ein Adjektiv in Geschlecht und Zahl an das direkte Objekt angeglichen.

Au restaurant

Im Restaurant

Isabelle et Pascal passent quelques jours dans la vallée de la Loire : ils visitent les châteaux et le soir ils **dînent** tranquillement au restaurant. Les restaurants proposent toutes sortes de formules : **cuisine du terroir, menus gastronomiques**, repas rapides : les cartes sont variées ! **Entrées, plat du jour**, salade, **plateau de fromages**, dessert et bien sûr un petit café pour finir. Avez-vous un petit creux ? Alors, accompagnons Isabelle et Pascal au restaurant…

Isabelle und Pascal verbringen ein paar Tage im Loiretal: Sie besichtigen die Schlösser, und am Abend **essen** sie gemütlich im Restaurant. Die Restaurants bieten eine reiche Auswahl: **traditionelle regionale Küche, Feinschmeckermenüs**, schnelle Küche: Die **Speisekarten** sind vielfältig! **Vorspeise, Tagesgericht**, Salat, **Käseplatte**, Nachtisch und natürlich einen Kaffee als Krönung. Haben Sie Appetit bekommen? Dann begleiten wir Isabelle und Pascal ins Restaurant …

Heute erwartet Sie eine „leckere" Lektion: Restaurantanzeigen ansehen, einen Tisch bestellen, Speisekarten lesen, sich nach Spezialitäten erkundigen, bestellen … Das alles lernen Sie, und dazu noch die Relativpronomen, das Verb *croire* und was Sie brauchen, um auszudrücken, was Sie denken und was Sie sich fragen. Außerdem erfahren Sie gemeinsam mit Isabelle und Pascal viel über die französische Küche.

WORTSCHATZ: **Restaurant, Speisekarte, Gerichte**

Où manger ?

Wohin zum Essen?

1 A l'office de tourisme, Isabelle et Pascal se sont procuré une brochure avec les restaurants de la région…
Im Fremdenverkehrsamt haben sich Isabelle und Pascal eine Infobroschüre mit den Gaststätten der Region besorgt …

Restaurants de la région

La Petite Auberge **

- cuisine régionale, plats du terroir
- cadre authentique près du château
- fermé le lundi

Au Poisson Agile *

- hôtel bar restaurant
- terrasse au bord de l'eau
- grillades de poissons
- cuisine légère et cuisson au feu de bois
- ouvert tous les jours sauf le mardi

A L'Escargot d'Or ***

- cuisine rapide ou gastronomique
- séminaires et banquets, salle climatisée
- cadre discret et raffiné
- carte et menus à 15, 30 et 60 euros
- ouvert tous les jours
- service jusqu'à minuit

2 Pascal cherche un restaurant pour le lendemain soir. Lisez les annonces, aidez-le à compléter ses notes.
Pascal sucht ein Restaurant für den morgigen Abend. Lesen Sie die Anzeigen, und helfen Sie ihm, seine Notizen zu ergänzen.

	La Petite Auberge	Au Poisson Agile	A l'Escargot d'Or
cadre	....	....	....
cuisine	....	....	....
prix des menus	....	....	....
jour de fermeture	....	....	....

3 Isabelle et Pascal comparent les restaurants. Où peuvent-ils aller…
Isabelle und Pascal vergleichen die Restaurants. Wo können sie am besten hingehen, …

a. … s'ils aiment le poisson ?
b. … s'ils veulent dîner tard ?
c. … si on est mardi ?
d. … s'ils visitent le château, l'après-midi ?
e. … s'ils aiment la cuisine régionale ?
f. … s'ils n'ont pas beaucoup de temps ?
g. … s'ils veulent dîner à la terrasse au bord de l'eau ?

4 4/1 Pascal téléphone à *La Petite Auberge* pour réserver. Ecoutez et cochez ce qui est vrai.
Pascal ruft in der **Petite Auberge** an, um einen Tisch zu bestellen. Hören Sie die CD, und kreuzen Sie an, was richtig ist.

a. Le restaurant fait	des grillades ☐	une cuisine rapide ☐	des plats régionaux ☐
b. Il a	un menu à 20 euros ☐	un menu à 30 euros ☐	
c. Il a	une terrasse ☐	un parking ☐	une salle climatisée ☐
d. Le restaurant est	fermé le lundi ☐	fermé le mercredi ☐	ouvert tous les jours ☐
e. Pascal réserve une table	pour deux personnes ☐	pour quatre personnes ☐	ne réserve pas ☐
f. Pascal va venir	à 20 h ☐	vers 20 h ☐	

G Sie möchten einen Tisch reservieren? Die folgenden Wendungen könnten Sie brauchen:

● Je voudrais réserver une table pour…	*Ich möchte einen Tisch für* (+ Tag/Datum) *bestellen.*
● Pour deux personnes.	*Für zwei Personen.*
● Vers 20 heures.	*Gegen 20 Uhr.*
● Pour combien de personnes ?	*(Für) wie viele Personen?*
● On est complet !	*Wir haben keinen Tisch mehr frei!*
● Le lundi, c'est notre jour de fermeture.	*Montags haben wir Ruhetag.*
● Vers quelle heure ?	*Um wie viel Uhr?*
● A quel nom ?	*Auf welchen Namen?*
● Entendu, c'est noté.	*Geht in Ordnung. Ich hab's notiert.*

A la Petite Auberge

In der Petite Auberge

5 4/2 Aujourd'hui, Isabelle et Pascal veulent dîner à la *Petite Auberge.* Avant d'entrer, ils jettent un coup d'œil au menu...

Heute möchten Isabelle und Pascal in der **Petite Auberge** zu Abend essen. Bevor sie hineingehen, werfen sie einen Blick auf die Speisekarte ...

entrée

assiette forestière
melon au porto
asperges sauce mousseline

plats du jour

gigot d'agneau sur ses petits haricots
fricassée de volaille
à la crème de champagne
daurade grillée aux herbes et
sa mousse de légumes
entrecôte de bœuf à la provençale

salade et plateau de fromages

dessert

tarte chaude maison
crème brûlée
glace à l'ananas
à la crème de framboise

6 Que propose la *Petite Auberge* ? Classez par catégorie.

Was bietet die **Petite Auberge** an? Was werden Sie nach der Bestellung auf Ihrem Teller finden? Lesen Sie die Karte, und ordnen Sie zu!

poisson ....

viande ....

....

légumes chauds ....

légumes froids ....

Auf französischen Speisekarten sind der Poesie keine Grenzen gesetzt; weil schon der Name eines Gerichtes dem Gast das Wasser im Munde zusammenlaufen lässt, übertreffen sich die Restaurants an schönen Beschreibungen. Bei aller Poesie möchten Sie aber sicherlich auch wissen, was Sie erwartet. Dazu einige Tipps:

Nach **à la** + Adjektiv kommt meist der Name der Zubereitungsart oder einer Sauce:

à la provençale
auf provenzalische Art
à la crème de champagne
mit Champagner-Creme-Soße
au porto
mit Portwein

Das Adjektiv **petit** *klein* werden Sie oft lesen, z. B. **avec ses petits légumes** wörtl. *mit seinem kleinen Gemüse.* Es bedeutet nicht, dass es sich hier um eine Kinderportion handelt oder dass das Gemüse klein geschnitten ist. **Petit** wird hier eher verniedlichend verwendet.

Auch das Possessivpronomen kommt häufig vor, wie auf der Karte oben bei **sur ses petits haricots** *auf seinen Böhnchen.* Und **les herbes** sind ganz einfach Gewürzkräuter wie Thymian, Majoran, Basilikum – wie bei den **herbes de Provence** *Kräuter der Provence.* Haben Sie inzwischen Appetit bekommen? Dann folgen wir doch Isabelle und Pascal ...

7 4/3 Isabelle et Pascal étudient le menu. Ecoutez et notez ce qu'ils commandent.
Isabelle und Pascal studieren gerade die Speisekarte. Hören Sie die CD an, lesen Sie mit, und notieren Sie, was die beiden bestellen.

- Vous avez choisi ?
- Oui, alors nous prenons deux menus à 20 euros.
- Bien Monsieur. Qu'est-ce que vous prenez comme entrée ?
- Euh… Pour l'entrée, j'hésite un peu… L'assiette forestière, qu'est-ce que c'est ?
- C'est une salade verte que nous servons avec des champignons frais, des noix et des petits lardons grillés.
- Ah, très bien, alors, je prends l'assiette forestière comme entrée.
- Et moi un melon au porto.
- Et ensuite, qu'est-ce que je vous sers ?
- Pour Madame la daurade grillée et pour moi la fricassée.
- Et comme vin, vous avez choisi ?
- Vous pourriez me conseiller ?
- Prenez un petit rosé, c'est un vin qui va avec tout. Il accompagne bien le poisson et la viande ! Nous avons un excellent rosé d'Anjou que nous achetons chez le producteur.
- Parfait. Alors, une demi-bouteille de rosé. Vous pourriez nous apporter aussi une carafe d'eau ?
- Bien sûr, Monsieur.

a. Pour lui : comme entrée……………………………………………

comme plat ……………………………………………

b. Pour elle : ……………………………………………

c. Comme boissons : ……………………………………………

Hätten Sie lieber das Entrecôte gewählt? Dann hätte die Bedienung Sie sicher gefragt:
Vous la voulez comment, l'entrecôte ? *Wie möchten Sie Ihr Entrecôte?*

Je nach persönlichem Geschmack hätten Sie antworten können: **saignant** *englisch,* **à point** *medium* oder **bien cuit** *durch.*

8 Cherchez dans le texte comment dire au restaurant.
Suchen Sie im Text die wichtigsten Redemittel, die man im Restaurant verwendet.

Die Bedienung	Sie
a. Haben Sie gewählt?	d. Wir nehmen zwei Menüs.
b. Was nehmen Sie als Vorspeise?	e. Ich zögere noch etwas.
c. Er passt gut zu …	f. Was ist …?
	g. Können Sie uns etwas empfehlen?
	h. Könnten Sie uns eine Karaffe Wasser bringen?
	i. Eine halbe Flasche …

Vor dem Essen bietet die Bedienung meist einen Aperitif an. In feineren Restaurants gibt es auch oft ein kleines **amuse-gueule**, ein *Appetithäppchen,* das nicht auf der Karte steht, z. B. ein Mini-Pastetchen. Währenddessen studiert man genüsslich die Karte. Wenn Sie Ihr Essen bestellt haben, nimmt die Bedienung die Bestellung der Getränke, die ja zum Essen passen sollen, auf. Brot und **la carafe d'eau** *die Karaffe Wasser* kosten nichts extra. Das Wasser müssen Sie allerdings bestellen. Oft übernimmt der Gastgeber die Bestellung für seinen Gast; so weiß auch die Bedienung, wem sie die Rechnung zu geben hat.

Eine Karte im Restaurant zu studieren kann appetitanregend sein. Sie sollten die Wörter zwar in etwa verstehen, jedoch brauchen Sie sie nicht aktiv zu können. Sie werden auf jeder Speisekarte auch Wörter finden, die Sie noch nie gesehen haben und die meist die Zubereitungsart betreffen. Wichtig zu wissen ist, um welche Art von Gericht es sich ungefähr handelt. Und Besonderheiten der Zubereitung können Sie sicherlich bei der Bedienung erfragen.

G Die Konjugation der Verben auf **-ir** wie **finir** oder **choisir** kennen Sie schon (→ Lektion 14). Leider werden nicht alle Verben auf **-ir** nach diesem Modell konjugiert. Hier eine weitere Gruppe, zu der neben **servir** *bedienen* auch **partir** *wegfahren* gehört:

servir	[sɛrvir]
je sers	[ʒəsɛr]
tu sers	[tysɛr]
il sert	[ilsɛr]
nous servons	[nusɛrvõ]
vous servez	[vusɛrve]
ils servent	[ilsɛrv]

passé composé : j'ai servi

Fassen wir noch einmal zusammen, wie sich die beiden Gruppen voneinander unterscheiden:

Die Präsensformen der Verben auf **-ir**, die zur 1. Gruppe gehören, bilden Sie folgendermaßen:

Infinitiv – r	**+ Endung**	**= Präsens**
finir → fini	-s	je finis
	-s	tu finis
	-t	il finit
	-issons	nous finissons
	-issez	vous finissez
	-issent	ils finissent

Die Präsensformen der Verben auf **-ir**, die zur 2. Gruppe gehören, bilden Sie so:

Singular:

Infinitiv – ir – Konsonant	**+ Endung**	**= Präsens**
partir → par	-s	je pars
	-s	tu pars
	-t	il part

Plural:

Infinitiv – ir	**+ Endung**	**= Präsens**
partir → part	-ons	nous partons
	-ez	vous partez
	-ent	ils partent

Wenn Sie ein Verb auf **-ir** lernen, sehen Sie am besten gleich in den Verbtabellen im Begleitbuch nach, nach welchem Modell man es konjugiert.

9 Complétez les conversations des clients du restaurant.

Ergänzen Sie die Gespräche der Gäste im Restaurant mithilfe der Verbliste!

finir partir choisir tenir servir venir

a. Bonjour Monsieur, qu'est-ce que je vous .... ?

b. On va attendre un peu, elle .... toujours en retard !

c. A quelle heure ....-vous demain ?

d. En vacances, nous .... toujours les plats régionaux.

e. Tu ne .... pas ton poisson ?

G Wenn man etwas beschreiben möchte, sind Relativsätze ganz nützlich. Sie sind im Französischen recht einfach: Sie verwenden **qui**, wenn das Pronomen das Subjekt des Relativsatzes ist (Frage *wer?* oder *was?*).

C'est un vin qui va avec tout.
Das ist ein Wein, der zu allem passt.

Sie verwenden **que**, wenn das Relativpronomen das direkte Objekt des Relativsatzes ist (Frage *wen?* oder *was?*).

Nous avons un rosé que nous achetons chez le producteur.
Wir haben einen Rosé, den wir beim Hersteller kaufen.

Qui und **que** können sowohl Femininum als auch Maskulinum, Singular als auch Plural sein. Sie beziehen sich sowohl auf Sachen als auch auf Personen. Vor Vokal und **h** wird **que** zu **qu'**, **qui** bleibt **qui**.

10 A table, Isabelle et Pascal parlent du repas.
Bei Tisch sprechen Isabelle und Pascal über das Essen. Ergänzen Sie mit **qui** oder **que**!

a. ● L'entrée .... tu as choisie est bonne ?
● Oui, c'est très bon. Le porto est un vin .... va bien avec le melon !

b. ● Le rosé est un vin .... va avec tout.
● C'est un vin .... je ne bois pas souvent. Moi, je prends toujours du vin rouge, c'est le vin .... je préfère !

c. ● La daurade est un poisson .... j'adore.
● C'est vrai, c'est un poisson .... est très bon grillé.

d. ● Mmm ! La crème brûlée est le dessert......... je préfère !
● Ah bon ? Mais le dessert .... tu prends toujours, c'est la mousse au chocolat !!
● Oui, parce que c'est un dessert .... on trouve sur tous les menus.

Ihre französischen Freunde haben Sie eingeladen? Dann sprechen Sie mit ihnen über das, was Sie auf dem Teller haben, und sagen Sie, wie gut es Ihnen schmeckt – das wird die Gastgeber freuen. In Frankreich redet man bei Tisch viel mehr über das Essen als in Deutschland. Das erhöht den Genuss, macht Appetit und freut Koch, Köchin und Gastgeber!

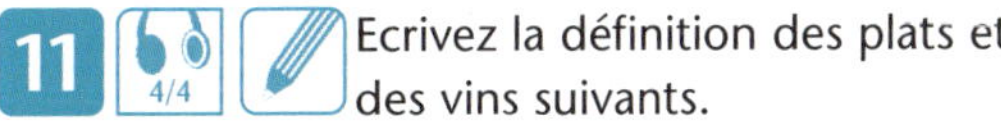

11 Ecrivez la définition des plats et des vins suivants.
Schreiben Sie mithilfe der Stichwörter die Definition folgender Gerichte und Weine. Hören Sie zur Überprüfung die CD an.

a. la sauce mousseline :
sauce accompagner asperges
La sauce mousseline est une sauce qui accompagne les asperges.

b. le bœuf bourguignon :
viande on préparer sauce au vin

c. la tarte aux pommes :
spécialité on trouver en Alsace

d. le porto :
vin on boire comme apéritif

e. l'omelette aux truffes :
spécialité on manger dans le Périgord

f. l'entrecôte :
viande de bœuf on manger grillée

g. le vin d'Alsace :
vin blanc aller bien avec les fruits de mer

h. le bordeaux :
vin rouge accompagner bien fromage

i. la tarte :
gâteau aux fruits on préparer souvent à la maison

Tour de France gastronomique

Tour de France für Feinschmecker

12 Tous ces plats sont des classiques de la cuisine française et vous les trouverez partout en France sur les menus ou chez des amis. Mais quelle est leur origine ?

All diese Gerichte sind typisch für die französische Küche. Sie finden sie überall in Frankreich auf Speisekarten oder bei Freunden. Aus welcher Gegend stammen sie denn? Ordnen Sie die Gerichte den Regionen zu.

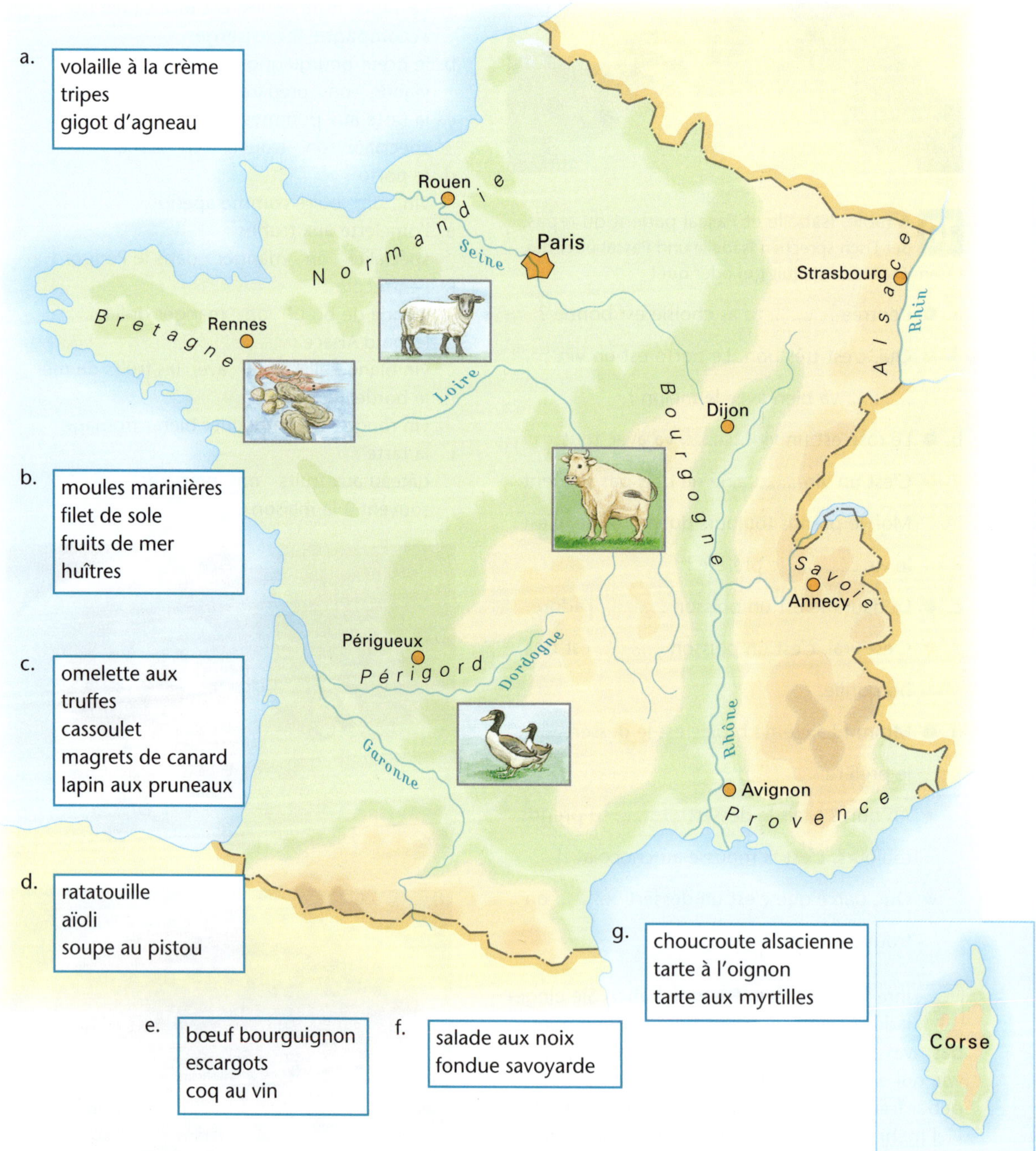

13 On aime bien savoir ce que l'on aura dans son assiette. Classez les plats selon leurs ingrédients.
Wenn man etwas bestellt, möchte man gern wissen, was man serviert bekommt. Ordnen Sie die Gerichte entsprechend ihrer Hauptzutaten.

gigot d'agneau volaille à la crème sole daurade coq au vin entrecôte grillée
lapin aux pruneaux bœuf bourguignon

....

....

....

....

....

14 4/5 Pascal et Isabelle sont allés déjeuner avec des amis : que mangent-ils ? Que ne mangent-ils pas ? Ecoutez le CD et complétez :
Pascal und Isabelle sind mit Freunden Mittag essen gegangen. Was essen sie? Was essen sie nicht? Hören Sie die CD an, und ergänzen Sie.

a. Michel peut manger .... et ....

b. Isabelle déteste .... Elle n' .... mange jamais. Elle prend .... et ....

c. Annette aime ...., mais il fait ....
Elle préfère .... Alors, elle prend ....

d. Pascal n'aime pas beaucoup .... Il ne prend pas ....
Il préfère ....

G Wie kann man seinen Gastgebern höflich sagen, dass man etwas nicht so gern isst?

Je suis désolé(e), je n'aime pas beaucoup ça. *Es tut mir leid, ich mag das nicht besonders.*
Désolé(e), je n'en mange (presque) jamais. *Tut mir leid, ich esse das (fast) nie.*

Wenn Sie etwas besonders gern mögen, können Sie sagen:

J'adore ça ! *Ich mag das sehr gerne!*

15 Aimez-vous les plats suivants ? Que dites-vous dans cette situation ?
Essen Sie die folgenden Gerichte gern? Was sagen Sie in dieser Situation?

a. les escargots ?
b. les tripes ?
c. le fromage ?
d. les moules ?
e. les huîtres ?

A l'Escargot d'Or

Im Escargot d'Or

16 Aujourd'hui, Isabelle et Pascal dînent avec des amis à l'Escargot d'Or. Mais le serveur est fatigué et semble assez distrait… Les clients ne sont pas très contents…

Heute Abend essen Isabelle und Pascal mit Freunden im **Escargot d'Or**. Der Kellner ist müde und scheint ziemlich zerstreut … Die Kunden sind nicht sehr zufrieden

G Wenn Sie Ihre Meinung wiedergeben möchten, können die Verben **dire** *sagen* (→ Lektion 13), **trouver** *finden*, **penser** *denken* oder **croire** *glauben* sehr nützlich sein.

croire	[krwar]		
je crois	[ʒəkrwa]	nous croyons	[nukrwajõ]
tu crois	[tykrwa]	vous croyez	[vukrwaje]
il croit	[ilkrwa]	ils croient	[ilkrwa]

passé composé : j'ai cru

Der darauffolgende Satz beginnt im Französischen immer mit **que** = *dass* (**qu'** vor Vokal oder **h**!). Dabei bleibt die Satzstellung wie im Aussagesatz:

Je pense que le menu à 40 euros est meilleur. *Ich denke, dass das Menü für 40 Euro besser ist.*

Vermutungen oder eine Frage drückt man mit **si** oder mit einem Fragewort aus:

Je ne sais pas si le garçon a entendu. *Ich weiß nicht, ob der Kellner gehört hat.*
Je me demande combien nous allons payer. *Ich frage mich, wie viel wir bezahlen werden.*

Vorsicht bei **si**: **si** vor **il** oder **ils** wird zu **s'**, aber **si** vor **elle** oder **on** bleibt **si**:

Je me demande s'il va venir. *Ich frage mich, ob er kommen wird.*
Je me demande si elle va venir. *Ich frage mich, ob sie kommen wird.*

17 Ce client n'est pas très rassuré… Traduisez ses pensées :
Dieser Kunde ist etwas beunruhigt … Übersetzen Sie, was er sich denkt:

a. Der Kellner sagt, dass der Rotwein gut ist.
b. Ich glaube, dass dieser Rosé besser ist.
c. Ich frage mich, ob der Salat gut ist.
d. Ich weiß nicht, ob ich dieses Menü nehme.
e. Ich frage mich, ob er mich verstanden hat.
f. Ich glaube, der Kellner hat mich nicht verstanden.
g. Ich frage mich, ob der Kellner mich gesehen hat.
h. Ich frage mich, wann ich bezahlen kann.

Es ist gar nicht so leicht, [g] und [k] zu unterscheiden! Im Grunde besteht nur ein ganz kleiner Unterschied: Bei [g] vibrieren die Stimmbänder, bei [k] nicht. Ein Glück: Sie haben im Deutschen [g] und [k] auch, z. B. in dem Wort Wagen und Onkel. So ist es leichter für Sie, beide Konsonanten im Französischen zu unterscheiden! Die Franzosen sprechen außerdem das [k] mit ganz wenig Luft aus. Ein guter Test: Wenn Sie das [k] vor einer brennenden Kerze aussprechen, darf sich die Flamme nicht bewegen.

18 4/6 [g] ou [k] ? Pouvez-vous les distinguer dans les mots suivants ? Ecoutez et cochez la consonne que vous entendez.
[g] oder [k]? Können Sie sie in den folgenden Wörtern unterscheiden? Hören Sie die CD, und kreuzen Sie den Konsonanten an, den Sie hören!

	a.	b.	c.	d.	e.	f.	g.	h.	i.	j.	k.	l.
[g]												
[k]												

Et pour finir...

Letzte Übungsrunde

19 Composez un menu pour des amis qui aiment la cuisine française. Pensez aussi à un petit menu pour leurs enfants.
Stellen Sie mithilfe der Liste ein Menü für Freunde zusammen. Denken Sie auch an ein kleines Menü für deren Kinder. Und achten Sie natürlich auf die richtige Reihenfolge der Gerichte!

café filet de sole grillé glaces gratin de pommes de terre et petits légumes digestifs asperges sauce mousseline salade verte gâteau au chocolat gratin de pommes de terre plateau de fromages spaghettis à la tomate

menu enfants

....

....

menu parents

....

....

....

....

....

....

....

20 4/7 Vous cherchez un bon petit restaurant. Des Français vous renseignent : écoutez et prenez des notes.
Sie suchen ein gutes kleines Restaurant. Franzosen geben Ihnen auf der CD Auskunft. Notieren Sie die wichtigsten Infos.

	Auberge des Fleurs	**la Bonne Truffe**
cadre	....	....
cuisine	....	....
prix	....	....
fermeture	....	....

21 4/8 Ecoutez et complétez le dialogue entre le serveur et les clients.
Hören Sie und ergänzen Sie den Dialog zwischen dem Kellner und seinen Kunden.

- Vous désirez un apéritif ?
- Oui, **un pastis et un porto, s'il vous plaît.**
- Vous avez choisi, Monsieur ?
- Oui, nous ....
- Qu'est-ce que vous prenez comme entrée ?
- Nous ....
  ....
- Et ensuite ?
- Alors, ...
  ....
  ....
- Vous la voulez comment, l'entrecôte ?
- ....
- Vous avez choisi pour les boissons ?
- ....
  ....
- Fromage ou dessert ?
- Nous ....
  ....
  ....
- Monsieur !
- Oui ?
- ....
  ....
- Bien sûr, excusez-moi !
- ....
- Vous désirez un café ?
- Oui, ...
- Monsieur, l'addition, s'il vous plaît !
- Voilà Monsieur.

CRÊPES SUCRÉES

- Mélanger la farine, les œufs, le sucre, l'huile et le sel. Mixer le tout avec le lait.
- Chauffer la poêle 1 à 2 min à feu moyen et ajouter une noisette de beurre.
- Verser une louche de pâte et faire cuire. Retourner avec une spatule lorsque la pâte se décolle seule. Laisser cuire 1 min de l'autre coté.

Préparation : 15 min
Cuisson : 30 min

Servir les crêpes avec de la confiture, du miel ou du chocolat fondu.

Pour six personnes, il faut :

320 g de farine
4 œufs
60 g de sucre
1/8 l d'huile
1/2 l de lait
du beurre
du sel

chauffer *erhitzen* **à feu moyen** *bei mittlerer Hitze* **une noisette de beurre** *ein haselnussgroßes Stück Butter* **verser** *gießen* **une louche** *Schöpflöffel* **une spatule** *Teigschaber* **se décoller** *sich ablösen*

Neue Formen und Strukturen

1. Im Restaurant

1. einen Tisch reservieren

- Je voudrais réserver une table pour… — *Ich möchte einen Tisch für … (+Tag / Datum) bestellen.*
- Pour combien de personnes ? — *Für wie viele Personen?*
- Pour deux personnes. — *Für zwei Personen.*
- Pour quelle heure ? — *Um wie viel Uhr?*
- Vers 20 heures. — *Gegen 20 Uhr.*
- A quel nom ? — *Auf welchen Namen?*
- Entendu, c'est noté. — *Geht in Ordnung. Ich hab's notiert.*

- On est complet ! — *Wir haben keinen Tisch mehr frei!*

2. bestellen

- Vous avez choisi ? — *Haben Sie gewählt?*
- Nous prenons deux menus à … euros. — *Wir nehmen zwei Menüs zu … Euro.*
- Qu'est-ce que vous prenez comme entrée ? — *Was nehmen Sie als Vorspeise?*
- J'hésite un peu… — *Ich zögere etwas …*
- Qu'est-ce que c'est, … ? — *Was ist …?*
- Pourriez-vous nous apporter une carafe d'eau ? — *Könnten Sie uns eine Karaffe Wasser bringen?*
- Pourriez-vous nous conseiller ? — *Könnten Sie uns etwas empfehlen?*

- Vous la voulez comment, l'entrecôte ? — *Wie möchten Sie Ihr Entrecote?*
- Saignant. *Englisch.*
- A point. *Medium.*
- Bien cuit. *Durch.*

2. Die Verben auf *-ir* (II)

servir *bedienen*	[sɛrvir]
je sers	[ʒəsɛr]
tu sers	[tysɛr]
il sert	[ilsɛr]
nous servons	[nusɛrvõ]
vous servez	[vusɛrve]
ils servent	[ilsɛrv]

passé composé : j'ai servi

3. Die Relativpronomen *qui* und *que*

qui : Subjekt des Relativsatzes

C'est un vin qui va avec tout. — *Das ist ein Wein, der zu allem passt.*

que bzw. **qu'**: direktes Objekt des Relativsatzes

C'est un vin que les clients aiment beaucoup. — *Das ist ein Wein, den die Kunden sehr mögen.*

Qui und **que** können sowohl feminin als auch maskulin, Singular als auch Plural sein. Sie beziehen sich sowohl auf Sachen als auch auf Personen.

4. Gern mögen und nicht mögen

Je suis désolé(e), je n'aime pas beaucoup ça.	*Es tut mir leid, ich mag das nicht besonders.*
Désolé(e), je n'en mange (presque) jamais.	*Tut mir leid, ich esse das (fast) nie.*
J'adore ça !	*Ich mag das sehr gerne!*

5. Das Verb croire *glauben*

croire	[krwar]
je crois	[ʒəkrwa]
tu crois	[tykrwa]
il croit	[ilkrwa]
nous croyons	[nukrwajõ]
vous croyez	[vukrwaje]
ils croient	[ilkrwa]

passé composé : j'ai cru

6. Seine Meinung wiedergeben

Je trouve que… *Ich finde, dass …*
Je pense que… *Ich denke, dass …*
Je crois que… *Ich glaube, dass …*

Der Nebensatz beginnt immer mit **que** *dass.*
Die Satzstellung bleibt wie im Aussagesatz:

Je pense qu'il y a une erreur.	*Ich denke, dass es sich um einen Irrtum handelt.*

7. Vermutungen oder Fragen ausdrücken

Vermutungen kann man mit **si** oder mit einem Fragewort ausdrücken:

Je ne sais pas si le garçon a entendu.	*Ich weiß nicht, ob der Kellner gehört hat.*
Je me demande combien nous allons payer.	*Ich frage mich, wie viel wir bezahlen werden.*

Vorsicht bei **si**: **si** vor **il** oder **ils** wird zu **s'**, aber **si** vor **elle** oder **on** bleibt **si**:

Je me demande s'il va venir.	*Ich frage mich, ob er kommen wird.*
Je me demande si elle va venir.	*Ich frage mich, ob sie kommen wird.*

Leurs vingt ans

Das Leben mit 20

Mit Gilbert, Martine et Aurélie lernen wir, über Vergangenes zu sprechen und Erinnerungen zu schildern. Sie kennen schon das *passé composé*, um die Vergangenheit auszudrücken. Heute lernen Sie eine zweite Form der Vergangenheit, das *imparfait*.

WORTSCHATZ: Erinnerungen, Zeitgeschichte, Jugend

Gilbert, Martine et Aurélie nous parlent de leurs souvenirs, de leur jeunesse et des rêves qu'ils **avaient à l'époque**… Gilbert **avait envie de** rire et de vivre, Martine **manifestait** dans les rues de Paris et Aurélie a vu **la chute du Mur de Berlin**. Avec ces trois **générations**, nous revivons aussi un peu le vingtième siècle…

Gilbert, Martine und Aurélie erzählen uns von ihren Erinnerungen, von ihrer Jugend und von den Träumen, die sie **damals hatten**. Gilbert **wollte** lachen und **leben**, Martine demonstrierte auf den Straßen von Paris, und Aurélie hat den **Fall der Berliner Mauer** erlebt. Zusammen mit diesen drei Generationen lassen wir auch ein wenig vom zwanzigsten Jahrhundert an uns vorüberziehen …

Gilbert, 20 ans en 1950

1950: Gilbert ist 20 Jahre alt

1 4/9 Gilbert évoque ses souvenirs de jeunesse.
Gilbert ruft Erinnerungen an seine Jugend wach.

A l'époque, la guerre était finie et les gens avaient moins faim, mais la vie était chère et on faisait la queue dans les magasins. Nous, on n'avait pas trop de soucis, mais mes parents faisaient des économies. Ma mère rêvait d'avoir une machine à laver, mon père, lui, rêvait de s'acheter une 4CV. On allait voir Jean Gabin au cinéma, on découvrait les chewing-gums et on fumait les premières cigarettes américaines. Les filles avaient des permanentes et elles portaient des bas nylon. Moi, j'étais jeune, j'avais vingt ans et j'avais envie de vivre.

G In den Erinnerungen von Gilbert kommt eine neue Zeit vor: **l'imparfait**, das Imperfekt. Das **imparfait** drückt die Vergangenheit aus und wird genauso häufig gebraucht wie das **passé composé**. Es hat aber eine andere Funktion. Doch zunächst: Wie wird es gebildet?

Um das **imparfait** zu bilden, brauchen Sie die 1. Person Plural des Präsens. Dann streichen Sie die Endung weg, z. B. **nous parl~~ons~~**. So haben Sie den richtigen Stamm, um das **imparfait** zu bilden.

2 On essaye ? Comment fabriquer des imparfaits ?
Versuchen Sie's? Notieren Sie die 1. Person Plural Präsens der Verben in der Liste. Bilden Sie dann den Stamm des **imparfait**. In Text 1 stehen diese Verben im **imparfait**. Schreiben Sie sie.

Infinitiv	1. Plural Präsens	Stamm fürs imparfait	Verbformen im Text
	avons	av	....
avoir	....	....	....
faire	....	....	....
rêver	....	....	....
aller	....	....	....
découvrir	....	....	....
fumer	....	....	....
porter	....	....	....

G Ist es Ihnen gelungen, die Stämme zu bilden? Haben Sie alle Formen im Text gefunden? Vergleichen Sie Ihre Ergebnisse sicherheitshalber mit dem Lösungsteil. Alles klar? Dann haben Sie auch die Regel für die Bildung des **imparfait** erkannt:

Stamm fürs imparfait	**+ Endung**	**= imparfait**	
	ais	je faisais	[ʒəfəzɛ]
	ais	tu faisais	[tyfəzɛ]
fais-	ait	il faisait	[ilfəzɛ]
	ions	nous faisions	[nufɛzjõ]
	iez	vous faisiez	[vufəzje]
	aient	ils faisaient	[ilfəzɛ]

Eine erfreuliche Nachricht: Das Verb **être** ist die einzige Ausnahme.

j'étais	[ʒetɛ]	nous étions	[nuzetjõ]
tu étais	[tyetɛ]	vous étiez	[vuzetje]
il était	[iletɛ]	ils étaient	[ilzetɛ]

3 Complétez la grille en mettant les verbes à l'imparfait.
Wie wär's mit einem kleinen Verbformentraining? Ergänzen Sie die Tabelle mit Verbformen im **imparfait**:

a. aller	j'	nous	vous ....
b. vouloir	tu	elle	ils ....
c. être	nous	vous	j' ....
d. faire	vous	je	tu ....
e. venir	elles	nous	vous ....
f. avoir	j'	nous	ils ....
g. écrire	nous	j'	vous ....
h. prendre	vous	tu	il ....

4 Comment vivaient les gens à cette époque ? Que nous apprend le texte sur eux ?
Wie lebten die Menschen damals? Was erfahren wir über sie im Text?

a. leurs soucis : ....

....

b. leurs rêves : ....

....

c. leurs habitudes : ....

....

d. la mode : ....

....

G Um über die Vergangenheit zu reden, kennen Sie ja schon das **passé composé**. Wozu brauchen Sie also noch das **imparfait**? Nun, es hat eine andere Funktion als das **passé composé**.

Wenn Sie Handlungen schildern möchten, die sich wiederholen, wie z. B. Gewohnheiten, brauchen Sie das **imparfait**.

On allait au cinéma. *Wir gingen ins Kino.*

Das **imparfait** verwendet man auch, um Zustände zu beschreiben:

La vie était chère. *Das Leben war teuer.*

5 Gilbert est aujourd'hui grand-père et il raconte ses souvenirs à sa petite-fille Florence. Complétez le texte.
Gilbert ist heute Großvater. Er erzählt seiner Enkelin Florence von seinen Erinnerungen. Ergänzen Sie den Text.

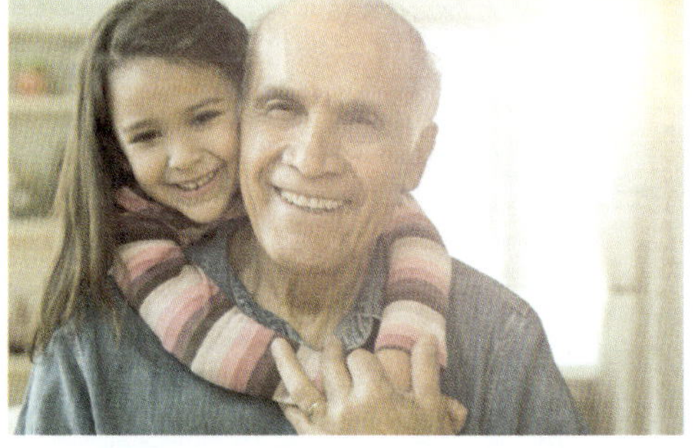

Tu me demandes comment nous .... (vivre) quand j'........................... (être) jeune.
Ma mère .... (se lever) tous les jours à 6 heures et elle .... (préparer) le café pour toute la famille. Nous .... (manger) du pain avec du beurre et de la confiture.
Mon père .... (partir) très tôt, vers 6 heures et demie. Moi, j' .... (aller) travailler un peu plus tard et je .... (prendre) le bus. Le soir, je .... (rencontrer) des amis et nous .... (écouter) du jazz à Saint-Germain-des-Prés. On .... (prendre) un verre et on .... (se parler).
Le samedi soir, j' .... (aller) danser avec des amies et ma mère n'......................... (aimer) pas cela. Nous n'......................... (avoir) pas de voiture, mais tous les dimanches, nous .... (faire) une promenade à la campagne, et c'........................... (être) très agréable.

6 Lorsque Florence était petite, elle interrogeait souvent son grand-père sur son enfance. Complétez.
Als Florence klein war, stellte sie ihrem Großvater oft Fragen über seine Kindheit. Ergänzen Sie!

a. ● Tes parents avaient une voiture ? ● **Non, ils n'avaient pas de voiture.**
b. ● Vous aviez une stéréo ? ● Non, bien sûr ! Nous ....
c. ● Tu avais le téléphone ? ● Non, nous ....
d. ● Tu étais sportif ? ● Oui, je crois que ....
e. ● Tu savais bien danser ? ● Oui, je ....
f. ● Tu avais les cheveux longs ? ● Non, je ....
g. ● Tu pouvais rencontrer des amis le soir ? ● Oui, je ....
h. ● Vous habitiez à Paris ? ● Oui, nous ....

Beherrschen Sie alle Verbformen im Präsens und im **passé composé**? Wenn nicht, dann wäre jetzt der richtige Zeitpunkt für eine Wiederholung. Und – vergessen Sie dabei auch die unregelmäßigen Verben nicht.

Martine, 20 ans en 68

1968: Martine ist 20 Jahre alt

7  Martine a vécu sa jeunesse dans les années 60...

Die Jugend von Martine fiel in die 60er-Jahre ...

Nous habitions à Paris. Quand j'étais petite, le dimanche on se promenait en voiture et on allait voir les avions à Orly. Un jour, mes parents ont acheté une télévision : c'était un luxe fantastique ! On la regardait tous les jours !
Un soir, j'ai entendu les Beatles pour la première fois. Le choc ! Je crois que notre génération avait envie d'une autre société.
Après mon bac, j'ai fait du stop et je suis allée en Italie, en Angleterre... Chez des amis, j'ai découvert Bob Dylan, Jimi Hendrix... En 1966, j'ai quitté mes parents, j'ai loué une chambre au Quartier latin et j'ai commencé mes études de droit. Je portais des mini-jupes, mes copains avaient les cheveux longs et ma mère les détestait. Ma vie a changé soudain en 1968 : en mai, nous avons manifesté dans les rues de Paris et les grèves ont commencé à la fac et dans les usines. Nous voulions refaire le monde...

G **Passé composé** oder **imparfait**? Hier ein paar Hinweise, um Ihnen die Entscheidung leichter zu machen:

Das **passé composé** benutzt man

1. für Zeitangaben mit Anfangs- und/oder Endpunkt:

Après mon bac, je suis allée en Angleterre.
Nach dem Abitur bin ich nach England gegangen.
En mai, les grèves ont commencé.
Im Mai haben die Streiks begonnen.

2. zur Beschreibung einmaliger oder plötzlich eintretender Ereignisse:

Un jour, mes parents ont acheté une télévision.
Eines Tages haben meine Eltern einen Fernseher gekauft.

3. zur Schilderung einer Abfolge von Ereignissen:

J'ai loué une chambre et puis j'ai commencé mes études.
Ich habe ein Zimmer gemietet, und dann habe ich angefangen zu studieren.

Das **imparfait** benutzt man hingegen

1. bei Gewohnheiten und sich wiederholenden Ereignissen:

Le dimanche, on se promenait en voiture.
Sonntags fuhren wir mit dem Auto spazieren.

2. bei Handlungen und Zeitabschnitten mit unbestimmter Dauer (**Imparfait** bedeutet eigentlich unvollendet):

Nous habitions à Paris.
Wir wohnten in Paris.
(Wann genau und wie lange, bleibt offen.)

3. bei Hintergrundinformationen (Beschreibungen, Stimmungen, Gefühle):

Mes copains avaient les cheveux longs et ma mère les détestait.
Meine Freunde hatten lange Haare, und meine Mutter konnte sie nicht leiden.

 Meistens hilft folgende Faustregel:
Wenn Sie sich fragen können:
„Was war?" → **imparfait**.
Lautet die Frage:
„Was ist passiert?" → **passé composé**.

8 Martine nous donne d'autres détails sur sa jeunesse.
Martine erzählt uns weitere Einzelheiten über ihre Jugend. Hören Sie den Text an, und lesen Sie ihn mit. Achten Sie dabei auf den Gebrauch der Zeiten. Auf die Klammern kommen wir in Übung 10 zurück.

Quand j'étais (   ) étudiante, j'habitais (   ) à Paris. J'avais (   ) une chambre au Quartier latin. Tous les matins, je prenais (   ) un café crème dans un petit bar, je me promenais (   ) dans les rues et je regardais (   ) les gens… J'adorais (   ) cette vie ! Un jour, j'ai rencontré (   ) Salvador Dalí et nous avons pris (   ) un verre ! Je portais (   ) des jupes à fleurs et des bijoux indiens. Et puis, j'ai passé (   ) mes examens et après, je suis allée (   ) en Inde avec des copains. En 1971, j'ai eu (   ) un bébé et nous avons cherché (   ) un appartement plus grand. De 1971 à 1973, j'ai travaillé (   ) dans un bureau. La vie à Paris était (   ) difficile. Nous avons acheté (   ) une vieille ferme au Larzac, nous l'avons rénovée (   ) et nous avons fait (   ) du fromage de chèvre.

9 Avez-vous tout compris ? Répondez aux questions :
Haben Sie alles verstanden? Dann beantworten Sie die Fragen:

a. Quelles étaient ses habitudes au Quartier Latin ?
b. Comment s'habillait-elle ?
c. Qui a-t-elle rencontré ?
d. Quand son bébé est-il né ?
e. Qu'a-t-elle fait de 1971 à 1973 ?
f. Pourquoi ont-ils quitté Paris ?
g. Qu'ont-ils fait au Larzac ?

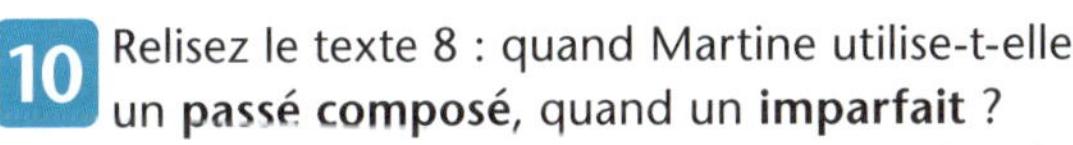
10 Relisez le texte 8 : quand Martine utilise-t-elle un **passé composé**, quand un **imparfait** ?

Lesen Sie Text 8 noch einmal: Wann benutzt Martine ein **passé composé**, wann ein **imparfait**? Warum? Setzen Sie in die Klammern die entsprechenden Zahlen ein. Manchmal sind auch zwei Zahlen möglich.

(1) Hintergrundinformation
(2) Gewohnheit
(3) einmaliges Ereignis
(4) Abfolge von Ereignissen
(5) Zeitangaben mit Anfangs- und Endpunkt
(6) Zeitabschnitte mit unbestimmter Dauer

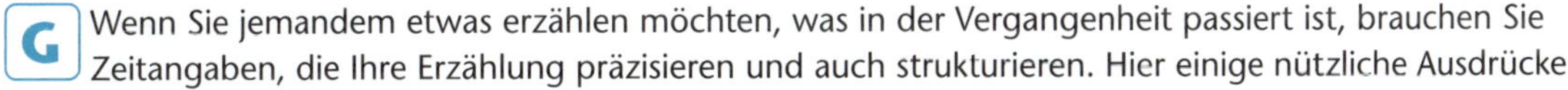
G Wenn Sie jemandem etwas erzählen möchten, was in der Vergangenheit passiert ist, brauchen Sie Zeitangaben, die Ihre Erzählung präzisieren und auch strukturieren. Hier einige nützliche Ausdrücke:

en + Jahr	im Jahr …	tous les soirs	jeden Abend
en + Monat	im + Monat	soudain	plötzlich
à cette époque	damals	un jour	eines Tages
quand	als, immer wenn	et puis	und dann
tous les jours	jeden Tag	après	danach

Wenn Sie von einer Gewohnheit berichten möchten, verwenden Sie z. B. **tous les jours** + **imparfait**:

Tous les jours, on regardait la télé. *Wir sahen jeden Tag fern.*

Die Schilderung eines einmaligen Ereignisses leiten Sie z. B. mit **un jour** + **passé composé** ein:

Un jour, mes parents ont acheté une télévision. *Eines Tages kauften meine Eltern einen Fernseher.*

11 **Imparfait** ou **passé composé** ? Mettez les verbes au temps qui convient.
Imparfait oder **passé composé**? Setzen Sie die Verben in die richtige Zeit.

a. Le dimanche, on .... (aller) au cinéma.

b. Samedi dernier, ils .... (aller) au cinéma.

c. Il .... (travailler) aussi le samedi.

d. Un jour, Gilbert .... (découvrir) le jazz.

e. Tous les jours, il .... (rencontrer) ses amis.

f. Cette année, nous .... (aller) en Corse.

g. Le matin, nous .... (se lever) toujours tôt.

h. Ce matin, je .... (ne pas entendre) le téléphone.

12 Martine raconte comment elle a fait la connaisance de Maxime.
Martine erzählt, wie sie Maxime kennengelernt hat. Setzen Sie die Verben in die entsprechende Zeit der Vergangenheit.

Il y a une réunion chez un ami, rue des Ecoles. Nous sommes en décembre et il fait froid. Pendant deux ou trois heures nous refaisons le monde. Soudain, je le vois. Il s'appelle Maxime. Il est très beau et il parle bien. Tous l'écoutent. Après, sur le balcon, il fume une cigarette et il regarde Paris. Moi, je suis dans la cuisine avec une copine et nous parlons d'une grève. Je suis fatiguée, alors, vers minuit, je rentre chez moi. Il est tard et je suis pressée. Soudain, derrière moi, j'entends des pas. Alors, à un carrefour, je ne traverse pas et j'attends : je veux savoir qui est derrière moi. C'est Maxime !

Aurélie, 20 ans en 1989

1989: Aurélie ist 20 Jahre alt

13 4/12 Aurélie nous parle de sa jeunesse : elle avait vingt ans en 1989.
Aurélie erzählt von ihrer Jugend: 1989 war sie 20 Jahre alt.

Quand j'étais jeune je voulais ressembler aux filles des magazines et ma mère trouvait cela ridicule. Je faisais des tas de régimes parce que je voulais maigrir. Je connaissais les films de Besson et de Spielberg par cœur et j'avais tous les disques de Michael Jackson. Quand j'avais assez d'argent, je prenais des cours de guitare et je m'achetais des jeux vidéo.
Je me souviens aussi de la Chute du Mur de Berlin. Quand le Mur est tombé, j'ai tout de suite téléphoné à mon amie Katrin qui habitait à Berlin. Pendant que je regardais les informations à la télé, je pensais beaucoup à elle. Et quand j'ai vu les gens qui pleuraient, riaient, s'embrassaient et qui buvaient du champagne sur le Mur, j'ai compris. C'était génial !

G Sie wissen schon, dass das **imparfait** bei Hintergrundinformationen verwendet wird. Dazu gehören auch Erklärungen, Ergänzungen und Begründungen. Wörter wie **parce que** *weil* oder **car** *denn* lösen daher häufig ein **imparfait** aus:

Je faisais des régimes parce que je voulais maigrir.
Ich machte Diäten, weil ich abnehmen wollte.

Auch in Relativsätzen, die ja einen Hauptsatz ergänzen, steht häufig ein **imparfait**:

J'ai téléphoné à Katrin qui habitait à Berlin.
Ich habe Katrin angerufen, die in Berlin wohnte.

14 On a souvent de bonnes raisons de faire quelque chose. Expliquez :
Wir haben oft Gründe, weshalb wir etwas tun. Erklären Sie:

a. Pourquoi as-tu mis ton manteau ? (froid)

J'ai mis mon manteau parce que j'avais froid.

b. Pourquoi as-tu fait un régime ? (vouloir maigrir)

....

....

c. Pourquoi as-tu commandé ce menu ? (avoir faim) ....

....

d. Pourquoi t'es-tu disputé avec lui ? (fatigué)

....

....

e. Pourquoi as-tu changé les rideaux ? (vieux)

....

....

f. Pourquoi as-tu mis le répondeur ? (ne pas être à la maison) ....

....

g. Pourquoi as-tu porté des mini-jupes ? (mode)

....

....

15 4/13 Aurélie nous raconte sa jeunesse... Conjuguez les verbes :
Aurélie erzählt von ihrer Jugend. Setzen Sie die richtigen Verbformen ein:

Mes amies, qui .... (adorer) aussi Michael Jackson, ... (acheter) tous ses disques. Avec mes parents, nous .... (habiter) dans une ferme qui ....(être) très vieille. Mes parents .... (faire) des produits qui .... (être) très bons, mais la petite entreprise qu'ils .... (avoir) n'a pas marché et nous .... (rentrer) à Paris. J'...................................... (aimer) bien la vie que nous .... (avoir) à la campagne. En 1986, je .... (aller) à la fac. Les études que je .... (faire) .... (être) intéressantes, mais après, je .... (ne pas trouver) de travail.

Et pour finir…

Letzte Übungsrunde

16 L'étrange vie de Napoléon…
Wie lebte Napoléon ganz sicher nicht? Was tat er nicht? Was hatte er oder was war er nicht? Bilden Sie Sätze.

1. **avoir un jean : Il ne portait pas de jean.**
2. boire du Coca
3. porter des lunettes de soleil
4. avoir un portable
5. aller en vacances
6. regarder la télévision
7. écrire des mails
8. surfer sur Internet
9. être Américain
10. prendre le TGV

17 Voici des photos d'André. Décrivez-le et racontez sa vie.
Sehen Sie sich die Fotos von André an. Beschreiben Sie ihn, und erzählen Sie aus seinem Leben.

c. **Aujourd'hui, il…**

b. **En 1980, il…**

a. **En 1970, André…**

HISTOIRE DE FRANCE

Jeanne d'Arc (1412 –1431)

A cette époque, la France était en guerre contre l'Angleterre et le roi de France habitait au bord de la Loire, à Chinon. Jeanne d'Arc était pauvre et ne savait pas lire, mais elle voulait aider le roi. A 17 ans, elle a quitté son village pour parler au roi et lui demander une armée. Après sa victoire sur les armées anglaises à Orléans en 1428, elle est devenue un grand symbole en France.

Louis XIV (1638 –1715)

Le roi Louis XIV n'aimait pas Paris et rêvait d'avoir un beau château. Pendant 50 ans, 36.000 ouvriers ont construit le château de Versailles et ses jardins.

Mais Louis XIV, ce n'est pas seulement Versailles : Louis XIV a fait construire des routes, des usines et il a développé le commerce. Il a modernisé la France et réorganisé son pays.

La Révolution

Les Français avaient faim et devaient payer beaucoup d'impôts. Ils demandaient les mêmes droits pour tous dans la société. Le 14 juillet 1789, les Parisiens ont attaqué la prison de la Bastille. Pour la première fois dans l'histoire de France, on s'attaquait à un symbole royal. En 1792, la France est devenue une république.

Napoléon (1769-1821)

Les Français avaient faim et après dix ans de Révolution, la France a retrouvé l'ordre avec Napoléon. Napoléon est né en Corse en 1769. Il avait neuf frères et soeurs et il était pauvre. Il voulait créer un grand empire et beaucoup lui reprochent aujourd'hui d'avoir trop fait la guerre. L'Empereur a modernisé la France : il a créé des lycées, le Code civil, la Banque de France et une administration dans tous les départements.

Chinon Ort an der Loire **devenir** *werden* **les impôts** ***m, Pl*** *die Steuern* **le droit** *das Recht* **l'ouvrier** ***m*** *der Arbeiter* **construire** *bauen* **Jeanne d'Arc** *Jungfrau von Orléans* **l'ordre** ***m*** *die Ordnung* **reprocher** *vorwerfen*

Neue Formen und Strukturen

1. Das *imparfait*

1. Die Bildung

Stamm fürs imparfait	+ Endung	= imparfait	
	ais	je faisais	[ʒəfəzɛ]
	ais	tu faisais	[tyfəzɛ]
fais-	ait	il faisait	[ilfəzɛ]
	ions	nous faisions	[nufɛzjõ]
	iez	vous faisiez	[vufəzje]
	aient	ils faisaientt	[ilfəzɛ]

Einzige Ausnahme: **être** *sein*

j'étais	[ʒetɛ]
tu étais	[tyetɛ]
il était	[iletɛ]
nous étions	[nuzetjõ]
vous étiez	[vuzetje]
ils étaient	[ilzetɛ]

2. Imparfait oder *passé composé?*

Das **passé composé** benutzt man

1. für Zeitangaben mit Anfangs- und Endpunkt:

En mai, les grèves ont commencé.
Im Mai haben die Streiks begonnen.

2. zur Beschreibung einmaliger oder plötzlich eintretender Ereignisse:

Un jour, j'ai entendu les Beatles.
Eines Tages habe ich die Beatles gehört.

3. zur Schilderung einer Abfolge von Ereignissen:

J'ai loué une chambre et puis j'ai commencé mes études.
Ich habe ein Zimmer gemietet, und dann habe ich angefangen zu studieren.

Das **imparfait** verwenden Sie hingegen

1. bei Gewohnheiten und sich wiederholenden Ereignissen:

Le dimanche, on se promenait en voiture.
Sonntags fuhren wir mit dem Auto spazieren.

2. bei Handlungen und Zeitabschnitten mit unbestimmter Dauer:

Nous habitions à Paris.
Wir wohnten in Paris.

3. bei Hintergrundinformationen (Beschreibungen, Stimmungen, Gefühle, Erklärungen, Ergänzungen, Begründungen):

Mes copains avaient les cheveux longs et ma mère les détestait.
Meine Freunde hatten lange Haare, und meine Mutter konnte sie nicht leiden.
Je faisais des tas de régimes parce que je voulais maigrir.
Ich machte eine ganze Reihe von Diäten, weil ich abnehmen wollte.

Als Entscheidungshilfe:
Was war? → **imparfait**
Was ist passiert? → **passé composé**

2. Wichtige Zeitangaben

en + Jahr	*im Jahr ...*
en + Monat	*im* + Monat
à cette époque	*damals*
quand	*als, immer wenn*
tous les jours	*jeden Tag*
tous les matins	*jeden Morgen*
tous les soirs	*jeden Abend*
soudain	*plötzlich*
un jour	*eines Tages*
un soir	*eines Abends*
et puis	*und dann*
après	*danach*

Contacts et projets

Kontakte und Pläne

Apprendre une langue, cela facilite les contacts et les voyages... Vous avez **sûrement** la tête pleine de projets et le français vous **ouvrira** des **possibilités** dans beaucoup de pays du monde. Quel pays francophone **visiterez**-vous pendant les vacances ? **Ferez**-vous **prochainement** un voyage en France ? **Irez**-vous **voir** des amis ? Vous **rencontrerez** peut-être des gens sympa et vous **aurez** envie de rester en contact avec eux… Nous espérons que cette leçon vous **aidera** dans vos futurs projets !

Das Erlernen einer neuen Sprache **erleichtert** Kontakte und das Reisen. **Sicher** haben Sie jetzt viele Pläne im Kopf, und die französische Sprache wird Ihnen Möglichkeiten in vielen Ländern der Welt eröffnen. Welches französischsprachige Land **werden** Sie in den Ferien **besuchen**? **Werden** Sie **demnächst** eine Reise nach Frankreich **machen**? **Werden** Sie dort Freunde **besuchen**? Vielleicht **werden** Sie netten Leuten **begegnen** und werden mit ihnen in Kontakt bleiben wollen ... Wir hoffen, dass diese Lektion Ihnen für Ihre weiteren Pläne **hilfreich sein wird**!

In dieser Lektion entdecken Sie weitere Möglichkeiten, Französisch zu üben. Sie lernen auch, Freunden bei diversen Anlässen zu schreiben und mit dem *futur simple* Pläne zu schmieden.

WORTSCHATZ: **Sprachenlernen, Brieffloskeln**

Pourquoi… ?

Warum…?

1 Pourquoi apprenez-vous le français ? C'est une question classique que l'on vous posera certainement.

Warum lernen Sie Französisch? Eine klassische Frage, die man Ihnen bestimmt stellen wird. Lesen Sie, wie einige Touristen hier auf diese Frage antworten.

- Alors moi, j'adore apprendre des langues étrangères ! Et puis, j'aime particulièrement la culture et la langue françaises. J'adore par exemple écouter des chansons françaises ! Même si je ne comprends pas tout, ça me fait plaisir.
- J'ai besoin du français pour mon travail parce que mon entreprise a une filiale à Bruxelles. Par conséquent, je vais souvent en Belgique. Par ailleurs, j'ai des amis francophones et je voudrais garder le contact avec eux.
- Mes enfants apprennent le français à l'école et je voulais les aider. En plus, le lycée de mon fils organise un échange scolaire et nous allons, cette année, recevoir un petit Français à la maison. C'est pourquoi j'ai voulu réactiver mon français.
- L'année dernière, nous avons passé des vacances en France, mais moi, je ne parlais pas un mot de français! C'était dommage car nous avons rencontré des gens très sympa. Si bien que cela m'a donné envie d'apprendre cette langue.
- Nous avons un jumelage avec la France dans notre ville. Quand les Français venaient à la maison, c'était rigolo puisque je ne parlais pas français ! Alors, on ne se comprenait pas toujours ! J'ai donc décidé d'apprendre enfin cette langue !

Quelles raisons les touristes ont-ils mentionnées ? Cochez la bonne réponse.

Welche Gründe haben die Touristen angegeben? Kreuzen Sie sie an.

	vrai	faux
pour écouter des chansons françaises	☐	☐
par amour de la culture et la langue françaises	☐	☐
pour lire des livres en français	☐	☐
pour le travail	☐	☐
pour les vacances en France	☐	☐

G Das Wort *brauchen* brauchen Sie bestimmt auch. Auf Französisch heißt es **avoir besoin de**.

J'ai besoin d'eau.	*Ich brauche Wasser.*
Il en a besoin tout de suite.	*Er braucht es sofort.*

2 Qu'ont-ils besoin de faire ou de ne pas faire ?
Was haben diese Leute zu tun bzw. nicht zu tun? Schreiben Sie Sätze.

a. Schreiben Sie, dass Marie Deutsch für ihre Arbeit braucht.
Marie a besoin de l'allemand pour son travail.

b. Schreiben Sie, dass sie es sofort braucht.
....

c. Schreiben Sie, dass Jean und Marie nicht zu warten brauchen.
....

d. Schreiben Sie, dass Marie und Paul Wasser brauchen.
....

e. Schreiben Sie, dass Sie eine Brille brauchen.
....

f. Schreiben Sie, dass wir einen Fremdenführer brauchen.
....

3 Relisez bien le texte 1 : classez les mots de la liste par catégorie.
Lesen Sie die Texte noch einmal, und entscheiden Sie, ob die folgenden Wörter einen Grund, eine Folge, einen Widerspruch oder einen neuen Aspekt bezeichnen.

donc alors parce que mais en plus
par conséquent c'est pourquoi si bien que
car puisque par ailleurs même si et puis

Grund	Folge
....	....
....	....
....	....
....	....

Widerspruch	neuer Aspekt
....	....
....	....
....	....

4 4/14 Comme vous, Carlos, Felix et Jenny apprennent le français. Ecoutez et cochez : vrai ou faux ?
Wie Sie lernen auch Carlos, Felix und Jenny Französisch. Hören Sie ihnen zu, und kreuzen Sie an, was richtig ist.

	vrai	faux
Carlos		
a. a appris le français à l'école		
b. est Américain		
c. voulait réactiver son français		
d. est architecte		
e. apprend le français pour voyager		
f. a une amie française		
g. fait des exercices		
h. regarde des films français		
Felix		
a. est Allemand		
b. ne parlait pas français		
c. doit parler français dans son métier		
d. adore la France		
e. trouve que les Français sont sympa		
f. n'a pas d'amis français		
Jenny		
a. a appris le français à l'école		
b. parlait bien français		
c. était vendeuse		
d. est à la retraite		
e. organise un jumelage		
f. envoie des mails		

S'entraîner

Training

5 Apprendre une langue, c'est comme un sport : il faut s'entraîner régulièrement ! Voici des possibilités pour garder votre niveau en français.

Eine Sprache zu lernen ist ein wenig wie Sport: Man muss regelmäßig trainieren, um fit zu bleiben. Hier finden Sie Möglichkeiten, um Ihr Niveau im Französischen zu halten.

● Vous pouvez écouter RFI, Radio France Internationale. RFI propose des reportages sur la France, des interviews, des infos en français facile et même des exercices de français. Vous pouvez également télécharger les podcasts des radios françaises. Son adresse : *www.rfi.fr*
(→ Leçon 2).

● Connaissez-vous TV5MONDE ? Cette chaîne de télévision francophone propose des émissions, des films et des informations en langue française. La plupart des films sont sous-titrés en français et on peut les comprendre facilement. Vous pouvez aussi regarder les émissions en français sur la chaîne ARTE ou par satellite. Et si vous aimez le cinéma, allez voir les films en version originale…

● Vous préférez la lecture ? Alors pourquoi ne pas acheter „Ecoute" ou la „Revue de la Presse" ? „Ecoute" et la „Revue de la Presse" proposent des articles intéressants. Les mots difficiles sont traduits, l'actualité est expliquée… Un excellent moyen de s'informer sur l'actualité en France !

● Les Instituts Français et Centres Franco-Allemands proposent des cours, des conférences, des concerts et des expositions. Vous pouvez également emprunter des livres, des CD, des DVD et des magazines dans leurs médiathèques.

● Pour communiquer confortablement de chez vous, vous pouvez aussi participer activement aux forums et aux débats qui ont lieu sur internet. Et puis, vous avez des sites internet qui vous donnent des informations sur la France.

● Vous préférez discuter tranquillement autour d'un verre de vin ? Vous avez peut-être dans votre ville un club franco-allemand. Et il y a sûrement un bistro, une crêperie ou un petit restaurant français ! Avec un peu de chance, vous pourriez y rencontrer des Français…

6 Quelles seraient pour vous les possibilités les plus agréables ?

Welche Möglichkeiten wären für Sie am angenehmsten? Bilden Sie Sätze mithilfe der Liste, und ordnen Sie sie nach Ihren Vorlieben.

émissions de radio   TV5 MONDE   Institut Français   magazine   internet   bistro

Je voudrais bien écouter la radio en français./ J'aimerais bien écouter la radio en français.

G Ist Ihnen aufgefallen, dass viele Wörter auf **-ment** enden? Die Endung auf **-ment** ist typisch für Adverbien. Adverbien brauchen Sie, um eine Tätigkeit näher zu beschreiben, während Sie mit Adjektiven einen Gegenstand oder eine Person beschreiben. Deswegen heißt es z. B.

un exercice facile *eine leichte Übung*
comprendre facilement *leicht verstehen*

Im Prinzip können Sie aus sehr vielen Adjektiven ein Adverb ableiten, und das geht so:

1. Adjektive, die auf Vokal enden:

Adjektiv + Endung -ment

facile → facilement *leicht*
vrai → vraiment *wirklich*

2. Adjektive, die auf Konsonant enden:

Feminine Form des Adjektivs + Endung -ment

gratuit → gratuite → gratuitement *kostenlos*

3. Adjektive, die auf **-ent** enden:

Adjektiv – Endung -ent + Endung -emment

intelligent → intellig + emment → intelligemment *intelligent(erweise)*

4. Adjektive, die auf **-ant** enden:

Adjektiv – Endung -ant + Endung -amment

élégant → élég + amment → élégamment *elegant*

Nicht alle Adverbien leiten sich aus Adjektiven ab, für einige gibt es Sonderformen, die Sie zum Teil schon kennen. Hier die wichtigsten:

Adjektiv	Adverb	
bon	bien	*gut*
meilleur	mieux	*besser*
mauvais	mal	*schlecht*
gentil	gentiment	*nett*
rapide	vite	*schnell*

7 Quel est l'adverbe des adjectifs suivants ?
Wie lauten die Adverbien zu folgenden Adjektiven?

a. agréable → ....
b. parfait → ....
c. difficile → ....
d. normal → ....
e. vrai → ....
f. affreux → ....
g. différent → ....
h. gentil → ....
i. sportif → ....

Übrigens: Zu **rapide** gibt es auch das Adverb **rapidement** – aber **vite** wird häufiger benutzt.

8 Complétez les phrases avec des adverbes.
Ergänzen Sie die Sätze mit den richtigen Adverbformen.

a. Venez .... (rapide), on est pressé !
b. Il parle .... (courant) l'anglais.
c. Ils ont été sympa et ils m'ont invité très .... (gentil) chez eux.
d. Il comprend tout et il travaille .... (intelligent).
e. Ce n'est pas difficile, on peut trouver .... (facile).
f. Pas de problème : je comprends .... (parfait).

Des amis dans le monde entier

Freunde auf der ganzen Welt

9 Quand on parle français, on peut avoir des amis dans le monde entier. Et si on ne se voit pas très souvent, on peut toujours s'écrire.
Wer Französisch spricht, kann auf der ganzen Welt Freunde haben. Selbst wenn man sich nicht sehr oft sieht, kann man sich immer noch schreiben. Lesen Sie und ordnen Sie die Anlässe zu.

zu Weihnachten   zum Geburtstag
zum neuen Jahr   Dank für ein Geschenk
Dank für einen Besuch   ein Urlaubsgruß

Chère Birgit, cher Christian,
Nous sommes en Martinique où nous passons des vacances merveilleuses : plages immenses, belles forêts tropicales, petits ports charmants et aussi des plats délicieux… Malheureusement, il faut bientôt rentrer et reprendre le travail !
Nous espérons que vous êtes en forme et que nous nous verrons bientôt. Grosses bises,
Lucie et Jacques

Cher amis,
Nous sommes enchantés de notre séjour chez vous et nous garderons un excellent souvenir des bons moments passés ensemble.
Nous vous remercions très sincèrement et nous espérons avoir le plaisir de vous recevoir bientôt chez nous ! La maison vous est ouverte. Nous vous embrassons ainsi que vos enfants,
Driss et Aïcha

Chère Madame Eberle,
Bonne et heureuse année ! Tous mes vœux de joie, succès et santé à vous et votre famille pour la nouvelle année. Bien amicalement,
Amadou

Cher Andi,
Joyeux anniversaire !
Nous pensons bien à toi et nous te souhaitons de passer une belle journée avec ta famille et tes amis ! Nous espérons que ton petit cadeau te fera plaisir et maintenant… ouvre vite ta surprise ! Grosses bises,
Jean et Lili

PS: Salue bien tes parents de notre part !

Wenn Sie von Ihren französischsprachigen Freunden Briefe bekommen, werden Sie sich vielleicht ein wenig wundern: Der Tonfall ist meist viel weniger locker als im Deutschen, stattdessen wird auf ausgesuchte Formulierungen Wert gelegt. Glückwünsche und Dank klingen für deutsche Ohren schon überschwänglich. Die Franzosen wissen allerdings, dass sie einen besonderen Stil pflegen, und erwarten nicht dasselbe von Ihnen – haben Sie also keine Befürchtungen, wenn Ihnen die entsprechenden Formulierungen im Französischen nicht ganz so leicht aus der Feder fließen.

G Es gibt unzählige Möglichkeiten, seine Freundschaft zum Ausdruck zu bringen. Ob per Brief oder E-Mail, jeder freut sich über eine kleine Nachricht. Hier einige Möglichkeiten, einen Brief oder eine Karte zu beginnnen:

Madame, Monsieur,	*Sehr geehrte Damen und Herren,*
Chère Madame Bach, cher Monsieur Bach,	*Liebe Frau Bach, lieber Herr Bach,*
Chers amis,	*Liebe Freunde,*
Chère Anna, cher Peter,	*Liebe Anna, lieber Peter,*
Ma chère Anna, mon cher Peter,	*Meine liebe Anna, mein lieber Peter,*

Unter jedem Brief steht auch eine Schlussformel – davon gibt es im Französischen unzählige Varianten. Wir stellen Ihnen hier einige wichtige vor und fangen dabei mit der förmlichsten an:

Avec mes meilleures salutations	*Mit freundlichen Grüßen*
Bien amicalement	*Herzliche Grüße*
Amitiés	*Liebe Grüße*
Très cordialement	*Herzlichst*
Nous vous embrassons	*Wir umarmen euch*
Grosses bises	*Dicke Küsschen*

Das deutsche dein(e) bzw. Ihr(e), z. B. „Viele Grüße, deine Anna" findet sich in französischen Schlussformeln kaum, man unterschreibt nur mit dem Namen.

10 Relisez bien les cartes et retrouvez les formules pour exprimer ce qui suit :
Lesen Sie die Karten noch einmal, und suchen Sie heraus, wie Sie folgende Anliegen formulieren können:

a. sich bedanken
b. mitteilen, dass Sie sich freuen
c. jemanden einladen
d. jemandem etwas wünschen
e. Grüße ausrichten

11 Le **futur simple**. Complétez la grille des verbes au futur.
Nun lernen Sie eine zweite Form der Zukunft, das **futur simple**, kennen. Lesen Sie die Grammatik, und ergänzen Sie dann die Verbtabelle mit den Futurformen.

	tu	**il**	**vous**	**ils**
faire	....	....	....	....
regarder	....	....	....	....
être	....	....	....	....
avoir	....	....	....	....
prendre	....	....	....	....
choisir	....	....	....	....
venir	....	....	....	....
savoir	....	....	....	....
aller	....	....	....	....

G Bei der großen Gruppe der Verben auf **-er** wird das **futur simple** folgendermaßen gebildet:

Infinitiv	+ **Endung**	= **futur simple**	
	ai	je parlerai	[ʒəparləʀɛ]
	as	tu parleras	[typarləra]
	a	il parlera	[ilparləra]
parler	ons	nous parlerons	[nuparlərõ]
	ez	vous parlerez	[vuparləre]
	ont	ils parleront	[ilparlərõ]

Bei den Verben auf **-re** und **-ire** entfällt das **-e** des Infinitivs: **descendre → je descendrai, lire → je lirai.**

Bei den Verben auf **-eler**, **-eter**, **-ener** ... geht man von der 1. Person Singular aus:
appeler → j'appelle → j'appellerai, acheter → j'achète → j'achèterai, se promener → je me promène → je me promènerai

Natürlich gibt es eine Reihe unregelmäßiger Verben. Hier die wichtigsten:

être *sein* → je serai
avoir *haben* → j'aurai
aller *gehen* → j'irai
faire *machen* → je ferai

pouvoir *können* → je pourrai
savoir *wissen* → je saurai
vouloir *wollen* → je voudrai
devoir *sollen* → je devrai

venir *kommen* → je viendrai
tenir *halten* → je tiendrai
voir *sehen* → je verrai

G Eine Form des Futurs, das **futur composé**, kennen Sie schon: Erinnern Sie sich? **je vais** + Infinitiv (→ Lektion 10). Luc und Béatrice wollten ihre Wohnung renovieren. Ihr Vorhaben wurde auch gleich verwirklicht:

On va rénover l'appartement.
Wir werden die Wohnung renovieren.

Sie wissen also schon, dass Sie ein **futur composé** verwenden, wenn etwas unmittelbar bevorsteht. Oft stehen in solchen Sätzen auch Adverbien wie **maintenant** *jetzt* oder **tout de suite** *sofort:*

On va tout de suite te téléphoner.
Wir rufen dich sofort an.

Außerdem verwendet man das **futur composé**, wenn man etwas vorhersieht oder vorhersagt, bei Prognosen und Prophezeihungen:

Demain, il va pleuvoir !
Morgen wird es regnen.
Tu manges trop, tu vas être malade !
Du isst zu viel, du wirst noch krank!

Ein **futur simple** drückt eine feste Absicht, ein festes Vorhaben aus:

L'année prochaine je serai à Paris.
Nächstes Jahr werde ich in Paris sein.

Mit einem **futur simple** kann man auch ein feierliches Versprechen geben. Es steht dann häufig in Verbindung mit **toujours** *immer,* **ne … plus** *nicht … mehr* oder **ne … jamais** *nie.*

Je t'aimerai toujours.
Ich werde dich immer lieben.

Mag die Absicht auch noch so fest und das Versprechen noch so ernst gemeint sein – ob die Absichten wirklich umgesetzt werden, darüber sagt das **futur simple** nichts aus!

12 Mike et Susan sont Américains et ils rêvent d'aller en France. Complétez leurs projets.
Mike und Susan sind Amerikaner und träumen davon, nach Frankreich zu fahren. Ergänzen Sie mit den Verben im **futur simple**, was die beiden vorhaben:

Un jour, nous .... (aller) à Paris. Nous .... (habiter) dans un petit appartement pas confortable et nous ....(être) étudiants à la Sorbonne. Nous ....(avoir) beaucoup d'amis et le soir, nous .... (écouter) du jazz ou nous .... (prendre) un verre à la terrasse d'un café.

Le dimanche, nous .... (visiter) Paris et nous .... (aller) au restaurant. Nous .... (louer) une voiture et nous .... (découvrir) la France.

Quand nous .... (rentrer) aux Etats-Unis, nous ....(parler) bien français et nous .... (avoir) beaucoup de souvenirs.

13  Quelles bonnes résolutions prendrez-vous pour apprendre une langue ?
Welche guten Vorsätze fassen Sie, wenn Sie eine Sprache lernen? Formulieren Sie sie:

a. parler français très souvent
   Je parlerai français très souvent.
b. ne pas mettre ses CD dans une armoire
c. acheter des magazines français et les lire
d. regarder des films français
e. aller souvent en France
f. écrire régulièrement à ses amis français
g. travailler un peu tous les jours
h. faire plusieurs fois les exercices
i. ne plus boire d'alcool pendant les exercices
j. accepter de faire des erreurs

14 Que ferez-vous quand vous irez en France ?
Was werden Sie in Frankreich tun? Schreiben Sie Sätze im **futur simple**.

~~parler~~ être comprendre prendre visiter aller faire boire manger jouer

a. Je parlerai français.
b. .... les monuments.
c. .... l'apéritif tous les jours.
d. .... des plats régionaux.
e. .... du champagne.
f. .... au restaurant.
g. .... à la pétanque.
h. .... du camping au bord de la mer.
i. Je ne .... pas tout mais
je .... très heureux/se.

Et pour finir…
Letzte Übungsrunde

15 A Avignon, le comité de jumelage est en train de préparer la prochaine visite des Allemands : mettez les verbes de la liste à la bonne place et conjuguez-les.
In Avignon ist das Städtepartnerschaftskomitee gerade dabei, den nächsten Besuch der Deutschen zu planen. Ergänzen Sie die passenden Verben aus der Liste in der richtigen Form.

arriver avoir découvrir déjeuner dîner être faire plaire pouvoir venir visiter

Association franco-allemande d'Avignon

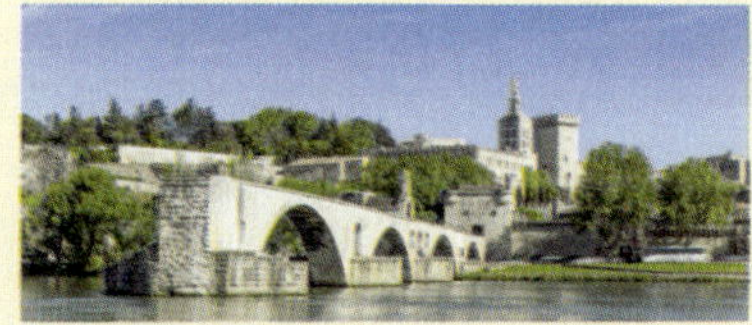

Comité de jumelage Avignon, le 10 avril 2022

Chers amis allemands,

Nous sommes très heureux de vous accueillir bientôt et voici donc notre petit programme pour votre venue. Nous avons bien noté que vous .... le 14 mai à 8 h 40. Les familles d'accueil françaises .... vous chercher à la gare, la matinée .... libre. Vers midi nous .... ensemble à la mairie. Puis, nous .... une visite guidée de la vieille ville à pied. Le soir, vous .... dans les familles d'accueil.
Le 15 mai, nous .... une petite excursion : le matin, Français et Allemands visiteront les vignobles et .... le vin de notre région : le châteauneuf-du-pape. A midi, pique-nique au bord du Rhône et l'après-midi nous .... ensemble le palais des Papes.
Le 16 mai: vous .... rester dans les familles ou faire des emplettes dans le centre-ville.
Nous espérons que le programme de cette année vous .... et nous vous attendons impatiemment ! Très cordialement,
Vos amis d'Avignon

16 Que continuerez-vous à faire pour garder votre niveau en français ?
Was werden Sie weiterhin tun, um Ihr Französischniveau zu halten?

a. **regarder des films français**	**Je regarderai des films français.**
b. écrire des lettres en français	....
c. expliquer ses habitudes	....
d. réserver une chambre d'hôtel en France	....
e. parler de son travail en français	....
f. aller souvent en France	....
g. acheter des magazines français	....

DE NOMBREUX PAYS, UNE LANGUE

La Martinique

Christophe Colomb a découvert l'île de la Martinique en 1502. Il y fait beau toute l'année, mais il y a des cyclones en septembre et en octobre ! Pour mieux visiter l'île, vous pouvez louer une voiture et découvrir les cultures de canne à sucre, bananes ou ananas…
La Martinique est aussi une île idéale pour les sportifs : voile, surf ou randonnées dans les forêts tropicales… Et pour vous détendre, vous pouvez faire des promenades en mer ou prendre un punch-coco sur une plage blanche…

La Tunisie

Derrière les maisons blanches aux portes bleues, il y a des jardins de rêve : fleurs de jasmins et de mimosas entre les cyprès verts… Dans les villes, visitez le musée du Bardo à Tunis ou la belle mosquée de Kairouan. Dans les petites boutiques de la Médina, la vieille ville, vous pourrez acheter des poteries vertes, jaunes et bleues, des figues, des dattes ou de la confiture de fleurs d'orangers.

Le Québec

Les premiers habitants du Québec venaient de France. Traverser l'Atlantique au 16e siècle et arriver dans un pays immense où il peut faire - 40 ° et où il tombe trois mètres de neige, c'était une aventure ! La vie était dure mais les Québécois ont appris à aimer leur grand pays. Quand on voit les forêts rouges, vertes et jaunes à l'automne et le bleu des grands lacs, on les comprend…

Le Sénégal

Au Sénégal, vous pourrez faire des safaris-photos, des promenades en pirogue sur le Saloum ou voir l'arrivée des pêcheurs, le soir au bord du Lac Rose… A Dakar, goûtez sur les marchés les fruits, les poissons et les plats de riz délicieux. Savez-vous qu'il y a aussi une des universités les plus importantes d'Afrique ? Et pour mieux comprendre le Sénégal, lisez la poésie de son premier président, Léopold Sédar Senghor…

l'île *f die Insel* **le cyclone** *der Wirbelsturm* **la canne à sucre** *das Zuckerrohr* **la banane** *die Banane* **la voile** *das Segeln* **le surf** *das Surfen* **le punch-coco** Cocktail mit Rum, Vanille und Kokosmilch **le jasmin** *der Jasmin* **le mimosa** *die Mimose* **le cyprès** *die Zypresse* **la mosquée** *die Moschee* **la Médina** *die Altstadt* **la poterie** *das Tongeschirr* **la figue** *die Feige* **la datte** *die Dattel* **l'oranger** ***m*** *der Orangenbaum* **l'habitant** ***m*** *der Einwohner* **l'Atlantique** ***m*** *der Atlantik* **le siècle** *das Jahrhundert* **le mètre** *der Meter* **la neige** *der Schnee* **le Québécois** *der Einwohner von Québec* **l'automne** *f der Herbst* **le lac** *der See* **l'habitant** ***m*** *der Einwohner* **l'Atlantique** ***m*** *der Atlantik* **le siècle** *das Jahrhundert* **le mètre** *der Meter* **la neige** *der Schnee* **le Québécois** *der Einwohner von Québec* **l'automne** *f der Herbst* **le lac** *der See* **le safari-photo** *die Fotosafari* **la pirogue** *die Piroge* **le pêcheur** *der Fischer* **le bord** *das Ufer* **le marché** *der Markt* **l'Afrique** *f Afrika* **goûter** *probieren* **le riz** *der Reis* **le président** *der Präsident*

Neue Formen und Strukturen

1. Sagen, dass Sie etwas brauchen

J'ai besoin d'eau. *Ich brauche Wasser.*
Tu as besoin de la clé ? *Brauchst du den Schlüssel?*
Il en a besoin tout de suite. *Er braucht es sofort.*

2. Gedankliche Zusammenhänge ausdrücken

1. Etwas begründen

parce que *weil*
c'est pourquoi *deshalb, deswegen, darum*
car *denn*
puisque *da*

2. Eine Folge ausdrücken

alors *da, dann*
donc *also, demnach, demzufolge*
par conséquent *folglich, infolgedessen*
si bien que *sodass*

3. Einen Widerspruch ausdrücken

mais *aber*
même si *selbst wenn*

4. Einen neuen Aspekt einführen

en plus *außerdem*
par ailleurs *außerdem*
et puis *und außerdem*

3. Die Adverbien

So bilden Sie Adverbien aus Adjektiven:

1. Adjektive, die auf Vokal enden:

Adjektiv + Endung -ment

facile → facilement *leicht*
vrai → vraiment *wirklich*

2. Adjektive, die auf Konsonant enden:

Feminine Form des Adjektivs + Endung -ment

gratuit → gratuite → gratuitement *kostenlos*

3. Adjektive, die auf **-ent** enden:

Adjektiv – Endung -ent + Endung -emment

intelligent → intellig + emment → intelligemment *intelligent(erweise)*

4. Adjektive, die auf **-ant** enden:

Adjektiv – Endung -ant + Endung -amment

élégant → élég + amment → élégamment *elegant*

Für einige Adverbien gibt es Sonderformen. Hier die wichtigsten:

Adjektiv	Adverb	
bon	bien	gut
meilleur	mieux	besser
mauvais	mal	schlecht
gentil	gentiment	nett
rapide	vite	schnell

4. Briefe schreiben

1. die Anrede

Madame, Monsieur,	*Sehr geehrte Damen und Herren,*
Chère Madame Bach, cher Monsieur Bach,	*Liebe Frau Bach, lieber Herr Bach,*
Chers amis,	*Liebe Freunde,*
Chère Anna, cher Peter,	*Liebe Anna, lieber Peter,*
Ma chère Anna, mon cher Peter,	*Meine liebe Anna, mein lieber Peter,*

2. die Schlussformel

Avec mes meilleures salutations	*Mit freundlichen Grüßen*
Bien amicalement	*Herzliche Grüße*
Amitiés	*Liebe Grüße*
Très cordialement	*Herzlichst*
Nous vous embrassons	*Wir umarmen euch*
Grosses bises	*Dicke Küsschen*

5. Zukünftiges ausdrücken (II): Das *futur simple*

Verben auf **-er**:

Infinitiv	+ **Endung**	= **futur simple**	
	ai	je parlerai	[ʒəparləʀɛ]
	as	tu parleras	[typarləʀa]
	a	il parlera	[ilparləʀa]
parler	ons	nous parlerons	[nuparləʀõ]
	ez	vous parlerez	[vuparləʀe]
	ont	ils parleront	[ilparləʀõ]

Bei den Verben auf **-re** und **-ire** entfällt das **-e** des Infinitivs: **descendre** → **je descendrai, lire** → **je lirai**.

Bei den Verben auf **-eler**, **-eter**, **-ener** ... geht man von der 1. Person Singular aus: appeler → j'appelle → j'appellerai, acheter → j'achète → j'achèterai, se promener → je me promène → je me promènerai

Sonderformen → Verbtabellen im Begleitbuch

6. *Futur simple* oder *futur composé*?

Das **futur composé** verwendet man, wenn
1. etwas unmittelbar bevorsteht, oft zusammen mit **maintenant** oder **tout de suite**:

   On va tout de suite te téléphoner. *Wir rufen dich sofort an.*

2. man etwas vorhersagt oder prophezeit:

   Tu manges trop, tu vas être malade ! *Du isst zu viel, du wirst noch krank!*

Das **futur simple** verwendet man, um
1. eine feste Absicht, ein festes Vorhaben auszudrücken:

   L'année prochaine, je serai à Paris. *Nächstes Jahr werde ich in Paris sein.*

2. ein feierliches Versprechen zu geben:

   Je t'aimerai toujours. *Ich werde dich immer lieben.*

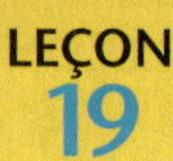

Voyage, voyage...

Reisen

In dieser Lektion lernen Sie, Anzeigen von Reiseagenturen zu verstehen, sich am Bahnhof Auskunft zu holen und in einer Agentur ein Auto zu mieten, schließlich über verschiedene Reisemöglichkeiten zu reden und Bedingungen auszudrücken: reale und unerfüllbare mit dem *conditionnel*. Dazu bietet sie eine kleine Wiederholung des *futur*.

WORTSCHATZ: **Reisebedingungen, Zug, Haus- und Automieten**

Chacun choisit sa **formule** de vacances... Les uns organisent tout **à l'avance**, louent une **villa** pour trois semaines sur la Côte et en profitent pour se relaxer. Les autres font **un circuit** ou prennent le train et partent avec leur **sac à dos** à l'aventure : un simple **billet aller-retour** et on **se change les idées** ! Les troisièmes aiment leur indépendance : ils réfléchissent sur un **itinéraire**, louent un **véhicule** et découvrent la région à leur rythme. A quelle catégorie appartenez-vous ? Surtout, on fait tout pour éviter les mauvaises surprises : qui **voudrait rater** son train ou **tomber en panne** sur la route ! Donc, pour passer de bonnes vacances, certaines conditions doivent être remplies...

Jeder wählt seine Art zu reisen ... Die einen planen alles **im Voraus**, mieten eine **Villa** für drei Wochen an der Riviera und genießen es zu relaxen. Die anderen machen eine **Rundreise** oder nehmen den Zug und stürzen sich mit ihrem **Rucksack** ins Abenteuer: einfach **Hin- und Rückfahrkarte** kaufen, und schon **kommt man auf andere Gedanken**! Die dritten lieben ihre Unabhängigkeit: Sie überlegen sich eine **Reiseroute**, mieten ein **Fahrzeug** und entdecken die Region nach ihrem Rhythmus. Zu welcher Kategorie gehören Sie? Vor allem macht man das alles, um keine unangenehmen Überraschungen zu erleben: Wer **möchte** schon seinen Zug **verpassen** oder eine **Panne** auf der Landstraße haben! Also, um schöne Ferien zu verbringen, müssen bestimmte Voraussetzungen erfüllt worden sein ...

En vacances

Im Urlaub

1 Quel texte va avec quelle photo ?
Welches Foto passt zu welchem Text? Ordnen Sie die 3 Fotos zu.

1

2

3

a.

Villa à 5 km env. de la plage, 8 pers,
jardin 1000 m², piscine 50 m²
4 chbres (4 lits de 2 pers) + 1 canapé-lit ds le séjour
cuis. équipée : micro-ondes, congél., lave-vaisselle
ménage final compris
location min. : 2 sem., à louer tte l'année

b.

Aller-retour Paris Marseille : 4 heures
Aller-retour Paris Saint-Nazaire : 3 heures
Familles : billets à tarif réduit
60 ans et plus : 50 % de réduction
Forfait train + hôtel le week-end
réservation 24 heures à l'avance et par internet

c.

Kilométrage illimité
Assurance de base : vol, incendie, bris de glaces
Remplacement immédiat du véhicule en cas d'accident
Service dépannage 24 heures sur 24
Conditions : avoir son permis de conduire depuis un an.

2 Les annonces, il faut savoir les déchiffrer ! Remplacez les abréviations par le mot complet.
Anzeigen muss man erst einmal entziffern können! Wofür stehen folgende Abkürzungen?

pers. ....
km ....
env. ....
chbre ....
ds ....
cuis. ....
congél. ....
min. ....
sem. ....
tte ....

3 Quels sont les mots ou expressions manquants ? Complétez.
Welche Wörter oder Ausdrücke fehlen hier? Ergänzen Sie.

aller-retour assurance dépannage forfait illimité permis de conduire rails réduction tarif un jour à l'avance

Si on a un petit problème sur la route, on peut téléphoner au service de ....
Quand on réserve un jour avant le départ, on réserve ....
On paye moins cher quand on a une ....
Quand on a un ...., tout est compris.
Quand on part et qu'on revient dans la même ville, on fait un ....
Une .... est très importante quand on a un accident.
Le train fonctionne sur des ....
Le conducteur d'une voiture doit toujours l'avoir sur lui : le ....
On peut faire beaucoup de kilomètres avec un kilométrage ....
On paye moins cher si on a un .... spécial.

Le circuit en Corse

Eine Rundreise auf Korsika

4 4/16 Anne et Charlie sont en train de planifier leurs vacances. Ecoutez le dialogue et cochez ce qui est juste.

Anne und Charlie planen gerade ihre Ferien und sind sich jedoch nicht ganz einig über die verschiedenen Angebote. Hören Sie den Dialog, und kreuzen Sie an, was richtig ist.

Anne :

- voudrait faire une croisière. ☐
- voudrait aller dans un club de vacances. ☐
- a tout compris. ☐
- aime faire du camping. ☐
- a peur des moustiques. ☐
- a besoin de se reposer. ☐

Charlie :

- n'aime pas les croisières et les clubs de vacances. ☐
- voudrait partir sac au dos. ☐
- a besoin de se changer les idées. ☐
- accepte de faire un circuit. ☐
- accepte d'aller en Corse. ☐
- va regarder le catalogue. ☐

Qu'apprenez-vous sur le voyage ?

- La croisière propose des forfaits. ☐
- Le club propose des forfaits. ☐
- Pour avoir un tarif intéressant, il faut réserver à l'avance. ☐
- Pour partir il faut réserver trois mois à l'avance. ☐
- Il y a des vols de départ le vendredi soir. ☐
- Le départ est le samedi soir. ☐
- Le circuit organise tout sur place. ☐
- L'hôtel organise tout sur place. ☐
- Le circuit propose des itinéraires. ☐
- Dans le catalogue il y a une carte détaillée. ☐

5 4/17 Ecoutez le CD et lisez le texte, puis complétez le dialogue.

Hören Sie die CD an, und lesen Sie mit. Ergänzen Sie dann den Dialog.

- Cette année, on pourrait faire une .... ou aller dans un club de vacances : ils font des forfaits et tout est .... !
- Mmm…
- J'aimerais bien aller en Corse… Si on .... 9 jours, on .... faire le tour de l'île et on .... même le temps de faire des randonnées et de nous baigner! Et si on prend le vol du vendredi soir, on .... une journée. En plus, si on réserve trois mois .... , ils proposent des tarifs assez intéressants.
- Moi je préférerais .... sac au dos…
- Ah non ! Fini les .... de jeunesse, le sac de couchage et les moustiques sous la tente !
- Mais… Il y a des moustiques en Corse ?!
- Ecoute mon chéri, ... vacances, de me reposer, de me changer les idées ! Mais si tu .... , on fait un circuit. Comme ça, eux ils .... tout sur place !
- Pourquoi pas. .... qu'ils proposent comme itinéraires ?
- Tiens, regarde le .... , il y a une belle carte détaillée avec tous les hôtels !

6 Quels mots manquent ? Complétez les phrases.
Welche Wörter fehlen? Ergänzen Sie die Sätze!

a. La croisière et le club proposent des ....

b. En 9 jours, on peut faire le .... de l'île.

c. Il y a des .... de départ le vendredi soir.

d. Si on réserve trois mois à l'avance, ils proposent des .... intéressants.

e. Anne n'aime pas dormir sous la ....

f. Si on fait un .... , ils organisent tout sur place.

g. Le circuit propose plusieurs ....

h. Dans le catalogue, il y a une belle carte ....

7 Sport ou plutôt confort ? Classez les expressions et les activités par catégorie.
Sportlich oder lieber bequem? Ordnen Sie die Aktivitäten der passenden Kategorie zu.

dormir sous la tente | se reposer | faire un circuit | aller dans un hôtel | faire un itinéraire | faire une croisière | prendre un forfait | faire des randonnées | se baigner | faire le tour d'un pays | partir sac au dos | aller dans un club de vacances | dormir dans un sac de couchage

Les vacances sportives :	Les vacances confort :
....	....
....	....
....	....
....	....
....	....
....	
....	
....	

G Die reale Bedingung

Si drückt eine Bedingung aus. Wenn diese Bedingung real ist und erfüllt werden kann, nimmt man im Hauptsatz das *présent*, das *futur simple* oder den *impératif*:

Si*-Satz mit *présent	**Hauptsatz mit *présent, futur simple* oder *Impératif***
Si on réserve trois mois à l'avance, *Wenn wir drei Monate vorher reservieren,*	ils proposent des tarifs intéressants. *bieten sie preiswerte Angebote.*
Si on prend le vol du vendredi, *Wenn wir den Flug am Freitag nehmen,*	on gagnera une journée. *werden wir einen Tag gewinnen.*
Si vous partez en juillet, *Wenn Sie im Juli fliegen,*	réservez votre hôtel. *reservieren Sie Ihr Hotel!*

Haben Sie es bemerkt? In den Satzteilen des französischen Bedingungssatzes verändert sich sich die Wortstellung nicht wie im Deutschen:

Nebensatz:
On prend le vol du vendredi. → Si on prend le vol du vendredi, ...
Wir nehmen den Flug am Freitag. → *Wenn wir den Flug am Freitag nehmen, ...*

Hauptsatz:
On gagnera une journée. → ... on gagnera une journée.
Wir gewinnen einen Tag. → *... werden wir einen Tag gewinnen.*

8 A l'agence de voyage, Anne obtient des renseignements. Complétez et conjuguez.
Im Reisebüro erhält Anne ausführliche Auskunft. Ergänzen und konjugieren Sie.

Exemple : (choisir/organiser)
Si vous choisissez le circuit, nous organiserons tout.

a. Je vous .... (conseiller) la Corse, ... vous .... (préférer) la croisière.
b. Vous .... (gagner) du temps, ... vous .... (prendre) l'avion le vendredi.
c. ...... vous .... (faire) cet itinéraire, vous .... (avoir) deux randonnées.
d. ...... vous .... (regarder) bien la carte, vous .... (voir) où est votre hôtel.
e. ...... vous .... (réserver) aujourd'hui, je vous .... (faire) 5 % de réduction.
f. ...... vous .... (louer) un véhicule, n'............................ (oublier) pas votre permis de conduire.
g. ...... il y ...... (avoir) un problème, ...-moi. (téléphoner)
h. Et ...... vous me .... (donner) votre adresse, je vous .... (envoyer) toujours notre catalogue.

Wissen Sie noch? Bei **il** oder **ils** wird **si** zu **s'**: **S'il vient.** *Wenn er kommt.*
Jedoch nicht bei **elle, elles** oder **on**: **Si on réserve demain…** *Wenn wir morgen reservieren …*

9 4/18 **Si** ou **s'** ? Ecoutez et cochez.
Hören Sie zu, und kreuzen Sie an, ob es sich um **si** oder s' handelt.

	a.	b.	c.	d.	e.	f.	g.	h.
Si								
S'								

A la gare

Auf dem Bahnhof

10 4/19 Marc lui, a choisi une autre formule : il visite la France avec son sac à dos et en train.
Marc hat eine andere Art zu reisen gewählt: Er macht eine Rucksackreise mit der Bahn.

- Je voudrais un aller simple pour Dijon, s'il vous plaît.
- En seconde ?
- Oui. Pour Dijon, il faut changer ?
- Vous avez un train direct dans 7 minutes mais ce serait avec un supplément.
- Oh ! Vous pourriez me le faire rapidement ? Je ne voudrais pas rater mon train !
- Voilà. 17,60 Euros s'il vous plaît. Merci. Et n'oubliez pas de composter votre billet !
- Au revoir Madame !

„Le train à destination de Dijon entre en gare. Correspondance pour Lyon, quai numéro 2, voie 3. Eloignez-vous du quai s'il vous plaît ! Attention au départ !"

11 Quelle est la situation ? Cochez dans la colonne vrai ou faux.
Worum geht es hier? Kreuzen Sie an, ob die Aussagen richtig oder falsch sind.

	vrai	faux
Marc est à la gare.		
Marc voyage seul.		
Marc veut un aller-retour pour Dijon.		
En première classe.		
Il prend un direct pour Dijon.		
Le train part dans 17 minutes.		
Marc doit payer un supplément.		
Il a raté son train.		
Il doit composter son billet.		

12 4/20 Décidez si ce que vous entendez est dit avant, pendant ou à la fin d'un voyage.
Entscheiden Sie, ob das, was Sie hören, vor, während oder am Ende einer Reise gesagt wurde.

avant pendant après

a. .... f. ....
b. .... g. ....
c. .... h. ....
d. .... i. ....
e. .... j. ....

13 Le **conditionnel I**. Lisez les informations dans la grammaire. Complétez avec les verbes conjugués.
Das **conditionnel 1**. Lesen Sie die Informationen in der Grammatik. Ergänzen Sie dann mit den passenden Formen.

	Futur	Futurstamm	conditionnel
aimer	nous aimerons	aimer-	nous aimerions
vouloir	ils voudront	....................................-	ils ....
payer	nous	payer-	vous ....
choisir	nous	....................................-	nous choisirions
prendre	je	....................................-	je ....
dormir	elle	....................................-	elle ....
pouvoir	tu	pourr-	tu ....
partir	on	....................................-	on partirait
être	vous	....................................-	vous ....
avoir	j'aurai	....................................-	j'....................................
devoir	tu	devr-	tu ....

G Diese Verbformen – **conditionnel 1** genannt – sind Ihnen sicher noch bekannt : voudrais, pourriez...
Wissen Sie noch ? Das **conditionnel** benutzt man, um höfliche Bitten, Wünsche und Ratschläge auszudrücken:

Je voudrais un aller-retour. — *Ich hätte gern eine Hin- und Rückfahrkarte.*
Vous pourriez me faire une réservation ? — *Könnten Sie mir einen Platz reservieren ?*

Das **conditionnel** benutzt man auch, um Zweifel oder unsichere Annahmen zu äußern:
Il serait malade. — *Er soll krank sein.*

Das **conditionnel** benutzt man außerdem, wie wir gleich sehen werden, um Bedingungen auszudrücken.

G Und so wird das **conditionnel** gebildet :
Man nimmt den gleichen Stamm wie beim **futur** (siehe Grammatikübersicht) und hängt eine **imparfait**-Endung (siehe Grammatikübersicht) an.

Futur	futur-Stamm	+ imparfait-Endung
vous pourrez	pourr-	vous pourriez
je voudrai	voudr-	je voudrais
ça ira	ir-	ça irait
ce sera	ser-	ce serait

Die Sonderformen einiger Verben (besonders unregelmäßiger) werden sehr häufig gebraucht. Sie sollten die Stammformen also unbedingt lernen:

être → ser-
avoir → aur-
pouvoir → pourr-
etc.

14 Voyage-surprise : dans cette famille, on aime rêver et faire plaisir. Complétez, puis mettez les phrases dans le bon ordre.
Überraschungsreise: In dieser Familie träumt man gern und liebt Überraschungen. Ergänzen Sie die Verbendungen. Nummerieren Sie dann die Sätze so, dass sich eine Geschichte ergibt.

..... Puis, on appeller....... ma mère et on lui demander....... de s'occuper des enfants.

..... Un soir, on regarder....... de belles photos et on rêver....... un peu.

..... Ils aur............. justement deux billets sur un vol pas cher.

..... Le soir, je mettr....... les deux billets sur la table et tu aur....... une jolie surprise.

..... Sans t'en parler, je téléphoner....... à une agence.

..... Ah oui, ce ser....... vraiment une bonne idée !

..... J'ir....... à l'agence, je réserver....... et signer....... immédiatement.

..... Alors, je te demander....... de m'accompagner.

15 4/21 Exprimez poliment quelques souhaits ou demandes. Peut-être que certains se réaliseront… Formulez des phrases.
Wenn man Wünsche oder Bitten höflich ausdrückt, geht vielleicht manches auch in Erfüllung. Formulieren Sie Sätze.

a. vouloir apprendre le français avec moi ?
Tu voudrais apprendre le français avec moi ?

b. avoir envie de travailler aux Antilles ?

....

c. partir avec ma mère en vacances ?

....]

d. aller à Paris avec moi quelques jours ?

....

e. faire un petit tour en montagne ce week-end ?

....

....

f. aimer faire un circuit au Québec ?

....

g. pouvoir inviter des amis samedi ?

....

h. me réserver une place à côté de toi ?

....

i. nous prendre un billet en première ?

....

j. nous organiser l'itinéraire du voyage ?

....

La voiture de location

Die Autovermietung

16 4/22 Certains préfèrent louer une voiture et planifier eux-mêmes leur itinéraire. Ecoutez puis cochez : vrai ou faux ?

Manche mieten lieber ein Auto und legen ihre Reiseroute selbst fest. Hören Sie den Dialog in einer Mietwagenfirma, und entscheiden Sie, ob die Aussagen richtig oder falsch sind.

	vrai	faux
Le client veut louer une grosse voiture.	■	■
Le client a besoin d'une voiture pour une semaine.	■	■
Le client va prendre le forfait pour une semaine.	■	■
Il prend l'assurance tous risques.	■	■
Il doit payer un supplément de 30 euros.	■	■
L'agence a justement une Clio.	■	■
La voiture n'a pas la climatisation.	■	■
L'agence remplace les véhicules qui sont en panne.	■	■
L'agence n'a pas de service de dépannage.	■	■
L'agence contrôle régulièrement ses véhicules.	■	■
Il faut rendre la voiture avec le plein d'essence.	■	■

17 4/23 Ecoutez le CD et lisez le texte, puis complétez le dialogue.

Hören Sie die CD an, und lesen Sie mit. Ergänzen Sie dann den Dialog.

- Bonjour ! Je voudrais .... une voiture, type Clio ou Fiat Uno, s'il vous plaît.
- Ah, vous avez de la chance ! J'ai justement un désistement : une petite Clio avec radio et .... Vous la voulez pour combien de .... ?
- Pour 5 jours.
- Pour une semaine, on fait un .... : le tarif serait plus intéressant…
- Très bien. Alors, ... pour le forfait.
- Et puis moi, si j'étais vous, je prendrais .... tous risques. Il y a un petit .... de 30 euros mais comme ça vous serez tranquilles.
- Bon d'accord.
- Et si vous tombiez en ...., nous remplacerions le véhicule immédiatement. Mais cela m'étonnerait : notre service de .... contrôle le moteur des véhicules très régulièrement ! Je peux voir votre .... ? Merci. Je vais vous demander une petite signature, là. Bon. Voilà les papiers de la voiture, les clés… Vous la rendez avec le .... d'essence. Et maintenant, venez avec moi sur le ...., on va la voir ensemble.

G Die Bedingungssätze in der Gegenwart

Wenn die Bedingungen real sind, das heißt, wenn die Bedingung erfüllt werden kann, macht man Folgendes:

Man nimmt für die Bedingung **si + imparfait** und für den Hauptsatz das **conditionnel**.

Bedingungssatz *Si + imparfait*	**Hauptsatz** *conditionnel*
Si j'étais vous, *Wenn ich Sie wäre,*	je **prendrais** l'assurance tous risques. *würde ich die Vollkaskoversicherung nehmen.*
Si vous **aviez** une panne, *Sollten Sie eine Panne haben,*	nous **remplacerions** le véhicule. *würden wir Ihnen ein anderes Auto zur Verfügung stellen.*

Im Bedingungssatz mit **si** steht nie das **futur** und auch nie das **conditionnel** !

18 Les mots utiles pour louer une voiture : traduisez-les. N'oubliez pas l'article.
Nützliche Wörter, um ein Auto zu mieten: Schreiben Sie sie. Vergessen Sie dabei nicht den Artikel!

a. der Motor ……………………………………………
b. der Rücktritt ……………………………………………
c. der Tank ……………………………………………
d. die Autopapiere ……………………………………………
e. die Unterschrift ……………………………………………
f. die Vollkaskoversicherung ……………………………………………
g. ersetzen ……………………………………………
h. gerade, eben ……………………………………………
i. kontrollieren, überprüfen ……………………………………………
j. ruhig, still, unbesorgt ……………………………………………
k. überraschen, wundern ……………………………………………
l. zurückgeben ……………………………………………

Vorsicht: *der Tank* – **le réservoir**, *vollgetankt* – **avec le plein d'essence**, *volltanken* – **faire le plein d'essence**

19 Que faire quand on tombe en panne ? Comment réagir ?
Eine Autopanne: Was tun? Setzen Sie die Verbformen ein, und ergänzen Sie die Sätze.

cognac dépannage l'agence l'employé location moteur stop voiture à droite yoga

Si j'avais une panne avec ma voiture de location, je …
a. … (regarder) dans le …………………………………… .
b. … (faire) du …………………………………… .
c. … (téléphoner) à …………………………………… .
d. … (relire) le contrat de …………………………………… .
e. … (boire) un petit …………………………………… .
f. … (discuter) avec …………………………………… .
g. … (ranger) la …………………………………… .
h. … (faire) un peu de …………………………………… .
i. … (attendre) le service de …………………………………… .

20 Les locataires sont parfois assez exigeants… Mettez les phrases dans le bon ordre.

Feriengäste können ganz schön hohe Ansprüche haben. Bilden Sie korrekte Sätze!

a. Si … vous ce serait mieux aviez un lave-vaisselle

Si vous aviez un lave-vaisselle, ce serait mieux.

b. S' … un lit de plus mon fils il y avait viendrait aussi

……………………………………………………

……………………………………………………

c. Si … nous plus grande les voisins la piscine inviterions était

……………………………………………………

……………………………………………………

d. Si … nous était plein pas besoin de faire les courses le congélateur n'aurions

……………………………………………………

……………………………………………………

……………………………………………………

e. Si … ce serait quelqu'un pour faire le ménage vous aviez parfait

……………………………………………………

……………………………………………………

f. Si … nous venir avec notre n'aviez pourrions chien vous pas de canards

……………………………………………………

……………………………………………………

g. Si … une réduction restait trois mois on on demanderait

……………………………………………………

……………………………………………………

h. Et s'il … reviendrions tous ne pleuvait pas les jours nous l'année prochaine !

……………………………………………………

……………………………………………………

……………………………………………………

21 Avant de signer le contrat de location, on règle les derniers détails. **Imparfait** ou **conditionnel** ?

Bevor man den Mietvertrag unterzeichnet, regelt man die letzten Details. **Imparfait** oder **conditionnel**? Setzen Sie die richtige Verbform ein.

Beispiel: avoir, prendre

Si j'avais assez d'argent, je prendrais une catégorie de luxe.

a. Si la voiture ……………… (avoir) la climatisation, nous ……………………… (avoir) moins chaud.

b. Si nous ……………………… (prendre) le forfait, le tarif …………………… (être) plus intéressant ?

c. Si je ……………………… (prendre) l'assurance tous risques, cela ……………………… (coûter) combien ?

d. Si nous ……………… (avoir) un accident, vous ……………………… (venir) immédiatement ?

e. Si je …………………… (tomber) en panne, vous ……………………… (remplacer) le véhicule ?

f. Si je ……………………… (rendre) la voiture en retard, je ……………………… (devoir) payer un supplément ?

g. Si vous ……………… (avoir) un désistement, vous me ……………………… (téléphoner) ?

h. Si nous ……………………… (mettre) la voiture sur le parking, ce ……………………… (être) OK pour vous ?

i. Si vous me ……………………… (montrer) le moteur, je ………………… (être) plus tranquille !

Et pour finir...

Letzte Übungsrunde

22 Vous aimeriez louer une maison en France ? Ecrivez un courriel pour obtenir les informations suivantes :

Sie möchten in Frankreich ein Haus mieten und finden auf der Internetseite von „Pierres et Vacances" eines, das Ihnen gefällt. Schreiben Sie eine E-Mail, um Folgendes zu klären:

- Wir würden gern wissen (vouloir), ob Sie das Haus im Juni vermieten.
- Könnten Sie uns sagen, was Ihr Preis für eine Woche wäre?
- Wir würden gern vom 1. bis zum 21. Juni nach Frankreich kommen. Ist es möglich, das Haus in diesem Zeitraum zu mieten?
- Haben Sie ein Bett für ein Kind (bébé)?
- Wir würden gern wissen (aimer), ob Sie einen Geschirrspüler in der Küche haben.
- Wenn wir sehr spät kämen, wer würde uns den Schlüssel geben?

Neue E-Mail

Senden Chat Anhang Adressen Schriften Farben Als Entwurf sichern

An:

Kopie:

Betreff:

Madame, Monsieur,
Nous avons lu votre annonce sur la page de «Pierre et Vacances» et nous sommes très intéressés par votre maison.

....

....

....

....

....

....

....

....

Dans l'attente de votre réponse, recevez, Madame, Monsieur, l'expression de nos meilleures salutations.

23 4/24 Que dites-vous au guichet ?
Was sagen Sie am Fahrkartenschalter?

Beispiel: Grüßen Sie den Angestellten. Fragen Sie, um wie viel Uhr der nächste Zug nach Bordeaux fährt.
Bonjour Monsieur, je voudrais savoir à quelle heure est le prochain train pour Bordeaux.oder Bonjour Monsieur, je voudrais savoir à quelle heure part le prochain train pour Bordeaux.

a. Sagen Sie, dass Sie eine Hinfahrkarte nach Bordeaux, 2. Klasse möchten.

....

b. Sagen Sie, dass Sie eine Platzreservierung möchten und dass Sie einen Platz am Gang bevorzugen.

....

....

c. Fragen Sie, ob der Zug einen Zuschlag hat.

....

d. Fragen Sie, ob Sie umsteigen müssen.

....

e. Bedanken Sie sich, und verabschieden Sie sich.

....

PSYCHO-TEST : QUEL TYPE DE VOYAGEUR ÊTES-VOUS ?

Comment réagiriez-vous dans cette situation ? Cochez une seule réponse puis reportez-vous aux résultats du test.
Wie würden Sie sich in dieser Situation verhalten? Kreuzen Sie jeweils nur eine Antwort an! In der Testauswertung (im Begleitbuch S. 46) erfahren Sie dann, welcher Reisetyp Sie sind.

Que feriez vous…

1. …si à votre retour de vacances, vous ratiez votre avion ?
   a. Je téléphonerais immédiatement à mon patron pour lui dire que j'arriverai en retard à la réunion de lundi.
   b. Je ferais du charme à l'employé(e) de l'aéroport pour avoir une place sur le vol suivant.
   c. Cela ne m'est jamais arrivé : j'arrive toujours très en avance dans les aéroports.
2. …si vous organisiez un voyage avec des amis ?
   a. Je les inviterais pour savoir exactement où nous allons, comment nous partons et pour combien de temps.
   b. Mes amis ne me demandent jamais d'organiser un voyage…
   c. Je leur proposerais la maison que nous avions louée l'année dernière : elle était super confortable !

3. …si la voiture que vous avez réservée n'était pas libre ?
   a. Je relirais mon contrat et téléphonerais à mon avocat.
   b. Je laisserais mes bagages à l'agence et partirais en stop.
   c. Je prendrais une autre voiture pour ne pas perdre un jour de vacances.

4. …si vous découvriez la maison de vos rêves sur Internet ?
   a. Je téléphonerais à ma banque pour savoir si je peux financer ce projet et prendrais des renseignements sur la maison.
   b. Je ferais un petit voyage dans la région : je pourrais peut-être négocier le prix avec le propriétaire…
   c. Ce serait génial : plus besoin de chercher tous les ans une nouvelle maison ! / on pourrait retourner tous les ans au même endroit !

5. …si votre congélateur tombait en panne ?
   a. Je demanderais à mes voisins s'ils ont de la place dans le leur.
   b. Ce n'est pas grave : il est toujours vide !
   c. Mon congélateur fonctionne très bien : pourquoi tomberait-il en panne ?!

6. …si vous gagniez une croisière pour deux personnes ?
   a. Je demanderais à ma mère si elle peut garder les enfants et arroser les fleurs.
   b. Super ! j'ai toujours rêvé de faire une croisière !
   c. Ce n'est pas un peu dangereux ça, les croisières ?

7. …si la maison que vous avez louée était à côté du Night Club de la plage ?
   a. S'il y a vraiment trop de bruit, je demanderai à l'agence une réduction sur le tarif de location.
   b. Pas de problème : j'adore danser !
   c. Un vrai désastre ! Je déteste le bruit, la salsa, la rumba et toutes ces musiques modernes !

8. …si les voisins du camping avaient un bébé qui pleure toute la nuit ?
   a. Je demanderais aux parents pourquoi il pleure comme ça et je changerais de place au camping.
   b. Je lui chanterais des chansons sur ma guitare.
   c. Pour moi, le cauchemar ! Mais ça peut arriver… Mes enfants pleuraient aussi beaucoup.

9. …si vous aviez besoin de vous changer les idées ?
   a. Je chercherais sur Internet pour trouver un circuit culturel bien organisé.
   b. Je prendrais le premier vol pour un pays que je ne connais pas.
   c. Je ferais une cure de thalasso dans un club.

10. …si vous partiez demain en vacances ?
   a. Je ferais une liste pour ne rien oublier : donner les clés à la voisine, mettre tous les papiers importants dans la valise, ranger l'appartement, faire les bagages…
   b. On verra demain matin.
   c. J'irais me coucher tôt : il faut être en forme pour le voyage.

faire du charme *jm bezirzen* **suivant** *folgender* **l'avocat** *der Rechtsanwalt* **financer** *finanzieren* **le propriétaire** *der Besitzer* **chanter** *singen* **se défendre** *sich wehren* **imprévu** *unvorhergesehen*

Neue Formen und Strukturen

1. Die reale Bedingung

Si drückt eine Bedingung aus.
Bei **il** oder **ils**, wird **si** zu **s'**:
S'il vient. *Wenn er kommt.*
Jedoch nicht bei **elle, elles** oder **on**:
Si on réserve demain...
Wenn wir morgen reservieren ...

Wenn diese Bedingung real ist und erfüllt werden kann, nimmt man im Hauptsatz das **présent**, das **futur simple** oder den **Impératif**:

Si on réserve trois mois à l'avance, **ils proposent** des tarifs intéressants.
Wenn wir drei Monate vorher reservieren, ***bieten sie*** *preiswerte Angebote.*
Si on prend le vol du vendredi, **on gagnera** une journée.
Wenn wir den Flug am Freitag nehmen, ***werden wir*** *einen Tag* ***gewinnen.***
Si vous partez en juillet, **réservez** votre hôtel.
Wenn Sie im Juli fliegen, ***reservieren Sie*** *Ihr Hotel!*

Im Unterschied zum Deutschen gibt es keine Inversion im französischen Hauptsatz.

Si kann *falls* oder *ob* bedeuten:
Je serai content, **si** elle vient.
Ich werde mich freuen, ***wenn*** *sie kommt.*
Je ne sais pas **si** elle vient.
Ich weiß nicht, ***ob*** *sie kommt.*

2. Das *conditionnel 1*

Das **conditionnel** benutzt man,
- um höfliche Bitten, Wünsche und Ratschläge auszudrücken:
  Je voudrais un aller-retour.
  Ich möchte eine Hin- und Rückfahrkarte.
  Vous pourriez me faire une réservation ?
  Könnten Sie mir einen Platz reservieren?
- um Zweifel oder unsichere Annahmen zu äußern:
  Il serait malade. *Er soll krank sein.*

um Bedingungen auszudrücken:
Ça vous irait ? *Würde Ihnen das passen?*
Ce serait avec un supplément. *Es wäre mit Zuschlag.*

3. Bildung des *conditionnel*

Conditionnel und **Futur** (→ Seite 229, 5.) haben den gleichen Stamm.
An diesen **Futur**-Stamm hängt man die Endungen des **imparfait** (→ Seite 216, 1.):

Futur	**Futurstamm**	+ **imparfait-Endung**
Vous pourrez	pourr	vous pourriez
Je voudrai	voudr	je voudrais
ça ira	ir	ça irait
ce sera	ser	ce serait

4. Die Bedingungssätze mit unwahrscheinlicher Bedingung

Wenn Bedingung und Folge bloße Annahmen sind und für die Bedingung wenig Aussicht besteht, verwirklicht zu werden, so macht man Folgendes:
Man nimmt für die Bedingung **si** + **imparfait** und für den Hauptsatz das **conditionnel**:

Bedingungssatz ***Si + imparfait***	**Hauptsatz** ***conditionnel***
Si j'étais vous, *Wenn ich Sie wäre,*	je **prendrais** l'assurance tous risques. *würde ich die Vollkaskoversicherung nehmen.*
Si vous **aviez** une panne, *Sollten Sie eine Panne haben,*	nous **remplacerions** le véhicule. *würden wir Ihnen ein anderes Auto zur Verfügung stellen.*
Si nous **avions** un jardin, *Wenn wir einen Garten hätten,*	nous **dînerions** souvent dehors. *würden wir oft draußen zu Abend essen.*

Au revoir !

Auf Wiedersehen!

Foires, salons, congrès et expositions sont pour les entreprises des occasions de faire connaître leurs **nouveautés** et leur savoir-faire. Stella est en train d'organiser un grand salon pour sa **boîte**. Pour les **exposants** c'est le moment de rencontrer des clients et des **partenaires**. Il faut tout **vérifier** : **logo, logiciel, badges** et **catalogues**… On peut **compter sur** Stella : elle saura **régler** tous **les détails**. Après le salon, **on fait un petit bilan : s'ils avaient eu une hôtesse, ils auraient eu** plus de temps pour les clients, **ils auraient mieux accueilli** les visiteurs… Après le salon, Stella organise **un pot d'adieu** pour son **équipe** : elle va les quitter et diriger une filiale dans une autre ville ….

Messen, Schauen, Kongresse und Ausstellungen bieten Unternehmen Gelegenheit, ihre **Neuheiten** und ihr fachliches Können bekannt zu machen. Stella ist gerade dabei, eine große Messe für ihre **Firma** zu organisieren. Für die **Aussteller** ist das der Zeitpunkt, Kunden und **Geschäftspartner** zu treffen. Alles muss **überprüft** werden: **Firmenlogo, Software, Anstecker** und **Kataloge** ... Man kann **sich auf** Stella **verlassen**: Sie versteht es, alle **Details** zu **regeln**. Nach der Messe **zieht man kurz Bilanz: Wenn sie eine Hostess gehabt hätten, hätten sie** mehr Zeit für die Kunden **gehabt**, **hätten sie** die Besucher **besser empfangen** können ... Nach der Messe lädt Stella zu einem **Abschiedsumtrunk** für ihr **Team** ein: Sie wird es verlassen und eine Filiale in einer anderen Stadt leiten.

In dieser Lektion lernen Sie, wie man sich auf einer Messe zurechtfindet: z. B. Werbespots entziffern, um Hilfe bitten, mit *si*-Sätzen und dem *conditionnel passé* Bilanz ziehen. Sie werden über Ihre Arbeitswelt sprechen und sogar eine kleine Rede halten. Außerdem üben Sie den Gebrauch der Relativpronomen *ce qui* und *ce que*.

WORTSCHATZ: **Vorbereitung und Bewertung von Messen und Kongressen, eine Rede halten**

Les expositions

Ausstellungen

1 Foires, salons, congrès... Lisez les annonces publicitaires suivantes. Quelles infos contiennent les publicités ?

Messen, Schauen, Kongresse ... Lesen Sie sich die folgenden Werbeanzeigen durch. Welche Infos beinhalten die Anzeigen?

Aéronautique et Espace 2019
Parc des Expositions de Paris Le Bourget
Du 19 au 25 juin 2019
Le salon des professionnels
192 000 m^2
2381 exposants
322 000 visiteurs
contrats signés : 150 milliards de US$

Foire Internationale de Paris
Du 27 avril au 8 mai 2019
De 10h à 19h
Nocturne le mardi jusqu'à 22h
1, place de la Porte de Versailles
75015 Paris
Salon grand public
Voir la liste des exposants sur le site internet

COEXPO
le spécialiste des foires, salons et expositions
le partenaire efficace de tous les décideurs
un confort adapté à vos besoins : accès/connexion internet, Power Point
des prestations complètes : nettoyage quotidien, animation, restauration rapide et boissons, décoration, assurance, hébergement, accès...

322 000 visiteurs | au Parc des Expositions de Paris | aux professionnels | des foires, des salons et des expositions | du 27 avril au 8 mai 2019 | la liste des exposants | un confort adapté aux besoins | un partenaire efficace | un salon grand public

Foire Internationale de Paris

a. Quand a lieu la Foire Internationale de Paris ? ....

b. Ce n'est pas un salon très spécialisé, c'est... ....

c. Qu'est-ce qu'on peut trouver sur le site internet ? ....

Aéronautique et Espace 2019

a. Où a lieu le salon de l'Aéronautique ? ....

b. A qui ce salon est-il réservé ? ....

c. Combien de visiteurs a-t-il eu l'année dernière ? ....

COEXPO

a. Qu'organise la COEXPO ? ....

b. Qui est la COEXPO pour les décideurs ? ....

c. Quel confort propose la COEXPO aux exposants ? ....

2 Dans le stress du salon tout a été mélangé ! Retrouvez les mots qui correspondent aux définitions.
Im Messestress wurde alles durcheinandergebracht! Finden Sie mithlfe der Definitionen die richtigen Begriffe im „Buchstabensalat" heraus.

a. pour tout le monde : grand cibulp

....

b. une entreprise qui montre ses produits : un nepaxost

....

c. ouvert tard le soir : nucotern

....

d. quelqu'un avec qui on travaille : le tarenpaire

....

e. qui travaille bien : cefeicfa

....

f. on peut y manger vite : la eistrouratan rapide

....

g. il est important pour dormir : bgheerménet

....

h. quelqu'un d'important dans une entreprise : le dricédeu

....

i. tous les jours : equitodin

....

j. le chemin pour y aller ou y entrer : èccas

....

Derniers préparatifs

Letzte Vorbereitungen

3  Stella a rendez-vous avec un responsable de COEXPO. Il reste encore quelques détails à régler…
Stella trifft einen Verantwortlichen der Firma COEXPO. Wie immer sind noch einige Details zu regeln ...

- Avez-vous quelques minutes à me consacrer ? J'aimerais régler quelques détails avec vous.
- Oui, bien sûr.
- Ce qui m'ennuie un peu, c'est le logo…
- Il ne vous plaît pas ?
- Non, non, ce n'est pas ce que je voulais dire, je me suis mal exprimée. Mais on ne le voit pas assez ! Pourriez-vous le mettre bien au milieu, oui comme ça, c'est exactement ce que je voulais.
- Bon, dites-moi ce qui ne va pas encore.
- Alors, il manque un présentoir et le projecteur est cassé. Autre point important : pourriez-vous vérifier que le logiciel de présentation et la ligne téléphonique sont bien installés ?
- Vous pouvez compter sur moi. Je vais faire le nécessaire. Je vous ai installé un vestiaire supplémentaire, c'est bien ce que vous vouliez ?
- Oui parfait, je vous remercie ! J'ai encore un petit service à vous demander : cela nous arrangerait d'avoir un meuble qui ferme à clé. On en aurait besoin pour ranger les catalogues et les papiers importants.
- Je vais voir ce que je peux faire. Je vous donne les badges : ils viennent juste d'arriver !
- Oh, il sont très jolis !

4 Cherchez dans le dialogue 3 des expressions utiles dans un contexte professionnel :
Suchen Sie in Dialog 3 Redewendungen, die man im beruflichen Umfeld häufig braucht. Ordnen Sie sie den Situationen zu.

a. Autre point important : …
b. Avez-vous quelques minutes à me consacrer ?
c. C'est bien ce que vous vouliez ?
d. Ce n'est pas ce que je voulais dire.
e. Ce qui m'ennuie un peu, c'est…
f. J'ai un petit service à vous demander.
g. Je me suis mal exprimé(e).
h. Je vais voir ce que je peux faire.

1. Quand on a besoin de parler à quelqu'un :
2. Quand on demande quelque chose à quelqu'un ou quand il y a un problème :
3. Quand quelqu'un n'a pas compris :
4. Quand c'est difficile à régler :
5. Quand on confirme une demande :

5 4/26 Après le rendez-vous avec la COEXPO, que reste-t-il à régler ? Qu'est-ce qui est réglé ? Cochez dans la bonne colonne.

Nach dem Termin mit COEXPO: Was bleibt noch zu erledigen? Was wurde bereits erledigt? Hören Sie den Dialog noch einmal, und kreuzen Sie die passende Spalte an.

	réglé	à régler
la ligne téléphonique		
le logiciel de présentation		
le logo		
le meuble qui ferme à clé		
le présentoir		
le vestiaire supplémentaire		
les badges		
le projecteur		

6 Vous pouvez organiser votre stand. Formulez les phrases.

Jetzt können Sie bei der Organisation Ihres Messestandes mithelfen. Bilden Sie Sätze.

a. Sagen Sie, dass das Logo (bereits) angebracht (= installiert) ist.
Le logo est installé.

b. Sagen Sie, dass noch ein Möbelstück, das man abschließen kann, aufgestellt werden muss.

....

....

c. Sagen Sie, dass ein Verkaufsständer fehlt.

....

....

d. Sagen Sie, dass eine zusätzliche Garderobe eingerichtet wurde.

....

....

e. Sagen Sie, dass der Projektor nicht funktioniert.

....

....

f. Sagen Sie, dass überprüft werden muss, ob die Telefonleitung gut installiert ist.

....

....

7 On a toujours besoin d'eux pour un salon ! Devinez les mots et expressions français qui correspondent à la définition.

Bei einer Messe braucht man sie ständig! Erraten Sie die französischen Wörter und Ausdrücke, die der Definition entsprechen.

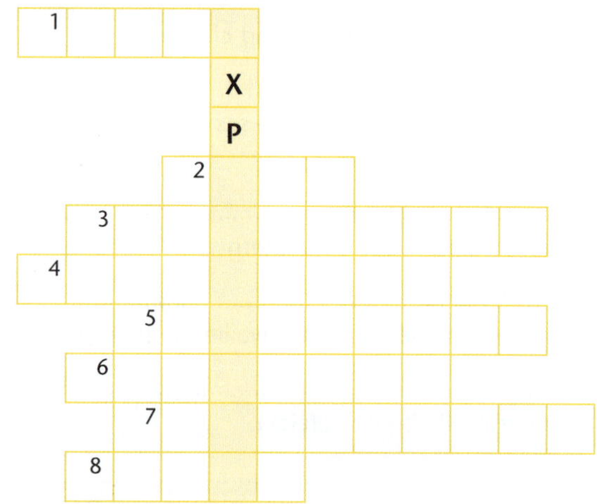

1. Sehr nützlich für die Kontaktaufnahme; Aussteller tragen es am Jackett.
2. Das Erkennungszeichen einer Firma.
3. Auf ihm legt man Prospekte aus.
4. Sehr geeignet, um Mäntel, Schirme etc. abzulegen.
5. Er enthält schöne Fotos, stellt Produkte vor, gibt Auskunft über Preise.
6. Eine Software, um Produkte vorzustellen.
7. Wenn seine Birne kaputt ist oder wenn er streikt, kann man die Präsentation vergessen.
8. Wenn sie nicht installiert ist, geht das Telefon nicht.

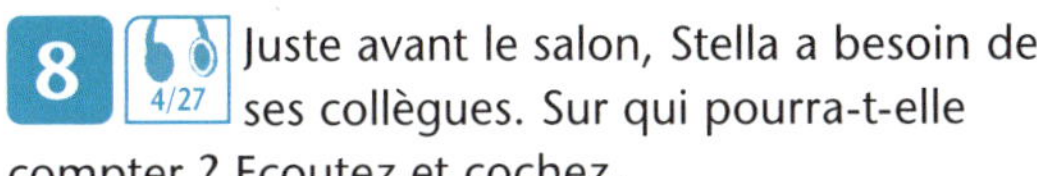

8 4/27 Juste avant le salon, Stella a besoin de ses collègues. Sur qui pourra-t-elle compter ? Ecoutez et cochez.

Kurz vor Messebeginn braucht Stella Unterstützung durch ihre Kollegen. Mit wem wird sie rechnen können? Hören Sie zu, und kreuzen Sie an.

	réglera le problème	**s'en occupera peut-être**	**ne fera rien**
a.			
b.			
c.			
d.			
e.			
f.			
g.			
h.			

G **Ce qui** und **ce que** sind Relativpronomen. Sie können auch in Fragen oder für die Betonung verwendet werden. **Ce qui** und **ce que** stehen nur für Sachen; man übersetzt sie im Deutschen einfach mit *was*.

Ce qui ist Subjekt des Relativsatzes:
Ce qui m'ennuie un peu c'est le logo.
Was mich ein wenig stört, ist das Logo.
Ce que ist direktes Objekt (Akkusativ) des Relativsatzes:
Je vais voir ce que je peux faire.
Ich werde sehen, was ich tun kann.

Ce qui beantwortet die Frage *Wer oder was?* Das Pronomen bezieht sich aber nicht auf Personen. **Ce que** beantwortet die Frage *Wen oder was?* Es handelt sich um das Akkusativobjekt des Satzes. Im Zusammenhang mit **il, elle** etc. müssen Sie nicht viel nachdenken: **que** wird zu **qu'**.

Noch ein Tipp: Nach **ce que** steht das Subjekt des Relativsatzes:
Dis-moi ce que tu manges.
Sag mir, was du isst.

9 A midi, Stella déjeune avec ses collègues et bien sûr ils parlent du salon… Complétez avec ce qui, ce que ou ce qu'.

Mittags isst Stella mit ihren Kollegen. Man unterhält sich natürlich über die Messe ... Ergänzen Sie mit den passenden Relativpronomen.

ce qui ce que ce qu'
Ce qui Ce que Ce qu'

a. .... je fais actuellement me plaît beaucoup.

b. .... est parfois difficile, c'est de parler toute la journée.

c. Mais .... est très agréable, c'est de voir nos partenaires et nos clients !

d. .... ils attendent ? Des conseils !

e. .... nous proposons à notre stand est très nouveau.

f. Je me demande .... les clients vont aimer.

g. Pourrais-tu me dire .... te plaît à notre stand ?

h. .... est important, c'est de sourire.

i. Je ne sais pas .... les autres exposants vont présenter cette année.

j. Vous me direz .... vous en pensez !

k. Je voudrais bien savoir .... ils vendent.

l. .... le patron nous a conseillé était très bien.

10 Aimez-vous les salons ? Cochez, puis formez une phrase complète avec **ce qui / ce que /ce qu'**.

Gehen Sie gern auf Messen? Kreuzen Sie an, was für Sie zutrifft. Bilden Sie dann einen ganzen Satz mit **ce qui, ce que** oder **ce qu'**.

	j'aime	me plaît	je déteste	m'ennuie
a. le service est efficace	X			
b. il y a beaucoup de monde				
c. je peux rencontrer des décideurs				
d. tout coûte très cher				
e. il y a des animations amusantes				
f. je peux découvrir des nouveautés				
g. je peux boire gratuitement du champagne				
h. l'accès est parfois difficile				
i. je dois faire la queue au restaurant				

a. Ce que j'aime, c'est que le service est efficace.

Le bilan du séjour

Die Bilanz des (Messe-)Aufenthalts

11 4/28 Stella fait un petit bilan du salon avec son collègue Ben. Certains trucs ont super bien marché, d'autres moins bien.

Stella zieht mit ihrem Kollegen Ben eine kurze Bilanz der Messe. Manche Sachen sind super gelaufen, andere weniger. Hören Sie die CD an, und lesen Sie mit.

- Si on faisait un petit bilan ?
- Ouf, il était vraiment bien notre stand ! Le patron est super content, mais on pourrait améliorer le concept…
- Que veux-tu dire ? Tu pourrais donner un exemple ?
- Eh bien moi par exemple, je n'avais pas le temps de m'occuper de tous les visiteurs. Si on avait eu une hôtesse d'accueil…
- Mais elle n'aurait pas pu répondre à toutes les questions !
- Oui, mais elle aurait au moins accueilli les clients ! Nous aurions gagné du temps !
- C'est vrai, il y avait beaucoup de monde dimanche !
- Si j'avais su d'ailleurs, je ne serais pas allé au restaurant !
- Ce n'est pas grave, tu ne pouvais pas prévoir !
- Tu sais, même si je critique, je trouve qu'on a fait du bon boulot et que le salon a été très utile : on a eu plein de commandes ! Moi j'aurais bien aimé faire le tour des autres stands…
- Oui mais… qui serait resté au stand ?
- L'hôtesse !!!

G **Si**-Satz in der Vergangenheit
Wenn man etwas bedauert oder ausdrücken will, was in der Vergangenheit nicht eingetreten ist, verwendet man im **si**-Satz das **plus-que-parfait**:
Si on avait eu une hôtesse d'accueil...
Wenn wir eine Hostess gehabt hätten, ...
Si j'avais su... Wenn ich gewusst hätte, ...

Das **plus-que-parfait** bildet man mit den Imperfekt-Formen der Hilfsverben **être** oder **avoir** und ergänzt durch das Partizip Perfekt des Verbs:

Si +	**Hilfsverb im Imperfekt**	+ **Partizip Perfekt**
Si on	avait	eu
Si on	avait	su
Si elles	étaient	restées

Beim **plus-que-parfait** wird das Partizip Perfekt angeglichen. Es gelten dieselben Regeln wie beim **passé composé**.

12 Avez-vous bien compris le dialogue ? Cochez ce qui est vrai et ce qui est faux.
Haben Sie den Dialog verstanden? Kreuzen Sie an, was richtig und was falsch ist.

	vrai	**faux**
Le patron est très content.	☐	☐
Ils pourraient améliorer le concept.	☐	☐
Ben avait le temps de s'occuper de tous les visiteurs.	☐	☐
Ils avaient une hôtesse d'accueil.	☐	☐
L'hôtesse a accueilli les clients.	☐	☐
Il y avait beaucoup de visiteurs dimanche.	☐	☐
Ben a mangé au restaurant.	☐	☐
Ils ont bien travaillé.	☐	☐
Leur entreprise a beaucoup de commandes.	☐	☐
Ben a eu le temps de visiter les autres stands.	☐	☐
L'hôtesse est restée au stand.	☐	☐

13 Et si on essayait tout de suite le **plus-que-parfait** ? Conjuguez les verbes.
Wie wäre es, wenn wir es mit dem **plus que parfait** gleich versuchen? Konjugieren Sie die Verben. Überlegen Sie, wann das **plus-que-parfait** mit **avoir** und wann mit **être** gebildet wird.

Si Stella...
a. voir → avait vu
b. aller → ....
c. pouvoir → ....
d. comprendre → ....
e. se relaxer → ....
f. savoir → ....
g. rester → ....
h. finir → ....
i. s'ennuyer → ....

14 Stella fait un petit bilan et note tout ce qu'on pourrait améliorer pour le prochain salon. Aidez-la avec des phrases en **si**.
Stella zieht Bilanz und notiert alles, was man bei der nächsten Messe verbessern könnte. Helfen Sie ihr bei der Formulierung, und bilden Sie – wie im Beispiel -**si**-Sätze.

1. On n'a pas réglé tous les détails ensemble.
2. Le projecteur n'a pas marché.
3. La ligne téléphonique n'a pas bien fonctionné.
4. Nous n'avions pas assez de catalogues.
5. Les collègues ne sont pas restés au stand à midi.
6. Le patron n'est pas venu dimanche.
7. Je n'ai pas pu compter sur COEXPO.
8. Je n'ai pas fait tout le nécessaire.

Tout se serait encore mieux déroulé...
a. ... si on avait réglé tous les détails ensemble.
b. ....
c. ....
d. ....
e. ....
f. ....
g. ....
h. ....

15 Après un salon, chacun se demande ce qu'il aurait pu mieux faire. Conjuguez les verbes.
Konjugieren Sie die Verben.
Nach einer Messe fragt sich jeder, was man hätte besser machen können. Schreiben Sie die richtigen Verbformen.

Le patron	
demander	j'aurais demandé
pouvoir	j' ....
choisir	j' ....
déjeuner	j' ....
Stella	
revenir	je ....
s'occuper	je ....
s'organiser	je ....
arriver	je ....
Les client	
attendre	nous ....
se renseigner	nous ....
apprendre	nous ....
commander	nous ....

G Das **conditionnel passé**
Wenn etwas nicht eingetreten ist, stellt man sich vor: Was wäre passiert, wenn ..., was hätte man machen können: Ja, wenn das Wörtchen „wenn" nicht wär ...
Elle aurait accueilli les clients.
Sie hätte die Kunden empfangen.
Nous aurions gagné du temps.
Wir hätten Zeit gewonnen.

Das **conditionnel passé** bildet man mit den Hilfsverben **être** und **avoir** im **conditionnel présent**; dahinter kommt das Partizip Perfekt des Verbs:

	Hilfsverb im conditionnel présent	**+ Partizip Perfekt**
Elle	aurait	accueilli
Nous	aurions	gagné

Das **conditionnel passé** drückt etwas aus, das nicht mehr erfüllbar oder realisierbar ist:
Moi j'aurais bien aimé faire le tour des autres stands.
Ich hätte mir gern die anderen Stände angesehen.
Si j'avais su, je ne serais pas allée au restaurant.
Wenn ich es gewusst hätte, wäre ich nicht ins Restaurant gegangen.

Beim **conditionnel passé** wird das Partizip Perfekt ebenfalls angeglichen.

16 Après le salon, Stella a passé le week-end à Paris. Heureusement, car...
Nach der Messe verbrachte Stella das Wochenende in Paris. Ein Glück, denn ...

	Si Stella n'avait pas passé le week-end à Paris, ...
a. Stella a visité la capitale, ...	**... elle n'aurait pas visité la capitale,**
b. ... elle a vu la tour Eiffel,	... elle .... la tour Eiffel,
c. ... elle a pris le métro,	... elle .... le métro,
d. ... elle a rencontré Christian,	... elle .... Christian,
e. ... elle a souri,	... elle ....,
f. ... ils ont pris un café,	... ils .... de café,
g. ... ils ont dîné ensemble,	... ils .... ensemble,
h. ... il lui a offert des fleurs,	... il .... des fleurs,
i. ... elle lui a raconté sa vie,	... elle .... sa vie,
j. ... ils sont allés au cinéma,	... ils .... au cinéma,
k. ... ils se sont embrassés,	... ils ....,
l. ... ils sont tombés amoureux.	... ils .... amoureux.

17 Un salon a beaucoup d'avantages ! Que se serait-il passé si... ? Cochez la forme verbale correcte.
Eine Messe bietet viele Vorteile! Was wäre passiert, wenn ...? Kreuzen Sie die richtige Verbform an.

Si les clients n'étaient pas venus, ils n'auraient pas eu de conseils.

a. Si nous n'avions pas exposé, nous ☐ n'aurions pas ☐ n'avions pas ☐ n'avons pas rencontré nos clients.
b. Si les visiteurs ☐ n'étaient pas intéressés ☐ ne sont pas intéressés ☐ n'avaient pas été intéressés, ils ne seraient pas venus.
c. S'il ☐ n'y avait pas ☐ n'y a pas ☐ n'y avait pas eu de monde dimanche, nous aurions été déçus.
d. Si nous n'avions pas exposé, nous ☐ n'avons pas montré ☐ n'aurions pas montré ☐ ne sommes pas montré nos nouveautés.
e. S'il ☐ y avait eu ☐ y a ☐ y avait plusieurs nocturnes, nous aurions été fatigués.
f. Si l'hébergement n'avait pas été bien organisé, nous ☐ n'aurions pas été ☐ ne sommes pas ☐ n'avons pas été contents.
g. S'ils ☐ ne savent pas ☐ n'avaient pas su ☐ n'ont pas su parler aux clients, ils n'auraient pas eu beaucoup de contrats.

Le pot d'adieu
Die Abschiedsfeier

18 4/29 Stella va diriger une filiale dans une autre région et fait ses adieux à son équipe. Elle organise un pot d'adieu et fait un petit discours...
Stella wird eine Filiale in einer anderen Region leiten und verabschiedet sich von ihrem Team. Sie gibt einen Empfang und hält eine kleine Rede ...

**Mes chers amis,
mes chers collègues,**

Si nous sommes ensemble ce soir, c'est pour fêter notre succès et aussi parce que je vais quitter votre équipe. Je tiens à vous dire que j'apprécie ce que vous faites et que pour moi c'était très agréable de travailler avec vous ! Je vous félicite de votre efficacité et de votre engagement !
J'espère que grâce à vous, nos nouveautés auront du succès ! En peu de mots : je compte sur vous ! Je n'aurais peut-être pas dû vous demander toujours l'impossible. Ces dernières semaines, je vous ai fait beaucoup bosser. J'ai peut-être eu tort. Enfin bref, j'espère que je n'étais pas trop dure avec vous !
J'ai fait la connaissance de mon successeur, M. Dantec. Ne vous inquiétez pas, il est efficace et compétent. Et rassurez-vous, en plus il est vraiment sympa ! Mais un conseil : je vous signale qu'il est assez direct et qu'il n'aime pas les sous-entendus ! J'ai l'intention de rester dans la boîte et je vous promets que vous pourrez toujours me demander conseil... Je vous souhaite à tous beaucoup de succès et de bonheur et j'espère que nous nous reverrons bientôt ! Voilà. Je vous remercie de votre attention ! Et maintenant... Le buffet est ouvert !!

19 Comment dire en français ? Cherchez dans le texte des expressions utiles pour les intentions de communication.
Wie sagen Sie es auf Französisch? Suchen Sie im Text nützliche Ausdrücke für die Sprechabsichten.

en peu de mots · enfin bref · j'ai l'intention de · j'ai peut-être eu tort · j'apprécie · j'espère que · je n'aurais peut-être pas dû · je tiens à vous dire que · je vous promets · je vous remercie de · je vous signale que · je vous souhaite · mais un conseil · ne vous inquiétez pas · pour moi c'était très agréable de · rassurez-vous · voilà

a. Zusammenfassen, beenden:
....
....

b. Versprechen:
....

c. Warnen:
....
....

d. Wunsch, Hoffnung:
....
....

e. Beruhigen:
....

f. Positives Urteil:
....
....

g. Absicht äußern:
....
....

h. Zweifel, Bedauern:
....
....

i. Gratulieren, sich bedanken:
....

20 Comment dire la même chose avec d'autres mots ? Trouvez des synonymes pour les passages soulignés :
Wie kann man dasselbe anders ausdrücken? Finden Sie Synonyme für die unterstrichenen Ausdrücke:

a. <u>J'aime</u> beaucoup votre travail.
b. Tu sais Max, <u>attention</u>, il aime les gens qui bossent…
c. Mais si, <u>je te dis</u> que je vais t'écrire !
d. <u>Ne vous inquiétez pas</u>, il ne va pas vous demander l'impossible.
e. <u>Bravo</u> Monsieur !
f. <u>Je veux vraiment</u> vous remercier de tous vos conseils.
g. Ma femme et moi <u>on veut</u> partir en Corse cette année.
h. <u>J'ai eu tort de</u> le critiquer.
i. Elle est ouverte, gaie, pas compliquée. Enfin, <u>en peu de mots</u> : très sympa !
j. <u>Merci de m'avoir écouté.</u>
k. Hier, <u>j'ai rencontré pour la première fois</u> notre nouveau collègue .

21 4/30 Critique ou compliment ? Ecoutez et cochez ☺ si c'est un compliment et ☹ si c'est une critique.
Kritik oder Kompliment? Hören und kreuzen Sie an, ob es sich um ein Kompliment ☺ oder um eine Kritik ☹ handelt.

	☺	☹
a. Pierre		
b. Dantec		
c. Vincent		
d. Le service		
e. Le concept		
f. L'assurance		
g. Le patron		
h. L'équipe		
i. Le buffet		
j. Le successeur		

22 Dans la vie de tous les jours, entre amis ou entre collègues, on parle un français plus familier.

Im Alltag unterhalten sich Franzosen in der Umgangssprache. Sie müssen sie nicht nachahmen, sollten aber folgende Ausdrücke kennen. Verbinden Sie.

1. le directeur	a. jouer au foot
2. l'entreprise	b. un tuyau
3. le travail	c. un copain
4. travailler	d. rigolo
5. très (content)	e. le boulot
6. une fête, un verre	f. super (content)
7. amusant	g. le patron
8. jouer au football	h. la boîte
9. le baccalauréat	i. le bac
10. un ami	j. une copine
11. une amie	k. bosser
12. une bonne idée	l. un pot

23 4/31 Ecoutez et transformez ce dialogue entre amis en français standard.

Hören Sie sich den Dialog (umgangssprachlich) an, und übertragen Sie ihn ins Standard-Französisch.

- On prend un .... ?
- Oui. .... !
- Ah, en ce moment ce n'est pas .... dans .... ! Le .... nous donne .... ! Cette semaine, j'ai vraiment .... Tu n'aurais pas .... pour le calmer ?
- Ma pauvre ! Moi, je suis .... contente de ma nouvelle collègue. On est très ....
- Tu as de la chance ! Dis donc, comment .... ?
- Bof... Il devrait passer le .... cette année mais il joue au .... toute la journée avec ses .... ! Alors...

Et pour finir...

Letzte Übungsrunde

24 A la fin d'un séjour en France, on vous demande de faire un petit discours. Vous avez préparé votre discours en allemand. Traduisez-le.

Nach einem Frankreichaufenthalt bittet man Sie, eine kleine Rede zu halten. Sie haben Ihre Rede auf Deutsch vorbereitet. Übersetzen Sie sie nun.

Ich möchte allen meinen französischen Kollegen für ihre gute Arbeit danken.

Euer Team war effizient und sehr kompetent.

Kurz, ich habe gern mit Ihnen gearbeitet.

Danke für Ihren Empfang!

Ich wünsche Ihnen viel Erfolg und viel Glück in Ihren Projekten!

Wenn ich Zeit gehabt hätte, hätte ich gern Ihre schöne Region besichtigt.

Auf jeden Fall werde ich eine wunderbare Erinnerung an meine Reise hierher behalten.

Ich hoffe, dass wir uns bald wiedersehen.

Danke für Ihre Aufmerksamkeit.

FOIRES, CONGRÈS ET EXPOSITIONS

Toutes les grandes villes de France comme Lyon, Bordeaux, Marseille, Strasbourg ou Paris ont leur parc des expositions. Si un jour, vous venez exposer avec votre entreprise à Paris, voici les plus connus :

Le Palais des Congrès

Reconstruit en 1998 par l'architecte Christian de Portzamparc, le Palais a l'air d'un immense bateau. On trouve de tout au Palais ! De la culture à la gastronomie, le Palais est une ville dans la ville : expositions, boutiques de luxe, restaurants gastronomiques, cinéma, salle de spectacle… Et quand on est fatigué, on va prendre un verre sur ses terrasses : elles sont ouvertes au public de huit heures à minuit et demi.
Accès métro ou RER : Porte Maillot

La Porte de Versailles

Normalement, on devrait dire « le parc des expositions de la Porte de Versailles » mais c'est trop long pour un Parisien pressé ! Alors à Paris, on dit simplement « la Porte de Versailles ». Ses 220 000 m² accueillent tous les ans des salon célèbres comme le Salon du Livre ou le Salons de l'Agriculture. Son gros avantage : il est situé dans Paris à quelques minutes de la Tour Eiffel, de Saint-Germain ou de Montparnasse.
Accès en métro : station porte de Versailles

Le CNIT de la Défense

Son vrai nom ? Le Centre des Nouvelles Industries et Technologies. En bref : le CNIT !
Lorsqu'il a été construit en 1958, il était tout seul dans la banlieue de Paris et son architecture moderne étonnait les Parisiens : on disait qu'il était comme un gros ballon de rugby ou qu'il avait l'air d'un coquillage blanc… Depuis, on a construit près du CNIT le grand centre d'affaires de la Défense avec ses tours et ses bureaux, et bien sûr, la Grande Arche. Aujourd'hui le CNIT accueille plus de 6 millions de visiteurs et 1500 expositions, salons ou congrès par an.
Accès métro et RER : station La Défense-Grande Arche

Le Carrousel du Louvre

Le plus petit mais le plus chic ! Seulement quatre salles et 7400 m² mais quelle élégance ! Situé au pied du Louvre, sous la pyramide de l'architecte I.M. Pei, le Carrousel est un lieu de prestige pour les fêtes des entreprises et les salons de luxe : haute couture, mode, bijoux…
Métro : station Palais Royal-Musée du Louvre

le spectacle *die Veranstaltung, das Schauspiel* **le RER** *die Pariser S-Bahn* **le ballon** *der Ball* **le coquillage** *die Muschel* **le centre d'affaires** *das Geschäftsviertel* **l'avantage *m*** *der Vorteil* **le lieu** *der Ort*

Neue Formen und Strukturen

1. Die Relativpronomen *ce qui, ce que*

Ce qui und **ce que** stehen nur für Sachen; man übersetzt sie im Deutschen einfach mit *was*.
Ce qui ist Subjekt des Relativsatzes:
Ce qui m'ennuie un peu c'est le logo.
Was mich ein wenig stört, ist der Logo.
Ce que ist Akkusativobjekt des Relativsatzes:
Je vais voir ce que je peux faire.
Ich werde sehen, was ich tun kann.

Ce qui und **ce que** drücken auch eine Betonung oder einen indirekten Fragesatz aus.

Zur Unterscheidung:
Ce qui beantwortet die Frage *wer oder was* (nach dem Subjekt des Satzes)
Ce que beantwortet die Frage *wen oder was* (nach dem Objekt des Satzes).

2. *Si*-Satz in der Vergangenheit

Wenn man etwas bedauert oder wenn etwas in der Vergangenheit nicht eingetreten ist, verwendet man im **Si**-Satz das **plus-que-parfait**:
Si on avait eu une hôtesse d'accueil...
Wenn wir eine Hostess gehabt hätten, ...
Si j'avais su ! *Wenn ich gewusst hätte!*

Das **plus-que-parfait** bildet man mit den Hilfsverben **être** oder **avoir** im **imparfait**, ergänzt durch das Partizip Perfekt des Verbs:

Si +	**Hilfsverb im imparfait**	**+ Partizip Perfekt**
Si on	avait	eu
Si on	avait	su
Si elles	étaient	restées

Beim **plus-que-parfait** gelten für das Partizip Perfekt dieselben Regeln wie beim **passé composé**.

3. Das *conditionnel passé*

Wenn etwas nicht eingetreten ist, nimmt man das **conditionnel passé**:
Elle aurait accueilli les clients !
Sie hätte die Kunden empfangen!
Nous aurions gagné du temps.
Wir hätten Zeit gewonnen.

Das **conditionnel passé** bildet man mit den Hilfsverben **être** und **avoir** im **conditionnel présent** und dem Partizip Perfekt des Verbs:

	Hilfsverb im conditionnel présent	**+ Partizip Perfekt**
Elle	aurait	accueilli
Nous	aurions	gagné

Das **conditionnel passé** drückt etwas aus, das nicht mehr erfüllbar oder realisierbar ist:
Moi, j'aurais bien aimé faire le tour des autres stands.
Ich hätte mir gern die anderen Stände angesehen.
Si j'avais su, je ne serais pas allée au restaurant.
Wenn ich es gewusst hätte, wäre ich nicht ins Restaurant gegangen.

Beim **conditionnel passé** wird das Partizip Perfekt ebenfalls angeglichen!

4. Redemittel

Zusammenfassen, beenden: enfin bref, en peu de mots, voilà.
Versprechen: je vous promets que (+ futur)
Warnen: mais un conseil : ..., je vous signale que..., attention : ...
Wunsch oder Hoffnung: j'espère que (+ futur), je vous souhaite...
Beruhigen: rassurez-vous, ne vous inquiétez pas
Positives Urteil: pour moi c'était très agréable de (+ Inf.), j'apprécie..., je vous félicite de (+ Subst. oder + Inf.)
Absicht: j'ai l'intention de (+ Inf.), je tiens à vous dire que, je compte sur vous.
Zweifel, Bedauern: je n'aurais peut-être pas dû (+ Inf.), j'ai peut-être eu tort de (+ Inf).
Gratulieren, sich bedanken: je vous félicite de (+ Subst. oder + Inf.), je vous remercie de (+ Subst. oder + Inf.)

Test 1

Lektionen 1 bis 3

1 Ergänzen Sie mit dem bestimmten Artikel:

a. En France, nous aimons les cafés, ... chansons, ... mode.
b. .... France et .... Allemagne sont des pays.
c. .... amis de Patrick parlent anglais.
d. J'aime .... sport, ... littérature et écouter .... radio.
e. J'aime beaucoup .... Bretagne et .... Auvergne.
f. .... bière est pour .... ingénieur.

2 Wo macht man eine **liaison**? Tragen Sie sie ein.

a. Vous aimez le sport ?
b. Nous habitons à Orléans.
c. Merci pour les olives !
d. Vous allez bien ?
e. Vous écoutez Radio France ?

3 Können Sie die Verbformen ergänzen?

travailler	écout......................
je travaill..................	.... écoute
.... travailles	tu écout................
elle travaill.............	il ....
nous travaill............	.... écoutons
.... travaillez	vous ....ez
ils ....ent	elles écout ....

4 Vervollständigen Sie die folgenden Sätze:

a. Victor .... (être) à Bordeaux.
b. Ils .... (aller) bien ?
c. Je .... (être) un ami de Claire.
d. Vous .... (parler) anglais ?
e. Ils .... (aimer) voyager.
f. Vous .... (être) cuisinier ?
g. Nous .... (habiter) en Allemagne, à Leipzig.
h. Tu .... (aller) aux Antilles ?
i. Je .... (aller) en France.
h. Tu .... (écouter) la radio ?

5 Verbinden Sie, was zusammenpasst, und bilden Sie Sätze:

a. *Let it be*	1. boisson
b. le Coca-Cola	2. chanson
c. Metz et Rennes	3. profession
d. l'Allemagne	4. villes
e. technicien	5. amis
f. l'allemand	6. pays
g. Gaston et Patrick	7. langue

Let it be est une chanson.

6 Hier sind einige Informationen über Marion, Mélanie und Christian. Was sagen sie, wenn sie sich vorstellen?

a. Marion, Paris, journaliste, écrire, lire, voyager
b. Mélanie, Bordeaux, ingénieur, sport, impressionnisme, architecture
c. Christian, Bruxelles, architecte, chanson, rap, opéra

a. Je ....
....
....

b. ....
....
....

c. ....
....
....

7 Welche Wortpaare reimen sich?

a. on	pardon	h. beaucoup	vous
b. Provence	dansez	i. lire	plaisir
c. boisson	croissant	j. bière	Pierre
d. merci	voici	k. biscuit	jus de fruits
e. le	des	l. musée	et
f. habite	habiter	m. Paris	pastis
g. Antilles	gentil	n. fleurs	ingénieur

8 Sind Sie der perfekte Gast? Kreuzen Sie die richtigen Lösungen an! Wie im wirklichen Leben können auch mehrere Antworten richtig sein.

a. Sie kommen etwas zu früh. Sie sagen:
- Désolé(e), je suis ici.
- Désolé(e), je suis en avance.
- Je suis en avance.

b. Wie reagiert Ihr Gastgeber auf Ihr Geschenk?
- Oui, merci.
- Merci, avec plaisir.
- Merci, c'est très gentil.

c. Sie stellen Ihren Freund Peter vor:
- Peter est avec moi.
- Je m'appelle Peter.
- Voici Peter.

d. Sie fragen eine ältere Dame, wie es ihr geht:
- Tu vas bien ?
- Comment allez-vous ?
- Ça va ?

e. Sie möchten jemanden beglückwünschen:
- Bravo ! Félicitations !
- Enchanté(e) !
- Tu vas bien !

f. Die Musik ist so laut, dass Sie nichts verstehen konnten. Sie sagen:
- Pardon ?
- Quoi ?
- Je n'ai pas compris !

Test 2

Lektionen 4 bis 6

1 Die Zahlen haben einige Buchstaben verloren! Können Sie die fehlenden Buchstaben ergänzen? Verbinden Sie anschließend die Zahlwörter mit den Ziffern.

z .... r	17
tr .... nt	50
s .... ix .... nt	0
h .... i	15
t .... e .... z	11
c .... nq .... a .... t	30
.... nz	8
q .... ar .... nt	40
d .... x-s .... pt	13
qu .... nz	60

2 Beantworten Sie die Fragen mithilfe der Stichwörter – aber in ganzen Sätzen!

a. Mme Aziz ist sehr beschäftigt: Was kann sie heute nicht tun?

~~télévision~~, ~~jardin~~, ~~courses~~

b. Der arme Léon ist krank: Was darf er nicht zu sich nehmen?

~~bière~~, ~~alcool~~, ~~cigarettes~~, ~~croissants~~

c. Mme Béranger achtet auf ihre Linie: Was macht sie nie?

~~apéritif~~, ~~restaurant~~, ~~cuisine~~

3 Ein Freund hat Sie gebeten, ihm zu helfen, einige Auskünfte über ein Hotel an der Côte d'Azur einzuholen. Formulieren Sie seine Fragen an die Hotelleitung: Er möchte wissen,

a. ob sie Deutsch sprechen;
Est-ce que vous ....
....

b. ob sie ein Zimmer mit Bad haben;
....
....

c. ob Hunde erlaubt sind;
....
....

d. ob es einen Aufzug gibt;
....
....

e. ob das Frühstück extra ist;
....
....

f. ob es einen Parkplatz gibt;
....
....

4  Wer geht wohin? Bilden Sie Sätze.

Claire → Italie
Richard → Léon
Mme Denis → supermarché
Roger → hôtel Marignan
M. Bugeau → pharmacie
les enfants → école
toi → bureau
et moi → Antilles

5 Wer wohnt in welcher Etage?

Lulu et Charlie
Sophie et Jean
Philippe
Patricia
Thibault

a. Thibault ....
b. Patricia ....
c. Philippe ....
d. Sophie et Jean ....
e. Lulu et Charlie ....

6 Markus bekommt Besuch aus Lyon. Wie sieht sein Terminkalender in dieser Woche aus? Erzählen Sie es einem französischen Freund!

Mo	Hotelzimmer für Pierre reservieren, einkaufen
Di	Kochen, Aperitif mit Pierre
Mi	Termin bei Siemens in München, Pierre bei IBM absetzen
Do	Renate treffen
Fr	mit den Kindern und Pierre ins Schwimmbad!
Sa	werkeln, ins Restaurant gehen
So	nichts tun!!

7 In der Kneipe. Wie lauten die richtigen Antworten? Kreuzen Sie sie an.

a. Qu'est-ce que vous prenez ?
- Je voudrais un pastis.
- Non, pas de pastis.
- Un pastis, s'il vous plaît.

b. Quel temps de chien !
- Oui, il fait beau.
- Oui, quel temps !
- Il pleut !

c. Je vous invite !
- Non, laissez, c'est à moi !
- Encore !
- Et pour moi l'addition !

d. Qu'est-ce que tu prends comme salade ?
- Un croque-monsieur.
- Un fromage.
- Une salade niçoise.

e. On prend un verre ?
- Désolé, je n'ai pas le temps.
- Oui, merci.
- Oui, et toi ?
- Oui, avec plaisir.

Test 3

Lektionen 7 bis 9

1 Ordnen Sie die Wörter den Kategorien zu, und setzen Sie den bestimmten Artikel.

compétition fille avenue feu VTT frère carrefour neveu parapente belle-mère place mari pont escalade sœur équitation

la ville ....
le sport ....
la famille ....

2 Setzen Sie die richtigen Verbformen und die passenden Präpositionen ein:

a. Vous .... (prendre) la première .... *(rechts)*.
b. Nous .... (attendre) .... *(auf)* le pont.
c. Ils .... (vendre) des glaces .... *(vor)* le cinéma.
d. Il faut .... (aller) .... *(geradeaus)*.
e. Tu .... (attendre) .... *(hinter)* le musée.
f. Je .... (descendre) place de la Bastille.
g. Le guide .... (attendre) .... *(gegenüber)* l'hôtel.
h. Vous .... (aller) .... *(bis zum)* la mairie.

3 Ergänzen Sie mit **de**, **d'**, **du**, **de la**, **de l'** oder **des**!

a. Je fais .... sport.
b. Le guide .... agence est très sympa.
c. Le mari .... ma sœur a mal au dos.
d. Ils n'ont pas .... enfants.
e. L'heure .... visite est sur le programme.
f. Son vélo est à côté .... musée.
g. La voiture .... ma mère est très grande.
h. J'adore les petites rues .... Montmartre !

4 Sie möchten gern wissen, welche Sportarten Ihr französischer Freund treibt? Fragen Sie ihn.

a. Fußball?
b. Radfahren?
c. Tennis?
d. Ski?
e. Wandern?
f. Gymnastik?
g. Aerobic?
h. Klettern

5 Verbinden Sie die Zahlwörter mit den Ziffern.

cent onze	77
deux mille	124
quatre-vingt-dix-neuf	99
soixante-dix	70
quatre-vingt-un	91
soixante et onze	71
quatre-vingt-onze	2000
soixante-dix-sept	57
cinquante-sept	111
cent vingt-quatre	81

6 Ergänzen Sie mit **mon**, **ma**, **mes**, und setzen Sie die Adjektive in der richtigen Form ein.

a. .... père a les cheveux.......... (gris).
b. .... mère a les cheveux.......... (brun).
c. .... amie est .... (grand).
d. .... sœurs sont .... (gentil).
e. .... cousines sont très .... (sportif).
f. .... tante a les yeux .... (bleu)
g. Et.......... chien est .... (adorable).

7 **Son**, **sa**, **ses**, **leur**, oder **leurs**? Ersetzen Sie die **de**-Ergänzung durch das richtige Pronomen.

a. le départ de tante Pierrette
b. la voiture de Luc
c. les enfants de Luc et Béatrice
d. les amies de Béatrice
e. l'hôtel de Lucien
f. l'école de Virginie et de Léon
g. l'arrivée de Catherine

8 Der Reiseleiter hat viel zu tun! Schreiben Sie auf, wann er wo ist!

a. 08.30 agence
b. 09.00 musée
c. 12.00 restaurant
d. 14.30 Opéra
e. 16.10 cathédrale
f. 18.45 hôtel Regina

9 Alltagssituationen: Kreuzen Sie an, was richtig ist.

a. Sie fragen einen Freund nach seinem Alter:
- Depuis combien d'années ?
- Quel âge as-tu ?
- Ton âge ?

b. Sie sagen, dass Sie keine Zeit mehr haben:
- Je n'ai pas le temps !
- Je n'ai plus le temps !
- Quel temps !

c. Nach dem Sport haben Sie überall Muskelkater und stöhnen:
- Je suis malicieux.
- Je suis partout malade !
- J'ai des courbatures partout !

d. Und übel ist es Ihnen auch noch!
- J'ai mal au cœur.
- J'ai mal à la tête.
- J'ai mal aux bras.

e. Sie wollen wissen, wie spät es ist:
- A quelle heure ?
- Quelle heure est-il ?
- Pour quelle heure ?

f. Sie bewundern den süßen Sprössling Ihrer Freunde:
- Qu'il est chauve !
- Oh, le beau chignon !
- Qu'il est mignon !

Test 4

Lektionen 10 bis 12

1 Ergänzen Sie mit **ce, cette, cet** oder **ces**:

a. Tu cherches .... liste ?
b. J'aime beaucoup .... plantes vertes !
c. Je prends .... bouteille.
d. .... œuf n'est pas bon.
e. Je voudrais acheter .... meuble.
f. .... aspirateur fonctionne bien.
g. Nous allons changer .... rideaux.
h. .... stage est intéressant.

2 Das alles wird Mathieu in den nächsten Tagen tun. Schreiben Sie im **futur composé**, was er sagen würde:

A 9 heures, je rencontre M. Brisset : nous préparons ensemble le dossier pour la réunion. A 10 heures, nous allons à la réunion. Nous examinons un nouveau produit. A midi, je déjeune avec M. Druon. A 14 heures, je prends le train pour Orléans. Je visite MTB et j'étudie notre nouveau projet. Je reste à Orléans pour rencontrer mes collègues du service exportation et je rentre mardi. Mercredi, je suis à mon bureau toute la journée.

3 Ergänzen Sie mit **tout, toute, tous** oder **toutes**:

a. Qu'est ce que tu as fait .... la journée ?
b. Nous avons bu .... le champagne !
c. Elle va venir .... la semaine.
d. Ils ont mangé .... les gâteaux !
e. Il a lu .... le journal pendant .... les réunions.
f. .... les contrats sont ici.
g. Il a .... signé.

4 Stéphanie erzählt ihren Eltern ganz stolz, was sie gestern gemacht hat. Bringen Sie die Verben zunächst in die richtige zeitliche Reihenfolge, und schreiben Sie dann Stéphanies Erzählung im **passé composé**:

rentrer à la maison préparer un gratin
ranger la cuisine faire une liste acheter des boissons
lire la recette chercher une bonne recette
aller au supermarché

5 Laurence sucht eine neue Stelle: Welche Fragen stellt ihr der zukünftige Arbeitgeber?

a. passer votre bac : quand ?
b. faire vos études : où ?
c. apprendre l'anglais ?
d. faire des stages ?
e. avoir votre premier emploi : où ?
f. être au chômage en 1999 : pourquoi ?
g. trouver un emploi chez Aka : comment ?
h. prendre contact avec nous : pourquoi ?

Quand avez-vous...

6 Setzen Sie die Verben ins **passé composé**, und ergänzen Sie mit **du, de la, de l', des**!

a. Nous .... (boire) .... lait.
b. Il .... (prendre) .... pain.
c. Ils .... (acheter) .... œufs.
d. Nous .... (faire)...................... gâteaux.
e. J' .... (trouver) .... huile.
f. Tu .... (mettre) .... ail ?
g. Vous .... (vendre) .... bière ?
h. Tu .... (avoir) .... argent ?

7 Ergänzen Sie die Fragen mit **du, des** oder **de**, und beantworten Sie die Fragen mit **en**!

a. ● Tu veux un pot .... miel ?
● Oui,...
b. ● Vous avez .... sucre ?
● Non,...
c. ● Elle a beaucoup .... travail ?
● Oui,...
d. ● Ils prennent .... fraises ?
● Non,...
e. ● Tu ne fais plus .... sport ?
● Non,...
f. ● Il faut .... chocolat ?
● Oui,...
g. ● Tu prends .... fromage ?
● Oui,...
h. ● Il y a une bouteille .... vin ?
● Oui,...
i. ● Vous prenez un paquet .... beurre ?
● Oui,...

8 Was sagt man in folgenden Situationen? Kreuzen Sie die richtige Antwort an!

a. Sie möchten ein Pfund Erdbeeren und sagen:
- ☐ Je voudrais un livre.
- ☐ Je voudrais une livre de fraises.
- ☐ Je voudrais une livre de pêches.

b. Sie stimmen einem Freund zu:
- ☐ Si !
- ☐ Tu as raison !
- ☐ Mon pauvre !

c. Sie kommen am ersten Juli an und benachrichtigen Ihre Freundin:
- ☐ J'arrive en juillet.
- ☐ J'arrive le premier juin.
- ☐ J'arrive le premier juillet.

d. Es gibt gerade Sonderangebote.
- ☐ Il y a des promotions.
- ☐ Il y a des petits boulots.
- ☐ C'est combien ?

e. Sie trinken Ihren Kaffee ohne Milch und sagen:
- ☐ Pas de lait.
- ☐ Sans lait, s'il vous plaît.
- ☐ Le choix est difficile.

Test 5

Lektionen 13 bis 15

1 Setzen Sie die richtigen Verbformen ein.

a. Je .... (venir) demain !
b. Qu'est-ce que vous .... (dire) ?
c. Vous avez .... (choisir) un dessert ?
d. Quand est-ce que vous .... (venir) ?
e. Nous lui .... (écrire) souvent.
f. Qu'est-ce que vous .... (lire) ?
g. Ils .... (venir) chez moi.
h. Mon mari .... (choisir) bien le vin.
i. Je ne .... (lire) pas le journal tous les jours.

2 Beantworten Sie die Fragen, und ersetzen Sie dabei das direkte Objekt durch das passende Personalpronomen.

a. ● Vous regardez les vitrines ?
● Oui, je ....
b. ● Vous allez visiter la ferme ?
● Oui, ...
c. ● Vous achetez les chaussures ?
● Non, ...
d. ● Vous avez entendu le téléphone ?
● Oui, ...
e. ● Vous prenez le blouson ?
● Non, ...
f. ● Vous avez eu le numéro ?
● Oui, ...
g. ● Vous allez appeler le patron ?
● Non, ...

3 Ergänzen Sie mit **l'** oder **lui**!

a. Je .... ai téléphoné hier.
b. Elle .... aime.
c. Je voudrais .... parler.
d. Il peut .... payer cette robe ?
e. Vous .... avez essayé ?
f. Je .... ai demandé le prix
g. Je vais .... dire pourquoi.
h. Nous .... avons acheté.

4 Wie sagt man auf Französisch …

a. Das passt mir.
....
b. Das gefällt mir.
....
c. Ruf mich an!
....
d. Ich habe dir geschrieben.
....
e. Entschuldige!
....
f. Ich gebe dir meine Nummer.
....

5 Nicht alle Leute sind gleich: Ergänzen Sie!

Paul Liliane Jacques David Charlie Cécile François Léa

a. Paul est .... grand .... Charlie.
b. Liliane est .... petite .... Cécile.
c. Jacques est .... grand .... François.
d. Léa est .... grande .... David.

6 Wie sagt man's auf Französisch? Verbinden Sie, was zusammenpasst.

a. Sie haben sich verwählt.	1. Ne quittez pas.
b. Ich verbinde.	2. Quel est votre numéro ?
c. Er spricht gerade.	3. Vous désirez laisser un messsage ?
d. Was haben Sie für eine Nummer?	4. Je vous le/la passe.
e. Möchten Sie eine Nachricht hinterlassen?	5. Vous avez fait erreur.
f. Möchten Sie warten?	6. Il est en ligne.
g. Bleiben Sie dran!	7. Vous voulez patienter ?

7 Die folgenden Sätze sind beim Kleiderkauf ganz nützlich. Aber es fehlen noch einige Wörter. Ergänzen Sie sie.

acceptez ma prix le cabine mieux peux au dessus

a. Quel est le .... de ce pantalon ?
b. Je .... l'essayer ?
c. Où est la .... ?
d. Ce n'est pas .... taille.
e. Vous l'avez une taille .... ?
f. Oui, il me va .... que l'autre.
g. Je .... prends.
h. Vous .... les cartes de crédit ?

8 Ferienzeit! Konjugieren Sie die Verben, und ergänzen Sie den Brief von Maguy!

Ma chère Léa,
Je .... (être) en vacances à Cannes et je .... (se reposer) bien .... nous .... (se réveiller) à huit heures et nous .... (aller) à la plage. L'après-midi, nous .... (se promener) et nous .... (visiter) la région. Nous .... (être) avec des amis sympa et nous .... (s'amuser) beaucoup. Hier, je .... (se coucher) à trois heures ! Je ne .... (s'ennuyer) pas et je .... (se détendre)! Ne .... (travailler) pas trop !
Amitiés, Maguy

9 Was hat Léa gestern gemacht? Bilden Sie Sätze aus den Stichwörtern.

a. se lever à 6 heures
b. s'occuper des dossiers
c. se disputer avec son patron
d. se coucher à minuit

Test 6

Lektionen 16 bis 20

1 Ergänzen Sie mit **qui**, **que** oder **qu'**!

a. J'aime beaucoup la nouvelle robe .... tu as achetée !
b. Le petit Français .... est venu s'appelle Julien.
c. La carte .... il a envoyée est très belle.
d. Le Sénégal est un pays .... me plaît beaucoup.
e. L'exposition .... nous avons visitée hier était intéressante.
f. Le dessert .... tu as préparé est délicieux.

2 Bilden Sie Sätze aus den Stichwörtern.

a. trouver ce rosé est excellent
Je trouve...
b. ne pas savoir il a quitté Paris
Nous...
c. penser il y a une petite erreur
Je ....
d. se demander le restaurant est ouvert
Je ....
e. croire ils sont pressés ?
Vous ....

3 Was sagen Sie in folgenden Situationen? Kreuzen Sie die richtige Lösung an!

a. Sie möchten einen Tisch bestellen ...
- Pour deux personnes.
- Je voudrais réserver une table.
- Une table, s'il vous plaît !

b. Sie nehmen zwei Menüs ...
- Nous prenons les deux menus.
- Un menu à ... euros pour deux personnes.
- Nous prenons deux menus à ... euros.

c. Sie zögern noch etwas ...
- Je choisis un peu.
- J'hésite un peu.
- Je sais peu.

d. Vielleicht kann die Bedienung Sie beraten?
- Vous pourriez commander ?
- Vous pourriez me dire...
- Vous pourriez me conseiller ?

e. Unter **surprise du chef** können Sie sich nichts Genaues vorstellen...
- Il est comment, le chef ?
- Le plat du chef, c'est bon ?
- Le plat du chef, qu'est-ce que c'est ?

f. Sie haben es eilig.
- Nous sommes pressés !
- Nous sommes un peu pressés...
- Nous sommes rapides !

4 Wie sah früher Martines Leben aus? Setzen Sie die Sätze ins **imparfait**.

a. J'habite au Quartier latin.
b. Le lundi, je vais au cinéma.
c. Je prends souvent du café.
d. J'ai des cours à la fac.
e. Tu viens chez moi.
f. Je peux voyager.
g. Je fais du stop.
h. Nous sommes jeunes.

5 Schreiben Sie Fabrices Geschichte in der Vergangenheit.

Quand j' .... (être) petit, nous .... (habiter) dans un village en Normandie. Mes parents .... (avoir) une ferme. Mon père .... (travailler) beaucoup, et le soir, il .... (être) très fatigué. Ma mère .... (avoir) des lapins et des canards. Nous ne .... (faire) pas beaucoup de voyages. Un jour, une famille allemande .... (arriver) chez nous. Ils .... (chercher) une chambre pour les vacances. Ils .... (rester) trois semaines. Ils .... (avoir) une petite fille blonde qui .... (parler) un peu français et j'............ (adorer) jouer avec elle. En septembre, ils .... (partir) et ils m' .... (envoyer) une jolie carte de Nuremberg.

6 Ergänzen Sie die Sätze mit den folgenden Wörtern:

mais parce que si bien que même si en plus

a. J'ai appris le français .... j'aimais cette langue.
b. .... j'aimais les gens : ils sont sympa.
c. Les Français parlent vite, ... je les comprends assez bien.
d. .... je ne comprends pas tout, j'aime bien être avec eux.
e. Ma ville organise un jumelage, ... je vais souvent en France.

7 Wie lauten die Adverbien zu folgenden Adjektiven?

a. gentil...
b. normal ....
c. différent ....
d. rapide...
e. heureux...
f. meilleur...

8 Sie sprechen gut Französisch; welche Pläne haben Sie? Setzen Sie die Sätze ins Futur.

a. J' .... (aller) peut-être en Tunisie ou je .... (visiter) les Antilles.
b. Je .... (faire) sûrement un grand voyage et je .... (rencontrer) des gens.
c. Je .... (se promener) dans Paris et j' .... (acheter) des cadeaux.
d. Je... (passer) des vacances merveilleuses et je crois que j' .... (avoir) des surprises !

Quellennachweis

li. = links; re. = rechts; M. = Mitte; o. = oben; u. = unten; H. = Hintergrund; R. = Reihe; v. = von

Fotos und Reprovorlagen

Adobe Stock, Dublin:
5.3, 57 (rh2010); 5.5, 68 (Sergii Figurnyi); 13, 225.1 (LAFORET Aurélien); 5.1, 44 (Brian Jackson); 6.2, 132 (Daniel Vincek); 6.6, 156 (Prostock-studio); 7.5, 191 (Jan Kranendonk); 12.3 (GiorgioMorara); 12.9 (poplasen); 13.5 (adisa); 15 (iMAGINE); 25.3 (Christophe); 26.2 (Terence Mendoza); 27.1 (Lotharingia); 27.2 (Guillaume); 27.3 (Olivier Poncelet); 28.2 (blantiag); 30.1 (Kekyalyaynen); 38.1 (J. Ossorio Castillo); 38.3 (giodilo); 42.2 (Tydav Photos); 45.1 (dvoevnore); 46 (New Africa); 50.1 (thomathzac23); 55 (Song_about_summer); 58 (ilolab); 71.2 (Danielle Bonardelle); 77.2 (robertdering); 77.3 (rochagneux); 77.4 (PackShot); 81 (olrat); 84.1 (vlad_g); 84.2 (doris oberfrank-list); 84.3 (Mari79); 85.1 (Stéphan SZEREMETA); 90.1, 90.4 (Sergey Novikov); 90.2 (Lucille Cottin); 90.3 (Isaxar); 98.1 (byjeng); 98.2 (fischer-cg.de); 98.5 (Pictures news); 99.1 (WavebreakmediaMicro); 101.3 (lovelyday12); 103.2 (mariocigic); 107 (Romolo Tavani); 110.1 (Dyrefotografi.dk); 112.1 (Svetlana Kolpakova); 118.1 (Alexi Tauzin); 118.2 (Yulia Furman); 136.1 (juefraphoto); 139.1 (skampixelle); 142.1 (lilechka75); 145, 147.1, 149 (Minerva Studio); 154 (fizkes); 158 (Falko Matte); 163 (Antonioguillem); 171 (Vladimir Shevelev); 173 (xiaosan); 178.1 (andersphoto); 178.2 (monticellllo); 184 (BillionPhotos.com); 197.2 (dream79); 203 (Philipimage); 210 (berezko); 214.1 (ahornfoto); 242 (ehrenberg-bilder); 255 (pressmaster); 12.7, 175;
Alamy Stock Photo, Abingdon, UK:
13.4 (Collection Christophel); 189.2 (Keystone Press); Fotolia, New York: 212 (Ekaterina Pokrovsky);
Getty Images, München:
6.1, 92, 209 (Jose Luis Pelaez Inc); 6.5, 120 (StefaNikolic); 6.4, 144 (Minerva Studio); 12.6 (Image Source); 38.4 (Kemter); 93.1 (AleksandarGeorgiev); 93.2 (skynesher); 94 (AnVr); 96 (alvarez); 98.3 (Colin13362); 98.4 (penguenstok); 98.6 (Michael Robinson); 164 (Adene Sanchez); 182.1 (NADOFOTOS); 182.2 (jpfotograaf); 182.4 (AJ_Watt); 192.3 (gimletup); 194 (Ryan McVay); U1 (encrier);
PONS GmbH, Stuttgart:
85, 89 (OpenStreetMap-Mitwirkende); Shutterstock, New York: 5.2, 11, 5.7, 79 (Boris Stroujko); 5.4, 23 (meunierd); 108, 109 (Kamieshkova); 6.3, 105, 101.2 (Mike Fouque); 7.2, 217 (Guenter Albers); 7.4, 230 (Samuel Borges Photography); 7.1, 169 (T.W. van Urk); 7.3, 181 (Igor Plotnikov); 7.6, 245 (telesniuk); 7.7, 206 (Kittyfly); 12.1 (Kamira); 12.2 (Alex Segre); 12.4 (andersphoto); 12.5 (futuristman); 12.8 (JulijaDmitrijeva); 12.10, 61, 221 (Hadrian); 12.11 (LStockStudio); 12.12 (Toshio Chan); 13.2 (Nikonaft); 13.3 (defotoberg); 13.6 (Nata Sha); 18 (hbpro); 21.1 (alain marie joseph ulmer); 21.2 (Brois-B); 21.3 (Marina VN); 24.1 (INTERPIXELS); 24.2, 24.6 (Anton_Ivanov); 24.3 (Jakl Lubos); 24.4 (f11photo); 24.5 (Sabino Parente); 25.1 (Diego Fiore); 25.2 (erichon); 26.1 (stockfour); 26.3 (Nadino); 28.1 (AS photostudio); 28.3 (Rido); 33 (Ana Maria Tone); 38.2 (Sergiy Borakovskyy); 42.1 (Anthony J Damico); 50.2 (Nigel Jarvis); 60 (Chudo2307); 63.1 (wavebreakmedia); 71.1 (JP WALLET); 77.1 (Chrispictures); 82.1 (Michael Mulkens); 82.2 (nikolpetr); 87.1 (mitchharrold); 100 (makasana photo); 101.1 (Tobias Arhelger); 102.1 (Jerome LABOUYRIE); 103.1 (Yuri Turkov); 103.3 (Leonard Zhukovsky); 111 (ViDI Studio); 112.2, 113 (Ivanna Lukiian); 133.1 (Africa Studio); 133.2 (PHILIPIMAGE); 134.1 (Inga Nielsen); 134.2 (A_Lein); 136.2 (Elena Shashkina); 147.2 (Krakenimages.com); 153.1 (magicinfoto); 153.2 (Alexandros Michailidis); 153.3, 153.4 (Denis Makarenko); 161 (G-Stock Studio); 162, 182.3, 187 (goodluz); 165 (Prostock-studio); 166.1 (DisobeyArt); 174.1 (SibFilm); 179.1 (Ewa Studio); 179.2 (Everett Collection); 186.1 (Pascale Gueret); 189.1 (Antonio Guillem); 192.1 (photosimysia); 192.2 (Yuliia Chupina); 197.1 (Pressmaster); 199.1 (FreeProd33); 207.1 (cate_89); 207.2 (Arcansel); 211 (Jandrie Lombard); 213 (Carsten Medom Madsen); 218.1 (Ekaterina Pokrovsky); 219 (Jacob Lund); 220.1 (BalkansCat); 220.2 (olrat); 222 (Roberto Lusso); 224 (RVillalon); 227.1 (BTWImages); 227.2 (Glass and Nature); 227.3 (Wynian); 231.1, 233.2 (Evannovostro); 231.2 (NeydtStock); 231.3 (CIS); 232.2 (Andrew Mayovskyy); 233.1 (Marcin S); 237.1 (fizkes); 238 (Tero Vesalainen); 246 (www_logo_expert); 256 (MyImages - Micha); 197.3, 226;
Thinkstock, München:
38.5 (fcknimages)

Pläne und Zeichnungen

Polyglott Verlag GmbH: 85, 89 © 1999
Weiß, M.: 15, 64, 198 (H.)

Zeichnungen

Goger, H. 15, 20, 32, 40, 52, 54, 63, 72, 121, 125, 129, 130, 133, 137, 139, 142, 174, 194, 198, 199
Gürlich, K.: 108 (re.), 109 (u.)
Hoffmann, J.: 108 (li.)
Lalo, L.: 16, 31, 48, 50, 65, 86, 97, 102, 117, 126, 140, 146, 160 (u.), 162, 164 (o.), 166, 170, 176, 177, 185, 200, 201, 215, 218/219, 225
Le Sourd, B.: 19, 30, 35, 36, 38, 39, 41, 53, 62, 69, 73, 96, 106, 115, 124, 151, 152, 157, 160 (o.), 172, 183, 188, 214, 239
Navarrete, H.: 232, 234, 235, 237, 239, 240, 247, 248, 249, 250, 251, 253, 254
Preud'homme, R.: 109 (o.)

Der Verlag dankt den genannten Personen und Unternehmen für die Abdruckgenehmigungen. Trotz intensiver Bemühungen konnte mit einigen Copyright-Inhabern kein Kontakt hergestellt werden. Für entsprechende Hinweise wäre der Verlag dankbar.

Langenscheidt

Komplett-Paket Französisch

Begleitbuch

Langenscheidt

Inhalt

Lektionswortschatz Seite 5

Lösungen Seite 51

- Leçon 1
  Rêver un peu 51
- Leçon 2
  Francophonie 53
- Leçon 3
  Une invitation 55
- Leçon 4
  A l'hôtel 56
- Leçon 5
  Un petit café 58
- Leçon 6
  La vie du quartier 60
- Leçon 7
  Un voyage à Paris 63
- Leçon 8
  Au club de sport 65
- Leçon 9
  Noël en famille 68
- Leçon 10
  A la maison 70
- Leçon 11
  Deux cordons-bleus 73
- Leçon 12
  Le monde du travail 75
- Leçon 13
  Allô ? 77
- Leçon 14
  La mode 80
- Leçon 15
  Rencontres 81
- Leçon 16
  Au restaurant 83
- Leçon 17
  Leurs vingt ans 85
- Leçon 18
  Contacts et projets 87
- Leçon 19
  Voyage, voyage... 89
- Leçon 20
  Au revoir ! 92

- Test 1 96
- Test 2 96
- Test 3 97
- Test 4 98
- Test 5 99
- Test 6 100

Tipps zur Wörterbuchbenutzung Seite 101

Grammatik im Überblick Seite 103

- Aussprache und Schreibung 103
- Der Artikel 104
- Das Substantiv 105
- Die Mengenangabe 106
- Das Adjektiv 107
- Das Adverb 108
- Die Steigerung 108
- Die Begleiter 110
- Die Pronomen 110
- Das Verb 113
- Die Verneinung 117
- Fragesätze 118
- Konjunktionen 120
- Präpositionen 120
- Umgangssprache 122
- Die Zahlen 123
- Liste der Verben 124
- Musterkonjugationen 127

Grammatische Fachausdrücke Seite 132

Gesamtwortschatz Seite 133

Wortschatztrainer 1
Leçon 1–5

CD/Track	Leçon
5/1	Einführung
5/2	L1 Rêver un peu
5/3	L1 Régions de France
5/4	L1 Casanova
5/5	L1 La Bretagne
5/6	L2 Francophonie
5/7	L2 Je suis …
5/8	L2 Villes, pays et professions
5/9	L2 Sélim

CD/Track	Leçon
5/10	L2 Mériem
5/11	L3 Une invitation
5/12	L3 Bonnes vacances !
5/13	L3 Bonjour !
5/14	L3 Cocktail
5/15	L3 Pardon ?
5/16	L4 A l'hôtel
5/17	L4 A la réception
5/18	L4 Une profession difficile

CD/Track	Leçon
5/19	L4 La visite d'Albi
5/20	L4 En route !
5/21	L5 Un petit café
5/22	L5 Chez Jo
5/23	L5 Déjeuner au café
5/24	L5 Léon Bugeau n'a pas le temps !
5/25	L5 Quel temps de chien !

Wortschatztrainer 2
Leçon 6–10

CD/Track	Leçon
6/1	L6 La vie du quartier
6/2	L6 Les voisins
6/3	L6 C'est la vie
6/4	L7 Un voyage à Paris
6/5	L7 Pour aller au musée d'Orsay ?
6/6	L7 Tour de Paris
6/7	L7 Quelle heure est-il ?

CD/Track	Leçon
6/8	L8 Au club de sport
6/9	L8 Vive le yoga !
6/10	L8 C'est dur aussi la gym !
6/11	L8 Les Français et le sport
6/12	L8 Et pour finir
6/13	L9 Noël en famille

CD/Track	Leçon
6/14	L9 La lettre au Père Noël
6/15	L9 Louis et Adeline
6/16	L9 Les photos de famille
6/17	L10 A la maison
6/18	L10 Les grands travaux
6/19	L10 Projets
6/20	L10 Chez Castorama

Wortschatztrainer 3
Leçon 11–15

CD/Track	Leçon
7/1	L11 Deux cordons-bleus
7/2	L11 On fait une liste
7/3	L11 Une recette facile
7/4	L11 Chez l'épicier
7/5	L11 Au supermarché
7/6	L12 Le monde du travail
7/7	L12 Les collègues de Mathieu
7/8	L12 Réunion

CD/Track	Leçon
7/9	L12 A la photocopieuse
7/10	L13 Allô ?
7/11	L13 Messages sur le répondeur
7/12	L13 Félicien est amoureux
7/13	L13 Coups de téléphone
7/14	L13 Ne quittez pas !
7/15	L14 La mode

CD/Track	Leçon
7/16	L14 Dans la boutique
7/17	L14 Le tailleur de Léa
7/18	L14 Le costume de David
7/19	L14 Dans un magasin de chaussures
7/20	L15 Rencontres
7/21	L15 Véronique, médecin
7/22	L15 Rémi, agriculteur

Wortschatztrainer 4
Leçon 16–20

CD/Track	Leçon
8/1	L16 Au restaurant
8/2	L16 A la Petite Auberge
8/3	L16 Tour de France gastronomique
8/4	L16 A l'Escargot d'Or
8/5	L17 Leurs vingt ans
8/6	L17 Martine, 20 ans en 68
8/7	L17 Aurélie, 20 ans en 1989

CD/Track	Leçon
8/8	L18 Contacts et projets
8/9	L18 S'entraîner
8/10	L18 Des amis dans le monde entier
8/11	L19 Voyage, voyage
8/12	L19 Le circuit en Corse

CD/Track	Leçon
8/13	L19 A la gare
8/14	L19 La voiture de location
8/15	L20 Au revoir
8/16	L20 Derniers préparatifs
8/17	L20 Le bilan du séjour

Lektionswortschatz

Auf den folgenden Seiten finden Sie den Wortschatz der einzelnen Lektionen. Die Ziffern geben Ihnen an, in welchem Text oder welcher Übung die neuen Wörter vorkommen. Sie sollten diese Wörter nach jedem Abschnitt lernen, denn sie werden in den folgenden Texten vorausgesetzt.

Die neuen französischen Substantive werden jeweils mit dem Artikel angegeben. Lernen Sie den Artikel gleich zusammen mit dem Wort – so wissen Sie immer, welches Geschlecht das Substantiv hat.

Sie finden im Wortschatz nicht nur einzelne Wörter, sondern auch Redewendungen und Ausdrücke. Versuchen Sie, diese Wendungen nicht zu hinterfragen, sondern einfach ihre deutsche Bedeutung zu lernen – man kann nicht jeden Ausdruck aus einer Fremdsprache genau wörtlich übersetzen. Wenn eine wörtliche Übersetzung Ihnen helfen könnte, haben wir sie zusätzlich mit dem Vermerk *wörtl.* angegeben.

Der Wortschatz enthält auch einzelne Formen, die Sie noch nicht kennen können. Sie werden Ihnen meist in derselben Lektion zu einem späteren Zeitpunkt erklärt. Bis dahin geben wir Ihnen die Bedeutung dieser neuen Form an, damit Sie den Text besser versehen.

Neue Wörter und Formen aus den Grammatikabschnitten, wie z. B. Zahlen oder Konjugationsformen, haben wir nicht in den Lektionswortschatz aufgenommen. Sie lernen sie am besten zusammen mit den Grammatikerklärungen.

Die neuen Wörter in den Geschenk-Texten am Ende jeder Lektion müssen Sie nicht mitlernen. Sie finden sie deshalb auch nicht im Wörterverzeichnis. Aber wenn Sie Ihren Wortschatz erweitern wollen, können Sie diese Wörter natürlich auch lernen – ihre deutsche Bedeutung steht ja jeweils dabei. Wenn Sie einmal eines dieser Wörter suchen: Sie finden sie alle im Gesamtwortschatz am Ende des Begleitbuchs.

Hinter einigen Wörtern steht ein *. Zu diesen Wörtern finden Sie am Ende des Wortschatzes der Lektion noch eine landeskundliche Erklärung.

Wir geben Ihnen zu jedem Wort und jedem Ausdruck die Aussprache in Lautschriftzeichen an. Wenn Sie mehr zur Aussprache einzelner Buchstaben und Buchstabenverbindungen wissen möchten, können Sie gleich im Anschluss auf den Seiten 6 und 7 die Erklärungen zur Aussprache nachlesen. Sie werden es Ihnen auch leichter machen, die Lautschriftzeichen zu verstehen. Außerdem können Sie die Wörter und Wendungen auf dem Wortschatztrainer anhören. Sie prägen sich die Aussprache neuer Wörter ganz besonders gut ein, wenn Sie die Wörter gleichzeitig lesen und hören. Benutzen Sie daher den Wortschatztrainer nicht nur, um sich selbst abzufragen, sondern setzen Sie ihn auch schon zum Lernen ein.

Zum Schluss möchten wir Ihnen noch erklären, was die Abkürzungen bedeuten:

m	maskulin, männlich
f	feminin, weiblich
Pl	Plural, Mehrzahl
Sg	Singular, Einzahl
Abk.	Abkürzung
frz.	französisch
jd.	jemanden
jdm.	jemandem
qc	quelque chose *etwas*
qn	quelqu'un *jemand*
à qn	à quelqu'un *jemandem*
etw.	etwas
fam.	familiär
Inf.	Infinitiv
(örtl.)	örtlich
unv.	unveränderlich
wörtl.	wörtlich
(zeitl.)	zeitlich

Aussprache

Buchstabe	Lautschrift	Aussprache	Beispiel
a	a	helles **a** wie in *Last*	baguette *Stangenweißbrot*
c	s	vor **e** und **i** wie stimmloses *s* in *Messe*	cinéma *Kino*
	k	vor **a, o, u** wie *k*	café *Café*
ç	s	wie stimmloses *s* in *Messe*	français *Französisch*
ch	ʃ	wie *sch*	chanson *Lied*
e	ə	schwaches *e* wie in *bitte*	je *ich*
	ɛ	offenes *e* wie in *hell*	miel *Honig*
	e	geschlossenes *e* wie in *See*	et *und*
é	e	geschlossenes *e* wie in *See*	opéra *Oper*
è, ê	ɛ	offenes *e* wie in *hell*	bière *Bier*
			crêpe *Crêpe*
g	ʒ	vor **e** und **i** wie weiches *sch*, ähnlich wie in *Genie*	région *Gegend*
	g	sonst wie weiches *g*	baguette *Baguette*
h		das **h** wird nicht ausgesprochen	hôtel *Hotel*
j	ʒ	wie weiches *sch*, ähnlich wie in *Genie*	je *ich*
ll	l	manchmal wie *l*	elle *sie*
	j	nach **i** meistens wie *j*	Marseille *südfranz. Stadt*
o	o	geschlossenes *o* wie in *Moral*	Bravo ! *Bravo!*
o	ɔ	offenes *o* wie in *Wolle*	Normandie *franz. Region*
œ	œ	offenes *ö* wie in *öffnen*	sœur *Schwester*
s	s	*s* wie in *Hast*	silence *Stille*
	z	*s* wie in *Sonne*	poésie *Dichtung*
u	y	wie *ü*	tu *du*
v, w	v	wie *w* in *Weg*	Provence *franz. Region*
y	i	vor Konsonanten wie *i*	typique *typisch*
	j	sonst wie *j*	yeux *Augen*
z	z	*s* wie in *Sonne*	zéro *Null*

Französisches Kuriositätenkabinett

- Die Konsonanten am Wortende werden meist nicht gesprochen: Paris heißt auf Französisch [pari].
- Die Betonung liegt auf dem Wortende, bei Sätzen auf dem Satzende – C'est la vie ! *So ist das Leben!*
- Allein Akzente auf dem **e** haben Einfluss auf die Aussprache. Akzente auf anderen Buchstaben beeinflussen die Aussprache nicht. → Mehr in Lektion 2, Seite 31.
- Das Trema zeigt an, dass zwei Vokale hintereinander nicht als Buchstabenkombination, sondern getrennt gesprochen werden sollen, z. B. bei **Noël** [nɔɛl] *Weihnachten*. Das Trema ¨ steht über dem zweiten Vokal.
- Unter dem **c** steht manchmal ein kleines Häkchen, die sogenannte **cédille**. **Ç** wird immer wie [s] ausgesprochen: français [frɑ̃sɛ] *Französisch*.

Die berühmten Nasale

Ein Nasal ist eine Buchstabenkombination von einem Vokal und einem darauffolgenden **n** oder **m**. Bei Nasalen geht die Luft gleichzeitig durch die Nase und durch den Mund. Zum Beispiel:

- **on** oder **om**: Der Laut geht vom **o** aus. Also bildet der Mund zunächst ein Mal ein **o**, erst dann können Sie es durch die Nase in on verwandeln. Probieren Sie es gleich vor dem Spiegel! Achten Sie darauf, dass Ihre Lippen ein schönes, rundes **o** formen: **o - on - o - on - o - on** ... Lassen Sie sich dabei ruhig Zeit.
- Die gleiche Regel gilt für **an, am, en, em**: [ɑ̃] geht von **a** aus. Sie formen also ein **a** und lassen die Luft dann durch Nase und Mund streichen: **a – an – a – an – a – an** ...
- Die gleiche Regel gilt für **in, ain, ein**: [ɛ̃] geht von [i] aus: **i - in - i - in - i - in**

Buchstabe	Lautschrift	Aussprache	Beispiel
an	ɑ̃	durch die Nase gesprochenes *an*	restaurant *Restaurant*
am			champagne *Champagner*
en			Provence *franz. Gegend*
em			camembert *Camembert*
in	ɛ̃	durch die Nase gesprochenes *än*	invités *Gäste*
im			impressionnisme *Impressionismus*
ain			*Alain* (Name)
un, um			un *ein,* parfum *Parfum*
on, om	õ	durch die Nase gesprochenes *on*	chanson *Lied,* nom *Name*

Die Laute

[ʒ] und [z] (→ Lektion 6: S. 75, S.78)

Legen Sie Daumen und Zeigefinger an den Hals, und sprechen Sie z. B. **région** und **poésie** – wenn Sie spüren, dass Ihre Stimmbänder dabei vibrieren, haben Sie die Laute richtig ausgesprochen.

[b] und [p] (→ Lektion 11: S.140)

Können Sie die Laute [b] und [p] vor einer brennenden Kerze aussprechen, ohne diese auszupusten? Dann machen Sie es richtig!

Buchstabenkombinationen

Buchstabe	Lautschrift	Aussprache	Beispiel
ai, ay	ɛ	offenes *e* wie in *hell*	j'aime *ich liebe*
	e	manchmal auch geschlossenes *e* wie in *See*	plaisir *Vergnügen*
au, eau	o	geschlossenes *o* wie in *Moral*	eau *Wasser*
ei	ɛ	offenes *e* wie in *ändern*	Seine *franz. Fluss*
eu	ø	geschlossenes *ö* wie in *mögen*	deux *zwei*
	œ	manchmal offenes *ö* wie in *öffnen*	heure *Stunde*
gn	ɲ	sog. mouilliertes *n,* wie in *Champagner*	champagne *Champagner*
gue, gui	ge, gi	wie **ge** und **gi,** d.h., das *u* bleibt stumm	baguette *Stangenweißbrot*
ien	jɛ̃	wie der Nasal [ɛ̃] (s. u.) mit einem *j* davor	technicien *Techniker*
oi	wa	gleitendes *w* wie im englischen *water*	moi *ich (betont)*
ou	u	wie *u* in *nur*	vous *Sie*
qu	k	wie *k*	Québec *Quebec*
ui	ɥi	gleitendes, sehr geschlossenes *ü*	fruits de mer *Meeresfrüchte*

Rêver un peu

rêver [rɛve]	träumen
un peu [ɛ̃ pø]	ein wenig

J'aime la France

	j' [ʒ]	ich
	la France [la frɑ̃s]	Frankreich
1	Montmartre* [mɔ̃martr]	*Viertel in Paris*
	Avignon* [aviɲɔ̃]	*südfrz. Stadt*
	les cafés [le kafe]	die Cafés, die Kneipen; *Pl. von* der Kaffee
	le café [lə kafe]	das Café, die Kneipe; der Kaffee
	Paris [pari]	Paris
	l'architecture *f* [larʃitɛktyr]	die Architektur
	les restaurants [le rɛstɔrɑ̃]	die Restaurants
	le restaurant [lə rɛstɔrɑ̃]	das Restaurant
	l'impressionnisme *m* [lɛ̃prɛsjɔnism(ə)]	der Impressionismus
	la révolution* [la revɔlysjɔ̃]	die Revolution
	la chanson [la ʃɑ̃sɔ̃]	das Lied
	Alain Souchon* [alɛ̃ suʃɔ̃]	*frz. Sänger*
	les croissants [le krwasɑ̃]	die Croissants, die Hörnchen
	le croissant [lə krwasɑ̃]	das Croissant, das Hörnchen
	le champagne [lə ʃɑ̃paɲ]	der Champagner
	la baguette [la bagɛt]	das Baguette, das Stangenweißbrot
	le camembert* [lə kamɑ̃bɛr]	der Camembert
	l'eau d'Evian *f* [lodevjɑ̃]	das Wasser aus Evian *(stilles Wasser)*
	l'eau *f* [lo]	das Wasser
	Le Monde* [lə mɔ̃d]	*frz. Zeitung*
	le parfum [lə parfɛ̃]	das Parfüm
	et [e]	und
	la mode [la mɔd]	die Mode
2	la Provence [la prɔvɑ̃s]	die Provence *(Gegend in Frankreich)*
	le français [lə frɑ̃sɛ]	Französisch

Betonen Sie alle Wörter immer auf der letzten Silbe!

6	La Coupole* [la kupɔl]	*Café in Paris*
	Maxim's* [magzim]	*Restaurant in Paris*
	Guerlain* [gɛrlɛ̃]	*Parfümhersteller*
	Lenôtre* [lənotr]	*Konditorei in Paris*
	Président [prezidɑ̃]	*Hersteller von Milchprodukten*

Régions de France

	la région* [la reʒjɔ̃]	die Gegend; die Region
7	le Nord [lə nɔr]	der Norden *(frz. Département*)*
	la Normandie [la nɔrmɑ̃di]	die Normandie *(Gegend in Frankreich)*
	la crêpe [la krɛp]	die Crêpe *(dünner Pfannkuchen)*
	la Bretagne [la brətaɲ]	die Bretagne *(Gegend in Frankreich)*
	les fruits de mer *m, pl* [le frɥid(ə)mɛr]	die Meeresfrüchte
	l'escargot *m* [lɛskargo]	die Schnecke
	le rap [lə rap]	der Rap
	la bière [la bjɛr]	das Bier
	l'Alsace *f* [lalzas]	das Elsass *(Gegend in Frankreich)*
	le Jura [lə ʒyra]	der Jura *(frz. Département*)*
	la randonnée [la rɑ̃dɔne]	das Wandern
	l'Auvergne *f* [lovɛrɲ]	die Auvergne *(Gegend in Frankreich)*
	le Périgord [lə perigɔr]	das Perigord *(Gegend in Frankreich)*
	le ski [lə ski]	der Ski; das Skifahren
	les Alpes *f, Pl* [lezalp]	die Alpen
	la lavande [la lavɑ̃d]	der Lavendel
	l'opéra *m* [lɔpera]	die Oper
	le football [lə futbol]	der Fußball
	le cinéma [lə sinema]	das Kino
	la Corse [la kɔrs]	Korsika
	le miel [lə mjɛl]	der Honig
9	j'aime [ʒɛm]	ich mag
	aimer [eme]	lieben, mögen
	je déteste [ʒədetɛst]	ich mag gar nicht
	détester [detɛste]	überhaupt nicht mögen, nicht leiden können

Casanova

16

mademoiselle* [madmwazɛl], *Abk.* Mlle	Fräulein, junge Frau
oui [wi]	ja
euh … [ø]	äh …
non [nõ]	nein
alors [alɔr]	dann, also
Ah non alors ! [anõ alɔr]	Nein, ganz bestimmt nicht!
mais [mɛ]	aber
sûrement [syrmɑ̃]	sicherlich
bien sûr [bjɛ̃syr]	natürlich
l'aventure *f* [lavɑ̃tyr]	das Abenteuer
le monsieur [lə məsjø], *Abk.* M; *Pl:* les messieurs [le mesjø], *Abk.* MM.	der Herr
le silence [lə silɑ̃s]	die Ruhe, die Stille, das Schweigen
dommage [dɔmaʒ]	schade

Auch Wendungen und sogar ganze Sätze werden immer auf der letzten gesprochenen Silbe betont: **Je t'<u>aime</u>.**

19

Ben… oui ! [bɛ̃wi]	Aber ja!
Bof… [bɔf]	Och …
beaucoup [boku]	sehr, viel

La Bretagne

20

moi [mwa]	ich *(betont)*
toi [twa]	du *(betont)*
aussi [osi]	auch
moi pas [mwa pa]	ich nicht
adorer [adɔre]	schrecklich gern mögen

23

la vie [la vi]	das Leben
Je t'aime. [ʒətɛm]	Ich liebe dich.

Schauen Sie doch ab und zu ins Internet! Unter *http://www.alainsouchon.net* finden Sie die Website des Sängers. Auch wenn Sie vorerst nur wenig verstehen, können Sie dort seine **chansons** anhören.

Montmartre Mit seinen steilen Steintreppen, kleinen Gassen und Gärten hat sich Montmartre mitten in der Weltmetropole den Charme eines ruhigen Dorfes bewahrt. Sportlich muss man sein, wenn man zu Fuß nach Montmartre hinaufsteigt, aber welch schöner freier Blick auf die Stadt! Die Einwohner von Montmartre haben immer für ihre Freiheit gekämpft: Hier begann 1871 der Aufstand der Kommune. Im 19. Jahrhundert lebte in Montmartre die Pariser Bohème mit ihren Malern, Komponisten und Dichtern, und vieles wurde später von Toulouse-Lautrec auf seinen Plakaten und Bildern verewigt.

Avignon Ehemalige Residenz der Päpste am Ufer der Rhône mit schönem romanischen Dom, gothischem Papstpalast und modernem Theaterfestival. Sie kennen bestimmt das Lied **«Sur le pont d'Avignon …»**.

la Révolution Wenn das Wort großgeschrieben wird, ist damit die Französische Revolution von 1789 gemeint.

Alain Souchon frz. Sänger (*1945 in Casablanca). Er komponiert und singt kritische Balladen mit viel Humor und Einfühlsamkeit. *http//www.alainsouchon.net*

le Camembert Weichkäse, der erstmals von Marie Harel im Dorf Camembert in der Normandie hergestellt wurde. Im 19. Jahrhundert war der Camembert am Hof sehr beliebt und wurde in der Folgezeit zu einem Käseklassiker.

Le Monde 1944 gegründete Zeitung (Auflage ca. 350 000 Exemplare), bekannt für die Qualität ihrer Artikel zu politischen, wirtschaftlichen und kulturellen Themen.

La Coupole ist ein berühmtes Café-Restaurant am Boulevard Montparnasse. Schon in den Zwanzigerjahren war der große Saal im Art-déco-Stil Treffpunkt von Künstlern und Literaten. Hier trafen sich täglich Jean-Paul Sartre und Simone de Beauvoir.

Maxim's Luxusrestaurant in der **rue Royale**. Stars und VIPs treffen sich im ehemaligen Haus von Kardinal Richelieu. Es trägt seit 1893 den Namen eines seiner Gründer, Maxime Gaillard.

Guerlain Frz. Parfum- und Kosmetikhersteller. Das Unternehmen wurde 1828 von Pierre Guerlain, dem Hoflieferanten Napoléons III., gegründet.

Lenôtre Nicht nur Konditorei, sondern auch umsatzstärkster Partyservice in Frankreich, 1957 von dem Bäcker Gaston Lenôtre gegründet. Die leckeren Produkte der Firma Lenôtre sind weltweit bekannt.
la région Seit dem Mittelalter hat sich in Frankreich eine zentralistische Verwaltungsstruktur entwickelt: Paris hatte die ganze politische, wirtschaftliche und gesellschaftliche Macht inne. In den 1960er-Jahren wurden dann die ersten Schritte zur Dezentralisierung unternommen, die 1982 mit der Schaffung von 26 **régions**, darunter vier in Übersee, in die Tat umgesetzt wurde. Heute verfügen die **régions** über ein eigenes Budget und haben in wirtschaftlichen, sozialen und kulturellen Bereichen politisches Mitspracherecht. Daneben bedeutet das Wort **région** aber auch ganz einfach *Gegend*.
le département Verwaltungseinheit. 1790 wurden die **départements** geschaffen und sollen der durch die Revolution entstandenen neuen Verwaltung dienen. Sie sind alphabetisch geordnet und durchnummeriert. Heute ist Frankreich in 100 **départements** unterteilt: 96 im Mutterland und 4 in Übersee.
Mademoiselle So redet man in Frankreich unverheiratete und junge Frauen an.

LEÇON 2

Francophonie

la francophonie* [la frɑ̃kɔfɔni] — die frz. Sprachgemeinschaft

Pays francophones

le pays [lə pei] — das Land
francophone [frɑ̃kɔfɔn] — französischsprachig

1
le Viêt-nam [lə vjɛtnam] — Vietnam
la Suisse [la swis] — die Schweiz
les Antilles *f, Pl* [lezɑ̃tij] — die Antillen
le Québec [lə kebɛk] — Quebec
la Belgique [la bɛlʒik] — Belgien
le Sénégal [lə senegal] — der Senegal
le Liban [lə libɑ̃] — der Libanon
la Tunisie [la tynizi] — Tunesien
la Guyane [la gɥijan] — Französisch-Guayana

Je suis ...

je suis [ʒəsɥi] — ich bin
être [ɛtr(ə)] — sein

3
le nom [lə nɔ̃] — der Name
le prénom [lə prenɔ̃] — der Vorname
l'adresse *f* [ladrɛs] — die Adresse
la rue [la ry] — die Straße
Tunis [tynis] — Tunis *(Hauptstadt Tunesiens)*

la profession [la prɔfɛsjɔ̃] — der Beruf
le journaliste [lə ʒurnalist] — der Journalist
la journaliste [la ʒurnalist] — die Journalistin
je m'appelle [ʒəmapɛl] — ich heiße
Saint-Pierre [sɛ̃pjɛr] — Saint-Pierre *(Stadt auf Martinique)*

la Martinique [la martinik] — Martinique
le cuisinier [lə kɥizinje] — der Koch
né [ne] — geboren *(männl. Form)*

ici [isi] — hier
Montréal [mɔ̃real] — Montréal *(Stadt in Quebec)*

habiter [abite] — wohnen
à [a] — in

Villes, pays et professions

la ville [la vil] — die Stadt

8
en [ɑ̃] — in *(bei Ländernamen, die f, Sg sind)*
travailler [travaje] — arbeiten
pour [pur] — für
la télévision [la televizjɔ̃] — das Fernsehen
Où habitez-vous ? [uabitevu] — Wo wohnen Sie?
où ? [u] — wo?
aux [o] — in *(bei Ländernamen im Pl)*, auf *(bei Inseln)*

voici* [vwasi] — das ist, das sind
au [o] — in *(bei Ländernamen, die m, Sg sind)*

l'architecte *m/f* [larʃitɛkt] — der/die Architekt(in)
l'ingénieur *m/f* [lɛ̃ʒenjœr] — der/die Ingenieur(in)

10
Berlin [bɛrlɛ̃] — Berlin
l'Allemagne *f* [lalmaɲ] — Deutschland
Bruxelles [brysɛl] — Brüssel
Lyon [ljɔ̃] — *frz. Stadt*
Kourou [kuru] — *Stadt in Französisch-Guayana*

Beyrouth [bɛrut] — Beirut

11 le technicien [lə tɛknisjɛ̃]	der Techniker
Marrakech [marakɛʃ]	Marrakesch *(Stadt in Marokko)*
le Maroc [lə marɔk]	Marokko
Zurich [zyrik]	Zürich

Sélim

14 parler [parle]	sprechen
bien [bjɛ̃]	gut *(Adverb)*
on [ɔ̃]	man, wir
l'arabe *m* [larab]	Arabisch
l'anglais *m* [lɑ̃glɛ]	Englisch
l'allemand *m* [lalmɑ̃]	Deutsch
la poésie [la pɔezi]	die Dichtung
la littérature [la literatyr]	die Literatur
c'est [sɛ]	es ist, das ist
très [trɛ]	sehr
important [ɛ̃pɔrtɑ̃]	wichtig

Wir geben Ihnen die Adjektive vorerst nur im Maskulinum Singular an. Wie Sie die feminine Form und den Plural bilden, lernen Sie in Lektion 9.

en français [ɑ̃frɑ̃sɛ]	auf Französisch
ou [u]	oder
en arabe [ɑ̃narab]	auf Arabisch
les deux langues [ledølɑ̃g]	beide Sprachen
la langue [la lɑ̃g]	die Sprache
16 Salut ! [saly]	Hallo!
Marseille [marsɛj]	*südfrz. Stadt*
l'italien *m* [litaljɛ̃]	Italienisch
17 le Canada [lə kanada]	Kanada
l'Italie *f* [litali]	Italien
18 l'espagnol *m* [lɛspaɲɔl]	Spanisch

Die Bezeichnungen für die verschiedenen Sprachen sind gleichzeitig auch die Bezeichnungen für die Bewohner des Landes. Also: **l'allemand** *Deutsch,* aber auch **l'Allemand** *der Deutsche,* **les Allemands** *die Deutschen.* Ursprünglich handelt es sich bei diesen Wörtern um Adjektive; daher wird auch das Femininum, z. B. *die Deutsche,* wie bei den Adjektiven gebildet, und Sie müssen sich noch bis Lektion 9 gedulden …

Mériem

20 surtout [syrtu]	vor allem
le sport [lə spɔr]	der Sport
visiter [vizite]	besichtigen
le musée [lə myze]	das Museum
voyager [vwajaʒe]	reisen
lire [lir]	lesen
danser [dɑ̃se]	tanzen
écrire [ekrir]	schreiben

Verwenden Sie **lire** und **écrire** vorerst nur im Infinitiv. Wie man sie konjugiert, lernen Sie in Lektion 13!

la radio [la radjo]	das Radio
écouter la radio [ekutelaradjo]	Radio hören
écouter [ekute]	hören, zuhören
Pas vous ? [pavu]	Sie nicht?
26 les Seychelles *f, Pl* [le sɛʃɛl]	die Seychellen
super [sypɛr]	super
La Rochelle [la rɔʃɛl]	*frz. Stadt*
Rennes [rɛn]	*frz. Stadt*
27 l'Europe *f* [lørɔp]	Europa
la salsa [la salsa]	die Salsa *(Tanz)*

la francophonie In über 40 Ländern spricht man heute Französisch entweder als Muttersprache (wie in Belgien, Luxemburg, Quebec), als Unterrichtssprache (z. B. in Marokko, Tunesien, im Libanon) oder als Amtssprache (in vielen afrikanischen Ländern und auf Haiti). Die Gemeinschaft aller Französisch sprechenden Länder nennt man **francophonie**; den Begriff „erfand" der französische Geograf Onésime Reclus 1887. Die **francophonie** ist ein weltweites kulturelles Netz, hat ihre eigene Literatur (**littérature francophone**) und seit 1984 einen eigenen Fernsehsender (TV5Monde). Infos über Internet: *http://www.francophonie.org* oder: *http://www.jeunesse.francophonie.org*

voici Mit **voici** *das ist, das sind* haben Sie eine einfache Möglichkeit, jemanden vorzustellen. **Voici** verweist auf Personen und Dinge in Singular und Plural: **Voici Monique et Paul, voici Madame …**

LEÇON 3

Une invitation

l'invitation [lɛ̃vitasjõ]	die Einladung
désolé [dezɔle]	tut mir leid *(sagt ein Mann)*
en avance [ɑ̃navɑ̃s]	zu früh

La fête

la fête [la fɛt]	die Party, das Fest
1 Ça va ? [sava]	Wie geht's?
Bonjour. [bõʒur]	Guten Tag.
Ça va ! [sava]	(Mir geht's) gut; Es geht.
Bonsoir. [bõswar]	Guten Abend.
Comment allez-vous ? [kɔmɑ̃talevu]	Wie geht es Ihnen?
comment ? [kɔmɑ̃]	wie?
aller [ale]	gehen
Je vais très bien. [ʒəvɛ trɛbjɛ̃]	Mir geht es sehr gut.
merci [mɛrsi]	danke
Au revoir ! [or(ə)vwar]	Auf Wiedersehen!
Salut!* [saly]	Tschüss!
alors [alɔr]	*hier:* na
Comment vas-tu ? [kɔmɑ̃vaty]	Wie geht es dir?
chère Madame [ʃɛrmadam]	liebe, gnädige Frau
Madame [madam], *Abk.* Mme; *Pl:* Mesdames [medam], *Abk.* Mmes	Frau, gnädige Frau

4 mal [mal]	schlecht *(Adverb)*

Bonnes vacances !

Bonnes vacances ! [bɔnvakɑ̃s]	Schöne Ferien!
les vacances *f, Pl* [le vakɑ̃s]	die Ferien
5 où ? [u]	wohin?
en vacances [ɑ̃vakɑ̃s]	in den Ferien, im Urlaub
la mer [la mɛr]	das Meer
le soleil [lə sɔlɛj]	die Sonne
le calme [lə kalm]	die Ruhe
aller [ale]	fliegen, fahren
aux Antilles [ozɑ̃tij]	auf die Antillen
demain [dəmɛ̃]	morgen
6 en [ɑ̃]	nach *(bei Ländernamen, die f, Sg sind)*
au [o]	nach *(bei Ländernamen, die m, Sg sind)*
l'Espagne *f* [lɛspaɲ]	Spanien

Bonjour !

7 Bravo ! [bravo]	Bravo!
Félicitations ! [felisitasjõ]	Herzlichen Glückwunsch!

> **Félicitations** sagt man z. B., wenn man jemandem zu einer Beförderung oder einem bestandenen Examen gratuliert. Zum Geburtstag hingegen wünscht man **Joyeux anniversaire**.

Merci beaucoup. [mɛrsiboku]	Vielen Dank.
la fleur [la flœr]	die Blume
C'est très gentil. [sɛ trɛʒɑ̃ti]	Das ist sehr nett.
gentil [ʒɑ̃ti]	nett, freundlich
le voisin [lə vwazɛ̃]	der Nachbar
de [də]	von
organiser [ɔrganize]	organisieren
le voyage [lə vwajaʒ]	die Reise
Enchantée ! [ɑ̃ʃɑ̃te]	Sehr erfreut! *(Frau)*
Enchanté ! [ɑ̃ʃɑ̃te]	Sehr erfreut! *(Mann)*

Cocktail

le cocktail [lə kɔktɛl]	der Cocktail; die Cocktailparty
9 une [yn]	eine
la boisson [la bwasõ]	das Getränk
avec plaisir [avɛk plezir]	mit Vergnügen, gerne
avec [avɛk]	mit
le plaisir [lə plezir]	das Vergnügen
un [ɛ̃]	ein
l'apéritif *m* [laperitif]	der Aperitif
le jus de fruits [lə ʒyd(ə)frɥi]	der Fruchtsaft
s'il vous plaît [silvuplɛ]	bitte

> Wenn Sie jemanden siezen, heißt *bitte* **s'il vous plaît**, wenn Sie jemanden duzen, heißt es **s'il te plaît**.

des biscuits [de biskɥi]	Salzgebäck; Kekse
le biscuit *m* [lə biskɥi]	das Salzgebäck; der Keks

des olives [dezɔliv]	Oliven
l'olive *f* [ɔliv]	die Olive
rien [rjɛ̃]	nichts
13 la spécialité [la spesjalite]	die Spezialität
le journal [lə ʒurnal]	die (Tages-)Zeitung
la quiche* [la kiʃ]	*herzhafter Kuchen*
le Louvre* [lə luvr(ə)]	*Museum in Paris*
Bocuse* [bɔkyz]	*bekannter Koch*
Chanel* [ʃanɛl]	*bekannte Modeschöpferin*
Toulouse [tuluz]	*südfrz. Stadt*
le pastis* [lə pastis]	der Pastis
le Kir* [lə kir]	der Kir

Pardon ?

Quoi ? [kwa]	Was?
Pardon ? [pardɔ̃]	Wie bitte?
15 l'ami *m* [lami]	der Freund
Vous pouvez répéter ? [vupuve repete]	Können Sie wiederholen?
répéter [repete]	wiederholen
Je n'ai pas compris. [ʒənepakɔ̃pri]	Ich habe (es) nicht verstanden.
Vous pouvez épeler ? [vupuveeple]	Können Sie es buchstabieren?
épeler [eple]	buchstabieren
plus loin [plylwɛ̃]	weiter; *hier:* neues Wort
deux [dø]	zwei
l'accent grave [aksɑ̃grav]	*Akzent* (`)

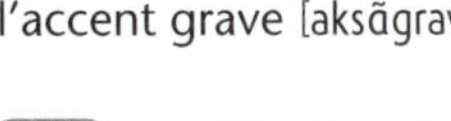

20 Versailles [vɛrsaj]	Versailles*

Lernen Sie nicht nur den jeweils neuen Wortschatz einer Lektion, sondern wiederholen Sie immer wieder auch den schon bekannten Wortschatz. Nur was Sie immer wieder wiederholen, bleibt wirklich im Langzeitgedächtnis. Auch für Wiederholungen eignet sich der Wortschatztrainer besonders gut!

Salut ! Unter jüngeren Leuten ist **Salut !** zur Begrüßung und zur Verabschiedung sehr verbreitet. Genau wie *Hallo!* und *Tschüss!* ist **Salut !** umgangssprachlich; mit **bonjour** bzw. **au revoir** hingegen treffen Sie in jeder Situation den richtigen Ton.

la quiche Dieser salzige Kuchen, mit Eiern, Speck und Emmentaler zubereitet, ist ursprünglich eine Spezialität aus Lothringen. Heute wird er meist als Vorspeise in allen Varianten serviert: mal mit Lauch, mal mit Spinat – es gibt die **quiche** sogar mit Lachs statt Speck …

le Louvre Der Louvre war ursprünglich das königliche Schloss in Paris, in dem sich zahlreiche Akademien der schönen Künste befanden. 1793 wurde der Louvre der Bevölkerung zugänglich gemacht; Grundstock für das Museum waren die königlichen Kunstsammlungen. Ende der Achtzigerjahre wurde der Louvre renoviert und neu konzipiert. Viele Museumsteile wurden erweitert, im Innenhof entstand die Glaspyramide. Besonders schön ist die beleuchtete Pyramide in der Abenddämmerung …

Bocuse Dem bekannten Koch Paul Bocuse (*1926) verdanken wir einen völlig neuen Trend: die **nouvelle cuisine** (*wörtl.* neue Küche). Die **nouvelle cuisine** legt Wert auf leichte, bekömmliche Gerichte aus Zutaten von höchster Qualität. Das Restaurant von Bocuse befindet sich in Collonges-au-Mont-d'Or bei Lyon. Eine erstklassige Adresse für Feinschmecker!

Chanel Gabrielle Chanel (1883–1971), genannt Coco Chanel, war eine bekannte Modeschöpferin. Zu Coco Chanel erfahren Sie mehr in Lektion 14.

le pastis ist ein Anis-Aperitif, der vor allem in Südfrankreich wegen seines erfrischenden Geschmacks sehr beliebt ist.

le Kir Diesen Aperitif verdanken wir Félix Kir, der 1945–1968 Bürgermeister von Dijon war. Der **Kir** besteht aus einem Teil **Crème de Cassis,** *Johannisbeerlikör,* und vier Teilen Weißwein, am besten Burgunder; Sie sollten ihn schön kühl servieren. Und wenn es besonders feierlich werden soll, dann trinken Sie **Kir Royal,** zu dem Sie Sekt statt Weißwein nehmen.

Versailles Südwestlich von Paris liegt das Schloss mit einem wunderschönen Garten, den Ludwig XIV. anlegen ließ. 1682 verlegte der Sonnenkönig den Hofstaat und die Regierung nach Versailles.

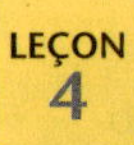

A l'hôtel

l'hôtel *m* [lotɛl]	das Hotel

Bienvenue à Albi

Bienvenue ! [bjɛ̃vəny]	Willkommen!
Albi [albi]	*südfrz. Stadt*

1 50 (cinquante) [sɛ̃kɑ̃t]	fünfzig
la chambre [la ʃɑ̃br(ə)]	das Zimmer
la TV [la teve] *Abk. für* la télévision	der Fernseher
le téléphone [lə telefɔn]	das Telefon
climatisé [klimatiʒe]	klimatisiert
le parking [lə parkiŋ]	der Parkplatz
l'ascenseur *m* [lasɑ̃sœr]	der Aufzug
le jardin [lə ʒardɛ̃]	der Garten
Logis de France* [lɔʒi də frɑ̃s]	*Hotelverband*
12 (douze) [duz]	zwölf
la terrasse [la tɛras]	die Terrasse
56 (cinquante-six) [sɛ̃kɑ̃tsis]	sechsundfünfzig
la vue [la vy]	der Blick
sur [syr]	auf
la cathédrale [la katedral]	der Dom
le bar [lə bar]	die Bar
la piscine [la pisin]	das Schwimmbad

A la réception

la réception [la resɛpsjɔ̃]	die Rezeption

4 Je voudrais… [ʒə vudrɛ]	Ich möchte …
réserver [rezɛrve]	reservieren, bestellen
quand ? [kɑ̃]	wann?
aujourd'hui [oʒurdɥi]	heute
la chambre simple [la ʃɑ̃brə sɛ̃pl(ə)]	das Einzelzimmer
la chambre double [la ʃɑ̃brə dubl(ə)]	das Doppelzimmer
combien de… ? [kɔ̃bjɛ̃də]	wie viele …?
la nuit [la nɥi]	die Nacht
la douche [la duʃ]	die Dusche
la salle de bains [la saldəbɛ̃]	das Bad(ezimmer)
A quel nom ? [akɛlnɔ̃]	Auf welchen Namen?
Bien ! [bjɛ̃]	Gut!; In Ordnung!
confirmer [kɔ̃firme]	bestätigen
la réservation [la rezɛrvasjɔ̃]	die Reservierung
par fax [parfaks]	per Fax
le fax [lə faks]	das Fax
d'accord [dakɔr]	einverstanden, okay
Au revoir ! [orəvwar]	*hier:* Auf Wiederhören!

5 Bon… [bɔ̃]	Gut …
la famille [la famij]	die Familie
Et voilà ! [evwala]	*hier:* Das wär's!

7 compris [kɔ̃pri]	inbegriffen
Ça va ? [sava]	*hier:* Ist das recht?
le petit déjeuner [lə patideʒœne]	das Frühstück
Il est en supplément. [ilɛtɑ̃syplemɑ̃]	Es wird extra berechnet.

Une profession difficile

difficile [difisil]	schwierig, schwer

10 ne … pas [nə … pa]	nicht
fonctionner [fɔ̃ksjɔne]	funktionieren
Encore ! [ɑ̃kɔr]	Schon wieder!
J'arrive ! [ʒariv]	Ich komme!
arriver [arive]	ankommen
le paquet [lə pakɛ]	das Paket
Nous n'acceptons pas les chiens. [nunaksɛptɔ̃pa leʃjɛ̃]	Hunde sind nicht erwünscht.
accepter [aksɛpte]	akzeptieren, annehmen
le chien [lə ʃjɛ̃]	der Hund
préparer [prepare]	vorbereiten
la note [la nɔt]	die Rechnung *(im Hotel)*
tout de suite [tudsɥit]	sofort

11 ne … jamais [nə ... ʒamɛ]	nie
ne … personne [nə ... persɔn]	niemand
ne … rien [nə ... rjɛ̃]	nichts

12 13 (treize) [trɛz]	dreizehn

13 idéal [ideal]	ideal
le personnel [ləpɛrsɔnɛl]	das Personal
la visite [la vizit]	die Besichtigung
le taxi [lə taksi]	das Taxi

La visite d'Albi

15 Pardon Monsieur/Madame… [pardõ məsjø/madam] — Entschuldigen Sie, …
le renseignement [lə rɑ̃sɛɲəmɑ̃] — die Auskunft
sur [syr] — über
Toulouse-Lautrec* [tuluzlotrɛk] — *frz. Maler*
Est-ce qu'il est ouvert ? [ɛskilɛtuvɛr] — Ist es geöffnet?
ouvert [uvɛr] — geöffnet, offen
Est-ce que vous avez… ? [ɛskəvuzave] — Haben Sie …?
avoir [avwar] — haben
le prospectus [lə prɔspɛktys] — der Prospekt
la brochure [la brɔʃyr] — die Broschüre
Voilà ! [vwala] — Hier, bitte!
A votre service ! [avɔtrəsɛrvis] — Zu Diensten!, Bitte sehr!

Als Antwort auf **Merci !** hören Sie z. B. von Hotelangestellten oft **A votre service !** *Zu Diensten!* Ansonsten ist die Antwort auf **Merci !** einfach ein **De rien !** *Keine Ursache!, Gern geschehen!*

19 rester [rɛste] — bleiben

En route !

En route ! [ɑ̃ rut] — Los geht's!

21 l'enfant *m oder f* [lɑ̃fɑ̃] — das Kind
la valise [la valiz] — der Koffer
trois [trwa] — drei
quatre [katr(ə)] — vier
cinq [sɛ̃k] — fünf
six [sis] — sechs
chéri *m* [ʃeri], chérie *f* [ʃeri] — Liebling
sept [sɛt] — sieben
le kilomètre [lə kilɔmɛtr(ə)], *Abk.* km — der Kilometer
à pied [apje] — zu Fuß
le pied [lə pje] — der Fuß
ça [sa] — das
user [yze] — abnützen
le soulier [lə sulje] — der Schuh

Soulier ist ein altes Wort für *Schuh,* das aber in Liedern und Gedichten noch vorkommt. Gebräuchlich ist heute **la chaussure**.

huit [ɥit] — acht
neuf [nœf] — neun

22 le numéro des chambres [lə nymerodeʃɑ̃br] — die Zimmernummer
le numéro [lə nymero] — die Nummer
o.k. [oke] — okay
parfait [parfɛ] — perfekt
et puis [epɥi] — und außerdem
ronfler [rõfle] — schnarchen

24 le Martini [lə martini] — der Martini
à [a] — zu, nach

25 la Seine* [la sɛn] — die Seine

Logis de France ist ein in Frankreich sehr beliebter Hotelverband. Auf den Speisekarten der Hotelrestaurants finden Sie fast immer Spezialitäten aus der Gegend. Was die Hotels dieses Verbandes sonst noch zu bieten haben, können Sie in Text 1 entdecken …
Toulouse-Lautrec (1864–1901) machte die Lithografie zur Kunst, zeichnete und malte die Kneipen und Bars von Montmartre und auch Plakate für Auftritte des berühmten Sängers Aristide Bruant, den Sie auf S. 44 abgebildet sehen.
la Seine 776 km lang, Quelle in St-Seine-l'Abbaye (Bourgogne). Der kurvenreiche Fluss umfließt zwei Inseln, die **Ile la Cité** und die **Ile Saint-Louis.** Beide gehören zum ältesten Stadtkern und teilen Paris ins „rechte", nördliche Ufer, **Rive droite**, mit seinen schicken Vierteln und ins „linke", südliche Ufer, **Rive gauche,** wo traditionell Studenten und Künstler leben. Heute noch verkaufen die berühmten **bouquinistes** (**bouquin** (*fam.*) *Buch*) entlang der Ufermauern Postkarten und antiquarische Bücher. Und wer die Großstadt einmal vergessen will, kann romantische Spaziergänge am Seineufer unternehmen.
Bateaux Mouches, Bateaux Parisiens und **Batobus** laden zu Ausflügen auf der Seine ein. Von den Panoramaschiffen aus hat man einen herrlichen Blick auf viele historische Gebäude.

LEÇON 5

Un petit café*

petit [pəti]	klein

On prend un verre ?

prendre un verre [prɑ̃drɛ̃vɛr]	etwas trinken gehen
prendre [prɑ̃dr(ə)]	nehmen
le verre [lə vɛr]	das Glas

1

déjeuner [deʒœne]	zu Mittag essen
Je n'ai pas le temps. [ʒənepalətɑ̃]	Ich habe keine Zeit.
le temps [lə tɑ̃]	die Zeit
Je prends le train. [ʒəprɑ̃lətrɛ̃]	Ich fahre mit dem Zug; *hier:* Ich muss zum Zug.
le train [lə trɛ̃]	der Zug
au moins [omwɛ̃]	wenigstens

3

l'eau minérale *f* [lomineral]	das Mineralwasser
C'est ça. [sɛsa]	Genau!

Chez Jo

chez [ʃe]	bei

4

boissons chaudes [bwasõʃod]	warme Getränke
boissons froides [bwasõfrwad]	kalte Getränke
la salade [la salad]	der Salat
le sandwich* [lə sɑ̃dwi(t)ʃ]	das Sandwich, das belegte Baguette
le digestif* [lə diʒɛstif]	der Digestif, der Verdauungsschnaps
prix au comptoir [pri okõtwar]	Preis an der Theke
le prix [lə pri]	der Preis
le comptoir [lə kõtwar]	die Theke
prix dans la salle [pri dɑ̃lasal]	Preis an den Tischen
la salle [la sal]	der Saal, der Gastraum
prix en terrasse [pri ɑ̃tɛras]	Preis auf der Terrasse
le café noir [lə kafenwar]	der Espresso, *wörtl.* der schwarze Kaffee
le porto* [lə pɔrto]	der Portwein
le demi pression [lə dəmiprɛsjõ]	das kleine Bier vom Fass
le panaché [lə panaʃe]	das Radler *(Bier mit Limonade gemischt)*
le jambon [lə ʒɑ̃bõ]	der Schinken
le fromage [lə frɔmaʒ]	der Käse
le chocolat chaud [lə ʃɔkɔlaʃo]	die heiße Schokolade
le chocolat [lə ʃɔkɔla]	die Schokolade
chaud [ʃo]	heiß
la salade Miami [la saladmiami]	der Miami-Salat
le soda [lə sɔda]	das Sodawasser
la vodka [la vɔdka]	der Wodka
le déca [lə deka]	der koffeinfreie Kaffee
la salade russe [la saladrys]	der russische Salat
le Vittel* [lə vitɛl]	Vittel *(stilles Wasser)*
le Perrier* [lə pɛrje]	Perrier *(Mineralwasser mit Kohlensäure)*
le café crème [lə kafekrɛm]	der Milchkaffee
le croque-monsieur* [lə krɔkməsjø]	der Käse-Schinken-Toast
le thé [lə te]	der Tee
le lait fraise [lə lɛfrɛz]	*Milch mit Erdbeersirup*
la salade niçoise* [la saladniswas]	der Nizza-Salat
le Calvados [lə kalvadɔs]	der Calvados
le Coca(-Cola) [lə kɔka(kɔla)]	die (Coca-)Cola

Déjeuner au café

le déjeuner [lə deʒœne]	das Mittagessen

6

Que prenez-vous ? [kə prənevu]	Was bekommen Sie?
que ? [kə]	was?
Qu'est-ce que vous avez comme… ? [kɛskə vuzave kɔm]	Was haben Sie an …?
qu'est-ce que… ? [kɛskə]	was …?
comme [kɔm]	als
Qu'est-ce que vous prenez ? [kɛskəvuprəne]	Was bekommen Sie?
Monsieur, s'il vous plaît ! [məsjø, silvuplɛ]	Herr Ober bitte!
l'addition *f* [ladisjõ]	die Rechnung

Erinnern Sie sich? Im Hotel heißt die Rechnung **la note**, während man in einer Kneipe oder einem Restaurant **l'addition** verlangt.

Non, laissez, c'est à moi ! [nõ, lɛse, sɛtamwa]	Nein, lasst nur, ich bin dran!
Je vous invite.* [ʒəvuzɛ̃vit]	Ich lade euch ein.
inviter [ɛ̃vite]	einladen
Mais non ! [mɛnõ]	Aber nein!
Mais si ! [mɛsi]	Aber ja doch!
Merci bien. [mɛrsibjɛ̃]	Danke sehr., Danke schön.
Bonne journée ! [bɔnʒurne]	Einen schönen Tag noch!

8 la pause de midi [la pozdəmidi]	die Mittagspause
la pause [la poz]	die Pause

Léon Bugeau n'a pas le temps !

9 comme d'habitude [kɔmdabityd]	wie immer
comme [kɔm]	wie
l'habitude *f* [labityd]	die Gewohnheit
ne … pas de [nə … padə]	kein(e)
pas d'apéritif [padaperitif]	kein(en) Aperitif
juste [ʒyst]	nur
la cigarette [la sigarɛt]	die Zigarette
Vous n'êtes pas malade au moins ? [vunɛtpamalad omwɛ̃]	Sie sind doch wohl nicht krank?
malade [malad]	krank
au moins [omwɛ̃]	*hier:* doch wohl
pas de problème [pad(ə)prɔblɛm]	kein Problem
le problème [lə prɔblɛm]	das Problem
Je prends la voiture. [ʒəprɑ̃ lavwatyr]	*hier:* Ich fahre noch mit dem Auto.
la voiture [la vwatyr]	das Auto
pas d'alcool [padalkɔl]	kein(en) Alkohol
l'alcool *m* [lalkɔl]	der Alkohol
le rendez-vous* [lə rɑ̃devu]	der Termin, die Verabredung
Ah bon ! [abõ]	Ach so!

10 le cognac [lə kɔɲak]	der Kognak

Wie wäre es mit einer Vokabelkartei? Schreiben Sie auf die Vorderseite der Kärtchen ein deutsches Wort, auf die Rückseite jeweils die französische Bedeutung. Die Wörter, die Sie können, wandern in Ihrem Karteikasten ein Fach weiter nach hinten. Die anderen werden wiederholt. So können Sie geradezu sehen, wie Ihr Wortschatz wächst!

12 par jour [parʒur]	pro Tag
le jour [lə ʒur]	der Tag
Ben… *fam.* [bɛ̃]	Nun ja …
le docteur [lə dɔktœr]	der Doktor
20 (vingt) [vɛ̃]	zwanzig
25 (vingt-cinq) [vɛ̃tsɛ̃k]	fünfundzwanzig
Alors là, ça ne va pas. [alɔrla, sanəvapa]	Also, das geht auf keinen Fall!
bref [brɛf]	kurz, kurzum
Voilà ! [vwala]	*hier:* Basta.

Quel temps de chien !

quel, quelle [kɛl, kɛl]	was für ein(e), welche(r)
le temps [lə tɑ̃]	das Wetter

13 hein *fam.* [ɛ̃]	hm, ne, nicht wahr
ouais* *fam.* [wɛ]	ja
froid [frwa]	kalt
Il fait quelle température ? [ilfɛ kɛltɑ̃peratyr]	Welche Temperatur haben wir?
la température [la tɑ̃peratyr]	die Temperatur
le degré [lə dəgre]	der Grad
Il fait gris. [ilfɛgri]	Der Himmel ist grau.
toujours [tuʒur]	immer
gris [gri]	grau
Il fait froid. [ilfɛfrwa]	Es ist kalt.
Lille [lil]	*nordfrz. Stadt*
Il fait soleil. [ilfɛsɔlɛj]	Es ist sonnig.
Eh oui ! [ewi]	Ja, tatsächlich!
Il fait beau. [ilfɛbo]	Es ist schön.
beau [bo]	schön
Il pleut. [ilplø]	Es regnet.
Voilà ! [vwala]	*hier:* So!
Bon ! [bõ]	*hier:* Na gut!
Quelles sont les nouvelles ? [kɛlsõ lenuvɛl]	Was gibt's Neues?
les nouvelles *f, Pl* [le nuvɛl]	die Neuigkeiten
la routine [la rutin]	die Routine, der Alltag

14 Brest [brɛst]	*westfrz. Stadt*
Bordeaux [bɔrdo]	*südfrz. Stadt*
Besançon [bəzɑ̃sõ]	*ostfrz. Stadt*

16 la musique [la myzik]	die Musik
le collègue [lə kɔlɛg]	der Kollege

19 apporter [apɔrte]	(mit)bringen
à 13 heures [atrɛzœr]	um 13 Uhr
Attention ! [atɑ̃sjõ]	Achtung!, Vorsicht!
la chaussure [la ʃosyr]	der Schuh

le café Im französischen **café** bekommen Sie keinen Kuchen: Es ist eine Kneipe, mal schick, mal modern, mal ganz einfach. Es gibt dort vor allem Getränke, dazu kleinere Gerichte wie **sandwiches** oder Salat. Auch in einer **bar** gibt es vorwiegend Getränke. **Bar-tabac** ist eine Kneipe, in der man auch Zigaretten, Briefmarken, Zeitungen und Postkarten kaufen kann. Als Zeichen dafür hängt draußen vor der Tür ein großes rotes Symbol, genannt **carotte,** *Karotte.* Auch im **bistrot** kann man eine Kleinigkeit essen, meist Schnellgerichte oder **sandwiches. Bars-tabac** und **cafés** gibt es in jedem Dorf und in jedem Stadtviertel; und selbst wenn sie unter der Konkurrenz der Fast-Food-Tempel ein wenig leiden, spielt sich in den **cafés** immer noch ein großer Teil der sozialen Kontakte ab.
le sandwich Das klassische französische **sandwich** ist ein Stück Baguette, belegt mit Salami, Schinken, Käse oder **rillettes,** *Gänsefleischpastete.* Daneben gibt es natürlich auch viele andere Kombinationen aus Brotsorten und Belag.
le digestif Kein Festmahl ohne **digestif,** z. B. Cognac, Calvados, Birnen- oder Pflaumenschnaps. **Digestifs** werden in der Regel nach dem Kaffee serviert.
le porto *Portwein* ist in Frankreich ein klassischer Aperitif. Aperitifs auf Weinbasis wie z. B. der Banyuls, der Rivesaltes, der Pineau oder Muskatweine werden häufig angeboten.
Vittel, Perrier Perrier gehört wie Badoit und Vichy zu den **eaux minérales gazeuses,** *den Mineralwässern mit Kohlensäure.* Wenn Sie einfach nur **une eau minérale** bestellen, werden Sie meist **eau minérale non gazeuse,** *stilles Mineralwasser,* wie Evian, Volvic oder Vittel bekommen, das in Frankreich häufiger getrunken wird. Es ist auch nicht unüblich, einfach Leitungswasser zu trinken. In Restaurants kann man daher zum Essen kostenlos **une carafe d'eau,** *eine Karaffe Leitungswasser* bekommen.
le croque-monsieur In Frankreich der Snack schlechthin neben dem Sandwich, ungefähr so bekannt wie in Deutschland der Hawaii-Toast. Der **croque-monsieur** wird mit Schinken, Bechamelsauce und geriebenem Emmentaler zubereitet; auf dem **croque-madame** gibt's zusätzlich noch ein Spiegelei.
la salade niçoise Ein typischer Salat aus dem Mittelmeerraum, mit Tomaten, Kopfsalat, grünen Bohnen, Zwiebeln, Sardellen, gekochten Eiern und natürlich auch Oliven.
Je vous invite. Wenn Sie mit französischen Freunden etwas essen oder trinken gehen, werden Sie wohl kaum zahlen dürfen: Die Franzosen betrachten es als Ehre, die Besucher einzuladen. Sie könnten anbieten, Ihren Anteil zu bezahlen, indem Sie fragen: **On partage ?** [ɔ̃partaʒ] *Teilen wir?*
le rendez-vous ist im Französischen nicht immer so etwas Schönes wie ein deutsches Rendezvous! Meist ist es ein ganz normaler Termin etwa beim Arzt, mit Kollegen oder in einer Firma. Zum Glück kann **un rendez-vous** auch ein Liebesrendezvous werden!
ouais [wɛ] Diese nachlässig familiäre Aussprache von **oui** werden Sie im Alltag oft hören. Sie müssen es als oui erkennen; aber bitte verwenden Sie es nicht gleich selbst – vermeiden Sie familiäre Ausdrücke lieber, solange Ihr Französisch noch nicht ganz perfekt ist.

La vie du quartier

le quartier [lə kartje]	das (Stadt-)Viertel

L'Estaque

1 le village [lə vilaʒ]	das Dorf
vous pouvez [vupuve]	Sie können
faire les courses [fɛrlekurs]	einkaufen, *wörtl.* die Einkäufe machen
les courses *f, Pl* [le kurs]	die Einkäufe
le magasin [lə magazɛ̃]	das Geschäft, der Laden
il y a [ilja]	es gibt
le supermarché [lə sypɛrmarʃe]	der Supermarkt
la boulangerie [la bulɑ̃ʒri]	die Bäckerei
la pharmacie [la farmasi]	die Apotheke
la poste [la pɔst]	die Post
la mairie* [la mɛri]	das Rathaus
l'école *f** [lekɔl]	die Schule
joli [ʒɔli]	hübsch
cher [ʃɛr]	teuer
être à la retraite [ɛtralaratrɛt]	in Rente sein

la retraite [lа rətrɛt]	der Ruhestand, die Rente
le paradis [lə paradi]	das Paradies
les jeunes *m, Pl* [le ʒœn]	die Jugendlichen, die jungen Leute
(être) au chômage [(ɛtr)oʃɔmaʒ]	arbeitslos (sein)
le chômage [lə ʃɔmaʒ]	die Arbeitslosigkeit
C'est vrai. [sɛvrɛ]	Das stimmt.
vrai [vrɛ]	wahr, echt
facile [fasil]	leicht

Les voisins

6 Qui ? [ki]	Wen?
chercher [ʃɛrʃe]	suchen
au premier étage [oprəmjɛretaʒ]	im ersten Stock
premier, première [prəmje, prəmjɛr]	erste(r)
l'étage *m* [letaʒ]	das Stockwerk
marié [marje]	verheiratet *(Mann)*
au café [okafe]	im Café
à la plage [alaplaʒ]	am Strand
à [a]	an
la plage [la plaʒ]	der Strand
au deuxième (étage) [odøzjɛm(etaʒ)]	im zweiten (Stock)
deuxième [døzjɛm]	zweite(r)
elle s'appelle [ɛlsapɛl]	sie heißt
au troisième (étage) [otrwazjɛm(etaʒ)]	im dritten (Stock)
troisième [trwazjɛm]	dritte(r)
dans [dɑ̃]	in
le bureau [lə byro]	das Büro
Des amours ! [dezamur]	Goldige Kinder!
à [a]	in, nach, zu, *(bei Inseln)* auf
G les États-Unis *m, Pl* [lezetazyni]	die Vereinigten Staaten
chez [ʃe]	bei, zu
9 Chère Jeannette [ʃɛrʒanɛt]	Liebe Jeannette
A bientôt ! [abjɛ̃to]	Bis bald!

C'est la vie

11 Tiens ! [tjɛ̃]	Sieh mal (einer) an!
voilà [vwala]	da ist
souvent [suvɑ̃]	oft
être là [ɛ̃trəla]	da sein
là [la]	da, dort
le travail [lə travaj]	die Arbeit
le foot *fam.* [lə fut]	der Fußball
regarder [rəgarde]	(an)schauen, ansehen
le match [lə matʃ]	das Spiel, der Wettkampf
ensemble [ɑ̃sɑ̃bl(ə)]	zusammen
Ça va la santé ? [sava lasɑ̃te]	Wie steht's mit der Gesundheit?
la santé [la sɑ̃te]	die Gesundheit
à la maison [alamɛzõ]	zu Hause
la maison [la mɛzõ]	das Haus
à l'heure [alœr]	pünktlich
chic [ʃik]	schick, elegant
le vendredi [ləvɑ̃drədi]	freitags, jeden Freitag
vendredi *m* [vɑ̃drədi]	Freitag
le concert [lə kõsɛr]	das Konzert
le samedi [ləsamdi]	samstags, jeden Samstag
samedi *m* [samdi]	Samstag
rencontrer [rɑ̃kõtre]	treffen
fumer [fyme]	rauchen
vous faites [vufɛt]	Sie machen
faire [fɛr]	machen, tun
lundi *m* [lɛ̃di]	Montag
Excusez-moi ! [ɛkskyzemwa]	Entschuldigen Sie!
être en retard [ɛtrɑ̃rətar]	spät dran sein, zu spät kommen
en retard [ɑ̃rətar]	zu spät
la femme [la fam]	die Frau
elle fait [ɛlfɛ]	sie macht
faire le jardin [fɛrləʒardɛ̃]	im Garten arbeiten
faire le ménage [fɛrləmenaʒ]	putzen
le ménage [lə menaʒ]	der Haushalt
faire la cuisine [fɛrlakɥizin]	kochen
la cuisine [la kɥizin]	die Küche
déposer les enfants (à l'école) [depozelezɑ̃fɑ̃ (alekɔl)]	die Kinder (zur Schule) bringen
de temps en temps [dətɑ̃zɑ̃tɑ̃]	ab und zu, manchmal
arroser [aroze]	gießen
bricoler [brikɔle]	heimwerken, basteln
Hélas ! [elas]	Leider!
le dimanche [lədimɑ̃ʃ]	sonntags, jeden Sonntag
dimanche *m* [dimɑ̃ʃ]	Sonntag
tu fais [tyfɛ]	du machst
faire des bêtises [fɛrdebetiz]	Dummheiten machen
la bêtise [la betiz]	die Dummheit

13 la maman [la mamɑ̃] — die Mama

G septembre *m* [sɛptɑ̃br(ə)] — September
la semaine [la s(ə)mɛn] — die Woche
mardi *m* [mardi] — Dienstag
mercredi *m* [mɛrkrədi] — Mittwoch
jeudi *m* [ʒødi] — Donnerstag
le week-end [lə wikɛnd] — das Wochenende, am Wochenende
Quel jour... ? [kɛlʒur] — An welchem Tag ...?

G cynique [sinik] — zynisch
le gourmet [lə gurmɛ] — der Feinschmecker
la gymnastique [la ʒimnastik] — die Gymnastik

21 cool [kul] — cool

la mairie In größeren Städten heißt das Rathaus nicht **mairie**, sondern **hôtel de ville**. Frankreich zählt 36 686 Gemeinden, darunter fast ein Drittel mit weniger als 200 Einwohnern. Kommunalwahlen finden alle sechs Jahre nach dem direkten Wahlrecht statt. Seit 1982 wurde Frankreichs Verwaltung weitgehend dezentralisiert. Regionen, Départements und Gemeinden erhielten mehr politisches Mitspracherecht. In kleineren Dörfern befindet sich im Rathaus oft gleichzeitig die Schule.
l'école Mit **école** ist Schule ganz allgemein, oft aber auch nur die Grundschule gemeint. Nach der Grundschule gehen alle Schüler zum **collège**, einer Art Gesamtschule. Anschließend gehen die Schüler, die das Abitur, **le baccalauréat** (kurz **le bac**), machen möchten, auf das **lycée. Le lycée** entspricht somit den drei letzten Jahren am Gymnasium in Deutschland.

LEÇON 7

Un voyage à Paris

Un week-end à Paris

1 l'agence (de voyages) *f* [laʒɑ̃s (dəvwajaʒ)] — das (Reise)büro
le programme [lə prɔgram] — das Programm
d'hier [djɛr] — von gestern
hier [jɛr] — gestern
d'aujourd'hui [doʒurdɥi] — von heute
le guide [lə gid] — der Reiseleiter, die Reiseleiterin
en anglais [ɑ̃nɑ̃glɛ] — auf Englisch
le soir [lə swar] — der Abend
l'arrivée *f* [larive] — die Ankunft
le dîner [lə dine] — das Abendessen
la tour Eiffel* [la turɛfɛl] — der Eiffelturm
la tour [la tur] — der Turm
la promenade [la prɔmnad] — der Spaziergang, die Spazierfahrt
le matin [lə matɛ̃] — der Morgen
le musée d'Orsay* [lə myzedɔrsɛ] — das Orsay-Museum
du (= de + le) [dy] — von dem
de l' (= de + le/la) [dəl] — von dem, von der
l'exposition *f* [lɛkspozisjɔ̃] — die Ausstellung
Gauguin* [gogɛ̃] — *frz. Maler*
l'après-midi *m oder f* [laprɛmidi] — der Nachmittag
Notre-Dame* [nɔtrədam] — *Kathedrale in Paris*
des (= de + les) [de] — von den
de la [də la] — von der
l'Opéra Bastille* [loperabastij] — die Bastille-Oper
la place de la Bastille* [la plasdəlabastij] — *Platz in Paris*
la place [la plas] — der Platz
le tour de Paris [lə turdəpari] — die Rundfahrt durch Paris
le tour [lə tur] — die (Stadt)Rundfahrt
l'Open Tour [lɔpɛntur] — *Anbieter von Rundfahrten*
l'avenue des Champs-Elysées* *f* [lavnydeʃɑ̃zelize] — die Champs-Elysées
l'avenue *f* [lavny] — die Avenue
le départ [lə depar] — die Abfahrt

2 Lucullus [lykylys]	*Name eines Restaurants*
le guide du musée [lə giddymyze]	der Museumsführer, die Museumsführerin
Victor Hugo [viktɔrygo]	*frz. Schriftsteller*
la place des Vosges* [la plasdevoʒ]	*Platz in Paris*
3 le monument [lə mɔnymɑ̃]	das Denkmal, die Sehenswürdigkeit
4 les Tuileries* *m, Pl* [le tɥilri]	die Tuilerien
la place de l'Etoile* [la plasdəletwal]	*Platz in Paris*
la place de la Concorde* [la plasdəlakõkɔrd]	*Platz in Paris*

Pour aller au musée d'Orsay ?

Pour aller... ? [purale]	Wie kommt man ...?
pour [pur]	um ... zu
6 il faut [ilfo]	man muss
à gauche [agoʃ]	(nach) links
jusqu'à [ʒyska]	bis
le feu [lə fø]	die Ampel
tourner [turne]	abbiegen
à droite [adrwat]	(nach) rechts
d'ici [disi]	von hier
Ça ne fait rien. [sanəfɛrjɛ̃]	Das macht nichts.
continuer [kõtinɥe]	weitergehen, weiterfahren
tout droit [tudrwa]	geradeaus
le carrefour [lə karfur]	die Kreuzung
traverser [travɛrse]	überqueren, gehen/fahren über
en face (de) [ɑ̃fas (də)]	gegenüber (von)
de rien [dərjɛ̃]	bitte *(als Antwort auf merci)*
8 le pont [lə põ]	die Brücke
10 le froid [lə frwa]	die Kälte
Strasbourg [strasbur]	Straßburg

Tour de Paris

12 Vous entendez bien ? [vuzɑ̃tɑ̃debjɛ̃]	Können Sie mich gut hören?
entendre [ɑ̃tɑ̃dr(ə)]	hören

Entendre heißt einfach nur *hören, akustisch wahrnehmen*, aber nicht *zuhören*. Wenn sie bewusst *zuhören*, sagen die Franzosen **écouter.**

maintenant [mɛ̃tnɑ̃]	jetzt
l'impressionniste *m* [lɛ̃prɛsjɔnist]	der Impressionist
devant [dəvɑ̃]	vor *(örtl.)*
l'obélisque de Louksor* [lɔbeliskdəluksɔr]	der Obelisk von Luxor
faire le tour (de qc) [fɛrlətur]	(um etw.) herumgehen, herumfahren
papa *m* [papa]	Papa, Vati
On descend ? [õdesɑ̃]	Steigen wir aus?
descendre [desɑ̃dr(ə)]	aussteigen
C'est là ! [sɛla]	*hier:* Wir sind da.
vite [vit]	schnell
Ils n'attendent pas. [ilnatɑ̃dpa]	Sie warten nicht.
attendre [atɑ̃dr(ə)]	warten
ils vendent [ilvɑ̃d]	sie verkaufen
vendre [vɑ̃dr(ə)]	verkaufen
la glace [la glas]	das Eis

Quelle heure est-il ?

Quelle heure est-il ? [kɛlœrɛtil]	Wie viel Uhr ist es?, Wie spät ist es?
l'heure *f* [lœr]	die Stunde
17 midi moins le quart [midi mwɛ̃l(ə)kar]	Viertel vor zwölf
le midi [lə midi]	der Mittag
midi [midi]	12 Uhr mittags
moins le quart [mwɛ̃l(ə)kar]	Viertel vor
à [a]	*hier:* um
et quart [ekar]	Viertel nach
Mon Dieu ! [mõdjø]	Mein Gott!
C'est vrai ?! [sɛvrɛ]	*hier:* Wirklich?
C'est toujours pareil. [sɛtuʒurparɛj]	Es ist immer das Gleiche.
pareil [parɛj]	gleich
le groupe [lə grup]	die Gruppe
courir [kurir]	laufen, rennen

Wie man die Präsensformen von **courir** bildet, lernen Sie in Lektion 16. Wenn Sie es vorab wissen möchten, können Sie in den Verbtabellen im Begleitbuch Seite 128 nachsehen.

le métro [lə metro]	die U-Bahn
loin [lwɛ̃]	weit (entfernt)

19 le bus [lə bys]	der Bus
20 chers amis [ʃɛrzami]	liebe Freunde
Voici comment aller à… [vwasi kɔmɑ̃ale a]	So kommt man zum/zur …
L'hôtel est au 9. [lɔtɛlɛtonœf]	Das Hotel ist in Nummer 9.
Amitiés [amitje]	Liebe Grüße

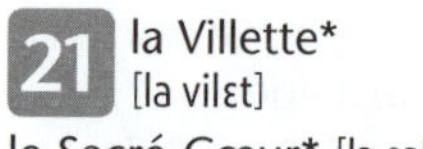

21 la Villette* [la vilɛt]	*Freizeitpark im Osten von Paris*
le Sacré-Cœur* [lə sakrekœr]	*Kirche in Paris*

la tour Eiffel 1889 für die Weltausstellung vom Ingenieur Gustave Eiffel (1832 bis 1923) erbaut, war der Eiffelturm zu seiner Zeit das höchste Bauwerk der Welt. Die Kühnheit seiner Architektur und die technische Leistung machten ihn zum Wahrzeichen von Paris. Gewicht: 7000 t, Höhe: 320 m, Stufen: 1652, Farbe: 50 t alle 7 Jahre.

le musée d'Orsay war ursprünglich ein Bahnhof und stand lange Zeit leer; in den 1980er-Jahren wurde er zu einem Museum umgebaut und 1986 eröffnet. Mit seiner modernen Architektur aus Stahl, Stein und Glas bietet es einen prächtigen Rahmen für die Malerei von 1848 bis 1905, aber auch für Skulpturen, Fotografie, Innenarchitektur und Kino.

Gauguin Paul Gauguin (1848 –1903) war Maler, Bildhauer und Graveur. Anfänglich stellte er gemeinsam mit den Impressionisten aus, entfernte sich dann aber von ihnen. Nach einer Reise auf die Insel Martinique entwickelte er seinen eigenen Stil, geprägt von Symbolen und kräftigen Farben.

Notre-Dame Zwei Jahrhunderte lang (1163 bis 1345) arbeiteten unzählige Maurer, Bildhauer, Kunstglaser und Zimmerer an der gotischen Kathedrale im Herzen von Paris.

l'Opéra Bastille Die Bastille, ein Staatsgefängnis, wurde am 14. Juli 1789 von der Pariser Bevölkerung gestürmt. Man schleifte die riesigen Gefängnismauern, und es entstand ein großer Platz. Am 13. Juli 1989, exakt zwei Jahrhunderte später, wurde hier die moderne Bastille-Oper für Musik und Lyrik eröffnet: 2700 Plätze, ein Orchestergraben für 130 Musiker, eine 45 m hohe Bühne und die feinste technische Ausstattung.

les Champs-Elysées eine Prachtstraße mit großen Kinos, eleganten Cafés und Geschäften.

la place des Vosges ist mit ihren symmetrischen Arkaden und ihren menschlichen Dimensionen eine ruhige Oase in einem pulsierenden Viertel. Gleich um die Ecke steht das Haus von Victor Hugo.

les Tuileries Im 16. Jahrhundert entstand an einer Stelle, wo früher Ziegelfabriken (**tuileries**) standen, ein Park, der im 17. Jahrhundert vom Gartenarchitekten Le Nôtre umgestaltet wurde.

la place de l'Etoile am nordwestlichen Ende der Champs-Elysées, ist mit seinen 12 Prachtstraßen und dem Triumphbogen in der Mitte wohl der bekannteste Platz in Paris. Der sternförmige Verlauf der Straßen gab dem Platz und dem ganzen Viertel seinen Namen, obgleich der **place de l'Étoile** nach dem Tod des berühmten Staatspräsidenten in **place Charles-de-Gaulle** umbenannt wurde.

la place de la Concorde Hier stand während der Französischen Revolution die Guillotine. Nach der Revolution war man auf Einheit bedacht, und so wurde die ehemalige **place de la Révolution** umbenannt in **la place de la Concorde**, *Platz der Eintracht.*

l'obélisque de Louksor Der Obelisk steht in der Mitte der **place de la Concorde** und stammt aus den Ruinen des Luxor-Tempels. Er wurde vom ägyptischen Vizekönig Mehemet Ali dem französischen König Charles X. geschenkt, kam aber mit etwas Verspätung erst unter König Louis-Philippe 1833 in Paris an.

La Villette Mit seinen 55 ha ist **La Villette** eines der größten Zentren für moderne Kultur, Freizeit und Wissenschaft. In den Hallen von **La Villette** finden viele Alternativ- und Trendveranstaltungen statt.

le Sacré-Cœur sieht von außen mit ihren 80 m hohen Kuppeln wie ein großer weißer Kuchen aus. Im Innern der Basilika gibt es schöne goldene Mosaiken im byzantinischen Stil. In der Dämmerung hat man von **Sacré-Cœur**, das 130 Meter über Paris liegt, eine besonders schöne Sicht.

Au club de sport

le club de sport [ləklœbdəspɔr] — das Fitnesscenter
le club [lə klœb] — der Club

L'aérobic

l'aérobic *m oder f* [laerɔbik] — Aerobic

1
Debout ! [dəbu] — Aufstehen!
Sautez. [sote] — Springt!
sauter [sote] — springen
Lève les pieds. [lɛvlepje] — Heb die Füße!
lever [ləve] — heben
Regarde. [rəgard] — Schau mal!
comme ça [kɔmsa] — so
Tournez la tête. [turnelatɛt] — Dreht den Kopf!
tourner [turne] — drehen
la tête [la tɛt] — der Kopf
Levez les bras. [ləvelebra] — Hebt die Arme!
le bras [lə bra] — der Arm
Pliez les jambes. [plijeleʒɑ̃b] — Geht in die Hocke!, *wörtl.* Beugt die Beine!
plier [plije] — beugen; falten
la jambe [la ʒɑ̃b] — das Bein
Plie bien les genoux. [plibjɛ̃leʒ(ə)nu] — Geh in die Knie!
le genou, *Pl:* les genoux [lə ʒ(ə)nu, le ʒ(ə)nu] — das Knie
Voilà ! [vwala] — *hier:* Genau!
une fois [ynfwa] — einmal
la fois [la fwa] — das Mal
Rentrez le ventre. [rɑ̃trelavɑ̃trə] — Zieht den Bauch ein!
rentrer [rɑ̃tre] — *hier:* einziehen
le ventre [lə vɑ̃trə] — der Bauch
Allez ! [ale] — Na los!
Faites un effort. [fɛtɛ̃nefɔr] — Strengt euch an!
faire un effort [fɛrɛ̃nefɔr] — sich anstrengen
Soufflez. [sufle] — Atmet aus!
souffler [sufle] — ausatmen
Je suis content de vous. [ʒəsɥikɔ̃tɑ̃dəvu] — Gute Arbeit!, *wörtl.* Ich bin mit euch zufrieden.
content (de) [kɔ̃tɑ̃] — zufrieden (mit)
Eh bien… [ebjɛ̃] — Nun gut …
tout [tu] — alles

Vive le yoga !

Vive le yoga ! [vivləjɔga] — Yoga ist toll!, *wörtl.* Es lebe Yoga!
le yoga [lə jɔga] — Yoga

5
ne… plus [nə... ply] — nicht mehr
le cours [lə kur] — der Kurs
le stretching [lə strɛtʃiŋ] — Stretching
possible [pɔsibl(ə)] — möglich
arrêter [arɛte] — aufhören
espérer [ɛspere] — hoffen
préférer [prefere] — lieber mögen, vorziehen
exagérer [ɛgzaʒere] — übertreiben

7
Alors, ça alors ! [alɔr saalɔr] — Das geht zu weit!

C'est dur aussi la gym !

dur [dyr] — hart, anstrengend
la gym *fam.* [la ʒim] — die Gymnastik

8
Aïe ! [aj] — Au!
les courbatures *f, Pl* [le kurbatyr] — der Muskelkater
partout [partu] — überall
J'ai mal à… [ʒemala] — Mir tut … weh.
avoir mal [avwarmal] — Schmerzen haben
le dos [lə do] — der Rücken
l'épaule *f* [lepol] — die Schulter
Ouf ! [uf] — Uff!
Je n'ai plus de souffle. [ʒəneplydəsufl(ə)] — Ich bin außer Atem.; Ich habe keine Kondition mehr.
le souffle [lə sufl(ə)] — der Atem
un petit peu [ɛ̃p(ə)tipø] — ein klein wenig
J'ai mal au cœur. [ʒemalokœr] — Mir ist übel.
le cœur [lə kœr] — das Herz
tricoter [trikɔte] — stricken
J'ai… ans. [ʒe ... ɑ̃] — Ich bin … Jahre alt.
l'an *m* [lɑ̃] — das Jahr
70 (soixante-dix) [swasɑ̃tdis] — siebzig
tu fais si jeune [tyfɛ siʒœn] — du siehst so jung aus

faire jeune [fɛrʒœn]	jung aussehen
si [si]	so
le vélo [lə velo]	das Fahrrad
Quel âge a-t-elle ? [kɛlɑʒatɛl]	Wie alt ist sie?
l'âge *m* [lɑʒ]	das Alter
suggérer [sygʒere]	vorschlagen

G

l'homme *m* [lɔm]	der Mann

13

Gym-Club [ʒimklœb]	*Name des Fitness-centers*
le senior [lə senjɔr]	der Senior

Les Français et le sport

le Français [lə frɑ̃sɛ]	der Franzose
la Française [la frɑ̃sɛz]	die Französin

15

depuis [dəpɥi]	seit
les années 80 [lezanekatrəvɛ̃]	die Achtzigerjahre
l'année *f* [lane]	das Jahr

An und **année** bedeuten beide *Jahr*. Wann man welches Wort verwendet, lässt sich eigentlich nur mit dem Sprachgefühl feststellen, das Sie allmählich entwickeln werden. Merken Sie sich vorerst nur den Zusammenhang, in dem **an** bzw. **année** gebraucht wird.

pratiquer [pratike]	(be)treiben, ausüben
presque [prɛsk(ə)]	fast
le sport d'équipe [lə spɔrdekip]	die Mannschafts-sportart
l'équipe *f* [lekip]	die Mannschaft
un Français sur trois [ɛ̃frɑ̃sɛ syrtrwa]	einer von drei Franzosen
le sport individuel [lə spɔrɛ̃dividɥɛl]	die Einzelsportart
la compétition [la kɔ̃petisjɔ̃]	der Wettbewerb
la détente [la detɑ̃t]	die Entspannung
faire du tennis [fɛrdytenis]	Tennis spielen
le tennis [lə tenis]	Tennis
faire du ski [fɛrdyski]	Ski fahren
faire du squash [fɛrdyskwaʃ]	Squash spielen
le squash [lə skwaʃ]	Squash
faire de l'équitation [fɛrdəlekitasjɔ̃]	reiten
l'équitation *f* [lekitasjɔ̃]	das Reiten
faire du golf [fɛrdygɔlf]	Golf spielen
le golf [lə gɔlf]	Golf
la banlieue [la bɑ̃ljø]	der Vorort, die Trabantenstadt
jouer à qc [ʒwe]	etw. spielen
le basket [lə baskɛt]	Basketball
la tradition [la tradisjɔ̃]	die Tradition
le Midi [lə midi]	Südfrankreich
par exemple [parɛgzɑ̃pl(ə)]	zum Beispiel
le rugby [lə rygbi]	Rugby
la pétanque [la petɑ̃k]	das Boulespiel
le risque [lə risk]	das Risiko
l'escalade *f* [lɛskalad]	das Klettern
le VTT [lə vetete], *Abk. für* le vélo tout terrain [lə velotutɛrɛ̃]	das Mountainbike
le parapente [lə parapɑ̃t]	das Gleitschirm-fliegen
le scooter des mers [lə skutɛrdemɛr]	der Wasserscooter
le scooter des neiges [lə skutɛrdenɛʒ]	der Motorschlitten
être à la mode [ɛtralamɔd]	in sein, modern sein
le classique [lə klasik]	der Klassiker
faire des randonnées [fɛrderɑ̃dɔne]	wandern

Beim Sport ist die Wahl des richtigen Verbs gar nicht so einfach. Generell gilt: Alles, was man als Spiel betrachten kann, auch alle Ballspiele, steht mit **jouer à**. Wenn es jedoch darum geht, welche Sportart Sie ausüben, hören Sie genauso häufig z. B. **Je fais du tennis.**

20

mes chéris [meʃeri]	meine Lieblinge
s'il te plaît [siltəplɛ]	bitte *(wenn man jd. duzt)*
la rave party [la rɛvparti]	die Rave-Party
le médicament [lə medikamɑ̃]	das Medikament
Soyez gentils ! [swajeʒɑ̃ti]	Seid brav!
la bise [la biz]	der Kuss, das Küsschen

21

la jambe droite [la ʒɑ̃bdrwat]	das rechte Bein

Sie möchten **pétanque** bzw. **boules** spielen? Mehr über diese Sportart und Bouleclubs in Deutschland erfahren Sie unter *http://deutscher-petanque-verband.de*. Auf der Website können Sie sogar ein kleines Boule-ABC auf Französisch und Deutsch lesen. Und natürlich gibt es in Frankreich zahllose Webseiten zum Thema, z. B. *www.ffpjp.net*.

LEÇON 9

Noël en famille

Noël *m* [nɔɛl] — Weihnachten
en famille* [ɑ̃famij] — im Kreise der Familie

Qui est qui ?

qui ? [ki] — wer?

In dieser Lektion lernen Sie in Text 12 das Femininum der Adjektive kennen. Wir haben deswegen bei allen Adjektiven schon ab Text 1 zusätzlich zu der männlichen Form auch die weibliche Form angegeben, wenn sie sich von der männlichen unterscheidet. Lernen Sie zunächst nur die erste, männliche Form. Wenn Sie in Text 12 gesehen haben, wie man das Femininum bildet, können Sie sich viele Formen schon selber ableiten. In einem zweiten Durchgang durch die Wörter der Lektion können Sie dann die weibliche Form mitlernen.

1
la sœur [la sœr] — die Schwester
une des deux filles [yndedøfij] — eine von den beiden Töchtern
la fille [la fij] — die Tochter
la mère [la mɛr] — die Mutter
Elle est jolie. [ɛlɛʒɔli] — Sie ist hübsch.
le mari [lə mari] — der Ehemann
le père [lə pɛr] — der Vater
le grand-père [lə grɑ̃pɛr] — der Großvater
la femme [la fam] — die Ehefrau
le frère [lə frɛr] — der Bruder
toute la famille [tutlafamij] — die ganze Familie
compliqué, compliquée [kõplike, kõplike] — kompliziert

2
la grand-mère [la grɑ̃mɛr] — die Großmutter
les grands-parents *m, Pl* [le grɑ̃parɑ̃] — die Großeltern
les parents *m, Pl* [le parɑ̃] — die Eltern
le beau-père [lə bopɛr] — der Schwiegervater
la belle-mère [la bɛlmɛr] — die Schwiegermutter
les beaux-parents *m, Pl* [le boparɑ̃] — die Schwiegereltern
le fils [lə fis] — der Sohn
le gendre [lə ʒɑ̃dr(ə)] — der Schwiegersohn
la belle-fille [la bɛlfij] — die Schwiegertochter
les frères et sœurs [le frɛresœr] — die Geschwister
le petit-fils [lə p(ə)tifis] — der Enkel
la petite-fille [la p(ə)titfij] — die Enkelin
les petits-enfants *m, Pl* [le p(ə)tizɑ̃fɑ̃] — die Enkel
le cousin [lə kuzɛ̃] — der Cousin
la cousine [la kuzin] — die Cousine
les cousins *m, Pl* [le kuzɛ̃] — die Cousins und Cousinen
le neveu [lə nəvø] — der Neffe
la nièce [la njɛs] — die Nichte
les neveux *m, Pl* [le nəvø] — die Neffen und Nichten
l'oncle *m* [lõkl(ə)] — der Onkel
la tante [la tɑ̃t] — die Tante

La lettre au Père Noël

la lettre [la lɛtr(ə)] — der Brief
le Père Noël [lə pɛrnɔɛl] — der Weihnachtsmann

4
cher, chère [ʃɛr, ʃɛr] — lieb
mon frère [mõfrɛr] — mein Bruder
parce que [pars(ə)kə] — weil
trop [tro] — zu, zu viel
petit, petite [p(ə)ti, p(ə)tit] — klein
notre liste de cadeaux [nɔtrəlistdəkado] — unser Wunschzettel
la liste [la list] — die Liste
le cadeau [lə kado] — das Geschenk
il voudrait [ilvudrɛ] — er möchte
vouloir [vulwar] — wollen
le train électrique [lə trɛ̃elɛktrik] — die elektrische Eisenbahn
électrique [elɛktrik] — elektrisch
il veut [ilvø] — er will
la poupée [la pupe] — die Puppe
oser [oze] — wagen, sich trauen
demander [dəmɑ̃de] — fragen, verlangen
le garçon [lə garsõ] — der Junge
je voudrais bien [ʒəvudrɛbjɛ̃] — ich möchte gern
bien [bjɛ̃] — gern
si [si] — wenn
Pourrais-tu… ? [purɛty] — Könntest du …?
pouvoir [puvwar] — können
le roller [lə rɔlɛr] — der Inlineskater
mes parents [meparɑ̃] — meine Eltern
ils veulent [ilvœl] — sie wollen
dangereux, dangereuse [dɑ̃ʒrø, dɑ̃ʒrøz] — gefährlich

l'ours *m* [lurs]	der Bär
mon amie [mɔnami]	meine Freundin
l'amie *f* [lami]	die Freundin
triste [trist]	traurig
car [kar]	denn
sa maman [samamɑ̃]	ihre Mama
je dois [ʒədwa]	ich muss
devoir [dəvwar]	müssen, sollen
ranger [rɑ̃ʒe]	aufräumen
ma chambre [maʃɑ̃br(ə)]	mein Zimmer
Bonne route ! [bɔnrut]	Gute Fahrt!
bon, bonne [bõ, bɔn]	gut

Louis et Adeline

13 Qu'il est mignon ! [kilɛmiɲõ]	Ist der süß!
mignon, mignonne [miɲõ, miɲɔn]	süß, niedlich
blond, blonde [blõ, blõd]	blond
C'est tout le portrait de son père. [sɛtuləpɔrtrɛdəsõpɛr]	Ganz der Vater.
Que tu as l'air malicieux ! [kətyalɛrmalisjø]	Du siehst ja pfiffig aus!
avoir l'air [avwarlɛr]	aussehen
malicieux, malicieuse [malisjø, malisjøz]	pfiffig
guili-guili [giligili]	killekille
Qu'il est gai ! [kilɛge]	Wie fröhlich er ist!
gai, gaie [ge, ge]	fröhlich, lustig
Comme tu es grand ! [kɔmtyɛgrɑ̃]	Wie groß du bist!
grand, grande [grɑ̃, grɑ̃d]	groß
intelligent, intelligente [ɛ̃tɛliʒɑ̃, ɛ̃tɛliʒɑ̃t]	intelligent
comprendre [kõprɑ̃dr(ə)]	verstehen
faire un sourire [fɛrɛ̃surir]	lächeln
le sourire [lə surir]	das Lächeln
timide [timid]	schüchtern
normal, normale [nɔrmal, nɔrmal]	normal
le mois [lə mwa]	der Monat
notre petite dernière [nɔtrəp(ə)titdɛrnjɛr]	unsere Jüngste
dernier, dernière [dɛrnje, dɛrnjɛr]	letzte(r)
le bébé [lə bebe]	das Baby
Qu'elle est jolie ! [kɛlɛʒɔli]	Wie hübsch sie ist!
la robe blanche [larɔbblɑ̃ʃ]	das weiße Kleid
la robe [la rɔb]	das Kleid
blanc, blanche [blɑ̃, blɑ̃ʃ]	weiß
brun, brune [brɛ̃, bryn]	brünett
sage [saʒ]	brav
vraiment [vrɛmɑ̃]	wirklich *(Adverb)*
des enfants adorables [dezɑ̃fɑ̃adɔrabl(ə)]	entzückende Kinder
adorable [adɔrabl(ə)]	entzückend

17 jeune [ʒœn]	jung
la voisine [la vwazin]	die Nachbarin

Les photos de famille

la photo [la foto]	das Foto

18 porter [pɔrte]	tragen
la moustache [la mustaʃ]	der Schnurrbart
la barbe [la barb]	der Bart
l'œil *m* [lœj], *Pl:* les yeux [lezjø]	das Auge
marron *unv.* [marõ]	braun
Il est chauve. [ilɛʃov]	Er hat eine Glatze.
chauve [ʃov]	kahl
les cheveux *m, Pl* [le ʃ(ə)vø]	das Haar
court, courte [kur, kurt]	kurz
long, longue [lõ, lõg]	lang
lisse [lis]	glatt
bleu, bleue [blø, blø]	blau
le nez [lə ne]	die Nase
les taches de rousseur *f, Pl* [le taʃdərusœr]	die Sommersprossen
mince [mɛ̃s]	schlank
bronzé, bronzée [brõze, brõze]	gebräunt
marié, mariée [marje, marje]	verheiratet
divorcé, divorcée [divɔrse, divɔrse]	geschieden
mamie *f* [mami]	(Ur-)Omi
bouclé, bouclée [bukle, bukle]	lockig
le chignon [lə ʃiɲõ]	der (Haar-)Knoten
les lunettes *f, Pl* [le lynɛt]	die Brille

> Warum steht auf Französisch *die Brille* im Plural? Ganz einfach: Sie hat zwei Gläser, deswegen heißt es **les lunettes**! Auf das gleiche Phänomen treffen Sie z. B. bei der Schere, **les ciseaux,** denn auch die hat zwei Teile.

assez [ase]	*hier:* ziemlich
rond, ronde [rõ, rõd]	rund
vert, verte [vɛr, vɛrt]	grün
le gâteau [lə gato]	der Kuchen

20	génial, géniale [ʒenjal, ʒenjal]	genial, toll
24	à ton âge [atɔnaʒ]	in deinem Alter

la famille Unter **la famille** versteht man in Frankreich oft nicht nur Eltern und Großeltern, sondern auch die gesamte Verwandtschaft. Die Familienbande sind in Frankreich sehr eng: Großeltern sind die Babysitter Nr. 1; wenn sie auf dem Land leben, verbringen Kinder bzw. Enkelkinder oft die Ferien bei ihnen. Auch bei der Arbeits- und Wohnungssuche hilft man sich gegenseitig. Kosenamen für Eltern und Großeltern gibt es auch im Französischen: **maman** *Mutti, Mama,* **papa** *Vati, Papa,* **mémé** oder **mamie** *Oma, Omi,* **pépé** oder **papi** *Opa, Opi.* Auch die Urgroßeltern werden mit **mamie** oder **papi** angeredet.

LEÇON 10

A la maison

Le plan de l'appartement

	le plan [lə plɑ̃]	der Plan
	l'appartement *m* [lapart(ə)mɑ̃]	die Wohnung
1	le balcon [lə balkõ]	der Balkon
	la chambre [la ʃɑ̃br(ə)]	das Schlafzimmer
	le séjour [lə seʒur]	das Wohnzimmer
	la chambre d'enfants [la ʃɑ̃brədɑ̃fɑ̃]	das Kinderzimmer
	les toilettes *f, Pl* [le twalɛt]	das WC
	l'entrée *f* [lɑ̃tre]	der Eingang
	le bureau [lə byro]	der Schreibtisch; das Arbeitszimmer
	la porte [la pɔrt]	die Tür
	la table [la tabl(ə)]	der Tisch
	la chaise [la ʃɛz]	der Stuhl
	sous [su]	unter
	le tapis [lə tapi]	der Teppich
	vieux/vieil, vieille [vjø/vjɛj, vjɛj]	alt
	le canapé [lə kanape]	das Sofa
	le fauteuil [lə fotœj]	der Sessel
	confortable [kõfɔrtabl(ə)]	bequem
	la stéréo [la stereo]	die Stereoanlage
	entre [ɑ̃tr(ə)]	zwischen
	la fenêtre [la fənɛtr(ə)]	das Fenster
	le meuble [lə møbl(ə)]	das Möbelstück
	la commode [la kɔmɔd]	die Kommode
	l'ordinateur *m* [lɔrdinatœr]	der Computer
	le lit [lə lit]	das Bett
	l'armoire *f* [larmwar]	der Schrank
	le coin [lə kwɛ̃]	die Ecke
	la plante [la plɑ̃t]	die Pflanze
	nouveau/nouvel, nouvelle [nuvo/nuvɛl, nuvɛl]	neu
	la passion [la pasjõ]	die Leidenschaft
	acheter [aʃte]	kaufen
	rénover [renɔve]	renovieren
5	Pourquoi pas ? [purkwapa]	Warum nicht?
	pourquoi ? [purkwa]	warum?
	Castorama* [kastɔrama]	*Name eines bekannten Baumarktes*

Les grands travaux

6	tu mets… à la poubelle [tymɛ… alapubɛl]	du wirfst … weg
	mettre à la poubelle [mɛtralapubɛl]	wegwerfen
	mettre [mɛtr(ə)]	legen; stellen; setzen
	la poubelle [la pubɛl]	der Abfalleimer
	cette belle lampe [sɛtbɛllɑ̃p]	diese schöne Lampe
	ce/cet, cette [sə/sɛt, sɛt]	dieser, diese
	la lampe [la lɑ̃p]	die Lampe
	marcher [marʃe]	gehen, funktionieren
	je mets [ʒəmɛ]	ich lege hin
	le rideau [lə rido]	die Gardine
	le livre [lə livr(ə)]	das Buch
	Ce vieux truc ! [səvjøtryk]	Dieses alte Ding!
	le truc [lə tryk]	das Ding
	Pas question ! [pakɛstjõ]	Kommt nicht infrage!
	Tu viens ? [tyvjɛ̃]	Kommst du?
	venir [vənir]	kommen

Venir heißt *kommen,* **arriver** *ankommen.* Wo Sie im Deutschen aber rufen *„Ich komme (gleich)!"*, sagt man auf Französisch **»J'arrive!«.**

la minute [la minyt]	die Minute
tenir [tənir]	halten
ce tableau [sətablo]	dieses Bild
le tableau [lə tablo]	das Bild
Je mets mes lunettes. [ʒəmɛmelynɛt]	Ich setze meine Brille auf.
mettre des lunettes [mɛtrədelynɛt]	eine Brille aufsetzen
mettre la table [mɛtrəlatabl(ə)]	den Tisch decken
aider [ede]	helfen

12 ce soir [səswar]	heute Abend
le jouet [lə ʒwɛ]	das Spielzeug
Où est donc… ? [uɛdɔ̃k]	Wo ist denn nur …?

Projets

le projet [lə prɔʒɛ]	der Plan, das Vorhaben

13 changer [ʃɑ̃ʒe]	(aus)wechseln, ändern
la moquette [la mɔkɛt]	der Teppichboden

> **La moquette** ist *der Teppichboden, die Auslegeware.* Der einzelne *Teppich* heißt **le tapis.**

refaire la peinture [rəfɛrlapɛ̃tyr]	streichen
refaire [rəfɛr]	*wörtl.* neu machen
la peinture [la pɛ̃tyr]	der Anstrich
l'idée *f* [lide]	die Idee
Je vais changer les rideaux. [ʒəvɛʃɑ̃ʒelerido]	Ich hänge neue Gardinen auf.
Qu'est-ce qu'on va prendre comme… ? [kɛskɔ̃vaprɑ̃drəkɔm]	Was für … nehmen wir?
la couleur [la kulœr]	die Farbe
beige [bɛʒ]	beige, sandfarben
jaune [ʒon]	gelb
rouge [ruʒ]	rot
noir, noire [nwar, nwar]	schwarz
les autres [lezotr(ə)]	die anderen
on va aller chez… [ɔ̃vaaleʃe]	wir fahren zu …
le choix [lə ʃwa]	die Auswahl
tard [tar]	spät
Le magasin va fermer. [ləmagazɛ̃vafɛrme]	Das Geschäft schließt gleich.
fermer [fɛrme]	schließen

14 rose *unv.* [roz]	rosa
violet, violette [vjɔlɛ, vjɔlɛt]	violett

Chez Castorama

18 être en promotion [ɛtrɑ̃prɔmɔsjɔ̃]	im Sonderangebot sein
la promotion [la prɔmɔsjɔ̃]	das Sonderangebot
toutes vos couleurs [tutvokulœr]	alle Ihre Farben
toutes *f, Pl* [tut]	alle
le parquet [lə parkɛ]	das Parkett
pratique [pratik]	praktisch
moderne [mɔdɛrn]	modern
naturel, naturelle [natyrɛl, natyrɛl]	natürlich
avoir raison [avwarrɛzɔ̃]	recht haben
peut-être [pøtɛtr(ə)]	vielleicht
passer l'aspirateur [paselaspiratœr]	staubsaugen
l'aspirateur *m* [laspiratœr]	der Staubsauger
tous les jours [tuleʒur]	jeden Tag, täglich, *wörtl.* alle Tage
tous *m, Pl* [tu, tus]	alle
voir [vwar]	sehen
le papier peint [lə papjepɛ̃]	die Tapete
le rayon [lə rɛjɔ̃]	die Abteilung
la décoration [la dekɔrasjɔ̃]	die Einrichtung
appeler [aple]	rufen
le vendeur [lə vɑ̃dœr]	der Verkäufer

19 pour toute la maison [purtutlamɛzɔ̃]	für das ganze Haus
toute *f, Sg* [tut]	ganz
dans tout le rayon [dɑ̃tulərɛjɔ̃]	in der ganzen Abteilung
tout *m, Sg* [tu]	ganz

21 encore [ɑ̃kɔr]	immer noch

24 déjà [deʒa]	schon

> **Castorama** Baumärkte sind in Frankreich sehr beliebt: Am Wochenende wird gern im Haus oder im Garten gearbeitet. Jedes Einkaufszentrum verfügt über einen oder mehrere Baumärkte.

Deux cordons-bleus

le cordon-bleu* [lə kɔrdõblø]	der Spitzenkoch

Cidre et crêpes

le cidre [lə sidr(ə)]	der Cidre, der Apfelwein
1 naturellement [natyrɛlmɑ̃]	natürlich, selbstverständlich *(Adverb)*
vous savez [vusave]	Sie können
savoir [savwar]	wissen, können
il faut [ilfo]	*hier:* man braucht
le sel [lə sɛl]	das Salz
l'huile *f* [lɥil]	das Öl
le lait [lə lɛ]	die Milch
la farine [la farin]	das Mehl
le beurre [lə bœr]	die Butter
l'œuf *m* [lœf], *Pl:* les œufs [lezø]	das Ei
le sucre [lə sykr(ə)]	der Zucker
la confiture [la kõfityr]	die Marmelade
la poêle [la pwal]	die Pfanne
boire [bwar]	trinken
breton, bretonne [brətõ, brətɔn]	bretonisch
le goût [lə gu]	der Geschmack
2 la crème caramel [la krɛmkaramɛl]	die Karamellcreme
la mousse au chocolat [la musoʃɔkɔla]	die Mousse au Chocolat, die Schokoladencreme

On fait une liste

3 la viande [la vjɑ̃d]	das Fleisch
les pâtes *f, Pl* [le pat]	die Nudeln
le citron [lə sitrõ]	die Zitrone
le champignon de Paris [lə ʃɑ̃piɲõdəpari]	der Champignon
le yaourt [lə jaurt]	der Joghurt
la pêche [la pɛʃ]	der Pfirsich
la fraise [la frɛz]	die Erdbeere
la pomme [la pɔm]	der Apfel
le pain [lə pɛ̃]	das Brot
le müesli [lə mysli]	das Müsli
assez [ase]	genug
le frigo [lə frigo]	der Kühlschrank
le litre [lə litr(ə)]	der Liter
Ça va. [sava]	*hier:* Das reicht.
le vin blanc [lə vɛ̃blɑ̃]	der Weißwein
le vin [lə vɛ̃]	der Wein
le rosé [lə roze]	der Rosé
le livre de cuisine [lə livrədəkɥizin]	das Kochbuch
essayer [eseje]	versuchen
la crème* [la krɛm]	die Sahne
l'argent *m* [larʒɑ̃]	das Geld
6 le vin rouge [lə vɛ̃ruʒ]	der Rotwein

Une recette facile

la recette [la rəsɛt]	das Rezept
7 le soufflé [lə sufle]	das Soufflé
le gratin dauphinois [lə gratɛ̃dofinwa]	der Kartoffelauflauf
le gratin [lə gratɛ̃]	der Auflauf
le taboulé* [lə tabule]	*Petersiliensalat mit Hartweizengrieß*
1,5 kg (un kilo cinq) [ɛ̃kilosɛ̃k]	eineinhalb Kilo
le kilo [lə kilo], *Abk.* kg	das Kilo(gramm)
la pomme de terre [la pɔmdətɛr]	die Kartoffel
le centilitre [lə sɑ̃tilitr(ə)], *Abk.* cl	der Zentiliter (100 ml)
la crème fraîche [la krɛmfrɛʃ]	die Crème fraîche
la tasse [la tas]	die Tasse
le gramme [lə gram], *Abk.* g	das Gramm
le gruyère [lə grɥijɛr]	der Gruyère, der Schweizer Käse
râpé, râpée [rape, rape]	gerieben
la gousse d'ail [la gusdaj]	die Knoblauchzehe
l'ail *m* [laj]	der Knoblauch
le poivre [lə pwavr(ə)]	der Pfeffer
le couscous* [lə kuskus]	der Weizenschrot
la livre [la livr(ə)]	das Pfund
la tomate [la tɔmat]	die Tomate
la feuille [la fœj]	das Blatt
la menthe [la mɑ̃t]	die Pfefferminze
l'oignon *m* [loɲõ]	die Zwiebel
le concombre [lə kõkõbr(ə)]	die (Salat-)Gurke
la cuillère [la kɥijɛr]	der Löffel
l'huile d'olive *f* [lɥildɔliv]	das Olivenöl

9 le paquet [lə pakɛ] — die Packung, das Päckchen
la tablette [la tablɛt] — die Tafel
la boîte [la bwat] — die Konservendose
la bouteille [la butɛj] — die Flasche
la tranche [la trɑ̃ʃ] — die Scheibe
le morceau [lə mɔrso] — das Stück
le sac [lə sak] — die Tüte, der Sack
le pot [lə po] — *hier:* der Becher

10 le sandwich au jambon [lə sɑ̃dwitʃoʒɑ̃bɔ̃] — das Schinkensandwich
le soufflé au fromage [lə sufleofrɔmaʒ] — das Käsesoufflé

Viele Bezeichnungen für Gerichte enthalten ein **à la** oder **au**. Danach folgt dann oft eine wesentliche Zutat, z. B. **une mousse au chocolat** *eine Creme, die mit Schokolade gemacht ist, eine Schokoladencreme.*

Chez l'épicier

l'épicier *m* [lepisje] — der Lebensmittelhändler

11 désirer [dezire] — wünschen
Vous en voulez combien ? [vuzɑ̃vulekɔ̃bjɛ̃] — Wie viel möchten Sie?
un peu plus [ɛ̃pøplys] — ein bisschen mehr
plus [plys] — mehr
un peu moins [ɛ̃pømwɛ̃] — ein bisschen weniger
moins [mwɛ̃] — weniger
Et avec ça ? [eavɛksa] — Und außerdem?
sans [sɑ̃] — ohne
Ça fait… [safɛ] — Das macht …, Das kostet …

l'euro *m* [løro] — der Euro
la monnaie [la mɔnɛ] — das Kleingeld
Je n'en ai pas. [ʒənɑ̃nɛpa] — Ich habe keines.
Je vais en trouver. [ʒəvɛzɑ̃truve] — Ich finde schon welches.
trouver [truve] — finden

G coûter [kute] — kosten

12 les fruits *m, Pl* [le frɥi] — das Obst
les légumes *m, Pl* [le legym] — das Gemüse

Au supermarché

13 entretien *m* [ɑ̃trətjɛ̃] — Putzmittel
crémerie *f* [krɛmri] — Milchprodukte
fromagerie *f* [frɔmaʒri] — Käse
parfumerie *f* [parfymri] — Parfümerieartikel
charcuterie *f* [ʃarkytri] — Metzgerei, Wurstwaren
boucherie *f* [buʃri] — Metzgerei

15 manger [mɑ̃ʒe] — essen
à midi [amidi] — mittags, zu Mittag

19 traditionnel, traditionnelle [tradisjɔnɛl, tradisjɔnɛl] — traditionell
Nuremberg [nyrɑ̃bɛr] — Nürnberg
le petit pain [lə p(ə)tipɛ̃] — das Brötchen
en petits morceaux [ɑ̃p(ə)timɔrso] — in kleinen Stücken
le dessert [lə desɛr] — der Nachtisch
grillé, grillée [grije, grije] — gegrillt
le porc [lə pɔr] — das Schwein
Dresde [drɛzd] — Dresden

cordon bleu bedeutet wörtlich *blaues Band;* so nannte man einst einen Orden für besondere Verdienste. Dieser wurde im 18. Jahrhundert von König Ludwig XV. und Madame du Barry einer Köchin für ihre Kochkünste verliehen. Seitdem bezeichnet man mit **cordon-bleu** auch einen sehr guten Koch oder eine sehr gute Köchin.
la crème Die **crème fraîche** entspricht dem *dickflüssigen Sauerrahm* und wird in der frz. Küche häufig für Soßen verwendet. Die **crème fleurette** ist flüssiger und entspricht der *Schlagsahne.*
le taboulé ist eine Spezialität aus dem Orient. Die klassischen Zutaten unseres Rezepts findet man überall.
le couscous Das Gericht stammt aus dem Maghreb (Nordafrika) und wurde von in Frankreich lebenden nordafrikanischen Familien eingeführt. Die Zutaten variieren: Grundzutaten sind Brühe und Weizenschrot; dazu serviert man z. B. Zucchini, Kichererbsen, dicke Bohnen, Karotten und Lamm-, Rind- oder Hühnerfleisch sowie **merguez**, scharf gewürzte Würstchen aus Lammfleisch.

LEÇON 12

Le monde du travail

le monde [ləmõd]	die Welt

Le CV de Mathieu

le CV [ləseve], *Abk. für* curriculum vitae [kyrikylɔmvite]	der Lebenslauf

1

l'état civil *m* [letasivil]	der Familienstand
le 28 mars 1980 [ləvɛ̃tɥimars diznœfsɑ̃swasɑ̃tkatr(ə)]	am 28. März 1980
mars *m* [mars]	März
célibataire [selibatɛr]	ledig
la formation [lafɔrmasjõ]	die Ausbildung
le baccalauréat [ləbakalorea], *Abk.* le bac [ləbak]	das Abitur
en 1997 [ɑ̃diznœfsɑ̃katrəvɛ̃dø]	(im Jahr) 1997
en + *Jahr* [ɑ̃]	im Jahr …
les études de gestion [lezetyddəʒɛstjõ]	das BWL-Studium
les études *f, Pl* [lezetyd]	das Studium
de … à … [də ... a]	von … bis …
l'Université Paris Dauphine* [lynivɛrsiteparidofin]	*Universität in Paris*
l'université *f* [lynivɛrsite]	die Universität
la maîtrise [lamɛtriz]	die Magisterprüfung
la langue maternelle [lalɑ̃gmatɛrnɛl]	die Muttersprache
courant [kurɑ̃]	fließend
lu [ly]	gelesen
parlé [parle]	gesprochen
écrit [ekri]	geschrieben
l'expérience professionnelle [lɛksperjɑ̃sprɔfɛsjɔnɛl]	die Berufserfahrung
l'expérience *f* [lɛksperjɑ̃s]	die Erfahrung
professionnel, professionnelle [prɔfɛsjɔnɛl, prɔfɛsjɔnɛl]	beruflich
le stage [ləstaʒ]	die Fortbildung; das Praktikum
l'employé *m* [lɑ̃plwaje]	der Angestellte
responsable [rɛspõsabl(ə)]	verantwortlich
le service exportation [ləsɛrvisɛkspɔrtasjõ]	die Exportabteilung
le service [ləsɛrvis]	die Abteilung
l'exportation *f* [lɛkspɔrtasjõ]	der Export

2 Hier noch einmal alle Monatsnamen zusammen – so lernt sich's leichter.

janvier *m* [ʒɑ̃vje]	Januar
février *m* [fevrije]	Februar
mars *m* [mars]	März
avril *m* [avril]	April
mai *m* [mɛ]	Mai
juin *m* [ʒɥɛ̃]	Juni
juillet *m* [ʒɥijɛ]	Juli
août *m* [ut]	August
septembre *m* [sɛptɑ̃br(ə)]	September
octobre *m* [ɔktɔbr(ə)]	Oktober
novembre *m* [nɔvɑ̃br(ə)]	November
décembre *m* [desɑ̃br(ə)]	Dezember

3

Cannes [kan]	*südfrz. Stadt*
le festival [ləfɛstival]	das Festival
la fête nationale [lafɛtnasjɔnal]	der Nationalfeiertag

4

l'anniversaire *m* [lanivɛrsɛr]	der Geburtstag

Les collègues de Mathieu

5

J'ai passé mon BTS. [ʒepasemõbeteɛs]	Ich habe mein BTS gemacht.
passer [pase]	*hier:* eine Prüfung machen
le BTS [ləbeteɛs], *Abk. für* brevet de technicien supérieur [brəvɛdətɛknisjɛ̃syperjœr]	*Fachhochschulabschluss*
j'ai appris [ʒeapri]	ich habe gelernt
apprendre [aprɑ̃dr(ə)]	lernen
j'ai voulu [ʒevuly]	ich habe gewollt
améliorer [ameljɔre]	verbessern
j'ai fait [ʒefɛ]	ich habe gemacht
faire un stage [fɛrɛ̃staʒ]	ein Praktikum machen
l'Angleterre *f* [lɑ̃glətɛr]	England
j'ai cherché [ʒeʃɛrʃe]	ich habe gesucht
j'ai trouvé [ʒetruve]	ich habe gefunden
l'emploi *m* [lɑ̃plwa]	die Stelle
l'assistante *f* [lasistɑ̃t]	die Assistentin
j'ai préparé [ʒeprepare]	ich habe vorbereitet
le CAP [seape], *Abk. für* certificat d'aptitude professionnelle [sɛrtifikadaptitydprɔfɛsjɔnɛl]	die Facharbeiterprüfung
J'ai été au chômage. [ʒeeteoʃɔmaʒ]	Ich bin arbeitslos gewesen.

J'ai fait des petits boulots. [ʒefɛdep(ə)tibulo]	Ich habe gejobbt.
le boulot *fam.* [lə bulo]	die Arbeit
j'ai vendu [ʒevɑ̃dy]	ich habe verkauft
j'ai lu [ʒely]	ich habe gelesen
la petite annonce [la p(ə)titanɔ̃s]	die Kleinanzeige
J'ai envoyé ma candidature. [ʒeɑ̃vwajemakɑ̃didatyr]	Ich habe mich beworben., *wörtl.* Ich habe meine Bewerbung verschickt.
envoyer [ɑ̃vwaje]	(ver)schicken
la candidature [la kɑ̃didatyr]	die Bewerbung
J'ai eu de la chance. [ʒeyd(ə)laʃɑ̃s]	Ich habe Glück gehabt.
avoir de la chance [avward(ə)laʃɑ̃s]	Glück haben

6 faire des études [fɛrdezetyd]	studieren

9 avoir eu son bébé [avwarysɔ̃bebe]	sein Baby bekommen haben

Manchmal verändert das **passé composé** die Bedeutung eines Verbs ein wenig: **avoir un bébé** bedeutet *ein Baby haben;* im **passé composé** heißt es aber *ein Baby bekommen haben.*
J'ai eu un bébé *Ich habe ein Baby bekommen*

intéressant, intéressante [ɛ̃terɛsɑ̃, ɛ̃terɛsɑ̃t]	interessant
le texte [lə tɛkst]	der Text

Réunion

la réunion [la reynjɔ̃]	die Besprechung

10 passer [pase]	verbringen
Quoi de neuf ? [kwad(ə)nœf]	Was gibt es Neues?
neuf, neuve [nœf, nœv]	neu

Neuf bedeutet *neu* im Sinne von *fabrikneu.* **Une robe neuve** ist also ein Kleid, das ich gerade erst im Laden gekauft habe und heute zum ersten Mal anziehe. **Ma nouvelle robe** hingegen ist das Kleid, das ich als Letztes gekauft habe, ob ich es ein paarmal anhatte oder im Secondhandladen gekauft habe!

examiner [ɛgzamine]	prüfen, untersuchen
le produit [lə prɔdɥi]	das Produkt
le résultat [lə rezylta]	das Ergebnis
la documentation [la dɔkymɑ̃tasjɔ̃]	die Unterlagen
désolée [dezɔle]	tut mir leid *(sagt eine Frau)*
prendre contact [prɑ̃drəkɔ̃takt]	sich in Verbindung setzen
le contact [lə kɔ̃takt]	der Kontakt
le patron [lə patrɔ̃]	der Chef
le dossier [lə dosje]	die Akte, der Vorgang
signer [siɲe]	unterschreiben
le contrat [lə kɔ̃tra]	der Vertrag
ne... pas encore [nə... pazɑ̃kɔr]	noch nicht
étudier [etydje] qc	sich eingehend mit etw. befassen
négocier [negɔsje]	verhandeln
le retour [lə rətur]	die Rückkehr

12 la journée [la ʒurne]	der Tag

Jour und **journée** – beides heißt *Tag.* Ein kleiner Anhaltspunkt, um die beiden Wörter zu unterscheiden: **jour** bezeichnet eher einen Zeitpunkt, **journée** hingegen den Tag in seinem Ablauf, bezeichnet also eher die Dauer.
J'ai passé une bonne journée *Ich habe einen schönen Tag verbracht.* Ebenso: matin → matinée *Morgen* ; soir → soirée *Abend*

Excuse-moi ! [ɛkskyzmwa]	Entschuldige!
fatigué, fatiguée [fatige, fatige]	müde

A la photocopieuse

la photocopieuse [la fɔtɔkɔpjøz]	der Kopierer

13 Un vrai désastre ! [ɛ̃vrɛdezastr(ə)]	Eine einzige Katastrophe!
le désastre [lə dezastr(ə)]	die Katastrophe
nager [naʒe]	schwimmen
faire de la voile [fɛrdəlavwal]	segeln
nous sommes partis [nusɔmparti]	wir sind weggefahren
parti [parti]	weggefahren, weggegangen

la Vendée* [la vɑ̃de]	*Gegend an der frz. Atlantikküste, südl. der Bretagne*
faire du camping [fɛrdykɑ̃piŋ]	zelten
ensuite [ɑ̃sɥit]	dann, danach
louer [lwe]	mieten; vermieten
Il a plu. [ilaply]	Es hat geregnet.
pleuvoir [pløvwar]	regnen
pendant [pɑ̃dɑ̃]	während
Si ! [si]	Doch!
et puis [epɥi]	und dann
Elle a couru. [ɛlakury]	Sie ist gelaufen.
le rocher [lə rɔʃe]	der Fels
tomber [tɔ̃be]	(hin)fallen
l'hôpital *m* [lopital]	das Krankenhaus
Ce n'est pas fini ! [sənɛpafini]	Das ist noch nicht alles.
lorsque [lɔrsk(ə)]	als
rentrer [rɑ̃tre]	zurückkehren, heimfahren
Nous sommes restés dans les bouchons. [nusɔmrɛstedɑ̃lebuʃɔ̃]	Wir haben im Stau gestanden.
le bouchon [lə buʃɔ̃]	der Stau
Ma pauvre ! [ma povr(ə)]	Du Ärmste!
pauvre [povr(ə)]	arm
16 En quelle année ? [ɑ̃kɛlane]	In welchem Jahr?
19 Hector Berlioz* [ɛktɔr bɛrljɔz]	*frz. Komponist*
Juliette Binoche* [ʒyljɛt binɔʃ]	*frz. Schauspielerin*
Coco Chanel* [koko ʃanɛl]	*frz. Modeschöpferin*
Jacques Chirac* [ʒak ʃirak]	*frz. Präsident*
Catherine Deneuve* [katrin dənœv]	*frz. Schauspielerin*
Napoléon* [napɔleɔ̃]	*frz. Kaiser*
Gérard Depardieu* [ʒerar depardjø]	*frz. Schauspieler*
Pierre Auguste Renoir* [pjɛrogyst rənwar]	*frz. Maler*
20 Clermont [klɛrmɔ̃]	*mittelfrz. Stadt*
la rumba [la rumba]	die Rumba
le rhum [lə rɔm]	der Rum

Denken Sie daran, regelmäßig die Vokabeln früherer Lektionen zu wiederholen? Dabei hilft Ihnen Ihr Wortschatztrainer!

Paris Dauphine Eliteuniversität für Betriebswirtschaftslehre in Paris.
la Vendée ist ein beliebtes Ferienziel für Familien: mildes sonniges Klima, breite Sandstrände, winzige Buchten, ruhige Heckenlandschaft …
Hector Berlioz (1803–1869) Der Komponist, der sein Medizinstudium abbrach, um an das Pariser Konservatorium zu wechseln, konnte sich zu Lebzeiten in Paris nicht durchsetzen. Erst Jahrzehnte nach seinem Tod wurde sein Werk auch in Frankreich gewürdigt. Seine wichtigsten Werke sind: **La Damnation de Faust, La Symphonie fantastique, Roméo et Juliette** und **La Grande Messe des morts.**
Juliette Binoche wurde 1987 mit dem Film **L'insoutenable légèreté de l'Etre** *(Die unerträgliche Leichtigkeit des Seins)* berühmt. Sie spielte seitdem in zahlreichen Filmen bekannter Regisseure, z. B. *Die Liebenden vom Pont-Neuf* (1991) von Léos Carax und *Drei Farben: Blau* (1993) von Kieslowski.
Nicolas Sarkozy 1955 in Paris geboren. Sohn eines ungarischen adeligen Migranten, der vor dem Kommunismus geflohen war. Nach dem Jurastudium, einem Anwaltsdiplom in der Tasche, beginnt die steile politische Karriere von N. Sarkozy: Mit 28 wird er Bürgermeister der vornehmen Commune Neuilly-sur-Seine, mit 34 Abgeordneter, mit 38 zunächst Minister des Inneren, später der Finanzen. Schließlich wird er 2007 zum Staatspräsidenten gewählt (Amtszeit: 2007–2014). Von den einen wird er bewundert, von den anderen abgelehnt. Sein „Bling Bling"-Stil, sein Jetset-Stil, sein Blenden, sein stark in die Medien getragene Privatleben, seine Äußerungen lassen niemanden gleichgültig.
Catherine Deneuve Die 1943 geborene Schauspielerin drehte 1964 ihren ersten Film **Les Parapluies de Cherbourg** *(Die Regenschirme von Cherbourg)*, ein Singspiel von Jacques Demy. Richtig berühmt wurde sie 1967 mit dem Klassiker von Buñuel, **Belle de Jour**. Seitdem spielte sie in unzähligen bekannten Filmen wie z. B. **Le Dernier Métro** (*Die letzte Metro*, 1980, mit Gérard Depardieu) … Blond, elegant, reserviert, verkörpert sie eine kühle klassische Schönheit. 1981 und 1993 erhielt sie bei den Filmfestspielen in Cannes den Preis für die beste Schauspielerin.

Gérard Depardieu 1960 verlässt Depardieu im Alter von 12 Jahren seine Heimatstadt Châteauroux und gerät per Zufall in eine Pariser Schauspielschule. Seitdem hat er in mehr als 80 Filmen Priester, Tranvestiten, Revolutionäre, Kriminelle oder Bauern verkörpert. Mal spielt er Helden aus der Geschichte wie in **Danton** (1982), mal ganz normale Bürger, die sich durch das Leben boxen (z. B. in **Green Card** 1990) oder literarische Figuren wie Cyrano de Bergerac, für dessen Darstellung Depardieu 1990 beim Filmfestival in Cannes den Preis für den besten Schauspieler bekam.
Napoléon (1769–1821) Napoléon entstammt einer korsischen Adelsfamilie. Nach dem frühen Tod seines Vaters verarmt die Familie, und der junge Bonaparte setzt sich nur mit Mühe an einer Offiziersschule durch. Mit 25 wird er General, mit 35 krönt er sich selbst zum Kaiser (1804 bis 1815). Nach 10 Jahren Revolutionswirren brachte Napoléon Frankreich eine stabile politische, zentralistisch geprägte Ordnung. Napoléon modernisierte das Schulsystem, die Verwaltung und Justiz; so erließ er z. B. den **code civil**, der das bürgerliche Recht in Frankreich bis heute bestimmt. Neben seinem Ideenreichtum und dem Versuch, die Ideale der Revolution von 1789 umzusetzen, standen allerdings sein absolutistischer Herrschaftsanspruch sowie sein grenzenloses Machtstreben, das Frankreich ihn blutige Kriege verwickelte. Nach dem Desaster des Russlandfeldzugs wurde Napoléon zunächst auf die Insel Elba, nach der Schlacht von Waterloo schließlich auf die Insel Sankt Helena verbannt. Seine sterblichen Überreste liegen seit 1842 im Invalidendom.
Auguste Renoir (1841–1919) Um sich das Geld für sein Studium der schönen Künste zu verdienen, bemalte Renoir zunächst Porzellanteller. 1863 studiert er Licht und Farben zusammen mit seinen Freunden Sisley und Bazille im Wald von Fontainebleau. 1868 stellte er zum ersten Mal im Salon, einer jährlich in Paris stattfindenden Kunstausstellung, aus. Ab 1869 wurde er stark von Monet und der impressionistischen Malerei beeinflusst und stellte auch zusammen mit den Impressionisten aus. Seine Malerei fand schon zu seinen Lebzeiten Anhänger und Käufer. Obwohl er an den Händen stark unter Rheuma litt, malte er bis zu seinem Tode.

Allô ?

Allô ? [alo]	Hallo?

Un mauvais numéro

le mauvais numéro [lə movɛnymero]	die falsche Nummer
1 sonner [sɔne]	läuten
décrocher [dekrɔʃe]	abheben, *hier:* drangehen
occupé, occupée [ɔkype, ɔkype]	beschäftigt
je lis [ʒəli]	ich lese
Comment dites-vous ? [kɔmɑ̃ditvu]	Was sagen Sie?
dire [dir]	sagen
l'appareil *m* [laparɛj]	der Apparat, *hier:* das Telefon
regretter [rəgrɛte]	bedauern
Ce n'est pas le bon numéro. [sənɛpaləbɔ̃nymero]	Sie haben sich verwählt, *wörtl.* Das ist nicht die richtige Nummer.
bon, bonne [bɔ̃, bɔn]	*hier:* richtig
l'annuaire *m* [lanɥɛr]	das Telefonbuch
faire erreur [fɛrɛrœr]	sich irren, *hier:* sich verwählen
l'erreur *m* [lɛrœr]	der Irrtum
le standard [lə stɑ̃dar]	die Zentrale
mettre le répondeur [mɛtrələrepɔ̃dœr]	den Anrufbeantworter einschalten
le répondeur [lə repɔ̃dœr]	der Anrufbeantworter

Messages sur le répondeur

le message [lə mesaʒ]	die Nachricht
4 le moment [lə mɔmɑ̃]	der Augenblick
laisser un message [lɛseɛ̃mesaʒ]	eine Nachricht hinterlassen
laisser [lɛse]	hinterlassen; lassen
après [aprɛ]	nach
le bip [lə bip]	der Piepton
demander [dəmɑ̃de] qc à qn	jd. etw. fragen; jd. um etw. bitten
l'agence *f* [laʒɑ̃s]	*hier:* die Agentur
parler [parle] à qn	mit jdm. sprechen
montrer [mɔ̃tre] qc à qn	jdm. etw. zeigen
le client [lə klijɑ̃]	der Kunde

faxer [fakse] qc à qn	jdm. etw. faxen
donner [dɔne] qc à qn	jdm. etw. geben
la secrétaire [la səkretɛr]	die Sekretärin
avant [avɑ̃]	vor *(zeitl.)*
téléphoner [telefɔne] à qn	jd. anrufen, mit jdm. telefonieren
rentrer [rɑ̃tre]	*hier:* nach Hause kommen
expliquer [ɛksplike] qc à qn	jdm. etw. erklären
les maths *f, Pl* [le mat]	die Mathematik

6 l'entreprise *f* [lɑ̃trəpriz]	die Firma, das Unternehmen

Félicien est amoureux

amoureux, amoureuse [amurø, amurøz]	verliebt

8 déranger [derɑ̃ʒe]	stören
Pas du tout ! [padytu]	Ganz und gar nicht!
lui [lɥi]	ihm, ihr
plusieurs fois [plyzjœrfwa]	mehrmals
plusieurs [plyzjœr]	mehrere

10 des heures [dezœr]	stundenlang

Coups de téléphone

le coup de téléphone [lə kudətelefɔn]	der Anruf

12 vous [vu]	euch, Sie
rappeler [raple]	zurückrufen

Wenn Sie **rappeler** hören, sollten Sie gut aufpassen: Es bedeutet nämlich nicht nur *zurückrufen,* sondern auch *noch mal anrufen.*

Urgent ! [yrʒɑ̃]	Eilt!
passer [pase]	vorbeikommen
la carte de visite [la kartdəvizit]	die Visitenkarte
le numéro personnel [lə nymeropɛrsɔnɛl] *Abk.* le numéro perso [lə nymeropɛrso]	die Privatnummer
le portable [lə pɔrtabl]	das Handy
joindre [ʒwɛ̃dr(ə)]	erreichen
occupé, occupée [ɔkype, ɔkype]	besetzt

14 appeler [aple]	anrufen

Ne quittez pas !

Ne quittez pas ! [nəkitepa]	Bleiben Sie dran.
quitter [kite]	verlassen

15 Pourriez-vous me passer le poste … ? [purjevuməpaseləpɔst ...]	Könnten Sie mich mit der Nebenstelle … verbinden?
passer [pase]	*hier:* verbinden
le poste [lə pɔst]	die Nebenstelle (am Telefon)
rechercher [rəʃɛrʃe]	suchen
le correspondant [lə kɔrɛspɔ̃dɑ̃]	der Gesprächspartner
Restez en ligne ! [rɛsteɑ̃liɲ]	Bleiben Sie am Apparat!
la ligne [la liɲ]	die Leitung
Elle est en ligne. [ɛlɛtɑ̃liɲ]	Sie spricht gerade.
patienter [pasjɑ̃te]	sich gedulden, warten
vers [vɛr]	ungefähr um
transmettre [trɑ̃smɛtr(ə)]	ausrichten

LEÇON 14

La mode

Devant la vitrine

la vitrine [la vitrin]	das Schaufenster

1 le tailleur [lə tajœr]	das Kostüm
la jupe [la ʒyp]	der Rock
la veste [la vɛst]	die Jacke
le chapeau [lə ʃapo]	der Hut
le T-shirt [lə tiʃœrt]	das T-Shirt
le foulard [lə fular]	das Tuch, der Schal
les lunettes de soleil *f, Pl* [le lynɛtdəsɔlɛj]	die Sonnenbrille
le pantalon [lə pɑ̃talɔ̃]	die Hose
le chemisier [lə ʃəmizje]	die Bluse
le bijou [lə biʒu]	der Schmuck
en or [ɑ̃nɔr]	aus Gold
l'or *m* [lɔr]	das Gold
la chemise [la ʃəmiz]	das Hemd
le costume [lə kɔstym]	der Anzug
la cravate [la kravat]	die Krawatte

le manteau [la mɑ̃to]	der Mantel
le jean [lə dʒin]	die Jeans
le blouson [lə bluzɔ̃]	der Blouson
en cuir [ɑ̃kɥir]	aus Leder
le cuir [lə kɥir]	das Leder
le pull-over [lə pylɔvɛr]	der Pullover
sport *unv.* [spɔr]	sportlich

Wenn Leute sportlich sind, heißt es **sportif, sportive**. Bei sportlicher Kleidung oder Schuhen lautet das Adjektiv hingegen **sport** und ist unveränderlich.

2

les vêtements *m, Pl* [le vɛtmɑ̃]	die Kleider, die Kleidungsstücke

Sie wissen ja schon lange, dass **petit** *klein* bedeutet. In dieser Lektion werden Sie es häufiger in einem Zusammenhang finden, in dem *klein* als Übersetzung gar nicht passt: Man verwendet **petit** auch, um etwas liebevoll oder verniedlichend zu beschreiben, und in dieser Funktion kann es eigentlich gar nicht übersetzt werden. Auch wenn es ums Essen geht, wird **petit** oft gebraucht – selbst wenn die Portionen dann gar nicht klein sind.

décontracté, décontractée [dekɔ̃trakte, dekɔ̃trakte]	leger, lässig
entrer [ɑ̃tre]	hineingehen, betreten

Dans la boutique

la boutique [la butik]	die Boutique

4

la vendeuse [la vɑ̃døz]	die Verkäuferin
à pois [apwa]	mit Tupfen
en soie [ɑ̃swa]	aus Seide
la soie [la swa]	die Seide
féminin, féminine [feminɛ̃, feminin]	feminin, weiblich
romantique [rɔmɑ̃tik]	romantisch
tellement [tɛlmɑ̃]	so sehr
de laine [dəlɛn]	aus Wolle
la laine [la lɛn]	die Wolle
la coupe [la kup]	der Schnitt
classique [klasik]	klassisch
en argent [ɑ̃narʒɑ̃]	aus Silber
l'argent *m* [larʒɑ̃]	das Silber
élégant, élégante [elegɑ̃, elegɑ̃t]	elegant, schick
à fleurs [aflœr]	geblümt
uni, unie [yni, yni]	einfarbig, uni
à rayures [arɛjyr]	gestreift, mit Streifen
la rayure [la rɛjyr]	der Streifen
le modèle [lə mɔdɛl]	das Modell
lavable en machine [lavablɑ̃maʃin]	waschmaschinenfest
lavable [lavabl(ə)]	waschbar
la machine [la maʃin]	die Maschine, *hier:* die Waschmaschine
en lin [ɑ̃lɛ̃]	aus Leinen
le lin [lə lɛ̃]	das Leinen
mettre [mɛtr(ə)]	anziehen
le tissu [lə tisy]	der Stoff
léger, légère [leʒe, leʒɛr]	leicht
solide [sɔlid]	strapazierfähig
essayer [eseje]	anprobieren

6

le coton [lə kɔtɔ̃]	die Baumwolle
le bikini [lə bikini]	der Bikini
gros, grosse [gro, gros]	dick
chaud, chaude [ʃo, ʃod]	warm

Le tailleur de Léa

8

la cabine [la kabin]	die Umkleidekabine
Ça vous va ? [savuva]	Passt es Ihnen?
aller [ale] à qn	*hier:* jdm. passen
la taille en dessous [la tajɑ̃d(ə)su]	eine Nummer kleiner
la taille [la taj]	die (Konfektions-) Größe
en dessous [ɑ̃d(ə)su]	darunter
Quelle taille faites-vous ? [kɛltajfɛtvu]	Welche Größe haben Sie?
Je fais du … [ʒəfɛdy]	Ich habe Größe …
Cela dépend. [s(ə)ladepɑ̃]	Es kommt darauf an.
cela [s(ə)la]	das
Il ne me plaît pas tellement. [ilnəməplɛpatɛlmɑ̃]	Er/Sie/Es gefällt mir nicht so sehr.
plaire [plɛr]	gefallen
Passez-le ! [paselə]	Ziehen Sie's doch mal an!
aller (bien) [ale(bjɛ̃)] à qn	*hier:* jdm. (gut) stehen

Wenn Sie Verbformen wiederholen möchten oder wenn Sie eine neue Zeit kennenlernen, hilft Ihnen ein Blick in die Verbtabellen im Begleitbuch ab S. 127 weiter!

Le costume de David

11 affreux, affreuse [afrø, afrøz]	scheußlich, schrecklich
moins cher que [mwɛ̃ʃɛrkə]	billiger als, *wörtl.* weniger teuer als
cher, chère [ʃɛr, ʃɛr]	teuer
aussi bien que [osibjɛ̃kə]	genauso gut wie
autre [otr(ə)]	andere(r)
plus décontracté que [plydekõtraktekə]	legerer als
plus classique [plyklasik]	klassischer
meilleur, meilleure [mɛjœr, mɛjœr]	besser
la qualité [la kalite]	die Qualität
mieux que [mjøkə]	besser als *(Adverb)*
plus élégant [plyzelegɑ̃]	eleganter
13 rapide [rapid]	schnell
content, contente (de) [kõtɑ̃, kõtɑ̃t]	zufrieden (mit)

Dans un magasin de chaussures

le magasin de chaussures [lə magazɛ̃dəʃosyr]	das Schuhgeschäft
14 la paire [la pɛr]	das Paar
Quelle pointure faites-vous ? [kɛlpwɛ̃tyrfɛtvu]	Welche Schuhgröße haben Sie?
la pointure [la pwɛ̃tyr]	die Schuhgröße
Comment vont-elles ? [kɔmɑ̃võtɛl]	Wie passen sie?
être à l'aise [ɛtralez]	sich wohlfühlen
réfléchir [refleʃir]	überlegen, nachdenken
choisir [ʃwazir]	(aus)wählen
le ticket de caisse [lə tikɛd(ə)kɛs]	der Kassenzettel
échanger [eʃɑ̃ʒe]	umtauschen
la carte de crédit [la kartdəkredi]	die Kreditkarte
payer [peje]	bezahlen
par chèque [parʃɛk]	mit Scheck
la caisse [la kɛs]	die Kasse
19 juste [ʒyst]	*hier:* direkt
garder [garde]	aufheben, verwahren

LEÇON 15

Rencontres

la rencontre [la rɑ̃kõtr(ə)]	die Begegnung, das Treffen

Ils travaillent pour nos vacances

1 le métier [lə metje]	der Beruf
différent, différente [diferɑ̃, diferɑ̃t]	verschieden, unterschiedlich
le visiteur [lə vizitœr]	der Besucher
la saison [la sɛzõ]	die Saison
approcher [aprɔʃe]	näher kommen
nous aimerions… [nuzɛmərjõ]	wir würden gerne …
présenter [prezɑ̃te]	vorstellen
s'appeler [saple]	heißen
le médecin [lə medsɛ̃]	der Arzt, die Ärztin
au bord de la mer [obɔrd(ə)lamɛr]	am Meer, *wörtl.* am Rande des Meeres
Roscoff [rɔskɔf]	*Badeort in der Bretagne*
également [egalmɑ̃]	auch
le centre de thalasso(thérapie) [lə sɑ̃trədətalaso(terapi)]	das Thalassotherapie-zentrum
le centre [lə sɑ̃tr(ə)]	das Zentrum
la thalasso(thérapie) [la talaso(terapi)]	die Thalassotherapie
passionnant, passionnante [pasjɔnɑ̃, pasjɔnɑ̃t]	spannend, aufregend
compatible [kõpatibl(ə)]	vereinbar, kompatibel
la vie de famille [la vid(ə)famij]	das Familienleben
la professeure [la prɔfɛsœr]	die Lehrerin
l'école de langues *f* [lekɔldəlɑ̃g]	die Sprachenschule
enseigner [ɑ̃sɛɲe]	unterrichten
l'étudiant *m* [letydjɑ̃]	der Student
le monde entier [ləmõdɑ̃tje]	die ganze Welt
entier, entière [ɑ̃tje, ɑ̃tjɛr]	ganz
l'agriculteur *m* [lagrikyltœr]	der Landwirt
la ferme [la fɛrm]	der Bauernhof
spécialisé, spécialisée (dans) [spesjalize, spesjalize]	spezialisiert (auf)
la culture biologique [la kyltyrbjɔlɔʒik]	der ökologische Anbau
la culture [la kyltyr]	der Anbau, die Kultur
biologique [bjɔlɔʒik]	biologisch

la chambre d'hôtes [laʃɑ̃brədɔt]	das Gästezimmer
près de [prɛdə]	in der Nähe von
Saint-Pol-de-Léon [sɛ̃pɔldəleõ]	*Ort in der Bretagne*
l'étudiante *f* [letydjɑ̃t]	die Studentin
la fac [la fak], *Abk. für* la faculté [la fakylte]	die Uni(versität)
le job [lə dʒɔb]	der Job
l'été *m* [lete]	der Sommer
l'employée *f* [lɑ̃plwaje]	die Angestellte
l'office de tourisme *m* [lɔfisdəturism(ə)]	das Fremden-verkehrsamt
Vannes [van]	*Ort in der Bretagne*
agréable [agreabl(ə)]	angenehm
en plus [ɑ̃plys]	außerdem
perfectionner [pɛrfɛksjɔne]	vervollkommnen

2 la cuisinière [la kɥizinjɛr]	die Köchin
la technique [la tɛknik]	die Technik
la technicienne [la tɛknisjɛn]	die Technikerin

Véronique, médecin

3 Je ne m'ennuie pas. [ʒənəmɑ̃nɥipa]	Ich langweile mich nicht.
s'ennuyer [sɑ̃nɥije]	sich langweilen
le patient [lə pasjɑ̃]	der Patient
venir [vənir] chez qn	zu jdm. kommen
le coup de soleil [lə kud(ə)sɔlɛj]	der Sonnenbrand
l'indigestion *f* [lɛ̃diʒɛstjõ]	die Magenverstim-mung
l'allergie *f* [lalɛrʒi]	die Allergie
ils se plaignent [ilsəplɛɲ]	sie klagen
se plaindre (de qc) [səplɛ̃dr(ə)]	sich (über etw.) be-klagen
la fatigue [la fatig]	die Müdigkeit
les gens *m, Pl* [le ʒɑ̃]	die Leute
ils ne se détendent pas [ilnəsədetɑ̃dpa]	sie entspannen sich nicht
se détendre [sədetɑ̃dr(ə)]	sich entspannen
stressé, stressée [strɛse, strɛse]	gestresst
ils s'énervent [ilsenɛrv]	sie regen sich auf
s'énerver [senɛrve]	sich aufregen
la route [la rut]	die Straße
ils se disputent [ilsədispyt]	sie streiten sich
se disputer [sədispyte] (avec qn)	sich (mit jdm.) streiten
tomber malade [tõbemalad]	krank werden
le sirop [lə siro]	der Sirup, der Saft
le comprimé [lə kõprime]	die Tablette
n'importe quoi [nɛ̃pɔrtəkwa]	irgendetwas
en général [ɑ̃ʒeneral]	im Allgemeinen
on se parle [õsəparl]	wir reden mit-einander
se parler [səparle]	miteinander reden
se [sə]	sich, einander, miteinander

> Viele reflexive Verben können Sie ganz einfach ableiten, weil Sie schon die nicht-reflexive Bedeutung kennen. Es kommt nur noch **se** *sich* oder *(mit)einander* hinzu. Zwei Beispiele: **demander** *fragen* – **se demander** *sich fragen;* **parler** *reden* – **se parler** *miteinander reden.*

le diagnostic [lə djagnɔstik]	die Diagnose
je m'intéresse à [ʒəmɛ̃terɛsa]	ich interessiere mich für
s'intéresser [sɛ̃terɛse] à qc	sich für etw. interessieren
les soucis *m, Pl* [le susi]	die Sorgen
conseiller [kõseje]	beraten
se coucher [səkuʃe]	ins Bett gehen
se réveiller [səreveje]	aufwachen
tôt [to]	früh
se promener [səprɔmne]	spazieren gehen
se préparer un repas [səpreparɛ̃rəpa]	sich etw. zu essen machen
le repas [lə rəpa]	die Mahlzeit
faire une cure [fɛrynkyr]	eine Kur machen
la cure [la kyr]	die Kur
sérieusement [serjøzmɑ̃]	ernsthaft *(Adverb)*

4 elle s'intéresse à [ɛlsɛ̃terɛsa]	sie interessiert sich für

7 se reposer [sərəpoze]	sich ausruhen
s'amuser [samyze]	sich amüsieren

G s'habiller [sabije]	sich anziehen

G se lever [səlǝve]	aufstehen
divorcer [divɔrse]	sich scheiden lassen
se marier [səmarje]	heiraten

8 s'excuser [sɛkskyze]	sich entschuldigen

Rémi, agriculteur

9

donc [dõk]	also
avant [avɑ̃]	vorher
j'aimerais [ʒɛmrɛ]	ich möchte gerne
avoir une idée [avwarynide]	eine Idee haben
nous nous sommes connus [nunusɔmkɔny]	wir haben uns kennengelernt
connaître [kɔnɛtr(ə)]	kennen

Manchmal hat das **passé composé** eine ganz besondere Bedeutung: Es bezeichnet dann den Anfang von etwas. Das sehen Sie am Beispiel von **se connaître** *sich kennen.* **Nous nous sommes connus** kann – je nach Zusammenhang – heißen *wir haben uns gekannt;* es kann aber auch bedeuten *wir haben uns kennengelernt* und so quasi den Anfang der Bekanntschaft bezeichnen.

nous nous sommes mariés [nunusɔmmarje]	wir haben geheiratet
reprendre [rəprɑ̃dr(ə)]	übernehmen
je me suis aperçu [ʒəməsɥiapɛrsy]	ich habe bemerkt
s'apercevoir [sapɛrsəvwar] de qc	etw. (be)merken
les travaux à faire [le travoafɛr]	die Arbeiten, die zu tun waren
emprunter [ɑ̃prɛ̃te] à qn	sich bei jdm. Geld leihen
la banque [la bɑ̃k]	die Bank
nous nous sommes acheté [nunusɔmaʃte]	wir haben uns gekauft
nous nous sommes spécialisés [nunusɔmspesjalize]	wir haben uns spezialisiert
se spécialiser (dans) [səspesjalize]	sich spezialisieren (auf)
le fromage de chèvre [lə frɔmaʒdəʃɛvr(ə)]	der Ziegenkäse
la chèvre [la ʃɛvr(ə)]	die Ziege
s'engager [sɑ̃gaʒe]	sich engagieren
s'occuper [sɔkype] de qc	sich um etw. kümmern
marcher [marʃe]	laufen
la nature [la natyr]	die Natur
la campagne [la kɑ̃paɲ]	das Land

10

faux, fausse [fo, fos]	falsch

13

d'habitude [dabityd]	gewöhnlich
venir voir qn [vənirvwar]	jd. besuchen

Jemanden zu besuchen ist auf Französisch gar nicht so einfach. Wenn Sie sagen möchten, dass Sie jemanden *besuchen gehen,* heißt es **aller voir**. Wenn Sie sagen möchten, dass jemand zu Besuch kommt, heißt es **venir voir**. Sie können natürlich auch ganz einfach **rendre visite** sagen. Bei Arztbesuchen und Museumsbesuchen hingegen sagt man **visiter**. Aber keine Angst – verstanden werden Sie sicher immer.

15

faire des travaux [fɛrdetravo]	umbauen

chambres d'hôtes sind so etwas wie das französische Bed & Breakfast. Ob auf einem einfachen Bauernhof, in einem zauberhaften Schlösschen oder in einem stilvollen Herrenhaus – die **chambres d'hôtes** bieten eine ideale Übernachtungsmöglichkeit für all jene, die nicht nur das touristische Frankreich entdecken wollen und die gern ihre Französischkenntnisse in der Praxis anwenden möchten.

Au restaurant

Où manger ?

1

La Petite Auberge [la p(ə)titobɛrʒ]	„Der kleine Gasthof"
l'auberge *f* [lobɛrʒ]	der Gasthof
régional, régionale [reʒjɔnal, reʒjɔnal]	regional
le plat du terroir [lə pladytɛrwar]	die Spezialität aus der Gegend
le plat [lə pla]	das Gericht
le terroir [lə tɛrwar]	die ländliche Gegend
le cadre [lə kadr(ə)]	*hier:* das Ambiente
authentique [otɑ̃tik]	ursprünglich
le château [lə ʃato]	das Schloss

fermé, fermée [fɛrme, fɛrme]	geschlossen
Au Poisson Agile [opwasõaʒil]	„Zum flinken Fisch"
le poisson [lə pwasõ]	der Fisch
au bord de l'eau [obɔrdəlo]	am Ufer
grillades de poissons [grijaddəpwasõ]	gegrillte Fische
la grillade [la grijad]	das Grillgericht
la cuisson au feu de bois [la kɥisõofødəbwa]	das Backen im Holzofen
la cuisson [la kɥisõ]	das Kochen, das Backen, das Braten
le feu de bois [lə fødəbwa]	das Holzfeuer
sauf [sof]	außer
A l'Escargot d'Or [alɛskargodɔr]	„Zur goldenen Schnecke"
gastronomique [gastrɔnɔmik]	Feinschmecker-
le séminaire [lə seminɛr]	das Seminar, die Tagung
le banquet [lə bãkɛ]	das Festessen
discret, discrète [diskrɛ, diskrɛt]	unauffällig, dezent
raffiné, raffinée [rafine, rafine]	gepflegt
la carte [la kart]	die Speisekarte
le menu [lə məny]	das Menü
à … euros [a … øro]	zu … Euro
le service [lə sɛrvis]	die Bedienung, der Service

2

le jour de fermeture [lə ʒurd(ə)fɛrm(ə)tyr]	der Ruhetag

3

dîner [dine]	zu Abend essen

4

la personne [la pɛrsɔn]	die Person
C'est noté. [sɛnɔte]	Es ist notiert., Ich hab's notiert.

> **Nous sommes ouverts** – so sagt man auf Französisch für *Wir haben geöffnet.* Dementsprechend lautet auch die Frage: *Wie lange haben Sie geöffnet?* **Vous êtes ouverts jusqu'à quelle heure ?** Denken Sie daran, dass das Adjektiv **ouvert** sich dabei an das Bezugswort **vous** angleicht – deswegen heißt es **ouverts**.

A la Petite Auberge

5

l'entrée *f* [lãtre]	die Vorspeise
l'assiette forestière* *f* [lasjɛtfɔrɛstjɛr]	der „Waldteller"
l'assiette *f* [lasjɛt]	der Teller
le melon [lə məlõ]	die Melone
les asperges *f, Pl* [lezaspɛrʒ]	der Spargel
la sauce mousseline [la sosmuslin]	*holländische Soße, mit Schlagsahne verfeinert*
la sauce [la sos]	die Soße
le plat du jour [lə pladyʒur]	das Tagesgericht
le gigot d'agneau [lə ʒigodaɲõ]	die Lammkeule
l'agneau *m* [laɲo]	das Lamm
le haricot [lə ariko]	die Bohne

> Bei einigen wenigen Wörtern wird das **h** am Wortanfang als Konsonant betrachtet, obwohl es nicht ausgesprochen wird. Deshalb wird bei diesen Wörtern keine Elision und keine **liaison** gemacht. Der Artikel heißt dementsprechend nicht **l'**, sondern **le, la** oder **les**. Zu diesen Wörtern gehört **le haricot** (siehe Begleitbuch S. 103)

la fricassée de volaille [la frikasedəvɔlaj]	das Hühnerfrikassee
la fricassée [la frikase]	das Frikassee
la volaille [la vɔlaj]	das Geflügel
à la crème de champagne [alakrɛmdəʃãpaɲ]	mit Champagnerrahmsoße
la daurade [la dorad]	die Dorade
les herbes *f, Pl* [lezɛrb]	die Kräuter
la mousse de légumes [la musdəlegym]	*lockeres Gemüsepüree*
l'entrecôte *f* [lãtrəkot]	das Entrecote
le bœuf [lə bœf]	das Rind
à la provençale* [alaprɔvãsal]	auf provenzalische Art
le plateau de fromages* [lə platodəfrɔmaʒ]	die Käseplatte
la tarte chaude maison [la tartʃodmɛzõ]	der selbst gemachte warme Obstkuchen
la tarte [la tart]	der Kuchen
… maison [mɛzõ]	*hier:* hausgemacht
la crème brûlée [la krɛmbryle]	die karamellisierte Creme
la crème [la krɛm]	die Creme
brûlé, brûlée [bryle, bryle]	*wörtl.* verbrannt
l'ananas *m* [lananas]	die Ananas
la framboise [la frãbwaz]	die Himbeere

7	hésiter [ezite]	zögern
	que [kə]	*Relativpronomen, hier:* den
	nous servons [nusɛrvõ]	wir servieren
	servir [sɛrvir]	servieren
	le champignon [lə ʃãpiɲõ]	der Pilz

Erinnern Sie sich an den *Champignon* in Lektion 11? Richtig, er hieß auf Französisch **le champignon de Paris. Le champignon** hingegen bezeichnet den Pilz ganz allgemein, ganz egal, um welche Sorte es sich handelt.

frais, fraîche [frɛ, frɛʃ]	frisch
la noix [la nwa]	die Walnuss
le lardon [lə lardõ]	der Speckstreifen, der Speckwürfel
je sers [ʒəsɛr]	ich serviere
un vin qui va avec tout [ɛ̃vɛ̃kivaavɛktu]	ein Wein, der zu allem passt
qui [ki]	*Relativpronomen, hier:* der
accompagner [akõpaɲe]	begleiten
excellent, excellente [ɛksɛlã, ɛksɛlãt]	hervorragend
l'Anjou *m* [lãʒu]	*Gegend um Angers in Westfrankreich*
le producteur [lə prɔdyktœr]	der Hersteller
la demi bouteille [la dəmibutej]	die halbe Flasche
la carafe [la karaf]	die Karaffe, der Krug

G	Vous la voulez comment, l'entrecôte ? [vulavulekɔmã lãtrəkot]	Wie wollen Sie Ihr Entrecote?
	saignant, saignante [sɛɲã, sɛɲãt]	englisch
	A point. [apwɛ̃]	Medium.
	bien cuit, bien cuite [bjɛ̃kɥi, bjɛ̃kɥit]	durch

9	un instant [ɛ̃nɛ̃stã]	einen Moment
	l'instant *m* [lɛ̃stã]	der Moment

11	le bœuf bourguignon* [lə bœfburgiɲõ]	*Rindfleisch nach Burgunderart*
	la tarte aux pommes [la tartopɔm]	der Apfelkuchen
	l'omelette *f* [lɔmlɛt]	das Omelett
	la truffe [la tryf]	die Trüffel
	le bordeaux [lə bɔrdo]	der Bordeaux

Tour de France gastronomique

12	les tripes* *f, Pl* [le trip]	die Kutteln
	les moules marinières* *f, Pl* [le mulmarinjɛr]	die Miesmuscheln nach Seemannsart
	la moule [la mul]	die Miesmuschel
	le filet [lə filɛ]	das Filet
	la sole [la sɔl]	die Seezunge
	l'huître *f* [lɥitr(ə)]	die Auster
	le cassoulet* [lə kasulɛ]	*ein Eintopf*
	le magret de canard [lə magrɛdəkanar]	das Entenbrustfilet
	le canard [lə kanar]	die Ente
	le lapin [lə lapɛ̃]	das Kaninchen
	le pruneau [lə pryno]	die Backpflaume
	la ratatouille* [la ratatuj]	die Ratatouille
	l'aïoli* *m* [lajɔli]	der Aioli
	la soupe* [la sup]	die Suppe
	le pistou* [lə pistu]	*eine Würzpaste*
	le coq au vin [lə kɔkovɛ̃]	das Hähnchen in Rotweinsoße
	le coq [lə kɔk]	der Hahn
	la salade aux noix [la saladonwa]	der grüne Salat mit Walnüssen
	la fondue savoyarde [la fõdysavwajard]	das Käsefondue
	la choucroute [la ʃukrut]	das Sauerkraut
	alsacien, alsacienne [alzasjɛ̃, alzasjɛn]	elsässisch
	la tarte à l'oignon [la tartaloɲõ]	der Zwiebelkuchen
	la myrtille [la mirtij]	die Heidelbeere

14	le garçon [lə garsõ]	*hier:* der Kellner

A l'Escargot d'Or

16	le couteau [lə kuto]	das Messer
	la fourchette [la furʃɛt]	die Gabel
	si [si]	ob
	être pressé [ɛtrəprese]	in Eile sein
	oublier [ublije]	vergessen
	croire [krwar]	glauben
	que [kə]	dass
	fâché, fâchée [faʃe, faʃe]	verärgert
	Ce n'est pas grave ! [sənɛpagrav]	Das ist nicht schlimm!
	Ça peut arriver ! [sapøarive]	Das kann passieren!
	penser [pãse]	denken, glauben, meinen
	commander [kɔmãde]	bestellen

18 les spaghettis *m, Pl* [le spagɛti]	die Spaghetti

l'assiette forestière Alles, was die Bezeichnung **forestier** bzw. **forestière** trägt, enthält Pilze.
à la provençale Ein Gericht, das **à la provençale** zubereitet ist, enthält Zutaten aus der Provence, also Tomaten, Zucchini, Paprika, Auberginen, Oliven, Kräuter der Provence …
plateau de fromages Die Käseplatte ist ein Gang in der Menüfolge. Sie kann statt des Desserts oder vor dem Dessert serviert werden. In der Regel kommt der Ober mit einer Auswahl von Käsesorten zu Ihnen, und Sie suchen sich aus, von welchem Käse Sie etwas möchten. Es gilt in Frankreich als unfein, mehr als drei Sorten zu nehmen.
le bœuf bourguignon ist in Burgunder mariniertes Rindfleisch, mit Karotten, Speck, Zwiebeln, Champignons, Lorbeeren, Petersilie und Thymian geschmort.
les tripes Erschreckende Vorstellung für die einen, köstliche Delikatesse für die anderen. Die bekannteste Art, die **tripes à la mode de Caen** (Kutteln nach Art der Stadt Caen in der Normandie), schmoren stundenlang in einer Cidre-Soße.
les moules marinières Die Soße wird mit Zwiebeln, Petersilie, Lorbeer und Weißwein zubereitet. Dazu gibt man die Miesmuscheln und kocht sie sechs Minuten. Fertig! Sie servieren die **moules marinières** am besten mit einem frischen Muscadet-Wein.
le cassoulet ist ein traditioneller Fleischeintopf mit weißen Bohnen. Kenner unterscheiden zwischen dem **Cassoulet** aus Castelnaudary (Schinken, Schweinshaxe, Gänsefleisch), dem **Cassoulet** aus Carcassonne (Hammelfleisch oder Rebhuhn) und dem **Cassoulet** aus Toulouse (mit Würstchen).
la ratatouille ist ein typischer Gemüseeintopf aus der Provence mit Zucchini, Tomaten, Auberginen, Zwiebeln, Petersilie und viel frischem Knoblauch!
l'aïoli Dieses provenzalische Gericht besteht aus Fisch, Fleisch, kleinen Tintenfischen oder Gemüse. Dazu serviert man eine kalte Soße, die mit Eigelb, Olivenöl und viel Knoblauch zubereitet wird.
le pistou Vergleichbar dem italienischen Pesto, besteht sein französischer Cousin **pistou** aus Basilikum und Knoblauch, in Olivenöl püriert.

LEÇON 17

Leurs vingt ans

Gilbert, 20 ans en 1950

1 à l'époque [alepɔk]	zu jener Zeit, damals
l'époque *f* [lepɔk]	die Epoche
La guerre était finie. [lagɛretɛfini]	Der Krieg war zu Ende.
la guerre [la gɛr]	der Krieg
finir [finir]	beenden
Les gens avaient moins faim. [leʒɑ̃avɛmwɛ̃fɛ̃]	Die Leute hungerten nicht mehr so sehr.
avoir faim [avwar fɛ̃]	Hunger haben
La vie était chère. [lavietɛʃɛr]	Das Leben war teuer.
On faisait la queue. [ɔ̃fəzɛlakø]	Man stand Schlange.
faire la queue [fɛrlakø]	Schlange stehen
On n'avait pas trop de soucis. [ɔ̃navɛpatrodəsusi]	Wir hatten nicht allzu viele Sorgen.
Mes parents faisaient des économies. [meparɑ̃fəzɛdezekɔnɔmi]	Meine Eltern sparten.
faire des économies [fɛrdezekɔnɔmi]	sparen
ma mère rêvait de… [mamɛrrɛvɛdə...]	meine Mutter träumte von …
la machine à laver [la maʃinalave]	die Waschmaschine
mon père rêvait de… [mɔ̃pɛrrɛvɛdə...]	mein Vater träumte von …
la 4CV [la katʃ(ə)vo]	der Citroën 4 CV
on allait voir … au cinéma [ɔ̃nalɛvwar ... osinema]	wir sahen … im Kino an
Jean Gabin* [ʒɑ̃ gabɛ̃]	*frz. Schauspieler*
on découvrait [ɔ̃dekuvrɛ]	wir entdeckten
découvrir [dekuvrir]	entdecken
le chewing-gum [lə ʃwiŋgɔm]	der Kaugummi
on fumait [ɔ̃fymɛ]	wir rauchten
américain, américaine [amerikɛ̃, amerikɛn]	amerikanisch
les filles avaient [lefijavɛ]	die Mädchen hatten
la permanente [la pɛrmanɑ̃t]	die Dauerwelle
elles portaient [ɛlpɔrtɛ]	sie trugen
les bas *m, Pl* [le ba]	die Strümpfe
le nylon [lə nilɔ̃]	das Nylon

Als **bas nylon** bezeichnete man nach dem Krieg *Nylonstrümpfe*. Wenn Sie heute eine *Seidenstrumpfhose* kaufen möchten, verlangen Sie **des collants** *m, Pl, Seidenstrümpfe* heißen **bas**. *Kniestrümpfe* hingegen heißen **chaussettes** *f, Pl.*

J'étais jeune. [ʒetɛʒœn]	Ich war jung.
J'avais vingt ans. [ʒavɛvɛ̃tɑ̃]	Ich war 20 Jahre alt.
j'avais envie [ʒavɛɑ̃vi]	ich wollte
avoir envie [avwarɑ̃vi] de qc	Lust haben auf/zu, etw. (tun) wollen
vivre [vivr(ə)]	leben
4 le rêve [lə rɛv]	der Traum
5 quand [kɑ̃]	als
le jazz [lə dʒaz]	der Jazz
Saint-Germain-des-Prés* [sɛ̃ʒɛrmɛ̃depre]	*Stadtteil von Paris*

Martine, 20 ans en 68

7 en voiture [ɑ̃vwatyr]	mit dem Auto
voir [vwar]	*hier:* ansehen
l'avion *m* [lavjõ]	das Flugzeug
Orly [ɔrli]	*Flughafen von Paris*
un jour [ɛ̃ʒur]	eines Tages
le luxe [lə lyks]	der Luxus
fantastique [fɑ̃tastik]	fantastisch
un soir [ɛ̃swar]	eines Abends
pour la première fois [purlaprəmjɛrfwa]	zum ersten Mal
le choc [lə ʃɔk]	der Schock
la génération [la ʒenerasjõ]	die Generation
la société [la sɔsjete]	die Gesellschaft
faire du stop [fɛrdystɔp]	per Anhalter fahren
le Quartier latin* [lə kartjelatɛ̃]	*Studentenviertel in Paris*
commencer [kɔmɑ̃se]	beginnen
les études de droit *f, Pl* [lezetyddədrwa]	das Jurastudium
la mini-jupe [la miniʒyp]	der Minirock
le copain *fam.* [lə kɔpɛ̃]	der Freund
changer [ʃɑ̃ʒe]	sich verändern
soudain [sudɛ̃]	plötzlich, auf einmal
manifester [manifɛste]	demonstrieren
la grève [la grɛv]	der Streik
l'usine *f* [lyzin]	die Fabrik
refaire le monde [rəfɛrləmõd]	die Welt ändern
11 tous les matins [tulematɛ̃]	jeden Morgen
Salvador Dalí [salvadɔr dali]	Salvador Dalí
indien, indienne [ɛ̃djɛ̃, ɛ̃djɛn]	indisch, aus Indien
l'examen *m* [lɛgzamɛ̃]	das Examen, die Prüfung
l'Inde *f* [lɛ̃d]	Indien
le Larzac [lə larzak]	*Hochebene südl. des Zentralmassivs*
12 la copine *fam.* [la kɔpin]	die Freundin
je rentre chez moi [ʒərɑ̃trəʃemwa]	ich gehe nach Hause
le pas [lə pa]	der Schritt

Aurélie, 20 ans en 1989

13 ressembler [rɛsɑ̃ble] à qn	jdm. ähnlich sehen
le magazine [lə magazin]	die Zeitschrift
ridicule [ridikyl]	lächerlich
des tas de [detadə]	lauter, viele
le régime [lə reʒim]	die Diät
maigrir [megrir]	abnehmen
le film [lə film]	der Spielfilm
Luc Besson* [lyk bɛsõ]	*frz. Regisseur*
Steven Spielberg [stiven spilbɛrg]	*amerik. Regisseur*
par cœur [parkœr]	auswendig
le disque [lə disk]	die Schallplatte
prendre un cours [prɑ̃drɛ̃kur]	Unterricht nehmen
la guitare [la gitar]	die Gitarre
le jeu vidéo [lə ʒøvideo]	das Videospiel
se souvenir [səsuvnir] (de qc)	sich (an etw.) erinnern
la chute du Mur [la ʃytdymyr]	der Mauerfall
le mur [lə myr]	die Mauer
pendant que [pɑ̃dɑ̃kə]	während
les informations *f, Pl* [lezɛ̃fɔrmasjõ]	die Nachrichten
la télé *fam.* [la tele]	das Fernsehen
penser [pɑ̃se] à qn/qc	an jd./etw. denken
pleurer [plœre]	weinen
rire [rir]	lachen
embrasser [ɑ̃brase]	küssen, umarmen
j'ai compris [ʒekõpri]	ich habe verstanden

Jean Gabin (1904–1976) spielte in über 100 Filmen tollkühne Helden, die der Ehre wegen zum Sterben bereit waren: Ob Kommissar, Mafioso, Lokführer, Bourgeois oder verzweifelter Arbeiter, Gabin verkörperte die Kraft eines Mannes, der zu seinem Wort stand. Die Dialoge seiner Rollen waren ihm auf den Leib geschrieben. Er drehte mit den besten Regisseuren u. a. folgende Filme: **La Grande Illusion** (*Die große Illusion*, Jean Renoir, 1937), **Quai des Brumes** (*Hafen im Nebel*, Marcel Carné, 1938), **Le jour se lève** (*Der Tag bricht an*, Marcel Carné, 1939).

Saint-Germain-des-Prés In diesem alten Pariser Viertel, das auf dem linken Seineufer liegt, finden Sie in engen Gassen unzählige Antiquariate, Boutiquen, bekannte Cafés und Kneipen – hier pulsiert das Leben Tag und Nacht. Im 19. Jahrhundert brachten die Studenten der **Ecole des Beaux-Arts** *(Hochschule der Schönen Künste)* Fantasie, dann Ruhm nach Saint-Germain. Die Nähe der Universität zog Schriftsteller und Verlage nach sich. Seitdem ist Saint-Germain das Viertel der Künstler, Literaten und Prominenz aller Art: Politiker, Schauspieler, Jetset treffen sich in den bekannten Cafés des Boulevard Saint-Germain wie **Les deux Magots, Café de Flore** und **Brasserie Lipp**.

Quartier latin Als Robert de Sorbon mithilfe des Königs 1253 ein **collège** für arme Studenten der Theologie gründete, ahnte er nicht, dass sich daraus die renommierte Universität der Sorbonne entwickeln würde. Die Bezeichnung **Quartier latin** für das Viertel, in dem sich die Sorbonne befindet, rührt daher, dass Latein bis 1789 die offizielle Unterrichtssprache war. Selbst im Alltag unterhielten sich Studenten und Gelehrte auf Lateinisch.

Besson Mit Filmen wie **Subway** (1985), **Le grand bleu** (*Im Rausch der Tiefe*, 1988), **Nikita** (1989), **Léon** (*Leon – der Profi*, 1994) wurde Luc Besson (*1959) der Kultregisseur der 1980iger-Jahre. Bessons Welt ist voller Poesie, aber nicht gerade fröhlich. Seine Helden sterben, werden verfolgt, kennen keine Kompromisse: Die Guten sind gut und die Bösen wirklich böse. Als großer Förderer des französischen Films gründet er 2000 la Cité du Cinéma (ein internationales Filmstudio) in dem Pariser Vorort Saint-Denis.

LEÇON 18

Contacts et projets

Pourquoi… ?

1

la langue étrangère [la lɑ̃getʀɑ̃ʒɛʀ]	die Fremdsprache
étranger, étrangère [etʀɑ̃ʒe, etʀɑ̃ʒɛʀ]	fremd
particulièrement [partikyljɛʀmɑ̃]	besonders
la culture [la kyltyʀ]	die Kultur
même si [mɛmsi]	selbst wenn
avoir besoin [avwaʀbəzwɛ̃] de qc	etw. brauchen
la filiale [la filjal]	die Filiale
par conséquent [paʀkõsekɑ̃]	folglich, infolgedessen
par ailleurs [paʀajœʀ]	außerdem
garder le contact [gaʀdeləkõtakt]	in Kontakt bleiben
aider [ede] qn	jdm. helfen

Achtung: Das deutsche Verb *helfen* steht mit dem Dativ (jemandem helfen), im Französischen steht **aider** hingegen mit dem Akkusativ.

le lycée [lə lise]	das Gymnasium
l'échange scolaire *m* [leʃɑ̃ʒskɔlɛʀ]	der Schüleraustausch
recevoir [ʀəsəvwaʀ]	empfangen, zu Gast haben
c'est pourquoi [sɛpuʀkwa]	deshalb, deswegen, darum
réactiver [ʀeaktive]	auffrischen
pas un mot de français [paɛ̃modəfʀɑ̃sɛ]	nicht ein Wort Französisch
le mot [lə mo]	das Wort
si bien que [sibjɛ̃kə]	sodass
donner envie [dɔneɑ̃vi] à qn de…	jdm. Lust machen zu …
le jumelage [lə ʒymlaʒ]	die Städtepartnerschaft
à la maison [alamɛzõ]	*hier:* zu uns nach Hause
rigolo, rigolote [ʀigɔlo, ʀigɔlɔt]	lustig
puisque [pɥiskə]	da
décider [deside] de *(+ Inf.)*	sich entschließen zu *(+ Inf.)*
enfin [ɑ̃fɛ̃]	schließlich, endlich

4 Madrid [madrid]	Madrid
dans le monde [dɑ̃ləmɔ̃d]	auf der Welt
l'exercice *m* [lɛgzɛrsis]	die Übung
… fois par an [fwaparɑ̃]	…mal im Jahr
l'Américain *m* [lamerikɛ̃]	der Amerikaner

S'entraîner

5 l'Autriche *f* [lotriʃ]	Österreich
proposer [prɔpoze]	anbieten
l'émission *f* [lemisjɔ̃]	die Sendung
culturel, culturelle [kyltyrɛl, kyltyrɛl]	kulturell
se renseigner [sərɑ̃sɛɲe] sur qc	sich nach etw. erkundigen
les horaires *m, Pl* [lezɔrɛr]	die Uhrzeiten
Radio France Internationale* [radjofrɑ̃sɛ̃tɛrnasjɔnal], *Abk.* RFI [ɛrɛfi]	*frz. Radiosender*
TV5MONDE* [tevesɛ̃k]	*frz. Fernsehsender*
la chaîne (de télévision) [la ʃɛn (dətelevizjɔ̃)]	der Fernsehsender
la plupart (des) [la plypar]	die meisten
sous-titré [sutitre]	mit Untertiteln
facilement [fasilmɑ̃]	leicht *(Adverb)*
ARTE* [arte]	*deutsch-französischer Fernsehsender*
en version originale [ɑ̃vɛrsjɔ̃ɔriʒinal], *Abk.* v.o. [veo]	in Originalfassung
la lecture [la lɛktyr]	das Lesen
Ecoute* [ekut]	*Zeitschrift in frz. Sprache*
la Revue de la presse* [la rəvyd(ə)laprɛs]	*frz. Zeitung*
l'article *m* [lartikl(ə)]	der Artikel
Les mots difficiles sont traduits. [lemodifisilsõtradɥi]	Die schwierigen Wörter werden übersetzt.
traduire [tradɥir]	übersetzen
L'actualité est expliquée. [laktɥaliteɛtɛksplike]	Das Tagesgeschehen wird erklärt.
l'actualité *f* [laktɥalite]	das Tagesgeschehen
le moyen [lə mwajɛ̃] de *(+ Inf.)*	das Mittel zu *(+ Inf.)*
s'informer [sɛ̃fɔrme] (sur qc)	sich (über etw.) informieren
l'Institut Français* *m* [lɛ̃stityfrɑ̃sɛ]	*frz. Kulturinstitut*
régulièrement [regyljɛrmɑ̃]	regelmäßig
la conférence [la kɔ̃ferɑ̃s]	der Vortrag
emprunter [ɑ̃prɛ̃te]	ausleihen
le CD [lə sede]	die CD
la vidéo [la video]	das Video
la bibliothèque [la biblijɔtɛk]	die Bibliothek
communiquer [kɔmynike]	kommunizieren
confortablement [kɔ̃fɔrtabləmɑ̃]	gemütlich, bequem
de chez vous [dəʃevu]	von zu Hause aus
participer [partisipe]	teilnehmen
activement [aktivmɑ̃]	aktiv *(Adverb)*
le forum [lə fɔrɔm]	das Forum
le débat [lə deba]	die Diskussion, das Gespräch
avoir lieu [avwarljø]	stattfinden
sur internet [syrɛ̃tɛrnɛt]	im Internet
l'internet *m* [lɛ̃tɛrnɛt]	das Internet
le site internet [lə sitɛ̃tɛrnɛt]	die Internetseite
l'information *f* [lɛ̃fɔrmasjɔ̃]	die Information
discuter [diskyte]	diskutieren
tranquillement [trɑ̃kilmɑ̃]	ruhig *(Adverb)*
autour d'un verre de vin [oturdɛ̃vɛrdəvɛ̃]	bei einem Glas Wein
le club franco-allemand [lə klœbfrɑ̃koalmɑ̃]	der deutsch-französische Klub
le bistro [lə bistro]	das Bistro
la crêperie [la krɛpri]	die Crêperie
la chance [la ʃɑ̃s]	das Glück
y [i]	dort

Des amis dans le monde entier

10 enchanté, enchantée [ɑ̃ʃɑ̃te, ɑ̃ʃɑ̃te]	*hier:* entzückt
le séjour [lə seʒur]	der Aufenthalt
nous garderons un excellent souvenir de… [nugərdarɔ̃ɛ̃nɛksɛlɑ̃ suvnir də]	wir werden … in ausgezeichneter Erinnerung behalten
garder le souvenir [gardeləsuvnir] de qc	etw. in Erinnerung behalten
les bons moments passés ensemble [le bɔ̃mɔ̃mɑ̃paseɑ̃sɑ̃bl]	die schönen Augenblicke, die wir zusammen verbracht haben
remercier [rəmɛrsje] qn de qc	sich bei jdm. für etw. bedanken
sincèrement [sɛ̃sɛrmɑ̃]	aufrichtig *(Adverb)*
avoir le plaisir [avwarləplɛzir] de faire qc	das Vergnügen haben, etw. zu tun
bientôt [bjɛ̃to]	bald
ainsi que [ɛ̃sikə]	sowie
Bonne et heureuse année ! [bɔneørøzane]	Ein glückliches neues Jahr!

heureux, heureuse [ørø ørøz]	glücklich
le vœu [lə vø], *Pl:* les vœux [le vø]	der Wunsch
la joie [la ʒwa]	die Freude
le succès [lə syksɛ]	der Erfolg
à [a]	*hier:* für
bien amicalement [bjɛ̃namikalmɑ̃]	Herzliche Grüße, *wörtl.* recht freundschaftlich
merveilleux, merveilleuse [mɛrvɛjø, mɛrvɛjøz]	wunderbar
immense [imɑ̃s]	immens, unendlich
la forêt [la fɔrɛ]	der Wald
tropical, tropicale [trɔpikal, trɔpikal]	tropisch
le port [lə pɔr]	der Hafen
charmant, charmante [ʃarmɑ̃, ʃarmɑ̃t]	entzückend
délicieux, délicieuse [delisjø, delisjøz]	köstlich
malheureusement [malørøzmɑ̃]	leider
reprendre [rəprɑ̃dr(ə)]	*hier:* wieder anfangen
être en forme [ɛtrɑ̃fɔrm]	fit sein
nous nous verrons [nunuverõ]	wir werden uns sehen
Joyeux anniversaire ! [ʒwajøzanivɛrsɛr]	Herzlichen Glückwunsch zum Geburtstag!
souhaiter [swɛte] à qn de *(+ Inf.)*	jdm. wünschen, dass *(+Inf.)*
il te fera plaisir [iltəfəraplezir]	es wird dir Freude machen
faire plaisir [fɛrplezir]	eine Freude machen
ouvrir [uvrir]	öffnen
la surprise [la syrpriz]	die Überraschung
saluer [salɥe]	grüßen
de notre part [dənɔtrəpar]	von uns
G prochain, prochaine [prɔʃɛ̃, prɔʃɛn]	nächste(r)
12 la Sorbonne [la sɔrbɔn]	*Universität in Paris*
le souvenir [lə suvnir]	die Erinnerung
15 le chemin [lə ʃ(ə)mɛ̃]	der Weg
la jeunesse [la ʒœnɛs]	die Jugend

Radio France Internationale Sender von **Radio France**, dessen Programm man auf Kurzwelle weltweit empfangen kann. **Radio France Internationale** (kurz RFI genannt) produziert ein eigenes Programm, übernimmt aber auch Sendungen von **France-Inter** und **France-Culture**.

TV5MONDE strahlt Programme aus Frankreich, Belgien, der Schweiz, Quebec und Afrika aus. Mit Nachrichten, Dokumentarfilmen und Spielfilmen, die meist französische Untertitel haben, bietet TV5MONDE nicht nur eine hervorragende Möglichkeit, die französische Sprache zu trainieren, sondern spiegelt auch die Realität dieser Länder wieder und gibt uns einen Einblick in deren Kultur.
Adresse: *www.tv5monde.com*

ARTE deutsch-französischer Gemeinschaftssender. Haben Sie einen Fernseher mit Zweikanalton? Dann können Sie auswählen, ob Sie das Programm auf Deutsch oder Französisch sehen möchten. Über das Programm können Sie sich auf Deutsch oder Französisch unter *www.arte-tv./de* informieren.

Ecoute Monatszeitschrift für Französischfans in französischer Sprache. Die Artikel sind in verschiedenen Schwierigkeitsgraden geschrieben, unbekannte Vokabeln stehen ganz bequem daneben, und zusätzlich gibt es noch eine CD – das ideale Mittel, Ihre Sprachkenntnisse aufzufrischen. Adresse: *www.ecoute.de*

La Revue de la Presse Zeitung, die jeden 2. Monat Ausschnitte aus verschiedenen französischen Zeitschriften und Zeitungen, z. B. **Le Monde, Le Figaro, Le Point, L'Express,** anbietet. Neben dem Artikel werden unbekannte oder schwierige Wörter übersetzt. Auch zur **Revue de la Presse** gibt es eine CD!

Institut Français In jeder größeren Stadt (z. B. Berlin, München, Düsseldorf, Dresden, Leipzig, Stuttgart) gibt es ein **Institut Français**, ein französisches Kulturinstitut. Die **Instituts Français** organisieren regelmäßig Ausstellungen, Konzerte, Vorträge, Lesungen und vieles mehr … Wer sprachlich fit bleiben will, kann auch die Mediathek besuchen und dort CDs, Bücher oder Videos ausleihen. Außerdem bieten sich die **Instituts Français** natürlich als Treffpunkte für Deutsche und Franzosen an.
Weitere Informationen finden Sie unter *www.institutfrancais.de.*

LEÇON 19

Voyage, voyage...

En vacances

1

la formule [la fɔrmyl]	die Möglichkeit
la villa [la villa]	das Haus, die Villa
environ [ɑ̃virɔ̃]	ungefähr
le mètre carré (m^2) [lə mɛtrkare]	der Quadratmeter
le canapé-lit [lə kanapeli]	das Schlafsofa
équipé [ekipe]	eingerichtet
la cuisine toute équipée [la kɥizintutekipe]	die volleingerichtete Küche
le micro-ondes [lə mikroɔ̃d]	die Mikrowelle
le congélateur [lə kɔ̃ʒelatœr]	der Gefrierschrank
le lave-vaisselle [lə lavvɛsɛl]	die Spülmaschine
le ménage final [lə menaʒfinal]	*das Reinemachen vor der Abreise*
le ménage [lə menaʒ]	das Putzen
final [final]	anschließend, letzter
la location [la lɔkasjɔ̃]	die Vermietung, das Mieten
minimum [minimɔm]	Mindest-, minimal
l'aller-retour [alerətur] *m*	die Hin- und Rückfahrt
le billet [lə bijɛ]	die Fahrkarte
le tarif réduit [lə tarifredɥi]	der ermäßigte Preis
le tarif [lə tarif]	der Tarif, der Preis
réduit [redɥi]	ermäßigt
50 % de réduction [redyksjɔ̃]	50 % Ermäßigung

50% = cinquante pour cent
fünfzig Prozent

la réduction [la redyksjɔ̃]	die Ermäßigung
le forfait [lə fɔrfɛ]	die Pauschale
à l'avance [a lavɑ̃s]	im Voraus
par Internet [parɛ̃tɛrnɛt]	per Internet
le kilométrage [lə kilɔmetraʒ]	die Kilometerzahl
illimité [ilimite]	unbegrenzt
l'assurance [lasyrɑ̃s] *f*	die Versicherung
l'assurance de base *f* [lasyrɑ̃sdəbaz]	die Grundversicherung
le vol [lə vɔl]	der Diebstahl
l'incendie [lɛ̃sɑ̃di] *m*	der Brand
le bris de glaces [lə brideglas]	der Glasschaden
le remplacement [lə rɑ̃plasmɑ̃]	die Ersetzung, der Ersatz
immédiat [imedja]	unmittelbar, sofort
le véhicule [lə veikyl]	das Fahrzeug
en cas de [ɑ̃kadə]	im Fall(e) (+ *Genitiv*), bei
l'accident [laksidɑ̃] *m*	der Unfall
le service de dépannage [lə sɛrvisdədepanaʒ]	der Abschleppdienst
le service [lə sɛrvis]	der Dienst, der Service
le dépannage [lə depanaʒ]	die Pannenhilfe
24 heures sur 24 [œrsyr]	24 Stunden am Tag
la condition [la kɔ̃disjɔ̃]	die Bedingung
le permis de conduire [lə pɛrmidəkɔ̃dɥir]	der Führerschein
conduire [kɔ̃dɥir]	(Auto) fahren

Le circuit en Corse

4

le circuit [lə sirkɥi]	die Rundreise
la croisière [la krwazjɛr]	die Kreuzfahrt
le club de vacances [lə klœbdevakɑ̃s]	der Ferienklub
le vol [lə vɔl]	der Flug
le sac à dos [lə sakado]	der Rucksack
l'auberge de jeunesse *f* [lobɛrʒdəʒœnɛs]	die Jugendherberge
le sac de couchage [lə sakdəkuʃaʒ]	der Schlafsack
le moustique [lə mustik]	der Moskito
la tente [la tɑ̃t]	das Zelt
se changer les idées [səʃɑ̃ʒeleide]	sich auf andere Gedanken bringen
changer les idées à qn [ʃɑ̃ʒeleidea]	jd. auf andere Gedanken bringen
sur place [syrplas]	an Ort und Stelle
l'itinéraire [litinerɛr] *m*	die Reiseroute
le catalogue [lə katalɔg]	der Katalog
la carte détaillée [lə kartdetaje]	die detaillierte Karte
la carte [la kart]	*hier:* die Landkarte
détaillé [detaje]	detailliert, ausführlich

Das Wort **le vol** kann *Diebstahl* oder *Flug* bedeuten. Die tatsächliche Bedeutung ergibt sich aus dem Kontext.

Im Allgemeinen spricht man von **le sac à dos.** Aber Vorsicht: **Il est parti sac au dos.** *Er ist mit einem Rucksack verreist.*

A la gare

10 la gare [la gar]	der Bahnhof
un aller-retour pour [œaleratuRpuR] Dijon	eine Hin- und Rückfahrkarte nach Dijon
en seconde [ɑ̃səgɔ̃d]	zweiter Klasse
faire une réservation [fɛrynrezɛrvasjɔ̃]	eine Reservierung vornehmen
le retour [lə rətur]	*hier:* die Rückfahrkarte
la place [la plas]	der Platz
le coin couloir [lə kwɛ̃kulwar]	der Platz am Gang
changer [ʃɑ̃ʒe]	umsteigen
le direct [lə dirɛkt]	die Direktverbindung
le supplément [lə syplemɑ̃]	der Zuschlag
rater [rate]	verpassen
composter [kɔ̃pɔste]	entwerten
le billet [lə bijɛ]	die Fahrkarte
à destination [adɛstinasjɔ̃]	in Richtung, nach
entrer en gare [ɑ̃treɑ̃gar]	einfahren *(in einen Bahnhof)*
la correspondance [la kɔrspɔ̃dɑ̃s]	der Anschluss *(Zug, U-Bahn)*
le quai [lə ke]	der Bahnsteig
la voie [la vwa]	das Gleis
s'éloigner de [selwaɲedə]	sich entfernen, fernbleiben von

La voiture de location

16 type [tip] Clio	Typ Clio
le type [lə tip]	der Typ, *hier: der Autotyp*
justement [ʒystəmɑ̃]	gerade, eben
le désistement [lə dezistəmɑ̃]	der Rücktritt
la climatisation [la klimatizasjɔ̃]	die Klimaanlage
pour combien de temps [purkɔ̃bjɛ̃dətɑ̃]	für wie lange
l'assurance tous risques [l asyɑ̃sturisk]	die Vollkaskoversicherung
tranquille [trɑ̃kil]	ruhig, still, *hier:* unbesorgt
remplacer [rɑ̃plase]	ersetzen
étonner [etɔne]	überraschen, *hier:* wundern
contrôler [kɔ̃trole]	kontrollieren, *hier:* überprüfen
le moteur [lə mɔtœr]	der Motor
la signature [lə siɲatyr]	die Unterschrift
le papier [lə papje]	das Papier
les papiers de la voiture [lə papjedəlavwatyr]	die Autopapiere
rendre [rɑ̃dr]	zurückgeben
le plein d'essence [lə plɛ̃d esɑ̃s]	der volle Tank
faire le plein [fɛrlə plɛ̃]	volltanken

Im Standardfranzösisch sagt man **le permis de conduire, la climatisation** und **le plein d'essence**, aber in der Umgangssprache kürzen die Franzosen oft ab : **le permis, le plein** und **la clim.**

Pierres et Vacances ist der größte Anbieter von Ferienwohnungen in Frankreich, der in seinen Katalogen Wohnungen und Häuser in allen Küstenregionen Frankreichs, in den französischen Alpen, in der Provence, auf den karibikinseln Martinique und Guadeloupe und in Paris anbietet.
Die Web-Site finden Sie unter:
http://www.pierreetvacances.com

Au revoir !

le salon [lə salɔ̃]	die Schau, die Messe
la foire [la fwar]	die Messe
l'exposition [lɛkspozisjɔ̃]	die Ausstellung

Zwischen **salon, foire** oder **exposition** können Sie wählen, was Sie aktiv beherrschen wollen; passiv sollten Sie die Wörter auf einem Programm, Kalender oder Prospekt erkennen können.

Les expositions

1 international, -e [ɛ̃tɛrnasjɔnal]	international
nocturne [nɔktyrn]	*wörtl.:* nächtlich, *hier:* verlängerte Öffnungszeit am Abend, Abendveranstaltung
la porte de Versailles [la pɔrt]	*Ausstellungsort in Paris*
le grand public [lə grɑ̃pyblik]	das breite Publikum
le salon grand public [lə salɔ̃grɑ̃pyblik]	die Messe für das breite Publikum
l'exposant [lɛkspozɑ̃]	der Aussteller

l'aéronautique [laeronotik]	Luftfahrt- bzw. Flugzeugindustrie
l'espace [lɛspas] *m*	der Weltraum
le Parc des Expositions [ləparkdəɛkspozisjɔ̃]	Ausstellungs- und Messeort
le milliard [lə miljar]	die Milliarde
le spécialiste [lə spesjalist]	der Spezialist
le partenaire [lə partənɛr]	der (Geschäfts-)Partner
efficace [efikas]	effizient
le décideur [lə desidœr]	der Entscheidungsträger
le confort [lə kɔ̃fɔr]	der Komfort
adapter à [adaptea]	anpassen an
le besoin [lə bəzwɛ̃]	das Bedürfnis
la prise [la priz]	die Steckdose, der Anschluss
la prise Internet [la prizɛ̃tɛrnɛt]	der Internetanschluss
la prestation [la prɛstasjɔ̃]	die Leistung
complet, -ète [kɔ̃plɛ] [-ɛt]	voll, komplett
le nettoyage [lə netwajaʒ]	das Reinigen, das Putzen
quotidien, -ienne [kɔtidjɛ̃, jɛn]	täglich
l'animation [l animasjɔ̃]	*hier:* die Messeattraktion
la restauration rapide [la rɛstɔrasjɔ̃rapid]	der Schnell-Imbiss
la décoration [la dekɔasjɔ̃]	die Dekoration, die Aufmachung
l'hébergement *m* [lebɛrʒəmɑ̃]	die Unterbringung, die Unterkunft
l'accès *m* [laksɛ]	die Zufahrt, der Zugang

Paris war früher eine durch Stadtmauern befestigte Stadt; durch die sogenannten „portes“ (Tore) konnte man in die Hauptstadt kommen, nachdem man Maut und Zoll bezahlt hatte. Zwischenzeitlich hat sich die Stadt sehr vergrößert: die „Stadttore“ von Paris stehen nun mitten in der Stadt!

Derniers préparatifs

3

quelques [kɛlkə]	einige, ein paar
consacrer qc à qn [kɔ̃sakre]	jm etwas widmen
régler [regle]	erledigen, regeln
le détail [lə detaj]	das Detail, die Kleinigkeit
ennuyer [ɑ̃nɥije]	*hier höfliche Form für:* stören
le logo [lə logo]	das Logo, das Firmenzeichen
Ce n'est pas ce que je voulais dire. [sənɛstpasəkəʒəvulɛdir]	*wörtl.:* Das ist nicht, was ich meine.
s'exprimer [sɛksprime]	sich ausdrücken
Je me suis mal exprimé(e). [ʒəməsɥimalɛksprime]	Ich habe mich falsch ausgedrückt.
au milieu [omiljø]	in der Mitte
ce que je voulais… [səkəʒəvulɛ]	das, was ich wollte…
ce qui ne va pas encore… [səkinəvapaɑ̃kɔr]	das, was noch nicht OK ist…
manquer [mɑ̃ke]	fehlen
le présentoir [lə prezɑ̃twar]	der Verkaufsständer
le projecteur [lə prɔʒɛktœr]	der (Dia-)Projektor
cassé, -e [kase]	kaputt
le point [lə pwɛ̃]	der Punkt
vérifier [verifje]	überprüfen
le logiciel de présentation [lə lɔʒisjɛldəprezɑ̃tasjɔ̃]	die Demosoftware
la ligne [la liɲ]	die Leitung
la ligne téléphonique [la liɲtelefɔnik]	die Telefonleitung
installer [ɛ̃stale]	installieren, einrichten
compter sur [kɔ̃tesyr] qn	sich auf jd. verlassen
Vous pouvez compter sur moi. [vupuvwɛkɔ̃tesyrmwa]	Sie können sich auf mich verlassen.
faire le nécessaire [fɛrləneseser]	das Nötigste veranlassen
le vestiaire [lə vɛstjɛr]	die Garderobe
supplémentaire [syplemɑ̃tɛr]	zusätzlich
C'est bien ce que vous vouliez ? [sɛbjɛ̃səkəvuvulje]	Das ist es, was Sie wollten, oder?
le service [lə sɛrvis]	*hier:* der Gefallen
J'ai un petit service à vous demander. [ʒɛœ̃p(ə)tisɛrvisavud(ə)mɑ̃de]	Ich möchte Sie um einen Gefallen bitten.
Cela nous arrangerait. [s(ə)lanuarɑ̃ʒrɛ]	Es wäre uns recht.
un meuble qui ferme à clé [œ̃mœblkifɛrmakle]	ein Möbel(stück), das man abschließen kann
le papier [lə papje]	das Papier
important, -e [ɛ̃pɔrtɑ̃, ɑ̃t]	wichtig
Je vais voir ce que je peux faire. [ʒəvɛvwarsəʒɛpøfɛr]	Mal sehen was ich tun kann.
le badge [lə badʒ]	der Anstecker, die Plakette, das Firmenlogo

Ils viennent juste d'arriver. [ilvjɛnʒystdarive]	Sie sind soeben angekommen.

 Die Redewendungen **je vais voir** *ich werde sehen, was ich tun kann* und **on verra** *Schauen wir mal* hört man häufig in Frankreich.

Le bilan du séjour

le bilan [lə bilɑ̃]	die Bilanz
11 Si on faisait un petit bilan ? [siɔ̃fəzɛœ̃p(ə)tibilɑ̃]	Wie wär's mit einer kleinen Bilanz?
le stand [lə stɑ̃d]	der Messestand
super [sypɛr]	*vor Adjektiv:* sehr, total
super content, -e [sypɛr kɔ̃tɑ̃, -ɑ̃t]	sehr zufrieden, total zufrieden
améliorer [ameljɔre]	verbessern
le concept [lə kɔ̃sɛpt]	das Konzept
Que veux-tu dire ? [kəvøtydir]	Was meinst du?
Tu pourrais donner un exemple ? [typurɛdɔneœ̃ɛgzɑ̃pl]	Könntest du ein Beispiel geben?
donner un exemple [dɔneœ̃ɛgzɑ̃pl]	ein Beispiel geben
l'exemple [lɛgzɑ̃pl] *m*	das Beispiel
eh bien [e bjɛ̃]	nun
par exemple [par ɛgzɑ̃pl]	zum Beispiel
l'hôtesse d'accueil *f* [lotɛsdakœj]	die Hostess *(auf einer Messe)*
si on avait eu une hôtesse d'accueil… [siɔ̃avɛøynotɛsdakœj]	wenn wir eine Hostess gehabt hätten…
Elle n'aurait pas pu répondre. [ɛlnɔrɛpapyrepɔ̃dr]	Sie hätte nicht antworten können.
répondre à une question [repɔ̃draynkɛstjɔ̃]	eine Frage beantworten
au moins [omwɛ̃]	wenigstens
Elle aurait au moins accueilli les visiteurs. [ɛlɔrɛomwɛ̃akœjirlevizitœr]	Sie hätte zumindest die Besucher empfangen können.
gagner du temps [gaɲedytɑ̃]	Zeit sparen
Nous aurions gagné du temps. [nuɔrjɔ̃ gaɲedytɑ̃]	Wir hätten Zeit gespart.
(il y a) du monde [iliadəmɔ̃d]	(es gibt) viele Leute
Si j'avais su… [siʒavɛsy]	Wenn ich gewusst hätte…
d'ailleurs [dajœr]	übrigens
Je ne serais pas allé au restaurant. [ʒənəsərɛpaaleorɛstɔrɑ̃]	Ich wäre nicht ins Restaurant gegangen.
grave [grav]	schlimm
prévoir [prevwar]	vorhersehen, damit rechnen
même si [mɛmsi]	selbst wenn
le boulot [lə bulo]	der Job
On a fait du bon boulot ! [ɔ̃afɛdəbɔ̃bulo]	*fam.:* Wir haben toll gearbeitet!
utile [ytil]	nützlich
plein de [plɛ̃də]	*hier im Sinne von beaucoup de:* viele
la commande [la kɔmɑ̃d]	der Auftrag
Qui serait resté au stand ? [kisərɛrɛsteostɑ̃d]	Wer wäre beim Stand geblieben?

Lösungen

LEÇON 1

1

Was Sie schon kennen, wissen natürlich nur Sie!

2

a. champagne camembert croissant chanson
eau d'Evian restaurant Provence
[ã] wird **am, em, an** oder **en** geschrieben.

b. Avignon chanson révolution Le Monde
Montmartre Alain Souchon

c. impressionnisme, parfum

d. nicht ausgesprochen werden:
camembert Paris croissant restaurant français

3

Ein festliches Getränk?	Champagne.
Ein Weichkäse?	Camembert.
Ein Lied?	Chanson.
Eine berühmte Zeitung?	Le Monde.
Ein Viertel in Paris?	Montmartre.
Die französische Hauptstadt?	Paris.
Ein Leckerbissen fürs Frühstück?	Croissant.

4

Die Reihenfolge ist nicht wichtig; die Paare lauten:
b. la baguette et le camembert
c. le café et les croissants
d. la chanson et Alain Souchon
e. Paris et Montmartre

5

	Singular	Plural
b.	la baguette	les baguettes
c.	le café	les cafés
d.	la chanson	les chansons
e.	le parfum	les parfums
f.	le restaurant	les restaurants

6

a. le café La Coupole
b. le restaurant Maxim's
c. les parfums Guerlain
d. les croissants Lenôtre
e. le camembert Président

7

la Bretagne, la Provence, le Périgord, l'Alsace, la Corse, le Nord, le Jura, l'Auvergne

8

männlich sind: le rap, le ski, le football, le cinéma, le miel
weiblich sind: la bière, la randonnée, la lavande

9

Welche von den abgebildeten Dingen Sie mögen und welche Sie scheußlich finden, können natürlich nur Sie wissen.
So könnte Ihre Lösung aussehen:
J'aime le camembert, les crêpes, les fruits de mer, le champagne, le rap, la chanson, la bière, la randonnée, le ski, le parfum, la lavande, l'opéra, le cinéma, le football et le miel.
Je déteste le camembert, les crêpes, les fruits de mer... *usw.*

Falls Sie sich gefragt haben, was Marie auf dem Bild nicht mag: Sie müsste sagen:
Je déteste les escargots. *Ich finde Schnecken abscheulich.*

10

j' bzw. je	ich
tu	du
il	er
elle	sie (eine Frau)
nous	wir
vous	ihr, Sie
ils	sie (Männer und Frauen bzw. nur Männer)
elles	sie (nur Frauen)

11

a. richtig b. richtig c. richtig d. richtig
e. richtig f. richtig g. richtig

12

j'aim + e	nous aim + ons
tu aim + es	vous aim + ez
il aim + e	ils aim + ent
elle aim + e	elles aim + ent

je détest + e

Mehrfach verwenden müssen Sie die Endungen **-e** und **-ent.**

13

aimer ♪	détester ♪
j'aime	je déteste
tu aimes	tu détestes
il aime	il déteste
elle aime	elle déteste
nous aimons ♪	nous détestons ♪
vous aimez ♪	vous détestez ♪
ils aiment	ils détestent
elles aiment	elles détestent

14

il_aime, nous_aimons, vous_aimez, ils_aiment, elles_aiment

15

a. Vous_aimez l'opéra ?
b. Il_aime les crêpes.
c. Nous_aimons Paris.
d. Elles_aiment Montmartre.
e. Ils_aiment le champagne.
f. Nous_aimons la France.
g. Il_aime le football.
h. Vous_aimez les_Alpes ?

17

	Fragesatz	Aussagesatz
a. Vous aimez les crêpes ?	☒	☐
b. J'aime la France !	☐	☒
c. Tu aimes Paris ?	☒	☐
d. Il aime Paris.	☐	☒
e. Tu aimes l'opéra.	☐	☒
f. Tu détestes l'opéra ?	☒	☐
g. Et la Provence ?	☒	☐
h. Il aime la Provence.	☐	☒
i. Ils aiment le ski et le football.	☐	☒
j. Le ski et le football ?	☒	☐
k. Tu aimes Alain Souchon ?	☒	☐
l. Je déteste les croissants !	☐	☒

18

a. J'aime la Provence.
b. Tu aimes le Jura ?
c. Je déteste le football.
d. Nous aimons le cinéma.
e. Vous aimez l'impressionnisme ?
f. Vous détestez les fruits de mer.
g. Tu aimes les crêpes ?
h. Vous aimez le ski?
i. Il déteste le champagne.

19

a. ● Annabelle, vous aimez la chanson ?
● Oui !
● Vous aimez l'opéra ?
● Oh oui !
● Vous aimez Paris ?
● Mais oui, j'aime Paris !!

b. ● Benjamin, vous aimez le ski ?
● Oui, oui, j'aime le ski !
● Vous aimez le rap ?
● Ben oui !
● Et vous aimez les randonnées?
● Bof... Non, je déteste !

c. ● Robert, tu aimes les fruits de mer ?
● Ben oui !
● Tu aimes le champagne ?
● Oh, oui beaucoup !
● Tu aimes le ski ?
● Mmmh... non, non !

d. ● Stéphane et Claire, vous aimez le camembert ?
● Oui, oui.
● Vous aimez les crêpes ?
● Oui, beaucoup !
● Vous aimez la Provence ?
● Ah la Provence! Oui, oui.

21

Wenn Sie auch mögen, was Oscar mag, so sollte Ihre Antwort lauten: Moi aussi.
Mögen Sie etwas nicht, so antworten Sie: Moi pas.

22

a. la Bretagne, le Jura, la Normandie, ~~Paris~~
b. le champagne, ~~le parfum~~, l'eau d'Evian, le café
c. le ski, le football, la randonnée, ~~le cinéma~~
d. je, ~~et~~, tu, il
e. le croissant, ~~la mode~~, les crêpes, la baguette
f. ~~l'architecture~~, la chanson, l'opéra, le rap

23

J'aime les cafés et les randonnées.
J'aime la Bretagne et le champagne.
J'aime le cinéma et l'opéra.
J'aime la bière et le camembert.
J'aime les chansons d'Alain Souchon.
J'aime le Nord et le Périgord.
J'aime le ski, la vie et Paris.
Et toi, toi, je t'aime aussi.

24

Lösungsvorschlag:

Ihr Freund Gert	Il aime la bière et le camembert. Moi aussi. *oder* Il déteste les chansons, le rap et le football. Moi aussi.
Ihre Freundin Gabi	Elle aime la mode et les chansons. Moi pas. *oder* Elle déteste la bière et le football. Moi aussi.
Ihre Nachbarn	Ils aiment le camembert, le rap et les croissants. Moi aussi. *oder* Ils détestent la mode, la bière et le silence. Moi pas.
Ihre Familie	Ils aiment les chansons et le rap. Moi pas. *oder* Ils détestent le football et le silence. Moi aussi.
Sie	Moi, j'aime la mode, le football et le croissants. *oder* Moi, je déteste la bière, les chansons et le rap.

a. Meeresrauschen – Bild 2
b. Musette-Walzer – Bild 3
c. Zikaden – Bild 1

LEÇON 2

Sind Sie eher ein Frühaufsteher oder ein Nachtmensch? Probieren Sie aus, zu welcher Tageszeit Sie am besten lernen können. Machen Sie nach Möglichkeit diese Tageszeit zu Ihrer Französischstunde.

1

a. la Belgique. b. la Guyane c. la Suisse d. le Québec
e. le Viêt-nam f. le Sénégal g. le Liban h. la Tunisie
i. les Antilles

2

a. feminin b. maskulin
c. Bei Ländernamen im Plural wie **les Antilles**.

4

a. es, est
b. il est, vous êtes
c. Suis, es, est, sommes, êtes, sont
d. Hier entscheiden Sie selbst, was für Sie schwierig ist oder nicht.

5

a. je suis b. tu es c. il/elle est d. nous sommes
e. vous êtes f. ils/elles sont

6

a. êtes, suis b. êtes, suis c. sont, sommes
d. est, est e. êtes, suis

7

a. êtes b. je m'appelle c. je d. es e. sommes

9

a. Il habite à Saint-Pierre, aux Antilles.
b. Elle travaille à Tunis, en Tunisie.
c. Il est à Saint-Pierre, aux Antilles.
d. Ils habitent à Montréal, au Québec.

10

b. Bruxelles est en Belgique.
c. Tunis est en Tunisie.
d. Lyon est en France.
e. Montréal est au Québec.
f. Kourou est en Guyane.
g. Beyrouth est au Liban.

11

Foto 1 Je m'appelle Sélim, j'habite à Beyrouth, au Liban. Je suis technicien.
Foto 2 Je m'appelle Rachida Jelloun, j'habite à Marrakech, au Maroc. Je suis ingénieur.
Foto 3 Je m'appelle Benjamin Davet, je travaille à Zurich, en Suisse. Je suis journaliste.

12

b. journaliste, Zurich – Elle est journaliste à Zurich.
c. ingénieur, Belgique – Elle est ingénieur en Belgique.
d. architecte, Antilles – Il est architecte aux Antilles.
e. technicien, Québec – Il est technicien au Québec.
f. cuisinier, Tunis – Il est cuisinier à Tunis.

Hörtext:

a. ● Je suis cuisinier.
● A Paris ?
● A Paris, oui, oui!

b. ● Et vous ?
● Moi, je suis journaliste, à Zurich.

c. ● Vous êtes journaliste aussi ?
● Non, je suis ingénieur, en Belgique.

d. ● Vous êtes architecte ?
● Oui !
● Aux Antilles?
● Oui !

e. ● Vous travaillez en France ?
● Non, au Québec ! Je suis technicien.

f. ● Et vous, vous êtes cuisinier?
● Oui.
● Où ?
● A Tunis.

13

Lösungsvorschlag:

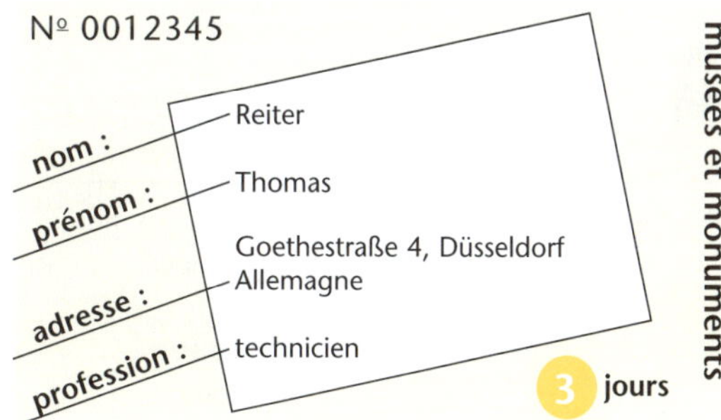

Je m'appelle Thomas Reiter, j'habite à Düsseldorf, en Allemagne. Je suis technicien.

15

	oui	non
a. Sélim parle bien français ?	X	
b. Sélim parle arabe ?	X	
c. Sélim parle anglais ?	X	
d. Sélim parle bien allemand ?		X
e. Au Liban, on parle arabe et français ?	X	
f. Au Liban, on aime la poésie ?	X	

16

Man: a. d. *Wir*: b. c.

17

b. Au Canada, on parle anglais et français.
c. En Suisse, on parle allemand, français et italien.
d. En Italie, on parle italien, allemand et français.
e. Au Liban, on parle arabe et français.

18

Welche Sprachen Sie sprechen und ob Sie sie **un peu** *ein wenig* oder **bien** *gut* sprechen, wissen nur Sie.

19

Lösungsvorschlag:

b. *Ihr bester Freund* Martin: Il parle allemand et français.
c. *Eine Kollegin* Frau Lindner: Elle parle allemand, anglais et un peu espagnol.
d. *Ihre Kinder*: Ils parlent allemand et un peu anglais. *(Jungen und Mädchen bzw. nur Jungen) oder*
Elles parlent allemand et anglais. *(nur Mädchen)*
Falls Sie nur ein Kind haben, gilt bei einem Jungen Lösung b., bei einem Mädchen Lösung c.
e. *Und Sie:* Je parle allemand, anglais et un peu français.

21

	Substantive	Verben
Mériem aime	la littérature	visiter les musées
	la poésie	voyager
	la chanson	lire
	le sport	danser
		écrire
		écouter la radio

22

b. Vous aimez danser ?
c. Vous aimez voyager ?
d. Vous aimez visiter les musées ?
e. Vous aimez écouter la radio ?
f. Vous aimez lire ?

23

Lösungsvorschlag:

a. Oui, j'aime écrire. *oder* Non, je déteste écrire.
b. Oui, j'aime danser. *oder* Non, je déteste danser.
c. Oui, j'aime voyager. *oder* Non, je déteste voyager.
d. Oui, j'aime visiter les musées. *oder* Non, je déteste visiter les musées.
e. Oui, j'aime écouter la radio. *oder* Non, je déteste écouter la radio.
f. Oui, j'aime lire. *oder* Non, je déteste lire.

24

Accent aigu : télévision, né, Montréal, Québec, révolution, détester, café, poésie, randonnée, musée, cinéma, André, écrire, opéra, Président, Périgord, Sénégal, littérature
Accent grave : où, à, très
Accent circonflexe : êtes, crêpe, Viêt-nam, sûrement, sûr, Lenôtre

25

[e] *wie in **café**:* détester, musée, cinéma, opéra, randonnée, écrire, télévision, révolution, Québec
[ɛ] *wie in **bière**:* être, crêpe, Viêt-nam, êtes

27

parler français parler allemand voyager en Europe
visiter les musées écouter la radio lire Le Monde

So könnte die Rangliste Ihrer Lieblingsbeschäftigungen aussehen:
Moi, j'aime voyager en Europe, j'aime visiter les musées et j'aime écouter la radio.

28

Lösungsvorschlag:
Je m'appelle Felix Graf, j'habite à Berlin, en Allemagne. Je suis journaliste, et j'aime la France. Je parle allemand, anglais et un peu français. J'aime voyager, lire et danser.

29

	a.	b.	c.	d.	e.	f.	g.	h.	i.
[e]		X		X	X	X			X
[ɛ]	X		X				X	X	

Hörtext:

a. être
b. musée
c. crêpe
d. poésie
e. écrire
f. randonnée
g. vous êtes
h. bière
i. révolution

Üben Sie besonders oft die Aussprache von Wörtern, die auszusprechen Ihnen schwerfällt, dann prägen sie sich immer besser ein.

LEÇON 3

> Denken Sie daran, bei den Vokabeln im Lektionswortschatz immer den Artikel mitzulernen? Am besten markieren Sie die Substantive in Rosa oder B, je nach Geschlecht. Denken Sie daran: Mit etwas Farbe prägt sich das Geschlecht nämlich viel besser ein.

2

richtig: a., b., d., e. *falsch:* c.

3

a. [ale] b. [ʒəvɛ] c. [tyva] d. [ɛlva] e. [nuzalɔ̃] f. [vuzale] g. [ilvɔ̃]
Liaison bei: nous‿allons, vous‿allez

Hörtext:
a. aller b. je vais c. tu vas d. elle va e. nous allons f. vous allez g. ils vont

4

a. allez, vais très
b. va, va
c. vas
d. va, va
e. vont
f. vas, vais
g. allons, va
h. vas, vais, va

6

a. Nous allons en France.
b. Christelle va au Maroc.
c. Jacques va en Italie.
d. Cédric et Nathalie vont en Suisse.
e. Nicolas va en Espagne.

8

a. Je m'appelle ...
b. C'est ...
c. Enchanté(e) !
d. J'habite ...
e. Merci beaucoup !
f. C'est très gentil !
g. Ça va ?
h. Bravo ! Félicitations !
i. Comment allez-vous ?

10

a. un, une b. des c. des d. ‿, liaison

11

b. un c. une d. des e. des f. un g. des h. un
Liaison bei: un‿apéritif, des‿olives

12

	a.	b.	c.	d.	e.	f.	g.	h.	i.	j.
un			✗	✗	✗		✗			✗
une	✗	✗				✗		✗	✗	

Hörtext:
a. une boisson
b. une fleur
c. un jus de fruits
d. un musée
e. un pays
f. une région
g. un voyage
h. une olive
i. une bière
j. un apéritif

13

b. un journal
c. un musée
d. une fleur
e. un cuisinier
f. un parfum
g. des villes
h. un café
i. des apéritifs

14

b. Un apéritif, s'il vous plaît.
c. Un jus de fruits, s'il vous plaît.
d. Un café, s'il vous plaît.
e. Une eau d'Evian, s'il vous plaît.

16

b – 5 c – 2 d – 3 e – 4

17

a. *Anders ausgesprochen werden* c, e, g, h, j, q, u, v, w, y, z

b. c [se] e [ə] g [ʒe] h [aʃ] j [ʒi] q [ky] u [y] v [ve] w [dubləve] y [igrɛk] z [zɛd]

18

a. Provence b. Auvergne c. football d. randonnée e. Jura

20

a. ● Bonjour, comment allez-vous ?
● Je vais bien, merci, et vous ?

b. ● Salut ! Ça va?
● Oui, ça va !

c. Pardon ? Vous pouvez répéter, s'il vous plaît ?

d. ● Voici Nicolas Drapier.
● Enchanté ! Je suis Antoine Doucet.

e. ● Une boisson ?
● Oui, un jus de fruits, s'il vous plaît.

f. ● Vous habitez à Paris ?
● Non, nous habitons à Versailles.

g. J'organise une fête avec des amis.

Lösungen

LEÇON 4

Möchten Sie spielerisch Wörter wiederholen? Dann fertigen Sie sich ein Memory an: Schreiben Sie jede französische Bezeichnung auf eine Karte und die deutsche Entsprechung ebenfalls auf eine eigene Karte. Nun legen Sie die Karten verdeckt auf den Tisch. Versuchen Sie, die richtigen Paare aus französischem Wort und deutscher Entsprechung zu finden.

2

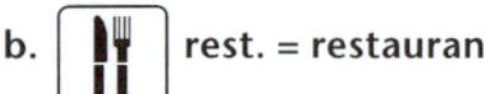
b. **rest. = restaurant**

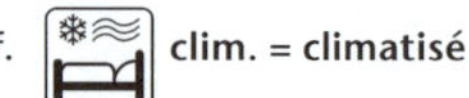
f. **clim. = climatisé**

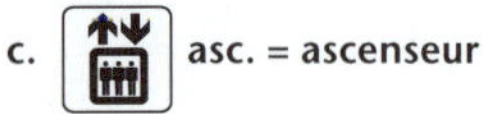
c. **asc. = ascenseur**

g. **P. =parkin**

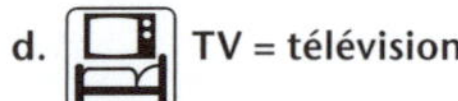
d. **TV = télévision**

h. **jardin**

e. **tél. = téléphone**

i. **piscine**

3

a. Délice
b. Salvy
c. Salvy
d. Sainte-Cécile
e. Sainte-Cécile
f. Délice *oder* Salvy
g. Délice

5

Blondel chambre simple, avec douche
Chedid chambre double, avec salle de bains
Fabre chambre double, pour aujourd'hui
Gentil pour une nuit
Arazzi chambre simple, pour une nuit, confirme par fax

Hörtext:
Bon, alors… pour Monsieur Blondel… une chambre simple avec douche, euh… pour… Monsieur Chedid une chambre double avec salle de bains. Madame Fabre… réserve une chambre double pour aujourd'hui, la famille Gentil… réserve pour une nuit, Madame Arazzi… réserve une chambre simple, pour une nuit et elle confirme par fax. Et voilà !

6

a. Jeaunet b. Champvallier c. Yerrau d. Varret

Hörtext:
a. Monsieur Jeaunet, J.E.A.U.N.E.T.
b. Brigitte Champvallier, C.H.A.M.P.V.A.L.L.I.E.R.
c. Madame Yerrau, Y.E.R.R.A.U.
d. Monsieur et Madame Varret, V.A.R.R.E.T.

7

a. réserver
b. combien de
c. douche
d. avec vue
f. nom
h. confirmez
i. d'accord, compris

8

Die Wörter in den Klammern könnten Sie auch weglassen.

Bonjour Madame, je voudrais réserver des chambres, s'il vous plaît : pour Monsieur Jeaunet, une chambre simple, avec téléphone et télévision, pour une nuit. Pour Madame Champvallier, (je voudrais réserver) une chambre double avec douche et (avec) vue sur la mer. Pour Madame Yerrau, (je voudrais réserver) une chambre simple avec salle de bains, pour une nuit et pour Monsieur et Madame Varret (je voudrais réserver) une chambre double, pour deux nuits.

9

a. Je voudrais visiter Paris.
b. Je voudrais être journaliste.
c. Je voudrais aller en France.
d. Je voudrais parler français.
e. Je voudrais habiter aux Antilles.
f. Je voudrais réserver une chambre, s'il vous plaît.

Was Sie möchten, können natürlich nur Sie wissen.

10

a – 5 b – 1 c – 3 d – 2 e – 4

11

a. richtig
b. Die Verneinungspartikel stehen vor und nach dem Verb.
c. **N'** steht, wenn das Verb mit Vokal oder **h** beginnt.
d. **Ne** wird verwendet vor Verben, die mit Konsonant beginnen.

12

b. Il ne travaille pas aujourd'hui.
c. Je ne voudrais pas la chambre 13.
d. Le paquet n'est pas pour vous.
e. Tu ne parles pas beaucoup.
f. Vous ne dansez pas ?
g. Nous ne sommes pas à Berlin.

13

b. allez	Non, je ne vais pas au Québec.
c. aimes	Non, je n'aime pas les olives.
d. allez	Non, nous n'allons pas aux Antilles.
e. êtes	Non, je ne suis pas en vacances.
f. habitent	Non, ils n'habitent pas à Paris.
g. écoutez	Non, je n'écoute pas la radio.
h. invites	Non, je n'invite pas les amis de Patrick.

14

Le téléphone et l'ascenseur ne fonctionnent pas. Le bar n'est pas climatisé. Le personnel n'est pas gentil. Ils ne parlent pas anglais. Ils n'acceptent pas les chiens. Ils n'organisent pas les visites à Paris. Ils ne préparent pas la note tout de suite et ils ne réservent pas les taxis.

16

a. as b. ‿avez c. ‿a d. ai e. ‿ont f. ‿ont
g. ‿avez

Gleich gesprochen werden **a** und **as**.

17

1.
b. Je voudrais un renseignement sur...
c. Est-ce que vous avez...
d. Merci beaucoup.

2. est-ce que

18

a. Est-ce qu'il est à Paris ?
b. Est-ce qu'ils ont une chambre ?
c. Est-ce que tu écoutes la radio ?
d. Est-ce que l'hôtel a un ascenseur ?
e. Est-ce que vous confirmez par fax ?
f. Est-ce qu'elle parle allemand ?
g. Est-ce qu'ils ont un chien ?

19

b. Comment est-ce que tu vas à Paris ?
c. Combien de nuits est-ce que tu restes à Paris ?
d. Comment est-ce que vous organisez le voyage ?
e. Est-ce qu'ils parlent français ?
f. Est-ce que tu réserves un hôtel ?
g. Est-ce que tu as une adresse ?

20

	a.	b.	c.	d.	e.	f.	g.	h.	i.	j.
[s]		X		X	X	X		X		X
[z]	X		X				X		X	

a. télévision
b. ascenseur
c. vous aimez
d. détester
e. croissant
f. ils sont
g. ils ont
h. nous sommes
i. vous êtes
j. piscine

Sehen Sie möglichst nicht in den Lösungsteil, während Sie die Übungen machen. Vielleicht sind Sie sich bei manchen Aufgaben nicht sicher; versuchen Sie dennoch, sie zu lösen, und sehen Sie sich erst dann unsere Lösungen an, wenn Sie Ihre Antwort laut gesprochen oder aufgeschrieben haben.

22

Périchon : 2
Galatani : 5
Chanton : 3
Barbier et Belin : 4
Moulin : 7
Les enfants Moulin : 8
Vauzelles : 10
Dutillois : 9

Hörtext:
- ● Alors, Périchon a la chambre deux et Galatani la cinq...
- ● Périchon, la deux, Galatani la cinq... o.k.
- ● Les Chanton ont la trois, Barbier et Belin ont la quatre...
- ● La trois... pour les Chanton... et la quatre... pour Barbier et Belin... Oui ?
- ● Les Moulin ont la chambre sept et les enfants, la huit ? D'accord ?
- ● Oui, d'accord. Bon alors... les Moulin la sept et les enfants Moulin la huit. Parfait. Et Vauzelles ?
- ● Ah, oui, Vauzelles... euh ...la neuf ou la dix ?
- ● La dix : il n'aime pas les enfants et puis... il ronfle !!
- ● Et Dutillois ?
- ● Dutillois, Dutillois... La neuf !

23

b. cinq et trois : **huit**
c. quatre et un : **cinq**
d. cinq et deux : **sept**
e. quatre et six : **dix**
f. six et trois : **neuf**

24

	1.	2.	3.	4.	5.	6.	7.	8.	9.
a. Zögern, Sprechpause	X						X		X
b. Null Bock, nicht so toll				X	X	X			
c. Bewunderung		X							
d. Erleichterung								X	
e. Katastrophe			X	X					

Hörtext:

1. ● Un Martini ou un pastis ?
   ● Hum... Un Martini s'il vous plaît !
2. ● Humm!! C'est super !
3. ● O là là !
4. ● Chéri ! Ça ne fonctionne pas !
   ● Encore ! Ah làlà làlà làlà...
5. ● On va à Paris avec Martin ?
   ● Bof...
6. ● Ça va ?
   ● Bof...
7. ● C'est important ?
   ● Ben... oui !
8. ● Ça va ?
   ● Ouf ! Oui, ça va!
9. ● Euh... Vous êtes... euh... Monsieur... euh... ?

Lösungen

25

Est-ce que vous avez un restaurant ?
Est-ce que vous avez des chambres avec salle de bains ?
Est-ce que vous avez un parking ?
Est-ce que le petit-déjeuner est en supplément ?
Est-ce que vous acceptez les chiens ?
Est-ce que vous avez une chambre avec vue sur la Seine ?
oder Est-ce qu'on a vue sur la Seine ? *oder* Est-ce que l'hôtel a vue sur la Seine ?

26

Eine Möglichkeit, ein Zimmer zu bestellen, haben Sie auf der CD gehört.

Wenn Sie länger bleiben möchten oder ein anderes Zimmer möchten, gibt es folgende Alternativen:
Pour une nuit *oder* Pour trois nuits *usw.*
(Je voudrais) (une chambre) avec salle de bains.
Une (chambre) double.

Hörtext:
- Hôtel Idéal, bonjour!
- Bonjour Mademoiselle, je voudrais réserver une chambre, s'il vous plaît !
- Pour combien de nuits ?
- Pour deux nuits.
- Nous avons des chambres avec douche ou salle de bains…
- Je voudrais une chambre avec douche.
- Simple ou double ?
- Une chambre simple.
- Vous confirmez par fax ?
- Oui, d'accord.
- Très bien, merci. Alors, au revoir !
- Au revoir Mademoiselle.

LEÇON 5

2

a.	je prends [prɑ̃]	**ds** wird nicht ausgesprochen
b.	tu prends [prɑ̃]	**ds** wird nicht ausgesprochen
c.	il prend [prɑ̃]	**d** wird nicht ausgesprochen
d.	nous prenons [prənɔ̃]	**s** wird nicht ausgesprochen
e.	vous prenez [prəne]	**z** wird nicht ausgesprochen
f.	ils prennent [prɛn]	**ent** wird nicht ausgesprochen

Die Formen **prends** und **prend** werden gleich ausgesprochen.

3

a. prend b. prends c. prends d. prends f. prenons
g. prenez h. prennent

5

Apéritifs	le porto, le pastis, le Kir, le Martini
Digestifs	la vodka, le Calvados
Boissons chaudes	le café noir, le chocolat chaud, le déca, le café crème, le thé
Boissons froides	le demi pression, le panaché, le soda, l'eau minérale, le jus de fruits, le lait fraise, le Coca-Cola
Sandwiches et salades	le sandwich (jambon, fromage), la salade Miami, la salade russe, le croque-monsieur, la salade niçoise

Fast alle Speisen und Getränke gibt es auch in Deutschland, die unterstrichenen sind ganz typisch französisch.

7

a. Die Bedienung ruft man **Monsieur !, Madame !** oder **Mademoiselle !** Früher hat man auch **Garçon** (wörtl. *Junge*) gerufen. Heute wird **Garçon !** nur noch selten benutzt, und schon gar nicht, wenn die Bedienung eine Kellnerin oder ein älterer Kellner ist.

b.	**Je prends…**	*Ich nehme …* oder
	Pour moi, un/une…	*Für mich eine/einen …* oder
	… s'il vous plaît …	einfach *bitte.*
c.	**L'addition, s'il vous plaît !**	*Die Rechnung bitte!*
d.	**Laissez, c'est à moi !**	*Lasst nur, ich bin dran* oder
	Je vous invite.	*Ich lade euch/Sie ein.*

e. In Deutschland und Frankreich ist die Bedienung im Preis inbegriffen, aber es ist üblich, ein Trinkgeld zu geben. In Deutschland runden Sie beim Bezahlen einfach auf. In Frankreich legen Sie zum Bezahlen Geld auf das Tellerchen, auf dem der Ober die Rechnung gebracht hat. Der Ober bringt das Wechselgeld zurück, und Sie lassen Ihr Trinkgeld anschließend auf dem Tellerchen liegen. Die Höhe entspricht – wie in Deutschland – der Zufriedenheit des Kunden mit der Bedienung.

8

b. Qu'est-ce que vous prenez pour le petit-déjeuner ? *oder* Qu'est-ce que vous prenez comme petit-déjeuner ?
c. Qu'est-ce que vous aimez ?
d. Qu'est-ce que vous prenez pour la pause de midi ?
e. Qu'est-ce que vous prenez pour un voyage ?
f. Qu'est-ce que vous détestez ?

10

a. ● Alors, Monsieur Bugeau, une bière ?
● Non merci, je ne prends pas de bière.

b. ● Un apéritif alors ?
● Non, pas d'apéritif aujourd'hui.

c. ● Ça ne va pas ? Un cognac alors ?
● Non, non merci, pas de cognac !

d. ● Des biscuits ?
● Bof... Non, pas de biscuits.

e. ● Un thé ?
● Ah, non ! Pas de thé !

f. ● Une eau minérale ?
● Ah, non ! Pas d'eau minérale !

g. ● Des croissants ?
● Non, pas de croissants, merci.

11

b. Pas d'alcool !
c. Pas de café !
d. Pas de cigarettes !
e. Pas de soleil !
f. Pas de sport !
g. Pas de fêtes !
h. Pas de voyages !
i. Pas d'apéritif !
j. Pas de croissants !

12

Hörtext:
- ● Vous prenez combien de pastis par jour, hmm?
- ● Ben, un ou deux... euh... deux ou trois... Docteur.
- ● Et les cigarettes?
- ● Oh, euh, 20 ou 25...
- ● Alors là, ça ne va pas, ça ne va pas. Pas de bière, pas d'apéritif... Bref : PAS D'ALCOOL !! Pas de cigarettes, pas de café et... pas de croissants pour le petit-déjeuner !
- ● Et les voyages ?
- ● Les voyages ?! Ah, non, non, non ! Pas de voyages, pas de soleil et pas de fêtes !! Voilà !
- ● Oh là là...

Gegen Sport hat Léons Arzt anscheinend nichts einzuwenden... Offensichtlich ist Léon ein Sportmuffel und hat die Gelegenheit genutzt, um sich vor dem Sport zu drücken!

14

b. A Brest, il pleut et il fait quatorze degrés.
c. A Bordeaux, il fait soleil et il fait dix-huit degrés.
d. A Paris, il fait gris et il fait seize degrés.
e. A Lille, il fait gris et il fait douze degrés.
f. A Besançon il pleut et il fait seize degrés.

15

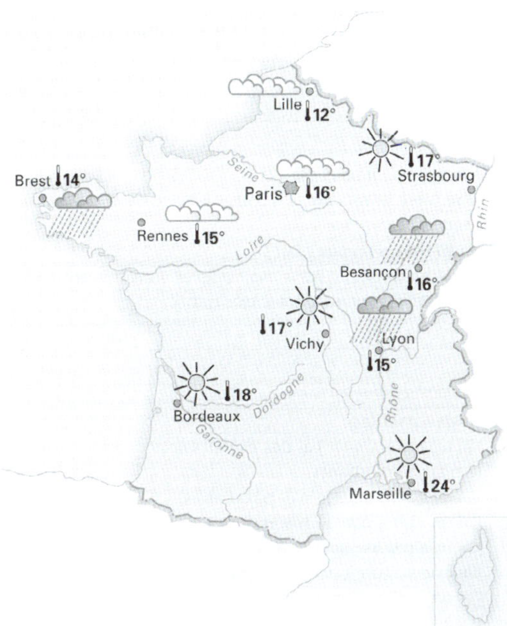

A Lyon, il pleut et il fait quinze degrés.
A Strasbourg, il fait soleil et il fait dix-sept degrés.
A Vichy, il fait soleil et il fait vingt degrés.
A Rennes, il fait gris et il fait quinze degrés.

Hörtext:
Madame, Mademoiselle, Monsieur, bonjour ! Voici le bulletin météo pour aujourd'hui : A Paris, il fait gris et il fait 16°. A Marseille, soleil toute la journée avec une température de 24°. A Lyon, il pleut aujourd'hui, pas de chance pour les Lyonnais, et juste 15°. A Besançon, il pleut aussi et il fait 16 degrés. A Bordeaux, il fait soleil et il fait 18°. Temps gris à Lille et il ne fait pas chaud à Lille, il fait froid aujourd'hui : 12° ! Prenez un pullover ! 17° à Strasbourg, mais il fait soleil ! Il fait soleil aussi à Vichy avec 20°. Il fait gris à Rennes avec 15 degrés. Et à Brest, eh bien, il pleut et il fait 14°. Prochain bulletin dans une heure, avec Evelyne, et voici les informations.

Hier noch einmal der ganze Wetterbericht auf Deutsch:
Guten Tag, meine Damen und Herren! Hier nun der Wetterbericht für den heutigen Tag: In Paris ist der Himmel grau, und es sind 16°C. In Marseille den ganzen Tag Sonne bei einer Temperatur von 24°C. In Lyon regnet es heute, kein Glück für die Leute aus Lyon, und nur 15°C. In Besançon regnet es auch, und es sind 16°. In Bordeaux scheint die Sonne, und es sind 18°C. Graues Wetter in Lille, und es ist nicht warm in Lille, es ist kalt heute: 12°C! Nehmen Sie einen Pullover mit! 17°C in Straßburg, aber die Sonne scheint! Die Sonne scheint auch in Vichy bei 20°C. Es ist bedeckt in Rennes bei 15°C. Und in Brest, nun, da regnet es, und es sind 14°C. Nächste Wettervorhersage in einer Stunde mit Evelyne, und nun die Nachrichten.

b. Quel problème ?
c. Quelles langues ?
d. Quelle musique ?
e. Quel collègue ?
f. Quelle voiture ?
g. Quels amis ?

a. Monsieur, s'il vous plaît !
b. Une bière et un café, s'il vous plaît.
c. Merci !
d. L'addition, s'il vous plaît !
e. ● Non, laissez, c'est à moi! *oder* Je vous invite.
   ● Merci beaucoup, c'est très gentil.

Lösungsvorschlag:

a. J'ai un enfant *oder* J'ai des enfants *oder* Je n'ai pas d'enfants.
b. J'ai des amis *oder* Je n'ai pas d'amis.
c. J'ai un chien *oder* Je n'ai pas de chien.
d. J'ai une piscine *oder* Je n'ai pas de piscine.
e. J'ai une voiture *oder* Je n'ai pas de voiture.
f. J'ai un jardin *oder* Je n'ai pas de jardin.

a. d' b. le, les c. de d. de, de e. le f. des, de g. d' h. un i. les

Entre midi et deux heures *zwischen 12 und Uhr* machen viele Franzosen besonders auf dem Land Mittagspause und gehen zum **déjeuner** in die Betriebskantine, in eine **brasserie** Kneipe oder in ein **bistrot**. Schulkinder essen meist in der Schulkantine (**la cantine**). Beim Frühstück (**le petit-déjeuner**) trinken Erwachsene einen **café au lait**, Kinder eher eine heiße Schokolade (**le cacao**). Dazu werden Zwieback (**les biscottes**), Toasts oder **céréales** *Müsli* gegessen, **croissants** eher am Wochenende.
Beim Abendessen (**le dîner**) nimmt man sich dann mehr Zeit: Es wird ein warmes Essen vorbereitet, das man gegen 20 Uhr einnimmt. Die ganze Familie isst meist zusammen, und jeder erzählt, was er an dem Tag so erlebt hat.

LEÇON 6

2

Sie hat erwähnt: le supermarché, la boulangerie, la pharmacie, la poste, la mairie, l'école
Sie hat vergessen: le café, l'hôtel, le cinéma

a. Il y a un cinéma *oder* Il n'y a pas de cinéma.
b. Il y a une pharmacie *oder* Il n'y a pas de pharmacie.
c. Il y a une piscine *oder* Il n'y a pas de piscine.
d. Il y a une mairie *oder* Il n'y a pas de mairie.
e. Il y a un parking *oder* Il n'y a pas de parking.
f. Il y a une école *oder* Il n'y a pas d'école.
g. Il y a un supermarché *oder* Il n'y a pas de supermarché.
h. Il y a une poste *oder* Il n'y a pas de poste.

C'est joli et ce n'est pas cher !
C'est le paradis ici !
C'est vrai, c'est pas facile pour les jeunes…

b. C'est difficile *oder* Ce n'est pas difficile.
c. C'est cher *oder* ce n'est pas cher.
d. C'est facile *oder* Ce n'est pas facile.
e. C'est difficile *oder* Ce n'est pas difficile.
f. C'est super *oder* Ce n'est pas super.
g. C'est cher *oder* Ce n'est pas cher.
h. C'est facile *oder* Ce n'est pas facile.
i. C'est important *oder* Ce n'est pas important.

a. au b. au, à la c. au, à la d. au, à l', dans, chez

b. à l'hôtel c. à l'école d. au café e. à la pharmacie
f. au supermarché g. à la mairie

In Frankreich finden standesamtliche und kirchliche Trauung meist am gleichen Tag statt. Eine junge Frau im Brautkleid ist daher auch auf dem Standesamt (im Rathaus) nichts Außergewöhnliches. Wenn Sie sagen wollten, dass man das Brautpaar in der Kirche trifft, lautet die Antwort **à l'église.**

9

Chère Jeannette,
Je suis en vacances à Biarritz. Je suis dans un café et je prends l'apéritif. Il fait beau et chaud. J'ai une chambre à l'hôtel et c'est idéal : j'ai vue sur la mer ! Je vais au musée, au cinéma, à la plage et aujourd'hui, je vais au restaurant avec des amis. C'est super ici ! Je suis au paradis, mais toi, où es-tu !? A bientôt ? Daniel

10

Bally 4e	Danone 3e
Berger 6e	IBM 5e
Citroën 1er	La Bastiane 10e
Adam 2e	Ricard 9e
Chevreul 8e	Puget 7e

Berger est au sixième étage.
Citroën est au premier étage.
Adam est au deuxième étage.
Chevreul est au huitième étage.
Danone est au troisième étage.
IBM est au cinquième étage.
La Bastiane est au dixième étage.
Ricard est au neuvième étage.
Puget est au septième étage.

Hörtext:
- Il y a combien d'étages ?
- Il y a dix étages !
- Qui travaille au premier ?
- Alors, au premier il y a Citroën. Au troisième… il y a Danone. IBM est au cinquième et Berger au sixième. Au septième, il y a Puget et au dixième, il y a La Bastiane, c'est un restaurant.
- Vous avez un ascenseur ?
- Mais oui, bien sûr !!
- Et vous, où travaillez-vous ?
- Moi ? Moi, je travaille chez Ricard, au neuvième !

12

a. je fais, tu fais, il/elle/on fait b. je fais, tu fais c. vous faites d. il/elle/on fait, ils/elles font

13

a. faites b. faisons c. fais, fais d. fais e. faire f. fait h. font j. faites

14

	le lundi	le mardi	le mercredi	le jeudi	le vendredi	le samedi	le dimanche
Mme Béranger	va au cinéma			va au concert		fait les courses	
Mme Aziz						fait les courses avec les enfants	bricole
Farid			va à la piscine, et à la maison			fait les courses avec Mme Aziz va souvent au concert de rap	a des matchs de foot
Selma			va à la piscine, et à la maison			fait les courses avec Mme Aziz va au cinéma avec des amis	
Souria			va à la piscine, et à la maison			fait les courses avec Mme Aziz	

Hörtext:
- Que fait Mme Béranger ?
- Mme Béranger ? Ouh, Mme Béranger… elle ne parle pas beaucoup ! Le lundi, elle va au cinéma et le jeudi au concert, le samedi elle fait les courses. Et voilà !
- Et Mme Aziz ?
- Ben… Mme Aziz, elle travaille beaucoup, hein ! Le samedi, elle fait les courses avec les enfants et le dimanche elle bricole.
- Et les enfants ?
- Ben… Le mercredi, Farid, Souria et Selma ne vont pas à l'école, ils vont à la piscine et ils sont à la maison. Le samedi, ils font les courses avec Mme Aziz, et Selma va au cinéma avec des amis. Farid aime le rap et il va souvent au concert le samedi. Le dimanche, Farid a des matchs de football. Voilà.

Lösungen

15

a. Je vais souvent à la piscine *oder*
   Je vais de temps en temps à la piscine *oder*
   Je ne vais jamais à la piscine.
b. Je prends souvent un apéritif *oder*
   Je prends de temps en temps un apéritif *oder*
   Je ne prends jamais d'apéritif.
c. Je bricole souvent *oder*
   Je bricole de temps en temps *oder*
   Je ne bricole jamais.
d. Je vais souvent au restaurant *oder*
   Je vais de temps en temps au restaurant *oder*
   Je ne vais jamais au restaurant.
e. Je fais souvent le ménage *oder*
   Je fais de temps en temps le ménage *oder*
   Je ne fais jamais le ménage.
f. Je fais souvent le jardin *oder*
   Je fais de temps en temps le jardin *oder*
   Je ne fais jamais le jardin.
g. Je suis souvent en retard *oder*
   Je suis de temps en temps en retard *oder*
   Je ne suis jamais en retard.
h. Je regarde souvent la télévision *oder*
   Je regarde de temps en temps la télévision *oder*
   Je ne regarde jamais la télévision.

16

[s] cinéma ici pharmacie
[k] mercredi cuisine chocolat biscuit confirmer
[g] Guerlain langue Périgord
[ʒ] gentil ménage Belgique dommage

	a.	b.	c.	d.	e.	f.	g.	h.	i.	j	k	l
[ʒ]	X			X		X	X		X		X	X
[ʃ]		X	X		X			X		X		

Hörtext:

a. dommage
b. douche
c. brochure
d. gentil
e. chérie
f. digestif
g. Logis de France
h. architecture
i. voyager
j. chien
k. fromage
l. région

19

Lösungsvorschlag:
J'habite à Berlin.
Je travaille à la maison *oder* Je travaille dans un magasin *oder* Je travaille dans un bureau *oder* Je ne travaille pas.
Je suis à la retraite *oder* Je suis au chômage.
Je ne vais jamais au cinéma. Je vais de temps en temps au restaurant. Je vais au supermarché. Je ne vais pas à l'école.
Je vais souvent à la piscine.
Je fais souvent les courses. Je ne fais jamais le ménage, mais je fais le jardin. Je fais la cuisine le dimanche.

20

Lundi, Martin va chez IBM, il a (un) rendez-vous avec M. Bünde, il fait la cuisine.
Mardi, il dépose les enfants à l'école, il a (un) rendez-vous avec Mme Berg, il arrose les fleurs au bureau.
Mercredi, Martin va à Paris. Il a (un) rendez-vous avec Mme Doucet au 4e étage.
Jeudi, il va à Madrid, il a (un) rendez-vous avec M. Gonzales au restaurant Tortilla.
Vendredi, il va chez Siemens, il a (un) rendez-vous avec M. Koch à l'hôtel. Il fait le ménage.
Samedi, Martin fait les courses et il va au cinéma avec Barbara.
Dimanche, il va à la plage avec Barbara et les enfants, il regarde le foot(ball) à la télé(vision).

21

a. Les enfants parlent avec Mme Denis.
b. Les enfants vont à la plage.
c. Ils travaillent bien à l'école.
d. Farid est troisième.
e. Les enfants ont une radio.
f. C'est mercredi.
g. Mme Denis ne parle pas anglais.
h. Les enfants ne font jamais de bêtises.
   (Zumindest behaupten sie das!)

Hörtext:

- Alors, les enfants, qu'est-ce que vous faites aujourd'hui ?
- Bonjour, Madame Denis ! On va à la plage !
- A la plage ?! Vous n'allez pas à l'école ?
- Ben non, Madame Denis ! C'est mercredi aujourd'hui !
- Ah oui ! c'est vrai ! Mais vous allez à la plage avec une radio !?
- Ah oui ! C'est cool !
- Cool, cool ! Est-ce que je parle anglais, moi !? Ça ne va pas, ça ! Vous travaillez bien à l'école, au moins?
- Oui! Moi je suis première !
- Et moi, je suis troisième !
- Ah, c'est bien ça ! Bon, vous ne faites pas de bêtises, hein !
- Jamais Mme Denis !!

LEÇON 7

2

Programme de Parissimo

- [ ] dîner sur la Seine
- [x] dîner à Montmartre
  vendredi soir
- [x] promenade à Montmartre
  vendredi soir
- [x] visite du musée du Louvre
  samedi matin
- [ ] visite du musée d'Orsay
- [x] visite de Notre-Dame
  samedi après-midi
- [ ] concert à l'Opéra
- [x] concert à Notre-Dame
  samedi soir
- [x] visite de la maison de Victor Hugo
  dimanche matin
- [ ] promenade sur les Champs-Elysées

Hörtext:
Alors, euh… l'arrivée à Paris est vendredi soir… Vendredi soir, il y a un dîner au restaurant Lucullus, à Montmartre, et il y a aussi une promenade à Montmartre. Samedi matin, vous visitez le Louvre avec un guide du musée, Madame Florian. Samedi après-midi, vous visitez la cathédrale Notre-Dame et, samedi soir, il y a un concert à Notre-Dame. Dimanche matin, vous visitez la maison de Victor Hugo, place des Vosges. Voilà !

3

Lösungsvorschlag:
Le matin, je prends un café.
Le matin, je vais au bureau.
Le matin, je visite une exposition.
L'après-midi, je fais les courses.
L'après-midi, je visite des monuments.
Le soir, je fais le ménage.
Le soir, je rencontre des amis.
Le soir, je regarde la télévision.
La nuit, je vais danser.

Wenn Sie etwas nur an einem bestimmten Wochentag tun, könnten Sie z. B. sagen **Le dimanche matin, je visite une exposition.**

4

a. le musée du Louvre
b. le jardin des Tuileries
c. l'Opéra de la Bastille
d. la place de l'Etoile
e. l'avenue des Champs-Elysées
f. la place de la Concorde
g. la place des Vosges

5

b. du c. de l' d. des e. de la f. des g. du h. de l'

7

a. tourner à droite, tourner à gauche
b. continuer jusqu'au carrefour, continuer tout droit, continuer jusqu'au feu
c. traverser la Seine, traverser la place
d. prendre la première à droite, prendre la deuxième rue à gauche

8

Hörtext:
a. Vous traversez la place, oui, oui, la place là, et vous allez tout droit !
b. A droite ! A gauche !
c. Vous tournez à gauche ! Et c'est toujours tout droit !
d. L'école ? C'est tout droit, Mademoiselle !
e. Vous tournez à gauche, voilà, et à droite… J'habite là. C'est là !! Merci Monsieur !
f. Vous traversez le pont, vous tournez à droite et c'est tout droit !
g. C'est toujours tout droit et puis à droite !

9

b. ● Excusez-moi ! Pour aller à Lyon, s'il vous plaît ?
 ● Il faut tourner à droite.
c. ● Excusez-moi ! Pour aller à la mairie, s'il vous plaît ?
 ● Il faut tourner à gauche.
d. ● Excusez-moi ! Pour aller au musée, s'il vous plaît ?
 ● Il faut tourner à gauche.
e. ● Excusez-moi, pour aller à Marseille, s'il vous plaît ?
 ● Il faut aller/continuer tout droit.
f. ● Excusez-moi ! Pour aller au quartier Joliette, s'il vous plaît ?
 ● Il faut tourner à gauche.

10

Lösungsvorschlag:
a. Il faut préparer le voyage, il faut aimer la mer et le soleil; il faut parler français.
b. Il faut lire les prospectus, il faut réserver un hôtel, il faut aimer les musées.
c. Il faut avoir un guide, il faut aimer l'aventure, il faut aimer le froid, il faut avoir des skis.

Auch andere Lösungen können richtig sein: **préparer le voyage, parler français, lire des prospectus** und **réserver un hôtel** passen zu verschiedenen Urlaubsformen.

11

b. Vous allez jusqu'à la place de la Bastille.
c. Vous allez jusqu'au pont Mirabeau.
d. Vous allez jusqu'au feu.
e. Vous allez jusqu'au carrefour.
f. Vous allez jusqu'aux Champs-Elysées.
g. Vous allez jusqu'au Louvre.

13

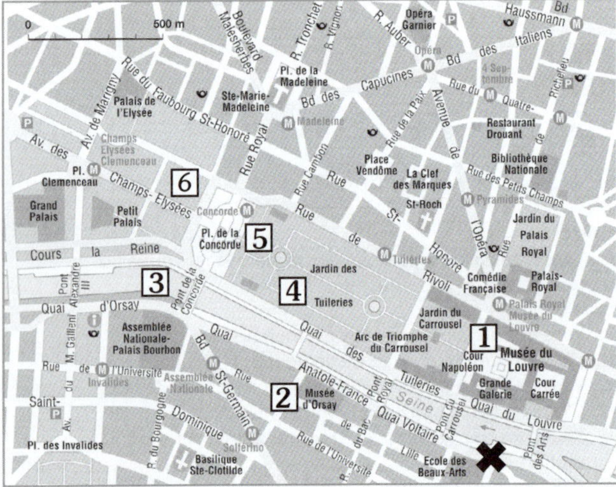

14

b. Carole est à gauche de la mairie. *oder* Carole est à côté de la mairie.
c. Gérard est derrière le cinéma.
d. Nicole est en face du supermarché.
e. Adrien est en face de l'hôtel. *oder* Adrien est à droite de la mairie.
f. Jeanne est à droite du café. *oder* Jeanne est à côté du café.
g. Lucas est sur le pont.
h. Pierre est devant le cinéma.

> Wir haben alle Hörtexte in den Lösungen abgedruckt – aber Sie sollten dennoch nicht mogeln! Lesen Sie die Hörtexte erst dann, wenn Sie versucht haben, die Aufgabe zu lösen!

15

Hörtext:

- Bon alors… Où est Alice ?
- Alice est devant le cinéma avec Pierre. Ils regardent le programme.
- Et Céline ?
- Céline… elle n'est pas avec Carole ?
- Non ! Elle est sur le pont avec Lucas.
- Ah bon ! Et Fabrice ?
- Fabrice n'est pas là. Il est devant la mairie.
- Et Thérèse ? Où est Thérèse ?
- Elle est en face de la boulangerie !
- Non, non, ce n'est pas vrai ! Elle n'est pas en face de la boulangerie, elle est en face du café !!

16

	attendre	entendre	vendre	descendre
je/j'	attends	entends	vends	descends
tu	attends	entends	vends	descends
il/elle/on	attend	entend	vend	descend
nous	attendons	entendons	vendons	descendons
vous	attendez	entendez	vendez	descendez
ils/elles	attendent	entendent	vendent	descendent

18

a., b., c., d., e., f., g.

Hörtext:

a. Il est deux heures et quart.
b. Il est trois heures dix.
c. Il est cinq heures vingt-cinq.
d. Il est sept heures et demie.
e. Il est une heure moins vingt-cinq.
f. Il est huit heures moins le quart.
g. Il est six heures moins dix.

b. ● On va à l'exposition Gauguin à quelle heure ?
● A dix heures et quart !
c. ● On a rendez-vous à l'Opéra à quelle heure ?
● A sept heures et demie !
d. ● On descend à Notre-Dame à quelle heure ?
● A quatre heures moins le quart !
e. ● On attend le bus à quelle heure ?
● A deux heures et quart !
f. ● On prend l'Open Tour à quelle heure ?
● A neuf heures !
g. ● On attend le groupe à quelle heure ?
● A midi et quart !

Chers amis,
Voici comment aller à l'hôtel Royal. Vous descendez *oder* allez à la Bastille et vous prenez la rue Saint-Antoine. Vous prenez la troisième à droite, c'est la rue de Birague, vous traversez la place des Vosges et vous tournez à gauche dans la rue des Francs-Bourgeois. Vous prenez la première à droite, c'est la rue de Turenne, et vous continuez tout droit. Vous tournez à gauche, rue du Parc Royal. L'hôtel est au 9. Alors, rendez-vous samedi à 10 heures. A bientôt !
Amitiés, ...

Lösungsvorschlag:
Die Wörter in Klammern können Sie auch weglassen, und natürlich können Sie auch aus einem langen Satz zwei kurze machen und umgekehrt.
Nous arrivons à Paris vendredi soir. A six heures, nous allons à la Villette et nous visitons une exposition. *oder* A six heures, nous allons à la Villette pour visiter une exposition.
Samedi (matin,) à 9 heures, nous allons au musée d'Orsay, nous faisons une promenade au jardin des Tuileries et à midi, nous prenons un apéritif au Café de la Paix.
Samedi (après-midi,) à deux heures, nous visitons l'Opéra Bastille et (le soir,) à six heures et demie, nous allons à Montmartre. Nous visitons le quartier et le Sacré-Cœur.
Dimanche matin, à neuf heures, nous faisons une promenade sur la Seine. Le départ est à midi et quart. Il faut être à l'heure !

LEÇON 8

2

	au groupe	à Myriam
b.		✘
c.		✘
d.	✘	
e.		✘
f.	✘	
g.	✘	
h.		✘

Hörtext:
a. Regarde.
b. Ecoute.
c. Plie les jambes.
d. Tournez la tête.
e. Lève les bras.
f. Sautez.
g. Ne soyez pas en retard.
h. Fais un effort.

a. Ecoutez la musique.
b. Tournez la tête.
c. Pliez les genoux.
d. Sautez sur un pied.
e. Levez les pieds.
f. Faites un effort.
g. Soufflez un peu.
h. Bravo ! Et maintenant, allez prendre une douche.

b. Prends un verre à midi au club.
c. Ne sois pas en retard : il déteste attendre !
d. Va au concert, il adore le rap.
e. Organise une fête chez toi.
f. Invite juste deux ou trois amis.
g. Soyez souvent ensemble.
h. Fais la cuisine : il aime les crêpes.

b. Elle ne regarde plus le sport à la télévision.
c. Elle n'a plus de problèmes.
d. Elle ne fume plus.
e. Elle n'est plus malade.
f. Elle ne prend plus d'apéritif.
g. Elle ne va plus au café.
h. Elle ne prend plus la voiture.

7

- exagères
- exagère, exagérez
- l'école, préfères, écouter
- préférez, être, télévision, espérez
- espérons
- arrête
- crêpes

9

einmal: la tête, le dos, le cœur, le ventre *doppelt:* les bras, les jambes, les épaules, les genoux, les pieds

10

b. Il a mal à la tête. c. Il a mal aux pieds. d. Il a mal aux bras. e. Il a mal aux épaules. f. Il a mal aux genoux.
g. Il a mal au dos. h. Il a mal au ventre.

11

	richtig	falsch	richtige Zahl
a. 70 heißt **soixante-dix**.	X		
b. 80 wird [katrəvɛ̃] gesprochen.	X		
c. 80 bekommt ein **s**.	X		quatre-vingts
d. 81 hat auch ein **s**.		X	quatre-vingt-un/une
e. 81 und 91 haben kein **et**.	X		quatre-vingt-un, quatre-vingt-onze
f. 82 und 92 haben beide ein **et**.		X	quatre-vingt-deux, quatre-vingt-douze
g. 101 heißt **un cent un**.		X	cent un
h. Ab 101 steht kein Bindestrich mehr.	X		cent un
i. Bei 300 bekommt **cent** ein **s**.	X		trois cents
j. Bei 4000 bekommt **mille** ein **s**.		X	quatre mille

12

a. trois mille
b. mille neuf cent quatre-vingt-onze
c. deux mille neuf cent soixante et onze
d. mille cent quatre-vingts
e. mille deux cents
f. trois mille deux cent quatre-vingt-un

13

		numéro	jour
a.	aérobic	1070	le mardi
b.	gym pour le dos	1293	le lundi
c.	piscine senior	281	le vendredi
d.	stretching	775	keine Angabe
e.	yoga	398	keine Angabe

Hörtext:

- Gym-Club, bonjour !
- Bonjour Mademoiselle. Quel est le numéro du cours d'aérobic, le mardi, s'il vous plaît.
- Alors… le cours d'aérobic… c'est le 1070.
- Et le cours de gym ?
- Pour le dos ?
- Oui, pour le dos.
- Alors, c'est le 1293, le lundi.
- Et la piscine ?
- Pour les seniors ?
- Oui, oui pour les seniors, Mademoiselle !
- Alors, c'est le vendredi, numéro 281.

- Vous avez les numéros du cours de stretching et du cours de yoga ?
- Bien sûr… stretching 775 et yoga 398.
- Eh bien c'est tout. Merci beaucoup, Mademoiselle !
- A votre service !

b. 70 Elle a soixante-dix ans.
c. 57 Elle a cinquante-sept ans.
d. 75 Il a soixante-quinze ans.
e. 80 Il a quatre-vingts ans.
f. 82 Il a quatre-vingt-deux ans.
g. 90 Il a quatre-vingt-dix ans.
h. 81 Elle a quatre-vingt-un ans.
i. 77 Elle a soixante-dix-sept ans.

Hörtext:
- Marguerite, quel âge a-t-elle ?
- Elle a 65 ans.
- Et Eléonore ?
- Elle a 70 ans.
- Quel âge a Colette ?
- Elle a 57 ans !
- Quel âge a Alphonse ?
- Alphonse ? Il a 75 ans !
- Et Pierre, quel âge a-t-il ?
- Pierre a 80 ans.
- Albert, quel âge a-t-il ?
- Il a 82 ans.
- Gustave, quel âge a-t-il ?
- Gustave… Il a euh… 90 ans !
- Et Lucienne ?
- Lucienne, elle a 81 ans.
- Quel âge a Léopoldine ?
- Attends… Elle a 75 ans. Non ! Elle a 77 ans, oui c'est ça, 77 ans !

a. le tennis, le ski, le squash, l'équitation, le golf
b. le foot(ball), le basket
c. le rugby, la pétanque
d. l'escalade, le VTT, le parapente, le scooter des mers, le scooter des neiges
e. les randonnées

Lösungsvorschlag:
Hier die einzelnen Elemente, die Sie auf verschiedene Weise zu Sätzen zusammenstellen können. Und statt **ne… pas** können Sie jederzeit **ne… plus** einsetzen, wenn eine Sportart nicht mehr ausgeübt wird.

En Allemagne, on fait des randonnées, du yoga et de l'aérobic *oder* En Allemagne, on ne fait pas de randonnées, on ne fait pas de yoga, on ne fait pas d'aérobic.
En Allemagne, on joue au tennis, au basket, au golf, à la pétanque, au rugby et au football *oder* En Allemagne, on ne joue pas au basket, on ne joue pas au golf, on ne joue pas à la pétanque, on ne joue pas au rugby, on ne joue pas au football.
En Allemagne, on va à la piscine et à la mer *oder* En Allemagne, on ne va pas à la piscine, on ne va pas à la mer.

18

	a.	b.	c.	d.	e.	f.	g.	h.	i.	j
[o]			X		X		X		X	X
[ɔ]	X	X		X		X		X		

a. sport
b. yoga
c. zéro
d. alors
e. dos
f. la place de la Concorde
g. bravo
h. dommage
i. vélo
j. radio

a. A l'école, il adore l'espagnol.
[ɔ] [ɔ] [ɔ]
b. C'est beau Bordeaux !
[o] [ɔ] [o]
c. Il faut tourner au feu.
[o] [o]
d. Le bureau est au premier étage.
[o] [o]
e. J'ai mal au dos.
[o] [o]
f. Il a mal aux épaules.
[o] [o]

Mes chéris,
<u>Prenez</u> le petit déjeuner à 7 heures et <u>soyez</u> à l'heure à l'école. A l'école, <u>travaillez</u> bien ! A la maison, <u>faites</u> la cuisine avec Papa et <u>faites</u> aussi les courses. Julie ! S'il te plaît, <u>arrose</u> les fleurs ! Ne <u>faites</u> pas de bêtises, ne <u>jouez</u> pas au foot dans la rue, n'<u>organisez</u> pas de rave party dans les chambres et ne <u>regardez</u> pas la télévision jusqu'à minuit. Nicolas ! Tu es malade : <u>prends</u> les médicaments ! <u>Soyez</u> gentils avec le chien ! Mille bises Maman

a. Myriam
b. Marguerite
c. Catherine

Hörtext:
a. Catherine, levez la jambe droite… levez les bras et soufflez…
b. Myriam, tournez les pieds à droite… tournez la tête à gauche, oui, comme ça… c'est bien… pliez les genoux… Très bien ! Soufflez…
c. Marguerite, pliez les jambes, levez un bras… levez le deuxième bras… regardez devant vous… et maintenant rentrez le ventre !

LEÇON 9

1

2

b. les parents
c. les beaux-parents
d. le fils
f. la sœur
g. la petite-fille
h. la cousine
i. le neveu
j. l'oncle
k. la femme

3

a. le mari
b. la fille
c. la femme
d. la sœur
e. le frère
f. la belle-mère
g. les grands-parents
h. le neveu
i. la tante

5

je	tu	il	nous	vous	ils
veux	veux	peut	pou-vons	voulez	veulent
dois	dois		devons	pouvez	doivent
peux	peux				

6

a. peux, dois b. veux c. dois d. voulez e. veut
f. peux

7

b. Tu pourrais jouer avec moi ?
c. Je voudrais aller au cinéma avec Stéphanie !
d. Je voudrais une petite sœur !
e. Léon, tu devrais ranger la chambre !
f. Maman, tu ne devrais plus fumer.
g. Dimanche, on pourrait inviter Nathalie.

8

a. C'est mon frère Léon.
b. C'est ma sœur Stéphanie.
c. Ce sont mes parents.
d. Voilà ma grand-mère.
e. Ce sont mes cousins.
f. Elle, c'est mon amie Nathalie.
g. C'est mon chien Milou.

9

b. Joue au tennis avec ton père.
c. Range tes rollers.
d. Prépare ta valise.
e. Arrose tes fleurs.
f. Range la chambre de ton petit frère.
g. N'écoute pas toujours tes amis.
h. Ne fume pas avec ton amie.
i. Ecoute tes parents.

10

b. Quel âge a votre père ?
c. Comment va votre femme ?
d. Que fait votre mari ?
e. Quel âge ont vos enfants ?
f. Vos enfants vont à l'école ? *oder* Est-ce que vos enfants vont à l'école ?
g. Quelle profession a votre fille ?
h. Votre fils parle allemand ? *oder* Vos fils parlent allemand ? *oder* Est-ce que votre fils parle allemand ? *oder* Est-ce que vos fils parlent allemand ?

Sie fragen sich, warum es **votre fils** oder **vos fils** heißen kann? Ganz einfach: **fils** ist ein Substantiv, das im Singular schon auf **-s** endet; deswegen lauten Singular und Plural gleich.

11

a. leur
b. leurs, leur
c. leur
d. Leurs
e. Leur

12

b. ses
c. leur
d. sa
e. leur
f. son
g. son
h. son
i. leurs

Sie fragen sich, warum bei g. und h. **son** steht, obwohl das Substantiv doch feminin ist? Sehen Sie noch einmal auf S.110 nach – die Substantive beginnen beide mit einem Vokal!

14

a. petite
b. malicieuse
c. brun
d. intelligent
e. importante
f. gentille
g. gris
h. froid
i. bonne

	fille	garçon
a. Mikis		X
b. Claude	X	
c. Yves		X
d. Mirza		X
e. Lulu	X	
f. Yoko	X	

Hörtext:
a. Mikis est petit.
b. Claude est intelligente.
c. Yves est très gentil !
d. ● Comment est Mirza ?
   ● Très très grand !
e. Lulu, es-tu sportive ?
f. Yoko est un peu malicieuse…

16

b. Elle est très mignonne aussi.
c. Elle est gaie et malicieuse aussi.
d. Elle est intelligente et un peu timide aussi.
e. Elle est adorable aussi !
f. Adeline n'est pas blonde, elle est brune.

Ma chère Virginie,
Je suis chez ma grand-mère : elle est gaie et très gentille avec moi. Elle n'est plus très jeune mais elle est très malicieuse ! Je fais du ski avec une voisine : Maria. Sa mère est grande et elle est timide comme ma mère. Maria est petite, brune et très sportive. Il fait froid mais pour faire du ski, c'est idéal ! Merci beaucoup pour l'ours blanc : il est très mignon et toi, tu es une amie adorable ! Mille bises ! Ton amie,
Nathalie

19

Lucien est mince, il a les cheveux gris et courts, il a une moustache et il porte des lunettes *oder* il porte une moustache et il a des lunettes.
Pierrette a les cheveux bruns, courts et bouclés. Elle porte des lunettes. Elle est bronzée.
Béatrice a les cheveux blonds, longs et lisses. Elle a des taches de rousseur.
Luc a les cheveux courts et bouclés. Il a des cheveux bruns.

20

Chère Nathalie,
Merci pour ta lettre ! Ici, il pleut et nous devons rester à la maison. Mon frère Léon et ma sœur Stéphanie sont malades et je dois toujours être gentille. Je dois aussi ranger leur chambre ! C'est gai !! Nous avons un chien !! Ça, c'est super ! Il est marron et gris. Il n'est pas très sage et les parents ne sont pas contents parce que Milou (c'est son nom !) fait toujours des bêtises. C'est génial ! Et toi, comment vas-tu ? Mille bises,
Virginie

	a.	b.	c.	d.	e.	f.	g.	h.	i.
[ø]		X	X	X	X			X	
[œ]	X					X	X		X

Hörtext:
a. cœur
b. yeux
c. banlieue
d. bleu
e. veut
f. sœur
g. heure
h. deux
i. leur

	a.	b.	c.	d.	e.	f.	g.	h.	i.
1. Silbe	X		X						
2. Silbe		X		X		X	X	X	
3. Silbe					X				X

Hörtext:
a. deux heures
b. Les deux !
c. deuxième
d. les yeux verts
e. malicieux
f. Tu veux ?
g. Il pleut !
h. Les bleus !
i. les neveux

23

b. ma nièce
c. mon frère *oder* mon beau-frère
d. mon père
e. mon neveu
f. ma grand-mère
g. ma tante

Elle est petite et mince. Elle est brune. Elle a les cheveux longs et lisses. Elle est jolie. Elle porte de temps en temps un chignon et des lunettes. Elle a un petit nez et des taches de rousseur. Elle a les yeux bleus. Elle est très sympa. Elle parle très bien allemand et anglais.

25

a. A ton âge, tu devrais faire du sport !
b. Par exemple, tu pourrais faire du ski, jouer au football ou faire de la gym.
c. Et puis, tu ne devrais plus fumer; c'est dangereux pour la santé !
d. Tu pourrais *oder* devrais faire la cuisine !
e. Le dimanche, tu pourrais aller au cinéma ou rencontrer des amis.
f. Tu devrais ranger ta chambre !
g. Et surtout, tu devrais écouter ton fils !

LEÇON 10

2

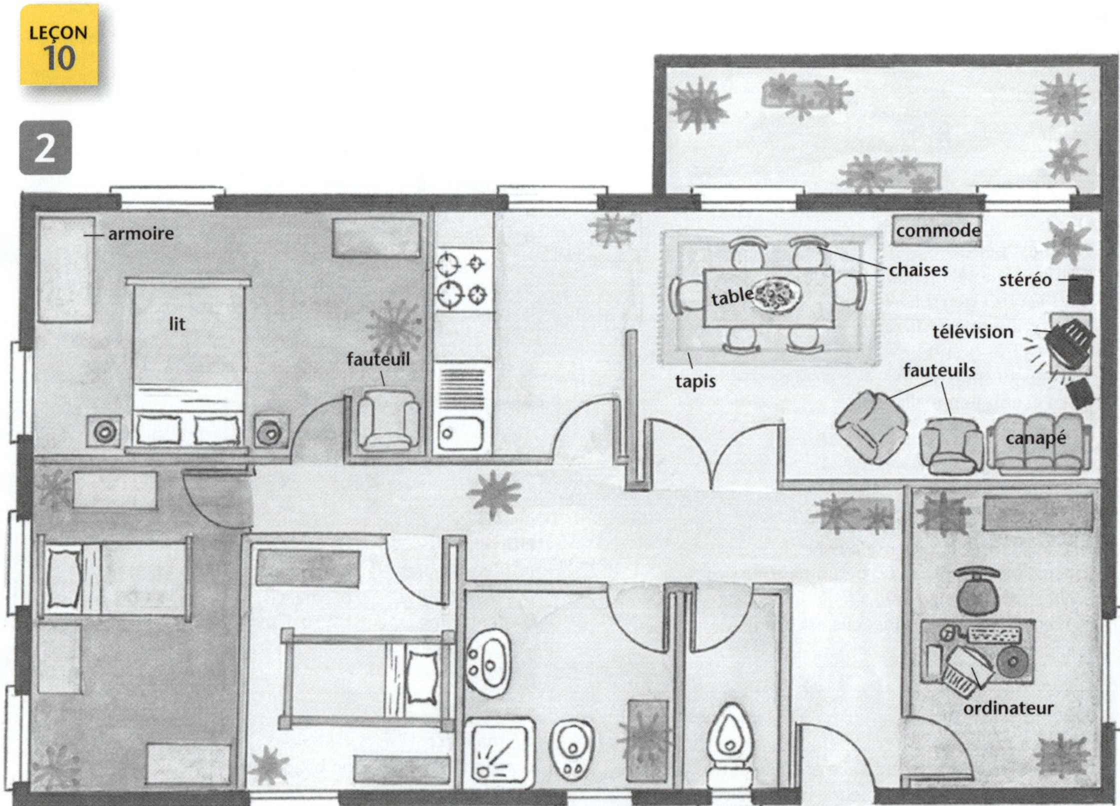

3

Lösungsvorschlag:
J'ai un grand séjour *oder* J'ai un petit séjour.
J'ai une grande cuisine *oder* J'ai une petite cuisine.
J'ai un grand balcon *oder* J'ai un petit balcon. *oder* Je n'ai pas de balcon.
J'ai une grande entrée *oder* J'ai une petite entrée. *oder* Je n'ai pas d'entrée.
J'ai une grande salle de bains *oder* J'ai une petite salle de bains *oder* J'ai deux grandes salles de bains.
J'ai une grande chambre d'enfants *oder* J'ai deux petites chambres d'enfants *oder* Je n'ai pas de chambre d'enfants.
J'ai un grand bureau *oder* J'ai un petit bureau *oder* Je n'ai pas de bureau.

4

	a.	b.	c.	d.	e.	f.	g.	h.	i.
vieux					X	X			
vieil			X					X	
vieille	X								
vieilles									X
beau							X		
bel									
belle		X		X					
beaux									
belles									

Hörtext:
a. Ma salle de bains est très vieille.
b. Oh, la belle commode !
c. C'est mon vieil ordinateur.
d. Tu as une belle cuisine !
e. Le tapis est très vieux.
f. J'aime les vieux meubles…
g. C'est très beau !
h. Voici Victor, un vieil ami.
i. Oui, les deux chaises sont vieilles.

a. vieux, nouveau
b. vieux
c vieux, beau
d. nouveau, belle
e. nouvelle, belles
f. nouvel

7

La plante est dans le coin. La poupée est sur le bureau. Les rollers sont devant le lit. Le train électrique est sous le lit. La poubelle est au milieu (de la chambre). L'ours est dans les rollers. Les chaussures sont devant l'armoire. Les livres sont sur l'armoire. La lampe est dans l'armoire.

8

ce	cet	cette	ces
balcon	ours	fenêtre	plantes
tableau	oncle	cuisine	ours
	ordinateur	chaise	
		entrée	
		poubelle	
		porte	
		armoire	

Haben Sie sich gewundert, warum **ours** bei **cet** und bei **ces** steht? Es handelt sich um ein Wort, das im Singular auf **-s** endet. Deswegen lautet auch der Plural **ours**, und man kann ohne Zusammenhang nicht entscheiden, ob ein Bär gemeint ist oder mehrere.

a. ce canapé
b. cette chaise
c. ces chaises
d. cette petite lampe
e. ce joli fauteuil, ces plantes vertes
f. ces trucs

Hörtext:
a. Monsieur, quel est le prix de ce canapé ?
b. Et quel est le prix de cette chaise ?
c. Alors, nous prenons ces chaises.
d. Et aussi cette petite lampe !
e. Luc, regarde ! On achète ce joli fauteuil ? Et ces plantes vertes ?
f. Acheter ces trucs ? Ah non, pas question !

a. Mettez cette petite chaise à côté du fauteuil, s'il vous plaît.
b. On met cette vieille lampe à la poubelle. *oder* Nous mettons cette vieille lampe à la poubelle.
c. Mets ce beau livre sur le bureau, s'il te plaît.
d. Les enfants mettent la table.
e. Mon amie met ses lunettes.

	a.	b.	c.	d.	e.	f.	g.	h.	i.
ce		X			X	X	X		X
ces	X		X	X				X	

Hörtext:
a. Mets ces rollers dans ta chambre.
b. Mettez ce tapis dans la chambre.
c. Mets ces plantes sur le balcon.
d. Mets ces lampes dans le bureau de papa.
e. Mets ce tableau entre les deux fenêtres.
f. Mets ce livre sur la chaise.
g. Mets ce fauteuil dans la cuisine.
h. Mets ces chaises à côté du fauteuil.
i. Mets ce truc à la poubelle.

12

« Lulu vient ce soir ! Luc, tu vas au supermarché ? » Béatrice va dans la cuisine, met ses lunettes et fait un gâteau. Les enfants vont dans la cuisine et ils aident Béatrice. Ils mettent les verres dans le séjour pour l'apéritif. Stéphanie met sa nouvelle robe bleue.
« Les enfants ! Mettez vos jouets dans votre chambre. Virginie, viens ! Mets la table, s'il te plaît. Léon et Virginie, venez, il est six heures ! Mettez le chien dans la voiture !
Milou, viens mon bon chien ! Mais où est donc ce chien !? »

a. vert
b. marron
c. beige
d. rose
e. bleu
f. jaune
g. violet
h. blanc
i. noir
j. gris
k. rouge

15

je vais
tu vas
il/elle/on va
nous allons
vous allez
ils/elles vont

Lösungen

16

b. On va aller au cinéma.
c. On va parler anglais.
d. On va faire du ski.
e. On va faire du vélo.
f. On va aller au Québec *oder* On va visiter le Québec.

17

a. Béa et moi, nous n'allons pas inviter les parents. Nous allons changer la moquette.
b. Béatrice ne va pas aller au club de gym. Elle va changer les rideaux.
c. Stéphanie ne va pas rencontrer ses amies. Elle va aider sa mère.
d. Virginie et Léon ne vont pas jouer dans le séjour. Ils vont ranger leur chambre.
e. Moi, je ne vais pas jouer au golf. Je vais refaire la peinture.

19

a – 5 b – 3 c – 2 d – 1 e – 4

20

	a.	b.	c.	d.	e.	f.	g.	h.	i.	j	k
[tu] tout, tous	X	X		X	X		X	X			X
[tut] toute, toutes			X			X			X	X	

Hörtext:
a. Tous les gâteaux sont bons.
b. Elle travaille tous les jours.
c. Toute la maison est belle.
d. Tous les enfants aiment le chocolat.
e. Tout va bien !
f. Toutes les plantes sont vertes.
g. Tous les papiers peints sont en promotion.
h. Ils entendent tout !
i. Toutes les couleurs sont jolies !
j. Le gâteau est pour toute la famille.
k. C'est tout pour aujourd'hui !

21

a. Toute
b. toute
c. Toutes
d. tous
e. toutes
f. tous
g. tout
h. tous
i. tout
j. toute, tous

22

Am Ende der folgenden Sätze sollten Sie jeweils ergänzen, wie häufig Sie was tun. Dabei stehen die folgenden Zeitangaben zur Auswahl:
tous les jours *oder* **toutes les semaines** *oder* **tous les mois** *oder* **tous les ans** *oder* **tous les 5 ans**

b. Je change les papiers peints…
c. J'arrose les plantes vertes…
d. Je change la moquette…
e. Je bricole…
f. Je refais la peinture…
g. J'achète une lampe…
h. J'achète des meubles…
i. Je refais les rideaux…
j. Je range l'appartement…
k. Je vais au rayon décoration…

23

a. A gauche, il y a une vieille commode, la télévision et la stéréo. Sur la stéréo, il y a le téléphone.
b. A droite, il y a un vieux canapé et des fauteuils verts (très) confortables.
c. Au milieu du séjour, il y a une grande table et six chaises. Sur la table, il y a des fleurs.
d. Entre les deux fenêtres, ils ont une vieille armoire.
e. A côté des fenêtres, dans le coin, il y a des plantes vertes.
f. Ils ont aussi un tapis beige et des rideaux jaunes.
g. Le papier peint est blanc et vert.

24

a. entrée, canapé
b. salle de bains, table, chaises, plantes
c. bureau, armoire, rideaux
d. bureau, armoire, rideaux
e. tapis, balcon

Hörtext:
- Béatrice, où est-ce qu'on met cette commode ?
- Dans l'entrée !
- On peut pas, y'a déjà le canapé !
- Bon alors, dans la salle de bains !
- Ça va pas ! Y'a une table, des chaises et des plantes !
- Alors, euh… Mets la commode dans le bureau, entre l'armoire et les rideaux.
- Bon, et maintenant, où est-ce que je mets le tapis ?
- Le tapis, le tapis… Mets le tapis sur le balcon !
- Sur le balcon !!??

LEÇON 11

2

Lösungsvorschlag:

moi

b. Je sais faire la mousse au chocolat.
c. Je ne sais pas faire les crêpes.
d. Je sais faire le thé.
e. Je sais faire la salade.
f. Je sais faire le café.
g. Je sais faire les sandwichs.

mon ami(e)

a. Il/Elle ne sait pas faire la crème caramel.
b. Il/Elle sait faire la mousse au chocolat.
c. Il/Elle sait faire les crêpes.
d. Il/Elle sait faire le thé.
e. Il/Elle ne sait pas faire la salade.
f. Il/Elle sait faire le café.
g. Il/Elle sait faire les sandwichs.

Wo Sie die Verneinung setzen, hängt natürlich von Ihren Kochkenntnissen (und denen Ihres Freundes/Ihrer Freundin) ab.

4

unbestimmter Artikel **un, une, des**: des pâtes, un citron, des champignons de Paris, une salade, des yaourts, des pêches, des fraises, des pommes
Teilungsartikel **du, de la, de l'**: de la viande, de la confiture, du pain, du jambon, du müesli

5

des baguettes	du fromage
des cigarettes	du camembert
du café	des biscuits apéritif
des olives	des œufs
du sucre	du beurre
de la crème	du chocolat

Wenn Sie einen ganzen **camembert** *kaufen möchten, können Sie auch* **un camembert** *auf Ihren Einkaufszettel schreiben!*

6

b. avec du jambon?
On boit de la bière ou du vin blanc.
c. avec des crêpes?
On boit du cidre.
d. avec des fruits de mer?
On boit du vin blanc.
e. avec des gâteaux?
On boit du champagne.
f. avec de la viande?
On boit du vin rouge, du vin blanc ou du rosé.
g. avec du müesli?
On boit du lait.

8

	du	de la	de l'	des	de	d'	
a. un peu					X		gruyère
b. un kilo					X		pommes de terre
c.		X					menthe
d.				X			oignons
e. une livre					X		fraises
f. une gousse						X	ail
g. une cuillère						X	huile
h.				X			pêches
i.	X						lait
j. trois							tomates
k.			X				eau

9

b. une boîte de tomates
c. un paquet de sel
d. une tranche de jambon
e. un pot de crème fraîche
f. un sac de pommes de terre
g. une tablette de chocolat
h. une bouteille d'huile
i. un morceau de gâteau

10

a. Pour faire un soufflé au fromage, il faut 40 g de farine, 60 g de beurre, quatre œufs, 150 g de gruyère, 40 cl de lait, du sel, du poivre.
b. Pour faire un sandwich au jambon, il faut deux tranches de pain, quatre tranches de jambon, du beurre.
c. Pour faire des crêpes, il faut trois œufs, 50 cl de lait, 250 g de farine, du sel, du beurre, de la confiture ou du sucre.
d. Pour faire une mousse au chocolat, il faut 200 g de chocolat, 80 g de sucre, six œufs, 60 g de beurre.

12

b. Oui, on en a deux.
c. Non, on n'en a pas.
d. Oui, on en a un paquet.
e. Oui, on en a deux kilos.
f. Non, on n'en a pas.
g. Oui, on en a un pot.
h. Oui, on en a deux bouteilles.

Auf Französisch sagt man einfach **deux salades** für *zwei Köpfe Salat.*

14

b.	de la	Non, il n'y en a pas.
c.	des	Non, il n'y en a pas.
d.	des	Oui, il y en a.
e.	des	Non, il n'y en a pas.
f.	du	Oui, il y en a.
g.	de l'	Non, il n'y en a pas.
h.	du	Oui, il y en a.

15

Mögliche Lösungen:

a. Oui, j'en bois *oder* Non je n'en bois pas.
b. Oui, j'en mange *oder* Non, je n'en mange pas.
c. Oui, j'en mange beaucoup *oder*
Non, je n'en mange pas beaucoup.
d. Oui, j'en mets *oder* Non, je n'en mets pas.
e. Oui, j'en bois *oder* Non, je n'en bois pas.
f. Oui, j'en bois.*oder* Non, je n'en bois pas.
g. Oui, j'en mange *oder* Non, je n'en mange pas.
h. Oui, j'en achète *oder* Non, je n'en achète pas.
i. Oui, j'en mange un *oder* Non je n'en mange pas.
j. Oui, j'en prends *oder* Non, je n'en prends pas.

Hörtext:

a. Vous buvez du café au petit-déjeuner ?
b. Vous mangez de la viande ?
c. Vous mangez beaucoup de légumes ?
d. Vous mettez du lait dans votre café ou dans votre thé ?
e. Vous buvez de la bière ?
f. Vous buvez du thé à cinq heures ?
g. Vous mangez des salades ?
h. Vous achetez du pastis ?
i. Vous mangez un sandwich à midi ?
j. Vous prenez des sacs au supermarché ?

16

a. C'est bon, le jambon !
b. Combien font ces pêches ?
c. La bière est une boisson.
d. Tu prends du beurre et des baguettes.
e. Une boîte de biscuits pour papa.
f. Tu as une bonne poêle pour les pommes de terre ?
g. Vous buvez un Perrier à la pause de midi ?
h. Tu parles bien arabe.
i. Vous pouvez boire !

17

- Bonjour Monsieur ! Vous désirez ?
- Bonjour Madame ! Je voudrais un paquet de biscuits, une bière et un Coca.
- Voilà, Monsieur. Et avec ça ?
- Combien coûtent les pêches ?
- 3 euros le kilo.
- Alors un kilo de pêches et des citrons, s'il vous plaît.
- Combien de citrons ?
- Deux. Je vais prendre aussi une livre de tomates et une tablette de chocolat.
- Et avec ça ?
- C'est tout, merci.

18

a. Combien coûtent les fraises ?
b. Je voudrais quatre tranches de jambon et une livre de fraises, s'il vous plaît.
c. Est-ce que vous avez des yaourts ? *oder*
Avez-vous des yaourts ?
d. Vous n'en avez plus ? Ça ne fait rien !
e. Est-ce que vous avez du lait et du pain ? *oder*
Avez-vous du lait et du pain ?
f. Je voudrais une bouteille de lait et un pot de confiture.
g. Je voudrais deux morceaux de gâteaux.
h. Ça fait combien ?
i Merci, c'est tout.
j. Je prends un morceau de fromage.

19

a – 3 b – 6 c – 2 d – 7 e – 1 f – 5 g – 4

LEÇON 12

2

b. février e. mai h. août k. novembre
c. mars f. juin i. septembre l. décembre
d. avril g. juillet j. octobre

3

a. En France, les enfants ne vont pas à l'école le mercredi.
b. En juin, c'est la fête de la musique.
c. Les magasins sont ouverts de 9 h à 19 h 30.
d. Depuis 1992, on ne doit plus fumer dans le métro.
e. En mai, il y a à Cannes un grand festival de cinéma.
f. Victor Hugo est né en 1802.
g. En France, la fête nationale, c'est le 14 juillet.
h. A Noël, le Père Noël vient le 25 décembre.
i. On peut faire les courses du lundi au samedi.
j. En juillet et en août, les enfants sont en vacances.

4

b. L'anniversaire de Max, c'est le dix-sept décembre.
c. L'anniversaire d'Hervé, c'est le premier avril.
d. L'anniversaire de Jacqueline, c'est le treize juillet.
e. L'anniversaire de Pierre, c'est le vingt et un juin.
f. L'anniversaire de Joseph, c'est le dix-huit août.
g. L'anniversaire de Nicole, c'est le vingt-cinq février.
h. L'anniversaire de Laurence, c'est le trente et un mars.

6

a. Elle a cherché du travail.
b. Il a acheté des journaux pour ses collègues.
c. J'ai trouvé un stage chez Danone.
d. Il a passé son bac.
e. Ils ont fait des études de gestion.
f. Nous avons travaillé en Angleterre.
g. Nous avons préparé une lettre à l'ordinateur.

7

a. passé d. voulu f. vendu g. cherché h. préparé
i. trouvé j. envoyé

8

b. Elle a attendu M. Bris devant l'hôtel.
c. Elle a demandé la liste des prix.
d. Elle a cherché la lettre pour Citroën.
e. Elle a examiné les nouveaux produits.
f. Elle a préparé le café.
g. Elle a organisé la fête de Bridou.
h. Elle a arrosé les plantes.
i. Elle a vendu sa voiture.

9

a. Madame Djian a eu son bébé.
b. Benjamin a été malade mardi et mercredi.
c. M. Druon est à Toulouse, il a pris le train hier.
d. J'ai envoyé toutes vos lettres.
e. La semaine dernière, nous avons eu beaucoup de travail.
f. Nous aussi, nous avons fait un stage très intéressant.
g. Nous avons écrit les textes des brochures.
h. M. Druon a lu les lettres.
i. J'ai dû examiner les nouveaux produits.

11

Mathieu Avez-vous préparé la réunion de lundi ?
Nicole Non, nous n'avons pas préparé la réunion de lundi.
Mathieu Avez-vous fait les contrats ?
Nicole Non, nous n'avons pas fait les contrats.
Mathieu Avez-vous envoyé la documentation ?
Nicole Non, nous n'avons pas envoyé la documentation.
Mathieu Avez-vous pris contact avec Dupuis ?
Nicole Non, nous n'avons pas pris contact avec Dupuis.
Mathieu Avez-vous négocié les prix ?
Nicole Non, nous n'avons pas négocié les prix.
Mathieu Avez-vous signé la lettre pour Derain ?
Nicole Non, nous n'avons pas signé la lettre pour Derain.

12

- Tu as passé une bonne journée ?
- Bof...
- Tu as eu des problèmes au bureau ?
- Non, non.
- Tu as rencontré des collègues ?
- Oui, oui.
- Tu as eu beaucoup de rendez-vous ?
- Oh oui !
- Qu'est-ce que tu as mangé à midi ?
- Une salade et du jambon. Excuse-moi chérie, je suis fatigué. Et toi ? Qu'est-ce que tu as fait aujourd'hui ?

14

a. Nous sommes partis en Vendée.
b. Ma fille a couru sur des rochers.
c. Elle est tombée.
d. Elle est restée trois jours à l'hôpital.
e. Nous sommes rentrés à la maison.
f. Nous sommes restés trois heures dans les bouchons.

15

b. être parti f. avoir pris j. avoir eu
c. avoir été g. être resté k. avoir voyagé
d. avoir fait h. être allé l. avoir nagé
e. être rentré i. être né

16

	f	h
a. Vous êtes allée au restaurant ?	X	
b. Tu es restée au bureau ?	X	
c. Quand êtes-vous allé en Bretagne ?		X
d. Tu es arrivé quand ?		X
e. Vous êtes rentrée hier ?	X	
f. Tu es tombée ?	X	
g. Tu es né en quelle année ?		X
h. Vous êtes venue à la réunion ?	X	

17

Michel	**Laurence**
a. Je suis allé au café.	Moi, je suis allée à la plage.
b. J'ai rencontré des amis.	J'ai attendu Michel jusqu'à midi.
c. On a joué à la pétanque.	Je suis allée au restaurant.
d. Je suis arrivé un peu en retard.	Je suis arrivée en avance.
e. Le soir, je suis resté avec mes amis.	J'ai attendu deux heures.
f. Je suis allé danser.	Alors, je suis rentrée à l'hôtel.
g. Je suis rentré à 7 h du matin.	Je suis restée dans ma chambre.

18

	a.	b.	c.	d.	e.	f.	g.	h.	i.	j.	k.
Präsens	X				X	X			X		X
passé composé		X	X	X			X	X		X	

Hörtext:

a. je réserve
b. j'ai demandé
c. j'ai regardé
d. il a mangé
e. elle travaille
f. j'écoute
g. j'ai passé
h. il a accepté
i. il signe
j. il est arrivé
k. je rencontre

19

Hector Berlioz est né en 1803.
Juliette Binoche est née en 1964.
Coco Chanel est née en 1883.
Nicolas Sarkozy est né en 1955.
Catherine Deneuve est née en 1943.
Napoléon est né en 1769.
Gérard Depardieu est né en 1948.
Auguste Renoir est né en 1841.

Jahreszahlen, wie z. B. 1970, können Sie auf zwei verschiedene Arten aussprechen: Entweder sagen Sie **mille neuf ent soixante-dix** oder **dix-neuf cent soixante-dix.** Beides ist gleichermaßen gebräuchlich.

20

Hörtext:
Arthur est né à Lyon en 1970.
De 1976 à 1987, il est allé à l'école, il a passé le baccalauréat en 1987.
De 1988 à 1992, il a fait des études d'architecture.
En août 1992, il est allé à Paris, il a trouvé son premier emploi.
En février 93, il est allé en Tunisie. Il a dansé la rumba et il a rencontré Catherine.
En 1997, ils ont eu un fils. En 1999, ils ont eu une fille.

21

Ils ont envoyé des mails, ils sont arrivés à 10 heures, ils ont arrosé les plantes, ils ont pris le café, ils sont rentrés chez eux à 4 heures.
Ils n'ont pas envoyé les dossiers, ils n'ont pas examiné les nouveaux produits, ils n'ont pas eu de réunion, ils ne sont pas restés au bureau jusqu'à 19 heures, ils n'ont pas rencontré leurs collègues, ils n'ont pas eu beaucoup de travail.

22

Je suis déjà arrivé(e) en retard *oder* Je ne suis jamais arrivé(e) en retard.
Je suis déjà resté(e) dans les bouchons *oder* Je ne suis jamais resté(e) dans les bouchons.
J'ai déjà fait de la voile *oder* Je n'ai jamais fait de voile.
J'ai appris l'anglais *oder* Je n'ai pas appris l'anglais.
J'ai passé le bac *oder* Je n'ai pas passé le bac.
J'ai fait des études *oder* Je n'ai pas fait d'études.
J'ai déjà loué une maison *oder* Je n'ai jamais loué de maison.
J'ai déjà été à Paris *oder* Je n'ai jamais été à Paris.
J'ai déjà fait du camping *oder* Je n'ai jamais fait de camping.

Haben Sie noch Probleme mit Hörtexten? Hier noch ein Tipp: Versuchen Sie zunächst herauszufinden, was Sie in dem Hörtext erwartet: Lesen Sie die Aufgabe genau, sehen Sie sich die Überschrift und eventuell auch die Illustrationen im Buch an. Dann hören Sie den Text ein erstes Mal. Lassen Sie ihn dabei einfach auf sich wirken – mit allen Hintergrundgeräuschen, die etwas über die Situation aussagen. Bestimmt werden Sie verstehen, worum es geht. So gewinnen Sie schon einige Informationen, die Ihnen beim zweiten Hören helfen. Versuchen Sie nun, die Kernaussage, also die für Sie wichtigen Informationen, zu verstehen. Hören Sie ruhig über Wörter, die Sie für die Aufgabe nicht brauchen, hinweg. Erst beim dritten Hören sollten Sie versuchen, alles zu verstehen. Versuchen Sie einmal, bei den Hörtexten in Lektion 13 so vorzugehen – dann klappt es bestimmt sehr gut!

LEÇON 13

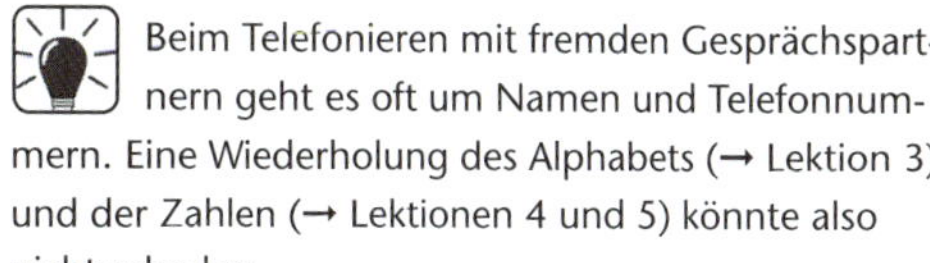

Beim Telefonieren mit fremden Gesprächspartnern geht es oft um Namen und Telefonnummern. Eine Wiederholung des Alphabets (→ Lektion 3) und der Zahlen (→ Lektionen 4 und 5) könnte also nicht schaden …

2

lire tu lis, nous lisons, vous lisez
dire je dis, il dit, vous dites
écrire j'écris, tu écris, nous écrivons, ils écrivent

3

a. Allô ?
b. Pardon, comment dites-vous?
c. Excusez-moi, je ne comprends pas bien.
d. Je regrette, ce n'est pas le bon numéro. Vous avez fait erreur.

Es ist schwer zu sagen, warum Franzosen sich privat nur mit **Allô ?** melden, wenn man sie anruft. Lassen Sie sich dadurch nicht stören, es ist halt so üblich. Der Anrufer meldet sich ebenfalls mit **Allô**, stellt sich vor und sagt, was er möchte oder wen er sprechen möchte. Nur bei Firmen meldet man sich mit dem Namen der Firma und/oder mit dem eigenen Namen.

4

la mère d'Antoine, Nathalie, David

5

a. J'ai demandé à l'agence et parlé au patron.
b. J'ai montré tes photos aux clients.
c. Pourrais-tu donner les textes à ma secrétaire ?
d. As-tu téléphoné à tante Henriette ?
e. J'explique les maths à Bruno.

6

b. Il a expliqué un dossier aux clients.
c. Il a montré Bordeaux aux collègues anglais.
d. Il a faxé les textes à la secrétaire.
e. Il a écrit à l'agence de voyages.
f. Il a téléphoné à l'entreprise M&M.
g. Il a demandé le dossier à M. Grange.
h. Il a téléphoné à tante Henriette.

7

b. Mélanie a téléphoné à Catherine parce qu'elle dépose les enfants à l'école.
c. Monsieur Bugeau a téléphoné à la pharmacie Dupuis parce qu'il a un problème.
d. Jacques a téléphoné à Béatrice parce qu'il ne peut pas venir.
e. Michel Grandet a téléphoné à l'Hôtel Palace parce qu'il veut réserver une chambre.
f. M. Perron a téléphoné à la mairie de Bourges parce qu'il veut parler à M. Gradin.

Hörtext:

a. Bonjour Gérard ! C'est Nicole. On va au cinéma, demain ? Salut !
b. Salut Béatrice ! C'est Jacques. Je suis désolé, je ne peux pas venir. Excuse-moi !! Bonjour à Luc et aux enfants !
c. ● Pharmacie Dupuis, bonjour.
   ● Allô ? La pharmacie Dupuis ? C'est Monsieur Bugeau ici. J'ai un petit problème.
d. Salut Catherine ! Je dépose les enfants à l'école lundi. Bises, Mélanie.
e. ● Hôtel Palace, bonjour !
   ● Allô ! L'hôtel Palace ? Ici Michel Grandet. Je voudrais réserver une chambre pour deux personnes.
f. ● Mairie de Bourges, bonjour !
   ● Allô ! Bonjour Madame, ici Monsieur Perron, je voudrais parler à Monsieur Gradin, s'il vous plaît !

9

b. Je vais lui écrire une lettre.
c. Je vais lui téléphoner tous les jours.
d. Je vais lui parler.
e. Je vais lui apporter des fleurs.
f. Je vais lui demander un rendez-vous.

10

b. Non, je ne lui ai pas (encore) acheté son petit cadeau.
c. Mais non, aujourd'hui, je ne lui ai pas téléphoné.
d. Je lui explique les maths.
e. Non, je ne lui ai pas (encore) téléphoné.
f. Non, je ne lui ai pas (encore) parlé.
g. D'accord, maman, je vais lui téléphoner.

11

me, te, t', m', m', t', leur, leur, lui, leur, lui

13

b. Non, je ne les lis pas.
c. Je l'écoute le matin.
d. Je la regarde le soir.
e. Je le range dans mon bureau.
f. Oui, je les aime.
g. Oui, je l'écoute tous les jours.
h. Je les fais le samedi.
i. Non, je ne l'ai pas encore acheté.

14

a. m', te, te
b. me
c. L'
d. lui, lui
e. lui, t', le, lui, lui, l', t', me
f. t'

16

a. ... à l'appareil.
b. Pourriez-vous me passer le poste ..., s'il vous plaît ?
c. Ne quittez pas. *oder* Restez en ligne.
d. (Ne quittez pas.) Je vous le bzw. la passe.
e. Désolé(e), il bzw. elle est en ligne.
f. Vous voulez patienter ?

17

a. ● Je voudrais parler à Monsieur Maier, s'il vous plaît.
   ● Oui, ne quittez pas, je vous le passe.
b. ● Pourrais-je parler à Madame Schmidt, s'il vous plaît ?
   ● Oui, ne quittez pas, je vous la passe.
c. ● Est-ce que Mademoiselle Schön est là, s'il vous plaît ?
   ● Oui, ne quittez pas, je vous la passe.
d. ● Je voudrais parler à Monsieur Grün, s'il vous plaît.
   ● Oui, ne quittez pas, je vous le passe.
e. ● Je voudrais parler à Madame Trommel, s'il vous plaît.
   ● Oui, ne quittez pas, je vous la passe.
f. ● S'il vous plaît, pourrais-je parler à Monsieur Wagner ?
   ● Oui, ne quittez pas, je vous le passe.
g. ● Est-ce que je peux parler à Andrea, s'il vous plaît ?
   ● Oui, ne quittez pas, je vous la passe.

18

b. ● Pourriez-vous me passer le poste 43, s'il vous plaît ?
   ● Je suis désolé(e), le poste 43 est occupé.
c. ● Pourrais-je parler à Monsieur Moskito, s'il vous plaît ?
   ● Je suis désolé(e), Monsieur Moskito est en réunion.
d. ● Allô ? Passez-moi le service exportation !
   ● Je suis désolé(e), le service exportation est en ligne.
e. ● Pourrais-je parler à Madame Garcia, s'il vous plaît ?
   ● Je suis désolé(e), Madame Garcia est malade.
f. ● Je suis une amie de Madame Blume. Est-ce que je pourrais lui parler, s'il vous plaît ?
   ● Je suis désolé(e), Madame Blume ne travaille plus ici.
g. ● Allô ! Bonjour ! Oscar Tempête à l'appareil. Je peux parler à Joseph ?
   ● Je suis désolé(e), Joseph Dürr est aller déjeuner.
h. ● Salut, c'est Eric ! Tu vas bien ? Peux-tu me passer Katrin ?
   ● Salut Eric ! Ça va bien, merci. Je suis désolé(e), Katrin est en rendez-vous.

	Qui a appelé ?	veut parler à	le/la rappeler ?	message
a.	Mme Robinson	M. Sainclair	–	va rappeler
b.	M. Dyamanthopoulo	Bertrand Juvet	–	arrive en retard
c.	Mélanie	Nathalie	–	ne peut pas acheter le cadeau cet après-midi, va rappeler ce soir
d.	Mme Hyerre	M. Gridet	oui	C'est urgent. Son numéro de portable: 06 43 79 80 96 10.

Hörtext:

a. ● Hôtel Palace, bonjour !
● Allô ! Bonjour Madame. C'est Mme Robinson à l'appareil.
Pourrais-je parler à M. Sainclair, s'il vous plaît ?
● Je suis désolée, il est en ligne. Vous voulez patienter ?
● Non merci, je vais le rappeler. Au revoir Madame !
● Au revoir, Madame Robinson !

b. ● Telifa Bonjour !
● Bonjour Madame, je voudrais parler à Bertrand Juvet, s'il vous plaît.
● Je suis désolée, Monsieur, M. Juvet est en réunion. Vous désirez laisser un message ?
● Oui, nous avons rendez-vous à dix heures. Je suis vraiment désolé, je vais arriver un peu en retard.
Pourriez-vous lui dire ?
● Vous êtes Monsieur… ?
● Dyamanthopoulo. D-Y-A-M-A-N-T-H-O-P-O-U-L-O
● Bien Monsieur euh… Dyamanthopoulo, je vais lui dire.
● Merci. Au revoir, Madame.

c. ● Allô ?
● Allô, bonjour Monsieur, je suis désolée de vous déranger, je suis une amie de Nathalie.
Je pourrais lui parler, s'il vous plaît ?
● Je suis désolé, Mademoiselle, ma fille n'est pas là. Vous voulez lui laisser un message ?
● Oui, je veux bien : je ne peux pas acheter le cadeau cet après-midi parce que j'ai trop de travail.
Je vais la rappeler ce soir.
● D'accord, je vais lui dire. Vous êtes… ?
● Mélanie. Merci beaucoup Monsieur ! Au revoir Monsieur !
● De rien. Au revoir Mademoiselle !

d. ● Aka, bonjour !
● Allô, bonjour Madame. Est-ce que Monsieur Gridet est là, s'il vous plaît ?
● Ah, désolée, il est allé déjeuner.
● Oh Pourrait-il me rappeler ? C'est très urgent. Je vous donne le numéro de mon portable :
c'est le 06 43 79 80 96 10.
● 06 43 79 80 96 10. Bien. Et votre nom ?
● Hyerre.
● Vous voulez bien épeler, s'il vous plaît ?
● H-Y-E-deux R-E.
● D'accord, Madame Hyerre. Monsieur Gridet va vous rappeler.
● Merci !

a. Monsieur Dupont à l'appareil
b. Désolé(e), je ne comprends pas bien.
c. Ce n'est pas le bon numéro. Vous avez fait erreur.
d. Je voudrais parler à M. Carlin, s'il vous plaît. *oder* Pourrais-je parler à M. Carlin, s'il vous plaît ?
e. Vous voulez patienter ?
f. Pourriez-vous me donner le numéro de son portable, s'il vous plaît? C'est urgent !
g. Je vous le *bzw.* la passe.
h. Je suis désolé(e), Mme Grün est en ligne.
i. Est-ce que M. Serre pourrait me rappeler, s'il vous plaît ?
j. Quel est votre numéro ? *oder* Pourriez-vous me donner votre numéro de téléphone ? Vous êtes Monsieur *bzw.* Madame … ?
k. Je vous passe le standard.
l. Désolé(e) il est parti déjeuner. Vous désirez laisser un message ?
m. Ne quittez pas ! *oder* Restez en ligne !
n. Merci (beaucoup) ! Au revoir Monsieur *bzw.* Madame !

LEÇON 14

3

homme une cravate, un pantalon, un jean, une chemise, une veste, un chapeau, un pull-over, un manteau, un costume, un T-shirt, un blouson
femme un pantalon, un jean, une veste, une jupe, un chemisier, une robe, un foulard, un chapeau, un pull-over, un manteau, un tailleur, un T-shirt, un blouson

5

Die Kriterien können Sie mit den Kleidungsstücken nach Belieben kombinieren. Wichtig ist, dass Sie die richtigen Formen von den Adjektiven bilden. Diese lauten bei **pantalons, blousons** und **pull-overs**: légers, décontractés, sport, féminins, romantiques, classiques, élégants, pratiques, lavables en machine, solides
bei **robes** und **chaussures**: légères, décontractées, sport, féminines, romantiques, classiques, élégantes, pratiques, lavables en machine, solides

6

a. Pour aller danser, elle met une robe à fleurs et des bijoux en or.
b. Pour faire de la voile, elle met un vieux jean et un T-shirt à rayures.
c. Pour une randonnée, elle met un pantalon en *oder* de coton, un blouson et des chaussures solides.
d. Pour aller à la plage, elle met un bikini, un chapeau et des lunettes de soleil.
e. Pour aller au bureau, elle met un tailleur uni, un chemisier classique, en *oder* de soie.
f. Pour faire du ski, elle met un gros pullover en *oder* de laine et un pantalon chaud.

7

tante Babette – 6
oncle Henri – 3
cousin Gaston – 5
Catherine – 2
cousin Victor – 1
tante Léa – 7
Berthe – 4
Thibaud – 8

Hörtext:

a. La tante Babette porte des lunettes et une robe à fleurs.
b. L'oncle Henri a un costume gris mais jamais de cravate.
c. Le cousin Victor porte des bijoux en or.
d. Le cousin Gaston a un pantalon et une veste marron.
e. La tante Léa porte une robe à pois et un foulard.
f. Berthe porte des chaussures vertes et une veste grise.
g. Thibaud porte un chapeau et un pantalon à rayures.
h. Et moi, je m'appelle Catherine et je porte une veste en jean.

9

V(endeur) b. e. f. g. i.
C(lient) c. d. h. j. k. l.

10

	a.	b.	c.	d.	e.	f.	g.	h.	i.	j.	k.
+		X	X		X			X			X
–	X			X		X	X		X	X	

Hörtext:

a. C'est trop petit !
b. La coupe est parfaite.
c. Elle te va bien, cette robe !
d. Ça ne me plaît pas tellement.
e. Ce modèle vous va bien !
f. Ce n'est pas ma taille.
g. C'est trop classique.
h. Le tissu est très solide.
i. Ça ne me va pas.
j. C'est un petit peu cher…
k. Ça te va bien !

12

b. Ce pantalon bleu est aussi joli que ce pantalon gris. Il me plaît.
c. Ce blouson est aussi confortable que ce pull-over. Il me plaît.
d. Cette jupe est moins courte que ce tailleur. Elle me plaît.
e. Ces cravates grises sont plus élégantes que ces cravates rouges. Elles me plaisent.
f. Ce chemisier est moins pratique que cette chemise. Il ne me plaît pas.
g. Cette robe est plus féminine que ce tailleur. Elle me plaît.
h. Ce pantalon est moins solide que ce jean. Il ne me plaît pas.

13

b. Moi je prends une salade, c'est plus rapide.
c. Ah, oui, et c'est bon *oder* meilleur pour la santé !
d. Elle est bonne, ta salade ?
e. Elle est meilleure que ton sandwich.
f. Mmm ! Il est bon, leur café !
g. Il est meilleur qu'au bureau !
h. Oui, mais ici, il est plus cher !! Tu es content de ton costume ?
i. Oui, il est plus beau que l'autre. J'aime bien faire les courses avec toi !

15

a. Quelle pointure faites-vous ?
b. Je fais du …
c. Elles me vont bien.
d. Je suis à l'aise.
e. Je vais réfléchir.
f. Je peux les échanger ?
g. Vous acceptez les cartes de crédit ?

16

c. l. g. d. b. f. a. i. k. m. e. j. n. h.

Hörtext:

- Bonjour Madame, je voudrais essayer une paire de chaussures de la vitrine.
- Oui, Monsieur. Montrez-les moi. Les noires à droite ?
- Non, la paire à gauche.
- Je les ai aussi en gris.
- Non, non, je les préfère en noir.
- Quelle est votre pointure ?
- Je fais du 44.
- Alors, voilà votre paire en 44. Comment les trouvez-vous ?
- Elles ne me vont pas très bien. J'ai un peu mal, là.
- Désirez-vous une taille au dessus ?
- Non, non, merci. Je vais réfléchir. Merci, Madame.
- A votre service, Monsieur.
- Au revoir.
- Au revoir, Monsieur.

17

	a.	b.	c.	d.	e.	f.	g.	h.	i.	j.	k.	l.
[u]				X				X		X		X
[y]	X	X	X		X	X	X		X		X	

Hörtext:

a. jupe
b. tissu
c. costume
d. blouson
e. chaussure
f. uni
g. Ça m'a plu.
h. en dessous
i. au dessus
j. foulard
k. rayure
l. bijou

18

Mimi porte un pantalon blanc, un T-shirt violet à pois blancs et un petit chapeau rose.
Natacha porte une longue robe noire unie, des lunettes de soleil et des bijoux en argent.
Zoé porte une jupe courte à rayures jaunes, vertes et rouges, des chaussures rouges et un chemisier à fleurs vertes et jaunes.

19

a. Vous avez ce modèle en quelle couleur ?
b. Le pull est en laine ?
c. Je voudrais essayer le rouge.
d. Il ne me va pas ! *oder* Il est trop petit ! *oder* Ça ne me va pas !
e. Vous avez une taille au dessus ?
f. Il me va bien ? *oder* Ça me va bien ?
g. Mais la couleur ne me plaît pas tellement !
h. Je vais réfléchir.
i. Bon, je le prends. Mais je peux l'échanger ?

LEÇON 15

2

a. employé.
b. cuisinière.
c. étudiant.
d. architecte.
e. technicienne.
f. guide.
g. vendeuse.
h. journaliste.
i. professeur.

4

	a.	b.	c.	d.	e.	f.	g.	h.	i.
vrai	X		X	X			X	X	X
faux		X			X	X			

5

a. Je m'ennuie un peu.
b. Je me dispute souvent avec mes enfants.
c. Je ne peux jamais me détendre.
d. Je pourrais me coucher plus tôt.
e. Je n'aime pas me promener.
f. Je ne m'intéresse plus à mon métier.
g. Je m'énerve pour rien.

6

b. ● Vous vous réveillez tôt ?
● Non, je ne me réveille pas tôt.
c. ● Vous vous disputez avec les enfants ?
● Non, je ne me dispute pas avec les enfants *oder* avec eux.
d. ● Vous vous énervez souvent au bureau ?
● Oui, je m'énerve souvent au bureau.
e. ● Vous vous détendez de temps en temps ?
● Non, je ne me détends jamais.
f. ● Vous vous promenez souvent ?
● Non, je ne me promène jamais.
g. ● Vous vous ennuyez en vacances ?
● Oui, je m'ennuie en vacances.

7

a. se
b. m'
c. m', me
d. nous, me
e. m'
f. nous, nous
g. me

8

b. Couche-toi plus tôt.
c. Habille-toi.
d. Prépare-toi.
e. Réserve-toi un hôtel.
f. Excuse-toi.
g. Détends-toi.
h. Ne t'énerve pas.

10

	a.	b.	c.	d.	e.	f.	g.	h.	i.
vrai		X	X	X	X	X			X
faux	X						X	X	

11

	être	avoir
a. s'appeler	X	
b. appeler		X
c. se regarder	X	
d. aller	X	
e. rentrer	X	
f. s'intéresser	X	
g. s'ennuyer	X	
h. se téléphoner	X	
i. être		X

12

a. nous nous sommes mariés
b. je me suis aperçu
c. nous nous sommes acheté
d. nous nous sommes spécialisés
e. Ma femme s'est beaucoup engagée
f. elle s'occupe
g. ils s'intéressent

13

a. Je me suis réveillé plus tard que d'habitude.
b. Je me suis levé à six heures.
c. Je me suis préparé un bon café et je me suis occupé des cultures.
d. Ma femme s'est occupée de la réservation de M. Courbet. Nous nous sommes connus l'année dernière.
e. On s'est téléphoné hier : il vient en août.
f. L'année dernière, il est venu nous voir avec sa famille. Sa femme et lui se sont beaucoup intéressés à la vie de la ferme.
g. Mais ses enfants se sont ennuyés et ils se sont toujours disputés. Dommage !

14

Véronique s'est réveillée à sept heures moins le quart, elle est allée à la thalasso, elle s'est acheté un journal, elle a rencontré des patients, elle s'est couchée à onze heures. Rémi s'est réveillé à cinq heures et demie, il est allé au village, il s'est acheté un livre, il a rencontré un voisin, il s'est couché à dix heures et demie.

15

Nous nous sommes mariés et nous avons repris la ferme. Nous nous sommes intéressés à la culture biologique. Nous avons fait des travaux, et puis les enfants nous ont aidés après l'école et pendant leurs vacances. Toute la famille s'est engagée ! Nous nous sommes spécialisés dans les légumes biologiques. Rémi s'occupe des cultures et moi, je m'occupe des hôtes pendant l'été. Il faut se réveiller très tôt et les trois premières années ça a été très dur. Mais nous aimons la vie ici !

Ärgern Sie sich nicht über die komplizierten Regeln bei der Angleichung des Partizip Perfekt! Es ist in der Tat ein schwieriges Kapitel – auch für Franzosen! Zum Trost: Bei ca. 90 Prozent der Verben hört man nicht, ob die Endung angeglichen wird oder nicht – da müssen Sie nur beim Schreiben aufpassen. Viel wichtiger ist es, das richtige Hilfsverb (bei reflexiven Verben immer **être**!) zu verwenden.

Lösungsvorschlag:
Ils se sont rencontrés, ils se sont regardés, ils se sont plu, ils se sont téléphonés, ils se sont aimés, ils se sont ennuyés, ils ne se sont plus parlé, ils se sont disputés, ils ne se sont plus aimés.

Lösungsvorschlag:
a. Je m'appelle Alexandra Meier.
b. Je me lève à sept heures et demie.
c. Oui, j'aime me lever tôt. *oder*
Non, je n'aime pas me lever tôt.
d. Oui, je peux me détendre (à midi au bureau). *oder*
Non, je ne peux pas me détendre (à midi au bureau).
e. Je me prépare du thé.
f. Oui, je me suis ennuyée (dimanche). *oder*
Non, je ne me suis pas ennuyée (dimanche).
g. Oui, je me promène le soir. *oder*
Non je ne me promène pas le soir.
h. Hier, je me suis couchée à onze heures.

Bei einem Herrn Alexander Meier hieße es natürlich **ennuyé** und **couché**.

Hörtext:
a. Vous vous appelez comment ?
b. A quelle heure vous vous levez ?
c. Vous aimez vous lever tôt ?
d. Vous pouvez vous détendre à midi au bureau ?
e. Qu'est-ce que vous vous préparez au petit déjeuner ?
f. Vous vous êtes ennuyée dimanche ?
g. Vous vous promenez le soir ?
h. Hier, vous vous êtes couchée à quelle heure ?

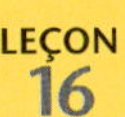

LEÇON 16

2

	La Petite Auberge	Au Poisson Agile	A l'Escargot d'Or
cadre	authentique, près du château	au bord de l'eau	discret et raffiné, salle climatisée
cuisine	cuisine régionale, plats du terroir	cuisine légère, cuisson au feu de bois, grillades de poissons	cuisine rapide ou gastronomique, service jusqu'à minuit
prix des menus	–	–	menus à 20, 30, 40 euros
jour de fermeture	le lundi	le mardi	pas de jour de fermeture

a., g. Au Poisson Agile
b., c., f. A l'Escargot d'Or
c., d., e. La Petite Auberge

a. Le restaurant fait des plats régionaux.
b. Il a un menu à 20 euros.
c. Il a une terrasse, une salle climatisée.
d. Le restaurant est fermé le lundi.
e. Pascal réserve une table pour deux personnes.
f. Pascal va venir vers 20 h.

Hörtext:
- La Petite Auberge, bonjour !
- Bonjour Madame, je voudrais un petit renseignement. Vous faites des spécialités régionales ?
- Mais bien sûr, Monsieur. Nous faisons aussi une cuisine régionale avec des plats du terroir. Nous avons un menu à 20 et un à 25 euros. Et la carte bien sûr.
- On peut manger en terrasse ?
- Oui oui, c'est possible. Nous avons une salle climatisée mais, le soir, nos clients aiment bien manger en terrasse : nous avons une très jolie vue sur la ville.
- Vous êtes ouverts demain ?
- Ah non, désolée, Monsieur, le lundi c'est notre jour de fermeture.
- Et mercredi ?
- Alors là, pas de problème, nous sommes ouverts.
- Bon, alors je voudrais réserver une table pour mercredi.
- Pour… mercredi… Pour combien de personnes ?
- Pour deux personnes.
- Vers quelle heure ?
- Vers 20 heures.
- A quel nom ?
- Chauvel.
- Parfait. Monsieur Chauvel. C'est noté.
- Merci. A mercredi !
- A mercredi Monsieur !

Lösungen

6

poisson : daurade grillée
viande : gigot d'agneau, fricassée de volaille, entrecôte de bœuf
légumes chauds : petits haricots, mousse de légumes
légumes froids : assiette forestière, asperges sauce mousseline, salade

7

a. *Pour lui* : comme entrée l'assiette forestière, comme plat la fricassée de volaille à la crème de Champagne.
b. *Pour elle* : comme entrée le melon au porto, comme plat la daurade grillée.
c. *Comme boissons* : une demi-bouteille de rosé et une carafe d'eau

8

a. Vous avez choisi ?
b. Qu'est-ce que vous prenez comme entrée ?
c. Il accompagne bien…
d. Nous prenons deux menus.
e. J'hésite un peu…
f. Qu'est-ce que c'est, … ?
g. Vous pourriez nous conseiller ?
h. Vous pourriez nous apporter une carafe d'eau ?
i. Une demi-bouteille de…

9

a. sers b. vient c. partez-vous d. choisissons e. finis

10

a. que, qui b. qui, que, que c. que, qui d. que, que, qu'

11

b. Le bœuf bourguignon est une viande qu'on prépare avec une sauce au vin.
c. La tarte aux pommes est une spécialité qu'on trouve en Alsace.
d. Le porto est un vin qu'on boit comme apéritif.
e. L'omelette aux truffes est une spécialité qu'on mange dans le Périgord.
f. L'entrecôte est une viande de bœuf qu'on mange grillée.
g. Le vin d'Alsace est un vin blanc qui va bien avec les fruits de mer.
h. Le bordeaux est un vin rouge qui accompagne bien le fromage.
i. La tarte est un gâteau aux fruits qu'on prépare souvent à la maison.

12

a. Normandie d. Provence f. Savoie
b. Bretagne e. Bourgogne g. Alsace
c. Périgord

13

 lapin aux pruneaux

 gigot d'agneau

 entrecôte grillée, bœuf bourguignon

 volaille à la crème, coq au vin

 sole, daurade

14

a. Michel peut manger les asperges sauce mousseline et l'omelette aux truffes.
b. Isabelle déteste les tripes. Elle n'en mange jamais. Elle prend le melon au porto et une entrecôte.
c. Annette aime le coq au vin, mais il fait trop chaud. Elle préfère une cuisine plus légère. Alors, elle prend la sole grillée.
d. Pascal n'aime pas beaucoup le poisson. Il ne prend pas le filet de sole. Il préfère le lapin aux pruneaux.

Hörtext:

- Qu'est-ce que tu prends Michel ?
- Moi, tu sais, je ne mange jamais de viande. Alors, c'est facile : je vais prendre les asperges sauce mousseline et ensuite l'omelette aux truffes.
- Et toi Isabelle, tu as vu : il y a des tripes !
- Oh non ! Tu exagères !! Je déteste ça !! Je suis désolée, mais vous savez, je n'aime pas beaucoup ça et je n'en mange presque jamais. Non, non, non, je prends le melon au porto et ensuite euh… une entrecôte.
- Bon. Et toi Annette ? Qu'est-ce que tu choisis ?
- Je ne sais pas encore… J'aimerais bien le coq au vin, mais il fait chaud et je préfère une cuisine plus légère… euh… je vais prendre la sole grillée. Et toi Pascal?
- Eh bien moi, je ne prends pas le filet de sole, je suis désolé, mais je n'aime pas beaucoup le poisson. Je vais prendre… le lapin aux pruneaux. Bon. J'appelle le garçon. Monsieur!

15

Wenn Sie die Gerichte mögen, antworten Sie:
J'adore ça. *oder* J'aime bien ça.
Wenn Sie sie nicht mögen, sagen Sie:
Désolé(e), je n'aime pas beaucoup ça, je n'en mange presque jamais.

17

a. Le garçon dit que le vin rouge est bon.
b. Je crois que ce rosé est meilleur.
c. Je me demande si la salade est bonne.
d. Je ne sais pas si je prends ce menu.
e. Je me demande s'il m'a compris.

f. Je crois que le garçon ne m'a pas compris.
g. Je me demande si le garçon m'a vu.
h. Je me demande quand je vais pouvoir payer.

18

	a.	b.	c.	d.	e.	f.	g.	h.	i.	j	k	l
[g]		X	X	X		X	X			X		X
[k]	X				X			X	X		X	

Hörtext:

a. cassoulet
b. magret
c. garçon
d. grillade
e. coq au vin
f. glace
g. gramme
h. concombre
i. cuillère
j. frigo
k. entrecôte
l. gousse

19

menu enfants spaghettis à la tomate, glaces ou gâteau au chocolat

menu parents asperges sauce mousseline, filet de sole grillé, gratin de pommes de terre et petits légumes, salade verte, plateau de fromages, glaces ou gâteau au chocolat, café, digestifs

20

	Auberge des Fleurs	la Bonne Truffe
cadre	joli, authentique,	grande terrasse
cuisine	régionale pas super	spécialités de la région très, très bon
prix	pas très cher	assez cher
fermeture	–	fermé le lundi

Hörtext:

- ● Excusez-moi, vous pourriez nous conseiller… Vous connaissez un bon petit restaurant ?
- ● Ah oui, oui, oui, avec plaisir ! Euh…
- ● Il y a l'Auberge des Fleurs… Tu sais, rue Gambetta ?
- ● C'est bien ?
- ● Oui, c'est pas mal !
- ● Bof, le cadre est joli, assez authentique, vous savez… Ils font de la cuisine régionale. Ce n'est pas très cher, mais on dit que leur cuisine n'est pas super… Euh… Attendez… Il y a aussi le restaurant de la Bonne Truffe… C'est très chic.
- ● Ah oui ! La Truffe !! C'est assez cher mais ils ont des spécialités de la région et c'est très très bon. Je crois qu'ils ont une grande terrasse. Ah… mais … On est mercredi ? Il est fermé aujourd'hui !
- ● Non, non, ils ferment le lundi maintenant !! Et ce n'est pas loin : c'est la deuxième rue à droite.
- ● C'est très très gentil : merci beaucoup !

21

- ● Vous désirez un apéritif ?
- ● Oui, un pastis et un porto, s'il vous plaît.
- ● Vous avez choisi, Monsieur?
- ● Oui, nous prenons deux menus à 25 euros.
- ● Qu'est-ce que vous prenez comme entrée ?
- ● Nous allons prendre le melon et les asperges.
- ● Et ensuite ?
- ● Alors, nous prenons le canard aux pommes pour Madame et l'entrecôte pour moi.
- ● Vous la voulez comment, l'entrecôte ?
- ● A point, s'il vous plaît.
- ● Vous avez choisi pour les boissons ?
- ● Oui, nous prenons une bouteille de bordeaux et une bouteille de Perrier.

…

- ● Fromage ou dessert ?
- ● Nous ne prenons pas de fromage, nous préférons un dessert. Madame prend une tarte aux fraises et moi une glace à l'ananas.

…

- ● Monsieur !
- ● Oui ?
- ● Vous pourriez nous apporter une petite cuillère, s'il vous plaît.
- ● Bien sûr, excusez-moi !
- ● Ce n'est pas grave, cela peut arriver !

…

- ● Vous désirez un café ?
- ● Oui, deux cafés, s'il vous plaît.

…

- ● Monsieur, l'addition, s'il vous plaît!
- ● Voilà Monsieur.

LEÇON 17

2

Infinitiv	1. Plural Präsens	Stamm fürs Imparfait	Verbformen im Text
avoir	avons	av	avaient, avait, avais
faire	faisons	fais	faisait, faisaient
rêver	rêvons	rêv	rêvait
aller	allons	all	allait
découvrir	découvrons	découvr	découvrait
fumer	fumons	fum	fumait
porter	portons	port	portaient

3

a. j'allais, nous allions, vous alliez
b. tu voulais, elle voulait, ils voulaient
c. nous étions, vous étiez, j'étais
d. vous faisiez, je faisais, tu faisais
e. elles venaient, nous venions, vous veniez
f. j'avais, nous avions, ils avaient
g. nous écrivions, j'écrivais, vous écriviez
h. vous preniez, tu prenais, il prenait

4

a. *leurs soucis :* La vie était chère. Les gens faisaient la queue dans les magasins. Ils faisaient des économies.
b. *leurs rêves :* Le père de Gilbert rêvait de s'acheter une 4CV, sa mère rêvait d'avoir une machine à laver.
c. *leurs habitudes :* Les gens allaient au cinéma. Ils découvraient les chewing-gums et ils fumaient des cigarettes américaines.
d. *la mode :* Les filles avaient des permanentes et elles portaient des bas nylon.

5

Tu me demandes comment nous vivions quand j'étais jeune. Ma mère se levait tous les jours à 6 heures et elle préparait le café pour toute la famille. Nous mangions du pain avec du beurre et de la confiture. Mon père partait très tôt, vers six heures et demie. Moi j'allais travailler un peu plus tard et je prenais le bus. Le soir, je rencontrais des amis et nous écoutions du jazz à Saint-Germain-des-Prés. On prenait un verre et on se parlait. Le samedi soir, j'allais danser avec des amies et ma mère n'aimait pas cela. Nous n'avions pas de voiture, mais tous les dimanches, nous faisions une promenade à la campagne et c'était très agréable.

6

b. Nous n'avions pas de stéréo.
c. Non, nous n'avions pas le téléphone.
d. Oui, je crois que j'étais sportif.
e. Oui, je savais bien danser.
f. Non, je n'avais pas les cheveux longs.
g. Oui, je pouvais rencontrer des amis le soir.
h. Oui, nous habitions à Paris.

9

a. Elle prenait un café crème dans un petit bar, elle se promenait dans les rues, elle regardait les gens.
b. Elle portait des jupes à fleurs et des bijoux indiens.
c. Elle a rencontré Salvador Dalí.
d. Son bébé est né en 1971.
e. De 1971 à 1973, elle a travaillé dans un bureau.
f. Ils ont quitté Paris parce que la vie à Paris était difficile.
g. Ils ont acheté une vieille ferme, ils l'ont rénovée et ils ont fait du fromage de chèvre.

10

Quand j'étais (1, 6) étudiante, j'habitais (1, 6) à Paris. J'avais (1, 6) une chambre au Quartier latin. Tous les matins, je prenais (2) un café crème dans un petit bar, je me promenais (2) dans les rues et je regardais (2) les gens... J'adorais (1) cette vie ! Un jour, j'ai rencontré (3) Salvador Dalí et nous avons pris (3, 4) un verre ! Je portais (1, 2) des jupes à fleurs et des bijoux indiens. Et puis, j'ai passé (3, 4) mes examens et après, je suis allée (4) en Inde avec des copains. En 1971, j'ai eu (3) un bébé et nous avons cherché (3, 4) un appartement plus grand. De 1971 à 1973, j'ai travaillé (5) dans un bureau. La vie à Paris était (1) difficile. Nous avons acheté (3, 4) une vieille ferme au Larzac, nous l'avons rénovée (3, 4) et nous avons fait (3, 4) du fromage de chèvre.

11

a. Le dimanche, on allait au cinéma.
b. Samedi dernier, ils sont allés au cinéma.
c. Il travaillait aussi le samedi.
d. Un jour, Gilbert a découvert le jazz.
e. Tous les jours, il rencontrait ses amis.
f. Cette année, nous sommes allés en Corse.
g. Le matin, nous nous levions toujours tôt.
h. Ce matin, je n'ai pas entendu le téléphone.

12

Il y avait une réunion chez un ami, rue des Ecoles. Nous étions en décembre et il faisait froid. Pendant deux ou trois heures nous avons refait le monde. Soudain, je l'ai vu. Il s'appelait Maxime, il était très beau et il parlait bien. Tous l'écoutaient. Après, sur le balcon, il a fumé une cigarette et il a regardé Paris. Moi, j'étais dans la cuisine avec une copine et nous parlions d'une grève. J'étais fatiguée, alors, vers minuit, je suis rentrée chez moi. Il était tard et j'étais pressée. Soudain, derrière moi, j'ai entendu des pas. Alors, à un carrefour, je n'ai pas traversé et j'ai attendu : je voulais savoir qui était derrière moi. C'était Maxime !

14

b. J'ai fait un régime parce que je voulais maigrir.
c. J'ai commandé ce menu parce que j'avais faim.
d. Je me suis disputé avec lui parce que j'étais fatigué(e).
e. J'ai changé les rideaux parce qu'ils étaient vieux.
f. J'ai mis le répondeur parce que je n'étais pas à la maison.
g. J'ai porté des mini-jupes parce que c'était la mode.

15

Mes amies, qui adoraient aussi Michael Jackson, achetaient tous ses disques. Avec mes parents, nous habitions dans une ferme qui était très vieille. Mes parents faisaient des produits qui étaient très bons, mais la petite entreprise qu'ils avaient, n'a pas marché et nous sommes rentrés à Paris. J'aimais bien la vie que nous avions à la campagne. En 1986, je suis allée à la fac. Les études que je faisais étaient intéressantes, mais après, je n'ai pas trouvé de travail.

16

2. Il ne buvait pas de Coca.
3. Il ne portait pas de lunettes de soleil.
4. Il n'avait pas de portable.
5. Il n'allait pas en vacances.
6. Il ne regardait pas la télévision.
7. Il n'écrivait pas de mails.
8. Il ne surfait pas sur Internet.
9. Il n'était pas Américain.
10. Il ne prenait pas le TGV.

a. En 1970, André avait 20 ans, il portait une barbe et les cheveux longs, il portait un jean et un T-shirt, il était mince, il jouait de la guitare, il voyageait beaucoup.
b. En 1980, il s'est marié, il a eu un enfant, il s'est acheté une grosse voiture, il a acheté une maison avec un jardin et une piscine.
c. Aujourd'hui, il a 50 ans, il a les cheveux courts, il est un peu gros, il porte un costume et une cravate, il a quatre enfants, il est content.

	vrai	faux
pour écouter des chansons françaises	X	
par amour de la culture et la langue françaises	X	
pour lire des livres en français		X
pour le travail	X	
pour les vacances en France	X	

b. Elle en a besoin tout de suite. *oder* Elle en a tout de suite besoin.
c. Jean et Marie n'ont pas besoin d'attendre.
d. Marie et Paul ont besoin d'eau.
e. J'ai besoin de lunettes.
f. Nous avons besoin d'un guide.

Grund	parce que, c'est pourquoi, car, puisque
Folge	par conséquent, si bien que, alors, donc
Widerspruch	même si, mais
neuer Aspekt	et puis, par ailleurs, en plus

	vrai	faux
Carlos		
a. a appris le français à l'école	X	
b. est Américain		X
c. voulait réactiver son français	X	
d. est architecte		X
e. apprend le français pour voyager	X	
f. a une amie française		X
g. fait des exercices	X	
h. regarde des films français	X	
Felix		
a. est Allemand	X	
b. ne parlait pas français	X	
c. doit parler français dans son métier		X
d. adore la France	X	
e. trouve que les Français sont sympa	X	
f. n'a pas d'amis français		X
Jenny		
a. a appris le français à l'école	X	
b. parlait bien français		X
c. était vendeuse		X
d. est à la retraite	X	
e. organise un jumelage	X	
f. envoie des mails	X	

Hörtext:
Salut ! Moi je m'appelle Carlos, je suis étudiant et je viens de Madrid. J'ai appris le français à l'école et puis j'ai tout oublié. C'était dommage ! J'ai eu envie de réactiver mon français, car je pourrais avoir besoin du français plus tard, dans ma profession. En plus, j'adore voyager, et il y a beaucoup de pays dans le monde où on parle français ! Je n'ai pas beaucoup de temps mais quand j'ai cinq minutes, je prends un livre, je fais des exercices… Je regarde des films français aussi !

Bonjour ! Moi, c'est Felix. Je suis Allemand et je ne parlais pas du tout français : je ne l'ai pas appris à l'école et je n'en ai pas besoin pour ma profession. Mais j'aime la France. J'adore la cuisine et les petits cafés, j'aime les gens qui sont très ouverts et sympa ! J'ai eu envie de parler avec eux. Alors, j'ai commencé avec un livre et puis, j'ai fait un cours dans une école de langues. Et maintenant, j'ai beaucoup d'amis en France : on joue à la pétanque, on se rencontre à la plage ou au restaurant. C'est très agréable.

Bonjour, je m'appelle Jenny. Moi, j'ai appris le français à l'école, mais je le parlais très mal. J'étais médecin et j'avais trois enfants, alors je n'avais pas beaucoup de temps pour moi ! Aujourd'hui, les enfants sont grands, je suis à la retraite, et depuis cinq ans j'organise un jumelage avec une ville en France. Nous allons en France une fois par an et les Français viennent aussi chez nous. Si bien qu'on se rencontre deux fois par an. Nous nous écrivons et nous nous envoyons des mails.

Lösungsvorschlag:
b. Je voudrais bien regarder les films de TV5MONDE. *oder* J'aimerais bien regarder les films de TV5MONDE. *oder* Je voudrais bien regarder les films sur TV5MONDE. *oder* J'aimerais bien regarder les films sur TV5MONDE.
c. Je voudrais bien aller dans un Institut Français. *oder* J'aimerais bien aller dans un Institut Français.

d. Je voudrais bien lire un magazine en français. *oder* J'aimerais bien lire un magazine en français.
e. Je voudrais bien participer aux forums sur internet. *oder* J'aimerais bien participer aux forums sur internet.
f. Je voudrais bien rencontrer des Français dans un Institut Français. *oder* J'aimerais bien rencontrer des Français dans un Institut Français.
g. Je voudrais bien emprunter un magazine dans la bibliothèque. *oder* J'aimerais emprunter un magazine dans la bibliothèque. *oder* Je voudrais bien emprunter un magazine à la bibliothèque. *oder* J'aimerais emprunter un magazine à la bibliothèque.

a. agréablement
b. parfaitement
c. difficilement
d. normalement
e. vraiment
f. affreusement
g. différemment
h. gentiment
i. sportivement

a. Venez rapidement *oder* vite, on est pressé !
b. Il parle couramment l'anglais.
c. Ils ont été sympa et ils m'ont invité très gentiment chez eux.
d. Il comprend tout et il travaille intelligemment.
e. Ce n'est pas difficile, on peut trouver facilement.
f. Pas de problème : je comprends parfaitement.

Driss und Aïcha: Dank für einen Besuch
Amadou: Zum Jahreswechsel
Lucie und Jacques: Urlaubsgrüße
Jean und Lili: Zum Geburtstag

10

a. nous vous remercions très sincèrement
b. nous sommes enchantés de...
c. nous espérons avoir le plaisir de vous recevoir bientôt chez nous, la maison vous est ouverte
d. – *zum neuen Jahr:* bonne et heureuse année, tous mes vœux de joie, succès et santé
   – *zum Geburtstag:* joyeux anniversaire
   – *andere Wünsche:* nous te souhaitons (de...), nous espérons que (+ Futur)
e. salue bien ... de notre part

faire : tu feras, il fera, vous ferez, ils feront
regarder : tu regarderas, il regardera, vous regarderez, ils regarderont
être : tu seras, il sera, vous serez, ils seront
avoir : tu auras, il aura, vous aurez, ils auront
prendre : tu prendras, il prendra, vous prendrez, ils prendront
choisir : tu choisiras, il choisira, vous choisirez, ils choisiront
venir : tu viendras, il viendra, vous viendrez, ils viendront
savoir : tu sauras, il saura, vous saurez, ils sauront
aller : tu iras, il ira, vous irez, ils iront

Un jour, nous irons à Paris. Nous habiterons dans un petit appartement pas confortable et nous serons étudiants à la Sorbonne. Nous aurons beaucoup d'amis et le soir, nous écouterons du jazz ou nous prendrons un verre à la terrasse d'un café. Le dimanche, nous visiterons Paris et nous irons au restaurant. Nous louerons une voiture et nous découvrirons la France. Quand nous rentrerons aux Etats-Unis, nous parlerons bien français et nous aurons beaucoup de souvenirs.

b. Je ne mettrai pas mes CD dans une armoire.
c. J'achèterai des magazines français et je les lirai.
d. Je regarderai des films français.
e. J'irai souvent en France.
f. J'écrirai régulièrement à mes amis français.
g. Je travaillerai un peu tous les jours.
h. Je ferai plusieurs fois les exercices.
i. Je ne boirai plus d'alcool pendant les exercices.
j. J'accepterai de faire des erreurs.

b. Je visiterai les monuments.
c. Je prendrai l'apéritif tous les jours.
d. Je mangerai des plats régionaux.
e. Je boirai du champagne.
f. J'irai au restaurant.
g. Je jouerai à la pétanque.
h. Je ferai du camping au bord de la mer.
i. Je ne comprendrai pas tout mais je serai très heureux/se.

15

Chers amis allemands,
Nous sommes très heureux de vous accueillir bientôt et voici donc notre petit programme pour votre venue.
Nous avons bien noté que vous arriverez le 14 mai à 8 h 40. Les familles d'accueil françaises viendront vous chercher à la gare, la matinée sera libre. Vers midi nous déjeunerons ensemble à la mairie. Puis, nous aurons / ferons une visite guidée de la vieille ville à pied. Le soir, vous dînerez dans les familles d'accueil.
Le 15 mai, nous ferons une petite excursion : le matin, Français et Allemands visiteront les vignobles et découvriront le vin de notre région : le châteauneuf-du-pape. A midi, pique-nique au bord du Rhône et l'après-midi nous visiterons ensemble le palais des Papes.
Le 16 mai: vous pourrez rester dans les familles ou faire des emplettes dans le centre-ville.
Nous espérons que le programme de cette année vous plaira et nous vous attendons impatiemment ! Très cordia-

lement,
Vos amis d'Avignon!

b. J'écrirai des lettres en français.
c. J'expliquerai mes habitudes.
d, Je réserverai une chambre d'hôtel en France.
e. Je parlerai de mon travail en français.
f. J'irai souvent en France.
g. J'achèterai des magazines français.

1 – c 2 – a 3 – b

pers.	personne/personnes
km	kilomètre/kilomètres
env.	environ
chbre /s	chambre/chambres
ds	dans
cuis.	cuisine/cuisines
congél.	congélateur/congélateurs
min.	minimum
sem.	semaine/semaines
tte /s	toute/toutes

Si on a un petit problème sur la route, on peut téléphoner au service de dépannage.
Quand on réserve un jour avant le départ, on réserve un jour à l'avance.
On paye moins cher quand on a une réduction.
Quand on a un forfait, tout est compris.
Quand on part et qu'on revient dans la même ville, on fait un aller-retour.
Une assurance est très importante quand on a un accident.
Le train fonctionne sur des rails.
Le conducteur d'une voiture doit toujours l'avoir sur lui : le permis de conduire.
On peut faire beaucoup de kilomètres avec un kilométrage illimité.
On paye moins cher si on a un tarif spécial.

Anne :

voudrait faire une croisière.	X
voudrait aller dans un club de vacances.	X
a tout compris.	
aime faire du camping.	
a peur des moustiques.	X
a besoin de se reposer.	X

Charlie :

n'aime pas les croisières et les clubs de vacances.	X
voudrait partir sac au dos.	X
a besoin de se changer les idées.	
accepte de faire un circuit.	X
accepte d'aller en Corse.	X
va regarder le catalogue.	X

Qu'apprenez-vous sur le voyage ?

La croisière propose des forfaits.	X
Le club propose des forfaits.	X
Pour avoir un tarif intéressant, il faut réserver à l'avance.	X
Pour partir il faut réserver trois mois à l'avance.	
Il y a des vols de départ le vendredi soir.	X
Le départ est le samedi soir.	
Le circuit organise tout sur place.	X
L'hôtel organise tout sur place.	
Le circuit propose des itinéraires.	X
Dans le catalogue il y a une carte détaillée.	X

Hörtext:

- Cette année, on pourrait faire une croisière ou aller dans un Club de vacances : ils font des forfaits et tout est compris !
- Mmm…
- J'aimerais bien aller en Corse… Si on reste 9 jours, on pourra faire le tour de l'île et on aura même le temps de faire des randonnées et de nous baigner! Et si on prend le vol du vendredi soir, on gagnera une journée. En plus, si on réserve trois mois à l'avance, ils proposent des tarifs assez intéressants.
- Moi je préférerais partir sac au dos…
- Ah non ! Fini les auberges de jeunesse, le sac de couchage et les moustiques sous la tente !
- Mais… Il y a des moustiques en Corse ?!
- Ecoute mon chéri, j'ai besoin de vacances, de me reposer, de me changer les idées ! Mais si tu préfères, on fait un circuit. Comme ça, eux ils organisent tout sur place !
- Pourquoi pas. Qu'est-ce qu'ils proposent comme itinéraires ?
- Tiens, regarde le catalogue, il y a une belle carte détaillée avec tous les hôtels !

Hörtext:

- Cette année, on pourrait faire une croisière ou aller dans un club de vacances : ils font des forfaits et tout est compris !
- Mmm…
- J'aimerais bien aller en Corse… Si on reste 9 jours, on pourra faire le tour de l'île et on aura même le temps de faire des randonnées et de nous baigner! Et si on prend le vol du vendredi soir, on gagnera une journée. En plus, si on réserve trois mois à l'avance, ils proposent des tarifs assez intéressants.
- Moi je préférerais partir sac au dos…
- Ah non ! Fini les auberges de jeunesse, le sac de couchage et les moustiques sous la tente !
- Mais… Il y a des moustiques en Corse ?!
- Ecoute mon chéri, j'ai besoin de vacances, de me reposer, de me changer les idées ! Mais si tu préfères, on fait un circuit. Comme ça, eux ils organisent tout sur place !

- Pourquoi pas. Qu'est-ce qu'ils proposent comme itinéraires ?
- Tiens, regarde le catalogue, il y a une belle carte détaillée avec tous les hôtels !

a. La croisière et le club proposent des forfaits.
b. En 9 jours, on peut faire le tour de l'île.
c. Il y a des vols de départ le vendredi soir.
d. Si on réserve trois mois à l'avance, ils proposent des tarifs/prix intéressants.
e. Anne n'aime pas dormir sous la tente.
f. Si on fait un circuit, ils organisent tout sur place.
g. Le circuit propose plusieurs itinéraires.
h. Dans le catalogue, il y a une belle carte détaillée.

Les vacances sportives :
dormir sous la tente
faire un circuit
faire un itinéraire
faire des randonnées
se baigner
faire le tour d'un pays
partir sac au dos
dormir dans un sac de couchage

Les vacances confort :
se reposer
aller dans un hôtel
faire une croisière
prendre un forfait
aller dans un club de vacances

a. Je vous conseille la Corse, si vous préférez la croisière.
b. Vous gagnerez/gagnez du temps, si vous prenez l'avion le vendredi.
c. Si vous faites cet itinéraire, vous aurez/avez deux randonnées.
d. Si vous regardez bien la carte, vous verrez où est votre hôtel.
e. Si vous réservez aujourd'hui, je vous ferai/fais 5 % de réduction.
f. Si vous louez un véhicule, n'oubliez pas votre permis de conduire.
g. S' il y a un problème, téléphonez-moi.
h. Et si vous me donnez votre adresse, je vous enverrai toujours notre catalogue.

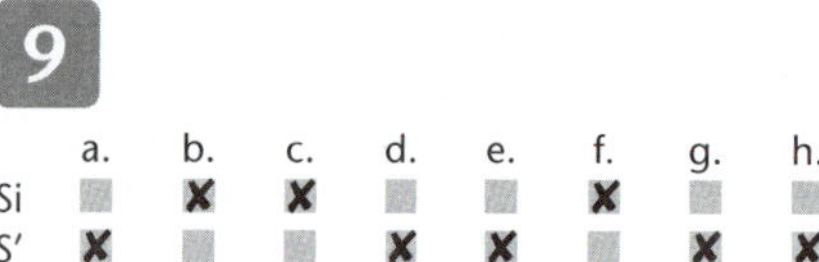

	a.	b.	c.	d.	e.	f.	g.	h.
Si		X	X			X		
S'	X			X	X		X	X

Hörtext:

- S'il est d'accord, on ira en Corse.
- Si elle a besoin de se reposer, on part en vacances.
- Si on réserve demain, on aura un super tarif.
- S'ils organisent tout, c'est parfait.
- S'il fait beau, on se baignera.
- Si elle préfère, on ira à l'hôtel.
- S'il y a un forfait, c'est moins cher.
- S'ils conseillent une assurance, on la prendra.

	vrai	faux
Marc est à la gare.	X	
Marc voyage seul.	X	
Marc veut un aller-retour pour Dijon.		X
En première classe.		X
Il prend un direct pour Dijon.	X	
Le train part dans 17 minutes.		X
Marc doit payer un supplément.	X	
Il a raté son train.		X
Il doit composter son billet.	X	

a. avant
b. après
c. avant
d. avant
e. pendant
f. avant
g. pendant
h. pendant
i. pendant
j. avant

Hörtext:

- Un aller-retour pour Marseille, s'il vous plaît.
- Tu as fait bon voyage ?
- Je voudrais un coin-couloir, s'il vous plaît.
- Attends, je dois composter mon billet !
- Dépêche-toi, on va rater la correspondance.
- Attention au départ !
- Pourriez-vous me dire, si nous aurons du retard ?
- Pourriez-vous me réveiller un peu avant Dijon, s'il vous plaît ?
- Mesdames et Messieurs bonjour ! La SNCF vous souhaite un agréable voyage !
- Votre train est direct, quai numéro 2, voie 3. Bon voyage !

	Futur	Futurstamm	conditionnel
aimer	nous aimerons	aimer-	nous aimerions
vouloir	ils voudront	voudr-	ils voudraient
payer	nous payerons	payer-	vous payeriez
choisir	nous choisirons	choisir-	nous choisirions
prendre	je prendrai	prendr-	je prendrais
dormir	elle dormira	dormir-	elle dormirait

	Futur	Futurstamm	conditionnel
pouvoir	tu pourras	pourr-	tu pourrais
partir	on partira	partir-	on partirait
être	vous serez	ser-	vous seriez
avoir	j'aurai	aur-	j'aurais
devoir	tu devras	devr-	tu devrais

7. Puis, on appellerait ma mère et on lui demanderait de s'occuper des enfants.
1. Un soir, on regarderait de belles photos et on rêverait un peu.
3. Ils auraient justement deux billets sur un vol pas cher.
5. Le soir, je mettrais les deux billets sur la table et tu aurais une jolie surprise.
2. Sans t'en parler, je téléphonerais à une agence.
8. Ah oui, ce serait vraiment une bonne idée !
4. J'irais à l'agence, je réserverais et signerais immédiatement.
6. Alors, je te demanderais de m'accompagner.

Hörtext:

b. Tu aurais envie de travailler aux Antilles ?
c. Tu partirais avec ma mère en vacances ?
d. Tu irais à Paris avec moi quelques jours ?
e. Tu ferais un petit tour en montagne ce week-end ?
f. Tu aimerais faire un circuit au Québec ?
g. Tu pourrais inviter des amis samedi ?
h. Tu me réserverais une place à côté de toi ?
i. Tu nous prendrais un billet en première ?
j. Tu nous organiserais l'itinéraire du voyage ?

	vrai	faux
Le client veut louer und grosse voiture		X
Le client a besoin d'une voiture pour une semaine.		X
Le client va prendre le forfait pour une semaine.	X	
Il prend l'assurance tous risques.	X	
Il doit payer un supplément de 30 euros.	X	
L'agence a justement une Clio.	X	
La voiture n'a pas la climatisation.		X
L'agence remplace les véhicules qui sont en panne.	X	
L'agence n'a pas de service de dépannage.		X
L'agence contrôle régulièrement ses véhicules.	X	
Il faut rendre la voiture avec le plein d'essence.	X	

Hörtext:

- Bonjour ! Je voudrais louer une voiture, type Clio ou Fiat Uno, s'il vous plaît.
- Ah, vous avez de la chance ! J'ai justement un désistement : une petite Clio avec radio et climatisation. Vous la voulez pour combien de temps ?
- Pour 5 jours.
- Pour une semaine, on fait un forfait : le tarif serait plus intéressant…
- Très bien. Alors, d'accord pour le forfait.
- Et puis moi, si j'étais vous, je prendrais l'assurance tous risques. Il y a un petit supplément de 30 euros mais comme ça vous serez tranquilles.
- Bon d'accord.
- Et si vous tombiez en panne, nous remplacerions le véhicule immédiatement. Mais cela m'étonnerait : notre service de dépannage contrôle le moteur des véhicules très régulièrement ! Je peux voir votre permis ? Merci. Je vais vous demander une petite signature, là. Bon. Voilà les papiers de la voiture, les clés… Vous la rendez avec le plein d'essence. Et maintenant, venez avec moi sur le parking, on va la voir ensemble.

Hörtext:

- Bonjour ! Je voudrais louer une voiture, type Clio ou Fiat Uno, s'il vous plaît.
- Ah, vous avez de la chance ! J'ai justement un désistement : une petite Clio avec radio et climatisation. Vous la voulez pour combien de temps ?
- Pour 5 jours.
- Pour une semaine, on fait un forfait : le tarif serait plus intéressant…
- Très bien. Alors, d'accord pour le forfait.
- Et puis moi, si j'étais vous, je prendrais l'assurance tous risques. Il y a un petit supplément de 30 euros mais comme ça vous serez tranquilles.
- Bon d'accord.
- Et si vous tombiez en panne, nous remplacerions le véhicule immédiatement. Mais cela m'étonnerait : notre service de dépannage contrôle le moteur des véhicules très régulièrement ! Je peux voir votre permis ? Merci. Je vais vous demander une petite signature, là. Bon. Voilà les papiers de la voiture, les clés… Vous la rendez avec le plein d'essence. Et maintenant, venez avec moi sur le parking, on va la voir ensemble.

18

a. le moteur
b. le désistement
c. le réservoir
d. les papiers de la voiture/la carte grise de la voiture
e. la signature
f. l'assurance tous risques
g. remplacer
h. justement/juste
i. contrôler/vérifier
j. tranquille
k. étonner
l. rendre/ramener

Si j'avais une panne avec ma voiture de location, je ...
a. ... regarderais dans le moteur.
b. ... ferais du stop.
c. ... téléphonerais à l'agence.
d. ... relirais le contrat de location.
e. ... boirais un petit cognac.
f. ... discuterais avec l'employé.
g. ... rangerais la voiture à droite.
h. ... ferais un peu de yoga.
i. ... attendrais le service de dépannage.

b. S'il y avait un lit de plus, mon fils viendrait aussi.
c. Si la piscine était plus grande, nous inviterions les voisins.
d. Si le congélateur était plein, nous n'aurions pas besoin de faire les courses.
e. Si vous aviez quelqu'un pour faire le ménage, ce serait parfait.
f. Si vous n'aviez pas de canards, nous pourrions venir avec notre chien.
g. Si on restait trois mois, on demanderait une réduction.
h. Et s'il ne pleuvait pas tous les jours, nous reviendrions l'année prochaine !

a. Si la voiture avait la climatisation, nous aurions moins chaud.
b. Si nous prenions le forfait, le tarif serait plus intéressant ?
c. Si je prenais l'assurance tous risques, cela coûterait combien ?
d. Si nous avions un accident, vous viendriez immédiatement ?
e. Si je tombais en panne, vous remplaceriez le véhicule ?
f. Si je rendais la voiture en retard, je devrais payer un supplément ?
g. Si vous aviez un désistement, vous me téléphoneriez ?
h. Si nous mettions la voiture sur le parking, ce serait OK pour vous ?
i. Si vous me montriez le moteur, je serais plus tranquille !

Madame, Monsieur,
Nous avons lu votre annonce dans le catalogue «Pierre et Vacances» et nous sommes très intéressés par votre maison.
Nous voudrions savoir si vous louez la maison en juin.
Pourriez-vous nous dire quel serait votre tarif pour une semaine ?
Nous aimerions venir en France du 1er au 21 juin. *oder*
Est-ce possible de louer la maison à cette période ?
Avez-vous un lit pour un bébé ?
Nous aimerions savoir si vous avez un lave-vaisselle dans la cuisine ?
Si nous arrivions très tard, qui nous donnerait la clé ?
Dans l'attente de votre réponse, recevez, Madame, Monsieur, l'expression de nos meilleures salutations.

Hörtext:
a. Je voudrais un aller simple pour Bordeaux, en seconde.
b. Je voudrais une réservation, s'il vous plaît. Je préférerais un coin couloir. *oder* Je voudrais avoir une réservation s'il vous plaît. Je préférerais avoir une place près du couloir.
c. Est-ce que le train a un supplément ? *oder* Est-ce que je dois payer un supplément ?
d. Est-ce que je dois changer ? *oder* Est-ce que je dois faire un changement ?
e. Merci, au revoir Monsieur *oder* Merci, au revoir *oder* Merci et au revoir.

Testauswertung:

Wie oft haben Sie **a**, wie oft **b** und wie oft **c** angekreuzt?

Wenn Sie am meisten **a** angekreuzt haben:
a. Le voyageur organisé
Solide et responsable, il est allergique aux pannes et aux erreurs. Il aime découvrir des pays par un circuit ou un club bien organisés car il n'aime pas perdre son temps ou son argent. Il sait se défendre, connaît bien ses droits et se décide rapidement. Mais il est facilement stressé dans des situations imprévues : elles l'ennuient ou l'énervent.

Wenn Sie am meisten **b** angekreuzt haben:
b. Le voyageur relax
Il est à l'aise partout ! Autonome, très flexible, il adore les surprises et les aventures mais la routine, les habitudes, lui font peur. Il sait faire du charme, communiquer et cela l'aide beaucoup à régler des situations peu agréables. Quand il organise le voyage cela peut devenir charmant, rigolo, merveilleux... et parfois aussi un peu compliqué !

Wenn Sie am meisten **c** angekreuzt haben:
c. Le voyageur royal
Les vacances, c'est fait d'abord pour se reposer ! Il aime les locations calmes, les habitudes, le confort. Il préfère en général l'hôtel au camping et retourne dans la même région tous les ans. Il est ponctuel et assez bien organisé, parfois un peu classique. Il n'est pas compliqué car il déteste les conflits. Il aime prendre son temps et s'énerve seulement dans le bruit et l'agitation.

Foire Internationale de Paris
a. du 30 avril au 11 mai 2010
b. un salon grand public
c. la liste des exposants

Aéronautique et Espace 2010
a. au Parc des Expositions de Paris
b. aux professionnels
c. 306 658 visiteurs

COEXPO

a. des foires, des salons et des expositions
b. un partenaire efficace
c. un confort adapté aux besoins

a. public
b. exposant
c. nocturne
d. partenaire
e. efficace
f. restauration
g. hébergement
h. décideur
i. quotidien
j. accès

1. b
2. a, e, f
3. d,g
4. h
5. c

5

	réglé	a régler
la ligne téléphonique		X
le logiciel de présentation		X
le logo	X	
le meuble qui ferme à clé		X
le présentoir		X
le vestiaire supplémentaire	X	
les badges	X	
le projecteur		X

6

b. Il faut installer un meuble qui ferme à clé *oder*
Il faut encore installer un meuble qui ferme à clé.
c. Il manque un présentoir.
d. Ils ont installé un vestiaire supplémentaire *oder*
Ils ont mis un vestiaire supplémentaire *oder*
Un vestiaire supplémentaire a été installé *oder*
Un vestiaire supplémentaire a été mis en place.
e. Le projecteur ne marche pas *oder* Le projecteur ne fonctionne pas.
f. Il faut vérifier si la ligne téléphonique est bien installée *oder* Il faut contrôler si la ligne téléphonique est bien installée.

1. badge
2. logo
3. présentoir
4. vestiaire
5. catalogue
6. logiciel
7. projecteur
8. ligne

Lösungswort: EXPOSITION

	réglera le problème	s'en occupera peut-être	ne fera rien
a.			X
b.		X	
c.		X	
d.	X		
e.	X		
f.			
g.	X		
h.	X		

Hörtext:

● On dirait que la ligne téléphonique ne marche pas…
● Demande à la COEXPO de régler ça ! Moi, je n'ai pas le temps, là !
● Vous pourriez régler cela pour demain matin ?
● Demain matin ? Ben heu… Ça m'ennuie un peu, demain matin…
● Le présentoir est un peu petit, on devrait en installer un deuxième…
● Vous trouvez ?? Bof, je vais voir ce qu'on peut faire…
● Vous pourriez mettre quelques catalogues sur le présentoir ?
● D'accord, je vais m'en occuper !
● Il faudra commander des badges supplémentaires. On n'en a pas assez !
● Tiens, oui c'est vrai. Je vais faire le nécessaire immédiatement.
● Le logiciel ne marche pas !
● Oh la la, je ne connais pas ce truc-là moi ! Qu'est ce qu'on va faire !? Mais qu'est-ce qu'on va faire ???
● Je crois que le projecteur, il est cassé…
● Ah oui, en effet ! Bon, je m'en occupe tout de suite.
● J'ai un petit service à vous demander : il faudrait aller chercher Monsieur Lopez à l'aéroport demain.
● Vous pouvez compter sur moi.

a. Ce que je fais actuellement me plaît beaucoup.
b. Ce qui est parfois difficile, c'est de parler toute la journée.
c. Mais ce qui est très agréable, c'est de voir nos partenaires et nos clients !
d. Ce qu' ils attendent ? Des conseils !
e. Ce que nous proposons à notre stand est très nouveau.
f. Je me demande ce que les clients vont aimer...
g. Pourrais-tu me dire ce qui te plaît à notre stand ?
h. Ce qui est important, c'est de sourire.
i. Je ne sais pas ce que les autres exposants vont présenter cette année.
j. Vous me direz ce que vous en pensez !
k. Je voudrais bien savoir ce qu' ils vendent…
l. Ce que le patron nous a conseillé était très bien.

Lösungen

Richtig:
Ce que j'aime... / Ce qui me plaît... / Ce qui m'ennuie.../
Ce que je déteste...
Ergänzung:
b. ..., c'est qu'il y a beaucoup de monde.
c. ..., c'est que je peux rencontrer des décideurs.
d. ..., c'est que tout coûte très cher.
e. ..., c'est qu'il y a des animations amusantes.
f. ..., c'est que je peux découvrir des nouveautés.
g. ..., c'est que je peux boire gratuitement du champagne.
h. ..., c'est que l'accès est parfois difficile.
i. ... , c'est que je dois faire la queue au restaurant.

12

	vrai	faux
Le patron est très content.	X	
Ils pourraient améliorer le concept.	X	
Ben avait le temps de s'occuper de tous les visiteurs.		X
Ils avaient une hôtesse d'accueil.		X
L'hôtesse a accueilli les clients.		X
Il y avait beaucoup de visiteurs dimanche.	X	
Ben a mangé au restaurant.	X	
Ils ont bien travaillé.	X	
Leur entreprise a beaucoup de commandes.	X	
Ben a eu le temps de visiter les autres stands.		X
L'hôtesse est restée au stand.		X

13

b. était allée
c. avait pu
d. avait compris
e. s'était relaxée
f. avait su
g. était restée
h. avait fini
i. s'était ennuyée

14

Tout se serait encore mieux déroulé...
b. ...si le projecteur avait marché.
c. ...si la ligne téléphonique avait bien fonctionné.
d. ...si nous avions eu assez de catalogues.
e. ...si les collègues étaient restés au stand à midi.
f. ...si le patron était venu dimanche.
g. ...si j'avais pu compter sur COEXPO.
h. ...si j'avais fait tout le nécessaire.

15

Le patron

pouvoir	j'aurais pu
choisir	j'aurais choisi
déjeuner	j'aurais déjeuné

Stella

revenir	je serais revenue
s'occuper	je me serais occupée
s'organiser	je me serais organisée
arriver	je serais arrivée

Les client

attendre	nous aurions attendu
se renseigner	nous nous serions renseignés
apprendre	nous aurions appris
commander	nous aurions commandé

16

Si Stella n'avait pas passé le week-end à Paris, ...
b. ... elle n' aurait pas vu la tour Eiffel,
c. ... elle n' aurait pas pris le métro,
d. ... elle n' aurait pas rencontré Christian,
e. ... elle n' aurait pas souri,
f. ... ils n' auraient pas pris de café,
g. ... ils n' auraient pas dîné ensemble,
h. ... il ne lui aurait pas offert des fleurs,
i. ... elle ne lui aurait pas raconté sa vie,
j. ... ils ne seraient pas allés au cinéma,
k. ... ils ne se seraient pas embrassés,
l. ... ils ne seraient pas tombés amoureux.

a. Si nous n'avions pas exposé, nous n'aurions pas rencontré nos clients.
b. Si les visiteurs n'avaient pas été intéressés, ils ne seraient pas venus.
c. S'il n'y avait pas eu de monde dimanche, nous aurions été déçus.
d. Si nous n'avions pas exposé, nous n'aurions pas montré nos nouveautés.
e. S'il y avait eu plusieurs nocturnes, nous aurions été fatigués.
f. Si l'hébergement n'avait pas été bien organisé, nous n'aurions pas été contents.
g. S'ils n'avaient pas su parler aux clients, ils n'auraient pas eu beaucoup de contrats.

19

a. Zusammenfassen, beenden: enfin bref, en peu de mots, voilà.
b. Versprechen: je vous promets
c. Warnen: mais un conseil : ..., je vous signale que...
d. Wunsch oder Hoffnung äußern : j'espère que... , j'espère que... , je vous souhaite..., je compte sur vous !
e. Beruhigen: rassurez-vous, ne vous inquiétez pas
f. Positives Urteil: pour moi c'était très agréable de ..., j'apprécie..., je vous félicite de...
g. Absicht äußern: j'ai l'intention de..., je tiens à vous dire que..., je compte sur vous !
h. Zweifel, Bedauern: je n'aurais peut-être pas dû ..., j'ai peut-être eu tort
i. Gratulieren, sich bedanken: je vous félicite de..., je vous remercie de...

Lösungen

20

a. J'apprécie /J'aime / J'adore b. je te signale qu'il
c. je te promets d. Rassurez-vous e. je vous félicite
f. Je tiens à g. ont l'intention de h. Je n'aurais pas dû
i. bref j. Je vous remercie de votre attention
k. j'ai fait la connaissance de

21

	☺	☹
a. Pierre		✘
b. Dantec	✘	
c. Vincent	✘	
d. Le service		✘
e. Le concept		✘
f. L'assurance		✘
g. Le patron	✘	
h. L'équipe	✘	
i. Le buffet		✘
j. Le successeur		✘

Hörtext:

- Si Pierre avait bien fait son boulot, on aurait eu plus de succès.
- Oui, c'est possible…
- Qu'est-ce que tu penses de Dantec ?
- Il bosse bien et il est assez calme.
- J'espère que Vincent pourra te conseiller… Moi, il m'a donné de très bons conseils, la semaine dernière !
- Je vous signale qu'il faudrait accueillir mieux les clients dans votre service !
- Que voulez-vous dire ?
- Vous auriez pu améliorer le concept !
- Je vous promets que nous faisons ce que nous pouvons !
- Qu'est-ce qui ne vous plaît pas pour cette assurance ? Vous pourriez me donner un exemple ?
- Il est tellement efficace ! Avec un patron comme lui, on ferait l'impossible !
- J'apprécie mon équipe ! Ce sont des gens très efficaces et compétents !
- Bon d'accord, ils avaient prévu un super buffet mais ils ont eu tort d'inviter tant de monde !
- Tu aurais dû venir au pot d'adieu hier soir : on a fait la connaissance de notre nouveau patron.

1. g 2. h 3. e 4. k 5. f 6. l 7. d
8. a 9. i 10. c 11. j 12. b

- On prend un verre ?
- Oui. D'accord / Bonne idée / Volontiers / Avec plaisir !
- Ah, en ce moment ce n'est pas amusant / agréable dans mon entreprise / ma société ! Le directeur nous donne beaucoup de travail !
  Cette semaine, j'ai vraiment beaucoup travaillé / eu beaucoup de travail / travaillé comme une folle / travaillé très dur.
  Tu n'aurais pas une idée / une bonne idée pour le calmer.
- Ma pauvre ! Moi, je suis très / fort contente de ma nouvelle collègue. On est très amies.
- Tu as de la chance ! Dis donc, comment va ton fils ?
- Bof… Il devrait passer le baccalauréat cette année mais il joue au football toute la journée avec ses amis ! Alors…

Hörtext:

- On prend un pot ?
- Oui super, OK !
- Ah, en ce moment c'est pas rigolo dans ma boîte ! Le patron, il nous donne plein de boulot ! Cette semaine, j'ai vraiment bossé comme une folle ! T'aurais pas un tuyau pour le calmer ?
- Ma pauvre ! Moi, je suis super contente de ma nouvelle collègue. On est très copines !
- T'as de la chance ! Dis donc, ton fils comment ça va ?
- Bof… il devrait passer le bac cette année mais il joue au foot toute la journée avec ses copains ! Alors…

Je voudrais remercier tous mes collègues français de leur bon travail !
Votre équipe était efficace et très compétente.
Bref, J'ai bien aimé travailler avec vous !
Merci de votre accueil !
Je vous souhaite beaucoup de succès et bonne chance dans vos projets !
Si j'avais eu le temps, j'aurais aimé visiter votre belle région.
En tout cas, je garderai un excellent souvenir de mon voyage ici.
J'espère que nous nous reverrons bientôt.
Merci de votre attention.

Im Folgenden finden Sie die Lösungen zu den Zwischentests auf den Seiten 258 – 263. Nach den Lösungen geben wir Ihnen jeweils an, in welcher Lektion und auf welchen Seiten Sie noch einmal nachlesen können, wenn Sie mit der Übung Probleme hatten. Bevor Sie weiterlernen, sollten Sie sich die Erklärungen auf diesen Seiten noch einmal ansehen und die dazugehörenden Übungen machen. Danach machen Sie den Test noch einmal. Sie sollten erst dann zur nächsten Lektion übergehen, wenn Sie die Tests fast fehlerfrei lösen können.

TEST 1

1

a. les, la
b. La, l'
c. les
d. le, la, la
e. la, l'
f. La, l'

→ Lektion 1, S. 14

2

a. Vous‿aimez le sport ?
b. Nous‿habitons à Orléans.
c. Merci pour les‿olives !
d. Vous‿allez bien ?
e. Vous‿écoutez Radio France ?

→ Lektion 1, S. 17

3

travailler	écouter
je travaille	j'écoute
tu travailles	tu écoutes
elle travaille	il écoute
nous travaillons	nous écoutons
vous travaillez	vous écoutez
ils travaillent	elles écoutent

→ Lektion 1, S. 16

4

a. est
b. vont
c. suis
d. parlez
e. aiment
f. êtes
g. habitons
h. vas
i. vais
j. écoutes

→ Lektion 2, S. 26 (für **être**)
→ Lektion 3, S. 37 (für **aller**)
→ Lektion 1, S. 16 (für die übrigen Verben)

5

b – 1 Le Coca-Cola est une boisson.
c – 4 Metz et Rennes sont des villes.
d – 6 L'Allemagne est un pays.
e – 3 Technicien est une profession.
f – 7 L'allemand est une langue.
g – 5 Gaston et Patrick sont des amis.

→ Lektion 3, S. 39

6

a. Je suis/Je m'appelle Marion. J'habite à Paris et je suis journaliste. J'aime écrire, lire et voyager.
b. Je suis/Je m'appelle Mélanie. J'habite à Bordeaux et je suis ingénieur. J'aime le sport, l'impressionnisme et l'architecture.
c. Je suis/Je m'appelle Christian. J'habite à Bruxelles et je suis architecte. J'aime la chanson, le rap et l'opéra.

→ Lektion 2, S. 26 (für Namen und Beruf)
→ Lektion 2, S. 30 (um zu sagen, was man mag)

7

Es reimen sich: a. d. h. i. j. k. l. n.

Wenn Sie hier Probleme hatten, sollten Sie sich die Aussprache der neuen Wörter noch einmal auf dem Wortschatztrainer anhören. Lesen Sie außerdem die Erklärungen zur Aussprache auf den Seiten 13, 14, 31 und 32.

8

a. Désolé(e), je suis en avance.
b. Merci, c'est très gentil.
c. Voici Peter.
d. Comment allez-vous ?
e. Bravo ! Félicitations !
f. Pardon ? *oder* Je n'ai pas compris !

→ Lektion 3

TEST 2

1

zéro – 0
trente – 30
soixante – 60
huit – 8
treize – 13
cinquante – 50
onze – 11
quarante – 40
dix-sept – 17
quinze – 15

→ Lektion 4, S. 53 und Lektion 5, S. 63

2

a. Elle ne regarde pas la télévision, elle ne fait pas le jardin et elle ne fait pas les courses.
b. Il ne prend pas de bière, il ne prend pas d'alcool, il ne fume pas de cigarettes et il ne prend pas de croissants.
c. Elle ne prend jamais d'apéritif, elle ne va jamais au restaurant, elle ne fait jamais la cuisine.

→ Lektion 4, S. 49 (für a. und c.)
→ Lektion 5, S. 61 (für b. und c.)

3

a. Est-ce que vous parlez allemand ?
b. Est-ce que vous avez une chambre avec salle de bains ?
c. Est-ce que vous acceptez les chiens ?
d. Est-ce qu'il y a un ascenseur ?
e. Est-ce que le petit-déjeuner est en supplément ?
f. Est-ce qu'il y a un parking ?

→ Lektion 4, S. 51

4

Claire va en Italie.
Richard va chez Léon.
Mme Denis va dans un supermarché.
Roger va à l'hôtel Marignan.
M. Bugeau va à la pharmacie.
Les enfants vont à l'école
Toi, tu vas au bureau.
Et moi, je vais aux Antilles.

→ Lektion 2, S. 28, Lektion 3, S. 38 (für Satz 1)
→ Lektion 6, S. 71 und 72

5

a. Thibault habite au premier étage.
b. Patricia habite au deuxième étage.
c. Philippe habite au troisième étage.
d. Sophie et Jean habitent au quatrième étage.
e. Lulu et Charlie habitent au cinquième étage.

→ Lektion 6, S. 72

6

Lundi, il réserve une chambre pour Pierre et il fait les courses.
Mardi, il fait la cuisine et il prend l'apéritif avec Pierre.
Mercredi, il a rendez-vous chez Siemens à Munich et il dépose Pierre chez IBM.
Jeudi, il rencontre Renate.
Vendredi, il va à la piscine avec Pierre et les enfants.
Samedi, il bricole et il va au restaurant.
Dimanche, il ne fait rien.

→ Lektion 6, S. 74

7

a. Un pastis, s'il vous plaît. *oder* Je voudrais un pastis.
b. Oui, quel temps !
c. Non, laissez, c'est à moi !
d. Une salade niçoise.
e. Désolé, je n'ai pas le temps. *oder* Oui, avec plaisir.

→ Lektion 5, S. 60, Lektion 4, S. 47 (für a.)
→ Lektion 5, S. 63 (für b.)
→ Lektion 5, S. 60 (für c. und d.)
→ Lektion 5, S. 58 (für e.)

Haben Sie den Test geschafft? Fein! Wenn nicht: Geben Sie nicht auf, manchmal hat man beim Lernen einfach einen schlechten Tag oder vergisst etwas wieder. Gehen Sie Ihre „Schwachstellen" gezielt an, bevor Sie weitermachen. Die Verweise unter jeder Lösung sagen Ihnen, wo Sie noch einmal nachlesen und üben können.

TEST 3

1

la ville : l'avenue *f*, le feu, le carrefour, la place, le pont
le sport : la compétition, le VTT, le parapente, l'escalade *f*, l'équitation *f*
la famille : la fille, le frère, le neveu, la belle-mère, le mari, la sœur

Wenn Sie die Wörter nicht gut zuordnen konnten oder Probleme mit dem Artikel hatten, sollten Sie die Vokabeln der Lektionen 7 bis 9 noch einmal wiederholen.

2

a. prenez, à droite
b. attendons, sur
c. vendent, devant
d. aller, tout droit
e. attends, derrière
f. descends
g. attend, en face de
h. allez, jusqu'à

→ Lektion 7, S. 82 (für die Richtungsangaben)
→ Lektion 7, S. 86 (für die Verbformen)

3

a. du
b. de l'
c. de
d. d'
e. de la
f. du
g. de
h. de

→ Lektion 7, S. 81

Lösungen

4

a. Est-ce que tu joues au football ?
b. Est-ce que tu fais du vélo ?
c. Est-ce que tu joues au tennis ? *oder*
   Est-ce que tu fais du tennis ?
d. Est-ce que tu fais du ski ?
e. Est-ce que tu fais des randonnées ?
f. Est-ce que tu fais de la gymnastique ?
g. Est-ce que tu fais de l'aérobic ?
h. Est-ce que tu fais de l'escalade ?

Natürlich können Sie auch die Intonationsfrage verwenden: Tu joues au football ? *usw.*

→ Lektion 8, S. 100

cent onze – 111
deux mille – 2000
quatre-vingt-dix-neuf – 99
soixante-dix – 70
quatre-vingt-un – 81
soixante et onze – 71
quatre-vingt-onze – 91
soixante-dix-sept – 77
cinquante-sept – 57
cent vingt-quatre – 124

→ Lektion 8, S. 97

6

a. Mon père a les cheveux gris.
b. Ma mère a les cheveux bruns.
c. Mon amie est grande.
d. Mes sœurs sont gentilles.
e. Mes cousines sont très sportives.
f. Ma tante a les yeux bleus.
g. Et mon chien est adorable.

→ Lektion 9, S. 110 (für die Possessivbegleiter)
→ Lektion 9, S. 113 (für die Adjektive)

7

a. son	e. son
b. sa	f. leur
c. leurs	g. son
d. ses	

→ Lektion 9, S. 110 und 112

8

a. A huit heures et demie, il est à l'agence.
b. A neuf heures, il est au musée.
c. A midi, il est au restaurant.
d. A deux heures et demie, il est à l'Opéra.
e. A quatre heures dix, il est à la cathédrale.
f. A sept heures moins le quart, il est à l'hôtel Regina.

→ Lektion 7, S. 87, 88

a. Quel âge as-tu ?
b. Je n'ai plus le temps !
c. J'ai des courbatures partout !
d. J'ai mal au cœur.
e. Quelle heure est-il ?
f. Qu'il est mignon !

→ Lektion 8

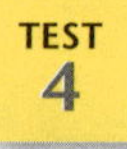

1

a. cette	e. ce
b. ces	f. Cet
c. cette	g. ces
d. Cet	h. Ce

→ Lektion 10, S. 123

A 9 heures, je vais rencontrer M. Brisset : nous allons préparer ensemble le dossier pour la réunion. A 10 heures, nous allons aller à la réunion. Nous allons examiner un nouveau produit. A midi, je vais déjeuner avec M. Druon. A 14 heures, je vais prendre le train pour Orléans. Je vais visiter MTB et je vais étudier notre nouveau projet. Je vais rester à Orléans pour rencontrer mes collègues du service exportation et je vais rentrer mardi. Mercredi, je vais être à mon bureau toute la journée.

→ Lektion 10, S. 126

a. toute	e. tout, toutes
b. tout	f. Tous
c. toute	g. tout
d. tous	

→ Lektion 10, S. 127

4

J'ai cherché une bonne recette, j'ai lu la recette, j'ai fait une liste, je suis allée au supermarché, j'ai acheté des boissons, je suis rentrée à la maison, j'ai préparé un gratin et j'ai rangé la cuisine.

→ Lektion 12, S. 147 und 151

a. Quand avez-vous passé votre bac ?
b. Où avez-vous fait vos études ?

c. Avez-vous appris l'anglais ?
d. Avez-vous fait des stages ?
e. Où avez-vous eu votre premier emploi ?
f. Pourquoi avez-vous été au chômage en 1999 ?
g. Comment avez-vous trouvé un emploi chez Aka ?
h. Pourquoi avez-vous pris contact avec nous ?

→ Lektion 12, S. 150

6

a. Nous avons bu du lait.
b. Il a pris du pain.
c. Ils ont acheté des œufs.
d. Nous avons fait des gâteaux.
e. J'ai trouvé de l'huile.
f. Tu as mis de l'ail ?
g. Vous avez vendu de la bière ?
h. Tu as eu de l'argent ?

→ Lektion 11, S. 135 (für den Teilungsartikel)
→ Lektion 12, S. 147 (für die Verbformen)

7

a. ● Tu veux un pot <u>de</u> miel ?
● Oui, j'en veux un.
b. ● Vous avez <u>du</u> sucre ?
● Non, je n'en ai pas.
c. ● Elle a beaucoup <u>de</u> travail ?
● Oui, elle en a beaucoup.
d. ● Ils prennent <u>des</u> fraises ?
● Non, ils n'en prennent pas.
e. ● Tu ne fais plus <u>de</u> sport ?
● Non, je n'en fais plus.
f. ● Il faut <u>du</u> chocolat ?
● Oui, il en faut.
g. ● Tu prends <u>du</u> fromage ?
● Oui, j'en prends.
h. ● Il y a une bouteille <u>de</u> vin ?
● Oui, il y en a une.
i. ● Vous prenez un paquet <u>de</u> beurre ?
● Oui, j'en prends un.

→ Lektion 11, S. 135 bis 140

8

a. Je voudrais une livre de fraises
b. Tu as raison.
c. J'arrive le premier juillet.
d. Il y a des promotions.
e. Sans lait, s'il vous plaît.

→ Lektion 11 (für a., d. und e.)
→ Lektion 10, S. 127 (für b. und d.)
→ Lektion 12, S. 145 (für c.)

TEST 5

1

a. viens
b. dites
c. choisi
d. venez
e. écrivons
f. lisez
g. viennent
h. choisit
i. lis

→ Lektion 10, S. 125 (für **venir**)
→ Lektion 13, S. 157 (für **dire, écrire** und **lire**)
→ Lektion 14, S. 176 (für **choisir**)

2

a. Oui, je les regarde.
b. Oui, je vais la visiter.
c. Non, je ne les achète pas.
d. Oui, je l'ai entendu.
e. Non, je ne le prends pas.
f. Oui, je l'ai eu.
g. Non, je ne vais pas l'appeler.

→ Lektion 13, S. 162

3

a. lui
b. l'
c. lui
d. lui
e. l'
f. lui
g. lui
h. l'

→ Lektion 13, S. 161, 162

4

a. Ça me va.
b. Ça me plaît.
c. Appelle-moi !
d. Je t'ai écrit.
e. Excuse-moi !
f. Je te donne mon numéro.

→ Lektion 14, S. 173 (für a. und b.)
→ Lektion 13, S. 161 (für c., d., e., f.)

5

a. Paul est plus grand que Charlie.
b. Liliane est plus petite que Cécile.
c. Jacques est aussi grand que François.
d. Léa est moins grande que David.

→ Lektion 14, S. 174

6

a – 5
b – 4
c – 6
d – 2
e – 3
f – 7
g – 1

→ Lektion 13

7

a. prix
b. peux
c. cabine
d. ma
e. au dessus
f. mieux
g. le
h. acceptez

→ Lektion 14

8

Ma chère Léa,
Je suis en vacances à Cannes et je me repose bien : nous nous réveillons à huit heures et nous allons à la plage. L'après-midi, nous nous promenons et nous visitons la région. Nous sommes avec des amis sympa et nous nous amusons beaucoup. Hier, je me suis couchée à trois heures ! Je ne m'ennuie pas et je me détends ! Ne travaille pas trop !

Amitiés, Maguy

→ Lektion 15, S. 184, 186 und 187

a. Elle s'est levée à 6 heures.
b. Elle s'est occupée des dossiers.
c. Elle s'est disputée avec son patron.
d. Elle s'est couchée à minuit.

TEST 6

1

a. que
b. qui
c. qu'
d. qui
e. que
f. que

→ Lektion 16, S. 196

2

a. Je trouve que ce rosé est excellent.
b. Nous ne savons pas s'il a quitté Paris.
c. Je pense qu'il y a une petite erreur.
d. Je me demande si le restaurant est ouvert.
e. Vous croyez qu'ils sont pressés ?

→ Lektion 16, S. 201

3

a. Je voudrais réserver une table.
b. Nous prenons deux menus à … euros.
c. J'hésite un peu.
d. Vous pourriez me conseiller ?
e. Le plat du chef, qu'est-ce que c'est ?
f. Nous sommes un peu pressés…

→ Lektion 16, S. 193, 195 und 200

4

a. J'habitais au Quartier latin.
b. Le lundi, j'allais au cinéma.
c. Je prenais souvent du café.
d. J'avais des cours à la fac.
e. Tu venais chez moi.
f. Je pouvais voyager.
g. Je faisais du stop.
h. Nous étions jeunes.

→ Lektion 17, S. 207 und 208

Quand j'étais petit, nous habitions dans un village en Normandie. Mes parents avaient une ferme. Mon père travaillait beaucoup et le soir, il était très fatigué. Ma mère avait des lapins et des canards. Nous ne faisions pas beaucoup de voyages. Un jour, une famille allemande est arrivée chez nous. Ils cherchaient une chambre pour les vacances. Ils sont restés trois semaines. Ils avaient une petite fille blonde qui parlait un peu français et j'adorais jouer avec elle. En septembre, ils sont partis et ils m'ont envoyé une jolie carte de Nuremberg.

→ Lektion 17, S. 210 und 211

a. parce que
b. En plus
c. mais
d. Même si
e. si bien que

→ Lektion 18, S. 219

a. gentiment
b. normalement
c. différemment
d. rapidement *oder* vite
e. heureusement
f. mieux

→ Lektion 18, S. 221

8

a. J'irai peut-être en Tunisie ou je visiterai les Antilles.
b. Je ferai sûrement un grand voyage et je rencontrerai des gens.
c. Je me promènerai dans Paris et j'achèterai des cadeaux.
d. Je passerai des vacances merveilleuses et je crois que j'aurai des surprises.

→ Lektion 18, S. 223

Tipps zur Wörterbuchbenutzung

Sie haben in diesem Kurs eine Menge Wörter gelernt. Dennoch wird Ihnen immer wieder mal ein Wort fehlen, wenn Sie sich auf Französisch unterhalten oder französische Texte lesen möchten. Dann sollten Sie in einem Wörterbuch nachschlagen.

Sich in einem Wörterbuch zurechtzufinden, ist manchmal gar nicht so einfach: Wo sucht man die Informationen? Wie findet man die richtige Bedeutung unter den vielen, die angegeben werden? Und kann ein Wörterbuch vielleicht noch mehr, als nur eine Bedeutung angeben? Dazu hier einige Tipps und Beispiele.

1. Generell schlagen Sie im Wörterbuch alle Wörter unter der Grundform nach. Ein Beispiel: Ihre französische Brieffreundin schreibt Ihnen **Je suis amoureuse !**, und Sie wissen nicht, was **amoureuse** heißt. Sie schlagen im Wörterbuch nach – und finden das Wort nicht.
   Doch dann erinnern Sie sich: **-euse** ist eine typisch feminine Adjektivendung – und ein Adjektiv würde durchaus zum Satzanfang passen. Nun fragen Sie sich: Wie lautet die entsprechende maskuline Endung, wenn die feminine Endung **-euse** heißt? Richtig, **-eux**. Und unter **amoureux** werden Sie die gesuchte Bedeutung auch finden!
   Genauso funktioniert es natürlich umgekehrt: Wenn Sie wissen möchten, was auf Französisch *Ich komme!* heißt, müssen Sie unter dem Infinitiv *kommen* nachsehen.

2. Nun schlagen Sie also unter *kommen* nach und finden dort z. B. den nebenstehenden Eintrag.

   Kommen kann offenbar – je nach Zusammenhang – unterschiedlich wiedergegeben werden. Die Zahlen in dem Wörterbucheintrag gliedern die Bedeutungen. An erster Stelle steht die Hauptbedeutung, **venir**. Nun könnten Sie sich damit zufriedengeben. Aber sicherheitshalber sollten Sie den Eintrag noch ein wenig weiterlesen. Unter 2. finden Sie eine weitere Bedeutung: wenn *kommen ‚ankommen'* oder *‚herkommen'* bedeutet, heißt es **arriver**! Und diese Bedeutung trifft auf den Ruf *Ich komme!* ja noch genauer zu. Und tatsächlich: direkt nach dem Infinitiv **arriver** finden Sie den Ausdruck *Ich komm ja schon!* **J'arrive !** Wenn Sie sehr wissbegierig sind, werden Sie sich vielleicht auch die anderen Ausdrücke noch durchlesen. Der Auszug, den Sie rechts sehen, kommt aus einem Wörterbuch, das speziell für die Bedürfnisse von Lernern konzipiert wurde. Deswegen finden Sie am Ende des Wörterbucheintrages noch eine Zusammenstellung von Besonderheiten des Verbes *kommen*, die für Sie auch nützlich sein kann.

kommen 1 venir; **wie komme ich zum Bahnhof?** quel est le chemin de la gare?; **einen Arzt** (*bzw.* **eine Pizza**) **kommen lassen** faire venir un médecin [medsɛ̃] (*bzw.* une pizza [pidza]) 2 (≈ *an-, herkommen*) arriver; **ich komm ja schon!** j'arrive!; **da kommt er ja!** le voilà! [vwala] 3 **wie weit bist du mit deiner Arbeit** *usw.* **gekommen?** où en es-tu [uɑ̃nɛty] de ton travail *usw.*? 4 **ich glaube, es kommt ein Gewitter** je crois qu'il va faire orage 5 **die Vase kommt auf den Tisch** le vase se met sur la table 6 **das kam für ihn unerwartet** il ne s'y attendait pas; **das musste ja so kommen** *umg.* ça n'a pas raté 7 **wenn Sie mir so kommen ...** si vous le prenez sur ce ton-là ...; **komm mir (bloß) nicht mit ...** ne viens pas encore me dire que ...; **der soll mir nur kommen!** *umg.* qu'il vienne [vjɛn] s'y frotter! (*Subjonctif*) 8 **komm, gib her!** allez, donne!; **komm, komm!** *als Ermahnung*: allons, allons! 9 **wie kommt es, dass ...?** comment se fait-il [fɛtil] que ...? (+ *Subjonctif*); **so weit kommt es noch** il ne manquerait plus que ça [plyksa]; **es kam zu einer Schießerei** il y a eu [iljay] des coups de feu 10 **wie kommst du darauf?** qu'est-ce qui [kɛski] t'a donné cette idée? 11 **hinter etwas kommen** découvrir quelque chose 12 **zu etwas kommen** (≈ *Zeit finden für*) trouver le temps de faire quelque chose

kommend: **kommende Woche** la semaine prochaine [s(ə)mɛnpʀɔʃɛn]

3. In einem Wörterbuch erfahren Sie aber noch mehr als die reine Wortbedeutung. Schlagen wir doch noch einmal unter **amoureux** nach:

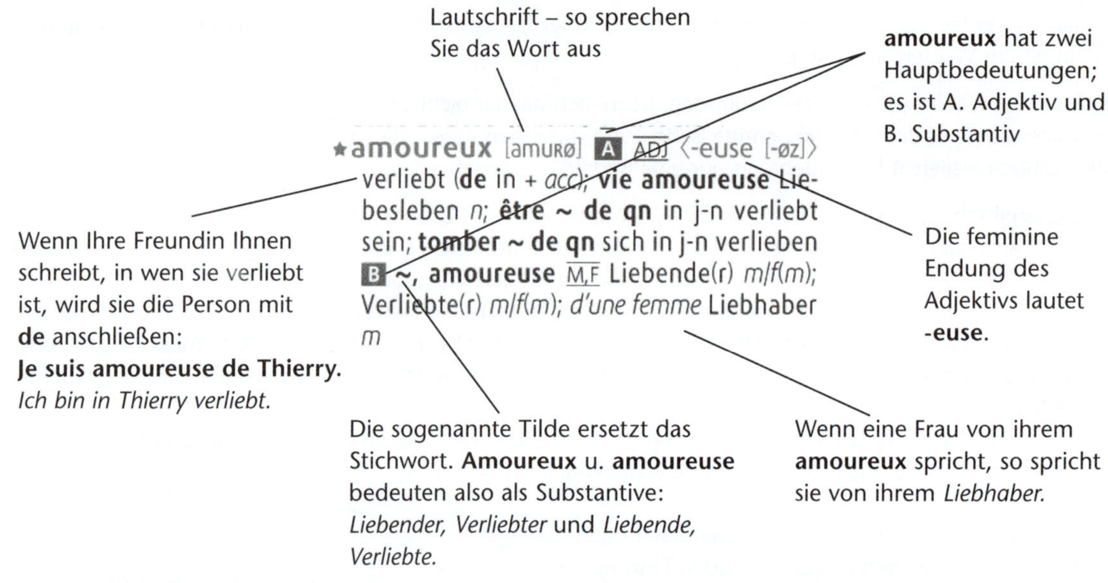

aus: Langenscheidts Taschenwörterbuch Französisch, © Langenscheidt GmbH & Co. KG 2016

4. Ein speziell für Lerner bestimmtes Wörterbuch erleichtert Ihnen das Nachschlagen. In diesen Wörterbüchern finden Sie häufig Verweise von ungewöhnlichen Formen auf die Grundform, deutlich hervorgehobene Hinweise zu grammatischen Besonderheiten, Verweise auf Wörter, die man leicht verwechseln kann, idiomatische Redewendungen, die man nicht einfach wörtlich übersetzen kann, und vieles mehr. So finden Sie zum Beispiel beim Stichwort Haus folgende Erklärung:

SPRACHGEBRAUCH

zu Hause, nach Hause

Beides kann mit **à la maison** übersetzt werden, es wird aber auch sehr oft **chez** und das jeweils passende Personalpronomen verwendet:

Ich bin zu Hause.	**Je suis chez moi.**
Er kommt zu dir (nach Hause).	**Il vient chez toi.**
Sie geht nach Hause.	**Elle rentre chez elle.**
Er ist nicht zu Hause.	**Il n'est pas chez lui.**
Seid ihr zu Hause?	**Vous êtes chez vous?**
Bei ihnen (zu Hause) gibt es viel Platz.	**Chez eux il y a de la place.**

aus: Langenscheidts Power Wörterbuch Französisch, © Langenscheidt GmbH & Co. KG 2015

Nun sind Sie auch fit in der Benutzung von Wörterbüchern! Sicher werden Sie beim Blättern und Nachschlagen noch einiges dazulernen. Aber der Einstieg ist gemacht. Haben Sie also keine Angst vor Wörterbüchern, stöbern Sie darin, und bereichern Sie so Ihren Wortschatz – und Ihre Grammatikkenntnisse!

Grammatik im Überblick

Aussprache und Schreibung

1. Das Alphabet

Das französische Alphabet besteht aus 26 Buchstaben. Die meisten Buchstaben werden wie die entsprechenden Buchstaben im Deutschen ausgesprochen. Anders als im Deutschen werden gesprochen:

C [se] E [ə] G [ʒe] H [aʃ] J [ʒi] Q [ky]
U [y] V [ve] W [dubləve] Y [igrɛk] Z [zɛd]

2. Groß- und Kleinschreibung

Generell wird im Französischen kleingeschrieben – auch nach einem Doppelpunkt.
Groß schreibt man am Satzanfang, außerdem Eigennamen, Städte, Länder und Feiertage, Anreden und Titel: **Jean, Paris, Espagne, Noël, Monsieur, Madame la Ministre.**

3. Die Akzente

Akzente stehen im Französischen nur über Vokalen. Sie heißen:

´	accent aigu	**le café**
`	accent grave	**où**
^	accent circonflexe	**le gâteau**

Sie haben verschiedene Funktionen:
Akzente helfen, gleich gesprochene Wörter voneinander zu unterscheiden:

ou [u] *oder*, où [u] *wo*

Akzente auf dem **e** beeinflussen die Aussprache:
é wird immer [e] gesprochen, z. B. **café** [kafe];
è und **ê** werden immer [ɛ] gesprochen, z. B. **bière** [bjɛr], **crêpe** [krɛp].

Akzente auf anderen Vokalen beeinflussen deren Aussprache nicht.

▶ Auf Großbuchstaben stehen in der Regel keine Akzente.

4. Sonderzeichen

a. Die *cédille*

Die **cédille** sieht wie ein kleiner Haken unter dem **c** aus: **ç**
Vor **a, o, u** wird ein **c** normalerweise [k] gesprochen. Durch die **cédille** wird das **ç** [s] gesprochen:

français *französisch*, garçon *Junge*

b. Das Trema

Als Trema bezeichnet man zwei Pünktchen über einem Vokal. Das Trema trennt in der Aussprache zwei Vokale voneinander:

Noël [nɔɛl] *Weihnachten*, Citroën [sitroɛn]

5. Die Elision

Elision heißt wörtlich *Auslassung:* Wenn ein Wort mit Vokal aufhört und das folgende Wort mit Vokal oder **h** beginnt, wird der Endvokal des ersten Wortes weggelassen. Eine Elision gibt es bei folgenden wichtigen Wörtern:

Wort	Beispiel
de *von*	d'elle *von ihr*
je *ich*	j'aime *ich mag*
la *sie*	Il l'a vue. *Er hat sie gesehen.*
le *er, ihn*	Il l'a vu. *Er hat ihn gesehen.*
me *mich*	Il m'a vu. *Er hat mich gesehen.*
ne *(erster Teil der Verneinung)*	Je n'ai pas envie. *Ich habe keine Lust.*
que *dass, den, als*	Il est plus grand qu'elle. *Er ist größer als sie.*
qu'est-ce que *was*	Qu'est-ce qu'il veut ? *Was will er?*
si *wenn*	s'il pleut *wenn es regnet*
te *dich*	Je t'ai vu. *Ich habe dich gesehen.*

Auch in Zusammensetzungen mit diesen Wörtern wird eine Elision gemacht, z. B. bei **de** in **ne … pas de**, bei **que** in **parce que** usw.

Ausnahmen
Vor dem sogenannten **h aspiré**, *dem behauchten h*, wird keine Elision gemacht. Dieses **h** gibt es nur bei wenigen Wörtern, wie z. B.:

les haricots *die Bohnen*
le héro *der Held*
les Halles *die Hallen (in Paris)*

Häufig sind die Wörter, die mit behauchtem **h** anfangen, fremdsprachigen Ursprungs, z. B.:

les handicapés *die Behinderten*

Vor Zahlen wird keine Elision gemacht:

le onze *die Elf*

Bei **si** wird keine Elision gemacht, wenn das Wort **elle** folgt:

si elle vient *wenn sie kommt*
s'il vient *wenn er kommt*

6. Die Liaison

Liaison heißt *Bindung.* Eine **Liaison** wird zwischen zwei eng zusammengehörenden Wörtern gemacht, wenn das erste Wort mit einem Konsonanten aufhört und das zweite Wort mit einem Vokal oder **h** beginnt. Bei dieser Verbindung wird der Konsonant ausgesprochen und zum zweiten Wort gezogen:

nous‿aimons les‿enfants

Bestimmte **Liaisons** werden immer gemacht. Dazu zählen die **Liaison** zwischen Artikel und Substantiv, Begleitern und Substantiv, Adjektiv und Substantiv oder Pronomen und Verb:

les‿amis
mon‿ami
un grand‿enfant
nous‿aimons

Andere **Liaisons** werden nicht immer gesprochen:
Je nach Sprachniveau und Situation kann man die verschiedensten Varianten hören. Ein Beispiel:

Est-ce qu'il est ouvert? [ɛskilɛtuvɛr] *oder* [ɛskilɛuvɛr]

Der Artikel

1. Der bestimmte Artikel

	maskulin	**feminin**
Singular	le café l'opéra	la chanson
Plural	les cafés	les chansons

Im Singular heißt der Artikel für beide Geschlechter **l'**, wenn das Substantiv mit Vokal oder **h** beginnt.

Le und **les** verschmelzen mit den Präpositionen **à** und **de**:

à + le → au   de + le → du
à + les → aux   de + les → des

au restaurant *im Restaurant*
aux Etats-Unis *in den Vereinigten Staaten*
l'adresse du café *die Adresse des Cafés*
les cadeaux des enfants *die Geschenke der Kinder*

La und **l'** verschmelzen nicht:

à la mairie *im Rathaus*
à l'hôtel *im Hotel*
l'adresse de la mairie *die Adresse des Rathauses*
l'adresse de l'hôtel *die Adresse des Hotels*

▶◀ Im Französischen steht der bestimmte Artikel auch:
vor Ländern und Gegenden
l'Allemagne *Deutschland*
la Bavière *Bayern*

zur Bezeichnung einer Gattung oder Art
J'aime le thé. *Ich mag Tee.*

beim Datum
le 31 décembre
der 31. Dezember, am 31. Dezember

vor Wochentagen, wenn eine Gewohnheit bezeichnet wird
le samedi *samstags, jeden Samstag*
▶ samedi *Samstag, am Samstag*

vor Körperteilen, wenn man Schmerzen ausdrücken will
J'ai mal à la tête. *Ich habe Kopfschmerzen.*

2. Der unbestimmte Artikel

	maskulin	feminin
Singular	un café	une boisson
Plural	des cafés	des boissons

▶◀ Der unbestimmte Artikel hat im Plural eine eigene Form, **des**.
Il invite des amis. *Er lädt Freunde ein.*
Wenn zwischen **des** und dem Substantiv ein Adjektiv steht, wird **des** meist zu **de**:
Il a de bons amis. *Er hat gute Freunde.*

Das Substantiv

1. Das Genus

Substantive sind im Französischen entweder maskulin oder feminin. Ein Neutrum gibt es nicht.
Das Geschlecht der Substantive stimmt nicht unbedingt mit ihrem Geschlecht im Deutschen überein: **le soleil** *die Sonne.*

Manchmal kann man an der Endung des Substantivs erkennen, ob das Wort männlich oder weiblich ist.

meist männliche Endungen		meist weibliche Endungen	
-ail	le travail *die Arbeit*	-aille	la taille *die Größe*
-al	le journal *die Zeitung*	-ette	la recette *das Rezept*
-et	le parquet *das Parkett*	-esse	l'adresse *die Adresse*
-ier	le papier *das Papier*	-euse	la photocopieuse *der Kopierer*
-isme	le tourisme *der Tourismus*	-ie	la copie *die Kopie*
-oir	le couloir *der Gang*	-ion	la région *die Gegend*

Bei Tieren und Personen stimmt das Genus meist mit dem natürlichen Geschlecht überein:
l'homme *der Mann*, **la femme** *die Frau.*

Monatsnamen sind männlich.

Ableitung von femininen Formen

Häufig kann man aus einem maskulinen Substantiv eine feminine Form bilden, indem man ein **-e** anhängt:
ami *Freund* → **amie** *Freundin*; **étudiant** *Student* → **étudiante** *Studentin.*

Einige Endungen haben ihr eigenes Femininum:

m	f	Beispiel	
-eur	-euse	vendeur *Verkäufer*	→ vendeuse *Verkäuferin*
-teur	-trice	conducteur *Fahrer*	→ conductrice *Fahrerin*
-er	-ère	cuisinier *Koch*	→ cuisinière *Köchin*
-ien	-ienne	technicien *Techniker*	→ technicienne *Technikerin*

Manche Berufsbezeichnungen haben keine weibliche Form. Man setzt dann den femininen Artikel vor die maskuline Form: **la ministre** *die Ministerin.* Für wieder andere Berufe gibt es gar keine weibliche Bezeichnung, z. B. **le médecin** *der Arzt.* Wenn man in so einem Fall betonen möchte, dass es sich um eine Frau handelt, sagt man **une femme médecin** *eine Ärztin.*

2. Der Plural

Im Plural bekommen die Substantive am Wortende meist ein **-s**:

Singular		Plural
le restaurant	→	les restaurants
la chanson	→	les chansons

Andere Pluralbildungen:
Endet das Substantiv auf **-s** oder **-x**, lautet die Pluralform genauso wie der Singular:

le pays *das Land* → les pays

Substantive, die auf **-eu** oder **-œu** enden, bilden den Plural fast immer auf **-x**:

le neveu *der Neffe* → les neveux
le vœu *der Wunsch* → les vœux

Substantive, die auf **-al** oder **-ail** oder **-au** enden, bilden den Plural fast immer auf **-aux**:

le journal *die Zeitung* → les journaux
le travail *die Arbeit* → les travaux
le bureau *das Büro* → les bureaux

▶ Das **-s** oder **-x** der Pluralendung wird nie ausgesprochen.

Unregelmäßige Pluralformen

Manche Wörter bilden einen völlig unregelmäßigen Plural:

l'œil *das Auge* → les yeux

Besonderheiten

Einige Substantive haben nur eine Pluralform. Neben Substantiven, die man ganz automatisch nur im Plural benutzt, z. B. **les gens** *die Leute*, gehören dazu auch Wörter, die im Deutschen Singular, im Französischen aber Plural sind, z. B.

les lunettes *die Brille*
les ciseaux *die Schere*
les fruits *das Obst*
les études *das Studium*

Die Mengenangabe

1. Die unbestimmte Menge

Um über Mengen zu sprechen, die nicht näher benannt werden, verwendet man im Französischen eine Kombination aus **de** + bestimmter Artikel, den sogenannten Teilungsartikel (zur Verschmelzung von **de** + bestimmtem Artikel → S. 104).

On a du lait, de la confiture, de l'eau et des pommes.
Wir haben Milch, Marmelade, Wasser und Äpfel.

▶◀ Im Deutschen steht zur Angabe unbestimmter Mengen kein Artikel.

Man gebraucht den Teilungsartikel auch für abstrakte Begriffe:

On a de la chance. *Wir haben Glück.*

2. Die bestimmte Menge

Wenn eine Menge in Stückzahlen angegeben wird, verwendet man ganz einfach die Grundzahlen (→ S. 77) + Substantiv:

deux citrons et trois yaourts
zwei Zitronen und drei Joghurts

Wenn Mengen nach Gewicht oder Behältnissen angegeben werden, verwendet man Mengenangabe + **de** + Substantiv:

un kilo de viande *ein Kilo Fleisch*
une bouteille de vin *eine Flasche Wein*
un litre d'eau *ein Liter Wasser*

▶ Auch wenn das Substantiv im Plural steht, heißt es **de**: **un kilo <u>de</u> pomme<u>s</u>** *ein Kilo Äpfel*

Auch so ungenaue Angaben wie *viel* oder *kein(e)* sind Mengenangaben:

Je n'ai pas d'argent. *Ich habe kein Geld.*
Je n'ai plus de pommes. *Ich habe keine Äpfel mehr.*
Jamais d'alcool ! *Niemals Alkohol!*
J'ai beaucoup d'amis. *Ich habe viele Freunde.*

▶ **Avec** steht mit **de, sans** ohne **de**:
Un café avec du sucre mais sans lait.
Einen Kaffee mit Zucker, aber ohne Milch.

Wichtige Mengenangaben

assez de	*genug*
beaucoup de	*viel*
combien de	*wie viel*
pas de	*kein(e)*
plus de	*kein(e) mehr*
trop de	*zu viel*
(un) peu de	*(ein) wenig*
un kilo de	*ein Kilo*
une livre de	*ein Pfund*
un litre de	*ein Liter*
un paquet de	*ein Paket, eine Packung*
un pot de	*ein Topf, ein Glas*
un sac de	*eine Tüte*
un verre de	*ein Glas*
une boîte de	*eine Dose, Schachtel*
une bouteille de	*eine Flasche*
une cuillère de	*ein Löffel*
une tasse de	*eine Tasse*

Das Adjektiv

Das Adjektiv richtet sich in Geschlecht und Zahl stets nach dem Wort, auf das es sich bezieht.

1. Das Genus

Von der männlichen Form kann man die weibliche folgendermaßen ableiten:

maskulin	feminin	Beispiel
-Konsonant	-e	petit, petite
-e	-e	timide, timide
-el	-elle	traditionnel, traditionnelle
-er	-ère	cher, chère
-i	-ie	joli, jolie
-ien	-ienne	italien, italienne
-ieux	-ieuse	malicieux, malicieuse
-if	-ive	sportif, sportive
-il	-ille	gentil, gentille,
-on	-onne	bon, bonne
-c	-que	public, publique
	oder -che	blanc, blanche

2. Der Plural

Wie die Substantive bekommen Adjektive im Plural ein **-s** oder ein **-x**:

Il est petit. → Ils sont petits.
Elle est petite. → Elles sont petites.

Wenn ein Adjektiv im Singular auf **-s** oder **-x** endet, bleibt die Pluralform gleich:

Louis est malicieux. → Louis et Léon sont malicieux.

Wenn sich ein Adjektiv auf mehrere Substantive bezieht, die unterschiedlichen Geschlechts sind, steht die maskuline Form:

Louis et Adeline sont encore petits.
Louis und Adeline sind noch klein.

3. Sonderformen

Einige Adjektive sind unveränderlich: **marron, super, sympa, chic**.

Die Adjektive **beau, vieux** und **nouveau** haben für das Maskulinum zwei Formen. Die zweite Form steht vor Wörtern, die mit Vokal oder **h** beginnen. Hier der Überblick:

	maskulin	feminin
Singular	beau/bel vieux/vieil nouveau/nouvel	belle vieille nouvelle
Plural	beaux vieux nouveaux	belles vieilles nouvelles

4. Stellung

▶◀ Französische Adjektive stehen in der Regel nach dem Substantiv:

un chien noir *ein schwarzer Hund*

Vor dem Substantiv stehen **beau, joli, bon, mauvais, grand, petit, jeune, vieux, nouveau, gros**:

une jolie fille *ein hübsches Mädchen*

Das Adverb

Ein Adverb ist ein unveränderliches Wort, das ein Verb, ein Adjektiv oder ein anderes Adverb näher bestimmt.

1. Bildung

Die meisten Adverbien werden von einem Adjektiv abgeleitet.

von Adjektiven, die auf Vokal enden:
Adjektiv + Endung **-ment**
facile → facilement *leicht*
vrai → vraiment *wirklich*

von Adjektiven, die auf Konsonant enden:
Feminine Form des Adjektivs + Endung **-ment**
gratuit → gratuite → gratuitement *kostenlos*

von Adjektiven, die auf **-ent** enden:
Adjektiv – Endung **-ent** + Endung **-emment**
intelligent → intellig + emment → intelligemment *intelligent(erweise)*

von Adjektiven, die auf **-ant** enden:
Adjektiv – Endung -ant + Endung **-amment**
élégant → élég + amment → élégamment *elegant*

2. Sonderformen

Adjektiv	Adverb
bon	bien *gut*
meilleur	mieux *besser*
mauvais	mal *schlecht*
gentil	gentiment *nett*
rapide	vite *schnell*

3. Stellung

Das Adverb steht hinter dem Verb:

Il vient souvent. *Er kommt oft.*

Wenn das Adverb ein Adjektiv oder ein anderes Adverb näher bestimmt, wird es vorangestellt:

Elle est très jolie. *Sie ist sehr hübsch.*
Il travaille très vite. *Er arbeitet sehr schnell.*

4. Übersetzung von *sehr*

Wenn *sehr* ein Adjektiv oder ein Adverb näher bestimmt, kann man es mit **très** wiedergeben:

Tu es très sympa. *Du bist sehr nett.*

Bei einem Verb heißt *sehr* **beaucoup**:

Je t'aime beaucoup. *Ich mag dich sehr.*

▶ *Sehr viel* heißt **énormément.**

Die Steigerung

1. Der Komparativ

Beim Komparativ, der ersten Steigerungsstufe, kann man unterscheiden, ob ein Gegenstand einem anderen überlegen, unterlegen oder gleich ist.

a. Überlegenheit

plus + Adjektiv + **que** *mehr* + Adjektiv + *als*
Le costume gris est plus élégant que le bleu.
Der graue Anzug ist eleganter als der blaue.

plus de + Substantiv + **que** *mehr* + Substantiv + als
Nous mangeons plus de légumes que vous.
Wir essen mehr Gemüse als ihr.

Verb + **plus** + **que** Verb + *mehr* + als
Je travaille plus que toi.
Ich arbeite mehr als du.

b. Unterlegenheit

moins + Adjektiv + **que** *weniger* + Adjektiv + *als*
Le costume bleu est moins élégant que le gris.
Der blaue Anzug ist weniger elegant als der graue.

moins de + Substantiv + **que**
weniger + Substantiv + *als*
Je bois moins de bière que lui.
Ich trinke weniger Bier als er.

Verb + **moins** + **que** Verb + *weniger* + als
Je travaille moins que toi.
Ich arbeite weniger als du.

c. Gleichheit

aussi + Adjektiv + **que** *genauso* + Adjektiv + wie
La robe bleue est aussi chère que la noire.
Das blaue Kleid ist genauso teuer wie das schwarze.

autant de + Substantiv + **que**
genauso viel + Substantiv + *wie*
Je bois autant d'eau que de thé.
Ich trinke genauso viel Wasser wie Tee.

Verb + **autant** + **que** Verb + *genauso viel* + *wie*
Je travaille autant que toi.
Ich arbeite genauso viel wie du.

Die Adverbien werden genauso gesteigert wie die Adjektive:

Il travaille plus vite que son collègue.
Er arbeitet schneller als sein Kollege.

▶◀ Im Deutschen wird häufig nicht das gesteigerte Adverb mit vorangestelltem *weniger* verwendet, sondern das gegenteilige Adverb:

Il travaille moins vite que moi.
Er arbeitet langsamer (= weniger schnell) als ich.

d. Ausnahmen

Die Steigerungsformen von **bon** und **bien** sind unregelmäßig:

bon *gut* → meilleur *besser*
bien *gut* → mieux *mieux*

2. Der Superlativ

Der Superlativ wird aus dem bestimmten Artikel **le, la, l'** oder **les** + Komparativ gebildet:

Cette maison est la plus belle.
Dieses Haus ist das schönste.
Il travaille le plus vite.
Er arbeitet am schnellsten.
Ce costume est le moins cher.
Dieser Anzug ist der billigste.
Il travaille le moins vite.
Er arbeitet am langsamsten.

Den Superlativ kann man mit **de** ergänzen:

C'est le plus beau musée du monde.
Das ist das schönste Museum der Welt.

Bei Adjektiven, die normalerweise nach dem Substantiv stehen, wird der bestimmte Artikel wiederholt:

C'est le musée le plus moderne.
Das ist das modernste Museum.
C'est le costume le moins cher.
Das ist der billigste Anzug.

Die Adjektive, die normalerweise vor dem Substantiv stehen, stehen auch im Superlativ davor:

C'est le plus beau musée.
Das ist das schönste Museum.

Statt des bestimmten Artikels kann der Possessivbegleiter stehen:

C'est ma plus belle photo.
Das ist mein schönstes Foto.

Ausnahmen

Die Steigerungsformen von **bon, mauvais** und **bien** sind unregelmäßig:

bon → le meilleur, la meilleure *der, die, das Beste*
mauvais → le pire, la pire *der, die, das Schlimmste*
bien → le mieux *am besten*

Die Begleiter

1. Der Demonstrativbegleiter

Wie im Deutschen richtet sich der Demonstrativbegleiter in Geschlecht und Zahl nach dem Bezugswort.

	maskulin	feminin
Singular	ce/cet	cette
Plural	ces	ces

ce chien *dieser Hund*
cette amie *diese Freundin*
ces chiens *diese Hunde*

Vor einem männlichen Substantiv, das mit Vokal oder **h** beginnt, wird **ce** zu **cet**:

cet ami *dieser Freund*

2. Der Possessivbegleiter

Wie im Deutschen richtet sich der Possessivbegleiter in Geschlecht und Zahl nach dem Bezugswort.

Singular m	f	Plural m oder f
mon	ma	mes
ton	ta	tes
son	sa	ses
notre	notre	nos
votre	votre	vos
leur	leur	leurs

Das Geschlecht des „Besitzers" spielt keine Rolle:

la maison de Daniel → sa maison *sein Haus*
la maison d'Hélène → sa maison *ihr Haus*

Son, sa, ses kann also *sein, seine, ihr* oder *ihre* bedeuten.

Wenn ein Substantiv mit Vokal oder **h** beginnt, steht **mon, ton** oder **son**, auch wenn das Substantiv weiblich ist: **mon amie** *meine Freundin.*

Votre und **vos** verwendet man, wenn man den Besitzer siezt oder wenn es mehrere Besitzer gibt:

votre maison *euer Haus, Ihr Haus*
vos enfants *eure Kinder, Ihre Kinder*

Die Pronomen

1. Die unbetonten Personalpronomen

Die Personalpronomen können im Satz verschiedene Funktionen übernehmen: Sie können als Subjekt beim Verb stehen, direktes oder indirektes Objekt sein.

a. Personalpronomen als Subjekt

Singular	Plural
je *ich*	nous *wir*
tu *du*	vous *ihr, Sie*
il *er*	ils *sie* (sobald ein Mann dabei ist)
elle *sie*	elles *sie* (nur Frauen)

▶◀ Als Höflichkeitsform wird die 2. Person Plural **vous** verwendet.

On

On ist ein Pronomen, das die deutsche Sprache nicht kennt. Es kann je nach Zusammenhang *man* oder – vor allem in der gesprochenen Sprache – *wir* bedeuten. Unabhängig davon, was **on** im Einzelfall bedeutet, steht das Verb bei **on** in der 3. Person Singular:

Au Liban, on parle arabe et français.
Im Libanon spricht man Arabisch und Französisch.
André et moi, on aime danser.
André und ich, wir tanzen gerne.

b. Personalpronomen als Objekt

direkte Objektpronomen	indirekte Objektpronomen
me *mich*	me *mir*
te *dich*	te *dir*
le *ihn*	lui *ihm*
la *sie*	lui *ihr*
nous *uns*	nous *uns*
vous *euch, Sie*	vous *euch, Ihnen*
les *sie*	leur *ihnen*

Vor Vokal oder **h** wird bei den Formen **me, te, le** und **la** die Elision gemacht. Sie heißen dann **m', t'** und **l'**.

Direkte Objektpronomen stehen bei Verben, die ohne Präposition verwendet werden:

Je t'aime. *Ich liebe dich.*

Indirekte Objektpronomen stehen bei Verben mit **à**-Ergänzung:

- J'écris à Nathalie. *Ich schreibe Nathalie.*
- Tu lui écris ? *Du schreibst ihr?*

> ▶ Wenn das indirekte Objekt eine Sache ist, lautet das Pronomen **y**!
> J'y pense. *Ich denke daran.*

Die Objektpronomen stehen vor dem Verb, auch wenn es verneint ist:

Il lui écrit. *Er schreibt ihr.*
Il ne lui écrit pas. *Er schreibt ihr nicht.*

Beim **passé composé** stehen die Objektpronomen vor dem Hilfsverb:

Il lui a écrit. *Er hat ihr geschrieben.*
Il ne lui a pas écrit. *Er hat ihr nicht geschrieben.*
(→ Angleichung des Partizips beim direkten Objekt S. 114)

Folgt dem konjugierten Verb ein Infinitiv, stehen sie vor dem Infinitiv:

Il veut lui écrire. *Er will ihr schreiben.*

Beim bejahten Imperativ stehen die Objektpronomen nach dem Verb:

Regarde-le. *Schau ihn an!*

Beim verneinten Imperativ stehen sie vor dem Verb:

Ne me regarde pas comme ça.
Schau mich nicht so an!

> ▶◀ Stehen zwei Objektpronomen in einem Satz, dann steht das indirekte Objektpronomen vor dem direkten Objektpronomen:
> Je te la donne. *Ich gebe sie dir.*

> ▶ **Lui** und **leur** stehen nach den direkten Objektpronomen **le, la, l', les**:
> J'ai une lettre pour David. Tu peux la lui donner ?
> *Ich habe einen Brief für David. Kannst du ihn ihm geben?*

2. Die betonten Personalpronomen

Singular	Plural
moi *ich*	nous *wir*
toi *du*	vous *ihr, Sie*
lui *er*	eux *sie* (sobald ein Mann dabei ist)
elle *sie*	elles *sie* (nur Frauen)

Die betonten Personalpronomen stehen:

in Sätzen ohne Verb
- Qui boit un café ? *Wer trinkt einen Kaffee?*
- Moi ! *Ich!*

nach einer Präposition
Le paquet est pour moi ? *Ist das Paket für mich?*
Je pense à lui. *Ich denke an ihn.*

bei Vergleichen
Il est plus grand que toi. *Er ist größer als du.*

zusätzlich zum unbetonten Personalpronomen, wenn man eine Person hervorheben will
Mais moi, je ne suis pas d'accord.
Aber ich bin nicht einverstanden.

En und *y*

En und **y** sind unveränderlich.

Y ersetzt Satzteile mit den Präpositionen **à, en, dans, sur** oder **sous**, also Ausdrücke, in denen es um eine Ortsangabe geht:

- Mon pull est dans la valise ?
  Ist mein Pulli im Koffer?
- Oui, il y est. *Ja, er ist drin.*

Y ersetzt auch das indirekte Objekt, wenn es eine Sache ist:

- Tu penses à la vaisselle ?
  Denkst du an den Abwasch?
- J'y pense. *Ich denke daran.*

En ersetzt einen Satzteil mit der Präposition **de**:

- Tu as besoin de vacances ? *Brauchst du Ferien?*
- Oui, j'en ai besoin. *Ja, (ich brauche welche.)*

Grammatik im Überblick

En ersetzt ein Substantiv, das mit dem Teilungsartikel **du, de la, de l'** steht:
- Vous avez du pain ? *Haben Sie Brot?*
- Non, je n'en ai plus. *Nein, ich habe keines mehr.*

En ersetzt auch ein Substantiv, das mit dem unbestimmten Artikel steht.
Un und **une** sowie alle Zahlwörter werden wiederholt:
- Ils ont un jardin ? *Haben sie einen Garten?*
- Oui, ils en ont un. *Ja, sie haben einen.*
- On a des bananes ? *Haben wir Bananen?*
- Oui, nous en avons trois. *Ja, (wir haben) drei.*

En und **y** stehen immer vor dem konjugierten Verb oder vor dem Infinitiv:
- Il est resté à Paris ? *Ist er in Paris geblieben?*
- Oui, il y est resté. *Ja, er ist dort geblieben.*

Je n'ai plus de vin, je vais en acheter. *Ich habe keinen Wein mehr, ich werde welchen kaufen.*

▶ **En** bzw. **y** können nicht gesetzt werden, wenn eine Person ersetzt werden soll.
In diesem Fall verwendet man das betonte Personalpronomen:
- Tu parles de Jean-Luc ? *Sprichst du von Jean-Luc?*
- Oui, je parle de lui. *Ja, ich spreche von ihm.*
- Tu penses à Jean-Luc ? *Denkst du an Jean-Luc?*
- Oui, je pense à lui. *Ja, ich denke an ihn.*

3. Die Relativpronomen

Die Relativpronomen **qui, que, où** und **dont** sind unveränderlich. Sie können feminin oder maskulin, Singular oder Plural sein. Sie beziehen sich sowohl auf Sachen als auch auf Personen.

a. *Qui*

Qui ist Subjekt des Relativsatzes. Auf **qui** folgt in der Regel das Verb:
C'est un vin qui va avec tout. *Das ist ein Wein, der zu allem passt.*

▶◀ Im Relativsatz ändert sich die Reihenfolge der Wörter nicht.

b. *Que*

Que ist direktes Objekt des Relativsatzes.
C'est un vin que les clients aiment beaucoup. *Das ist ein Wein, den die Kunden sehr mögen.*

Vor Vokal oder **h** wird **que** zu **qu'**:
La maison qu'elle veut acheter est très jolie. *Das Haus, das sie kaufen will, ist sehr hübsch.*

c. *Où*

Où steht für eine Orts- oder eine Zeitangabe:
C'est le restaurant où nous avons dîné. *Das ist das Restaurant, in dem wir zu Abend gegessen haben.*
Le jour où il est venu, je n'étais pas là. *An dem Tag, an dem er gekommen ist, war ich nicht da.*

4. *Tout*

Tout kann Begleiter eines Substantivs oder Pronomens sein. Es richtet sich in Geschlecht und Zahl immer nach seinem Bezugswort.

a. *Tout* als Begleiter

	maskulin	feminin
Singular	tout [tu]	toute [tut]
Plural	tous [tu]	toutes [tut]

tous les hommes *alle Männer*
toutes les femmes *alle Frauen*

▶ Die Form **tous** wird [tu] ausgesprochen.

▶◀ Vor dem Substantiv steht zusätzlich noch der bestimmte Artikel, ein Possessiv- oder Demonstrativbegleiter.
tous les chiens *alle Hunde*
toutes mes chemises *alle meine Hemden*
tous ces livres *alle diese Bücher*

▶ Im Singular bedeutet der Begleiter **tout** *ganz*.
dans tout le rayon *in der ganzen Abteilung*
toute la maison *das ganze Haus*

▶ Tout le monde *alle*.

b. *Tout* als Pronomen

	maskulin	feminin
Singular	tout [tu]	toute [tut]
Plural	tous [tus]	toutes [tut]

Tout kann auch alleine stehen. Es ist dann Pronomen und bedeutet *alle(s)*.

Je les ai tous vus.
Ich habe sie alle gesehen.
Je les ai toutes vues.
Ich habe sie (nur Frauen) *alle gesehen.*
C'est tout. *Das ist alles.*

Die Form **tous** wird als Pronomen [tus] ausgesprochen.

▶ Bei Zeitangaben bedeutet tout jeder:
Ils vont en France tous les ans.
Sie fahren jedes Jahr nach Frankreich.
Il téléphone tous les deux jours.
Er ruft jeden zweiten Tag an.

Das Verb

1. Besondere Arten von Verben

a. Reflexive Verben

Bei den sogenannten reflexiven oder rückbezüglichen Verben steht stets ein Pronomen, das sich auf das Subjekt „zurückbezieht".

Je me détends. *Ich entspanne mich.*

(Formen → Verbtabellen S. 128)

▶◀ Einige Verben sind im Französischen reflexiv, im Deutschen aber nicht und umgekehrt:

se réveiller	*aufwachen*
se marier	*heiraten*
se lever	*aufstehen*
se coucher	*ins Bett gehen*
se promener	*spazieren gehen*
s'appeler	*heißen*
divorcer	*sich scheiden lassen*
changer	*sich ändern*

Viele nichtreflexive Verben können reflexiv gebraucht werden. Man setzt dann einfach ein **se** *sich* vor das nichtreflexive Verb:

préparer *vorbereiten* → se préparer *sich vorbereiten*
demander *fragen* → se demander *sich fragen*

In manchen Zusammenhängen bedeutet **se** *einander, gegenseitig, miteinander*:

se rencontrer	*sich treffen*
se parler	*miteinander sprechen*

Das Reflexivpronomen steht immer vor dem konjugierten Verb bzw. vor dem Infinitiv, zu dem es gehört:

Je ne m'ennuie pas.
Ich langweile mich nicht.
Comment tu t'appelles ?
Wie heißt du?
Tu dois te préparer maintenant.
Du musst dich jetzt vorbereiten.

b. Unpersönliche Verben

Unpersönliche Verben haben nur eine Form, nämlich die 3. Person Singular:
Il pleut. *Es regnet.*

Es gibt jedoch alle Zeiten:
Hier, il a plu. *Gestern hat es geregnet.*

> ▶◀ Nicht alle unpersönlichen Konstruktionen im Deutschen werden im Französischen unpersönlich wiedergegeben und umgekehrt.
> Je vais bien. *Es geht mir gut.*
> Il faut tourner à droite.
> *Sie müssen nach rechts abbiegen.*

2. Zeiten

Die Formen aller Verben in allen Zeiten, die Sie in diesem Buch gelernt haben, finden Sie in den Verbtabellen ab S. 127.

a. Das *passé composé*

Bildung

avoir bzw. **être** + Partizip Perfekt
Il a mangé. *Er hat gegessen.*
Il est venu. *Er ist gekommen.*

Das Hilfsverb

Die meisten Verben bilden das **passé composé** mit dem gleichen Hilfsverb wie im Deutschen:

Hier, il a travaillé.
Gestern hat er gearbeitet.
A huit heures, il est allé au bureau.
Um 8 Uhr ist er ins Büro gegangen.

> ▶◀ Folgende Verben haben im Deutschen und im Französischen unterschiedliche Hilfsverben:
> **être** *sein*
> il a été *er ist gewesen*

Verben, die eine Bewegungsart angeben, wie z. B.

courir *laufen*	j'ai couru *ich bin gelaufen*
nager *schwimmen*	j'ai nagé *ich bin geschwommen*
voyager *reisen*	j'ai voyagé *ich bin gereist.*

> ▶ Alle reflexiven Verben haben das Hilfsverb **être**:
> Il s'est ennuyé. *Er hat sich gelangweilt.*

Das Partizip Perfekt

Verben auf **-er** bilden ihr Partizip Perfekt auf **-é**:
trouver → trouvé.
Verben auf **-re** bilden ihr Partizip Perfekt auf **-u**:
vendre → vendu.
Die Verben auf **-ir** bilden ihr Partizip Perfekt auf **-i**:
choisir → choisi
(Partizipien unregelmäßiger Verben → Liste der Verben ab S. 124)

> ▶◀ Das Partizip Perfekt steht in der Regel nach dem Hilfsverb. Pronomen stehen vor dem Hilfsverb.
> Elle a cherché un emploi.
> *Sie hat eine Stelle gesucht.*
> Il lui a téléphoné.
> *Er hat ihn angerufen.*

Veränderlichkeit des Partizip Perfekt
Beim **passé composé** mit **être** richtet sich das Partizip Perfekt in Geschlecht und Zahl nach dem Subjekt:

	maskulin	**feminin**
Singular	il est venu	elle est venue
Plural	ils sont venus	elles sont venues

Außerdem richtet sich das Partizip in Geschlecht und Zahl nach dem direkten Objekt, wenn dieses vor dem Hilfsverb steht:

Il l'a vu. *Er hat ihn gesehen.*
Il l'a vue. *Er hat sie gesehen.* (eine Frau)
Il les a vus. *Er hat sie gesehen.* (Männer bzw. Männer und Frauen)
Il les a vues. *Er hat sie gesehen.* (Frauen)

Dies ist besonders bei reflexiven Verben der Fall:

Ils se sont mariés.
Sie haben geheiratet.

Wichtig ist die genaue Unterscheidung, ob es sich bei dem Pronomen, das vor dem Verb steht, um ein direktes oder ein indirektes Objekt handelt.

Elle s'est préparée.
Sie hat sich vorbereitet. (sich = direktes Objekt)
Elle s'est préparé des sandwichs.
Sie hat sich Sandwiches zubereitet. (sich = indirektes Objekt)

b. Das *imparfait*

Bildung

Der Stamm fürs **imparfait** leitet sich aus der 1. Person Plural Präsens ab.

1. Plural – Endung	**+ imparfait-Endung**	
(nous) parl~~ons~~ +	ais	je parlais
	ais	tu parlais
	ait	il parlait
	ions	nous parlions
	iez	vous parliez
	aient	ils parlaient

Die einzige Ausnahme bildet **être** *sein* (**imparfait**-Formen → S. 129).

c. *Imparfait* oder *passé composé?*

Die Vergangenheit in Hauptsätzen

Das **imparfait** benutzt man:

bei Gewohnheiten und sich wiederholenden Ereignissen:
Le dimanche, on se promenait en voiture.
Sonntags fuhren wir mit dem Auto spazieren.

bei Handlungen und Zeitabschnitten mit unbestimmter Dauer:
Nous habitions à Paris.
Wir wohnten in Paris.

bei Hintergrundinformationen (Beschreibungen, Stimmungen, Gefühlen, Erklärungen, Ergänzungen, Begründungen).
Mes copains avaient les cheveux longs et ma mère les détestait.
Meine Freunde hatten lange Haare, und meine Mutter verabscheute sie.
Je faisais des tas de régimes parce que je voulais maigrir.
Ich machte eine ganze Reihe von Diäten, weil ich abnehmen wollte.

Das **passé composé** verwendet man:

für Zeitangaben mit Anfangs- und/oder Endpunkt:
Hier, j'ai travaillé de deux heures à trois heures.
Gestern habe ich von 2 bis 3 Uhr gearbeitet.
En mai, les grèves ont commencé.
Im Mai haben die Streiks begonnen.

zur Beschreibung einmaliger oder plötzlich eintretender Ereignisse:
Un jour, j'ai entendu les Beatles.
Eines Tages habe ich die Beatles gehört.

zur Schilderung einer Abfolge von Ereignissen:
J'ai loué une chambre et puis j'ai commencé mes études.
Ich habe ein Zimmer gemietet, und dann habe ich angefangen zu studieren.

> ▶ Als Entscheidungshilfe:
> Können Sie fragen: „Was war?" → **imparfait:**
> Lautet die Frage hingegen: „Was geschah?"
> → **passé composé**

Die Vergangenheit in Satzgefügen

Pendant que *während* leitet eine Hintergrundinformation ein. Deswegen folgt stets das **imparfait**:

Pendant que je regardais les informations, ma mère a téléphoné.
Während ich die Nachrichten ansah, rief meine Mutter an.

Wenn **quand** *immer wenn* bedeutet, drückt es eine Gewohnheit aus. Daher folgt ein **imparfait**:

Quand j'avais assez d'argent, je m'achetais des jeux-vidéos.
Immer wenn ich genügend Geld hatte, kaufte ich mir Videospiele.

Quand in der Bedeutung *als* leitet einen Satz ein, in dem von einem bestimmten Ereignis berichtet wird. Deswegen folgt das **passé composé**:

Quand le Mur est tombé, j'avais vingt ans.
Als die Mauer fiel, war ich zwanzig.

d. Das *futur composé*

aller + Infinitiv
Marie va venir à Paris. *Marie kommt nach Paris.*

e. Das *futur simple*

Infinitiv	+ Endung	
parler	-ai	je parlerai
	-as	tu parleras
	-a	il parlera
	-ons	nous parlerons
	-ez	vous parlerez
	-ont	ils parleront

▶ Bei den Verben auf **-re** und **-ire** entfällt das **-e** des Infinitivs:
vendre → je vendrai *ich werde verkaufen,*
lire → je lirai *ich werde lesen*

▶ Bei den Verben, bei denen sich im Präsens der Akzent ändert, müssen Sie von der 1. Person Singular ausgehen:
1. Singular + -r- + Endung
je préfère je préfèrerai
je lève je lèverai

(**futur**-Formen der unregelmäßigen Verben → Verbtabellen ab S. 127)

f. *Futur composé* oder *futur simple?*

Das **futur composé** verwendet man:

wenn etwas im Entstehen ist. Oft steht in diesen Sätzen **maintenant** *jetzt* oder **tout de suite** *sofort*:
Le magasin va fermer.
Das Geschäft schließt gleich.
On va tout de suite te téléphoner.
Wir rufen dich sofort an.

wenn man etwas vorhersagt oder prophezeit:
Demain, il va pleuvoir.
Morgen wird es regnen.
Tu manges trop, tu vas être malade !
Du isst zu viel, du wirst noch krank!

wenn man etwas verbietet:
Tu ne vas pas acheter cette lampe !
Du wirst doch nicht diese Lampe kaufen!

Das **futur simple** verwendet man:

um eine feste Absicht, ein festes Vorhaben auszudrücken, selbst wenn es nicht in die Tat umgesetzt wird:
L'année prochaine, je serai à Paris.
Nächstes Jahr werde ich in Paris sein.

um ein feierliches Versprechen zu geben:
Je t'aimerai toujours.
Ich werde dich immer lieben.

um auszudrücken, was passiert, wenn eine Bedingung erfüllt ist:
S'il pleut, je viendrai en voiture.
Wenn es regnet, werde ich das Auto nehmen.

3. Der Imperativ

Mit dem Imperativ kann man eine Anweisung geben:

Viens. *Komm!*

Mit der verneinten Form des Imperativs kann man etwas verbieten:

Ne fumez pas ici. *Rauchen Sie hier nicht!*

▶◀ Der französische Imperativ hat drei Formen:
Descends. *Steig aus!*
Descendons. *Lasst uns aussteigen!*
Descendez. *Steigt aus!, Steigen Sie aus!*

a. Bildung

Den Imperativ im Singular bilden Sie aus der 1. Person Singular Präsens:

je descends *ich steige aus* → Descends. *Steig aus!*

Die Befehlsform der 1. Person Plural entspricht der 1. Person Plural Präsens:

nous descendons *wir steigen aus* → Descendons. *Steigen wir aus!, Lasst uns aussteigen!*

Der Imperativ im Plural entspricht der Form der 2. Person Plural Präsens:

vous descendez *sie steigen aus, ihr steigt aus* → Descendez. *Steigen Sie aus!, Steigt aus!*

(Sonderformen → Verbtabellen ab S. 127)

b. Der Imperativ und Pronomen

Personalpronomen

Beim bejahten Imperativ werden die Pronomen mit einem Bindestrich hinter den Imperativ gehängt:

Regarde-le. *Schau ihn an!*
Téléphone-lui. *Ruf ihn an!*

Die Pronomen **me** und **te** werden beim bejahten Imperativ zu **moi** bzw. **toi**:

Téléphone-moi. *Ruf mich an.*
Habille-toi. *Zieh dich an.*

Beim verneinten Imperativ stehen die Pronomen wie beim Aussagesatz vor dem Verb.

Ne t'énerve pas. *Reg dich nicht auf.*

Y* und *en
Folgt dem Imperativ **y** oder **en**, hängt man an den Imperativ ein **-s**, damit der Ausdruck besser ausgesprochen werden kann:

Vas-y. *Geh hin!*
Achètes-en. *Kaufe welche!*

4. Der *conditionnel*

Den **conditionnel** verwendet man, um höflich etwas vorzuschlagen, einen Rat zu erteilen oder um etwas zu bitten. Die sogenannten Modalverben **pouvoir** *können*, **devoir** *müssen* und **vouloir** *wollen* stehen daher besonders häufig im **conditionnel**:

On pourrait déjeuner ensemble ?
Wir könnten zusammen Mittagessen.
Tu devrais lui écrire.
Du solltest ihm schreiben.
Pourrais-tu m'aider ?
Könntest du mir helfen?

Er drückt außerdem einen Wunsch aus:

Je voudrais aller au cinéma.
Ich möchte ins Kino gehen.

Die Verneinung

1. Stellung

Die französische Verneinung besteht aus zwei Teilen. Der erste Teil, **ne** bzw. **n'**, steht vor dem Verb, der zweite Teil, **pas**, nach dem Verb:

La douche ne fonctionne pas.
Die Dusche funktioniert nicht.

Vor Verben, die mit Vokal oder **h** beginnen, wird **ne** zu **n'**:

Ils n'aiment pas les chiens.
Sie mögen Hunde nicht.
Je n'aime pas la bière.
Ich mag kein Bier.

In Sätzen ohne Verb entfällt das **ne**:

Pas pour moi. *Für mich nicht.*

> ▶ Im gesprochenen Französisch entfällt häufig der erste Teil (ne, n') der Verneinung. Sie sollten das jedoch erst nachahmen, wenn Ihr Französisch wirklich gut ist.
>
> | **geschrieben** | **gesprochen** |
> |---|---|
> | Je ne crois pas. | Je crois pas. *Ich glaube nicht.* |
> | Je ne la vois pas. | Je la vois pas. *Ich sehe sie nicht.* |
>
> (→ Umgangssprache S. 122)

Die Stellung der Verneinung beim *passé composé*

Die Verneinung umschließt das Hilfsverb **être** oder **avoir**. Dies gilt für alle Verneinungen außer **ne... personne** *niemand* und **ne ... à rien** *an nichts* bzw. **ne... de rien** *von nichts*:

Elle n'a pas travaillé.
Sie hat nicht gearbeitet.
Elle n'a jamais travaillé.
Sie hat nie gearbeitet.
Elle n'a rien fait.
Sie hat nichts gemacht.
Tu n'as pas réservé ?
Hast du nicht reserviert?
Elle n'a rencontré personne.
Sie hat niemanden getroffen.
Je n'ai pensé à rien.
Ich habe an nichts gedacht.

2. *Ne … pas de*

Wenn in einem bejahten Satz ein Teilungsartikel oder der unbestimmte Artikel steht, steht im entsprechenden verneinten Satz **ne… pas de** bzw. **ne… pas d'**.

- Tu prends du pain ? →
- Non, je ne prends pas de pain.
- Tu prends une salade ? →
- Non, je ne prends pas de salade.
- Tu prends de l'eau minérale ? →
- Je ne prends pas d'eau minérale.

Auch hier entfällt **ne** in Sätzen ohne Verb:

- Un petit café ? → I Non merci, pas de café.

Auch wenn das Substantiv im Plural steht, heißt es immer **ne… pas de.**

- Tu prends des croissants ? →
- Je ne prends pas de croissants.

> ▶ Beim Verb **être** *sein* bleiben **pas un, pas une, pas des** auch im verneinten Satz stehen:

- C'est un cognac ? →
- Non, ce n'est pas un cognac, c'est un Calvados.

3. Weitere Verneinungen

ne… plus *nicht mehr*
Tu ne vas plus au sport ?
Gehst du nicht mehr zum Sport?
ne… jamais *nie*
Il n'est jamais content. *Er ist nie zufrieden.*
ne… personne *niemand*
Je n'ai vu personne. *Ich habe niemanden gesehen.*
ne… rien *nichts*
Il n'a rien mangé ! *Er hat nichts gegessen!*
ne… ni *weder … noch*
Je ne bois ni thé ni café.
Ich trinke weder Tee noch Kaffee.
ne… aucun *kein (einziges)*
Je n'aime aucune boisson chaude.
Ich mag kein warmes Getränk.
ne… nulle part *nirgendwo*
Il n'est nulle part. *Er ist nirgendwo.*

Fragesätze

1. Die Intonationsfrage

Die Intonationsfrage ist eine sehr beliebte Frageform in der gesprochenen Sprache. Sie unterscheidet sich nur dadurch vom Aussagesatz, dass man am Ende des Satzes die Stimme hebt:

Il aime Paris.

Il aime Paris ?

Das Fragewort steht immer am Ende der Intonationsfrage:

Tu viens quand ? *Wann kommst du?*

2. Die Inversionsfrage

Diese Frageform kennen Sie aus dem Deutschen. Sie bilden die Inversionsfrage, indem Sie die Reihenfolge der Satzglieder vertauschen.
Aus der Reihenfolge des Aussagesatzes Subjektpronomen + Verb wird die Folge Verb + Subjektpronomen. Zwischen Verb und Subjekt steht ein Bindestrich:

Où habitez-vous ? *Wo wohnen Sie?*
Avez-vous réservé ? *Haben Sie reserviert?*

Wenn das Verb mit einem Vokal endet, fügt man vor den Personen **il, elle** und **on** ein **-t-** ein:

Quel âge a-t-elle ? *Wie alt ist sie?*

Die Inversionsfrage wird in formellen Situationen und im geschriebenen Französisch verwendet. Daneben hat sie sich bei einigen Wendungen als gebräuchlichere Form durchgesetzt:

Comment allez-vous ?
Wie geht es Ihnen?

3. Die Frage mit *est-ce que*

Die Frage mit **est-ce que** ist eine in der gesprochenen Sprache sehr häufige Frageform. Man stellt einfach **est-ce que** vor den Aussagesatz:

Est-ce que vous parlez français ?
Sprechen Sie Französisch?
Est-ce que tu as réservé ?
Hast du reserviert?

Vor Vokal oder **h** wird **est-ce que** zu **est-ce qu'**:

Est-ce qu'elle parle français ?
Spricht sie Französisch?

Fragewörter stehen vor **est-ce que**:

Où est-ce que tu as mis mon manteau ?
Wohin hast du meinen Mantel gelegt?
Quand est-ce que tu réserves ?
Wann reservierst du?

4. Fragewörter

a. Fragen nach Sachen und Personen

Sachen

Wenn man nach einer Sache fragen will, die Subjekt des Satzes ist, fragt man mit **qu'est-ce qui** *was*:

Qu'est-ce qui se passe ? *Was ist los?*

Ist die Sache Objekt, heißt es **qu'est-ce que**:

Qu'est-ce que vous prenez ? *Was nehmen Sie?*

Qu'est-ce que ist aus **que** + **est-ce que** entstanden. Sie verwenden also beim Gebrauch von **qu'est-ce que** „automatisch" die **est-ce que**-Frage. Sie können aber auch mit anderen Frageformen nach einer Sache als Objekt fragen, z. B. mit der Inversionsfrage und **que**:

Que faites-vous ? *Was machen Sie?*

In Intonationsfragen, in Sätzen ohne Verb und auch nach einer Präposition steht **quoi**:

Tu fais quoi ? *Was machst du?*
Quoi ? *Was?*
A quoi penses-tu ? *Woran denkst du?*

Person

Wenn man nach einer Person fragen will, die Subjekt des Satzes ist, so fragt man mit **qui est-ce qui**:

Qui est-ce qui vient avec moi ?
Wer kommt mit mir?

Ist die Person Objekt, so heißt es **qui est-ce que**:

Qui est-ce que tu appelles ?
Wen rufst du an?

b. *Quel*

Quel richtet sich in Geschlecht und Zahl nach dem Bezugswort:

	maskulin	**feminin**
Singular	quel	quelle
Plural	quels	quelles

Tu prends quel costume ?
Welchen Anzug nimmst du?
Quelle voiture avez-vous ?
Was für ein Auto haben Sie?

c. *combien de*

Combien *wie viel(e)* steht immer mit **de**:

Tu as lu combien de livres ?
Wie viele Bücher hast du gelesen?
Combien d'enfants ont-ils ?
Wie viele Kinder haben sie?

▶ Als Ersatz für **de** + Substantiv steht **en**, wenn das Substantiv vorher schon erwähnt wurde (**en** als Pronomen → S. 111).
● Je voudrais des pêches.
Ich hätte gerne Pfirsiche.
● Vous en voulez combien ?
Wie viele möchten Sie?

d. Weitere wichtige Fragepronomen

qui *wer*
quand *wann*
où *wo, wohin*
d'où *woher*
comment *wie*
pourquoi *warum*

Konjunktionen

Um Sätze zu verbinden, braucht man die sogenannten Konjunktionen, d. h. Bindewörter, die erklären, in welchem gedanklichen Zusammenhang die Sätze zueinander stehen. Hier ein Überblick:

etwas anreihen

et *und*

eine Alternative ausdrücken

ou *oder*

etwas begründen

parce que *weil*
puisque *da*
c'est pourquoi *deshalb, deswegen, darum*
car *denn*

eine Folge ausdrücken

alors *da, dann*
donc *also, folglich, demnach, demzufolge*
par conséquent *folglich, infolgedessen*
si bien que *sodass*

einen Widerspruch ausdrücken

mais *aber*
même si *selbst wenn*

einen neuen Aspekt einführen

en plus *außerdem*
par ailleurs *außerdem, im Übrigen*

einen zeitlichen Zusammenhang ausdrücken

quand *wenn, als, immer wenn*
après *danach*
d'abord *zuerst*
et puis *und dann*
enfin *schließlich*
soudain *plötzlich*

Präpositionen

Alle Präpositionen mit Ausnahme von **à** und **de** sind unveränderlich.

1. Orts- und Richtungsangaben

Im Französischen kann man mit der gleichen Präposition sowohl einen Ort als auch eine Richtung angeben. Was gemeint ist, erkennt man aus dem Zusammenhang:

Je suis à Paris. *Ich bin in Paris.*
Je vais à Paris. *Ich fahre nach Paris.*

a. *à* in, zu, auf

à + Ortsangaben:
Il est à Paris. *Er ist in Paris.*
Il est encore à l'école. *Er ist noch in der Schule.*
Il va au café. *Er geht ins Café.*
(Verschmelzung von **à** mit dem bestimmten Artikel → S. 104)

à + männliche Ländernamen, die im Plural stehen oder mit Konsonant beginnen:
Il est au Maroc. *Er ist in Marokko.*
Il est aux États-Unis. *Er ist in den USA.*

(*in* bei weiblichen Ländernamen → **en** S. 121)

b. *dans* in

dans + Ortsangabe im Plural
dans les magasins *in den Geschäften*

dans vor dem unbestimmten Artikel
dans un bureau *in einem Büro, in ein Büro*

dans vor dem Demonstrativ- oder Possessivbegleiter
dans cet appartement *in diese Wohnung*
dans ma cuisine *in meiner Küche*

dans *drinnen, im Innern eines geschlossenen Ortes*
Il est à la maison. *Er ist zu Hause.*
Il est dans la maison. *Er ist im Haus.*

c. *de* aus, von

Elle est de Paris. *Sie ist aus Paris.*
Il vient du Maroc. *Er kommt aus Marokko.*
Il vient des Antilles. *Er kommt von den Antillen.*
(Verschmelzung von **de** mit dem bestimmten Artikel → S. 104)

de … à *von … nach*
Ce train va de Paris à Marseille.
Dieser Zug fährt von Paris nach Marseille.

d. *en* in

en + weibliche Ländernamen oder Ländernamen, die mit Vokal beginnen:
Elle est en Espagne. *Sie ist in Spanien.*
Il est en Iran. *Er ist im Iran.*

en + weibliche Namen von Regionen und Kontinenten:
Paris est en Europe. *Paris liegt in Europa.*
Nous allons en Provence.
Wir fahren in die Provence.

e. *sur* auf

Tu peux mettre ça sur la table ?
Kannst du das auf den Tisch legen?

▶ à la campagne *auf dem Land*
dans le monde *auf der Welt*
dans la rue *auf der Straße*

f. weitere Präpositionen

à côté de	*neben*
à droite de	*rechts von*
à gauche de	*links von*
autour de	*um (herum)*
chez	*bei, zu*
▶ chez moi	*bei mir zu Hause, zu mir nach Hause*
devant	*vor*
derrière	*hinter*
en face de	*gegenüber*
entre	*zwischen*
jusqu'à	*bis*
loin de	*weit von*
près de	*in der Nähe von*
sous	*unter*
vers	*auf … zu, ungefähr bei, gegen*

2. Zeitangaben

a. *à* um, an

à + Uhrzeit

à une heure	*um ein Uhr*
à midi	*mittags*
à minuit	*um Mitternacht*

à + Feiertag

à Noël	*an Weihnachten*
à Pâques	*an Ostern*

b. *en* in

en + Jahr oder Monat

en 2010	*(im Jahr) 2010*
en mai	*im Mai*

en + Jahreszeit

en été	*im Sommer*
en automne	*im Herbst*
en hiver	*im Winter*
▶ au printemps	*im Frühjahr*

c. weitere Präpositionen

à cette époque	*damals*
à partir de	*ab*
avant	*vor*
après	*nach*
de… à	*von … bis*
depuis	*seit*
entre	*zwischen*
jusqu'à	*bis*
pendant	*während*
vers	*gegen*

Beachten Sie zum Thema Zeitangaben auch die Erklärungen zum Gebrauch des bestimmten Artikels (→ S. 104).

3. Weitere Funktionen

a. *à*

à + Detail
une chemise à rayures *ein gestreiftes Hemd*

à + Zweck
une cuillère à café *ein Teelöffel*

à + Fortbewegungsmittel
à vélo *mit dem Rad*
à moto *mit der Motorrad*
à pied *zu Fuß*

b. *en*

en + Fortbewegungsmittel
en train *mit dem Zug*
en voiture *mit dem Auto*
en avion *mit dem Flugzeug*

en + Material
un bijou en or *ein Schmuckstück aus Gold*

c. *de*

de + Material
une robe de soie *ein Kleid aus Seide*

de + Zweck
des lunettes de soleil *eine Sonnenbrille*

Umgangssprache

1. Verneinung

Im gesprochenen Französisch entfällt häufig der erste Teil der Verneinung **(ne, n')**. Dementsprechend wird **il n'y a pas** zu **y'a pas** und **ce n'est pas** zu **c'est pas**:

Je vais jamais au cinéma. *Ich gehe nie ins Kino.*
Y'a pas de poste ici. *Es gibt hier keine Post.*
C'est pas facile. *Das ist nicht leicht.*

2. *il*

Il wird in einigen unpersönlichen Ausdrücken weggelassen. So wird **il y a** zu **y a** und **il faut** bisweilen zu **faut**:

Y'a encore du lait ? *Haben wir noch Milch?*
Faut que j'y aille ! *Ich muss jetzt gehen!*
(→ Lektion 5, S. 64)

3. Aussprache von *e*

Das **e** wird in einigen Wörtern so sehr verschliffen, dass es kaum noch hörbar ist:

avec un peu de chance → avec un peu d'chance
petit → p'tit

4. Abkürzungen

Viele Wörter werden in der Umgangssprache abgekürzt:

sympathique → sympa
le football → le foot
la gymnastique → la gym
la télévision → la télé
la faculté → la fac

5. Einzelne Wörter

Genauso wie im Deutschen gibt es auch im Französischen viele umgangssprachliche Wörter. Sie haben einige davon kennengelernt:

hochsprachlich	umgangssprachlich
ami	copain
amie	copine
travail	boulot

Seien Sie bei der Verwendung umgangssprachlicher Ausdrücke stets vorsichtig – es kommt immer darauf an, wem gegenüber und in welchem Zusammenhang Sie sie verwenden!

Die Zahlen

1. Grundzahlen

a. Formen

0	zéro
1	un
2	deux
3	trois
4	quatre
5	cinq
6	six
7	sept
8	huit
9	neuf
10	dix
11	onze
12	douze
13	treize
14	quatorze
15	quinze
16	seize
17	dix-sept
18	dix-huit
19	dix-neuf
20	vingt
21	vingt et un
22	vingt-deux
23	vingt-trois
30	trente
40	quarante
50	cinquante
60	soixante
70	soixante-dix
71	soixante et onze
72	soixante-douze
80	quatre-vingts
81	quatre-vingt-un/une
82	quatre-vingt-deux
90	quatre-vingt-dix
91	quatre-vingt-onze
92	quatre-vingt-douze
100	cent
101	cent un/une
102	cent deux
200	deux cents
1000	mille
1100	mille cent
2000	deux mille
1.000.000	un million
2.000.000	deux millions
1.000.000.000	un milliard

Zwischen Zehner und Einer setzt man einen Bindestrich:
22 **vingt-deux**.
Wenn jedoch **et** steht und ab der Zahl 100 setzt man keinen Bindestrich:
21 **vingt et un**, 122 **cent vingt-deux**.
Wenn keine weitere Zahl folgt, steht bei **cent** und **vingt** am Ende ein **-s**:
deux cents ans *200 Jahre*, aber:
deux cent cinquante ans *250 Jahre*

Zahlen sind männlich : le zéro, le deux, le trois...

> ▶ Vor Zahlen macht man keine Elision:
> **le un** *die Eins*, **le onze** die Elf.

b. Gebrauch

Die Grundzahlen verwendet man

bei Stückzahlen
trois croissants *drei Croissants*

beim Datum
le deux mai *der zweite Mai*

> ▶ Für den ersten eines jeden Monats wird die Ordnungszahl verwendet:
> le premier mai *der erste Mai*

bei der Jahreszahl
en dix-neuf cent trente-six *im Jahr 1936*

bei Altersangaben
J'ai trente-cinq ans. *Ich bin 35 Jahre alt.*

bei der Uhrzeit
Il est cinq heures. *Es ist 5 Uhr.*

als Namenszusatz bei Königen
Louis XIV (quatorze) *Ludwig XIV.*

> ▶ Auch hier gilt: Der Erste wird mit der Ordnungszahl bezeichnet:

Napoléon Ier (premier) *Napoleon I.*

2. Die Ordnungszahlen

Die Ordnungszahlen bildet man aus Grundzahl + **ième**:
deux *zwei* → **le deuxième** *der Zweite*

Alle Grundzahlen mit **-e** am Ende verlieren dabei das **e**:
quatre → **le quatrième** *der Vierte*

▶ un, une → le premier, la première
der Erste, die Erste
cinq → le/la cinquième *der/die Fünfte*
neuf → le/la neuvième *der/die Neunte*

1er, 1ère le premier, la première
2e le/la deuxième
3e le/la troisième
4e le/la quatrième
5e le/la cinquième
6e le/la sixième
7e le/la septième
8e le/la huitième
9e le/la neuvième
10e le/la dixième

Wie im Deutschen stehen die Ordnungszahlen normalerweise vor einem Substantiv und mit einem bestimmten Artikel. Nur von **premier** gibt es auch eine weibliche Form. In allen anderen Fällen wird das Geschlecht durch den Artikel deutlich.
le premier étage *der erste Stock*
la première fois *das erste Mal*

3. Die Bruchzahlen

$^1/_2$ un demi, une demie
$^1/_3$ un tiers
$^1/_4$ un quart
$^1/_5$ un cinquième
$1^1/_2$ un et demi

Nur zu **demi** gibt es eine feminine Form:
deux bouteilles et demie *zweieinhalb Flaschen*

▶ Vor einem Bindestrich bleibt **demi** unverändert:
une demi-bouteille *eine halbe Flasche*

Liste der Verben

Hier finden Sie alle Verben, die in Ihrem Französischkurs vorkommen. Wir geben Ihnen zu jedem Verb das **passé composé** an und verweisen auf das Muster, nach dem es konjugiert wird. Die Konjugationstabellen finden Sie gleich im Anschluss an diese Liste auf Seite 81. Die Verben, hinter denen kein Verweis auf ein Muster steht, haben einen eigenen Eintrag in der Konjugationstabelle. Übrigens: Die reflexiven Verben finden Sie natürlich nicht unter dem Reflexivpronomen **se**, sondern unter dem Anfangsbuchstaben des Verbs.

accepter, j'ai accepté → aimer
accompagner, j'ai accompagné → aimer
acheter, j'ai acheté
adorer, j'ai adoré → aimer
aider, j'ai aidé → aimer
aimer, j'ai aimé
aller, je suis allé(e)
allier, j'ai allié → aimer
allumer, j'ai allumé → aimer
améliorer, j'ai amélioré → aimer
amuser : s'amuser, je me suis amusé(e) → s'amuser
apercevoir : s'apercevoir, je me suis aperçu(e) → voir
appeler, j'ai appelé
appeler : s'appeler, je me suis appelé(e) → appeler
apporter, j'ai apporté → aimer
apprendre, j'ai appris → prendre
approcher, j'ai approché → aimer
arrêter, j'ai arrêté → aimer
arriver, je suis arrivé → aimer
arroser, j'ai arrosé → aimer
attaquer, j'ai attaqué → aimer
attendre, j'ai attendu
avoir, j'ai eu
beurrer, j'ai beurré → aimer
blondir, j'ai blondi → choisir
boire, j'ai bu
bricoler, j'ai bricolé → aimer
caricaturer, j'ai caricaturé → aimer
changer, j'ai changé → aimer
chercher, j'ai cherché → aimer
choisir, j'ai choisi
commander, j'ai commandé → aimer
commencer, j'ai commencé
communiquer, j'ai communiqué → aimer
comprendre, j'ai compris → prendre
confirmer, j'ai confirmé → aimer

connaître, j'ai connu
conseiller, j'ai conseillé → aimer
construire, j'ai construit → traduire
continuer, j'ai continué → aimer
coucher : se coucher, je me suis couché(e) → s'amuser
courir, j'ai couru
coûter, ça a coûté → aimer
créer, j'ai créé → aimer
croire, j'ai cru
danser, j'ai dansé → aimer
décider, j'ai décidé → aimer
découvrir, j'ai découvert → ouvrir
décrocher, j'ai décroché → aimer
déjeuner, j'ai déjeuné → aimer
demander, j'ai demandé → aimer
dépendre, j'ai dépendu → attendre
déposer, j'ai déposé → aimer
déranger, j'ai dérangé → aimer
descendre, je suis descendu(e) → attendre
désirer, j'ai désiré → aimer
dessiner, j'ai dessiné → aimer
détendre : se détendre, je me suis détendu(e) → attendre
détester, j'ai détesté → aimer
développer, j'ai développé → aimer
devenir, je suis devenu(e) → venir
devoir, j'ai dû
dîner, j'ai dîné → aimer
dire, j'ai dit
diriger, j'ai dirigé → manger
discuter, j'ai discuté → aimer
disputer : se disputer, je me suis disputé(e) → s'amuser
divorcer, j'ai divorcé → aimer
donner, j'ai donné → aimer
durer, j'ai duré → aimer
échanger, j'ai échangé → aimer
écouter, j'ai écouté → aimer
écrire, j'ai écrit
embrasser, j'ai embrassé → aimer
emprunter, j'ai emprunté → aimer
énerver : s'énerver, je me suis énervé(e) → s'amuser
engager : s'engager, je me suis engagé(e) → manger
ennuyer : s'ennuyer, je me suis ennuyé(e) → payer
enseigner, j'ai enseigné → aimer
entendre, j'ai entendu → attendre
entrer, je suis entré(e) → aimer
envoyer, j'ai envoyé → aimer
épeler, j'ai épelé → acheter
espérer, j'ai espéré
essayer, j'ai essayé → aimer
être, j'ai été
étudier, j'ai étudié → aimer
exagérer, j'ai exagéré → espérer
examiner, j'ai examiné → aimer
excuser : s'excuser, je me suis excusé(e) → s'amuser
expliquer, j'ai expliqué → aimer
faire, j'ai fait
falloir, il a fallu
faxer, j'ai faxé → aimer
fermer, j'ai fermé → aimer
fêter, j'ai fêté → aimer
finir, j'ai fini → choisir
fonctionner, j'ai fonctionné → aimer
fonder, j'ai fondé → aimer
fumer, j'ai fumé → aimer
gagner, j'ai gagné → aimer
garder, j'ai gardé → aimer
goûter, j'ai goûté → aimer
habiller, j'ai habillé → aimer
s'habiller, je me suis habillé(e) → s'amuser
habiter, j'ai habité → aimer
hésiter, j'ai hésité → aimer
informer : s'informer, je me suis informé(e) → s'amuser
intéresser : s'intéresser, je me suis intéressé(e) → s'amuser
inviter, j'ai invité → aimer
joindre, j'ai joint
jouer, j'ai joué → aimer
laisser, j'ai laissé → aimer
lever, j'ai levé → acheter
lever : se lever, je me suis levé(e) → acheter
lire, j'ai lu
louer, j'ai loué → aimer
lutter, j'ai lutté → aimer
maigrir, j'ai maigri → choisir
manger, j'ai mangé → aimer
manifester, j'ai manifesté → aimer
marcher, j'ai marché → aimer
marier : se marier, je me suis marié(e) → s'amuser
mélanger, j'ai mélangé → manger
mener, j'ai mené → acheter
moderniser, j'ai modernisé → aimer
mettre, j'ai mis
montrer, j'ai montré → aimer
nager, j'ai nagé → manger
négocier, j'ai négocié → aimer
neiger, il a neigé

Grammatik im Überblick

noter, j'ai noté → aimer
occuper : s'occuper, je me suis occupé(e) → s'amuser
organiser, j'ai organisé → aimer
oser, j'ai osé → aimer
oublier, j'ai oublié → aimer
ouvrir, j'ai ouvert
parler, j'ai parlé → aimer
parler : se parler, je me suis parlé(e) → s'amuser
participer, j'ai participé → aimer
partir, je suis parti(e)
passer, j'ai passé → aimer
patienter, j'ai patienté → aimer
payer, j'ai payé
penser, j'ai pensé → aimer
perdre, j'ai perdu → attendre
perfectionner, j'ai perfectionné → aimer
plaindre : se plaindre, je me suis plaint(e)
plaire, j'ai plu
pleurer, j'ai pleuré → aimer
pleuvoir, il a plu
plier, j'ai plié → aimer
porter, j'ai porté → aimer
pouvoir, j'ai pu
pratiquer, j'ai pratiqué → aimer
préférer, j'ai préféré → espérer
prendre, j'ai pris
préparer, j'ai préparé → aimer
préparer : se préparer, je me suis préparé(e) → s'amuser
présenter, j'ai présenté → aimer
promener : se promener, je me suis promené(e) → acheter
proposer, j'ai proposé → aimer
quitter, j'ai quitté → aimer
ranger, j'ai rangé → manger
rappeler, j'ai rappelé → appeler
réactiver, j'ai réactivé → aimer
recevoir, j'ai reçu
rechercher, j'ai recherché → aimer
refaire, j'ai refait → faire
réfléchir, j'ai réfléchi → choisir
regarder, j'ai regardé → aimer
regretter, j'ai regretté → aimer
remercier, j'ai remercié → aimer
rencontrer, j'ai rencontré → aimer
rénover, j'ai rénové → aimer
renseigner : se renseigner, je me suis renseigné(e) → s'amuser
rentrer, je suis rentré → aimer
réorganiser, j'ai réorganisé → aimer
répéter, j'ai répété → espérer
reposer : se reposer, je me suis reposé(e) → s'amuser
reprendre, j'ai repris → prendre
réserver, j'ai réservé → aimer
respecter, j'ai respecté → aimer
ressembler, j'ai ressemblé → aimer
rester, je suis resté(e) → aimer
réveiller : se réveiller, je me suis réveillé(e) → s'amuser
rêver, j'ai rêvé → aimer
révolutionner, j'ai révolutionné → aimer
rire, j'ai ri
ronfler, j'ai ronflé → aimer
saluer, j'ai salué → aimer
sauter, j'ai sauté → aimer
savoir, j'ai su
servir, j'ai servi → partir
signer, j'ai signé → aimer
sonner, j'ai sonné → aimer
souffler, j'ai soufflé → aimer
souhaiter, j'ai souhaité → aimer
souvenir : se souvenir, je me suis souvenu(e) → venir
spécialiser : se spécialiser, je me suis spécialisé(e) → s'amuser
sucer, j'ai sucé → commencer
suggérer, j'ai suggéré → aimer
téléphoner, j'ai téléphoné → aimer
tenir, j'ai tenu → venir
terminer : se terminer, je me suis terminé → s'amuser
tomber, je suis tombé(e) → aimer
tourner, j'ai tourné → aimer
traduire, j'ai traduit
transmettre, j'ai transmis → mettre
travailler, j'ai travaillé → aimer
traverser, j'ai traversé → aimer
tricoter, j'ai tricoté → aimer
trouver, j'ai trouvé → aimer
tutoyer: se tutoyer, je me suis tutoyé → payer
user, j'ai usé → aimer
varier, j'ai varié → aimer
vendre, j'ai vendu → attendre
venir, je suis venu(e)
visiter, j'ai visité → aimer
vivre, j'ai vécu
voir, j'ai vu
vouloir , j'ai voulu
vouvoyer : se vouvoyer, je me suis vouvoyé → payer
voyager, j'ai voyagé → manger

Musterkonjugationen

1. Verben auf *-er*

a. Regelmäßig

aimer *mögen*

Präsens	Imperfekt	futur simple
j'aime	j'aimais	j'aimerai
tu aimes	tu aimais	tu aimeras
il aime	il aimait	il aimera
nous aimons	nous aimions	nous aimerons
vous aimez	vous aimiez	vous aimerez
ils aiment	ils aimaient	ils aimeront

impératif aime, aimons, aimez

b. Mit Besonderheiten

acheter *kaufen*

Präsens	Imperfekt	futur simple
j'achète	j'achetais	j'achèterai
tu achètes	tu achetais	tu achèteras
il achète	il achetait	il achètera
nous achetons	nous achetions	nous achèterons
vous achetez	vous achetiez	vous achèterez
ils achètent	ils achetaient	ils achèteront

impératif achète, achetons, achetez
Genauso: **épeler, lever, se lever, mener, se promener**

appeler *rufen*

Präsens	Imperfekt	futur simple
j'appelle	j'appelais	j'appellerai
tu appelles	tu appelais	tu appelleras
il appelle	il appelait	il appellera
nous appelons	nous appelions	nous appellerons
vous appelez	vous appeliez	vous appellerez
ils appellent	ils appelaient	ils appelleront

impératif appelle, appelons, appelez
Genauso: **s'appeler, rappeler**

commencer *anfangen*

Präsens	Imperfekt	futur simple
je commence	je commençais	je commencerai
tu commences	tu commençais	tu commenceras
il commence	il commençait	il commmencera
nous commençons	nous commencions	nous commencerons
vous commencez	vous commenciez	vous commencerez
ils commencent	ils commençaient	ils commenceront

impératif commence, commençons, commencez
Genauso: **sucer**

espérer *hoffen*

Präsens	Imperfekt	futur simple
j'espère	j'espérais	j'espérerai
tu espères	tu espérais	tu espéreras
il espère	il espérait	il espérera
nous espérons	nous espérions	nous espérerons
vous espérez	vous espériez	vous espérerez
ils espèrent	ils espéraient	ils espéreront

impératif espère, espérons, espérez
Genauso: **exagérer, préférer, répéter**

manger *essen*

Präsens	Imperfekt	futur simple
je mange	je mangeais	je mangerai
tu manges	tu mangeais	tu mangeras
il mange	il mangeait	il mangera
nous mangeons	nous mangions	nous mangerons
vous mangez	vous mangiez	vous mangerez
ils mangent	ils mangeaient	ils mangeront

impératif mange, mangeons, mangez
Genauso: **diriger, s'engager, mélanger, nager, ranger, voyager**

payer *zahlen*

Präsens	Imperfekt	futur simple
je paie	je payais	je paierai
tu paies	tu payais	tu paieras
il paie	il payait	il paiera
nous payons	nous payions	nous paierons
vous payez	vous payiez	vous paierez
ils paient	ils payaient	ils paieront

impératif paie, payons, payez
Genauso: **s'ennuyer, se tutoyer, se vouvoyer**

2. Verben auf *-re*

attendre *warten*		
Präsens	**Imperfekt**	**futur simple**
j'attends	j'attendais	j'attendrai
tu attends	tu attendais	tu attendras
il attend	il attendait	il attendra
nous attendons	nous attendions	nous attendrons
vous attendez	vous attendiez	vous attendrez
ils attendent	ils attendaient	ils attendront

impératif attends, attendons, attendez
Genauso: **dépendre, descendre, entendre, perdre, se détendre, vendre**

3. Verben auf *-ir* (I)

choisir *wählen*		
Präsens	**Imperfekt**	**futur simple**
je choisis	je choisissais	je choisirai
tu choisis	tu choisissais	tu choisiras
il choisit	il choisissait	il choisira
nous choisissons	nous choisissions	nous choisirons
vous choisissez	vous choisissiez	vous choisirez
ils choisissent	ils choisissaient	ils choisiront

impératif choisis, choisissons, choisissez
Genauso: **blondir, finir, maigrir, réfléchir**

4. Verben auf *-ir* (II)

partir *weggehen*		
Präsens	**Imperfekt**	**futur simple**
je pars	je partais	je partirai
tu pars	tu partais	tu partiras
il part	il partait	il partira
nous partons	nous partions	nous partirons
vous partez	vous partiez	vous partirez
ils partent	ils partaient	ils partiront

impératif pars, partons, partez
Genauso: **servir**

5. Reflexive Verben

s'amuser *sich amüsieren*		
Präsens	**Imperfekt**	**futur simple**
je m'amuse	je m'amusais	je m'amuserai
tu t'amuses	tu t'amusais	tu t'amuseras
il s'amuse	il s'amusait	il s'amusera
nous nous amusons	nous nous amusions	nous nous amuserons
vous vous amusez	vous vous amusiez	vous vous amuserez
ils s'amusent	ils s'amusaient	ils s'amuseront

impératif amuse-toi, amusons-nous, amusez-vous

6. Unregelmäßige Verben

aller *gehen, fahren, fliegen*		
Präsens	**Imperfekt**	**futur simple**
je vais	j'allais	j'irai
tu vas	tu allais	tu iras
il va	il allait	il ira
nous allons	nous allions	nous irons
vous allez	vous alliez	vous irez
ils vont	ils allaient	ils iront

impératif vas, allons, allez

avoir *haben*		
Präsens	**Imperfekt**	**futur simple**
j'ai	j'avais	j'aurai
tu as	tu avais	tu auras
il a	il avait	il aura
nous avons	nous avions	nous aurons
vous avez	vous aviez	vous aurez
ils ont	ils avaient	ils auront

impératif aie, ayons, ayez

boire *trinken*		
Präsens	**Imperfekt**	**futur simple**
je bois	je buvais	je boirai
tu bois	tu buvais	tu boiras
il boit	il buvait	il boira
nous buvons	nous buvions	nous boirons
vous buvez	vous buviez	vous boirez
ils boivent	ils buvaient	ils boiront

impératif bois, buvons, buvez

connaître *kennen*		
Präsens	**Imperfekt**	**futur simple**
je connais	je connaissais	je connaîtrai
tu connais	tu connaissais	tu connaîtras
il connaît	il connaissait	il connaîtra
nous connaissons	nous connaissions	nous connaîtrons
vous connaissez	vous connaissiez	vous connaîtrez
ils connaissent	ils connaissaient	ils connaîtront

impératif connais, connaissons, connaissez

courir *laufen*		
Präsens	**Imperfekt**	**futur simple**
je cours	je courais	je courrai
tu cours	tu courais	tu courras
il court	il courait	il courra
nous courons	nous courions	nous courrons
vous courez	vous couriez	vous courrez
ils courent	ils couraient	ils courront

impératif cours, courons, courez

croire *glauben*

Präsens	Imperfekt	futur simple
je crois	je croyais	je croirai
tu crois	tu croyais	tu croiras
il croit	il croyait	il croira
nous croyons	nous croyions	nous croirons
vous croyez	vous croyiez	vous croirez
ils croient	ils croyaient	ils croiront

impératif crois, croyons, croyez

dire *sagen*

Präsens	Imperfekt	futur simple
je dis	je disais	je dirai
tu dis	tu disais	tu diras
il dit	il disait	il dira
nous disons	nous disions	nous dirons
vous dites	vous disiez	vous direz
ils disent	ils disaient	ils diront

impératif dis, disons, dites

écrire *schreiben*

Präsens	Imperfekt	futur simple
j'écris	j'écrivais	j'écrirai
tu écris	tu écrivais	tu écriras
il écrit	il écrivait	il écrira
nous écrivons	nous écrivions	nous écrirons
vous écrivez	vous écriviez	vous écrirez
ils écrivent	ils écrivaient	ils écriront

impératif écris, écrivons, écrivez

être *sein*

Präsens	Imperfekt	futur simple
je suis	j'étais	je serai
tu es	tu étais	tu seras
il est	il était	il sera
nous sommes	nous étions	nous serons
vous êtes	vous étiez	vous serez
ils sont	ils étaient	ils seront

impératif sois, soyons, soyez

faire *machen*

Präsens	Imperfekt	futur simple
je fais	je faisais	je ferai
tu fais	tu faisais	tu feras
il fait	il faisait	il fera
nous faisons	nous faisions	nous ferons
vous faites	vous faisiez	vous ferez
ils font	ils faisaient	ils feront

impératif fais, faisons, faites

falloir *müssen, nötig sein* (nur in der 3. Person gebräuchlich)

Präsens	Imperfekt	futur simple
il faut	il fallait	il faudra

joindre *erreichen*

Präsens	Imperfekt	futur simple
je joins	je joignais	je joindrai
tu joins	tu joignais	tu joindras
il joint	il joignait	il joindra
nous joignons	nous joignions	nous joindrons
vous joignez	vous joigniez	vous joindrez
ils joignent	ils joignaient	ils joindront

impératif joins, joignons, joignez

lire *lesen*

Präsens	Imperfekt	futur simple
je lis	je lisais	je lirai
tu lis	tu lisais	tu liras
il lit	il lisait	il lira
nous lisons	nous lisions	nous lirons
vous lisez	vous lisiez	vous lirez
ils lisent	ils lisaient	ils liront

impératif lis, lisons, lisez

mettre *legen, stellen, setzen*

Präsens	Imperfekt	futur simple
je mets	je mettais	je mettrai
tu mets	tu mettais	tu mettras
il met	il mettait	il mettra
nous mettons	nous mettions	nous mettrons
vous mettez	vous mettiez	vous mettrez
ils mettent	ils mettaient	ils mettront

impératif mets, mettons, mettez
Genauso: **transmettre**

neiger *schneien* (nur in der 3. Person gebräuchlich)

Präsens	Imperfekt	futur simple
il neige	il neigeait	il neigera

ouvrir *öffnen*

Präsens	Imperfekt	futur simple
j'ouvre	j'ouvrais	j'ouvrirai
tu ouvres	tu ouvrais	tu ouvriras
il ouvre	il ouvrait	il ouvrira
nous ouvrons	nous ouvrions	nous ouvrirons
vous ouvrez	vous ouvriez	vous ouvrirez
ils ouvrent	ils ouvraient	ils ouvriront

impératif ouvre, ouvrons, ouvrez
Genauso: **découvrir**

plaire *gefallen*

Präsens	Imperfekt	futur simple
je plais	je plaisais	je plairai
tu plais	tu plaisais	tu plairas
il plaît	il plaisait	il plaira
nous plaisons	nous plaisions	nous plairons
vous plaisez	vous plaisiez	vous plairez
ils plaisent	ils plaisaient	ils plairont

impératif plais, plaisons, plaisez

pleuvoir *regnen* (nur in der 3. Person gebräuchlich)

Präsens	Imperfekt	futur simple
il pleut	il pleuvait	il pleuvra

prendre *nehmen*

Präsens	Imperfekt	futur simple
je prends	je prenais	je prendrai
tu prends	tu prenais	tu prendras
il prend	il prenait	il prendra
nous prenons	nous prenions	nous prendrons
vous prenez	vous preniez	vous prendrez
ils prennent	ils prenaient	ils prendront

impératif prends, prenons, prenez
Genauso: **apprendre, comprendre, reprendre**

recevoir *empfangen*

Präsens	Imperfekt	futur simple
je reçois	je recevais	je recevrai
tu reçois	tu recevais	tu recevras
il reçoit	il recevait	il recevra
nous recevons	nous recevions	nous recevrons
vous recevez	vous receviez	vous recevrez
ils reçoivent	ils recevaient	ils recevront

impératif reçois, recevons, recevez

rire *lachen*

Präsens	Imperfekt	futur simple
je ris	je riais	je rirai
tu ris	tu riais	tu riras
il rit	il riait	il rira
nous rions	nous riions	nous rirons
vous riez	vous riiez	vous rirez
ils rient	ils riaient	ils riront

impératif ris, rions, riez

se plaindre *sich beschweren*

Präsens	Imperfekt	futur simple
je me plains	je me plaignais	je me plaindrai
tu te plains	tu te plaignais	tu te plaindras
il se plaint	il se plaignait	il se plaindra
nous nous plaignons	nous nous plaignions	nous nous plaindrons
vous vous plaignez	vous vous plaigniez	vous vous plaindrez
ils se plaignent	ils se plaignaient	ils se plaindront

impératif plains-toi, plaignons-nous, plaignez-vous

traduire *übersetzen*

Präsens	Imperfekt	futur simple
je traduis	je traduisais	je traduirai
tu traduis	tu traduisais	tu traduiras
il traduit	il traduisait	il traduira
nous traduisons	nous traduisions	nous traduirons
vous traduisez	vous traduisiez	vous traduirez
ils traduisent	ils traduisaient	ils traduiront

impératif traduis, traduisons, traduisez
Genauso: **construire**

venir *kommen*

Präsens	Imperfekt	futur simple
je viens	je venais	je viendrai
tu viens	tu venais	tu viendras
il vient	il venait	il viendra
nous venons	nous venions	nous viendrons
vous venez	vous veniez	vous viendrez
ils viennent	ils venaient	ils viendront

impératif viens, venons, venez
Genauso: **tenir, se souvenir**

vivre *leben*

Präsens	Imperfekt	futur simple
je vis	je vivais	je vivrai
tu vis	tu vivais	tu vivras
il vit	il vivait	il vivra
nous vivons	nous vivions	nous vivrons
vous vivez	vous viviez	vous vivrez
ils vivent	ils vivaient	ils vivront

impératif vis, vivons, vivez

voir *sehen*

Präsens	Imperfekt	futur simple
je vois	je voyais	je verrai
tu vois	tu voyais	tu verras
il voit	il voyait	il verra
nous voyons	nous voyions	nous verrons
vous voyez	vous voyiez	vous verrez
ils voient	ils voyaient	ils verront

impératif vois, voyons, voyez
Genauso: **s'apercevoir**

7. Modalverben

devoir *müssen, sollen*

Präsens	Imperfekt	futur simple	conditionnel
je dois	je devais	je devrai	je devrais
tu dois	tu devais	tu devras	tu devrais
il doit	il devait	il devra	il devrait
nous devons	nous devions	nous devrons	nous devrions
vous devez	vous deviez	vous devrez	vous devriez
ils doivent	ils devaient	ils devront	ils devraient

impératif dois, devons, devez

pouvoir *können*

Präsens	Imperfekt	futur simple	conditionnel
je peux	je pouvais	je pourrai	je pourrais
tu peux	tu pouvais	tu pourras	tu pourrais
il peut	il pouvait	il pourra	il pourrait
nous pouvons	nous pouvions	nous pourrons	nous pourrions
vous pouvez	vous pouviez	vous pourrez	vous pourriez
ils peuvent	ils pouvaient	ils pourront	ils pourraient

savoir *wissen, können*

Präsens	Imperfekt	futur simple	conditionnel
je sais	je savais	je saurai	je saurais
tu sais	tu savais	tu sauras	tu saurais
il sait	il savait	il saura	il saurait
nous savons	nous savions	nous saurons	nous saurions
vous savez	vous saviez	vous saurez	vous sauriez
ils savent	ils savaient	ils sauront	ils sauraient

impératif sache, sachons, sachez

vouloir *wollen*

Präsens	Imperfekt	futur simple	conditionnel
je veux	je voulais	je voudrai	je voudrais
tu veux	tu voulais	tu voudras	tu voudrais
il veut	il voulait	il voudra	il voudrait
nous voulons	nous voulions	nous voudrons	nous voudrions
vous voulez	vous vouliez	vous voudrez	vous voudriez
ils veulent	ils voulaient	ils voudront	ils voudraient

impératif veuille, veuillons, veuillez

Grammatische Fachausdrücke

Adjektiv, Eigenschaftswort	une belle robe *ein schönes Kleid*
Adverb, Umstandswort	Il travaille rapidement. *Er arbeitet schnell.*
Artikel, Geschlechtswort	la maison, un ami *das Haus, ein Freund*
conditionnel, Konditional, Möglichkeitsform	je voudrais *ich hätte gern, ich möchte*
Dativ, 3. Fall (Frage: Wem?)	Je montre ma chambre à mon amie. *Ich zeige meiner Freundin mein Zimmer.*
Demonstrativbegleiter, hinweisendes Fürwort	ce livre, cette amie *dieses Buch, diese Freundin*
direktes Objekt, direkte Satzergänzung (Frage: Wen?/Was?)	Je montre ma chambre à Léa. *Ich zeige Léa mein Zimmer.*
Elision, Auslassung	j'aime *ich mag*
Femininum, weibliche Form	une amie, elle, jolie *eine Freundin, sie, hübsch*
Fragepronomen, Fragefürwort	Qui ? Quoi ? Où ? *Wer? Was? Wo?/Wohin?*
futur composé, zusammengesetzte Zukunft	Le magasin va fermer. *Das Geschäft schließt gleich.*
futur simple, einfache Zukunft	Je parlerai français. *Ich werde Französisch sprechen.*
Genitiv, 2. Fall (Frage: Wessen?)	le livre de Patricia *Patricias Buch*
Genus, Geschlecht	un ami, une amie *ein Freund, eine Freundin*
Grundzahlen	un, deux, trois *eins, zwei, drei*
Hilfsverb	avoir, être *haben, sein*
impératif, Imperativ, Befehlsform	Range ta chambre. *Räum dein Zimmer auf!*
imparfait, Imperfekt, Mitvergangenheit	j'étais *ich war*
indirektes Objekt, indirekte Satzergänzung (Frage: Wem?/Wessen?)	Je montre ma chambre à mon amie. *Ich zeige meiner Freundin mein Zimmer.*
Infinitiv, Grundform	aller *gehen*
Inversion, Umstellung (der Reihenfolge von Subjekt und Verb)	Où habitez-vous ? *Wo wohnen Sie?*
Komparativ, 1. Steigerungsstufe	plus élégant *eleganter*
Konjugation, Beugung; konjugieren, ein Verb beugen	je prends, tu prends, il prend… *ich nehme, du nimmst, er nimmt …*
Konjunktionen, Bindewörter	et, ou, quand *und, oder, wenn*
Maskulinum, männliche Form	un ami, il, joli *ein Freund, er, hübsch*
Modalverb, Hilfszeitwort	devoir, pouvoir, savoir, vouloir *müssen, sollen, wissen, wollen*
Objekt, Satzergänzung	Je prends un café. *Ich nehme einen Kaffee.*
Objektpronomen, persönliches Fürwort für die Satzergänzung	me, te *mich/mir, dich/dir*
Ordnungszahlen	premier, deuxième, troisième *erster, zweiter, dritter*
Partizip Perfekt, Mittelwort der Vergangenheit	acheté *gekauft*
passé composé, Perfekt, vollendete Gegenwart	j'ai acheté *ich habe gekauft*
Personalpronomen, persönliches Fürwort	je, moi, me *ich, ich (betont), mich*
Plural, Mehrzahl	les amis, des amis *die Freunde, Freunde*
Possessivbegleiter, besitzanzeigendes Fürwort	mon livre, ma tante, mes amis *mein Buch, meine Tante, meine Freunde*
Präposition, Verhältniswort	sur, pour, avec *auf, für, mit*
Präsens, Gegenwart	Je lis. *Ich lese.*
Pronomen, Fürwort	je, moi, me *ich, ich (betont), mich*
Reflexivpronomen, rückbezügliches Fürwort	Je m'ennuie. *Ich langweile mich.*
Relativpronomen, bezügliches Fürwort	Le livre que j'ai acheté. *Das Buch, das ich gekauft habe.*
Singular, Einzahl	un livre, le livre *ein Buch, das Buch*
Subjekt, Satzgegenstand (wer? was?)	*Pierre* prend un café. *Pierre nimmt einen Kaffee.*
Subjektpronomen, Fürwort im 1. Fall (wer?)	Je prends un café. *Ich nehme einen Kaffee.*
Substantiv, Hauptwort	le café *der Kaffee*
Superlativ, 2. Steigerungsstufe	le plus moderne *der modernste*
Teilungsartikel	du pain *Brot*
unpersönliche Verben	il faut, il pleut *man muss, es regnet*
Verb, Zeitwort	aimer *mögen*

Gesamtwortschatz

Die Zahlen verweisen auf die Lektion. Bei Wörtern, die in „Geschenktexten" oder in Grammatikerklärungen vorkommen, wird die Seitenzahl angegeben. Die reflexiven Verben finden Sie nicht unter **se**, sondern unter dem Anfangsbuchstaben des Verbs.

A

à in 2; zu, nach 4; an 6; in, nach, zu, *(bei Inseln)* auf 6; um 7; für 18
à … euros zu … Euro 16
A … heure(s). Um … Uhr S. 88
à 13 heures um 13 Uhr 5
à 20 minutes de Marseille 20 Minuten von Marseille entfernt S. 77
à l'avance im Voraus 19
A bientôt ! Bis bald! 6
à cette époque damals S. 211
à côté de neben S. 85
à **destination** in Richtung, nach 19
à droite (nach) rechts 7
à droite de rechts von S. 85
à fleurs geblümt 14
à gauche (nach) links 7
à gauche de links von S. 85
à la crème de Champagne mit Champagnerrahmsoße 16
à la maison zu Hause 6, zu uns nach Hause 18
à la plage am Strand 6
à la provençale auf provenzalische Art 16
à l'époque zu jener Zeit, damals 17
à l'heure pünktlich 6
à midi mittags, zu Mittag 11
à pied zu Fuß 4
à point medium 16
à pois mit Tupfen 14
A quel nom ? Auf welchen Namen? 4
A quelle heure ? Um wie viel Uhr? S. 88
à rayures gestreift, mit Streifen 14
à temps partiel Teilzeit S. 154
à ton âge in deinem Alter 9
A votre service ! Zu Diensten!, Bitte sehr! 4
abeille *f* die Biene S. 130
acajou: en acajou aus Mahagoni S. 130
accent aigu *m* *Akzent ´* S. 31
accent circonflexe *m* *Akzent ^* S. 31
accent grave *m* *Akzent `* S. 31, 3
accepter akzeptieren, annehmen 4
Nous n'acceptons pas les chiens. Hunde sind nicht erwünscht. 4
accessoire *m* Accessoire S. 179
accompagner begleiten 16
accro süchtig 16
acheter kaufen 10
activement aktiv *(Adverb)* 18
activité *f* Tätigkeit S. 154
actualité *f* Tagesgeschehen S. 154; 18
L'actualité est expliquée. Das Tagesgeschehen wird erklärt. 18
actuellement zurzeit S. 130
adapter à anpassen an 20
addition *f* Rechnung 5
adorable entzückend 9
des enfants adorables entzückende Kinder 9
adorer schrecklich gern mögen 1
adresse *f* Adresse 2
aérobic *m/f* Aerobic 8
affreux, affreuse scheußlich, schrecklich 14
Afrique *f* Afrika S. 33; S. 227
âge *m* Alter 8
à ton âge in deinem Alter 9
Quel âge a-t-elle ? Wie alt ist sie? 8
agence *f* Büro 7, Agentur 13
agence de voyages *f* Reisebüro 7
agneau *m* Lamm 16
agréable angenehm 15
agriculteur *m* Landwirt 15
Ah bon ! Ach so! 5
Ah non alors ! Nein, ganz bestimmt nicht! 1
aider qn jdm. helfen 10, 18
Aïe ! Au! 8
aigle *m* Adler S. 130
ail *m* Knoblauch 11
aimer lieben, mögen 1
J'aimerais… Ich möchte gerne … 15
Nous aimerions… Wir würden gerne … 15
ainsi que sowie 18
aïoli *m* Aioli 16
aise: être à l'aise sich wohlfühlen 14
air: avoir l'air aussehen 9
alcool *m* Alkohol 5
pas d'alcool kein(en) Alkohol 5
Alger Algier S. 33
Allemagne *f* Deutschland 2
allemand *m* Deutsch 2
aller gehen, fliegen, fahren 3
aller à qn jdm. passen 14
aller (bien) à qn jdm. (gut) stehen 14
aller au lit ins Bett gehen S. 118
l'aller-retour *m* die Hin- und Rückfahrt 19
Allez ! Na los! 8
Ça va ! (Mir geht's) gut; Es geht. 3; Das reicht. 11
Ça va ? Wie geht's? 3, Ist das recht? 4
Ça va la santé ? Wie steht's mit der Gesundheit? 6
Ça vous va ? Passt es Ihnen? 14
Comment allez-vous ? Wie geht es Ihnen? 3
Comment vas-tu ? Wie geht es dir? 3
Comment vont-elles ? Wie passen sie? 14
Je vais très bien. Mir geht es sehr gut. 3
On allait voir … au cinéma. Wir sahen … im Kino an. 17
On va aller chez… Wir fahren zu … 10
allergie *f* Allergie 15
allergique *m* Allergiker S. 166
allier verbinden S. 179
Allô ? Hallo? 13
allumer anzünden S. 189
alors dann, also 1; na 3
Ah non alors ! Nein, ganz bestimmt nicht! 1
Alors là, ça ne va pas. Also, das geht auf keinen Fall! 5
Alors, ça alors ! Das geht zu weit! 8
Alpes *f, Pl* Alpen 1
Alsace *f* Elsass 1
alsacien, alsacienne elsässisch 16
améliorer verbessern 12, 20
Américain *m* Amerikaner 18
américain, américaine amerikanisch 17
ami *m* Freund 3
amie *f* Freundin S. 33, 9
Amitiés Liebe Grüße 7
amour: Des amours ! Goldige Kinder! 6
amoureux, amoureuse verliebt 13
amuse-gueule *m, unv.* Appetithäppchen S. 195
amuser: s'amuser sich amüsieren 15
an *m* Jahr 8
30 ans 30 Jahre S. 33
J'ai … ans. Ich bin … Jahre alt. 8
tous les ans jedes Jahr S. 102
tous les quatre ans alle vier Jahre S. 103
ananas *m* Ananas 16
anglais *m* Englisch 2
en anglais auf Englisch 7
anglais, anglaise englisch S. 203
Angleterre *f* England 12
animal *m* Tier S. 33
année *f* Jahr 8
Bonne et heureuse année ! Ein glückliches neues Jahr! 18
En quelle année ? In welchem Jahr? 12
les années 80 die Achtziger-Jahre 8
anniversaire *m* Geburtstag 12
Joyeux anniversaire ! Herzlichen Glückwunsch zum Geburtstag! 18
annuaire *m* Telefonbuch 13
Antilles *f, Pl* Antillen 2
aux Antilles auf die Antillen 3
Antiquité *f* Antike S. 130
août *m* August 12

apercevoir: s'apercevoir de qc etw. (be)merken 15
apéritif *m* Aperitif 3
pas d'apéritif kein(en) Aperitif 5
appareil *m* Apparat; Telefon 13
appartement *m* die Wohnung 10
appeler rufen 10, anrufen 13
Appelle-moi ! Ruf mich an! S. 66, S. 161
on l'appelle man nennt es S. 103
s'appeler heißen 15
apporter (mit)bringen 5
apprendre lernen 12
appris → apprendre S. 147
approcher näher kommen 15
après nach 13, danach S. 211
après la Messe de minuit nach der Christmette S. 118
après-midi *m/f* Nachmittag 7
aquarium *m* Aquarium S. 90
arabe *m* Arabisch 2
en arabe auf Arabisch 2
architecte *m/f* Architekt(in) 2
architecture *f* Architektur 1
argent *m* Geld 11, Silber 14
en argent aus Silber 14
armée *f* Armee S. 215
armoire *f* Schrank 10
arrêter aufhören 8
arrivée *f* Ankunft 7
arriver ankommen 4
Ils viennent juste d'arriver. Sie sind soeben angekommen. 20
Ça peut arriver ! Das kann passieren! 16
J'arrive ! Ich komme! 4
arroser gießen 6
ARTE *deutsch-französischer Fernsehsender* 18
article *m* Artikel 18
ascenseur *m* Aufzug 4
asperges *f, Pl* Spargel 16
aspirateur *m* Staubsauger 10
passer l'aspirateur staubsaugen 10
assez ziemlich 9, genug 11
assiette *f* Teller 16
assiette forestière *f* „Waldteller" 16
assistante *f* Assistentin 12
atelier *m* Werkstatt S. 178
Atlantique *m* Atlantik S. 103, S. 226
attaquer stürmen S. 215
s'attaquer à qc etw. angreifen S. 215
attendre warten 7
Attention ! Achtung!, Vorsicht! 5
au *(Verschmelzung von **à** + **le** S. 71)*, in 2, nach 3
au bord de la mer am Meer 15
au bord de l'eau am Ufer 16
au café im Café 6
au deuxième (étage) im zweiten (Stock) 6
au milieu de in der Mitte von S. 85, 20
au moins wenigstens, doch wohl 5, 20
Elle aurait au moins accueilli les visiteurs. Sie hätte zumindest die Besucher empfangen können. 20
au premier étage im ersten Stock 6
Au revoir ! Auf Wiedersehen! 3, Auf Wiederhören! 4
au troisième (étage) im dritten (Stock) 6
auberge *f* Gasthof 16
l'auberge de jeunesse die Jugendherberge 19
aujourd'hui heute 4
d'aujourd'hui von heute 7
aussi auch 1
aussi … que genauso … wie S. 154, S. 174
aussi bien que genauso gut wie 14
authentique ursprünglich 16
automne *f* Herbst S. 226
autour d'un verre de vin bei einem Glas Wein 18
autre andere(r) 14
d'autres andere S. 166
les autres die anderen 10
une autre eine andere S. 102
Autriche *f* Österreich 18
Auvergne *f* die Auvergne 1
aux *(Verschmelzung von **à** + **les** S. 71)*, in, auf 2
aux Antilles auf die Antillen 3
avance: en avance zu früh 3
avant vor *(zeitl.)* 13, vorher 15
avantage Vorteil S. 256
avec mit 3
Avec mes meilleures salutations Mit freundlichen Grüßen S. 55
avec plaisir mit Vergnügen, gerne 3
avec un peu de chance mit etwas Glück S. 103
Et avec ça ? Und außerdem? 11
aventure *f* Abenteuer 1
avenue *f* Avenue 7
l'avenue des Champs-Elysées *f* die Champs-Elysées 7
aviateur *m* Pilot S. 103
Avignon *südfrz. Stadt* 1
avion *m* Flugzeug 17
avocat Rechtsanwalt S. 243
avoir haben 4
avoir besoin de qc etwas brauchen 18
avoir de la chance Glück haben 12
avoir envie de qc Lust haben auf/zu, etw. tun wollen 17
avoir eu son bébé sein Baby bekommen haben 12
avoir faim Hunger haben 17
avoir l'air aussehen 9
avoir le plaisir de faire qc das Vergnügen haben, etwas zu tun 18
avoir lieu stattfinden S. 102, S. 103, 18
avoir mal Schmerzen haben 8
avoir peur Angst haben S. 166
avoir raison recht haben 10
avoir une idée eine Idee haben 15
Est-ce que vous avez… ? Haben Sie …? 4
J'ai … ans. Ich bin … Jahre alt. 8
J'ai mal au cœur. Mir ist übel. 8
Qu'est-ce que vous avez comme… ? Was haben Sie an …? 5
Si j'avais su… Wenn ich gewusst hätte… 20
avril *m* April 12

B

bac *m, fam* → ***baccalauréat*** Abi 12
baccalauréat *m* Abitur 12
badge der Anstecker, die Plakette, das Firmenlogo 20
baguette *f* Baguette, Stangenweißbrot 1
balcon *m* Balkon 10
ballon Ball S. 256
banane *f* Banane S. 226
banlieue *f* Vorort, Trabantenstadt 8
banque *f* Bank 15
banquet *m* Festessen 16
bar *m* Bar 4
barbe *f* Bart 9
baroque Barock, 14, S. 179
bas *m, Pl* Strümpfe 17
basket *m* Basketball 8
bateau *m* Schiff S. 33, Boot S. 103
beau/bel, belle schön 5; S. 122
Il fait beau. Es ist schön. 5
beaucoup sehr, viel 1
beau-père *m* Schwiegervater 9
beaux-parents *m, Pl* Schwiegereltern 9
bébé *m* Baby 9
beige beige, sandfarben 10
Belgique *f* Belgien 2
belle schön *(weibl. Form)* S. 33
belle-fille *f* Schwiegertochter 9
belle-mère *f* Schwiegermutter 9
Ben… *fam* Nun ja … 5
Ben… oui ! Aber ja! 1
Besançon *ostfrz. Stadt* 5
besoin Bedürfnis 20
bêtise *f* Dummheit 6
faire des bêtises Dummheiten machen 6
beurre *m* Butter 11
une noisette de beurre ein haselnussgroßes Stück Butter 203
beurrer mit Butter einfetten S. 142
Beyrouth Beirut 2
bibliothèque *f* Bibliothek 18
bien gut *(Adverb)* 2, gern 9
Bien ! Gut!, In Ordnung! 4
Bien amicalement Herzliche Grüße 18
bien cuit, bien cuite durch 16
bien sûr natürlich 1
bientôt bald 18
Bienvenue ! Willkommen! 4
bière *f* Bier 1
bijou *m* Schmuck 14

bikini *m* Bikini 14
bilan Bilanz 20
Si on faisait un petit bilan ? Wie wär's mit einer kleinen Bilanz? 20
billet Fahrkarte 19
biologique biologisch 15
bip *m* Piepton 13
biscuit *m* Salzgebäck, Keks 3
bise *f* Kuss, Küsschen 8
On se fait la bise. Man gibt sich Wangenküsschen. S.36
bistro *m* Bistro 18
blanc, blanche weiß S.90, 9
bleu *m* Blau S.125
bleu, bleue blau S.90, 9
Les «Bleus» die „Blauen" S.103
blond, blonde blond 9
blondir: faire blondir glasig werden lassen S.142
blouson *m* Blouson 14
Bocuse *bekannter Koch* 3
bœuf *m* Rind 16
bœuf bourguignon *m* *Rindfleisch nach Burgunderart* 16
Bof... Och ... 1
boire trinken 11
boisson *f* Getränk 3
boissons chaudes *f, Pl* warme Getränke 5
boissons froides *f, Pl* kalte Getränke 5
boîte *f* Konservendose 11
bon, bonne gut 9, richtig 13
Ah bon ! Ach so! 5
Bon ! Na gut! 5
Bon... Gut ... 4
Bonne et heureuse année ! Ein glückliches neues Jahr! 18
Bonne journée ! Einen schönen Tag noch! 5
Bonne route ! Gute Fahrt! 9
Bonnes vacances ! Schöne Ferien! 3
Bonjour. Guten Tag 3
Bonsoir. Guten Abend 3
bord *m* Ufer S.226
au bord de la mer am Meer 15
au bord de l'eau am Ufer 16
bordeaux *m* Bordeaux 16
Bordeaux *südfrz. Stadt* 5
boucherie *f* Metzgerei 11
bouchon *m* Stau 12
Nous sommes restés dans les bouchons. Wir haben im Stau gestanden. 12
bouclé, bouclée lockig 9
boulangerie *f* Bäckerei 6
boule de verre *f* Glaskugel S.90
boulot *m, fam* Arbeit, Job 12, 20
J'ai fait des petits boulots. Ich habe gejobbt. 12
On a fait du bon boulot ! *fam* Wir haben toll gearbeitet!
bouteille *f* Flasche 11
boutique *f* Boutique S.77, 14
bras *m* Arm 8
Bravo ! Bravo! 3
bref kurz, kurzum 5
Brest *westfrz. Stadt* 5
Bretagne *f* Bretagne 1
breton, bretonne bretonisch 11
brevet de technicien supérieur *m, Abk.* **BTS** *Fachhochschulabschluss* 12
bricoler heimwerken, basteln 6
brochure *f* Broschüre 4
bronze: en bronze aus Bronze S.130
bronzé, bronzée gebräunt 9
brûlé, brûlée verbrannt 16
brun, brune brünett 9
Bruxelles Brüssel 2
BTS *m* → **brevet de technicien supérieur** *Fachhochschulabschluss* 12
bu → **boire** S.149
bûche *f* Biskuitrolle S.118
bulle *f* Luftblase S.90
bureau *m* Büro S.62, 6; Schreibtisch; Arbeitszimmer 10
bus *m* Bus 7

C

ça das 4
Ça fait... Das macht ..., Das kostet ... 11
Ça ne fait rien. Das macht nichts. 7
Ça peut arriver ! Das kann passieren! 16
Ça va ! (Mir geht's) gut, Es geht. 3; Das reicht. 11
Ça va ? Wie geht's? 3, Ist das recht? 4
Ça va la santé ? Wie steht's mit der Gesundheit? 6
Ça vous va ? Passt es Ihnen? 14
Et avec ça ? Und außerdem? 11
cabine *f* Telefonzelle S.166, Umkleidekabine 14
cadeau *m* Geschenk 9
cadre *m* leitender Angestellter S.154, Ambiente 16
café *m* Café, Kneipe, Kaffee 1
au café im Café 6
café crème *m* Milchkaffee 5
café noir *m* Espresso 5
caisse *f* Kasse 14
ticket de caisse *m* Kassenzettel 14
calanque *f* kleine Felsbucht S.77
calme *m* Ruhe 3
Calvados *m* Calvados 5
camembert *m* Camembert 1
campagne *f* Land 15
camping: faire du camping zelten 12
Canada *m* Kanada 2
canapé *m* Sofa 10
canapé-lit Schlafsofa 19
canard *m* Ente 16
candidature *f* Bewerbung 12
J'ai envoyé ma candidature. Ich habe mich beworben. 12
caniveau *m* Gosse S.90
canne à sucre *f* Zuckerrohr S.226
cantine *f* Kantine S.154
CAP *m* → **certificat d'aptitude professionnelle** Facharbeiterprüfung 12
capitaine *m* Kapitän S.33
car denn S.103, 9
carafe *f* Karaffe, Krug 16
caricaturer karikieren S.66
carré, carrée viereckig S.130
carrefour *m* Kreuzung 7
carrière Karriere, 14, S.179
carte *f* Speisekarte 16, Landkarte 19
carte de crédit *f* Kreditkarte 14
carte de visite *f* Visitenkarte 13
la carte détaillée die detaillierte Karte 19
cassé, -e kaputt 20
cassoulet *m* *Eintopf* 16
catalogue Katalog 19
cathédrale *f* Dom 4
cauchemar *m* Albtraum S.166
CD *m* CD 18
ce/cet, cette dieser, diese 10
cette belle lampe diese schöne Lampe 10
ce soir heute Abend 10
ce tableau dieses Bild 10
Ce vieux truc ! Dieses alte Ding! 10
cela das 14
Cela dépend. Es kommt darauf an. 14
célèbre berühmt S.66
célibataire ledig 12
cellulite *f* Orangenhaut S.66
cendre *f* Asche S.189
cendrier *m* Aschenbecher S.189
ce n'est pas es ist nicht S.70
Ce n'est pas fini ! Das ist noch nicht alles. 12
Ce n'est pas grave ! Das ist nicht schlimm! 16
Ce n'est pas le bon numéro. Sie haben sich verwählt. 13
centilitre *m, Abk.* **cl** Zentiliter (100 ml) 11
centre *m* Zentrum 15
Centre d'affaires *Geschäftsviertel S.256*
centre de thalasso(thérapie) *m* Thalassotherapiezentrum 15
certificat d'aptitude professionnelle *m, Abk.* **CAP** Facharbeiterprüfung 12
c'est es ist, das ist 2
C'est ça. Genau! 5
C'est là ! Wir sind da. 7
C'est noté. Es ist notiert, Ich hab's notiert. 16
c'est pas → **ce n'est pas** S.70
c'est pourquoi deshalb, deswegen, darum 18
C'est toujours pareil. Es ist immer das Gleiche. 7
C'est tout le portrait de son père. Ganz der Vater. 9
C'est très gentil. Das ist sehr nett. 3
C'est vrai. Das stimmt. 6
C'est vrai ?! Wirklich? 7
c'était es war S.103
Non, laissez, c'est à moi ! Nein, lasst nur, ich bin dran! 5
cet dieser 10

cette diese S. 102, 10
chauffler erhitzen 203
chaîne (de télévision) *f* Fernsehsender 18
chaise *f* Stuhl 10
chambre *f* Zimmer 4, Schlafzimmer 10
chambre d'enfants *f* Kinderzimmer 10
chambre d'hôtes *f* Gästezimmer 15
chambre double *f* Doppelzimmer 4
chambre simple *f* Einzelzimmer 4
champagne *m* Champagner 1
à la crème de champagne mit Champagnerrahmsoße 16
champignon *m* Pilz 16
champignon de Paris *m* Champignon 11
chance *f* Glück 18
avec un peu de chance mit etwas Glück S. 103
avoir de la chance Glück haben 12
changer (aus)wechseln, ändern 10; sich verändern 17, umsteigen 19
chanson *f* Lied 1
chanter singen S. 243
chapeau *m* Hut 14
charcuterie *f* Metzgerei, Wurstwaren 11
charmant, charmante entzückend 18
charme *m* Zauber, Charme S. 77, S. 135
château *m* Schloss S. 77, 16
chaud, chaude heiß 5, warm 14
boissons chaudes *f, Pl* warme Getränke 5
chocolat chaud *m* heiße Schokolade 5
chaussure *f* Schuh 5
chauve kahl 9
Il est chauve. Er hat eine Glatze. 9
chemin *m* Weg 18
cheminée *f* Kamin S. 118
chemise *f* Hemd 14
chemisier *m* Bluse 14
cher, chère teuer 6, 14; lieb 9
Chère Jeannette Liebe Jeannette 6
chère Madame liebe, gnädige Frau 3
chers amis liebe Freunde 7
moins cher que billiger als 14
chercher suchen S. 33, 6
chéri *m*, **chérie** *f* Liebling 4
cheveux *m, Pl* Haar 9
chèvre *f* Ziege 15
chewing-gum *m* Kaugummi 17
chez bei 5, zu 6
de chez vous von zu Hause aus 18
Je rentre chez moi. Ich gehe nach Hause. 17
On va aller chez... Wir fahren zu ... 10

chic schick, elegant 6
chien *m* Hund 4
chignon *m* (Haar-)Knoten 9
choc *m* Schock 17
chocolat *m* Schokolade 5
chocolat chaud *m* heiße Schokolade 5
choisir (aus)wählen 14
choix *m* Auswahl 10
chômage *m* Arbeitslosigkeit 6
au chômage arbeitslos 6
J'ai été au chômage. Ich bin arbeitslos gewesen. 12
choucroute *f* Sauerkraut 16
chrétien *m* Christ S. 118
chronique *f* Rubrik S. 66
chute du Mur *f* Mauerfall 17
cidre *m* Cidre, Apfelwein 11
ciel *m* Himmel S. 90
cigarette *f* Zigarette 5
cinéma *m* Kino 1
cinq fünf 4
cinquante fünfzig 4
cinquante-six sechsundfünfzig 4
circuit Rundreise 19
citron *m* Zitrone 11
citron vert *m* Limette S. 42
cl → centilitre Zentiliter (100 ml) 11
classique klassisch 14
classique *m* Klassiker 8
client *m* Kunde S. 154, 13
climatisation Klimaanlage 19
climatisé, climatisée klimatisiert 4
club *m* Club 8
club de sport *m* Fitnesscenter 8
club franco-allemand *m* deutsch-französischer Club 18
club de vacances Ferienclub 19
Coca(-Cola) *m* (Coca-)Cola 5
cocktail *m* Cocktail, Cocktailparty 3
coquillage Muschel S. 256
cœur *m* Herz 8
J'ai mal au cœur. Mir ist übel. 8
par cœur auswendig 17
cognac *m* Kognak 5
coin *m* Ecke 10
le coin couloir der Platz am Gang 19
collection *f* Kollektion S. 178
collègue *m* Kollege 5
combien (de...) ? wie viele ...? 4
Combien coûte... ? Was kostet ...? S. 138
Vous en voulez combien ? Wie viel möchten Sie? 11
commande Auftrag 20
commander bestellen 16
comme als, wie 5
comme ça so 8
comme d'habitude wie immer 5
Comme tu es grand ! Wie groß du bist! 9
commencer beginnen S. 154, 17
comment ? wie? 3
Comment allez-vous ? Wie geht es Ihnen? 3
Comment dites-vous ? Was sagen Sie? 13
Comment vas-tu ? Wie geht es dir? 3

Comment vont-elles ? Wie passen sie? 14
commerce *m* Handel S. 215
commode *f* Kommode 10
communiquer kommunizieren 18
compatible vereinbar, kompatibel 15
compétition *f* Wettbewerb 8
complet, -ete voll, komplett 20
On est complet ! Wir haben keinen Tisch mehr frei. S. 193
compliqué, compliquée kompliziert 9
composter entwerten 19
comprendre verstehen 9
comprimé *m* Tablette 15
compris inbegriffen 4
compris → comprendre 17
Je n'ai pas compris. Ich habe (es) nicht verstanden. 3
compter sur qn sich auf jn verlassen 20
Vous pouvez compter sur moi. Sie können sich auf mich verlassen. 20
comptoir *m* Theke 5
concept Konzept 20
concert *m* Konzert 6
concombre *m* (Salat-)Gurke 11
condition Bedingung 19
conducteur *m* Fahrer S. 182
conductrice *f* Fahrerin S. 182
conduire (Auto) fahren 19
le permis de conduire der Führerschein 19
conférence *f* Vortrag 18
confirmer bestätigen 4
confiture *f* Marmelade 11
confort *m* Komfort 20 S. 178
confortable bequem 10
confortablement gemütlich, bequem *(Adverb)* 18
congélateur Gefrierschrank 19
connaître kennen 15
consacrer qc à qn jm etwas widmen 20
Avez-vous quelques minutes à me consacrer ? *Hätten Sie ein paar Minuten Zeit für mich?* 20
conseiller beraten 15
construire bauen S. 215
faire construire bauen lassen S. 215
construit, construite gebaut S. 77
il a été construit es wurde gebaut S. 103
contact *m* Kontakt 12
garder contact in Kontakt bleiben 18
garder le contact den Kontakt pflegen S. 154
content, contente (de) zufrieden (mit) 8, 14
continuer weitergehen, weiterfahren 7
contrat *m* Vertrag 12
contre dagegen, gegen S. 154, S. 166, S. 215

contrôler kontrollieren, *hier:* überprüfen 19
conversation ***f*** Gespräch S. 166
cool cool 6
copain ***m, fam*** Freund 17
copine ***f, fam*** Freundin 17
coq ***m*** Hahn 16
coq au vin ***m*** Hähnchen in Rotweinsoße 16
cordon-bleu ***m*** Spitzenkoch 11
correspondant ***m*** Gesprächspartner 13
Corse ***f*** Korsika 1
corset Korsett, Mieder 14, S. 179
costume ***m*** Anzug 14
costume-pantalon ***m*** Hosenanzug S. 178
coton ***m*** Baumwolle 14
coucher: se coucher ins Bett gehen 15
couleur ***f*** Farbe 10
toutes vos couleurs alle Ihre Farben 10
coup de soleil ***m*** Sonnenbrand 15
coup de téléphone ***m*** Anruf 13
coupe ***f*** Schnitt 14
Coupe du monde ***f*** Weltmeisterschaft S. 103
courant fließend 12
courbatures ***f, Pl*** Muskelkater 8
courbe ***f*** gebogene Linie S. 130
coureur ***m*** (Rad)fahrer S. 102
courir laufen, rennen 7
Elle a couru. Sie ist gelaufen. 12
cours ***m*** Kurs 8
course: une grande course ein großes Rennen S. 102, S. 103
courses ***f, Pl*** Einkäufe 6
faire les courses einkaufen 6
court, courte kurz 9
couscous ***m*** Weizenschrot 11
cousin ***m*** Cousin 9
cousine ***f*** Cousine 9
cousins ***m, Pl*** Cousins und Cousinen 9
couteau ***m*** Messer 16
coûter kosten 11
Combien coûte…? Was kostet …? S. 138
couture Näherei, Schneidern, 14, S. 179
cravate ***f*** Krawatte 14
création Kreation, 14, S. 179
créer schaffen, kreieren S. 154, S. 178
crème ***f*** Sahne 11, 16
à la crème de champagne mit Champagnerrahmsoße 16
crème brûlée ***f*** karamellisierte Creme 16
crème caramel ***f*** Karamellcreme 11
crème de cassis ***f*** *Likör aus schwarzen Johannisbeeren* S. 42
crème fraîche ***f*** Crème fraîche 11
crémerie ***f*** Milchprodukte 11
crêpe ***f*** Crêpe *(dünner Pfannkuchen)* 1
crêperie ***f*** Crêperie 18
croisière Kreuzfahrt 19
croire glauben 16
croissant ***m*** Croissant, Hörnchen 1
croque-monsieur ***m*** Käse-Schinken-Toast 5
cuillère ***f*** Löffel 11
cuillère à soupe ***f*** Esslöffel S. 42
cuir ***m*** Leder 14
en cuir aus Leder 14
cuisine ***f*** Küche 6
faire la cuisine kochen 6
cuisinier ***m*** Koch 2
cuisinière ***f*** Köchin 15
cuisson ***f*** Backzeit S. 142, Kochen, Backen, Braten 16
cuisson au feu de bois ***f*** Backen im Holzofen 16
cultivé, cultivée kultiviert S. 33
culture ***f*** Anbau, Kultur 15; Kultur 18
culture biologique ***f*** ökologischer Anbau 15
culture populaire ***f*** volkstümliche Kultur S. 179
culturel, culturelle kulturell 18
cure ***f*** Kur 15
faire une cure eine Kur machen 15
curriculum vitae ***m, Abk.*** **CV** Lebenslauf 12
CV ***m*** **→ curriculum vitae** Lebenslauf 12
cyclone ***m*** Wirbelsturm S. 226
cynique zynisch 6
cyprès ***m*** Zypresse S. 227

D

d' → de
d'abord zunächst S. 179
d'accord einverstanden, okay 4
d'ailleurs übrigens 20
d'aujourd'hui von heute 7
d'autres andere S. 166
d'habitude gewöhnlich 15
d'hier von gestern 7
d'ici von hier 7
dangereux, dangereuse gefährlich 9
dans in 6
dans la rue auf der Straße S. 72
dans le monde auf der Welt 18
dans tout le rayon in der ganzen Abteilung 10
danser tanzen 2
datte ***f*** Dattel S. 227
daurade ***f*** Dorade 16
de von 3, von *(bei Mengenangaben)* S. 42
de … à … von … bis … 12
de chez vous von zu Hause aus 18
de l' *(Verschmelzung von* ***de*** *+* ***le/la****)* von dem, von der 7
de la von der 7
de laine aus Wolle 14
de notre part von uns 18
de rien bitte *(als Antwort auf* merci*)* 7
de temps en temps ab und zu, manchmal 6
débat ***m*** Diskussion, Gespräch 18
Debout ! Aufstehen! 8
déca ***m*** koffeinfreier Kaffee 5
décembre ***m*** Dezember 12
le 24 et le 25 décembre am 24. und 25. Dezember S. 118
le 26 décembre der 26. Dezember S. 118
décider de *(+ Inf.)* sich entschließen zu *(+ Inf.)* 18
décideur Entscheidungsträger 20
décoller: se décoller sich ablösen 203
décontracté, décontractée leger, lässig 14
décoration ***f*** Einrichtung 10, Dekoration, Aufmachung 20
décoré, décorée geschmückt S. 118, S. 130
découvrir entdecken 17
décrocher abheben, drangehen 13
degré ***m*** Grad 5
déjà schon 10
déjeuner zu Mittag essen 5
déjeuner ***m*** Mittagessen 5
délicieux, délicieuse köstlich 18
demain morgen 3
demander fragen, verlangen 9
demander qc à qn jn. etw. fragen, jn. um etw. bitten 13
demi pression ***m*** kleines Bier vom Fass 5
demi-bouteille ***f*** halbe Flasche 16
dépannage Pannenhilfe 19
départ ***m*** Abfahrt 7
dépendre: Cela dépend. Es kommt darauf an. 14
déposer les enfants (à l'école) die Kinder (zur Schule) bringen 6
depuis seit S. 66, 8
déranger stören 13
dernier, dernière letzte(r) 9
derrière hinter S. 85
des *unbest. Artikel im Plural* S. 39, *(Verschmelzung von* ***de*** *+* ***les*** S. 81) von den 7
des tas de lauter, viele 17
désastre ***m*** Katastrophe 12
Un vrai désastre ! Eine einzige Katastrophe! 12
descendre aussteigen 7
désirer wünschen, begehren S. 33, 11
désistement Rücktritt 19
Désolé !, Désolée ! Tut mir leid! 3, S. 41, 12
dessert ***m*** der Nachtisch S. 118, 11
dessiner zeichnen S. 66
dessous: en dessous darunter 14
détendre: se détendre sich entspannen 15
détail Detail, Kleinigkeit 20
détaillé detailliert, ausführlich 19
détente ***f*** Entspannung 8
détester überhaupt nicht mögen, nicht leiden können 1
deux zwei 3
les deux langues beide Sprachen 2
deuxième zweite(r) 6

devant vor *(örtl.)* 7
développer entwickeln S. 215
devenir werden S. 215
devoir müssen, sollen 9
je ne dois pas ich darf nicht, ich muss nicht S. 108
diagnostic *m* Diagnose 15
Dieu Gott S. 116
différent, différente verschieden, unterschiedlich 15
difficile schwierig, schwer 4
digestif *m* Digestif, Verdauungsschnaps 5
dimanche *m* Sonntag 6
dinde aux marrons *f* Pute mit Maronen S. 118
dîner zu Abend essen 16
dîner *m* Abendessen 7
dire sagen 13
Comment dites-vous ? Was sagen Sie? 13
Dis-moi... Sag mir ... S. 161
Que veux-tu dire ? Was meinst du? 20
diriger leiten S. 178
discret, discrète unauffällig, dezent 16
discuter diskutieren 18
disputer: se disputer (avec qn) sich (mit jdm.) streiten 15
disque *m* Schallplatte 17
divorcé, divorcée geschieden 9
divorcer sich scheiden lassen 15
docteur *m* Doktor 5
documentation *f* Unterlagen 12
dommage schade 1
Quel dommage ! Wie schade! S. 166
donc also 15
donner qc à qn jdm. etw. geben 13
donner envie à qn de... jdm. Lust machen zu ... 18
dos *m* Rücken 8
dossier *m* Akte, Vorgang 12
douche *f* Dusche 4
douze zwölf 4
Dresde Dresden 11
droit, droite gerade S. 130
droit *m* Recht S. 215
du *(Verschmelzung von **de** + **le** S. 81)* von dem 7
dû → devoir S. 149
dur, dure hart, anstrengend 8
durer dauern S. 154

E

eau *f* Wasser 1
eau d'Evian *f* Wasser aus Evian *(stilles Wasser)* 1
eau minérale *f* Mineralwasser 5
échange scolaire *m* Schüleraustausch 18
échanger umtauschen 14
échanger des tuyaux sich Tipps geben S. 154
école *f* Schule 6
école de langues *f* Sprachenschule 15
économies: faire des économies sparen 17
Ecoute *Zeitschrift in frz. Sprache* 18
écouter hören, zuhören 2
écouter la radio Radio hören 2
écrire schreiben 2
écris-moi schreib mir S. 33
écrit → écrire S. 149
efficace effizient 20
effort: faire un effort sich anstrengen 8
également auch 15
égalité *f* Gleichheit S, 154
église *f* Kirche S. 118
Eh bien... Nun gut ... 8, 20
Eh oui ! Ja, tatsächlich! 5
Eldorado *Kino in Paris* S. 90
électrique elektrisch 9
élégant, élégante elegant, schick 14
elle sie *f, Sg.* S. 16, S. 20
elle s'appelle sie heißt 6
elles sie *f, Pl* S. 16, S. 20
embrasser küssen, umarmen 17
émission *f* Sendung 18
emploi *m* Stelle 12
employé *m* Angestellte 12
employée *f* Angestellte 15
emprunter ausleihen 18
emprunter à qn sich bei jmd. Geld leihen 15
en in 2, nach 3
en + *Jahr* im Jahr ... 12
en 1524 im Jahre 1524 S. 77
en 1982 im Jahre 1982 12
en 1990 im Jahre 1990 S. 103
en 1998 im Jahre 1998 S. 103
en + *Monat* im + *Monat* S. 211
en acajou aus Mahagoni S. 130
en anglais auf Englisch 7
en arabe auf Arabisch 2
en argent aus Silber 14
en avance zu früh 3
en bronze aus Bronze S. 130
en cuir aus Leder 14
en cas de im Fall(e) *(+Genitiv)*, bei 19
en dessous darunter 14
en face (de) gegenüber (von) 7
en famille im Kreise der Familie 9
en forme de in Form von S. 130
en français auf Französisch 2
en général im Allgemeinen 15
en juillet im Juli S. 102
en lin aus Leinen 14
en mai ou juin im Mai oder Juni S. 103
en or aus Gold 14
en petits morceaux in kleinen Stücken 11
en plus außerdem 15
En quelle année ? In welchem Jahr? 12
en retard zu spät 6
En route ! Los geht's! 4
en seconde zweiter Klasse 19
en soie aus Seide 14
en vacances in Ferien, in Urlaub 3
en version originale, *Abk.* v. o. in Originalfassung 18
en voiture mit dem Auto 17
Je n'en ai pas. Ich habe keines. 11
Je vais en trouver. Ich finde schon welches. 11
enchanté, enchantée entzückt 18
Enchanté ! Enchantée ! Sehr erfreut! 3
encore noch, immer noch 10
ce qui ne va pas encore... das, was noch nicht OK ist... 20
Encore ! Schon wieder! 4
énerver: s'énerver sich aufregen 15
enfant *m, f* Kind S. 33, 4
des enfants adorables entzückende Kinder 9
enfin schließlich, endlich 18
engager: s'engager sich engagieren 15
ennuyer langweilen, *hier: höfliche Form für* stören 20
s'ennuyer sich langweilen 15
enseigner unterrichten 15
ensemble zusammen 6
ensuite dann, danach 12
entendre hören 7
Vous entendez bien ? Können Sie mich gut hören? 7
entier, entière ganz 15
entre zwischen 10
entrecôte *f* Entrecote 16
Vous la voulez comment, l'entrecôte ? Wie wollen Sie Ihr Entrecote? 16
entrée *f* Eingang 10, Vorspeise 16
entreprise *f* Unternehmen S. 154, Firma, Unternehmen 13
entrer hineingehen, betreten 14
entrer en gare einfahren *(in den Bahnhof)* 19
entretien *m* Putzmittel 11
envie: avoir envie de qc Lust haben auf/zu, etw. (tun) wollen 17
donner envie à qn de... jdm. Lust machen zu ... 18
environ ungefähr 19
envoyer (ver)schicken 12
J'ai envoyé ma candidature. Ich habe mich beworben. 12
épaule *f* Schulter 8
épeler buchstabieren 3
Vous pouvez épeler ? Können Sie es buchstabieren? 3
épicier *m* Lebensmittelhändler 11
époque *f* Epoche 17
à cette époque damals S. 211
à l'époque zu jener Zeit, damals 17
équipe *f* Mannschaft 8
équipé eingerichtet 19
la cuisine toute équipée die volleingerichtete Küche 3
équitation *f* Reiten 8
faire de l'équitation reiten 8
erreur *m* Irrtum 13
faire erreur sich irren, sich verwählen 13

escalade *f* Klettern 8
escalier *m* Treppe S. 103
escargot *m* Schnecke 1
Espagne *f* Spanien 3
espagnol *m* Spanisch 2
espérer hoffen 8
esquimau *m* Eskimo; *Eismarke* S. 90
essayer versuchen 11, anprobieren 14
Est-ce qu' → Est-ce que S. 51
Est-ce que *Fragewort* S. 51
Est-ce qu'il est ouvert ? Ist es geöffnet? 4
Est-ce que vous avez… ? Haben Sie …? 4
et und 1
Et avec ça ? Und außerdem? 11
et puis und außerdem 4, und dann 12
et quart Viertel nach 7
Et voilà ! Das wär's! 4
étage *m* Stockwerk 6
au deuxième étage im zweiten Stock 6
au premier étage im ersten Stock 6
au troisième étage im dritten Stock 6
étape *f* Etappe S. 102
état civil *m* Familienstand 12
États-Unis *m, Pl* Vereinigte Staaten 6
été → être S. 149
été *m* Sommer 15
étonner überraschen, *hier:* wundern 19
cela m'étonnerait *es würde mich wundern* 19
étranger, étrangère fremd 18
être sein 2
être à l'aise sich wohlfühlen 14
être à la mode in sein, modern sein 8
être à la retraite in Rente sein 6
être au chômage arbeitslos sein 6
être en forme fit sein 18
être en promotion im Sonderangebot sein 10
être en retard spät dran sein, zu spät kommen 6
être là da sein 6
être pressé in Eile sein 16
il était er war S. 103
études *f, Pl* das Studium 12
études de droit *f, Pl* das Jurastudium 17
études de gestion *f, Pl* das BWL-Studium 12
faire des études studieren 12
étudiant *m* Student 15
étudiante *f* Studentin 15
étudier qc sich eingehend mit etw. befassen 12
eu → avoir S. 149
euh… äh … 1
euro *m* Euro 11
à … euros zu … Euro 16
Europe *f* Europa 2
eux sie *m, Pl. (betont)* S. 20
exagérer übertreiben 8
examen *m* Examen, Prüfung 17
examiner prüfen, untersuchen 12
excellent, excellente hervorragend 16
exemple *m* Beispiel 20
donner un exemple ein Beispiel geben 20
par exemple zum Beispiel 20
Tu pourrais donner un exemple ? Könntest du ein Beispiel geben? 20
excuser: Excuse-moi ! Entschuldige! 12
Excusez-moi ! Entschuldigen Sie! 6
s'excuser sich entschuldigen 15
exercice *m* Übung 18
expérience *f* Erfahrung 12
expérience professionnelle Berufserfahrung 12
expliquer qc à qn jdm. etw. erklären 13
exportation *f* Export 12
exposant Aussteller 20
exposition *f* Ausstellung 7, 20

F

fac *f fam* **→ faculté** Uni 15
face: en face (de) gegenüber (von) 7
fâché, fâchée verärgert 16
facile leicht 6
facilement leicht *(Adverb)* 18
faculté *f* Universität 15
faim: avoir faim Hunger haben 17
faire machen, tun 6
Ça fait… Das macht …, Das kostet … 11
Ça ne fait rien. Das macht nichts. 7
faire blondir glasig werden lassen S. 142
faire carrière Karriere machen S. 154
faire construire bauen lassen S. 215
faire de la plongée tauchen S. 77
faire de la voile segeln 12
faire de l'équitation reiten 8
faire des bêtises Dummheiten machen 6
faire des économies sparen 17
faire des études studieren 12
faire des randonnées wandern 8
faire des ronds Ringe machen S. 189
faire des travaux umbauen 15
faire du camping zelten 12
faire du charme jm bezirzen S. 243
faire du golf Golf spielen 8
faire du ski Ski fahren 8
faire du squash Squash spielen 8
faire du stop per Anhalter fahren 17
faire du tennis Tennis spielen 8
faire du VTT Mountainbike fahren S. 77
faire erreur sich irren, sich verwählen 13
faire jeune jung aussehen 8
faire la cuisine kochen 6
faire la queue Schlange stehen 17
faire le jardin im Garten arbeiten 6
faire le ménage putzen 6
faire le nécessaire das Nötigste veranlassen 20
faire le tour (de qc) (um etw.) herumgehen, herumfahren 7, 19
faire les courses einkaufen 6
faire plaisir eine Freude machen 18
faire un effort sich anstrengen 8
faire un sourire lächeln 9
faire un stage ein Praktikum machen 12
faire une cure eine Kur machen 15
Fais-m'y penser ! Erinner mich daran! S. 66
Il fait beau. Es ist schön. 5
Il fait froid. Es ist kalt. 5
Il fait gris. Der Himmel ist grau. 5
Il fait quelle température ? Welche Temperatur haben wir? 5
Il fait soleil. Es ist sonnig. 5
Je fais du … Ich habe Größe … 14
Je vais voir ce que je peux faire. Mal sehen was ich tun kann. 20
On se fait la bise. Man gibt sich Wangenküsschen. S. 36
fait → faire S. 149
falloir: il faut man muss 7, man braucht 11
Faudra que je te parle ! *fam* Ich muss mal mit dir reden! S. 66
Faut absolument qu'on se voie ! *fam* Wir müssen uns unbedingt sehen! S. 66
Faut que j'y aille ! *fam* Ich muss gehen! S. 66
fameux, fameuse berühmt S. 178
famille *f* Familie 4
en famille im Kreise der Familie 9
toute la famille die ganze Familie 9
fantaisie *f* Fantasie S. 130
fantastique fantastisch 17
farine *f* Mehl 11
fatigue *f* Müdigkeit 15
fatigué, fatiguée müde 12
Faudra que je te parle ! *fam* Ich muss mal mit dir reden! S. 66
Faut absolument qu'on se voie ! *fam* Wir müssen uns unbedingt sehen! S. 66
Faut que j'y aille ! *fam* Ich muss gehen! S. 66
fauteuil *m* Sessel 10
faux, fausse falsch 15
fax *m* das Fax 4
par fax per Fax 4
faxer qc à qn jdm. etw. faxen 13

féerique märchenhaft, 14, S.179
Félicitations ! Herzlichen Glückwunsch! 3
féminin, féminine feminin, weiblich 14
femme *f* Frau S. 33, 6, Ehefrau 9
fenêtre *f* Fenster 10
ferme *f* Bauernhof 15
fermé, fermée geschlossen 16
fermer schließen 10
festival *m* Festival 12
fête *f* Party, Fest 3
fête nationale *f* Nationalfeiertag 12
fêter feiern S.118
feu *m* Ampel 7
feu de bois *m* Holzfeuer 16
à feu moyen bei mittlerer Hitze 203
feuille *f* Blatt 11
février *m* Februar 12
figue *f* Feige S.227
filet *m* Filet 16
filiale *f* Filiale 18
fille *f* Tochter 9
une des deux filles eine von den beiden Töchtern 9
film *m* Spielfilm 17
fils *m* Sohn 9
final anschließend, letzter 19
finale *f* Endspiel S.103
financer finanzieren S. 243
finir beenden 17
Ce n'est pas fini ! Das ist noch nicht alles. 12
La guerre était finie. Der Krieg war zu Ende. 17
fleur *f* Blume 3
à fleurs geblümt 14
fleuri, fleurie geblümt S.130
foire Messe 20
fois *f* Mal 8
… fois par an …mal im Jahr 18
une fois einmal 8
fonction *f* Funktion S.166
fonctionner funktionieren 4
fonder gründen S.178, S.179
fondue savoyarde *f* Käsefondue 16
foot *m, fam* → **football** Fußball 6, S.96
football *m* Fußball 1
forêt *f* Wald 18
forfait Pauschale 19
formation *f* Ausbildung 12
forme *f* Form S.130
en forme de in Form von S.130
être en forme fit sein 18
formule Möglichkeit 19
formule de politesse *f* Höflichkeitsfloskel S.166
fort, forte laut S.166
forum *m* Forum 18
fou, folle verrückt S.33
foulard *m* Tuch, Schal 14
fourchette *f* Gabel 16
frais, fraîche kühl S.42, frisch 16
fraise *f* Erdbeere 11
framboise *f* Himbeere 16
Français *m* Franzose 8
un Français sur trois einer von drei Franzosen 8
français *m* Französisch 1
en français auf Französisch 2
Française *f* Französin 8
France *f* Frankreich 1
francophone französischsprachig 2
francophonie *f* die frz. Sprachgemeinschaft 2
frère *m* Bruder 9
frères et sœurs *m, Pl* Geschwister 9
fricassée *f* Frikassee 16
fricassée de volaille *f* Hühnerfrikassee 16
frigo *m* Kühlschrank 11
frimeur *m* Angeber S.166
froid *m* Kälte 7
froid, froide kalt 5
boissons froides *f, Pl* kalte Getränke 5
Il fait froid. Es ist kalt. 5
fromage *m* Käse 5
fromage de chèvre *m* Ziegenkäse 15
fromagerie *f* Käse 11
fruits *m, Pl* Obst 11
fruits de mer *m, Pl* Meeresfrüchte 1
frustrés *m, Pl* Frustrierte S.66
fumée *f* Rauch S.189
fumer rauchen 6
futuriste futuristisch S.103

G

g → **gramme** Gramm 11
gagner gewinnen, verdienen S.103, S. 154
gagner du temps Zeit sparen 20
Ils ont gagné. Sie haben gewonnen. S.103
Nous aurions gagné du temps. Wir hätten Zeit gespart. 20
gai, gaie fröhlich, lustig 9
garçon *m* Junge 9, Kellner 16
garder aufheben, verwahren 14
garder contact in Kontakt bleiben 18
garder le contat den Kontakt pflegen S.154
garder le souvenir de qc etw. in Erinnerung behalten 18
gare *f* Bahnhof S.90
gastronomique Feinschmecker- 16
gâteau *m* Kuchen 9
gendre *m* Schwiegersohn 9
général: en général im Allgemeinen 15
génération *f* Generation 17
génial, géniale genial, toll 9
genou *m, Pl:* **les genoux** Knie 8
gens *m, Pl* Leute 15
gentil, gentille nett, freundlich 3
C'est très gentil. Das ist sehr nett. 3
Soyez gentils ! Seid brav! 8
gigantesque riesig S.103
gigot d'agneau *m* Lammkeule 16
glace *f* Eis 7
glaçon *m* Eiswürfel S.42
golf *m* Golf 8
faire du golf Golf spielen 8
gourmet *m* Feinschmecker 6
gousse d'ail *f* Knoblauchzehe 11
goût *m* Geschmack 11
goûter probieren S.227
gramme *m, Abk.* **g** Gramm 11
grand, grande groß 9
Comme tu es grand ! Wie groß du bist! 9
grand-mère *f* Großmutter 9
grand-père *m* Großvater 9
grands-parents *m, Pl* Großeltern 9
gratin *m* Auflauf 11
gratin dauphinois *m* Kartoffelauflauf 11
gratuit, gratuite kostenlos S.221
gratuitement kostenlos *(Adverb)* S.221
grave schlimm 20
Ce n'est pas grave ! Das ist nicht schlimm! 16
grève *f* Streik 17
grillade *f* Grillgericht 16
grillades de poissons *f, Pl* gegrillte Fische 16
grillé, grillée gegrillt 11
gris, grise grau 5
Il fait gris. Der Himmel ist grau. 5
gros, grosse dick S. 122, 14
groupe *m* Gruppe 7
gruyère *m* Gruyère, Schweizer Käse 11
guerre *f* Krieg 17
guide *m* Reiseleiter, Reiseleiterin 7
guide du musée *m* Museumsführer, Museumsführerin 7
guili-guili killekille 9
guitare *f* Gitarre 17
Guyane *f* Französisch-Guayana 2
gym *f, fam* → **gymnastique** Gymnastik S.96
gymnastique *f* Gymnastik 6

H

habiller anziehen S.178
s'habiller sich anziehen 15
habitant *m* Einwohner S.226
habiter wohnen 2
habitude *f* Gewohnheit 5
comme d'habitude wie immer 5
d'habitude gewöhnlich 15
haricot *m* Bohne 16
hebdomadaire *m* Wochenzeitschrift S.66
hectare *m* der Hektar S.103
hein *fam* hm, ne, nicht wahr 5
Hélas ! Leider! 6
hébergement *m* Unterbringung, Unterkunft 20
herbes *f, Pl* Kräuter 16
hésiter zögern 16
heure *f* Stunde 7
24 heures sur 24 24 Stunden am Tag 19
A … heure(s). Um … Uhr S.88
à 13 heures um 13 Uhr 5

à l'heure pünktlich 6
A quelle heure ? Um wie viel Uhr? S. 88
des heures stundenlang 13
Quelle heure est-il ? Wie viel Uhr ist es?, Wie spät ist es? 7
heureux, heureuse glücklich S, 166, 18
Bonne et heureuse année ! Ein glückliches neues Jahr! 18
hier gestern 7
d'hier von gestern 7
hiérarchie ***f*** Hierarchie S. 154
histoire ***f*** Geschichte S. 215
homme ***m*** Mann S. 33, 8
hôpital ***m*** Krankenhaus 12
horaires ***m, Pl*** Zeiten S. 154, Uhrzeiten 18
hôtel ***m*** Hotel 4
hôtel de luxe ***m*** Luxushotel S. 77
L'hôtel est au 9. Das Hotel ist in Nummer 9. 7
hôtesse d'accueil Hostesse *(auf einer Messe)* 20
si on avait eu une hôtesse d'accueil... wenn wir eine Hostesse gehabt hätten... 20
huile ***f*** Öl 11
huile d'olive ***f*** Olivenöl 11
huit acht 4
huître ***f*** Auster 16

I

ici hier 2
d'ici von hier 7
idéal ideal 4
idée ***f*** Idee 10
avoir une idée eine Idee haben 15
changer les idées à qn jd. auf andere Gedanken bringen 19
se changer les idées sich auf andere Gedanken bringen 19
il er S. 16
Il fait beau. Es ist schön. 5
Il fait froid. Es ist kalt. 5
Il fait gris. Der Himmel ist grau. 5
Il fait quelle température ? Welche Temperatur haben wir? 5
Il fait soleil. Es ist sonnig. 5
il faut → falloir man muss 7, man braucht 11
Il pleut. Es regnet. 5
il y a es gibt 6
île ***f*** Insel S. 77, S. 226
illimité unbegrenzt 19
ils sie *m, Pl* S. 16
immédiat unmittelbar, sofort 19
immense immens, unendlich 18
important, importante wichtig 2, 20
impôts ***m, Pl*** Steuern S. 215
impressionnisme ***m*** Impressionismus 1
impressionniste ***m*** Impressionist 7
imprévu unvorhergesehen S. 243
Inde ***f*** Indien 17
indépendance ***f*** Selbstständigkeit S. 154
indien, indienne indisch, aus Indien 17
indigestion ***f*** Magenverstimmung 15
information ***f*** Information S. 154, 18
informations ***f, Pl*** Nachrichten 17
informer: s'informer (sur qc) sich (über etw.) informieren 18
ingénieur ***m/f*** Ingenieur(in) 2
installer installieren, einrichten 20
instant ***m*** Moment 16
Un instant. Einen Moment. 16
Institut Français ***m*** *frz. Kulturinstitut* 18
intelligent, intelligente intelligent 9
interdit, interdite verboten S. 154
intéressant, intéressante interessant 12
intéresser: s'intéresser à qc sich für etw. interessieren 15
international, -e international 20
internet ***m*** Internet 18
par internet per Internet 19
sur internet im Internet 18
invitation ***f*** Einladung 3
inviter einladen 5
Italie ***f*** Italien 2
italien ***m*** Italienisch 2

J

j' → je 1
J'aimerais... Ich möchte gerne ... 15
J'ai pas mal de choses à te dire aussi ! Ich hab dir auch einiges zu sagen! S. 66
jamais nie S. 61; **→ ne ... jamais** S. 70
jambe ***f*** Bein 8
jambe droite ***f*** rechtes Bein 8
jambon ***m*** Schinken 5
janvier ***m*** Januar 12
jardin ***m*** Garten 4
faire le jardin im Garten arbeiten 6
jasmin ***m*** Jasmin S. 227
jaune gelb 10
jaune d'œuf ***m*** Eigelb S. 142
jazz ***m*** Jazz 17
je ich S. 16
Je fais du ... Ich habe Größe ... 14
Je m'appelle... Ich heiße ... 2
Je n'ai pas compris. Ich habe (es) nicht verstanden. 3
Je n'ai pas le temps. Ich habe keine Zeit. 5
Je n'ai plus de souffle. Ich bin außer Atem., Ich habe keine Kondition mehr. 8
Je n'en ai pas. Ich habe keines. 11
Je suis sur un coup ! Ich bin da an was dran! S. 66
Je t'aime. Ich liebe dich. 1
Je voudrais... Ich möchte ... 4
Je vous invite. Ich lade euch ein. 5
Je vous prie d'agréer mes meilleures salutations Mit freundlichen Grüßen S. 55
jean ***m*** Jeans 14
Jeanne d'Arc Jungfrau von Orléans S. 215
jersey ***m*** Jersey S. 178
jeudi ***m*** Donnerstag 6
jeune jung 9
faire jeune jung aussehen 8
jeunes ***m, Pl*** Jugendliche, junge Leute 6
jeunesse ***f*** Jugend 18
jeu-vidéo ***m*** Videospiel 17
job ***m*** Job 15
joie ***f*** Freude 18
joindre erreichen 13
joli, jolie hübsch 6, S. 121
jouer à qc etw. spielen 8
jouet ***m*** Spielzeug 10
joueur ***m*** Spieler S. 103
jour ***m*** Tag 5
jour de fermeture ***m*** Ruhetag 16
jour de fête ***m*** Feiertag S. 118
par jour pro Tag 5
Quel jour...? An welchem Tag ...? 6
tous les jours jeden Tag, täglich 10
un jour eines Tages 17
journal ***m*** (Tages-)Zeitung S. 33, 3, S. 62
journaliste ***m/f*** Journalist(in) 2
journée ***f*** Tag 12
Bonne journée ! Einen schönen Tag noch! 5
Joyeux: Joyeux anniversaire ! Herzlichen Glückwunsch zum Geburtstag! 18
Joyeux Noël ! Frohe Weihnachten! S. 118
juillet ***m*** Juli 12
en juillet im Juli S. 102
juin ***m*** Juni 12
en mai ou juin im Mai oder Juni S. 103
jumelage ***m*** Städtepartnerschaft 18
jupe ***f*** Rock 14
Jura ***m*** Jura 1
jus d'ananas ***m*** Ananassaft S. 42
jus de fruits ***m*** Fruchtsaft 3
jus d'orange ***m*** Orangensaft S. 42
jusqu'à bis 7
justement gerade, eben 19
juste nur 5, direkt 14

K

kg → kilo 11
kilo ***m, Abk.* k** Kilo(gramm) 11
un kilo cinq eineinhalb Kilo 11
kilomètre ***m, Abk.* km** Kilometer 4
le kilomètrage die Kilometerzahl 19
Kir ***m*** Kir 3
km → kilomètre 4

L

l' → le, la S. 14, S. 162
l'aéronautique Luftfahrt- bzw. Flugzeugindustrie 20
l'accès ***m*** die Zufahrt, der Zugang 20

l'accident *m* der Unfall 19
l'administration *f* *die Verwaltung* S. 215
l'animation *hier:* die Messeattraktion 20
l'a rendu célèbre par son roman hat es berühmt gemacht durch seinen Roman S. 77
l'artiste *f* die Versicherung 19
l'assurance m, *f* Künstler, 14, S. 179
l'assurance de base die Grundversicherung 19
l'assurance tous risques die Vollkaskoversicherung 19
l'empire *m* das Kaiserreich S. 215
l'empereur *m* der Kaiser S. 215
l'espace der Weltraum 20
l'incendie *m* die Reiseroute 19
l'image de marque Image, 14, S. 179
l'itinéraire *m* der Brand 19
l'ordre *m* die Ordnung S. 215
la die *(best. Artikel)* S. 14, sie *(Objektpronomen)* S. 162
la Banque de France *die Bank von Frankreich, in etwa vergleichbar mit der deutschen Bundesbank* S. 215
la correspondance der Anschluss *(Zug, U-Bahn)* 19
là da, dort 6
C'est là ! Wir sind da. 7
être là da sein 6
lac *m* See S. 226
laine *f* Wolle 14
de laine aus Wolle 14
laisser hinterlassen; lassen 13
Non, laissez, c'est à moi ! Nein, lasst nur, ich bin dran! 5
laisser un message eine Nachricht hinterlassen 13
lait *m* Milch 11
lait fraise *m* *Milch mit Erdbeersirup* 5
lampe *f* Lampe 10
langue *f* Sprache 2
langue étrangère *f* Fremdsprache 18
langue maternelle *f* Muttersprache 12
lapin *m* Kaninchen 16
lardon *m* Speckstreifen, Speckwürfel 16
lavable waschbar 14
lavable en machine waschmaschinenfest 14
lave-vaisselle Spülmaschine 19
lavande *f* Lavendel 1
le der *(best. Artikel)* S. 14, ihn *(Objektpronomen)* S. 162
le + *Tageszeit* am + *Tageszeit* S. 80
le + *Wochentag* jeden + *Wochentag* S. 74
le dimanche sonntags, jeden Sonntag 6
le 24 et le 25 décembre am 24. und 25. Dezember S. 118
le 26 décembre der 26. Dezember S. 118
le 28 mars 1964 am 28. März 1964 12
le plus rapidement possible so schnell wie möglich S. 103
le samedi samstags, jeden Samstag 6
le vendredi freitags, jeden Freitag 6
le bris de glaces der Glasschaden 19
le Code civil *das Bürgerliche Gesetzbuch* S. 215
le direct die Direktverbindung 19
Le Larzac *Hochebene südl. des Zentralmassivs* 17
Le Louvre *Museum in Paris* 3
le lycée *das Gymnasium* S. 215
Le Monde *frz. Zeitung* 1
le millard die Milliarde 20
le nettoyage das Reinigen, das Putzen 20
le Parc des Expositions Ausstellungs- und Messeort 20
Le Vieux Port Der Alte Hafen S. 77
lecture *f* Lesen 18
léger, légère leicht 14
légumes *m Pl* Gemüse 11
lendemain *m* nächster Tag 166
les die *(best. Artikel)* S. 14, sie *(Objektpronomen)* S. 162
les années 80 die Achtzigerjahre 8
lettre *f* Brief 9
leur ihr S. 110, ihnen S. 161
leurs ihre S. 110
lever heben 8
se lève bricht an S. 90
se lever aufstehen 15
Liban *m* Libanon 2
lieu Ort S. 256
lieu: avoir lieu stattfinden S. 102, S. 103, 18
ligne *f* Linie S. 130, Leitung 13, 20
Elle est en ligne. Sie spricht gerade. 13
ligne téléphonique Telefonleitung 20
ligne trapèze *f* trapezförmiger Schnitt S. 178
lin *m* Leinen 14
en lin aus Leinen 14
lire lesen 2
lisse glatt 9
liste *f* Liste 9
lit *m* Bett 10
litre *m* Liter 11
littérature *f* Literatur 2
livre *f* Pfund 11
livre *m* Buch 10
livre de cuisine *m* Kochbuch 11
location Vermietung, Mieten 19
logiciel de présentation Demo-Software 20
logo *m* Logo S. 178, 20
loin weit (entfernt) 7
Loire *f* *Fluss in Frankreich* S. 215
loisirs *m, Pl* Freizeitbeschäftigungen S. 154
long, longue lang 9
lorsque als 12
louche Schöpflöffel 203
louer mieten; vermieten 12
lu → lire 12
lui er *(betont)* S. 20, ihm, ihr *(Objektpronomen)* 13
lundi *m* Montag 6
lunettes *f, Pl* Brille 9
lunettes de soleil *f, Pl* Sonnenbrille 14
lutter contre kämpfen gegen S. 33
luxe *m* Luxus 17
lycée *m* Gymnasium 18

M

M → monsieur 1
m' → me S. 161
ma meine S. 110
Ma pauvre ! Du Ärmste! 12
machine *f* Maschine, Waschmaschine 14
lavable en machine waschmaschinenfest 14
machine à laver *f* Waschmaschine 17
Madame, ***Abk.*** **Mme;** ***Pl:*** **Mesdames,** ***Abk.*** **Mmes** gnädige Frau, Frau S. 18, 3
Madame, Monsieur Sehr geehrte Damen und Herren S. 55
Mademoiselle, ***Abk.*** **Mlle** Fräulein, junge Frau 1
magasin *m* Geschäft, Laden 6
Le magasin va fermer. Das Geschäft schließt gleich. 10
magasin de chaussures *m* das Schuhgeschäft 14
magazine *m* Zeitschrift 17
magret de canard *m* Entenbrustfilet 16
mai *m* Mai 12
en mai ou juin im Mai oder Juni S. 103
maigrir abnehmen 17
main *f* Hand S. 189
maintenant jetzt 7
mairie *f* Rathaus 6
mais aber 1
Mais non ! Aber nein! 5
Mais si ! Aber ja doch! 5
maison *f* Haus 6
... maison hausgemacht 16
à la maison zu Hause 6, zu uns nach Hause 18
maison de couture *f* Modehaus S. 178, S. 179
maîtrise *f* Magisterprüfung 12
mal schlecht *(Adverb)* 3
avoir mal Schmerzen haben 8
J'ai mal au cœur. Mir ist übel. 8
malade krank 5
tomber malade krank werden 15
Vous n'êtes pas malade au moins ? Sie sind doch wohl nicht krank? 5
malheureusement leider 18

malicieux, malicieuse pfiffig 9
maman *f* Mama 6
mamie *f* (Ur-)Omi 9
manger essen S. 118, 11
manifester demonstrieren 17
manquer fehlen 20
manteau *m* Mantel 14
marché *m* Markt S. 77, S. 227
marcher gehen, funktionieren 10; gehen S. 166; laufen 15
mardi *m* Dienstag 6
mari *m* Ehemann 9
marié, mariée verheiratet 6, 9
marier: se marier heiraten 15
marin *m* Segler S. 103
Maroc *m* Marokko 2
Marrakech Marrakesch 2
marron *unv.* braun 9
mars *m* März 12
Marseillais *m, Pl* Einwohner von Marseille S. 77
Marseille *südfrz. Stadt* 2
Martini *m* Martini 4
Martinique *f* Martinique 2
match *m* Spiel, Wettkampf 6
maths *f, Pl* Mathematik 13
matin *m* Morgen 7
  tous les matins jeden Morgen 17
mauvais, mauvaise schlecht S. 122
  le mauvais numéro falsche Nummer 13
Maxim's *Restaurant in Paris* 1
me mir S. 161, mich S. 162
médecin *m* Arzt, Ärztin 15
médicament *m* Medikament 8
Médina *f* Altstadt S. 227
meilleur, meilleure besser 14
mélanger mischen S. 142
melon *m* Melone 16
même: le même derselbe S. 215
même si selbst wenn 18, 20
ménage *m* Haushalt 6
  faire le ménage putzen 6
  le ménage final das Reinemachen vor der Abreise 19
mener à führen zu S. 77
menthe *f* Pfefferminze 11
menu *m* Menü S. 118, 16
mer *f* Meer 3
merci danke 3
  Merci beaucoup. Vielen Dank. 3
  Merci bien. Danke sehr., Danke schön. 5
mercredi *m* Mittwoch 6
mère *f* Mutter 9
merveilleux, merveilleuse wunderbar 18
mes meine *Pl* S. 110
  mes chéris meine Lieblinge 8
  mes parents meine Eltern 9
Mesdames → Madame S. 18, 3
message *m* Nachricht 13
messagerie *f* Nachrichtenbox 166
messieurs → monsieur 1
métier *m* Beruf 15
mètre *m* Meter S. 226
mètre carré (m^2) Quadratmeter 19
métro *m* U-Bahn 7
mettre anziehen 14, stellen S. 118, legen, stellen, setzen 10
  mettre à la poubelle wegwerfen 10
  mettre des lunettes eine Brille aufsetzen 10
  mettre la table den Tisch decken 10
  mettre le répondeur den Anrufbeantworter einschalten 13
meuble *m* Möbelstück 10
  un meuble qui ferme à clé ein Möbel(stück), das man abschließen kann 20
meurt → mourir sterben S. 178
Mexique *m* Mexiko S. 34
micro-ondes Mikrowelle 19
midi *m* Mittag 7
  midi 12 Uhr mittags 7
  midi et demi halb eins S. 87
  midi et quart Viertel nach zwölf S. 87
  midi moins le quart Viertel vor zwölf 7
  à midi mittags, zu Mittag 11
Midi *m* Südfrankreich 8
miel *m* Honig 1
mieux que besser als *(Adverb)* 14
mignon, mignonne süß, niedlich 9
mimosa *m* Mimose S. 227
mince schlank 9
mini-jupe *f* Minirock 17
minimum Mindest-, minimal 19
ministre *m/f* Minister(in) S. 182
minuit 12 Uhr (nachts) S. 88
minute *f* Minute 10
  à 20 minutes de Marseille 20 Minuten von Marseille entfernt S. 77
mis → mettre S. 149
Mlle → Mademoiselle 1
MM → monsieur 1
Mme → Madame S. 18, 3
mode *f* Mode 1
  être à la mode in sein, modern sein 8
modèle *m* Modell S. 130, 14
moderne modern 10
  société moderne *f* moderne Gesellschaft S. 66
moderniser modernisieren S. 215
modeste bescheiden, 14, S. 179
moi ich *(betont)* 1
  moi pas ich nicht 1
moins weniger S. 87, 11
  moins … que weniger … als S. 154
  moins cher que billiger als 14
  moins le quart Viertel vor 7
  six heures moins dix zehn vor sechs S. 88
  un peu moins ein bisschen weniger 11
mois *m* Monat 9
moment *m* Augenblick 13
  les bons moments passés ensemble die schönen Augenblicke, die wir zusammen verbracht haben 18
mon mein S. 110
  Mon Dieu ! Mein Gott! 7
monde *m* Welt 12
  dans le monde auf der Welt 18
  le monde entier die ganze Welt 15
  refaire le monde die Welt ändern 17
  tout le monde alle S. 166
monnaie *f* Kleingeld 11
monsieur *m, Abk.* **M.**; *Pl:* **les messieurs,** *Abk.* **MM.** Herr 1
  Monsieur, s'il vous plaît ! Herr Ober bitte! 5
Montmartre *Viertel in Paris* 1
Montréal Montréal 2
montrer qc à qn jdm. etw. zeigen 13
monument *m* Denkmal, Sehenswürdigkeit 7
moquette *f* Teppichboden 10
morceau *m* Stück 11
  en petits morceaux in kleinen Stücken 11
mosquée *f* Moschee S. 227
mot *m* Wort 18
  pas un mot de français nicht ein Wort Französisch 18
  Les mots difficiles sont traduits. Die schwierigen Wörter werden übersetzt. 18
moteur Motor 19
moule *f* Miesmuschel 16
  moules marinières *f, Pl* Miesmuscheln nach Seemannsart 16
mousse au chocolat *f* Mousse au Chocolat, Schokoladencreme 11
mousse de légumes *f* *lockeres Gemüsepüree* 16
moustache *f* Schnurrbart 9
moustique Moskito 19
moyen: le moyen de *(+ Inf.)* das Mittel zu *(+ Inf.)* 18
muesli *m* Müsli 11
mur *m* Mauer 17
musée *m* Museum 2
  musée Carnavalet *m* *Museum in Paris* S. 90
  musée d'Orsay *m* Orsay-Museum 7
musique *f* Musik 5
myrtille *f* Heidelbeere 16

N

nager schwimmen 12
nature *f* Natur 15
naturel, naturelle natürlich 10
naturellement natürlich, selbstverständlich *(Adverb)* 11
né, née 2, S. 66
négocier verhandeln 12
neige *f* Schnee S. 90, S. 226
neiger schneien S. 90
ne … jamais nie 4

ne … pas nicht 4
ne … pas de kein(e) 5
ne … pas encore noch nicht 12
ne … personne niemand 4
ne … plus nicht mehr 8
ne … plus de kein(e) mehr S. 95
ne … rien nichts 4
neuf neun 4
neuf, neuve neu 12
neveu *m* Neffe 9
  neveux *m, Pl* Neffen und Nichten 9
nez *m* Nase 9
nièce *f* Nichte 9
n'importe quoi irgendetwas 15
nocturne *wörtl.: nächtlich, hier:* verlängerte Öffnungszeit am Abend, Abendveranstaltung 20
Noël *m* Weihnachten 9
  Joyeux Noël ! Frohe Weihnachten! S. 118
noir, noire schwarz S. 90, 10
noix *f* Walnuss 16
nom *m* Name 2
  A quel nom ? Auf welchen Namen? 4
non nein 1
  Non, laissez, c'est à moi ! Nein, lasst nur, ich bin dran! 5
Nord *m* Norden 1
normal, normale normal 9
Normandie *f* Normandie 1
nos unser(e) *Pl* S. 110
note *f* Rechnung *(im Hotel)* 4
noter: C'est noté. Es ist notiert., Ich hab's notiert. 16
notre unser(e) S. 110
  notre petite dernière unsere Jüngste 9
  Notre-Dame *Kathedrale in Paris* 7
nous wir S. 16, uns S. 161, S. 162
nouveau/nouvel, nouvelle neu 10
nouvelles *f, Pl* Neuigkeiten 5
  Quelles sont les nouvelles ? Was gibt's Neues? 5
novembre *m* November 12
nuit *f* Nacht 4
numéro *m* Nummer 4
  Ce n'est pas le bon numéro. Sie haben sich verwählt. 13
  le mauvais numéro die falsche Nummer 13
  numéro des chambres *m* Zimmernummer 4
  numéro personnel *m, Abk.*
  numéro perso Privatnummer 13
Nuremberg Nürnberg 11
nylon *m* Nylon 17

O

o.k. okay 4
obélisque de Louksor *m* Obelisk von Luxor 7
occupé, occupée beschäftigt 13; besetzt 13
occuper: s'occuper de qc sich um etw. kümmern 15
octobre *m* Oktober 12
œil *m, Pl:* **les yeux** Auge 9
œuf *m, Pl:* **les œufs** Ei 11
office de tourisme *m* Fremdenverkehrsamt 15
oignon *m* Zwiebel 11
oiseau *m* Vogel S. 77
olive *f* Olive 3
omelette *f* Omelett 16
on man, wir 2
  On est complet ! Wir haben keinen Tisch mehr frei. S. 193
  on peut man kann S. 77, S. 103
  On se fait la bise. Man gibt sich Wangenküsschen. S. 36
oncle *m* Onkel 9
opéra *m* Oper 1
  Opéra Bastille *m* Bastille-Oper 7
or *m* Gold 14
  en or Gold 14
oranger *m* Orangenbaum S. 227
orchidée bleue *f* blaue Orchidee S. 42
ordinateur *m* Computer 10
organiser organisieren 3
Orly *Flughafen von Paris* 17
oser wagen, sich trauen 9
ou oder 2
où ? wo? 2, wohin? 3
  Où est donc… ? Wo ist denn nur …? 10
  Où habitez-vous ? Wo wohnen Sie? 2
ouais *fam* ja 5
oublier vergessen 16
Ouf ! Uff! 8
oui ja 1
ours *m* Bär S. 90, 9
ouvert, ouverte geöffnet, offen 4
  Est-ce qu'il est ouvert ? Ist es geöffnet? 4
ouvrier *m* Arbeiter S. 215
ouvrir öffnen S. 118, 18, eröffnen S. 178

P

pain *m* Brot 11
paire *f* Paar 14
palme *f* Palmette S. 130
panaché *m* Radler *(Bier mit Limonade gemischt)* 5
pantalon *m* Hose 14
papa *m* Papa, Vati 7
papier Papier 19, 20
  les papiers de la voiture die Autopapiere 19
  papier gras *m* schmutziges Papier S. 90
  papier peint *m* Tapete 10
paquet *m* Paket 4; Packung, Päckchen 11
par von S. 66
  par ailleurs außerdem 18
  par chèque mit Scheck 14
  par cœur auswendig 17
  par conséquent folglich, infolgedessen 18
  par exemple zum Beispiel 8
  par fax per Fax 4
  par jour pro Tag 5
  par le roi vom König S. 77
paradis *m* Paradies 6
parapente *m* Gleitschirmfliegen 8
parapluie *m* Regenschirm S. 166
parce que weil 9
Pardon ? Wie bitte? 3
  Pardon Monsieur/Madame… Entschuldigen Sie, … 4
pareil, pareille gleich 7
  C'est toujours pareil. Es ist immer das Gleiche. 7
parents *m, Pl* Eltern 9
parfait, parfaite perfekt 4
parfum *m* Parfüm 1
parfumerie *f* Parfümerieartikel 11
Paris Paris 1
Parisiens *m, Pl* Einwohner von Paris S. 215
parking *m* Parkplatz 4
parlé → parler 12
parler sprechen 2
  parler à qn mit jdm. sprechen 13
  parler affaires über Geschäftliches reden S. 154
  se parler miteinander reden 15
parole *f* Wort S. 189
parquet *m* Parkett 10
partenaire (Geschäfts-)Partner 20
parti weggefahren, weggegangen 12
participer teilnehmen 18
particulièrement besonders 18
partir wegfahren S. 196
partout überall 8
pas *m* Schritt 17
pas de kein(en) S. 61; **→ ne …**
  pas de S. 70
  pas d'alcool kein(en) Alkohol 5
  pas d'apéritif kein(en) Aperitif 5
  pas de problème kein Problem 5
  Pas du tout ! Ganz und gar nicht! 13
  Pas question ! Kommt nicht infrage! 10
  pas un mot de français nicht ein Wort Französisch 18
  Pas vous ? Sie nicht? 2
passer verbringen 12, eine Prüfung machen 12, vorbeikommen 13, verbinden 13
  les bons moments passés ensemble die schönen Augenblicke, die wir zusammen verbracht haben 18
  passer l'aspirateur staubsaugen 10
  passer par kommen durch S. 118
  Passez-le ! Ziehen Sie's doch mal an! 14
  Pourriez-vous me passer le poste … ? Könnten Sie mich mit der Nebenstelle … verbinden? 13
passion *f* Leidenschaft 10
passionnant, passionnante spannend, aufregend 15
pastis *m* Pastis 3
pâtes *f, Pl* Nudeln 11
patient *m* Patient 15

patienter sich gedulden, warten 13
patron *m* Chef 12
pause *f* Pause 5
pause de midi *f* Mittagspause 5
pauvre arm 12
Ma pauvre ! Du Ärmste! 12
payer bezahlen 14
pays *m* Land 2
pêche *f* Pfirsich 11
pêcheur *m* Fischer S. 227
peint, peinte bemalt S. 130
peinture *f* Anstrich 10
refaire la peinture streichen 10
pendant während 12
pendant l'Avent im Advent S. 118
pendant que während 17
penser denken, glauben, meinen 16
Fais-m'y penser ! Erinner mich daran! S. 66
penser à qn/qc an jd./etw. denken 17
perdre verlieren S. 166
père *m* Vater 9
Père Noël *m* Weihnachtsmann 9
perfectionner vervollkommnen 15
Périgord *m* Perigord 1
permanente *f* Dauerwelle 17
personne *f* Person S. 42, S. 142, S. 179, 16
personne → ne … personne S. 70
personnel *m* Personal 4
pétanque *f* Boulespiel 8
petit, petite klein 5, 9
notre petite dernière unsere Jüngste 9
petit déjeuner *m* Frühstück 4
petit déjeuner compris Frühstück inbegriffen S. 46
Le petit déjeuner est en supplément. Das Frühstück kommt noch hinzu. S. 46
petit gâteau *m* Plätzchen, Keks S. 118
petit oignon *m* Frühlingszwiebel S. 142
petit pain *m* Brötchen 11
petite annonce *f* Kleinanzeige 12
petite robe noire *f* kleines Schwarzes S. 178
petite-fille *f* Enkelin 9
petit-fils *m* Enkel 9
petits-enfants *m, Pl* Enkel *Pl* 9
peu wenig S. 116
avec un peu de chance mit etwas Glück S. 103
peu à peu nach und nach S. 154
un petit peu ein klein wenig 8
un peu ein wenig 1
peur: avoir peur Angst haben S. 166
peut-être vielleicht 10
pharmacie *f* Apotheke 6
photo *f* Foto 9
photocopieuse *f* Kopierer 12
pièce *f* Zimmer S. 121
pied *m* Fuß 4
à pied zu Fuß 4
Lève les pieds. Heb die Füße! 8
pirogue *f* Piroge S. 227
piscine *f* Schwimmbad 4
pistou *m* *Würzpaste* 16
place *f* Platz 7, 19, S. 103
ses places calmes seine ruhigen Plätze S. 77
sur place an Ort und Stelle 19
plage *f* Strand 6
à la plage am Strand 6
plaindre: se plaindre (de qc) sich (über etw.) beklagen 15
plaire gefallen 14
Il ne me plaît pas tellement. Er/Sie/Es gefällt mir nicht so sehr. 14
plaisir *m* Vergnügen 3
avec plaisir mit Vergnügen, gerne 3
avoir le plaisir de faire qc das Vergnügen haben, etw. zu tun 18
faire plaisir eine Freude machen 18
Il te fera plaisir. Es wird dir Freude machen. 18
plan *m* Plan 10
plante *f* Pflanze 10
plat *m* Gericht 16
plat à gratin *m* Auflaufform S. 142
plat du jour *m* Tagesgericht 16
plat du terroir *m* Spezialität aus der Gegend 16
plateau de fromages *m* Käseplatte 16
plein, pleine voll S. 130
faire le plein volltanken 19
plein de *hier im Sinne von beaucoup de:* viele 20
le plein d'essence der volle Tank 19
pleins de voll von *m, Pl* S. 77
pleurer weinen S. 189, 17
pleuvoir regnen 12
Il pleut. Es regnet. 5
Il a plu. Es hat geregnet. 12
Il pleuvait. Es regnete. S. 189
plier beugen, falten 8
Plie bien les genoux. Geh in die Knie! 8
Pliez les jambes. Geht in die Hocke! 8
plongée: faire de la plongée tauchen S. 77
plu → plaire S. 173
plu → pleuvoir 12
pluie *f* Regen S. 189
plupart: la plupart (des) die meisten 18
plus mehr 11
en plus außerdem 15
le plus rapidement possible so schnell wie möglich S. 103
plus … que mehr … als S. 174
plus classique klassischer 14
plus de mehr als S. 179
plus de → ne … plus de kein(en) mehr S. 95
plus décontracté que legerer als 14
plus élégant eleganter 14
plus loin weiter; neues Wort 3
un peu plus ein bisschen mehr 11
plusieurs mehrere 13
plusieurs fois mehrmals 13
poêle *f* Pfanne 11
poésie *f* Dichtung 2
point Punkt 20
pointure *f* Schuhgröße 14
Quelle pointure faites-vous ? Welche Schuhgröße haben Sie? 14
poisson *m* Fisch 16
poivre *m* Pfeffer 11
pomme *f* Apfel 11
pomme de terre *f* Kartoffel 11
pont *m* Brücke 7
porc *m* Schwein 11
port *m* Hafen S. 33, 18
portable *m* Handy 13
porte *f* Tür 10, Tor 20
la porte de Versailles *Ausstellungsort in Paris* 20
porter tragen 9
porto *m* Portwein 5
possible möglich 8
le plus rapidement possible so schnell wie möglich S. 103
poste *m* Nebenstelle (am Telefon) 13
poste *f* Post 6
pot *m* Becher 11
On prend un pot ? Gehen wir was trinken? S. 66
poterie *f* Tongeschirr S. 227
poubelle *f* Abfalleimer 10
poupée *f* Puppe 9
pour für 2, um … zu S. 77, 7
Pour aller… ? Wie kommt man …? 7
pour combien de temps für wie lange 19
pour la première fois zum ersten Mal S. 103, 17
pour toute la maison für das ganze Haus 10
pourquoi ? warum? 10
c'est pourquoi deshalb, deswegen, darum 18
Pourquoi pas ? Warum nicht? 10
pouvoir können 9
on peut man kann S. 77, S. 103
Vous pouvez épeler ? Können Sie es buchstabieren? 3
Vous pouvez répéter ? Können Sie wiederholen? 3
pratique praktisch 10
pratiquer (be)treiben, ausüben 8
préférer lieber mögen, vorziehen 8
premier, première erste(r) 6
prendre nehmen 5

Je prends la voiture. Ich fahre mit dem Auto. 5
Je prends le train. Ich fahre mit dem Zug, Ich muss zum Zug 5
On prend un pot ? Gehen wir was trinken? S. 66
prendre contact sich in Verbindung setzen 12
prendre un cours Unterricht nehmen 17
prendre un verre etwas trinken gehen 5
prendre une douche sich duschen S. 58
Que prenez-vous ? Was bekommen Sie? 5
Qu'est-ce qu'on va prendre comme…? Was für … nehmen wir? 10
prénom ***m*** Vorname 2
préparer vorbereiten 4
se préparer un repas sich etw. zu essen machen 15
près de in der Nähe von 15
présenter vorstellen 15
présentoir Verkaufsständer 20
président ***m*** Präsident S. 227
presque fast 8
pressé: être pressé(e) in Eile sein 16
pressé ***m*** Eiliger S. 166
prestation Leistung 20
prévoir vorhersehen, damit rechnen 20
prêt-à-porter ***m*** Konfektionskleidung S. 178, S. 179
princesse ***f*** Prinzessin S. 66
principe ***m*** Prinzip S. 166
pris → prendre S. 149
prise Steckdose, Anschluss 20
la prise Internet Internetanschluss 20
prison ***f*** Gefängnis S. 77, S. 215
prix ***m*** Preis 5
prix au comptoir ***m*** Preis an der Theke 5
prix dans la salle ***m*** Preis an den Tischen 5
prix en terrasse ***m*** Preis auf der Terrasse 5
problème ***m*** Problem 5
pas de problème kein Problem 5
prochain, prochaine nächste(r) 18
producteur ***m*** Hersteller 16
produit ***m*** Produkt 12
professeur ***f*** Lehrerin 15
profession ***f*** Beruf 2
professionnel, professionnelle beruflich 12
programme ***m*** Programm 7
projecteur der (Dia-)Projektor 20
projet ***m*** Plan, Vorhaben 10
promenade ***f*** Spaziergang, Spazierfahrt 7
promener: se promener spazieren gehen 15
promotion ***f*** Sonderangebot 10
être en promotion im Sonderangebot sein 10
proposer anbieten 18
propriétaire Besitzer S. 243
prospectus ***m*** Prospekt 4
Provence ***f*** Provence 1
provocateur, -trice Provokateur 14, S. 179
pruneau ***m*** Backpflaume 16
pu → pouvoir S. 149
public, publique öffentlich S. 113
le public das Publikum 14, S. 179
le grand public das breite Publikum 20
puis: et puis und außerdem 4, und dann 12
puisque da 18
pull-over ***m*** Pullover 14
punch ***m*** Punsch S. 42
punch-coco ***m*** *Cocktail mit Rum, Vanille und Kokosmilch* S. 226

Q

qu' → que S. 60, S. 201
qualité ***f*** Qualität 14
quai Bahnsteig 19
quand ? wann? 4
quand wenn S. 166, als, immer wenn 17
quart: et quart Viertel nach 7
quartier ***m*** (Stadt-)Viertel 6
Quartier latin *Studentenviertel in Paris* 17
quatre vier 4
que ? was? 5
Qu'elle est jolie ! Wie hübsch sie ist! 9
Que prenez-vous ? Was bekommen Sie? 5
Que tu as l'air malicieux ! Du siehst ja pfiffig aus! 9
Qu'il est gai ! Wie fröhlich er ist! 9
Qu'il est mignon ! Ist der süß! 9
que dass, den *(Relativpronomen)* 16
Québec ***m*** Quebec 2
Québécois ***m*** Einwohner von Quebec S. 226
quel, quelle was für ein(e), welche(r) 5
Quel âge a-t-elle ? Wie alt ist sie? 8
Quel dommage ! Wie schade! S. 166
Quel jour… ? An welchem Tag …? 6
A quel nom ? Auf welchen Namen? 4
A quelle heure ? Um wie viel Uhr? S. 88
En quelle année ? In welchem Jahr? 12
Quelle heure est-il ? Wie viel Uhr ist es?, Wie spät ist es? 7
Quelle pointure faites-vous ? Welche Schuhgröße haben Sie? 14
Quelle taille faites-vous ? Welche Größe haben Sie? 14
Quelles sont les nouvelles ? Was gibt's Neues? 5
Il fait quelle température ? Welche Temperatur haben wir? 5
quelques einige, ein paar 20
Qu'est-ce que… ? Was …? 5
Qu'est-ce que vous avez comme… ? Was haben Sie an …? 5
Qu'est-ce que vous prenez ? Was bekommen Sie? 5
Qu'est-ce qu'on va prendre comme… ? Was für … nehmen wir? 10
question ***f*** Frage S. 166
Pas question ! Kommt nicht infrage! 10
queue: faire la queue Schlange stehen 17
qui der, die, das *(Relativpronomen)* S. 77, S. 103, 16
Qui ? Wen? 6, Wer? 9
quiche ***f*** *herzhafter Kuchen* 3
quitter verlassen S. 102, 13
Ne quittez pas ! Bleiben Sie dran. 13
Quoi ? Was? 3
Quoi de neuf ? Was gibt es Neues? 12
quotidien, -ienne täglich 20

R

radio ***f*** Radio 2
Radio France Internationale, *Abk.* RFI *frz. Radiosender* 18
raffiné, raffinée gepflegt 16
raison: avoir raison recht haben 10
randonnée ***f*** Wandern 1
faire des randonnées wandern 8
ranger aufräumen 9
rap ***m*** Rap 1
râpé, râpée gerieben 11
rapide schnell 14
la restauration rapide der Schnell-Imbiss 20
rapidement schnell *(Adverb)* S. 221
rappeler zurückrufen 13
rarement selten *(Adverb)* S. 154
ratatouille ***f*** Ratatouille 16
rater verpassen 19
rave party ***f*** Rave-Party 8
rayon ***m*** Abteilung 10
dans tout le rayon in der ganzen Abteilung 10
rayure ***f*** Streifen 14
à rayures gestreift, mit Streifen 14
réactiver auffrischen 18
réception ***f*** Rezeption 4
recette ***f*** Rezept 11
recevoir empfangen, zu Gast haben 18
rechercher suchen 13
réduction Ermäßigung 19
50 % de réduction 50 % Ermäßigung 19
réduit ermäßigt 19
refaire neu machen 10
refaire la peinture streichen 10
refaire le monde die Welt ändern 17
réfléchir überlegen, nachdenken 14
regarder (an)schauen, ansehen 6

régime *m* Diät 17
région *f* Gegend; Region 1
régional, régionale regional 16
régler erledigen, regeln 20
regretter bedauern 13
régulièrement regelmäßig 18
remercier qn de qc sich bei jdm. für etwas bedanken 18
remplacement Ersatz, Ersetzung 19
remplacer ersetzen 19
rencontre *f* Begegnung, Treffen 15
rencontrer treffen 6
rendez-vous *m* Termin, Verabredung 5
rendre zurückgeben 19
rénover renovieren 10
renseignement *m* Auskunft 4
renseigner: se renseigner sur qc sich nach etw. erkundigen 18
rentrer einziehen 8; zurückkehren, heimfahren 12; nach Hause kommen 13
Je rentre chez moi. Ich gehe nach Hause. 17
Rentrez le ventre. Zieht den Bauch ein! 8
réorganiser neu organisieren S. 215
repas *m* Mahlzeit S. 154, 15
se préparer un repas sich etw. zu essen machen 15
repas d'affaires *m* Geschäftsessen S. 154
répéter wiederholen 3
Vous pouvez répéter ? Können Sie wiederholen? 3
répondeur *m* Anrufbeantworter 13
répondre antworten 20
Elle n'aurait pas pu répondre. Sie hätte nicht antworten können. 20
répondre à une question eine Frage beantworten 20
reposer wieder hinstellen S. 189
se reposer sich ausruhen 15
reprendre übernehmen 15, wieder anfangen 18
reprocher vorwerfen S. 215
république *f* Republik S. 215
RER *Pariser S-Bahn* S. 256
réservation *f* Reservierung 4
faire une réservation eine Reservierung vornehmen 19
réserver reservieren, bestellen 4
respecter respektieren S. 154
responsable verantwortlich 12
ressembler à qn jmd. ähnlich sehen 17
restaurant *m* Restaurant 1
Je ne serais pas allé au restaurant. Ich wäre nicht ins Restaurant gegangen 20
ticket restaurant *m* Essensgutschein S. 154
reste *m* Rest S. 142
rester bleiben 4
Restez en ligne ! Bleiben Sie am Apparat! 13
résultat *m* Ergebnis 12
retard: en retard zu spät 6
être en retard spät dran sein, zu spät kommen 6
retour *m* Rückkehr 12
le retour *hier:* die Rückfahrkarte 19
un aller-retour pour Dijon *eine Hin- und Rückfahrtkarte nach Dijon 19*
retraite *f* Ruhestand, Rente 6
être à la retraite in Rente sein 6
réunion *f* Besprechung 12
rêve *m* Traum 17
réveiller: se réveiller aufwachen 15
réveillon *m* *Festessen in der Nacht vom 24./25. Dezember* S. 118
rêver träumen 1
révolution *f* Revolution 1
révolutionner revolutionieren S. 179
Revue de la presse *f* *frz. Zeitung* 18
RFI → Radio France Internationale *f* 18
rhum *m* Rum 12
rhum blanc *m* weißer Rum S. 42
rideau *m* Gardine 10
ridicule lächerlich 17
rien nichts 3, → **ne … rien** S. 61, S. 70
de rien bitte (*als Antwort auf* merci) 7
rigolo, rigolote lustig 18
rire lachen 17
risque *m* Risiko 8
riz *m* Reis S. 227
robe *f* Kleid S. 33, 9
rocher *m* Fels 12
roi *m* König S. 215
par le roi vom König S. 77
roller *m* Inlineskater 9
romantique romantisch S. 66, 14
rond, ronde rund 9
rond: faire des ronds Ringe machen S. 189
ronfler schnarchen 4
rosé *m* Rosé 11
rose *unv.* rosa 10
rouge rot S. 33, 10
rouge *m* Rot S. 125
roulette *f* Rolle S. 130
route *f* Straße 15
Bonne route ! Gute Fahrt! 9
route du rhum *f* Rumroute S. 103
routine *f* Routine, Alltag 5
royal, royale königlich S. 215
rue *f* Straße 2
dans la rue auf der Straße S. 72
ses petites rues seine kleinen Straßen S. 77
rugby *m* Rugby 8
rumba *f* Rumba 12

S

s' → se, si S. 184, S. 201
s'éloigner de sich entfernen, fernbleiben von 19
s'exprimer sich ausdrücken 20
Je me suis mal exprimé(e). Ich habe mich falsch ausgedrückt. 20
s'il te plaît bitte 8
s'il vous plaît bitte 3
sa seine, ihre S. 110
Sa carrière commence en 1969. Ihre Karriere beginnt 1969. S. 66
sac *m* Tüte, Sack 11
le sac à dos der Rucksack 19
le sac de couchage der Schlafsack 19
Sacré-Cœur *m* *Kirche in Paris 7*
safari-photo *m* Fotosafari S. 227
sage brav 9
saharienne *f* Safarijacke S. 178
saignant, saignante englisch 16
Saint-Germain-des-Prés *Stadtteil von Paris* 17
saison *f* Saison 15
salade *f* Salat 5
salade aux noix *f* grüner Salat mit Walnüssen 16
salade Miami *f* Miami-Salat 5
salade niçoise *f* Nizza-Salat 5
salade russe *f* russischer Salat 5
salaire *m* Gehalt S. 154
salle *f* Saal, Gastraum 5
salle de bains *f* Bad(ezimmer) 4
salon Schau, Messe 20
le salon grand public die Messe für das breite Publikum 20
salsa *f* Salsa *(Tanz)* 2
saluer grüßen 18
Salut ! Hallo! 2, Tschüss! 3
salutations: Avec mes meilleures salutations Mit freundlichen Grüßen S. 55
Je vous prie d'agréer mes meilleures salutations Mit freundlichen Grüßen S. 55
samedi *m* Samstag 6
sandwich *m* Sandwich, belegtes Baguette 5
sandwich au jambon *m* Schinken-Sandwich 11
sans ohne 11
santé *f* Gesundheit 6
sauce *f* Soße 16
sauce mousseline *f* *holländische Soße, mit Schlagsahne verfeinert* 16
sauf außer 16
sauter springen 8
savoir wissen, können 11
scooter des mers *m* Wasserscooter 8
scooter des neiges *m* Motorschlitten 8
se sich, einander, miteinander 15
se défendre sich wehren S. 243
secrétaire *f* Sekretärin 13
Seine *f* Seine *Fluss in Frankreich* 4

séjour *m* Wohnzimmer 10, Aufenthalt 18
sel *m* Salz 11
selon je nach S. 154
semaine *f* Woche 6
séminaire *m* Seminar, Tagung 16
Sénégal *m* Senegal 2
senior *m* Senior 8
sept sieben 4
septembre *m* September 6, 12
sérieusement ernsthaft *(Adverb)* 15
service *m* Abteilung 12, Bedienung, Service 16, Dienst 19
A votre service ! Zu Diensten!, Bitte sehr! 4
J'ai un petit service à vous demander. Ich möchte Sie um einen Gefallen bitten 20
le service *hier:* der Gefallen 20
service de dépannage der Abschleppdienst 19
service exportation *m* Exportabteilung 12
servir servieren S. 42, 16
servir chaud heiß servieren S. 142
ses seine, ihre *Pl* S. 66, S. 110
ses petites rues seine kleinen Straßen S. 77
ses places calmes seine ruhigen Plätze S. 77
seulement nur S. 215
seuls alleine *m, Pl* S. 103
sexy sexy S. 33
Seychelles *f, Pl* Seychellen 2
si so 8, wenn 9, ob 16
Si ! Doch! 12
si bien que sodass 18
siècle *m* Jahrhundert S. 226
signature Unterschrift 19
signer unterschreiben 12
silence *m* Ruhe, Stille, Schweigen 1
silhouette Silhouette, Figur, 14, S. 179
sincèrement aufrichtig *(Adverb)* 18
s'inspirer de sich inspirieren lassen von, 14, S. 179
sirop *m* Sirup, Saft 15
sirop de canne *m* Zuckerrohrsirup S. 42
site internet *m* Internetseite 18
six sechs 4
ski *m* Ski, Skifahren 1
faire du ski Ski fahren 8
SMS *m* SMS (short message service) 166
société *f* Gesellschaft 17
société moderne *f* moderne Gesellschaft S. 66
soda *m* Sodawasser 5
sœur *f* Schwester 9
soie *f* Seide 14
en soie aus Seide 14
soir *m* Abend 7
ce soir heute Abend 10
tous les soirs jeden Abend S. 211
un soir eines Abends 17
soixante-dix siebzig 8
sole *f* Seezunge 16
soleil *m* Sonne 3
Il fait soleil. Es ist sonnig. 5
solide stabil S. 130, strapazierfähig 14
son sein(e), ihr(e) S. 110
son langage ihre Sprache S. 66
sonner läuten 13
Sorbonne *f* *berühmte Universität in Paris* 18
soucis *m, Pl* die Sorgen 15
soudain plötzlich, auf einmal 17
souffle *m* Atem 8
Je n'ai plus de souffle. Ich bin außer Atem., Ich habe keine Kondition mehr. 8
soufflé *m* Soufflé 11
soufflé au fromage *m* Käsesoufflé 11
souffler ausatmen 8
souhaiter à qn de *(+ Inf.)* jdm. wünschen, dass *(+ Inf.)* 18
soulier *m* Schuh 4
soupe *f* Suppe 16
sourire *m* Lächeln 9
faire un sourire lächeln 9
sous unter 10
sous le sapin de Noël unter den Weihnachtsbaum S. 118
sous-titré, sous-titrée mit Untertiteln 18
souvenir *m* Erinnerung 18
garder le souvenir de qc etw. in Erinnerung behalten 18
souvenir: se souvenir (de qc) sich (an etw.) erinnern 17
souvent oft 6
Soyez gentils ! Seid brav! 8
spaghetti *m, Pl* Spaghetti 16
spatule *f* Teigschaber 203
spécialisé, spécialisée (dans) spezialisiert (auf) 15
spécialiser: se spécialiser (dans) sich spezialisieren (auf) 15
spécialiste Spezialist 20
spécialité *f* Spezialität 3
spectacle Veranstaltung S. 256
sponsor *m* Sponsor S. 102
sport *m* Sport 2
club de sport *m* Fitnesscenter 8
sport d'équipe *m* Mannschaftssportart 8
sport individuel *m* Einzelsportart 8
sport *unv.* sportlich 14
sportif, sportive sportlich S. 33, S. 113
squash *m* Squash 8
faire du squash Squash spielen 8
stade *m* Stadion S. 103
stage *m* Fortbildung, Praktikum 12
faire un stage ein Praktikum machen 12
stand Messestand 20
Que serait resté au stand ? Wer wäre beim Stand geblieben? 20
standard *m* Zentrale 13
star *f* Star S. 103, S. 178
stéréo *f* Stereoanlage 10
stop: faire du stop per Anhalter fahren 17
Strasbourg Straßburg 7
stressé, stressée gestresst 15
stretching *m* Stretching 8
stupide dumm S. 66
style *m* Stil S. 130
style Empire *m* Empire-Stil S. 130
style Louis XV *m* Stil Ludwig XV. S. 130
styliste 14, S. 179
su → savoir S. 149
succès *m* Erfolg S. 178, 18
sucre *m* Zucker 11
sud *m* Süden S. 179
suggérer vorschlagen 8
Suisse *f* Schweiz 2
sulvant folgender S. 243
super *unv.* super 2, S. 115, *vor Adjektiv:* sehr, total 20
super content, -e sehr zufrieden, total zufrieden 20
supermarché *m* Supermarkt 6
supplément Zuschlag 19
Il est en supplément. Es wird extra berechnet. 4
supplémentaire zusätzlich 20
sur auf, über 4
sur internet im Internet 18
sûrement sicherlich 1
surf *m* Surfen S. 226
surprise *f* die Überraschung 18
surtout vor allem 2
suspense *m* Spannung S. 103
symbole *m* Symbol S. 130, S. 215
symétrie *f* Symmetrie S. 130
sympa *fam.* **→ sympathique** sympathisch S. 96, S. 115

T

t' → te S. 161
ta deine S. 110
table *f* Tisch 10
tableau *m* Bild 10
tablette *f* Tafel 11
taboulé *m* *Petersiliensalat mit Hartweizengrieß* 11
taches de rousseur *f, Pl* Sommersprossen 9
taille *f* die (Konfektions-)Größe 14
la taille en dessous eine Nummer kleiner 14
Quelle taille faites-vous ? Welche Größe haben Sie? 14
tailleur *m* Kostüm 14
tante *f* Tante 9
tapis *m* Teppich 10
tard spät 10
tarif *m* Preisliste 166
le tarif réduit der ermäßigte Preis 19

tarte *f* Kuchen 16
tarte à l'oignon *f* Zwiebelkuchen 16
tarte aux pommes *f* Apfelkuchen 16
tarte chaude maison *f* selbst gemachter warmer Obstkuchen 16
tas: des tas de lauter, viele 17
tasse *f* Tasse 11
taxi *m* Taxi 4
te dir S. 161, dich S. 162
technicien *m* Techniker 2
technicienne *f* Technikerin 15
technique *f* Technik 15
technologie *f* Technologie S. 103, S. 179
télé *f fam* → **télévision** Fernsehen S. 96, 17
téléphone *m* Telefon 4
coup de téléphone *m* Anruf 13
téléphoner à qn jn. anrufen, mit jdm. telefonieren 13
télévision *f* Fernsehen 2
tellement so sehr 14
température *f* Temperatur 5
Il fait quelle température ? Welche Temperatur haben wir? 5
temps *m* Zeit, Wetter 5
de temps en temps ab und zu, manchmal 6
Je n'ai pas le temps. Ich habe keine Zeit. 5
tenir halten 10
Tiens ! Ach!, Sieh mal an! S. 66, 6
tennis *m* Tennis 8
faire du tennis Tennis spielen 8
tente Zelt 19
terminer: se terminer enden S. 102
terrasse *f* Terrasse 4
terroir *m* ländliche Gegend 16
tes deine *Pl* S. 110
tête *f* Kopf 8
texte *m* Text 12
thalasso(thérapie) *f* Thalassotherapie 15
thé *m* Tee 5
théâtre *m* Theater S. 179
ticket *m* Eintrittskarte S. 90
ticket de caisse *m* Kassenzettel 14
ticket restaurant *m* Essensgutschein S. 154
Tiens ! Ach!, Sieh mal an! S. 66, 6
tigre *m* Tiger S. 33
timide schüchtern 9
tiret *m* Bindestrich S. 41
tissu *m* Stoff S. 130, 14
toi du *(betont)* 1
toilettes *f, Pl* WC 10
tomate *f* Tomate 11
tomber (hin)fallen 12
tomber malade krank werden 15
ton dein S. 110
tôt früh 15
toujours immer 5
tour *f* Turm 7
tour Eiffel *f* Eiffelturm 7
tour *m* (Stadt-)Rundfahrt 7
faire le tour (de qc) (um etw.) herumgehen, herumfahren 7
tour de Paris *m* Rundfahrt durch Paris 7
touristes *m, Pl* Touristen S. 77
tourner abbiegen 7, drehen 8, umrühren S. 189
tournoi *m* Turnier S. 103
tous *m, Pl* alle 10
tous les ans jedes Jahr S. 102
tous les jours jeden Tag, täglich 10
tous les matins jeden Morgen 17
tous les quatre ans alle vier Jahre S. 103
tous les soirs jeden Abend S. 211
tout alles S. 90, 8; ganz 10
dans tout le rayon in der ganzen Abteilung 10
Pas du tout ! Ganz und gar nicht! 13
tout de suite sofort 4
tout droit geradeaus 7
tout le monde alle S. 166
toute *f, sg* ganz 10
toute la famille die ganze Familie 9
toutes *f, Pl* alle 10
toutes vos couleurs alle Ihre Farben 10
tradition *f* Tradition 8
traditionnel, traditionnelle traditionell S. 118, 11
traduire übersetzen 18
Les mots difficiles sont traduits. Die schwierigen Wörter werden übersetzt. 18
train *m* Zug 5
Je prends le train. Ich fahre mit dem Zug, Ich muss zum Zug 5
train électrique *m* elektrische Eisenbahn 9
tranche *f* Scheibe 11
tranquille ruhig, still, *hier:* unbesorgt 19
tranquillement ruhig *(Adverb)* 18
transmettre ausrichten 13
transparent, transparente durchsichtig S. 178
travail *m* Arbeit S. 62, 6
faire des travaux umbauen 15
les travaux à faire die Arbeiten, die zu tun waren 15
travailler arbeiten 2
traverser überqueren, gehen/fahren über 7
treize dreizehn 4
tréma *m* Trema S. 41
très sehr 2
tricoter stricken 8
tripes *f, Pl* Kutteln 16
triste traurig 9
trois drei 4
troisième dritte(r) 6
trop zu, zu viel 9
tropical, tropicale tropisch 18
trottoir *m* Bürgersteig S. 90
trouver finden 11, S. 201
truc *m* Ding 10
Ce vieux truc ! Dieses alte Ding! 10
truffe *f* Trüffel 16
T-shirt *m* T-Shirt 14
tu du S. 16
Tu fais si jeune ! Du siehst so jung aus! 8
Tu viens ? Kommst du? 10
Tuileries *m, Pl* Tuilerien 7
Tunis Tunis *(Hauptstadt Tunesiens)* 2
Tunisie *f* Tunesien 2
tutoyer: se tutoyer sich duzen S. 154
TV *Abk. für* **télévision** Fernseher 4
TV5MONDE *frz. Fernsehsender* 18
type Typ 19
le type *hier: der Autotyp* 19

U

un ein *(unbest. Artikel)* 3
un Français sur trois einer von drei Franzosen 8
Un instant. Einen Moment. 16
un jour eines Tages 17
un petit peu ein klein wenig 8
un peu ein wenig 1
un peu moins ein bisschen weniger 11
un peu plus ein bisschen mehr 11
un soir eines Abends 17
une eine *(unbest. Artikel)* 3
une autre eine andere S. 102
une des deux filles eine von den beiden Töchtern 9
une fois einmal 8
une grande course ein großes Rennen S. 102, S. 103
uni, unie einfarbig, uni 14
université *f* Universität 12
Université Paris Dauphine *f* *Universität in Paris* 12
Urgent ! Eilt! 13
user abnützen, verbrauchen 4
usine *f* die Fabrik 17
utile nützlich 20

V

vacances *f, Pl* Ferien 3
Bonnes vacances ! Schöne Ferien! 3
en vacances in Ferien, in Urlaub 3
valise *f* Koffer 4
Vannes *Ort in der Bretagne* 15
varier unterschiedlich sein S. 154
véhicule Fahrzeug 19
vélo *m* Fahrrad 8
vélo tout terrain *m* Mountainbike 8

Vendée *f* *Gegend an der frz. Atlanktikküste, südl. der Bretagne* 12
vendeur *m* Verkäufer 10, S. 182
vendeuse *f* Verkäuferin 14, S. 182
vendre verkaufen 7
vendredi *m* Freitag 6
venir kommen 10
venir chez qn zu jdm. kommen 15
venir voir qn jd. besuchen 15
ventre *m* Bauch 8
venu → venir S. 149
vérifier überprüfen 20
verre *m* Glas 5
vers gegen S. 154, ungefähr um 13
verser gießen 203
Versailles Versailles 3
version: en version originale, *Abk.* **v. o.** in Originalfassung 18
vert, verte grün 9
veste *f* Jacke 14
vestiaire Garderobe 20
vêtements *m, Pl* Kleider, Kleidungsstücke 14
viande *f* Fleisch 11
victoire *f* Sieg S. 215
vide leer S. 90
vidéo *f* Video 18
vie *f* Leben 1
vie de famille *f* Familienleben 15
Viêt-nam *m* Vietnam 2
vieux/vieil, vieille alt 10
villa Haus, Villa 19
village *m* Dorf 6
ville *f* Stadt 2
vin *m* Wein 11
vin blanc *m* Weißwein 11
vin rouge *m* Rotwein 11
un vin qui va avec tout ein Wein, der zu allem passt 16
vingt zwanzig 5
vingtaine: une vingtaine rund zwanzig S. 102
vingt-cinq fünfundzwanzig 5
violet, violette violett 10
visite *f* Besichtigung 4
visiter besichtigen 2
visiteur *m* Besucher 15
vite schnell 7
vitrine *f* Schaufenster 14
Vittel *m* Vittel *(stilles Wasser) 5*
vivre leben 17
Vive le yoga ! Yoga ist toll!
v. o. → en version originale in Originalfassung 18
vodka f Wodka 5
vœu *m, Pl:* **les vœux** Wunsch 18
voi Diebstahl, Flug 19
voici das ist, das sind 2
Voici comment aller à... So kommt man zum/zur ... 7
voie Gleis 19
voilà da ist 6
Voilà ! Hier, bitte! 4; Basta! 5; So! 5; Genau! 8
Et voilà ! Das wär's! 4
voile *f* Segeln S. 226
faire de la voile segeln 12
voir sehen 10, ansehen 17
voisin *m* Nachbar 3
voisine *f* Nachbarin 9
voiture *f* Auto 5
en voiture mit dem Auto 17
Je prends la voiture. Ich fahre mit dem Auto. 5
volaille *f* Geflügel 16
vos euer(e), Ihr(e) *Pl* S. 110
votre euer(e), Ihr(e) S. 110
vouloir wollen 9
Ce n'est pas que je voulais dire. *wörtl.:* Das ist nicht, was ich meine. 20
C'est bien ce que vous vouliez ? Das ist es, was Sie wollten, oder? 20
ce que je voulais... das, was ich wollte ... 20
Il voudrait... Er möchte ... 9
Je voudrais bien... Ich möchte gern ... 9
Vous en voulez combien ? Wie viel möchten Sie? 11
Vous la voulez comment, l'entrecôte ? Wie wollen Sie Ihr Entrecote? 16
vous ihr, Sie S. 16, euch, Sie 13, euch, Ihnen S. 161
Pas vous ? Sie nicht? 2
vouvoyer: se vouvoyer sich siezen S. 154
voyage *m* Reise 3
voyager reisen 2
vrai wahr, echt 6
C'est vrai ?! Wirklich? 7
C'est vrai. Das stimmt. 6
vraiment wirklich *(Adverb)* 9
VTT *m, Abk. für* **vélo tout terrain** Mountainbike 8
faire du VTT Mountainbike fahren S. 77
vue *f* Blick 4

W

week-end *m* Wochenende, am Wochenende 6

Y

y dort 18
y'a → il y a es gibt S. 70
yaourt *m* Joghurt 11
yoga *m* Yoga 8

Z

zoo *m* Zoo S. 90
Zurich Zürich 2